抗日战争暨

争胜利70周年

2015

海州年鉴

HAIZHOU YEARBOOK

连云港市海州区地方志编纂委员会　编

方志出版社
Publishing House of Local Records

图书在版编目（CIP）数据

海州年鉴. 2015 / 连云港市海州区地方志编纂委员会编. -- 北京 ：方志出版社，2015.10
ISBN 978-7-5144-1739-5

Ⅰ. ①海… Ⅱ. ①连… Ⅲ. ①海州区－连云港市－2015－年鉴 Ⅳ. ①Z525.34

中国版本图书馆CIP数据核字（2015）第245728号

海州年鉴（2015）

编　　者：连云港市海州区地方志编纂委员会
责任编辑：宁　芳

出 版 人：冀祥德
出 版 者：方志出版社
地址　北京市朝阳区潘家园东里9号（国家方志馆4层）
邮编　100021
网址　http://www.fzph.org
发　　行：方志出版社发行中心
电话（010）67110500
经　　销：各地新华书店
印　　刷：南京凯德印刷有限公司

开　　本：889×1194　　1/16
印　　张：23
字　　数：723千字
版　　次：2015年10月第1版　　2015年10月第1次印刷
印　　数：001～850册

ISBN 978-7-5144-1739-5　　定价：220.00元

海州区地方志编纂委员会

（2015年11月调整）

编委会办公室

《海州年鉴》编辑部

地　址：连云港市市民路2号

电　话：0518—85478721　85605371

邮　编：222003

E-mail：hzfzb@sohu.com

动员全区各级党组织和广大干部群众，立足新起点，汇聚新能量，以更加饱满的工作热情，合力推进“人文荟萃、美丽海州”建设。

—摘自区委书记王立斌在中共海州区九届七次全体会议上的讲话

中共海州区委书记、区人大常委会主任　王立斌

中共海州区委副书记、海州区人民政府区长　单晓敏

区划调整之后，全区优势资源汇聚，城乡特色鲜明，产业基础夯实，发展后劲增强。我们要抓住用好当前机遇，扎实做好各项工作，奋力开创海州科学发展、跨越发展新局面。

——摘自区长单晓敏在海州区第十七届人大五次会议上所作的《政府工作报告》

2014年1月8日，省政协主席张连珍（中）一行到区内走访慰问

2014年12月9日下午，省高院党组书记、院长许前飞（左二）一行调研海州区法院工作

2014年10月，省教育厅长沈健到海州区幸福路小学调研

2014年11月26日，市委书记、市人大常委会主任杨省世在海州区新海派出所调研基层警务工作

2014年8月27日，市长赵晓江在海州区调研城乡发展情况

2015年春节前夕，区领导对困难户进行慰问

2014年8月7日，中共海州区九届七次全体会议召开

2014年8月11日，政协海州区八届四次会议召开

2015年1月12日，海州区十七届人大五次会议召开

2015年3月17日，海州区召开党的群众路线教育实践活动动员大会

2015年2月14日，海州区召开2014年度经济和社会发展目标管理总结表彰大会

2014年12月20日，海州区举行新驻地揭牌仪式

2014年10月23日，海州区妇女第十三次代表大会召开

2014年9月9日，海州区召开第30个教师节庆祝表彰大会

2014年底，区内最大的市区
标志性建筑苏宁广场建成开业

海州经济开发区
医疗机械项目启动

2014年，滨河新城月牙岛景区建成迎客

位于锦屏镇的全市应急水源地蔷薇湖竣工

海州经济开发区宁海
电子信息园建成，开始招商

2014年底，新浦大桥建成通车

孔望山北侧新建的居民小区

2014年7月12日，新浦二桥开工建设

2014年12月，盐河巷二期工程竣工

龙浦路绿化、亮化

浦南镇江浦新村新貌

市政协主席仲琨调研新坝新镇区建设

盐河巷夜景

南城街道凤凰古城复建工程

2015年2月25日，全市重点工业项目春季集中开工暨海州区智能仪表项目奠基仪式

滨河新城建成薰衣草园

2015年1月18日，区领导出席盐河巷开街仪式

海州经济开发区奥林匹亚车间

海州经济开发区康达智成型机生产车间

东海硅微粉厂

云台种苗基地

海州经济开发区杰瑞科技创意产业园

江浦村黄金瓜、甜瓜喜获丰收

2014年12月15日，海州区接受省学前教育改革发展示范区建设督导评估验收

2014年5月，白虎山庙会

在海州古城朐阳门广场举办

2014年9月“山海廉韵”在区内巡回演出

2014年10月1日，海州区首届

“瀛洲杯”环岛长跑比赛在滨河新城举行

2014年10月18日

区教育局举行职工羽毛球比赛

海州区举办大学生村官“放飞青春 梦圆海州”演讲比赛

2014年，步行街举办台湾美食节

云台农场发展乡村特色旅游

海州区全民健身中心、
文化馆、图书馆投入使用

2014年5月，白虎山庙会
在海州古城朐阳门广场举办

2014年1月，在民主路举办
全市未成年人寻访老街文明活动

新海街道星化社区为老人搞营养配餐

海州区千名机关志愿者参加义务献血

海州区红十字会举行博爱送万家物资发放活动

2014年8月8日
港城首批140辆公共自行车投入运营

2014年3月8日，海州区妇联
在云台宾馆举办相亲大会

编辑说明

一、《海州年鉴》是由连云港市海州区人民政府主办、海州区地方志编纂委员会编纂的大型信息资料工具书。《海州年鉴》创刊于2000年，每年公开出版1卷，已出版15卷。

二、《海州年鉴（2015）》为区划调整后出版的第一卷。本卷以马克思列宁主义、毛泽东思想、邓小平理论和“三个代表”重要思想为指导，深入贯彻落实科学发展观，全面、系统、翔实地记载了2014年海州区自然、政治、经济、文化、社会等方面的基本面貌和发展情况，反映了全区人民在全面建设小康社会的进程中，立足新起点，汇聚新能量，合力推进“人文荟萃、美丽海州”建设所取得的新成就、新经验，旨在为领导决策所用、为一线工作所用，为社会各界了解和研究海州提供基本信息，为续修地方史志积累资料。

三、本卷采用分类编排法，设类目、分目、条目3个层次（少数类目和分目下设子类目、子分目），条目为记述的基本层次。条目标题加【 】标示。全书共设39个类目，随文表格51张，彩页及随文图照91幅。

四、全书力求突出时代特色、地方特色和年度特色。在卷首设特载、大事记，记述区划调整的概况，区委、区政府的重要会议和重大决策；设区情概览介绍本地区的自然概况及悠久的历史文化。在记述的主体部分通过反映新事物的特色条目、专题性条目，增强年鉴的创新特色。卷后设《媒体看海州》栏目，摘录报刊报道的本地区政治、经济及社会民生等重大新闻和热门话题，客观地再现2014年海州的真实风貌。卷末设附录，便于读者查阅当年的重要文件目录和统计资料。

五、本年鉴稿件资料按照《海州年鉴（2015）篇目设置》要求，由区各有关部门和单位撰写，并经各单位负责人审定。为全面反映相关领域的发展情况和全貌，海州区年鉴编辑部采编和补充了部分内容。

六、本年鉴所载的综合性统计资料，由区统计局提供，有些因统计口径不同而出现的差异，原则上以《海州统计年鉴（2015）》为准。统计资料使用现行法定计量单位。年鉴中所录区委、区政府的工作报告及其他文件，忠于原作，保留原貌。

七、本年鉴的检索方法有目录和索引两种。目录在卷首，编排至条目；索引在卷末，为综合性主题索引。

八、《海州年鉴（2015）》征编工作，得到市地方志办公室和全区各级政府、各部门、各单位及社会各界的关心、帮助和大力支持，在此表示感谢。书中疏漏、不足之处，敬请读者指正。

特 载

区情概览

大 事 记

中共海州区委员会

海州区人民代表大会

海州区人民政府

政协海州区委员会

中共海州区纪律检查委员会

民主党派　工商联

群众团体

社会治安综合治理

公安工作

检察工作

法院工作

司法行政工作

武　装

城乡建设

城乡管理

交通运输

环境保护

现代农业与新农村建设

开放型经济

开发区建设

工业经济

商贸服务业

旅 游 业

金融业

财政税务

综合经济管理

教 育

科学技术

文化 体育

卫　生

劳动与社会保障

社会民生

镇·街道·农场

人　物

媒体看海州

附 录

索 引

中共连云港市委连云港市人民政府关于调整部分行政区划的通知

连发〔2014〕19号

各县区委、人民政府，市委各部委，市各委办局，市各直属单位，驻连部省属单位：

根据《国务院关于同意江苏省调整连云港市部分行政区划的批复》国函〔2014〕56号）、《省政府关于调整连云港市部分行政区划的通知》（苏政发〔2014〕64号）精神，结合我市实际，现就做好我市部分行政区划调整工作通知如下：

一、调整内容

1、撤销赣榆县，设立连云港市赣榆区，以原赣榆县的行政区域为赣榆区的行政区域，区人民政府驻青口镇琴岛路2号。

2、撤销新浦区、海州区，设立新的连云港市海州区，以原新浦区、海州区的行政区域为新的海州区的行政区域，区人民政府驻郁洲北路9号。

二、管理范围

1. 赣榆区管理范围为原赣榆县行政区域。

2. 新的海州区管理范围为原新浦区管理范围和《中共连云港市委办公会议纪要》（2013年第5号）明确的原新浦区代管的朐阳街道、海州街道、洪门街道、幸福路街道4个街道办事处范围。

3. 市政府授权连云港高新技术产业园区管委会（南部拓展区指挥部）管理原海州区管理的锦屏镇、板浦镇、新坝镇、宁海街道办事处、海州经济开发区（含黄海机械厂）、锦屏林场。

三、时间安排

2014年7月8日完成赣榆区、新的海州区和高新区南部拓展区指挥部挂牌。2014年7月9日零时为行政区划调整交接时点。挂牌后3个月内机构和人员理顺到位。

各有关县区和部门要进一步统一思想，提高认识，加强领导，周密部署，迅速行动，确保行政区划调整各项工作有力有序开展。要按照“精简、统一、效能”的原则，设置行政区划调整涉及的各类机构，及时勘定涉及的行政区域界线。要严肃政治纪律、组织人事纪律、财经纪律、工作纪律，严格按照国务院“约法三章”要求，不新建政府性的楼堂馆所，不增加财政供养人员，不增加“三公经费”。要切实加强舆论宣传引导，高度重视社会稳定工作，努力营造良好的舆论环境和社会环境，确保圆满完成行政区划调整各项工作任务。

中共连云港市委

连云港市人民政府

2014年7月7日

中共连云港市委连云港市人民政府印发《关于调整部分行政区划的实施意见》的通知

连发〔2014〕20号

各县区委、人民政府，市委各部委，市各委办局，市各直属单位，驻连部省属单位：

《关于调整部分行政区划的实施意见》已经市委、市政府同意，现印发给你们，请认真贯彻实施。

中共连云港市委
连云港市人民政府
2014年7月7日

关于调整部分行政区划的实施意见

为认真贯彻落实《国务院关于同意江苏省调整连云港市部分行政区划的批复》（国函〔2014〕56号）、《省政府关于调整连云港市部分行政区划的通知》（苏政发〔2014〕64号）精神，平稳有序推进我市部分行政区划调整工作，现提出如下实施意见。

一、基本原则

（一）规范操作。坚持依法合规，在机构撤并组建、人员安排、财产移交划转等工作中，做到公开、公平、公正，严格操作规程，按要求推进各项工作。

（二）确保稳定。坚持以人为本，兼顾各方利益，把人员安排和群众权益保障放在首要位置，做到人员职级不降低、待遇不变差、收入不减少，人民群众的利益不受损害，地方发展不受影响，确保思想稳定、经济稳定、社会稳定。

（三）统筹兼顾。坚持一手抓行政区划调整，一手抓发展和当前工作，周密部署，精心组织，确保行政区划调整工作平稳高效顺利，确保经济社会发展有序推进。

（四）严守纪律。严肃政治纪律、组织人事纪律、财经纪律、工作纪律和保密纪律，讲党性、守纪律，讲团结、促和谐，为行政区划调整工作提供有力保障。

二、调整内容和管理范围

（一）撤销赣榆县，设立连云港市赣榆区，以原赣榆县的行政区域为赣榆区的行政区域，区人民政府驻青口镇琴岛路2号。管理范围为原赣榆县行政区域。

（二）撤销新浦区、海州区，设立新的连云港市海州区，以原新浦区、海州区的行政区域为新的海州区的行政区域，区人民政府驻郁洲北路9号。新的海州区管理范围为原新浦区管理范围和《中共连云港市委办公会议纪要》（2013年第5号）明确的原新浦区代管的朐阳街道、海州街道、洪门街道、幸福路街道4个街道办事处范围。

（三）市政府授权连云港高新技术产业园区管委会（南部拓展区指挥部）管理原海州区管理的锦屏镇、板浦镇、新坝镇、宁海街道办事处、海州经济开发区（含黄海机械厂）、锦屏林场。

行政区划调整后，全市各县区的排序为：东海县、灌云县、灌南县、赣榆区、海州区、连云区；各派出机构和功能板块的排序为：市开发区、徐圩新区、高新区、云台山景区、连云新城、新海新区。

三、主要政策

（一）关于赣榆区有关政策

1. 赣榆撤县设区后，将原赣榆县各级机构整体更名为赣榆区的工作机构，原市、县委管理干部职务作相应改称，原市、县、镇人大代表、党代表，市、县政协委员、县委委员、候补委员、纪委委员资格继续有效，县人大、政协、党代会和镇人大、党代会的届次不变。

2. 赣榆县撤县设区后，在服从全市总体规划的前提下，继续享受县级管理权限，省对县财政管理体制不变，原享受的优惠政策保持不变；新型城镇化管理水平逐步提高，同城待遇逐步提高。以上政策属省权限的须向省争取确定。

3. 在省对赣榆管理体制不变的过渡期内，市级财政不集中赣榆财力，并逐步加大市对赣榆区的补助力度。

4. 除国家和省另有要求外，赣榆区区属各级工作部门职能、机构性质和人员编制等保持不变，市级垂直管理部门、机构和职能保持不变，积极协调省级垂直管理部门、机构和职能维持不变。

5. 市委、市政府出台《关于推进赣榆区跨越发展的意见》，明确支持赣榆区跨越发展的政策措施，并将赣榆区继续纳入全市县域经济发展的考评体系，推动赣榆区更好融入港产城联动跨越发展。

（二）关于新设立海州区和连云港高新技术产业园区管委会（南部拓展区指挥部）有关政策

1. 人员安排

（1）依照有关法律和组织章程，党委、人大、政协等分别召开有关会议，做好党委、人大、政府、政协、纪委、法院、检察院的组建和选举任命工作。

（2）关于党代表、人大代表、政协委员的资格、届次、任期按照有关法律和组织章程确定，并开展工作。

（3）原新浦区、原海州区人武部更名及机构设置由连云港警备区按规定报批，涉及人员安排由警备区提出方案，有关区配合组织实施。

（4）原新浦区、原海州区各工作部门和事业单位及人员按照“先合并后理顺，逐步过渡到位”的原则，在新的海州区和高新区南部拓展区指挥部挂牌后3个月内理顺到位。

（5）原海州区区级机关和事业单位离退休人员按照“人随机构走”的原则妥善安排。

2. 关于国有资产和债权债务处置政策

原新浦区、原海州区区直机关、区属企事业单位国有资产、股权与债权债务的划分，按照“资产随职能和人员走”的原则进行划转。锦屏、板浦、新坝3个镇、宁海街道办事处、海州经济开发区（含黄海机械厂）、锦屏林场及所属企事业单位国有资产、股权和债权债务，整体划转连云港高新技术产业园区管委会（南部拓展区指挥部）。原新浦区、原海州区区级债权债务，根据机构和人员调整实际情况进行妥善处置。

3. 关于财税政策

（1）2014年市与新的海州区、连云港高新技术产业园区管委会（南部拓展区指挥部）财政结算政策、土地收益分成的相关政策原则上保持不变。

（2）按照“财随事转、财随人划”的原则，及时做好相应经费的划转，保证各办事机构的正常运转。涉及财政基数和重大支出项目的调整由市统筹协调解决。

（3）按照“属地管理”的原则处理区域内企业、单位的税费缴纳管理。

（4）原海州区享受的国家和省定经济薄弱地区农业、教育、卫生、社会保障等各项补贴政策，由市财政部门通过二次分配拨付连云港高新技术产业园区管委会（南部拓展区指挥部）。需要争取上级财政支持的项目，由市财政局等相关部门协调，连云港高新技术产业园区管委会（南部拓展区指挥部）以新的海州区作为申报主体。

4. 关于企事业单位和城乡居民的服务保障政策

（1）按照调整后的行政区划，及时做好机关、企事业单位人员和离退休人员津补贴，城乡居民医保、低保、五保户供养、优抚对象等划转、衔接工作，原则上按2014年标准维持不变，2015年按“就高不就低”的原则调整到位。

（2）按照分级分类承担、分步分阶段推进的要求，做好涉及民生的相关机构撤并组建和服务保障工作，确保人民群众日常生活不受影响。

（三）关于印章政策

涉及的各县区及所属单位、部门新制发和应废止的印章按照印章管理规定办理。

（四）关于信息变更

1. 依据属地管理，各类个人信息本着自愿的原则办理，各类公共信息及时变更。

2. 各类地名信息由各责任单位按相关规定及时变更。

四、实施步骤

行政区划调整工作分为三个阶段：

第一阶段：工作准备（5月上旬—6月下旬）。开展广泛调研，召开市委常委会、市政府常务会研究制定《中共连云港市委 连云港市人民政府关于调整部分行政区划的通知》、《中共连云港市委 连云港市人民政府关于调整部分行政区划的实施意见》及各工作组工作方案，成立市行政区划调整工作领导小组及相关组织机构。自2014年5月21日起，对赣榆县、新浦区和海州区的人、财、物实行冻结。

第二阶段：部署实施（6月下旬—9月下旬）。召开全市部分行政区划调整会议，传达省政府通知精神，进行动员部署。召开市人大常委会通过有关决定。市行政区划调整工作领导小组县区工作组、专项工作组全面展开行政区划调整组织实施工作。2014年7月8日完成赣榆区、新的海州区和高新区南部拓展区指挥部挂牌，开始按照新的行政区划和组织架构运行。2014年7月9日零时为行政区划调整交接时点。8月份，召开新的海州区人大、政协会议，选举产生新的人大、政府、政协领导班子组成人员，法院院长、检察院检察长。

第三阶段：检查总结（9月下旬—10月中旬）。对行政区划调整工作总体情况进行检查总结，向省政府上报调整部分行政区划工作实施情况，妥善做好各项后续工作。

五、工作要求

（一）统一思想，明确责任。各有关县区和单位要充分认识开展此次行政区划调整的重要意义，切实把思想认识统一到市委、市政府的决策部署上来，主要负责同志为行政区划调整工作的第一责任人，要按照分级负责、各司其职的要求，充分履行职责。要按照职能分工，切实做好人、财、物等的交接、处置等工作，妥善处理好有关历史遗留问题，合力推进行政区划调整工作。

（二）深入宣传，加强指导。市委宣传部、各新闻媒体要制订专门的宣传方案，深入宣传行政区划调整的重要意义、进展情况，帮助干部群众了解情况、统一思想、排忧解惑、消除顾虑，确保各项工作平稳过渡。各专项工作组要深入有关县区检查指导调整工作，协调解决问题，加强政策指导，宣传法律法规，及时纠正不规范的行为，确保依法规范操作。

（三）严肃纪律，确保稳定。各有关县区和单位要严明政治纪律、组织人事纪律、财经纪律、工作纪律。市纪检、监察、财政、审计等部门要切实加强监督检查，对有令不行、有禁不止、违纪违规的行为，要依法依纪严肃处理。要切实做好社会稳定问题的研判处置工作，妥善处理各类突发事件和群众信访问题，全力保障行政区划调整工作圆满完成。

立足新起点　汇聚新能量
合力推进人文荟萃美丽海州建设

——在区委九届七次全体会议上的讲话

（2014年8月7日）

王立斌

同志们：

经国务院批准，在市委、市政府的精心指导下，撤销原新浦区、原海州区，组建新的海州区，以7月8日挂牌为标志，新海州正式诞生。今天，区委在这里召开九届七次全体会议，这也是新海州成立以来召开的第一次全委会。会议的主要任务是，深入贯彻落实党的十八大和十八届三中全会、省委十二届七次全会、市委十一届八次全会精神，回顾总结上半年工作，认真分析海州面临的新形势、新任务，科学谋划当前和今后一段时期全区经济社会发展的总体思路、工作要求和关键举措，动员全区各级党组织和广大干部群众，立足新起点，汇聚新能量，以更加饱满的工作热情，合力推进“人文荟萃、美丽海州”建设。

根据区委常委会讨论的精神，我讲两点意见。

一、关于上半年工作

2014年是不平凡的一年，我们在加快融入全市“一带一路”建设热潮中，迎来了区划调整，中心城区经过资源整合，发展的优势更加凸显。半年来，在市委、市政府的坚强领导下，全区上下紧紧围绕“六个突破、四个提升”年度工作总要求，积极应对经济下行压力，从头抓起、抓紧、抓实，经济社会发展持续攀升，各项工作取得重要进展。

一是反映经济社会发展的重要指标逆势上扬。呈现“好于往年、高于前季、快于全市”三个特点。公共财政预算收入、全社会固定资产投资等9个指标超过序时，其中外资到账超序时17个百分点。规模以上固定资产投资、内联客方到位资金等11个指标高于全市平均。其中规模以上工业投资高于市9个百分点。从各目标承担单位来看，花果山、新东、朐阳、洪门、南城、海州等6个街道完成全部考核目标。瀛洲集团融资8.67亿元，仅用半年时间就完成了全年目标任务。在上月举办的“相约新海州”投资推介会上，集中签约了23个项目，总投资达102亿元，彰显了我区强大的吸引力和承载力。

二是事关当前及长远发展的五大片区发展迅速。呈现“推进速度快、建设标准高、社会影响大”三个特点。新城建设取得突破。滨河新城以道路、桥梁为重点，郁洲北路铁路立交正式通车，新浦大桥、郁洲西路即将建成通车，开工建设新浦二桥，与主城区十分钟交通圈初步形成。与此同时，解放路小学滨河分校、瑞安花园等公共配套开工建设，蔷薇岛生态旅游开发全面启动，总长12公里的环岛路铺设完成。孔望新城、凤凰新城快速推进，易居公馆、凤祥铭居等高品质小区建成，凤凰中学、师专二附小新校区主体完工。旧城改造克服重重困难，完成房屋征收51万平方米，体育局地块率先拆成净地，天然居、外仓街、车管所、财校A西地块正在扫尾，一批提升城市消费层次的城市综合体即将落户。连盐铁路公示户数签约过半，黄海度假村签约超九成。新海路、江化路、解放路等三横两纵道路实施黑色化，完成道路提升13公里，秦东门大街、人民路改造开工。禁违拆违累计2.6万平方米，有效震慑了违建高发态势。特色街区影响力不断扩大，51家品牌店陆续开业，成为海州又一靓丽名片。一些在外工作春节回乡的连云港人，在目睹了民主路、盐河巷的蜕变后，由衷地感叹家乡的变化，唤起了对老新浦的记忆。开发区西区突出厂房建设和项目招引，在建标准厂房15万平方米，新签约过亿元项目6个。中小企业园签约项目20个，已有7个项目入驻。投入1.5亿元，完善道路、供电、绿化等基础配套，完成污水处理厂回购，并正式投入运营。现代服务业集聚区“三横三纵”园区道路、水、电等工程快速推进。电商物流园、海通技校项目开工，2.5万平方米的智能化分拣中心即将封顶，电子商务中心完成方案设计，总投资2亿欧元的西班牙麦卡莎农产品加工项目签约。现代服务业集聚区也成为全市首批市级现代物流园区。城乡统筹完成新镇区“八个一”项目工程总量的85%以上，一座现代化的新镇区迅速崛起蔷薇河畔。花卉苗木、设施蔬菜、特种水产养殖三基地管理服务中心建成，连接三基地的道路环线全部黑色化，汪新大桥建成通车，包青路二总桥完成加固维修。

三是倍受关注的区划调整工作顺利推进。呈现“人心思齐、服从大局、平稳过渡”三个特点。5月2日，国务院批复同意我市部分行政区划调整方案，撤销新浦区和海州区，成立新的海州区。根据市委市政府《关于调整部分行政区划的实施意见》，老海州区抽调100余人组建高新区南部拓展区指挥部，其余27个单位和新浦区整建制并入新的海州区。在区划调整过程中，我们按照市委市政府的要求，讲大局、讲纪律，认真做好人员对接，并在一个月内，把所有科级干部整合安排到位，为新海州的发展奠定了基础。在这个过程中，全区所有科级干部表现出了极高的政治责任感和个人品德。在人多岗位少的情况下，不计个人得失，服从大局，率先垂范，以饱满的热情投入到新的工作岗位，保证了人事安排平稳有序。全区团结一致、政令畅通、相互包容、同舟共济、干事创业的良好局面初步形成。

四是涉及诸多民生事项的社会建设全面进步。呈现“投入大、覆盖广、贴近群众”三个特点。始终坚持民生优先，从群众最关心、最直接、最现实的利益问题入手，集中实施了十大惠民工程：在城区，实施了老旧小区改造、便民路修整、背街小巷整治工程，开工建设建国路，受到群众的衷心拥护。在商业服务设施方面，新的红星美凯龙主体封顶，海港城美食街区全面装修，博威浪漫时尚街区年底开业。在农村，实施了村庄环境整治工程，农村环境明显改观。加快教育设施改扩建，浦南中小学校、师专二附小基本建成，解放路小学滨河分校开工建设，建宁小学、海庆中学等7所学校面貌焕然一新。启动社区两房修缮系列工程，新增两房面积4200平方米，开工建设1.2万平方米社区服务中心。实施眼科医院升级改造工程，改造扩建孔望山社区等5个社区卫生服务中心。成功举办白虎山庙会，吸引游客近50万人。发展社会养老事业，区第一社会福利中心——花果山养老院投入运营，19个社区居家养老服务站得到扶持。投入1000余万元，新建区社会管理服务中心并投入使用，提高行政效能。推进“一案四防”、“百日百案化解”等专项行动，全区稳定形势进一步向好。创新“千名机关志愿者爱心帮扶行动”，传递扶贫济困正能量，在全市产生广泛影响，受到社会各界的一致好评。

五是突出作风建设的第二批群众路线教育实践活动不断深入。呈现“参与广、学习透、剖析深、整改实”鲜明特点。深入开展学习教育，通过开展“一把手”读书班、集中学习会、“依靠谁、为了谁、我是谁”、“三严三实”大讨论、重温入党誓词等活动，宗旨意识、群众观点得到进一步深化。广泛征求意见建议，通过组织开展“四促五帮联百村”、“万名党员万户行”和“走访听”等活动深入基层，征求群众意见4100余条。深刻查摆问题，仔细撰写对照检查材料，诚恳地进行自我剖析。认真开展批评与自我批评，以过一次严肃组织生活的标准召开了专题民主生活会，达到了预期效果。党风廉政工作不断加强，出台机关作风十二条禁令，开展“肃纪倡俭”等专项行动，强化执纪问责，查处并通报了公款购卡、公车私用等6起违反作风建设典型案例，查办各类违纪违法案件10件，作风建设有效改善。

发展有目共睹，成绩来之不易。市委李书记、赵市长来区调研时，高度评价我区经济社会发展所取得的成就；我区也多次代表县区在市委全体（扩大）会议以及专项会议上作典型发言。同时，新华日报等诸多报刊对我区发展作了专题报道，山东、河北、黑龙江等地党政代表团纷纷前来参观考察。仅在上半年，民主路老街接待国家、省、市领导和各地考察团59批次，浦南镇城乡统筹接待各地考察团15批次。这些成绩的取得，是市委市政府正确领导、大力关心的结果，是区人大、区政协认真履职、参政议政的结果，是全区广大党员干部奋力拼搏、扎实工作的结果。在此，我谨代表区委常委会，向所有为海州经济社会发展作出贡献的同志们，致以崇高的敬意和衷心的感谢！

在肯定成绩的同时，我们也要清醒地认识到发展中存在的问题和不足，主要表现在，工业总量不大，服务业层次不高，农业现代化水平偏低，财政收支压力大，惠民投入需要进一步增加，各项改革需要进一步深化，作风建设需要进一步增强等。对此，我们将保持清醒的头脑，采取有力措施切实加以解决。

二、下半年工作要求

当前，国内经济发展“三期”叠加的特征十分明显，区域竞争日趋激烈，经济运行中不确定性、不平衡性和脆弱性仍然凸显。新的海州区成立后，虽然辖区面积从460平方公里增加到697平方公里，但实际管理面积只有480平方公里，其中还有驻区农场、景区和近20万亩基本农田，可开发面积并不多。新的海州区，人口达到83万，其中户籍人口53万，但财政供养人员偏多，达到9500人，财政收入结构不合理，二产规模太小，三产层次偏低，承载的发展任务更加繁重。在正视压力的同时，我们更要看清发展的动力。当前，国家正在加快推进新型城镇化和城乡发展一体化进程，省里支持苏北的“六项工程”正在加快实施，全市上下正在积极抢抓“一带一路”建设重大机遇，这些必将成为助推海州大建设、大发展的强大动力。从我们自身来看，两区的合并，更加促进了区域融合、人才汇集、要素集聚，必将释放出巨大的发展潜力。面对新形势、新任务、新机遇，我们要以“建设生态宜居、人文荟萃、经济繁荣、社会文明的现代化中心城区”为总体目标，以“建设区域性经济文化中心和更高水平小康社会”为近期奋斗目标。凝聚全区力量，努力打造文化之城、商贸之城、创业之城、宜居之城、首善之城，推动海州在新的起点上跨越前行。

围绕上述总体目标和基本定位，我们要加快城市空间布局的整合，构筑“一城两山三组团”的城市框架。一城，就是海州新城区，包括海州古城、新浦老城区和新海新区。加快融合步伐，推进同城一体化进程，形成古城海州、近代新浦、现代新海新区，由西向东梯次过渡的城市脉络，风格独特、功能互补。两山，就是一东一西两大名山。支持配合花果山景区管委会打造以花果山景区为核心，以东磊、渔湾、孔雀沟等为补充的大花果山景区；支持配合市城投公司共同打造以孔望山景区为代表，以石棚山、白虎山等景点为依托的大锦屏山景区。淡化区域界限，相互支持配合，走区域共同发展之路。加快河道整治出新，把海州建成“望得见青山、看得到绿水，山在城中、城在山边”的美丽城区。三组团，就是滨河新城、孔望新城和凤凰新城三个组团。滨河新城以蔷薇河生态保护为前提，推进组团式开发，打造港城西客厅、活力滨水城、绿色休闲岛；孔望新城借助山城相连优势，深入挖掘人文历史资源，打造特色鲜明、环境生态、人文和谐的城市空间；凤凰新城以融合新旧城市文化、展现山水特色为主题，打造环境优美、功能完善的休闲慢城。同时，加快浦南新镇区建设，打造“都市卫星镇，城市后花园”，推进新型城镇化和城乡一体化进程。

在推进城市建设的基础上，着重加速产业发展，增强综合实力，构筑“一心一带三区”的产业布局。一心，即商务核心区。以通灌路、解放路、海昌路、陇海步行街商圈为中心，立足传统商贸服务业优势，着力发展城市综合体、特色街区、金融机构和专业市场，打造全市核心商圈。一带，就是沿解放东路、310国道和老204国道，打造一条集专业市场和货运物流为一体的“U”字形产业带，着力发展五金机电、汽车贸易、小商品批发、装饰装修、家具建材、农副产品交易6大类专业市场。三区，即都市工业集中区、现代服务业集聚区、现代农业示范区。都市工业集中区，突出高端装备制造业，壮大园区规模，打造具有区域竞争力的高端装备制造基地；现代服务业集聚区，重点打造以电商、仓储、科研为一体的高端服务业基地；现代农业示范区，以浦南、云台两个省级现代农业园区和岗埠设施农业为依托，推进传统种植业向设施农业、高效农业、观光农业、体验农业转变，全面提升农业附加值，增加农民收入。同时，加快开发古城游、山水游、乡村游等特色旅游，发展壮大旅游服务产业。下半年要重点抓好六项工作：

一、强化规划引领，突出组团开发，全面提升城区建设品质

城市建设是海州今后工作的重中之重，要按照“一城两山三组团”空间布局，加快建设功能清晰、特色鲜明的城市版块，打造全市最佳宜居区。

一是推进海州大融合。要牢固树立“大海州”思维，加快海州古城、新浦老城区和新海新区相互融合。新浦老城区要依托区位资源优势，加快旧城改造步伐，推进51个地块拆迁工作，确保年内完成140万平方米征收任务。支持40万平方米万润广场、10万平方米恒润综合体、10万平方米利群综合体开发建设。年内确保再有4个核心商业地块挂牌出让，引进一批带动力强、影响力大的商贸、金融以及知名企业分支机构进驻，全力打造全市科教文化商贸金融中心。海州古城要按照城中有山、新旧共生的特征，构造一个山城一体的旅游、商业、文化中心，同时增加行政办公功能。支持新海新区发展，围绕“智慧新区、水映山城”的总体愿景，运用“青山入城、绿水环绕、山水相映、城水交融”的城市设计理念，建设以科技创新和旅游配套为特色的综合性新区。支持高新区南部拓展区加快建设步伐。

二是充分彰显名山特色。要保护好开发好一东一西两大名山，深度挖掘西游记、儒家和先秦文化内涵，策划创意文化形象，推动景区由“观光型”到“体验型”转变，做响文化旅游品牌。以花果山景区为核心，继续配合酒店、宾馆、商场等基础配套设施建设，做好出入口、环山路两侧以及环山区域拆迁改造，并以东磊、渔湾、孔雀沟等景点为补充，加快形成大花果山景区。以孔望山景区为代表，联合市城投公司开发建设孔望山景区，加快孔望山路建设，推进石棚山、白虎山与孔望山景区融合，做好周边环境整治，力争用2至3年时间完成5A级创建工作，做大做强大锦屏山景区。

三是推进组团开发。滨河新城要重点抓好项目招引和道路桥梁、公共配套建设。郁洲西路9月通车、新浦大桥10月建成通车，新浦二桥明年6月完成建设。解放路小学滨河分校年内主体完工，瑞安花园确保明年交付使用。碧桂园、圣承、国宇等签约房地产项目力争年内开工。蔷薇岛重点抓好“一路两园”建设，启动千亩薰衣草生态园、千亩湿地公园建设，适度拓展其它旅游项目。孔望新城、凤凰新城继续完善基础建设，推进深度开发，启动新大街棚户区改造，新建东路、磨盘山路建成通车，加快五星级大酒店、玉兰国际等项目开发，师专二附小、凤凰中学秋季开学投入使用。

新型城镇化是推进城市化和城乡发展一体化的重要环节。要紧紧围绕“都市卫星镇，城市后花园”的发展定位，加快浦南新镇区建设。浦南中小学、樱花小区、文体中心、福利中心等项目要尽快投入使用，星光湖、商业中心等项目要加快建设进度。同时，要充分发挥主城区辐射带动作用，依托养老、卫生、公园等优质公共资源，大力发展养老地产、商业房产，下半年要确保有3个地块进入商业开发，将新镇区打造成最具活力的城区卫星镇。

二、突出主导产业，做强支撑产业，促进三次产业协调发展

产业是一个地方发展的重要支撑力量，产业兴则经济兴。要围绕“一心一带三区”产业布局，推动三次产业协调发展。

一是突出商务核心区建设。进一步巩固提升通灌路、解放路、海昌路、陇海步行街核心商圈建设，苏宁广场10月份对外营业，吸引优衣库、万宝龙、星巴克、横店影院等时尚品牌和餐饮娱乐一线品牌同步进驻。民主路老街二期突出“一路三巷四地块两广场”建设，完成陇西路立面改造。盐河巷二期完成改造建设。支持杰瑞科技创意产业园发展，培育酷歌动漫、杰瑞深软等新兴科技企业发展壮大。

二是加快专业市场、货运物流产业带建设。围绕“U”字形做文章，沿解放东路规划建设振兴汽车城、建材市场和机电商贸城；沿310国道重点打造公路货运物流，力促总投资1.5亿元的东浦物流园、总投资3.2亿元

的万发国际物流园年内开工建设；沿老204国道，依托现代服务业集聚区、四季农贸市场、洪门工业园，重点发展电商物流、农产品物流、仓储物流等。进一步提升五金机电、汽车贸易、小商品批发、装饰装修、家具建材、农副产品交易6大类专业市场，增强区域影响力、辐射带动力。

三是推进产业园区建设。都市工业集中区要围绕高端装备制造业，加快推进装备制造产业园、流体设备产业园、中小企业园建设，确保完成40万平方米厂房建设。要加大对产业链上下游项目招引力度，加强与丝绸之路沿线地区的交流与合作，密切与央企、国企的跟踪对接，年内新引进项目15个以上，每个镇街至少要引进两个过2千万元的工业项目进园区。现代服务业集聚区要加快顺丰快递、天马网络、邮政快递产业园等项目落户，年底建设规模要超过5万平方米，形成服务港城的区域性电商物流中心，加快省级物流园升格步伐。现代农业示范区要加快农业现代化进程，推动浦南、云台两个省级现代农业园区连片发展、形成规模，年内新增土地流转面积1万亩以上，争创国家级现代农业示范区。岗埠农场以设施农业为重点，提高效益，打响品牌。同时，要加大旅游资源宣传推介，提升服务内涵，打造旅游名城。

三、更加关爱民生，发挥区域力量，成就社会事业新高地

始终把保障和改善民生作为全部工作的出发点和落脚点，切实解决群众最关心、最直接、最现实的利益问题。

一是突出社会事业建设。继续加大新浦老城区、海州古城便民路、背街小巷和低洼易涝片区整治，全面改善居民生活环境。高度重视就业和社会保障，把稳定就业作为经济发展的优先目标，做好重点群体就业，着力完善城乡一体的社会保障体系。继续推进城乡教师和校长交流，加强教育技术装备建设，促进城乡教育资源均衡配置。扩大学前教育优质资源覆盖面，大力发展公办幼儿园、积极扶持民办幼儿园，争创省学前教育改革发展示范区。加快社区卫生服务中心标准化、信息化进程，完善基层村级医疗体系。稳妥、有序实施"单独两孩"计生新政，着力推进15分钟公共服务圈建设。

二是突出生态文明建设。实施"蓝天碧水"工程，广泛开展污染物减排、餐饮油烟整治、农村河道池塘整治、秸秆禁烧和工地扬尘治理，突出抓好饮用水源地保护工作。配合市建设、水利部门做好东盐河综合治理，建设滨水公园。加强农村环境连片整治，实现全覆盖。深入开展市容秩序综合整治，以及示范路、示范社区创建，全面提升城市环境。要以镇街为主体、以城管为主要拆除力量，加大查处力度，坚决遏制乱搭违建之风。大力开展生态文明创建工作，确保花果山街道创成国家级生态乡镇，浦南镇、南城街道创成省级生态乡镇。

三是突出社会治理。进一步运用法治思维强化社会治理工作，扎实抓好社会管理"三级平台"建设。健全网络舆情管理及社会稳定风险评估体系，推广"政社互动、三社联动"社会治理创新工作，发展社区工作者、义工、"五老"、"万人红袖标"等群防群治队伍，筑牢社会治理的基层基础。深入开展矛盾纠纷排查专项行动，抓好初信初访、落实领导接访下访、推进信访积案化解，实现信访"两下降、四确保"。全面落实安全生产责任制，做好防火、防汛、防台风工作，加大食品、药品、餐饮卫生监管力度，加强重大隐患整改和重大危险源安全管理，杜绝较大以上事故的发生，保障人民群众的生命财产安全。

四、全面深化改革，激发创新活力，塑造海州发展新优势

经济体制改革具有牵一发而动全身的作用。从这次省、市全委会报告可以看出，省委和市委推进改革的决心和力度是空前的。我们要立足自身实际，努力在重要领域和关键环节上取得突破，奋力在全面深化改革上走在全市的前列。

一是深化农村综合改革。积极开展农村土地承包经营权置换城镇社会保障、农村宅基地使用权置换城镇保障住房的"双置换"试点，鼓励农民进城入镇，让有条件、有意愿的农民，有序转化为市民。加大土地使用制度改革，积极发展家庭农场，推进农业适度规模经营。加快推进农村集体土地确权登记工作，切实维护农民权益，促进农村社会稳定。落实国家户籍制度改革，逐步打破城乡二元结构。

二是推进民营经济大发展。前不久，市里召开民营经济发展工作会议，出台一系列推动民营经济加快发展的政策措施，各单位、各部门要从我区实际出发，一项一项抓好落实，着力营造公平竞争的发展环境，鼓励和支持民营经济做大做强，激发和释放民间的创业活力。要继续推进小微企业转贷方式试点推广工作，扩大"微贷宝"服务范围和支持力度。要加快企业上市融资，支持联瑞新材料、福源医疗器械等民营企业上市。要鼓励民间资本进入金融领域，推进南京银行等大型股份制商业银行在我区设立分支机构。

三是深化财税体制改革。积极打造"阳光财政"，建立预决算公开制度，除涉密外，政府、部门和"三公"经费预决算年底在一定范围内逐步全面公开。进一步规范税收征管工作，整治区内经营、区外注册现象，加大协税护税力度，严肃查处渎职行为，积极推进"营改增"改革。加强政府性债务管理，实行债务风险预警机制、偿债准备金制度和问责追究制度，各功能片区都要解决资金"怎么借"、"怎么用"、"怎么还"等问题，责任靠身。完善区对镇、街的财政管理体制，建立事权和支出责任相匹配的制度，提高镇街财政保障运行和服务发展的能力。

五、推进招商引资，突出项目建设，增强区域发展潜力

项目是发展的载体，招商是发展的引擎，要始终把招商引资和项目建设作为最具战略性、牵动性和突破性的工作来抓。

一要主攻招商引资。强力推进招商引资"5343"工程，坚持主要领导带头抓招商，各责任单位每周要有客商接待，每半月要有一次外出招商活动，每月要有一个项目签约，每季要有项目落地。要以招大商为目标，以产业链为抓手，着眼先进装备制造、现代商贸服务、品牌文化旅游、古城开发、宜居城区建设五大板块，创新思维，注重实效，实现招商引资量的扩张和质的提升。要创新招商方式，通过驻点招商、专业队伍招商、以商招商、展会招商等多种形式，积极请进来、走出去，确保全年招引过亿元项目30个，其中过10亿元5个，实际利用外资1亿美元。

二要聚焦项目建设。按照“签约项目抓落地、开工项目抓进度、竣工项目抓投产”的要求，对在建项目分秒必争、加速推进，对未开工项目夯实责任、逐一突破，对签约项目盯死看牢、尽快落地。强化项目服务保障，继续实行区级领导包抓重点项目制度和部门项目责任制，健全完善专项督办、定期通报、跟踪落实、服务保障等机制，确保全区重点项目顺利实施。特别是对区委全委会、政府工作报告中排定的项目，以及市重点督查的28个项目，每半个月要督查会办一次，确保按序时推进。

三是全力做好项目争取。当前，沿海大开发、“一带一路”战略的实施，对我区来说又是一次重大的历史机遇。全区上下要转变观念，主动呼应，围绕争取项目、争取政策、争取资金等内容开展对上争取工作，确保争取项目和资金实现大突破。区各职能部门要加大对国家和省市各类扶持政策的研究，谋划和包装一批把握性大、有价值的大项目和好项目，北上南下，跑省赴京，使更多项目纳入省和国家总盘子，确保海州在这一轮重大项目推进、重要基础设施建设中争取到最大份额。下半年，要在争创省级经济开发区、省级物流基地、省级服务业集聚区等方面取得更大突破。

六、深化教育实践活动成果，强化党的建设，为经济社会发展提供强力保障

作风建设永远在路上。我们要善始善终、善做善成，以作风建设新成效，汇聚推动改革发展的正能量。

一要持续开展好教育实践活动。目前，我区群众路线教育实践活动已进入整改落实、建章立制环节。我们要在省委督导组和市委督导组的指导下，持之以恒抓好群众路线教育实践活动，推动作风建设常态长效发展。要狠抓整改落实。各单位各部门要针对查摆出的问题、督导组反馈的问题、民主生活会上反映出来的问题，明确责任，落实措施，立行立改，取信于民。尤其要把整治损害群众利益行为作为重中之重，实施一系列为民办实事活动，将解决群众关切问题落到实处。要抓好建章立制。全面梳理已经出台的制度规定，结合中央、省市委的最新要求，抓紧修改完善，把制度的笼子扎得更紧、更密、更牢。

二要加强思想文化建设。思想政治建设，事关理想信念、政治方向和政治立场。要把学习贯彻十八届四中全会和省市委全会精神作为一项重大任务，切实把思想和行动统一到中央、省市委的要求上来。要以社会主义核心价值体系为引领，促进民族精神与时代精神相交融、优秀传统文化与现代文明相结合，筑牢全区人民共同奋斗的思想基础。要深入推进社会公德、职业道德、家庭美德教育，大力开展群众性精神文明创建活动，提高全社会的文明素质和文明程度。要牢牢抓住“连博会”、西游记文化节等节会契机，明确宣传要点，加大宣传力度，让“人文荟萃、美丽海州”成为全区发展共识。要抓好舆论形势的研判和分析，注重收集舆情，正确引导舆论，建立健全应急处置预案。

三要激发干部队伍活力。干部是党的事业的骨干，是海州崛起的希望。区划调整之后，干部成为我区实现跨越发展的最大资源。在这次干部调配中，区委坚持德才兼备、以德为先，突出重品行、重实绩的鲜明导向，以公平公正、平等相待为原则，立足实际，统筹考虑干部本人履职经历、专业特长与岗位匹配等多方面情况，充分酝酿，妥善安排，力求让每位干部人尽其才，才尽其用。希望全区干部倍加珍惜现有岗位，倍加珍惜组织信任，心往一处想、劲往一处使，不断增强建设海州的使命感和责任感。

四要强化抓落实的能力。目标是否坚定，决定事业的成败；落实是否到位，决定蓝图的实现。全区各级干部要牢固树立一盘棋思想，以只争朝夕、只争不怨的精神，聚焦重点、集中发力，力求早出成果、早见成效。要创新方法抓落实。坚持用改革的方法破解工作中的难题，找准上级的政策与海州的结合点，加强研究总结，形成具有自己特点的经验、模式。要强化责任抓落实。四套班子领导要主动担责、率先垂范，每个月都要对分管片区、条线工作进行盘点，和目标任务对帐，和周边县区对标。各镇街、开发区要对照全市找对手，部门要对照考核目标找差距，以更高标准、更严要求、更实举措推动各项工作落实。

五要深入推进反腐倡廉建设。党的十八大以来，中央打出一系列反腐“组合拳”，“老虎”、“苍蝇”一起打，反腐力度前所未有。我们要按照中央、省市的要求，坚持标本兼治、综合治理、惩防并举、注重预防的方针，全面推进惩治和预防腐败体系建设。要突出严格防范、严格监督、严格执纪、严格问责“四严”，加大违纪违法案件查处力度，建立早发现、早处置机制，对党员干部身上的苗头性问题，及时约谈，防止小错酿成大错，切实解决发生在群众身边的腐败问题和不正之风。所有工程都要按招投标制度和区里集体研究的政策规范运行。要加强权力制约和监督，科学规范行政执法机关权力运行，健全专项督查制度和纪律保障机制，深入开展纠风治乱专项行动，努力做到干部清正、政府清廉、政治清明。

同志们，新海州、新起点、新希望，海州正处在抢抓新机遇、实现新跨越的关键时期，我们要在党的十八大、十八届三中、四中全会精神的指引下，以更加振奋的精神、更加务实的举措、更加过硬的作风，深化改革、扩大开放、开拓创新，为把海州建设成为生态宜居、人文荟萃、经济繁荣、社会文明的现代化中心城区而努力奋斗！

以总书记重要讲话精神为引领 加快建设繁荣美丽海州

——在区委九届八次全体（扩大）会议上的讲话

（2014年12月31日）

王立斌

同志们：

区委召开九届八次全会，主要任务是深入学习贯彻党的十八大和十八届三中、四中全会精神，认真学习贯彻习总书记在江苏视察指导时的重要讲话，以及省、市委全会精神，回顾总结今年工作，科学谋划未来发展，研究部署明年任务，组织动员全区干群，牢牢把握新机遇，主动适应新常态，加快产城融合发展，建设繁荣美丽海州。下面，我代表区委常委会，向全会作报告。

一、关于今年工作

2014年，是海州发展史上极不平凡的一年。一年来，区委认真落实上级的各项部署，成功完成新浦和海州合并，成立新海州区，扎实深入开展群众路线教育实践活动，积极应对宏观经济形势变化，团结带领全区干部群众，较好完成了全年目标任务，办成了一批大事要事。

（一）区划调整顺利完成。认真贯彻国务院批复和省政府指示精神，落实市委、市政府的战略部署，在去年4月接管城区四个街道后，经过今年7月8日、11月18日两次调整，区划调整顺利完成。在区划调整过程中，全区干群特别是各级干部以高度的政治责任感和使命感，坚持以发展大局为重，自觉维护团结，各司其责，密切配合，平稳过渡。在干部调配中，领导干部带头讲政治、顾大局、守纪律，不分区域，以建设新海州为己任，自觉服从组织安排，展现出了良好的政治品质，全区上下心齐气顺、人心思进，社会大局保持团结稳定。

（二）改革发展稳步推进。建立健全改革机构，细化改革方案设计，以激发民营经济、创新社会治理为突破口，积极申报改革试点，继续深化医药卫生体制改革，稳步推进农村综合改革、财税体制改革，以及“微贷宝”小微企业融资试点和创新社会治理机制试点。牢牢把握发展大势，加强经济研判调度，开展“服务企业发展、规范诚信经营”专项行动，积极做好企业服务保障，在宏观经济下行压力不断加大、区划调整背景下，做到了人心不散、秩序不乱，多数指标实现稳步增长，纳入市目标考核的12项指标中，7项有望完成。

（三）重大项目顺利实施。成立15个重点开发建设指挥部，集中人力物力推进173项年度重点项目建设，一批重点工程、重点片区快速突破。滨河新城新浦大桥、新浦大道基本建成，新浦二桥、安置小区开工建设，蔷薇岛开发提速；凤凰新城完成8条道路建设，新大街改造顺利推进；孔望新城磨盘山路基本建成。完成170万平方米的房屋拆迁，创造历史纪录。连盐铁路完成1300户征迁任务。民主路一期、盐河巷二期、海港城海鲜美食街建成。浦南新镇区“八个一”项目基本完成，新坝、板浦镇区改造建设稳步推进。海州开发区“一区三园”联动发展，建成一批标准厂房和配套路网。现代服务业集聚区加快推进，海州智慧物流园被列为2015年全省200个重点建设项目之一。

（四）民生实事有效落实。坚持社会民生与经济建设同步推进，建成凤凰中学、师专二附小、板浦初中、太平小学等一批优质学校，开工建设解放路小学滨河分校，通过国家义务教育发展基本均衡区省级督导考核。建成残疾人康复中心，完成一批社区卫生服务中心改造提升。初步建成以养老机构、居家养老服务站为载体的老年服务网络，区第一社会福利中心改造运营。大力实施城区绿化工程，完成一大批老旧小区、小街巷、低洼易涝片区和村庄环境整治，改造提升多条城区干道，依法开展市容管理执法，城区面貌不断改善。广泛开展各类文体活动，1.2万平方米的区社区服务中心完成主体工程，新增社区“两房”6000平方米。完善领导干部接访包案制度，在全市率先试点建立社会矛盾纠纷多元融合式调处机制，深化“三位一体”治安防控体系建设，社会治安综合治理成效显著，重点地区五类刑事案件同比下降66%。

（五）教育实践活动扎实开展。以群众路线教育实践活动为抓手，大力加强机关作风建设，“四风”突出问题得到有效整改，党的建设得到新的加强。制定出台区委常委会议事规则、区四套班子联席会议制度，民主决策水平不断提高。积极开展区委中心组学习、“一把手”读书班，组织全区科级干部集中学习习总书记系列讲话精神，高标准召开区委常委会专题民主生活会，一批软弱涣散党组织完成整顿。修订完善作风建设等制度30余项，教育实践活动成果得到巩固。扎实开展"百千万为民工程"，办成一批惠民实事。完善农村、社区民主议事机制，积极推进村（社）"减负增效"工作，调动基层工作积极性。实施青年干部"向下扎根"计划，抽调一大批干部到重点功能板块和建设一线锻炼，充分调动各级干部的干事创业积极性。认真落实党风廉政建设"两个责任"，扎实开展八大专项治理行动，顺利完成两轮巡查工作，严肃查处一批违纪违法案件，营造了风清气正的良好环境。

一年来，区委常委会坚持统揽全局，理思路、作决策、抓班子、带队伍，科学谋划长远，狠抓当前工作，民主集中制得到有效落实，自身建设不断加强。积极支持人大、政协发挥决策监督、参政议政作用。针对区划调整后的资源布局整合，深入调查研究，注重集思广益，加强区四套班子的会商研究，通过群策群力，理清发展思路，推进工作延续。人武、统战、法院、检察、公安、群团、老干部、关心下一代、扶贫、残疾人等工作都取得了新的业绩。这些成绩的取得，得益于市委、市政府的坚强领导，得益于各部门、驻区单位的大力支持，凝聚了全区广大干部群众的心血和汗水。

在充分肯定成绩的同时，我们也清醒地看到当前所面临的诸多挑战：区域创新能力、产业支撑能力不强；商贸服务业档次不高，财政收入结构不合理，收支压力进一步加大，城市配套功能不完善；资源整合、发展融合还需要进一步深化；统筹城乡发展任务繁重；深化改革、法治建设有待加强；干部队伍作风能力需要进一步提升。对此，我们必须增强忧患意识、责任意识和使命意识，采取切实有力措施，不断加以改进和解决。

二、关于明年安排

区划调整后，全区的发展空间更广、人口更多、资源更集聚，拥有了全市主要的教育、文化、卫生、科技资源以及商贸服务业，有着更加丰富的山水人文资源，产业结构更加多样化。立足和把握区情实际，是我们做好工作的前提和关键。2015年，是深入贯彻党的十八大和十八届三中、四中全会的关键之年，是"十二五"规划的收官之年，也是新海州建设的首战之年。做好明年工作的总体要求是：全面贯彻党的十八大和十八届三中、四中全会精神，按照总书记对江苏工作的最新要求，认真落实省委十二届八次、九次全会和市委十一届九次全会部署，积极适应经济发展新常态，抓住用好"一带一路"交汇点建设的重大机遇，坚持稳中求进、稳中提质总基调，以建设区域性经济文化中心和更高水平小康社会为目标，以企业服务年、项目招引年为抓手，坚持市场导向，坚持改革创新，坚持转型升级，坚持生态优先，推进依法治区，从严管党治党，重点抓好城市建设、都市产业、文化旅游、民生事业、党的建设、深化改革、依法治区工作，推动全区在新的起点上实现更大发展。计划明年地区生产总值增长11%，一般预算收入和城乡居民收入与经济保持同步增长。

*要持续深入抓好习总书记重要讲话精神的学习贯彻。*今年12月13日–14日，习总书记在江苏视察时作了重要讲话，提出了建设经济强、百姓富、环境美、社会文明程度高的新江苏，并明确了推动经济发展、现代农业建设、文化建设、民生建设、全面从严治党"五个迈上新台阶"的要求，是我们前进的指明灯。全区干群要把学习贯彻习总书记的重要讲话精神作为当前和今后一个时期最重要的政治任务，持续兴起学习热潮。各级党组织要通过开展中心组学习、组织生活会、理论培训、专题讲座等形式，组织党员干部系统学习习总书记重要讲话精神，深刻把握内涵和核心要义，并结合区情和工作实际，抓好贯彻落实，真正做到内化于心、外化于行，成为做好工作的方向指针和行动指南，成为新一轮发展的思想引领和力量之源。

*要以改革创新的精神破解经济新常态中的发展难题。*世界经济仍处在国际金融危机后的深度调整期，国内经济进入"新常态"阶段。新常态下，经济增速从高速转向中高速，经济增长保持在合理区间，更加注重发展的质量和效益，更加注重结构的调整和优化，更加注重风险的化解和防控。这就需要我们深入认识新常态、主动适应新常态、积极引领新常态，把握好新常态这个时代课题，谋划好在新常态下加快发展。要更加尊重经济规律、自然规律、社会规律，更加注重市场在经济发展中的决定性作用，加快转变发展方式，优化产业结构，重视生态文明、社会文明建设，把工作着力点放在改革创新、转型升级和培育新增长点上来，促进经济持续健康发展。

*要推动经济社会全面发展。*立足新形势、新要求，充分发挥市场主导作用，以都市工业和现代服务业为支柱产业，推动城市由外延式扩张向内涵式提升、经济发展由粗放型向集约化转变，走可持续发展道路。坚持实事求是、因地制宜和分类指导，积小为大，久久为功，确保做一件成一件，不断创造新的发展业绩。探索建立差别化考核办法，进一步强化发展导向，促进各个发展主体回归主业，实现特色化、集约化发展。在具体工作安排上，重点抓好"五个城"建设：

*一是挖掘人文资源，建设文化之城。*充分挖掘丰富的历史文化、宗教文化、民俗文化、山水文化资源，促进文化与市场、产业、科技相结合，延续城市文明，提升城市发展的内涵与活力。要积极修复人文生态。稳步推进海州古城、板浦古镇的重要节点复建，开发建设南城"六朝一条街"，保护和利用好国家级非物质文化遗产，丰富文化内核，延续城市文脉。要繁荣文化产业。积极推进民主路二期建设，办好特色节庆活动，引进知名连锁品牌，丰富民主路、盐河巷、陇海步行街等特色街区的餐饮休闲业态。支持杰瑞科技文化创意产业园发展，积极打造一批文化产业基地，扶持做大文化企业。要发展文化事业。加快推进一批公共文化服务项目建设，提升文化设施服务功能，抓好社区文体中心规范化建设，培育发展文化人才队伍，满足群众精神文化需求。大力实施市民素质提升工程，组织开展"道德模范、文明礼仪、文明行动全区行"系列活动，提高社会文明程度。

二是做大产业规模，建设商贸之

城。按照巩固传统产业、发展现代产业、培育新兴产业的思路，促进商贸服务、都市工业和高效农业扩量提质，提高综合竞争力。要提档升级商贸产业。巩固和发展中心城区的商贸竞争优势，培育做大“千亿商圈”，推动商贸服务业向综合性、高端化发展。继续抓好现代服务业集聚区建设，促进老旧市场改造升级，整合做大汽车、建材、装饰装修专业市场，建设一批现代物流园区。推进花果山、锦屏山、蔷薇岛旅游开发，促进旅游业发展。要做大做强都市工业。推动海州开发区“一区三园”集约集聚发展，支持骨干企业扩大产能，继续强化项目招引，专用装备产业园、通用设备产业园新上项目不低于50个，电子信息产业园新上项目不低于30个，确保全部进驻工业园区，东海硅微粉完成上市。要培育发展现代农业。以打造市区“菜篮子”为目标，大力发展高效设施农业、出口加工农业和观光休闲农业，重点建好浦南、云台、新坝等现代农业园区，推进云台农业生态旅游示范区建设，争创国家五星级乡村游景点。

三是注重科技引领，建设创新之城。强化科技同经济对接，创新成果同产业对接，创新项目同现实生产力对接，推进创新型城市建设，提升区域发展竞争力。要完善区域创新体系。扎实推进国家知识产权强县工程、省创新型试点区建设，鼓励支持企业加大技术研发投入，新建一批产学研合作平台，加强金融、保险、财税等科技服务，优化创新环境。要促进科技产业融合。围绕产业链部署创新链，积极申报科技政策项目，支持信息网络技术发展，推动智慧城市建设。发展科技农业，建成市农业科技创新中心。要打造科技人才高地。抓好引才引智工作，实施人才引进计划，积极推进“柔性引才”，认真落实高层次人才优惠政策，搭建人才合作载体。

四是推进生态文明，建设宜居之城。牢固树立改善生态环境就是发展生产力的理念，积极推进城市精致建设、精细管理，大力实施生态修复工程，做到既要金山银山，又要绿水青山。要建设美丽城区。稳步推进新城建设和旧城改造。滨河新城、孔望新城、凤凰新城重点推进路桥、管网和公共服务设施建设，提升片区服务功能。抓好49个地块征迁工作，继续开展小街巷整治，提升城市形象品质。要建设生态园区。突出生产、生活、生态理念，从招商引资向招商选资转变，建立落实园区规划环境影响评价制度，打造低碳示范园区。在园区适度配套商业居住、公共服务设施，促进产城融合发展。要建设绿色社区。以创建“全国绿化模范城市”为主线，抓好城区主要路口、关键线路、重要节点、居住小区的绿化美化，确保城区“黄土不见天”，达到国家生态园林城市标准。要建设花园学校。加大学校绿化投入，引导社会通过义务劳动、捐资助绿等活动，参与校园绿化工作，加快建成一批花园式学校。要建设美丽乡村。重点推进浦南、新坝、锦屏、板浦四个新型城镇建设，打造一批康居示范点，扎实做好农田水利、村庄环境治理、垃圾转运处置工作，建成一批生态镇村，创成省级生态区。

五是促进民生幸福，建设首善之城。深入推进民生幸福工程，解决好群众关注的衣、食、住、行、教育、医疗、保障等事项，不断提高群众的幸福感和满意度。要帮助群众增收致富。就业是民生之本。要制定落实优惠扶持政策，引导鼓励自主创业，充分激发社会创业热情。高度重视困难群体就业，引导农村富余劳动力转移，抓好职业技能培训，努力促进城乡就业。加大扶贫支困力度，全面消除经济薄弱村。要提高群众生活质量。加快提高社会服务水平，抓好一批优质学校、医院新扩建项目，改造提升社区养老服务功能，推进疗养院、老年医院建设，培育做大养老产业。大力实施“天网工程”，加强安全生产和市场秩序监管，让群众舒适安心。要加强困难群众保障。切实兜住民生底线，加快完善社会保障体系，提高社会保障水平。认真落实医保、低保、社保和优抚政策，完善社会救助体系，积极引导社会参与，凝聚和传递社会正能量。

三、切实推进依法治区工作

党的十八届四中全会确立了依法治国的新坐标，标志着社会主义法治建设进入了新阶段。全区上下要认真贯彻落实十八届四中全会精神，深入推进依法治区，全面加强法治建设，打造安定有序的社会环境。

要增强法治理念。法律是治国之重器，良法是善治之前提。要引导广大干群深刻认识和把握依法治国的重要现实意义，树立法治思维，增强法治意识。各级干部特别是领导干部要带头学法、尊法、用法、守法，自觉做到办事依法、遇事找法、解决问题用法、化解矛盾靠法。要积极营造法治文化氛围，消除信法不如信访、“走程序”不如“走关系”的思想，广泛开展普法宣传教育，建成“1234工程”法治宣传载体，打造良好的法治环境。

要推进依法治区。法治建设是一项系统工程。要积极推进法治海州、法治政府、法治社会一体化建设，深化行政体制改革，建立行政权力清单制度，推进决策、执行、管理、服务、结果“五公开”，建设阳光政府。要进一步规范用权，着力解决好执法不规范、不严格、不透明、不文明等问题，认真落实行政诉讼出庭应诉制度，确保全区行政机关负责人出庭应诉率达到100%。深化司法体制机制改革，建立领导干部干预司法活动、插手案件处理的记录、通报和责任追究制度，保证司法机关依法公正行使职权，促进司法公正，维护社会公平正义。进一步完善多元融合的社会矛盾纠纷调处体系和立体化社会治安防控体系，积极推动信访纳入法治化轨道，破解社会治理难题，努力把矛盾解决在基层、化解在内部、消除在萌芽。

要强化落实保障。依法治区工作事关全局，要加强党委对法治建设的统一领导、统一部署、统筹协调，改进法治工作的领导方式和工作方式。各级人大、政府、政协组织和审判、检察机关要领导和监督本单位模范遵守宪法法律，定期研究推进法治建设工作，及时研究解决推进中的问题。重视和加强法治队伍建设，按照政治过硬、业务过硬、责任过硬、纪律过硬、作风过硬的要求，打造一支正规化、专业化和职业化法治队伍，不断提高职业素养和专业水平。进一步推动社会治理理念、体制、机制和方法创新，积极推进诚信政府建设，抓好一批法治惠民实事，形成良好的示范带动效应。

四、全面加强党的建设

各级党组织要把抓好党建作为最大政绩，全面加强党的思想、组织、作风和反腐倡廉建设，认真落实党委主体责任和纪委监督责任，不断提高党的建设水平。要继续巩固和发展教育实践活动成果，延续原有的好经验、好做法，持续深化改革，落实从严治党，为新一轮发展提供坚强保障。

（一）加强思想政治建设。把坚守前进方向、坚守理想信念、坚守正义良知作为根本任务，大力加强党性教育，组织动员各级党员干部深入学习党的十八大和十八届三中、四中全会和习总书记系列重要讲话精神，加强党史和国情教育，用党的最新理论成果武装人，用社会主义核心价值观凝聚人，切实增强党员干部“三个自信”。要大力推进学习型党组织、学习型领导班子建设，严格规范党内生活，认真落实“三会一课”、双重组织生活会等制度，继续办好“中心组大讲堂”等特色讲坛，引导各级党员干部自觉学习、坚持学习，形成规范化、制度化的日常学习机制。要不断强化建设海州的共同价值追求，通过组织拍摄一部海州音乐风情片、一部海州招商形象片、一部纪实宣传片“三个一”活动，弘扬海州精神，增强干群的归属感和自豪感，促进思想融合、力量聚合，做到同心、同向、同力。要加强社会舆情特别是网络舆情的跟踪研判，及时妥善处置，消除各类杂音，形成强大的思想合力。

（二）抓好班子队伍建设。大力加强各级党组织特别是领导班子建设，认真落实书记管党责任，制定党建责任清单，抓好基层党组织建设，筑牢党建工作基础。高度重视干部培养，继续大力推动机关干部到一线锻炼，锤炼本领，增长才干，建功立业。要进一步完善干部使用激励措施，重视和关心长期在基层一线、艰苦岗位上的干部，营造关爱干部、信任干部的良好氛围，激发干部的活力与潜能。认真落实“四有一责”政策，扎实抓好村（社）“减负增效”工作，增强基层党组织的战斗力。要细化硬化干部实绩考核，按照“突出实绩、分层分类、科学公正、量化考核”的原则，完善干部实绩考核机制，建立干部实绩档案，开展任前考察实绩公示，实行干部实绩综合评价，抓好选人用人工作。

（三）落实从严治党要求。严管干部就是对干部最大的爱护。按照习总书记“从严治党首先要从严治吏”的要求，加强对各项纪律执行情况的监督检查。要突出“严”字当头、“实”字为要、“民”字为本，继续严格落实中央八项规定和省、市、区委的各项纪律规定，大力加强作风建设，强化监管、执纪、问责，严肃查处不作为、乱作为、慵懒散、自由主义、散漫主义、推诿扯皮行为。各级党组织要认真落实管党治党责任，进一步强化各级干部遵守党章、纪律和规矩的意识，积极支持纪检机关落实监督职能。各级干部特别是“一把手”要以身作则，带头落实好党的政治纪律、组织纪律、财经纪律以及工作生活纪律等各项要求，打造干净干事的良好环境。要深入推进反腐败工作，继续开展巡查工作，严肃查处违纪违法行为，保持反腐败的高压态势，巩固改革发展的成果。

（四）全面深化改革。认真落实中央和省、市委的部署，增强改革措施的针对性和可操作性，确保各项改革落实到位。重点抓好经济体制、文化体制、社会体制、生态文明体制、纪律检查体制、党建制度和民主法制7个方面改革，进一步明确内容要求、时间路线，不断提高改革的质量和成效。积极推进经济体制改革。实施镇街财税体制改革，制定区对镇（街）财政体制方案，合理划分事权和相关支出责任。加快投资项目审批制度改革，建立完善审批规章制度，优化审批流程，缩短审批时限。深化企业融资模式改革，拓宽中小微企业的融资渠道。加快土地使用制度改革，做好农村集体土地确权登记工作，激发农村发展活力。积极推进社会体制改革。创新完善社会治理机制，规范完善诉讼服务中心和检察为民服务中心运行机制，为社会提供集约化、便民化服务，实现司法、检务服务“零距离”。深化多元融合式调处机制建设，稳步推进公调、检调、诉调、访调“四调联动”工程，形成调处合力，化解基层矛盾，维护社会稳定。

同志们，新起点寄予新希望，新目标召唤新作为，新征程需要新气象。让我们团结一心，励精图治，砥砺奋进，以敢为人先的魄力，敢谋新篇的勇气，敢于担当的作风，为建设生态宜居、人文荟萃、经济繁荣、社会文明的现代化中心城区而努力奋斗！

开通党建微博

政府工作报告

——2015年1月13日在海州区第十七届人民代表大会第五次会议上

区长 单晓敏

各位代表：

现在，我代表区人民政府向大会作工作报告，请予审议，并请各位政协委员和列席会议的同志提出意见。

2014年工作回顾

2014年，是全面深化改革的开局之年，是海州区区划调整之年。面对严峻复杂的宏观经济形势和持续加大的经济下行压力，我们在区委的正确领导下，统筹推进稳增长、调结构、促改革、重生态、惠民生、防风险等工作，经济社会在加快转型中取得新成效。预计完成地区生产总值209.5亿元，增长8.5%，服务业增加值增长10.5%，规模以上工业增加值、公共财政预算收入保持增长态势。完成规模以上固定资产投资295亿元，增长20%。实现社会消费品零售总额222亿元，增长12.9%。城镇、农村居民人均可支配收入分别增长12%、12.5%。

一、产业结构不断优化

现代服务业引领效应增强。"井"字形中央商贸金融服务业集聚区容量扩大，苏宁广场、时尚莱迪对外营业，海港城美食广场建成，丰联广场、奥迪城市展厅主体建成，新增限额以上商贸企业40家。陇海步行街荣获全国中小商贸流通企业服务年活动示范街称号，民主路老街引进商户30家，盐河巷古街二期开街，一期特色更加鲜明，杰瑞科技文化创意产业园入驻企业60家。南京银行入驻，信元农村小额贷款公司开业。

都市工业实现扩量提质。完成规模以上工业总产值179亿元，日出东方、鹰游纺机、天明装备3家企业产值均过15亿元，列入市重点监控的8个新增长点新增产值9.6亿元。新增规模企业11家。装机容量130兆瓦的农业光伏发电一期、森呼吸食品二期、万成熔融石英二期等15个工业项目建成投产。实施技改项目58个，正大天晴、三得利、康达智等企业通过新上、改造生产线，生产能力进一步扩大。获批国家知识产权强县工程试点区，新增国家高新技术企业10家、省科技型中小企业21家、省级研发机构9家，完成专利授权量1119件。福源医疗器械成为全市首家在省股权交易中心挂牌企业，正融科技荣获医疗行业十大信息技术服务龙头企业奖。

现代农业迈上新台阶。新增适度规模经营3.2万亩，新增高效农业7610亩，其中高效设施渔业2300亩，打造规模化生产基地4个，新增无公害、绿色、有机农产品品牌14个，新增农民合作社37家、家庭农场24家、市级农业龙头企业1家。浦南农业三大基地管理服务中心投入使用。3.3万吨的粮食危仓老库改造完成。完成高标准农田1.8万亩，新建防渗渠20公里，新建改造农路31.1公里，改造危桥9座。

重点项目招引推进有力。引进内联客方到位资金112.5亿元，实际利用外资1.3亿美元。麦卡莎农产品加工、浦南风力发电等77个项目签约落户，其中过亿元46个，过10亿元14个，在谈项目签约率48%。电商物流园、世纪缘美食广场等44个招商项目开工建设，签约项目开工率57%。245个重点投资建设项目，完成投资248亿元，超额完成年度投资计划，其中纳入市重点的50个项目完成投资97亿元。

二、载体支撑能力增强

园区功能配套更趋完善。海州开发区专用装备产业园郁洲南路南延、昊海大道西延、昊海大桥等项目竣工，昊海大厦、香海湖调蓄等项目加快推进；通用设备产业园新增标准厂房及配套设施20万平方米，发展北路、创新西路、创业路、开放路建成通车，污水处理厂回购并投入运营；电子信息产业园新建标准厂房及配套设施36万平方米，润州路、新北河路续建等竣工。现代服务业集聚区成为市首批重点物流基地，智慧物流园被纳入省重点推进项目，4.5万平方米仓库交付，淘宝路、聚宝路通车。

城乡统筹协调发展。浦南新镇区"八个一"项目全面建成，江浦新村成为全市新型农村社区建设示范工程，新建住宅124套，商业街等设施投入使用，太平康居示范村一期及配套设施建成；改造龙浦路、汪新路，包青路二总桥、汪新大桥通车。新坝新镇区"六个一"项目初具规模。板浦新区大道、市场路、纺织路等完成改造升级，东大街外立面仿古改造示范段竣工，莱园康居工程一期40户新建住宅主体建成。

新城建设齐头并进。滨河新城新浦大桥、新浦大道建成通车，新浦二桥加快推进；月牙岛11公里环岛观光路、1.8万平方米花卉景观带和300亩薰衣草园建成；解放路小学滨河分校、安置小区等建设全面展开。孔望新城新孔南路、磨盘山路通车，完成玉带河河滨绿化和沿河路工程，孔望山公园二期完成基础工程，师专二附小建成使用。凤凰新城8条道路竣工，区社区服务中心主体完成，新海实验中学教育集团凤凰校区建成招生。

老城改造成效显著。规范房屋征收运作和资金使用管理办法，实施66个地块征收，全年征收房屋170万平方米，6个地块拆成净地，7个地块扫尾，连盐铁路1710户征收户签约率90%。切实做好310国道、徐新公路、蔷薇湖、沭新渠等省市重点工程征收拆迁和服务保障工作。拆除九龙城市乐园等居民反映强烈的违建14万平方米。锦屏磷矿棚户区改造项目一期16.7万平方米安置房及配套设施投入使用，二期228套安置房启动建设。完成30个老旧小区、6个低洼片区改造，整治便民路17条、背街小巷210条，新建下水道6.8公里。

三、城市宜居水平提高

城市管理水平提升。建立投诉、受理、查处、督查一体化的城管工作机制，成立区城市管理督查调度中心，区数字化城管二级平台接受案件12.2万件，处置率98.1%。36个小区城市环境综合整治任务得到落实，苍梧社区、朝阳中路分别通过省级示范社区、示范路考核验收。引导推动老旧小区引进物业公司7家，4个小区实施业委会自治管理，19个小区由社区托管，提高了物管水平。完成垃圾中转站9个，建设垃圾房90座，镇、村垃圾无害化处理率分别为90%、60%。

生态建设扎实推进。城区栽植苗木50万株，新增绿地109万平方米，改造提升小游园16个。完成成片造林9600亩，四旁植树185万株。花果山、朐阳、洪门通过国家级生态乡镇专家现场考核。完成120个村庄环境整治工作。开展大气污染源整治、餐饮油烟专项治理、饮用水源保护等工作，关停、限产化工企业6家，拆除燃煤锅炉17台，铺设污水管网25.3公里。夏秋两季实现秸秆零焚烧。

四、群众生活持续改善

社会事业全面进步。顺利通过义务教育发展基本均衡区省级督导考核、省学前教育改革发展示范区考核验收，新建及加固校舍8万平方米，9所幼儿园通过省优质园现场评估验收，新建省级标准化市民学校12所。改扩建社区卫生服务中心3家、卫生院4家，在6家非政府办医疗机构探索实施基本药物制度，海州社区卫生服务中心获评全国群众满意的社区卫生服务机构。建成全市首家标准化健康小屋。“单独两孩”政策启动实施。红十字会开展普及型救护培训6000人次。新增健身场地4000平方米，举办白虎山庙会等大型文体活动50余场次，保护性修缮海州古城钟鼓楼，桃花涧景区、民主路文化旅游区分别获评国家AAAA级景区、AAA级景区，浦南现代农业园区、云台农场农业园区通过省四星级乡村旅游示范点考核验收。路南街道贾圩社区获评国家级科普示范社区。

社保体系提标扩面。新增城镇就业2.6万人，转移农村劳动力1620人。城乡基本社会保险覆盖率100%。建立社会救助“一门受理、协同办理”工作机制，在全市率先建立城市“三无”人员生活保障制度；城乡低保对象月保障标准分别增至450元、325元，发放城乡低保金1640万元，发放无固定收入残疾人员生活救助558万元。帮扶困难留守流动儿童500人次。改造提升区第一社会福利中心及新坝、宁海敬老院，区残疾人康复中心投入使用。建成社区居家养老服务站75个。新增社区两房6000平方米。完成限价房210套，发放廉租住房货币补贴340户。新建及改造菜市场5家，平价商店增至39家，建设鲜活农产品进社区网点32个。连续5年被表彰为省双拥模范区，女子民兵导弹连被省军区表彰为全省唯一双星命中靶机奖。9个经济薄弱村集体经济收入达省定目标。

社会治理深入开展。历经7月8日、11月18日两次区划调整重要节点，坚持服从大局、注重统筹，积极谋划整体发展思路，新海城区实现初步融合，社会大局和谐稳定。扎实推进公民道德建设，1人入围“中国好人榜”，2人入围“江苏好人榜”。全面推行“政社互动”，新增社会组织209个，2个社区获评全国和谐社区建设示范单位。推进安全生产隐患排查治理，加强社会治安防控体系建设，完善社会矛盾纠纷多元融合调处机制，连续7年荣获省级平安区称号，获评省2012—2013年法治县创建工作先进单位、省“六五”普法中期先进区，入选省现代社区治理创新实验区。

政府建设得到改进和加强。深入开展党的群众路线教育实践活动，集中解决群众反映强烈的问题60件，压缩一般性行政支出35%，三公经费缩减25.3%，政府采购资金节约率13.9%。加大政府性投资项目规范监督力度，成立区投资评审中心，行政和审计监察得以强化。各项改革稳步推进，取消、调整行政审批事项46项，启动“微贷宝”为中小企业融资担保，村居减负增效工作初见成效，土地确权登记颁证工作有序推进。全年办结人大代表建议、政协委员提案351件，办结率100%。

与此同时，人防、外侨、档案、供销、地方志、民族宗教、防震减灾、关心下一代等工作均取得了新的成绩。

各位代表，过去一年的成绩来之不易。能够取得这样的成绩，得益于区委的科学决策、正确领导，得益于全区人民齐心协力、共克时艰，得益于人大、政协的有效监督、大力支持，得益于社会各界的共同参与、共谋发展，也得益于老干部、老同志的关心帮助和支持。在此，我谨代表区人民政府，向所有关心海州发展、参与海州建设的各界人士，致以崇高的敬意，表示衷心的感谢！

在肯定成绩的同时，我们也清醒地看到存在的困难和问题，主要是：经济扩量提质压力依然很大，产业转型升级任务很重；税源结构仍不合理，防控风险面临多重考验；重点领域改革仍处于探索阶段，改革成效不明显；资源环境约束趋紧，依法行政面临很大考验；民生事业历史欠账仍然很多，与群众需求还有差距；社会治理面临不少新情况，政府效能必须进一步提高。对此，我们必须认真面对，着力加以解决。

2015年主要工作任务

2015年是深入贯彻落实党的十八大、十八届三中、四中全会精神，收官“十二五”、谋划“十三五”关键之年，是新海州建设的首战之年。纵观当前，国内外经济形势依然错综复杂，国内经济下行压力加大。但是，我们要清醒地看到，我国发展仍处于重要战略机遇期，国家深化改革力度加大，市场活力持续激发，发展前景更加稳定。全市在“一带一路”交汇点建设中抢占先机，叠加的战略优势将更多地转化为现实生产力。区划调整之后，全区优势资源汇聚，城乡特色鲜明，产业基础夯实，发展后劲增强。因此，我们要抓住用好当前机遇，扎实做好各项工作，奋力开创海州科学发展、跨越发展新局面。

今年政府工作的指导思想是：全面贯彻党的十八大和十八届三中、四中全会精神，按照习近平总书记对江苏工作的最新要求，认真落实中央经济工作会议、省委十二届八次、九次全会、市委十一届九次全会和区委九届八次全会部署，积极适应经济发展新常态，抓住用好“一带一路”交汇点建设重大机遇，坚持稳中求进、稳中提质总基调，以建设区域性经济文化中心和更高水平小康社会为目标，以企业服务年、项目招引年为抓手，坚持市场导向，推动转型升级，全面深化改革，创新驱动发展，切实改善民生，推动全区在新的起点上实现更大发展。

主要预期目标是：地区生产总值增长11%，公共财政预算收入增长13%，规模以上固定资产投资增长21%，规模以上工业投资增长22%，实际利用外资1.4亿美元，社会消费品零售总额增长13.5%，城镇、农村居民人均可支配收入分别增长11%、12%。

围绕以上目标要求，我们将重点做好以下工作：

一、主动适应新常态，倒逼产业转型升级

产业是立区之本、强区之基，要优先抓好一批重大产业项目，实现扩总量、提质量、增效益，让发展走的稳，走的远。

强化服务业集聚功能。围绕建设区域性商贸金融中心，苏宁广场酒店、海港城美食广场开业，丰联广场、兴隆国际商贸城扩建等项目竣工，开工建设利群综合体；民主路老街实施工人电影院等地块征收及主体建设，推进业态调整集聚，杰瑞科技文化创意产业园建成全市最大科技文化创意产业园区，陇海步行街线上线下经营户占实体店40%以上；争取恒丰银行在我区设立分支机构。围绕建设区域性物流仓储中心，万发国际物流园等投入运营，建成东浦物流园一期、五金机电城三期等；现代服务业集聚区建成物流仓库10万平方米，电商创业中心竣工，天马网络进驻运营，顺丰速递物流中心竣工；善后河临港物流园推进4个千吨级泊位码头建设。

联动发展工业园区。围绕扩总量，帮助企业做大做强，农业光伏发电二期、品苏实业户外用品、日出东方三期等12个项目投产，远洋流体、润利新材料、科唯峰等20家企业扩大厂房规模，推进良康医疗器械、浦南风力发电等项目建设，新增规模企业12家，专用装备产业争取列入市百亿特色产业发展行列。围绕优增量，节约集约利用土地，标准厂房新增入驻企业50家以上，厂房入驻率争取达75%。围绕调存量，完善部分工业集中区规划，先期重点开展洪门工业园、海宁工贸园“腾笼换鸟”。围绕强设施，电子信息产业园完成8万平方米园区配套设施；专用装备产业园昊海大厦建成，通灌南路南延及跨烧香河桥梁、经二路南延、纬四路、香海湖调蓄、龙尾河改造工程竣工；海宁工贸园昊海大道东段通车。围绕产城互动，利用好原新浦开发区东区房地产基础，建成住宅7万平方米，完成东海路、长江东路及珠江东路改造工程。

做精做优现代农业。围绕设施蔬菜、特色水产、花卉苗木三大产业，现代农业产业园区新建高标准农田5000亩，新发展设施蔬菜1500亩、特色水产1000亩、花卉苗木6000亩。海州农产品加工集中区完成麦卡莎项目一期工程，香果佳果蔬加工项目投产。太平工业园区蔬菜深加工项目投入运营。云台农场农产品加工集中区新增农副产品冷冻生产线1条。四季农产品市场物流产业园区2万平方米前店后仓项目竣工使用。培育新型农业经营主体，创建省级农业龙头企业1家、市级2家，新发展家庭农场20家。提高农业物质装备和技术水平，新建农桥71座，改造塘坝4座，新坝、锦屏新建防渗渠40公里。

二、增创发展新优势，加快推进改革创新

加快将改革的“规划图”变为“施工图”，将创新驱动作为绿色发展新动力，并转化为惠及百姓的实实在在成果。

有序有力推进改革。行政体制改革方面，探索建立“5张清单、1个平台、7项相关改革”基本框架，优化整合职能相同、相近的部门；加强政府购买公共服务领域改革，进一步推动村居减负增效。经济体制改革方面，完善全口径政府预算体系，建立政府债务风险预警机制，推动财政专项资金绩效管理；加强“三农”领域改革，基本完成土地确权登记颁证工作，盘活农民土地、房屋资源，探索农村金融制度改革，激发农村发展活力。社会领域改革方面，突出教育、医疗和文化体制改革，推进人才流动、资源共享等，提高基本公共服务均等化水平。

增强科技创新能力。围绕创新驱动发展战略，推进国家知识产权强县工程试点区、国家火炬计划连云港装备制造特色产业基地建设，新增国家高新技术企业5家、省级以上研发机构5家、省级两化融合企业4家、省级企业技术中心4家，获批市级以上科技计划项目70项以上。引导企业采用新工艺、新设备增强生产能力，实施正大天晴抗肿瘤药物、鹰游纺机生产线改造等技改项目30个。力争3家企业完成上市辅导，2家企业实现上市。专利申请量1350件以上，授权量850件以上。推进人才引进工程，协助企业引进一批既懂科技、又懂市场的复合型人才。

务实有效开展招商。围绕扩大有效投入，发挥标准厂房空间及旧城改造征收地块经济效应，强化任务倒逼机制，提升招商项目签约率、开工率、投产率和增资扩股率。清理规范招商引资优惠政策，营造良好市场环境。加大共建共用开发园区力度，镇街新上工业项目全部进入大园区。借助我市战略机遇及港口优势，强化东西双向招商，加强与西部城市的产业合作，加大对日韩港台新的招商力度；利用好长三角、珠三角等地园区企业整体转移的机遇，主动研究对接，实现从单一项目招商向特色产业集聚招商转变。继续做好领导干部挂钩服务重点企业工作。引进投资过亿元项目50个以上，引进过10亿元项目15个以上。

三、立足城乡新布局，打造美丽生态家园

既要重"显绩"，着力打造一批中心城区精品名片，又要重"潜绩"，细雨润物地做好一批关系群众利益的事情。

加快城市开发步伐。围绕打造城市综合服务核心区，加强与市城投集团等重点单位合作，推进三大新城开发、旧城改造和海州古城复兴。滨河新城新浦二桥投入使用，安置小区一期完工，月牙岛休闲旅游一期工程建成开放。孔望新城路网实现贯通，全民健身中心、朐阳社区服务中心建成。凤凰新城完成南城新大街改造工程，开工建设商务花园办公区，保护性开发六朝一条街。旧城改造重点抓好人民西路八号、烟草巷等49个地块房屋征收工作，全年完成征收120万平方米。改造第二批老旧小区及低洼片区，继续做好城区支路及背街小巷整治等工作。海州古城推进幸福南路特色街区打造，实施二营巷、文庙、海州名人馆等节点建设。

稳妥推进城镇化建设。围绕统筹城乡发展，眼科医院迁驻浦南新镇区，区疗养院启动运营，打造中医派医养合一模式，浦南中学搬迁，全面完成星光湖公园设施建设。加快板浦新镇区安置房工程、老镇区东大街文化街及镜花缘文化产业园建设，开展状元府、天齐庙复建及李汝珍纪念馆改造工程，新民路改扩建工程竣工。新坝新镇区推进休闲步行街、怡养花园等工程，启用文体中心。锦屏磷矿棚户区改造二期7栋楼竣工，盐河南路南延工程基本建成。推进浦南江浦、新坝沙杭、板浦菜园等康居工程建设。全区新建农路34公里，改造20公里。实施农村环境连片整治工程，打造干净整洁乡村，完成92个村庄环境整治，重点解决污水排放、垃圾处理、沟塘疏浚问题。着力解决宁海、板浦、南城、洪门等群众吃水难问题，争取实现农村饮水安全全覆盖。

加强城市精细化管理。探索城乡环卫一体化新思路，完善环卫作业设施，城区生活垃圾全密闭收集，主次干道机械化清扫率100%，农村生活垃圾集中收集率80%以上，保洁作业市场化率增加5%以上。加强市容整治，取缔城区内一、二类道路未经审批的马路市场、流动摊点等，重点整治南极路、幸福路等17个路段。实施店招提档升级和立面综合改造工程。提升数字化城管平台效能，提高平台处置率和结案率；扩大"千里眼"监控系统覆盖范围，加强对城乡重点区域禁违、禁烧等工作监控管理。打击农村违规建房、小产权房，规范推进城镇开发。试行全区物业标准化管理，物业覆盖率85%以上。

提升城市生态品质。用"加法"为城市增绿，实施青年公园改造、蔷薇河生态环境提升等城市绿化建设，新建改造绿地100万平方米；成片造林5500亩，四旁植树50万株，道路绿化30公里，中幼龄林抚育1万亩，实施森林防火扑救系统建设工程。完成省级生态区创建工作，新增国家级生态乡镇2家。用"减法"做好节能减排，减少废水、废气排放，用倒逼机制淘汰落后产能，完成锦屏污水处理厂建设，铺设污水管网20公里；提高秸秆综合利用水平，遏制秸秆焚烧行为，改善空气环境质量。

四、回应群众新期盼，实施民生幸福工程

民生工作必须做到说了就算，定了就干，干就干好，一件一件抓落实，积小胜为大胜，让老百姓切身感受到日子越来越好，越来越有盼头。

全面提高教育质量。以教育现代化为统领，确保通过义务教育发展基本均衡区国家级现场考核认定。硬件方面，新建及加固校舍10.8万平方米，实施新浦培智学校、海州培智学校、海州幼教中心三校联动，解放路小学滨河分校秋季招生，完成少年宫异地迁建和国大六一幼儿园建设，启动建设海宁中学分部教学综合楼，50%的中小学达省定现代化办学标准，创建省级课程基地1个、优质园2所、社区教育中心1个、标准化市民学校10所，创建市级学前教育改革发展示范镇街1个，扶持普惠性民办幼儿园发展。深化课程改革，以解放路小学等6所学校为试点，探索选课走班教育实验；推进教育均衡，教师流动比例达15%以上。推进素质教育，确保体育、艺术等项目"一校一品"。

提供优质卫生服务。加快建设医疗卫生机构，和美家妇产医院、南城卫生院防保楼竣工，推进市妇幼保健院新院区建设，区疾控中心体系建设达国家标准，迁建并转型新南社区卫生服务中心。所有社区卫生服务中心及镇卫生院均设立中医科及中药房，健康小屋在区各政府办医疗机构实现全覆盖，争创省基层中医药工作先进区、省级健康促进区试点。构建市一院辐射基层医疗机构的远程医疗会诊系统，让老百姓不出村社享受到市级医院的专家服务，数字化预防门诊实现全覆盖。"计生15分钟公共服务圈"实现城镇全覆盖，争创省人口协调发展先进区。

满足群众文体需求。围绕建设"人文荟萃，美丽海州"，加强文化体育阵地建设，整合资源做大海州区文化产业园，青龙山革命烈士纪念馆对外开放，完善区全民健身中心配套设施，镇街、村社全部建成健身中心、健身点，全区完成95%健身路径安装，建成全市首家笼式足球场地，力争万人拥有公共文化设施1500平方米，人均体育场地2.1平方米。加强文化市场管理，营造良好的文化环境。开发旅游资源，重点打造山水游、古迹游、乡村游，加快桃花涧及孔望山景区改造升级，用好古城古镇古街资源，推进蔷薇河、蔷薇湖沿线生态旅游开发，加快云台农场休闲观光园等7个乡村旅游示范点建设，打造特色旅游品牌。

完善社会保障体系。突出问题导向，强化民生保障工作普惠性和针对性。就业方面，完成城乡职业技能培训4500人次，新增城镇就业2.7万

人，转移农村劳动力1700人，沈圩桥综合劳务市场投入使用。保障方面，打造覆盖城乡的社保体系，新农合筹资标准提高至460元，城乡居民基础养老金提高至每人每月100元，建立单亲特困母亲帮扶基金。住房方面，发放廉租住房补贴700户。养老方面，区第一社会福利中心实现常态运营，提升居家养老服务站6个。生活服务方面，浦南农贸市场迁建项目运营，建成南城菜市场，新建鲜活农产品进社区网点10个。提高扶贫工作精准度，实施产业扶贫、项目扶贫，拓宽村集体经济增收渠道。

五、把握发展新趋势，改进社会治理方式

及时收集和协调群众各方面各层次的利益诉求，有效促进社会和谐。深化群众性精神文明创建工作，加大对凡人善举的宣传，传递百姓身边正能量。深入实施“政社互动、三社联动”社会治理机制，进一步厘清行政权力和自治权利之间的界限，实行社区公共服务事项准入制，建成区社区服务中心、花果山综合服务中心，新增社区用房4.5万平方米。加强区、镇街、社区三级社会组织“孵化”基地建设，带动全区社会组织规范化发展，稳妥推进社会组织登记管理体制改革。打造集矛盾调处、法律援助等为一体的区级公共法律服务中心，扩大法律援助范围，援助人次实现翻番，省级民主法治示范村（社区）创建率33%。打击非法集资，维护金融环境稳定。搭建公共安全稳定体系，启动“天网”工程建设，提升中心城区公共安全度。完成市场监督管理机构改革，加大市场监管执法力度。建立安全生产责任体系全覆盖，坚决防范和杜绝较大以上事故发生。持续推行“阳光”信访和信访法治化，确保全区信访总体稳定。

各位代表，中央对全面推进依法治国作出了重大部署，新的《预算法》、《环保法》等法律法规对打造法治政府提出了新的要求，我们必须加快法治海州建设步伐，尽快完善权界清晰、运转高效、法治保障的政府职能体系。一是用法治思维决策。完善重大行政决策程序，加强行政决策合法性审查和社会风险先行评估。重大发展战略、重大项目安排、重大工作部署广泛听取意见，做到先咨询，后论证，再决策，最大程度避免风险和失误。坚持集体决策和个人分工负责相结合，做到充分授权，权责匹配。建立重大决策终身责任追究制度及责任倒查机制，做到一级抓一级，一级对一级负责。二是用法治方式施政。始终把遵守宪法和法律作为施政根本准则，严格按照法定权限和程序，全面梳理权力清单，做到“行政权力进清单、清单之外无权力”，实现“法定职责必须为、法无授权不可为”。深入推进行政管理体制改革，对行政审批项目实行“一站式”服务，落实岗位责任制、首问负责制。全面规范执法行为，严格行政执法程序，确保行政执法经得起时间检验。三是用法治要求尽责。组建政府律师顾问团队，为干部履职尽责提供法律保障。认真接受人大法律监督和工作监督，自觉接受政协民主监督，重视发挥新闻舆论和社会公众的监督作用，让各界对政府工作有充分的知情权、参与权和监督权。加强行政监察、审计监督和政府层级监督，加强对权力运行的制约监督，强化重点领域监管，做到干成事并且不出事。四是用法治标准问效。完善政府信息公开、新闻发布制度，扎实推进诚信体系建设，不断增强政府公信力。严格落实党风廉政建设责任制，严明工作纪律，坚决整治乱作为、不作为、慢作为，严厉查处各类违法违纪行为，以为民、务实、清廉的政府形象取信于民。倡导全民守法氛围，大力弘扬法治精神，将其融入市民公约、乡规民约和行业规章，努力打造人人守法环境。

各位代表，海州区正站在融合发展的新起跑线上，责任重于泰山，使命催人奋进。让我们在中共海州区委的正确领导下，抢抓机遇，团结拼搏，为把海州的明天建设得更加美好而努力奋斗！

《政府工作报告》名词解释

1. “井”字形中央商贸金融服务业集聚区：以解放路、海连路、通灌路、南极路为核心的中央商贸金融服务业集聚区。

2.农业三大基地管理服务中心：浦南镇规划建设1.5万亩设施蔬菜、2.5万亩特色水产、1万亩花卉苗木三大基地，每个基地建设1个管理服务中心。

3. “八个一”项目：浦南新镇区医院、疗养院、浦南中学、浦南中心小学、文化中心、体育中心、商业中心、樱花社区。

4. “六个一”项目：新坝新镇区文化中心、体育中心、社会福利中心、商贸中心、沿街立面改造、新镇区牌坊及入口景观工程。

5.月牙岛：以前称蔷薇岛、新圩岛，面积5.5平方公里，位于滨河新城境内，岛型酷似月牙。通过媒体向社会各界征集岛名，经过广泛征求群众意见，组织专家评审，从2000余个候选名称中筛选，最终定名月牙岛。

6.社会救助“一门受理、协同办理”工作机制：统一规划、部署、协调和组织落实辖区大救助工作，解决重复救助、多头救助和遗漏救助，解决社会救助“碎片化”问题。

7.微贷宝：政府拿出1000万元作为助贷基金，与银行、担保公司三方合作，按照3:1:6风险共担，为科技型、成长型小微企业搭建融资平台。

8.标准化健康小屋：按照省标准建成的集自助健康监测与专业医疗健康服务为一体的健康服务终端。

9.计生15分钟公共服务圈：从居住地出发，在15分钟范围内，可享受到政府免费提供的人口计生公共服务，实现计生药具、政策服务和技术服务及时易得。

10. “天网”工程：在辖区道路、广场、小区等地方建设监控，力争达到在主城区5分钟、非主城区10分钟、城乡结合部20分钟拍摄一次，一些繁华地区2分钟拍摄一次，甚至连续接力拍摄，最终实现监控全覆盖。

责任编辑：孙大伟

区情概览

地情述要

地理环境

【位置 面积】 海州区是连云港市中心城区，位于连云港市区西南部，北纬34°25′45″~34°42′3.07″，东经118°57′34.13″~119°24′39.28″。东北部、东部与连云区、东辛农场毗邻，南部与灌云县交界，西部与东海县相连，北部以新沭河为界与赣榆区相望。区境东西最宽处27.71千米，南北最长处27.2千米，行政区域面积697.09平方千米。

【地貌】 境内山丘、平原、河泊俱备。东北部为南云台山区，中部横亘着锦屏山，山地总面积116.79平方千米，占区境面积的16.75%，南、西、北三面皆为平原地带，西部和北部地势低平。境内有纵向、横向及过境河流多条，山区分布着大小水库、塘坝多座。

境内地貌特征明显。云台山、锦屏山地区，5米等高线以上均为缓坡，每条山涧出口处均有山麓台地。其中阳坡较缓，5~35米等高线之间为15~30度的斜坡，35米等高线以上为大于30度的陡坡；阴坡陡峭，均为15~45度的陡坡，少有缓坡。海拔10米以上地带，为构造剥蚀地形，岩石比较坚硬，抗风化能力强，形成陡峭的山峰；山坡北陡南缓，沿裂隙风化和受雨水切割，形成多处涧沟和山谷。侵蚀堆积地形主要位于山麓堆积及山前冲积扇地区，分布于四周山麓，由古老变质岩分化后形成的碎石及中粗砂堆积而成，经山洪冲刷后形成山麓台地，不少建筑物和环山公路都修筑在这一地区。而区境南、西、北部的平原地区及地表标高3~4米的山前平原大部为洪积沉积地形，多为洪积和海相沉积区。

【地层 地质】 海州区位于扬子地台北部边缘，秦岭——大别造山带的东延部分之南部地区，郯庐断裂带的东侧，与华北地台相邻。基岩由下元古界的东海群和中上元古界的海州群的中、深变质岩系组成。震旦纪以来，海州地区进入相对稳定的台地发展阶段，表现为长期隆起，遭受剥蚀，故缺少震旦纪至第三纪的沉积。年代较新的第四纪松散堆积物分布广泛，厚度不一。

海州地区地质构造形迹主要发生于印支期中央造山带的形成及中生代燕山运动晚期断块山的形成，新生代构造活动不明显，总体看地质构造基本稳定。海（州）——泗（阳）断裂带从境内西部通过，自临洪口太平庄经西印庄、沭阳韩山到泗阳，亦称海韩、海沭断裂带，蔷薇河的走向大体与这条断裂一致。海泗断裂长100多千米，断裂走向10°~15°。倾向南东，倾角70°~80°，属深大断裂，为新华夏系断裂。邵桑断裂从境内新坝和锦屏山之间穿过，走向北东，倾向南东。另外，境内还发育有一组近东西向的断裂构造，规模较小。境域位于华北地震区的南缘，西近郯庐断裂带，是构造地震多发地带，其特点是震级小，发震率较低，震中较分散。元代至正十四年（1354年）至1990年，有记录的地震234次，大部分为有感地震，震中不在境内。

【土壤】 境内土壤分为棕壤类、潮土类、砂礓黑土类和盐土类4类，有40多个土种。

棕壤类土壤，主要分布在云台山、锦屏山及其周围的山前洪积平原地带，包括花果山街道、云台街道、南城镇、南云台林场、朐阳街道、锦屏镇等地。其成土母质为片麻岩、混合花岗岩的残坡积物，土层深厚，质地偏砂，P^H值7.6左右，适宜林、果、花卉和蔬菜等农作物的生长。

潮土类土壤，主要分布在南云台山、锦屏山近山的黄泛海平原和地势较高、排水良好的地带，位于花果山街道、云台街道的部分近山地区，锦屏镇刘顶、桃花、陶湾、朐山等村及新坝镇南部地区。其成土母质为片麻岩、沙页岩风化物，在河流搬运、沉积及地下水活动影响下，经耕作熟化而成。此类土壤质地黏重，通透性差，保持性良好。上述地区还有砂礓黑土的零星分布，其成土母质源于黄土性古河流冲积、湖相静水沉积和海相沉积物。此类土壤质地黏重，通透性不良，有机质和含氮量高，保肥性能好，土地等级多属3级。

盐土类土壤，主要分布在南云台山、锦屏山山前平原、新浦地区、新坝东北部及浦南镇南部地区等地。其成土母质是黄河及其支流携带的泥沙在浅海地区不断沉积，露出海面后，经自然淋洗，逐步发育而成，以轻盐土为主。此类土壤质地黏重，通透性差，适耕性差，保肥保水性能较强，有机质和氮、磷含量不足，富钾偏碱。

【山体 山头】 境内云台山山脉属泰山山脉支脉沂蒙山的余脉，锦屏山为云台山山脉最西端的一支山系。

南云台山　南云台山山系共有16座独立山体、111座大小山头。其中南云台山、鸡鸣山、凤凰山、茅山、蒲山、葫芦山、东窑山、鲤鱼山、大岛山、小岛山等10座独立山体、94座山头在海州区境内，最高峰为花果山玉女峰，海拔624.4米。南云台山为该山系最大的独立山体，山体面积9520公顷。

锦屏山　锦屏山山系由锦屏山、刘志洲山、哑巴山、前小山、青龙山、孔望山、凤凰山、磨盘山、石棚山、蜘蛛山、白虎山等11座独立山体、37座山头组成，总面积2159公顷。锦屏山为该山系最大的独立山体，面积1578公顷，占锦屏山山系总面积的73%，主峰为马耳峰，山顶海拔427.7米。

【涧 沟 潭】 境内云台山地区有九龙涧、飞泉涧、桃花涧、尿尿涧、恶涧、龙池涧、渔湾龙潭涧、朱麻龙潭涧、丹霞涧，八寸沟、梧桐沟、船石沟、孔雀沟、老窑沟、铁山沟、棺材沟、香椿沟，东磊碧龙潭、郁林观乌龙潭、当路小龙潭、渔湾老龙潭、渔湾二龙潭、渔湾三龙潭、关中龙潭等主要涧、沟、潭。

锦屏山周围有头道涧、二道涧、玛蟥涧、桃花涧、千条涧、老龙涧、托山涧、九龙涧、吴窑涧、龙窝涧、簸箕涧、黑涧、白鸽涧、青龙涧等14条较大的山涧。

【河流 水库】 海州区南云台山以西部分，居淮、沭、泗水系下游，地势低平，向有洪水走廊之称。流经海州区境内的主要河流共有13条，其中新沭河、通榆河为流域性河道，蔷薇河、沭新河、古泊善后河、盐河为区域性骨干河道。区境西部有蔷薇河西南——东北走向贯穿区境，自北向南有自西而来的新沭河、乌龙河、鲁兰河、淮沭新河、马河与之交会；区境中部有纵向自南而来的盐河过境，另有东西向的玉带河、大浦河、卓王河、黄圩河、新北河、善后河、烧香河、妇联河等与之沟通，形成水运和西灌东排的排灌体系。

南云台山周围山麓有大圣湖、唐王坝水库、当路水库、东磊水库、虎窝水库、渔湾水库和西隅水库。锦屏山周围分布着二涧、园林、双龙、凤凰山、王庄、张庄等6座小Ⅱ型水库和白鸽涧、网疃、三八、项顶、吴窑、塔山和陈庄等7座塘坝。

（撰稿：孙大伟）

气　象

【气温】 海州地区常年平均气温14.5℃，2014年平均气温14.5℃，与常年相比持平。冬季（2013年12月～2014年2月）平均气温2.3℃，比常年高0.1℃；春季（3~5月）平均气温15.1℃，较常年高1.1℃；夏季（6~8月）平均气温24.9℃，较常年低0.8℃；秋季（9~11月）平均气温16.0℃，较常年低0.2℃。2014年极端最低气温-7.4℃，出现在2014年12月17日；极端最高气温37.6℃，出现在7月22日。全年日最高气温≥35℃的高温日数为7天，与常年相比正常略多。

【日照】 年日照时数2147.9小时，比常年2259.9小时少5.0%。其中，春季日照时数偏多，夏季偏少，秋季明显偏少，冬季正常。

【风向】 全年主导风向为东南风。

【降水】 常年平均降水量883.9毫米，2014年降水量780.5毫米，比常年少11.7%。其中春季降水量正常；夏季降水量异常偏少，其间出现3次暴雨到大暴雨天气过程；秋季降水量异常偏多；冬季降水量正常。其中2月降水量显著偏多，而1月、12月降水量显著偏少。

【霜降】 常年无霜期215天。2014年终霜4月6日，与常年相比正常偏晚；初霜11月4日，与常年相比略晚；无霜期211天，比常年短4天。

【灾害天气】 全年灾害性天气主要有：寒潮2次、强冷空气大风1次、雷雨大风2次、暴雨3次、台风1次、雾霾46天。总的来说，与常年相比，水稻全生育期积温正常，日照时数正常，降水量偏少；小麦全生育期积温较常年偏多，光、温、水条件配置好。水稻、小麦亩产及总产量均增长，属于丰产年，2014年气候年景总体较好。（市气象局供稿）

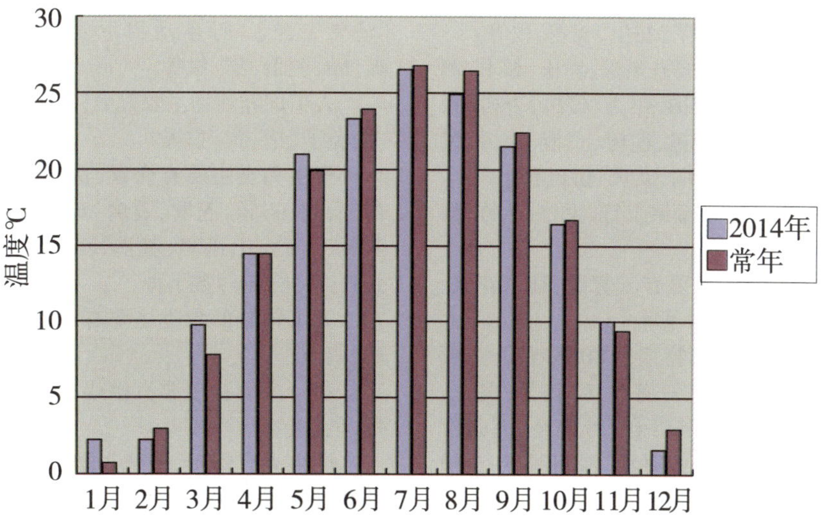

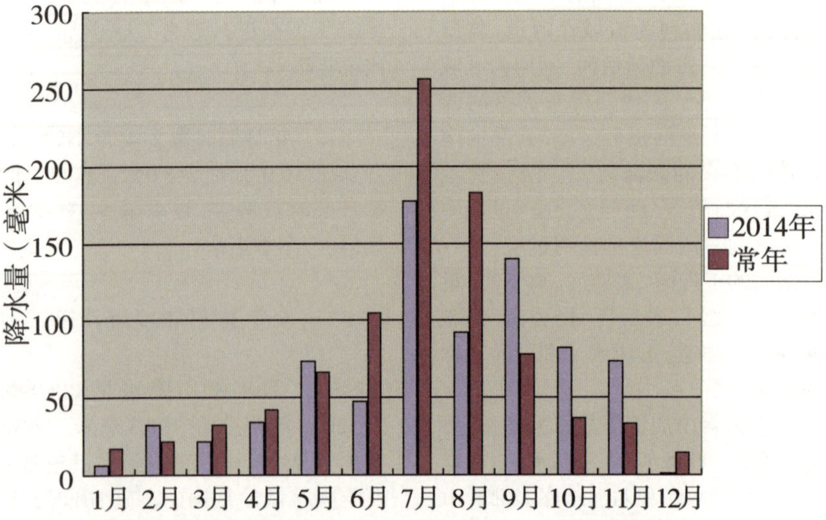

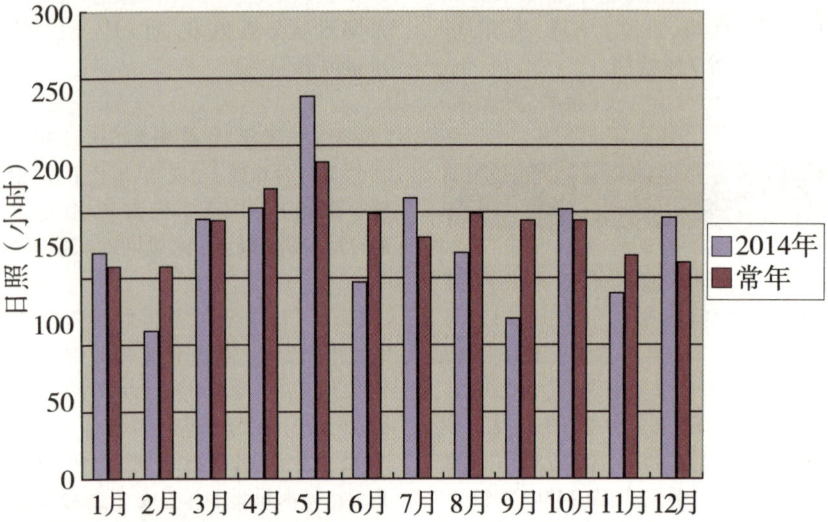

资　源

【植物资源】 主要农作物有小麦、水稻、玉米、山芋、花生、棉花、藕等。

林木主要有黑松、赤松、杉木、侧柏、圆柏、刺柏、银杏、樱桃、杏树、板栗、榆树、朴树、槐树、黄檀、楝树、紫薇、楸树、梧桐、女贞、柳树等。

竹类有金镶玉竹、毛竹、丛竹、淡竹等。

茶类主要有云雾茶、糯米花茶、石花茶、银杏茶等。

药用植物多达800多种。主要有葛根、紫草、何首乌、茯苓、灵芝、太子参、卷丹百合、骨碎补、海州常山、石韦、海州香薷、海州漏芦、金银花、桔梗等。

名贵花卉主要有玉兰花、栀子花、映山红、紫薇花、油茶花、应春花、流苏、凌霄花等。

【动物资源】 野生动物主要有免、狐、鼬、刺猬、猫、鼠等。

人工饲养动物主要有牛、马、驴、羊、兔子、猪、狗、猫等。

野生鸟类主要有麻雀、喜鹊、白鹭、乌鸦、黄雀、苍鹭、苍鹰、黄斑苇、灰雁、岩鸽、山斑鸠、杜鹃、燕子、猫头鹰、雕鸮、雉等数十种。

人工饲养的禽类主要有鸡、鸭、鹅、鸽等。

爬行类动物主要有蜥蜴、蜈蚣、蛇、龟、鳖等。

昆虫类有蜻蜓、螳螂、蝴蝶、蝉、瓢虫、蜣螂等1000余种。

【矿物资源】 锦屏山下埋藏着丰富的磷矿，蕴藏量2300万吨。尾矿坝存放磷尾矿砂约2500万立方米。南云台山和锦屏山有丰富的建筑石料等石材资源。境内还有磷蓝晶石、黏土、矿泉水等资源。

（撰稿：孙大伟）

建置沿革

【中华人民共和国成立前海州】 古海州地区，夏、商、周时期，为人方国（东夷、郁夷国）一部分。春秋时乃鲁之郯子国。战国时易为楚地。秦在今海州地区置朐县，海州地域开始有明确的行政建置。北朝东魏武定七年（549年）始称海州，统领6郡19县。海州之称，缘于城市建在东、北紧临大海，南依朐山的一块山麓台地上。隋、唐以降，海州的名称、隶属和管辖范围虽不断有所变化，但作为苏北、鲁南地区政治、经济、文化中心和军事重镇的地位没变。清雍正二年（1724年）海州升直隶州，辖赣榆、沭阳县。民国元年（1912年）设立东海县,县治在海州。民国二十二年（1933年），江苏省设9个行政督察区，东海县为第八区，行政督察专员公署驻海州，辖东海、赣榆、沭阳、灌云4个县。

【新浦开埠】 新浦地区原在海中，清乾隆年间，海退成陆进程加快，孔望山东北的大片地区逐渐成陆。嘉庆三年（1798年），疏浚运盐河入海通道，位于孔望山东北处的“新浦口”问世。嘉庆九年（1804年），海州开挖甲子河，从城东门起至新浦口。新浦口逐渐成为海州地区河海转运港口。咸丰年间（1851~1861年），新浦“为运盐之所，蔷薇河出海之尾闾，上溯至沭阳，两岸农田收获与直鲁海商交易于此”，商贸业渐兴，经营土产的各类商行、货栈和粮油加工作坊相继开业。光绪十八年（1892年），新浦商埠初具规模。光绪二十七年（1901年），新浦天后宫建成后，商业日兴。光绪三十一年（1905年），新浦的出海口大浦以“胶海关海州分关”名义自行开放，清政府决定陇海铁路从徐州东延，经新浦直达大浦。新浦以其优越的区位和初步形成的贸易市场，成为大浦港的重要依托和货物集散地，引得各路客商接踵而至。20世纪20~30年代，大街（民主路）两侧商铺全部翻建一新，金融、保险、邮电等服务业日趋兴旺，以至多家美、英资本经营的金融、石油企业也纷纷来新浦设立机构，开展业务。到1936年前后，新浦已有包括至今仍在营业的生庆公、三和兴等著名商号在内的各类商店、货栈400多家，工厂、作坊数十家。前河（沟通西盐河与龙尾河的一条内河）内，帆樯如林，商船云集。经济的快速发展，带动了城镇的建设和各项社会事业的发展，两侧布满中西合璧风格店铺的大街，尽显新兴商埠的繁华，赢得了“苏北小上海”的美誉。

1948年11月7日，海州地区解放，成立新海连特区，下设新海市、连云市和云台办事处。新海市在新浦地区设民主、新华、通灌、新龙4个区。1949年11月新海连市成立，市政府驻新浦。新浦成为全市政治、经济、文化中心。1955年9月，在新浦地区建立新浦区。

【海州区】 1948年11月7日，海州地区解放，成立新海连特区，下设新海市、连云市和云台办事处。新海市在海州地区设锦屏区。1949年11月，新海连市成立，新浦、海州地区隶之。1952年7月，锦屏区更名海州区。1961年9月，新海连市更名连云港市，辖区未变。1983年6月，新浦、海州两区合并成立新海区。1986年6月，新海区分设为新浦区、海州区。2014年7月，撤销新浦区、海州区，组建新的海州区。

（撰稿：孙大伟）

历史文化遗存

【华夏文明瑰宝】 被誉为“东方天书”的将军崖岩画，生动地再现了5000年前海州少昊部落先民们在锦屏山周围生产、生活和社祭的场景，是闪烁着华夏文明的国宝。春秋时，孔子两次率弟子来境内讲学论道并登山观海。秦立石为秦东门事载《史记》。孔望山摩崖造像形象地记载了海州地区早在汉代就是道教发源地之一和佛教最早传入之地的史实。南北朝至唐，佛教和道教争相把海州作为弘法基地，兴建了龙洞庵、郁林观、玉皇宫、园林寺等众多寺庙。早在宋朝，海州就建有学宫，教育事业已具备相当规模。明《隆庆海州志》和清《嘉庆海州直隶州志》为海州留下了弥足珍贵的历史资料。“海州五大宫调”以及缘于寺庙祭祀活动形成的且至今长盛不衰的白虎山庙会被列为国家级非物质文化遗产。历经劫难保存下来的建于南北朝时期的凤凰城、钟鼓楼等古建筑，建于北宋年间的阿育王塔为代表的古寺庙，以及石雕、石刻和大量出土文物，无不昭示着海州的古代文明。

【风景名胜与人文景观】 境内东北部，南云台山山灵水秀，风景如画，是中国古典名著《西游记》的创作原型和西游记文化的发源地。东磊景区是古典名著《镜花缘》的创作取材处。国家AAAA级花果山、渔湾旅游景区名闻遐迩，生态环境优美，人文景观众多，是国内著名的山海风光旅游胜地。境内中部锦屏山，陡峭险峻，雄伟壮观，周围山麓分布着多处古人类活动的遗址和表现沿海地区先民们生产、生活、祭祀等场景的将军崖岩画。孔望山景区有国内最早的表现佛教和道教内容的汉代摩崖石刻和秦代竖立的秦东门遗迹。孔望山景区、石棚山景区、白虎山公园内，保存着汉代至民国年间各个朝代的大量摩崖石刻、题刻和石雕。具有1500年历史的海州古城，是连云港市地区古代的政治、经济中心，其中保存下来的文庙、钟鼓楼等古代建筑以及传承佛、道教文化的“九庵十八庙”遗存等，彰显海州区古代文明的悠久。千百年来，海州以其丰富的文化遗存和异彩纷呈的山海风光，吸引不少达官显贵、文人墨客驻足览胜，石曼卿、苏东坡、李清照、辛弃疾、韩世忠、魏胜、陶舄、廖世昭、王同、李汝珍、卫哲治、唐仲冕、林则徐等或为官，或寓居，或游历，留下了治理地方和抗击侵略的业绩以及歌咏海州、怀念友人的大量诗篇与题勒。这些风景名胜，将雄奇的山海风光和古老的人文景观融为一体，是历史留下的一笔宝贵财富。（撰稿：孙大伟）

行政区划

【行政区划调整】 根据2014年5月2日国务院（国函〔2014〕56号）文《关于同意江苏省调整连云港市部分行政区划的批复》和江苏省人民政府（苏政发〔2014〕64号）文《关于调整连云港市行政区划的通知》，撤销连云港市新浦区、海州区，设立新的连云港市海州区，以原新浦区、海州区的行政区域为新的海州区的行政区域。实际操作过程分为两次：第一次以2014年7月9日零时为行政区划交接点，新的海州区管理范围为原新浦区及2013年4月1日起代管的原海州区海州、幸福路、朐阳、洪门4个街道；第二次从2014年11月18日起，原高新区南部拓展区所辖的新坝、锦屏、板浦3个镇和宁海街道融入新的海州区。至此，原新浦、海州两区的全部地域合并为新的海州区。

【辖区】 2014年底，海州区辖江苏省云台、岗埠2个农场，浦南、新坝、锦屏、板浦4个镇，花果山、南城、新东、新浦、浦西、路南、新南、新海、海州、幸福路、朐阳、洪门、宁海13个街道，海州经济开发区、锦屏林场。海州区管辖的镇、街道和经济开发区，共下辖86个行政村、103个社区。另外，辖区内花果山景区由市直管，云台街道、南云台林场由花果山景区代管。

（撰稿：孙大伟）

人口 民族

【人口总量】 至2014年底，全区户籍人口为21279户703748人，户籍人口总数比2013年底增加12307人。

【人口分布】 朐阳街道：9532户，30508人。

浦西街道：14281户，40876人。
新东街道：31608户，99501人。
新南街道：19385户，59626人。
路南街道：13815户，42221人。
新海街道：14889户，42295人。
南城街道：2168户，7028人。
花果山街道：5512户，18551人。
新浦街道：16381户，48440人。
海州街道：7003户，20821户。
幸福路街道：5624户，16640人。
洪门街道：4472户，13123人。
宁海街道：6279户，27589人。
锦屏镇：9069户，30901人。
浦南镇：14575户，57739人。
新坝镇：7967户，32913人。
板浦镇：18260户，67812人。
云台农场：1846户，5502人。
岗埠农场：6416户，27443人。
海州经济开发区：3708户，14219人。

【民族构成】 据2010年第六次全国人口普查，海州区居民中，有汉族、回族、满族、土家族、蒙古族、苗族、壮族等35个民族，其中汉族人口占99.76%。（供稿：区统计局）

2014年海州区国民经济和社会发展统计公报

2014年，是在党的十八届三中全会精神指导下，全面深化改革的启动之年，是宏观环境复杂严峻、经济下行压力加大的一年，也是新浦、海州两区合并开启大海州融合发展之年。面对复杂形势和严峻挑战，全区上下紧紧围绕建设区域性经济文化中心、更高水平小康社会两大目标，主动作为，借势发力，主要经济指标保持合理区间，城乡面貌发生了新变化，群众生活得到了新改善，和谐社会建设迈出了新步伐。

一、综合

经济运行总体平稳 2014年在经济新常态下，全区经济运行总体平稳，GDP总量达到263.20亿元，可比价同比增长10.1%，第一产业增加值实现18.17亿元，增长3.5%；第二产业增加值实现79.88亿元，增长9.7%。其中，工业增加值61.32亿元，同比增长9.4%；第三产业增加值实现165.15亿元，增长11.1%。产业结构进一步优化，三次产业协调性增强，逐步形成一、二、三产业相互促进发展的格局。三次产业的结构由上年的8.1:34.1:57.8调整为6.9:30.3:62.8；一、二产业分别下降1.2、3.8个百分点，三产占比较去年提高5个百分点。

二、农林牧渔业

农业生产形势较好 2014年实现农林牧渔业增加值18.17亿元，同比增长7.26%。粮食生产丰产丰收，亩产水平明显提升。农业结构调整明显，粮食播种面积降低4.5个百分点，播种面积为64.05万亩，比上年减少2.76万亩；粮食总产为31.37万吨，比上年减少0.18万吨。其中，夏粮面积32.31万亩，比上年增加0.12万亩；夏粮亩产394公斤，比上年增加4公斤；夏粮总产12.75万吨，比上年增加0.17万吨。秋粮面积为31.74万亩，比上年减少2.88万亩；秋粮亩产为587公斤，比上年增加39公斤；秋粮总产为18.62万吨，比上年减少0.34万吨。

农业产业化步伐加快 全区把发展壮大农业龙头企业作为加快农业产业化发展的关键举措，着力打造一批自主创新能力强、加工水平高、带动农民增收作用大的农业产业化龙头企业，着力培育一批产品竞争力强、市场占有率高的知名品牌，在优质粮油、特色养殖、蔬菜食用菌、林果花卉等领域形成一批科技水平高、上中下游相互承接的产业体系。2014年全区共拥有市级以上农业龙头企业17家，其中省级龙头企业4家，市级13家。

高效设施农业扩面增效 2014年全区大力发展各类设施栽培，重点发展蔬菜园艺、规模畜禽、特色水产、优质粮油、花卉苗木等“五大特色农业”。全年新增设施农业面积4000亩，累计达到2万亩，占比达5.28%。

三、工业

工业经济难中有进 2014年全区92家规上工业企业完成工业总产值177.6亿元，同比增长0.27%；1–12月完成工业销售产值169.93亿元，同比下降0.42%；实现产销率95%，同比回落1.5个百分点；累计实现工业增加值35.67亿元，累计同比增长0.3%。规模以上工业企业累计用电量50069.03万千瓦时，同比下降8.47%，产值与用电量基本匹配，基本反映节能降耗实际水平；全年规上工业实现主营业务收入165.97亿元，同比增长0.79%；实现利税16.16亿元，同比下降1.12%。

过亿元企业数量略与去年持平，拉动贡献不大。2014年全区规上产值超亿元企业共计40家，而2013年41家，比去年还少1家。从实现产值上来看，2014年过亿元企业共实现产值153.56亿元，占全区的86.5%，而2013年过亿元企业实现产值是153.14亿元，占全区的86.4%，两年相比基本持平。

四、固定资产投资

2014年，固定资产投资继续高位运行，并呈现出增长平稳、结构改善的良好态势。全区全社会固定资产投资完成346.8亿元，同比增长26.3%，其中规上固定资产投资完成299亿元，同比增长24%；全社会工业投资完成124.7亿元，同比增长111.3%，其中，规上工业投资完成109亿元，同比增长52%。规模以上固定资产投资幅全年都保持在20%左右的增长速度，各季度分别增长19.15%、23.19%、20.6%、23.47%。规上工业投资增幅都保持在40%以上的增长速度，各季度分别增长41.08%、40.3%、49.17%、48.4%。。

投资总量不断扩大 规模以上固定资产投资完成299亿元，位列各县区之首，占市区（五区）的35.3%，比2013年提高1.2个百分点，比2012年提高7.8个百分点，我区投资对全市投资贡献率逐年增强。

投资结构持续改善 投资结构优化步伐明显加快。规模以上工业投资占规模以上投资比重达到36.5%。工业投资内在结构变化趋势明显，高耗能、高污染的“双高”传统工业项目得到有效控制，高效节能低碳工业项目投入增加。投资三次产业结构比为3:36:61，投资结构日趋合理。

投资主体改善明显 从2014年投资主体来看，政府及国有资金完

成投资89亿元，同比增长16%；民间投资完成210亿元，占全区投资的70%，同比增长27%，高于同期固定资产投资增幅3.5个百分点。

五、国内贸易

消费需求稳中有升 社会消费品零售总额222.7亿元，增长13%，其中限上企业完成148.7亿元，增长12.8%；限下零售额74亿元，增长13.4%。批发零售业销售额540.3亿元，增长14.4%，其中限上企业完成240.8亿元，增长2.1%；限下完成299.5亿元，增长26.6%。加快推进商贸流通重点项目建设，7家重大商贸项目建设顺利推进。二营巷古玩文化特色街区完成房屋回购，现正在进行方案修改；盐河巷二期商业街已完成，并即将开街试营业；苏宁广场1号楼1-8层商业部分已于9月31日开业，酒店部分正在进行内部装修；兴隆国际商贸广场二期已转入地面施工；丰联广场主体已基本完工；中央华府、茗馨花园2个菜市场主体框架已完成，正在招商，其余几个菜市场已开始营业。

六、对外经济

招商引资成果丰硕 在全国外贸形势较为低迷的情况下，重抓招商引资，开展招商活动129次，全年新批外资企业20家，实际利用外资13004万美元，完成市确保指标的100.03%；新增内联项目1127个，投产开业934个，引进内联客方到位资金112.49亿元，完成市考核指标的102.26%，其中引进亿元以上签约、开工项目43个。外贸进出口总额12.29亿美元，增长8%，其中出口10.18亿美元，增长5.8%。

七、教育和科学技术

教育事业持续健康快速发展 学前教育取得突破。强力推进“省学前交易改革发展示范区”建设，新建太平幼儿园、小海龟幼儿园等6所幼儿园；新增东方宝贝儿童之家、世纪阳光幼儿园、商业幼儿园新海分园、春晖幼儿园香江分园等6所省优质幼儿园。义务教育发展更加均衡。我区顺利通过“全国义务教育发展基本均衡区”省级督导考核。义务教育阶段学生入学率达100%，初中毕业生升学率及高中阶段毛入学率均达99%以上。大庆路小学“数字科技”特色项目顺利通过省“小学特色文化建设项目”答辩评审。我区新建成3个省级课程基地。23所中小学通过“省义务教育学校现代化办学标准”市级验收，占全区义务教育阶段学校总数的37.7%。社区教育发展更加多元。深入推进社区教育长效机制及终身学习保障体制建设，全面加强社区教育机构标准化建设。完成农村实用技术培训1万人次，农村劳动力转移培训、农民工培训、老年教育等各类培训6300余人次；锦屏镇社区教育中心通过“省级社区教育中心”评估验收。办学条件显著改善，教育布局更加完备。校安工程进展迅速，全年投入3.17亿元，新建校舍7.71万平方米，加固校舍1.11万平方米。凤凰学校、师专二附小、海庆中学教学综合楼建成投入使用，浦南新镇区中小学基本竣工，解放路小学滨河分校新建工程进展迅速。计划外启动浦南中心小学草舍完小、小兴完小及下禾教学点等新建项目12个，建筑面积3.03万平方米，总投入达8500万元。2014年全区投入2280万元，购置图书6.4万册、电脑750台、课桌椅7400余套、360余口教室新配备了交互式多媒体教学设备。坚持把教师队伍的均衡发展、骨干教师的均衡配置，作为深入推进教育均衡的环节，作为教育精细化管理的重中之重。公开招聘公办学前教育老师15名，其中本科5人，专科10人，全部安排在农村幼儿园任教。各基础教育学校从年度公用经费预算总额中安排265万元用于教师培训，比例达6.7%。

高新技术产业发展迅猛 全区新认定国家高企10家，累计总数达32家。新增省科技型中小企业21家，累计总数达104家。全年高新技术产业产值占规模以上工业产值比重达61.5%。年内新获批省级以上研发机构16家，天明机械、鹰游纺机、中鹏等3家企业的研发机构正式入选“江苏省重点企业研发机构”。科技计划项目实现新突破。重抓产学研合作，鼓励企业与高校院所合作，加大科技项目创新力度，注重项目培育、申报管理等环节。2014年共组织申报各级科研计划项目164项，共获批各级科技项目113项，其中国家级6项、省级22项、市级85项，获市级以上科技扶持资金达4416万元。知识产权工作迈上新台阶。大力实施知识产权战略推进计划，加大省级知识产权示范区建设力度。专利申请量2000余件，专利授权量千余件。

八、文体旅游和卫生事业

公共文化服务体系进一步完善 文化设施方面，全区累计投资5000万元建成了总面积6000多平方米的市图书馆海州分馆和文化馆并对外开放。民主路大华文化交流中心、醋文化博物馆、李汝珍纪念馆等区级重点文化设施建成并开放。新坝镇文化中心建成并进入功能装修与布展设计阶段，是基层示范性文化场所。文化活动方面，成功举办白虎山庙会，广泛开展广场文化活动，举办民主路民国风情实景演出、“相约桃花涧、情系锦屏山”系列文化活动、春节万人民俗大联欢、首届排舞大赛、健身秧歌大赛等广场文化系列活动200余次，获得全市文化市场活动优秀组织奖。“社区文化大讲堂”获得省文化志愿者服务优秀项目。金牌秧歌队和花果山艺术团被表彰为2014年度连云港市重点群众文艺团队。苍梧社区“翰墨飘香《苍梧人家》”、玉带社区“书香玉带读书会”和德芳社区“镜花缘欢乐大舞台”等被表彰为“一社一品”优秀社区文化品牌。艺术生产方面，完成30万字《海州》文集初稿编辑工作，报送58件文艺作品参加市第八届“和谐新港城”文艺作品征稿活动，创作12件作品参加全市第二届音乐舞蹈节和第八届文艺作品征稿活动优秀组织奖。编排的舞蹈节目《淮海戏情》获省五星工程奖广场舞银奖，歌舞作品《串烧》获得全省农民排舞大赛集体串烧金奖、规定曲目金奖和总分第一，江苏省健身秧歌大赛总决赛青年组（四套和自选）金奖。

群众体育事业蓬勃发展 投入3000多万元建成并启用了占地80亩、建筑面积15000余平方米的海州区全民建设中心。江苏省首家笼式足球场项目已经完成立项，进入招投

标程序。各镇街、村居全部建成健身中心、健身点，室外场地进行了硬化工作。在城区，推动102家社区文体中心、68个社区文体小广场提档升级；投入200余万元完成新海街道常乐社区、新南街道海宁社区、路南街道、新坝镇、浦南镇5个多功能健身示范场地建设；为万润社区、新城社区、许安村等41个村（居）新建了健身路径41套。在乡村，投入300余万元实现87个行政村文体小游园建设全覆盖；举办首届“瀛洲杯”环岛长跑比赛、区拔河比赛、区排舞大赛等40场比赛，承办省健身秧歌大赛、市锦屏山登山比赛、市社区武术交流赛、全国百城千村健身气功交流展示系列活动暨连云港市健身气功站点联赛总决赛等8场省市级体育比赛；创建锦屏镇舞龙舞狮、南城镇健身腰鼓、新南街道中华武术等12家“一镇一品”、“一街一品”。

旅游产品提档升级 桃花涧景区获评国家AAAA级旅游景区，民主路文化旅游区通过国家AAA级旅游景区验收，海州古城文化街被评定为市级旅游特色街区。云台农业生态旅游示范区、浦南现代农业示范园成功创建为省四星级乡村旅游区（点），江浦农业生态园成功创建为省三星级乡村旅游点，板浦镇天景生态园获评省二星级乡村旅游点。连云港青年国际旅行社成功创建为省四星级旅行社，另两家创建为省三星级旅行社，全年新增旅行社4家。

医药改革呈现新局面 新农合筹资标准提高为年人均400元，参合人100%纳入大病保险，政策范围内住院费用实际补偿比保持在55%以上。基本药物制度在社区卫生服务中心及村卫生室实现全覆盖，全年网上集中招标采购基本药物4586万元，药品让利近1400万元。扩增资源，完成投资8500万元，续建区第一人民医院并完成眼科医院、花果山社区卫生服务中心等的改扩建项目；孔望山社区卫生服务中心创建成为省规范化社区卫生服务中心；浦南镇太平村卫生室创建成为省级示范村卫生室；眼科医院手术室条件达省内领先水平。完善区域内的公共卫生功能布局，疾控、监督等机构体系达标建设陆续破冰。在全区各乡镇卫生院推进安装医疗废水消毒处理工程，在浦东等4家社区卫生服务中心建立远程医疗系统，发放居民健康卡6.8万张，覆盖全区所有参合家庭户。

九、城市建设

城市规模不断扩大 全区完成征收、拆迁居民4750户、企事业单位173家，征收房屋总面积174.589万平方米。

旧城改造稳步推进 全区启动拆迁和征收地块65个都成立了区旧城改造建设指挥部推进工作。在实施的项目过程中，体育局地块和大众兴地地块项目已完成；天然居地块剩余居民2户，已基本完成；财经学校A西地块目前剩余居民2户，进入收尾阶段；车管所地块目前剩余居民2户，企业1家。新实施的项目15个，对黄海度假村、财经学校B地块一期、飞雁毛毯厂地块、万山城市花园地块、连盐铁路、东圣变压器厂地块、民主路棚户区改造二期项目、滨河新城规划十六路以北棚户区改造项目、南城新大街东侧棚户区改造项目、木材厂地块、烟草巷地块、人民西路八号地块、孔望山路地块、新海路东、人民路周边地块等地块和项目作出征收决定。正在按照序时进度推进。

园林绿化有效提升 全区重点实施了道路、居住区、滨河、重要节点以及交通绿色通道等绿化建设任务94项，累计完成投资3.6亿元。全年共栽植各类苗木49.52万余株，其中：乔木34.32万株，花灌木15.2万株，草坪11.65万平方米，花境6万平方米，大青竹1720丛。秋季绿化养护涂白树木53.9万余株，新增绿地109万平方米，绿化绿地率达37%，绿化覆盖率达41%，人均公园绿地面积12.7平方米。

十、人口及社会保障

人口规模有序扩大 2014年全区户籍人口70.37万人，常住人口79.81万人，出生率10.69‰，死亡率为6.63‰，自然增长率为4.06‰，城镇人口69.68万人，城镇化率为87.31%。

社会保障持续完善 2014年，进一步加大社会保险法律法规的宣传力度，开展社保政策进社区、进企业、进校园的“三送”活动。鼓励参保人员适度提高参保标准，全年共印发各类宣传材料2.4万份，开展现场咨询活动20余场。建立“政研学企”多方互动的劳动力培训模式，为企业和培训机构、学校、研究院所牵线搭桥，重点解决企业季节性缺工、企业人力资源培训的困难，在促进就业和企业生存之间实现双赢和平衡，努力实现“培训一人，就业一人，带动一户”的目标。举办“春风行动”、“就业援助月”、“岗位进社区”等各种主题的专场招聘会55场，提供岗位3.1万个，达成就业意向人数2106人。开展城乡劳动者就业技能培训等各类培训班174期，培训人数6680人。

注：1、公报中地区生产总值和各产业增加值绝对值按现行价格计算，增长速度按可比价格计算。

2、公报中部分数据为初步统计数，正式统计数据以《海州区统计年鉴》为准。 （供稿：统计局）

新浦区组织机构及领导人名录

（2014.02.22~2014.07.08）

中共新浦区委员会

【常务委员会】

书　记　王立斌

副书记　单晓敏（女）　王建明

常　委　王友君　姚　超　施为民

徐风良　房忠涛（女）　周国强

郑　斌

【工作机构】

办公室

主　任　李　锋

副主任　郭宝光　葛艳艳（女）

单新文

台　办

主　任　葛艳艳（女）

副主任　刘琳琳（女）

组织部

部　长　施为民
副部长　郑纪东
部务委员　孙桂香（女）　吴　昊

新社工委

书　记　无

组织员办公室

副主任　吴　昊

人才工作办公室

副主任　王　伟

宣传部

部　长　房忠涛（女）
副部长　李敬伟　封其冰　石德学

文明办

主　任　封其冰
副主任　贺颖颖（女）

统战部

部　长　张景友
副部长　刘文学　周自彬
吴海虹（女）

政法委

书　记　郑 斌
副书记　王统松　蒋海翔（挂职）
张少春
委　员　刘海波　钱明斌　李　李

综治办

主　任　无
副主任　无

依法治区领导小组办公室

主　任　王统松
副主任　刘海波

防范和处理邪教问题办公室

主　任　孙晓兵
副主任　李俊华

老干局

局　长　孙桂香（女）
副局长　单培祝

机要保密局

局　长　王志强

信访局

局　长　赵斯忠
副局长　赵　青（女）　田　勇
夏兴龙　卞绍东（聘）

档案局

局　长　王　涛（女）

编　办

主　任　乔　敏（女）
副主任　陆卫国

【党　组】

中共新浦区人大常委会党组

书　记　王立斌
副书记　陈周德

中共新浦区人民政府党组

书　记　单晓敏（女）
副书记　王友君

中共新浦区人民政协党组

书　记　汤成元

中共新浦区人民法院党组

书　记　傅成保
副书记　丁汝成

中共新浦区人民检察院党组

书　记　吴　明
副书记　李永红（女，回族）

中共新浦区科学技术局党组

书　记　胡庆林

中共新浦区民政局党组

书　记　吴卫东

中共新浦区司法局党组

书　记　卞　剑

中共新浦区财政局党组

书　记　李　军
副书记　邱洪建

中共新浦区人力资源和
社会保障局党组

书　记　乔　敏（女）
副书记　金晓玲（女）

中共新浦区环境保护局党组

书　记　吴　军
副书记　张家琪

中共新浦区农林水利局党组

书　记　无
副书记　王海鸥（女）

中共新浦区商务局党组

书　记　张玉梅（女）
副书记　杨守清

中共新浦区文化体育旅游局党组

书　记　孟小兵
副书记　刘　虹（女）

中共新浦区人口和计划生育局党组

书　记　无
副书记　吕芳芳（女）

中共新浦区审计局党组

书　记　张义彪

中共新浦区统计局党组

书　记　孙君玲（女）
副书记　何洪壮

中共新浦区安监局党组

书　记　高学成

中共新浦区总工会党组

书　记　陈金芳（女）

中共新浦区工商联党组

书　记　吴海虹（女）

【镇党委】

中共新浦区浦南镇委员会

书　记　杨汝勇
副书记　杨育宏
委　员　袁立成　王　强　张传红
徐成亮　李　绘（女）
王善仿　卞德喜　王俊红

高传彬　王春华（挂职）
吕恒友（聘）　韦妍君（女）
周言友

【区委派出机构】

中共新浦区委新浦经济开发区工作委员会

书　记　徐风良
副书记　张正文　张　涛
委　员　韩雪峰　徐敏昌　陶士勇
　　　　李　涛　张　瑞（女）
　　　　司举香

中共新浦区委滨河新城工作委员会

书　记　袁丽霞（女）
副书记　李　军
委　员　许　建　李　宁　单培祝
　　　　王东升　朱泽东

中共新浦区委区级机关工作委员会

书　记　陈忠燕（女）
副书记　掌效兰（女）
委　员　马洪亮　邹　涛

中共新浦区委花果山街道工作委员会

书　记　朱晓云（女）
副书记　陈守权　吴　宏
委　员　吴兴淦　杨祖刚　李　星
　　　　夏兴龙　江　健（聘）
　　　　徐善明（聘）　范德洋（聘）
　　　　王　林

中共新浦区委南城街道工作委员会

书　记　骆丙春
副书记　熊胜波　陈洪海
委　员　杨广远　余琼林　王成龙
　　　　李洪兵　林玉亮（聘）
　　　　孙兆锋　万　倩（女）

中共新浦区委新东街道工作委员会

书　记　薛喜东
副书记　纪　巍
委　员　徐其兵　张德怀
　　　　秦　玲（女）　鲁成卫
　　　　杨金龙　林　平（女，聘）

中共新浦区委新南街道工作委员会

书　记　许　春
副书记　陆　兵　刘龙培
委　员　王　涛　宋　明　徐永华
　　　　谷　慧（女，聘）
　　　　汤　娟（女，聘）　曹　江

中共新浦区委路南街道工作委员会

书　记　田亚辉
副书记　张建光
委　员　魏　东　陶　冶
　　　　沈　艳（女）　霍介会
　　　　闵　浩　严　明

中共新浦区委浦东街道工作委员会

书　记　陈贤斌
副书记　陈守余
委　员　蒋崇辉　吴艳玲（女）
　　　　金同志　李安乐
　　　　徐德俊（女，聘）

中共新浦区委浦西街道工作委员会

书　记　周云祥
副书记　陈　飞　顾永胜
委　员　周光树　曹　霞（女）
　　　　朱泽东　陈怀芝
　　　　尚　明（女，聘）　王　超

中共新浦区委新海街道工作委员会

书　记　王从峰
副书记　董志红（女）　江世亚
委　员　范　明　卞光启
　　　　董浩宇（女）　夏　倩（女）
　　　　孙秀敏（女，聘）
　　　　胡　焱（女）

中共新浦区委朐阳街道工作委员会

书　记　张延广
副书记　殷成祥　赵　明
委　员　李　良　王万忠
　　　　张　琪（女）　程爱春
　　　　刘纪旺　徐兴军

中共新浦区委洪门街道工作委员会

书　记　许　巍
副书记　李明军
委　员　刘蓓蕾（女）　汪　伟
　　　　李雨轩（女）　陈永东
　　　　张晓兵

中共新浦区委海州街道工作委员会

书　记　陈　东
副书记　朱鹏苏（女）　李晓光
委　员　郭　睿（女）　于　洋
　　　　朱大勇　卢发春　耿　斌

中共新浦区委幸福路街道工作委员会

书　记　林秀兰（女）
副书记　张兴旺　李大蔚
委　员　汤　浩　卞绍向　马振波
　　　　陈志敏　张　华

【部门党委】

中共新浦区经济信息化与发展改革局委员会

书　记　李正海
副书记　单新文
委　员　许良军　杨绍文
　　　　贾伊凡（女）

中共新浦区教育局委员会

书　记　范益军
副书记　王宏新（女）
委　员　韩树宾　杨长才
　　　　曹兴娣（女）

中共新浦区住房和城乡建设局委员会

书　记　刘亚军
副书记　魏苏平
委　员　尤新荣（女）　成祥之
　　　　胡海宁（女）　王　帅
　　　　徐　浩

中共新浦区城市管理局委员会

书　记　无
副书记　乔月亮　范庆立
委　员　董育传　陈　健

中共新浦区卫生局委员会

副书记　杨泗顺　黄　庆（女）
委　员　王经建　刘　媛（女）

中共新浦区供销合作总社委员会

委　员　张　春（女）　郭加荣

新浦区人大常委会

【主任、副主任】
主　任　王立斌
副主任　陈周德　陈应聪（不驻会）
　　　　刘振华　杨中云

【工作机构】

办公室

主　任　范永涛
副主任　马玉青（女）

财经委

主　任　朱从敏

人代委

主　任　尹志英（女）

教科文卫委

主　任　陈胜林

内务司法委

主　任　章建生
副主任　陈　沐

环境资源城乡建设委

主　任　霍广春

【镇人大主席团】

浦南镇人大主席团

主　席　袁立成（提名）

【区人大常委会派出机构】

花果山街道人大工作委员会

主　任　朱晓云（女）

南城街道人大工作委员会

主　任　杨广远

新东街道人大工作委员会

无

新南街道人大工作委员会

主　任　刘龙培

路南街道人大工作委员会

主　任　魏　东

浦东街道人大工作委员会

主　任　吴艳玲（女）

浦西街道人大工作委员会

主　任　顾永胜

新海街道人大工作委员会

副主任　江世亚

朐阳街道人大工作委员会

副主任　赵　明

洪门街道人大工作委员会

无

海州街道人大工作委员会

主　任　李晓光

幸福路街道人大工作委员会

主　任　李大蔚

新浦区人民政府

【区长、副区长】

区　长　单晓敏（女）
副区长　王友君　孙晓兵
　　　　袁丽霞（女）　徐雪峰
　　　　于　卉（女）　徐　冰
　　　　章冬斌（挂职）

【工作机构】

办公室

主　任　张振亭
副主任　陈毅敏　王富芹（女）
　　　　赵斯忠　顾德习
　　　　高长春　徐　蓓（女）
　　　　夏　雯（女）

外侨办

主　任　王富芹（女）
副主任　吴　迪

法制办

主　任　高长春
副主任　刘道劲

人防办

主　任　无
副主任　冯士江　张　旭

经济信息化与发展改革局

局　长　单新文
副局长　姜海燕（女）　李　波

中小企业局

局　长　无
副局长　姜海燕（女，主持工作）

教育局

局　长　王宏新（女）
副局长　徐　艳（女，聘）

科技局

局　长　胡庆林
副局长　王学堂　蔡淑坤（女）
　　　　仲启昌

知识产权局

局　长　胡庆林

监察局

局　长　无
副局长　王汝乔

民政局

局　长　吴卫东
副局长　王统珍（女）　董淑欣

司法局

局　长　卞　剑
副局长　李喜忠　金文虎

财政局

局　长　邱洪建
副局长　王升同
　　　　周　敏（女）

国有资产监督管理委员会办公室

主　任　梁正江

人力资源和社会保障局

局　长　乔　敏（女）
副局长　无
局长助理　徐忠华

环境保护局

局　长　张家琪
副局长　车忠华

住房和城乡建设局

局　长　魏苏平
副局长　尤新荣（女）　成祥之
　　　　胡海宁（女）　徐　浩

地震局（房屋征收局）

局　长　胡海宁（女）
副局长　王　帅　石林强

城市管理局

局　长　乔月亮
副局长　范庆立　董育传　陈　健
　　　　庄会君　周锡明

农林水利局

局　长　王海鸥（女）
副局长　江乃建　严跃南　郑　洪

农业机械管理局局长

局　长　江乃建

农业资源开发局局长

局　长　郑　洪

商务局

局　长　张　建
副局长　祁　德　伏莹莹（女）

粮食局

局　长　李正海
副局长　张道杨　祝传山

文化体育旅游局

局　长　刘　虹（女）
副局长　李　宁（1月16日任职）
　　　　冯春红（女）郑永红（女）
局长助理　王　雷（挂职）

卫生局

局　长　杨泗顺
副局长　王经建（聘）　刘　媛（女）

人口和计划生育局

局　长　吕芳芳（女）
副局长　宋　燕（女）

审计局

局　长　张义彪
副局长　薛广善　颜井席
　　　　马苗苗（女）

安全生产监督管理局

局　长　高学成
副局长　郭家农　李　晖

统计局

局　长　何洪壮
副局长　陈秀媛（女）　王东升
　　　　陈　强

民族宗教局

局　长　刘文学

【企事业】

连云港陇海步行街管理委员会办公室

副主任　祁　德（主持工作）
　　　　姚　柱　冯　君（女）

金融办公室

主　任　刘　坚

供销合作总社

主　任　张　春（女）
副主任　郭加荣
主任助理　谢　豪

江苏瀛洲发展集团有限公司

董事长　梁正江
总经理　许　建
副总经理　叶　川（女，聘）
　　　　　马建永（聘）

【镇人民政府】

浦南镇人民政府

镇　长　无
副镇长　杨育宏（提名，主持工作，5月17日落选）
　　　　张传红（提名，未选举）
　　　　徐成亮（5月17日任职）
　　　　李　绘（女）
　　　　王俊红（5月17日任职）

【区政府派出机构】

新浦经济开发区管理委员会

主　任　张正文
副主任　徐敏昌

滨河新城管理委员会

主　任　李　军
副主任　许　建　单培祝　王东升
　　　　马建永（挂职）

花果山街道办事处

主　任　陈守权
副主任　夏兴龙

南城街道办事处

主　任　熊胜波
副主任　余琼林　王成龙

新东街道办事处

主　任　纪　巍
副主任　徐其兵　张德怀
主任助理　鲁成卫

新南街道办事处

主　任　陆　兵
副主任　王　涛　徐永华

路南街道办事处

主　任　张建光
副主任　陶　冶　沈　艳（女）
　　　　霍介会

浦东街道办事处

主　任　陈守余
副主任　李安乐

浦西街道办事处

主　任　陈　飞
副主任　周光树　朱泽东　陈怀芝

新海街道办事处

主　任　董志红（女）
副主任　范　明　卞光启

朐阳街道办事处

主　任　殷成祥
副主任　李　良　阮莹莹（女）
　　　　王万忠

洪门街道办事处

主　任　李明军
副主任　汪　伟　李雨轩（女）
　　　　徐　罡　陈永东　张晓兵
主任助理　刘　兵

海州街道办事处

主　任　朱鹏苏（女）
副主任　郭　睿（女）　于　洋
　　　　朱大勇　卢发春

幸福路街道办事处

主　任　张兴旺
副主任　汤　浩　卞绍向
　　　　马振波

政协连云港市新浦区委员会

【主席、副主席】
主　席　汤成元
副主席　曹伟平（不驻会）
　　　　王宏新（女）　张景友
　　　　刘建春（不驻会）
秘书长　汤振宇

【工作机构】

办公室

主　任　徐进冬
副主任　李兴鲁

经济科技委

主　任　张慧玲（女）
副主任　吴广军

提案委

主　任　陈春梅（女）

学习文史委

主　任　孙润林

联络委

主　任　夏新军

社会事业委

主　任　庞学红（女）

中共新浦区纪律检查委员会

【常务委员会】
书　记　姚　超
副书记　武传扬　徐士强
委　员　祝海东　姜　峰

【工作机构】

办公室

主　任　无

信访室

主　任　王继玲（女）

案件审理室

主　任　无

执法监察室

主　任　无

纪检监察室

主　任　无

纪检监察机关工作室

主　任　姜　峰

纪检监察农村工作室

主　任　祝海东
副主任　卞德喜
　　　　吴　宏

党风廉政室

主　任　刘　进（女）

【镇纪委】

浦南镇纪委

书　记　卞德喜

【区纪委派出机构】

区级机关纪工委

书　记　掌效兰（女）

新浦经济开发区纪工委

书　记　张　涛

花果山街道纪工委

书　记　吴　宏

南城街道纪工委

书　记　杨广远

新东街道纪工委

书　记　无

新南街道纪工委

书　记　刘龙培

路南街道纪工委

书　记　魏　东

浦东街道纪工委

书　记　吴艳玲（女）

浦西街道纪工委

书　记　顾永胜

新海街道纪工委

书　记　江世亚

朐阳街道纪工委

书　记　张　琪（女）

洪门街道纪工委

书　记　刘蓓蕾（女）

海州街道纪工委

书　记　李晓光

幸福路街道纪工委

书　记　汤　浩

【派驻纪检组】

民政局纪检组

组　长　孙　雯（女）

财政局纪检组

组　长　王升同

人力资源和社会保障局纪检组

组　长　金晓玲（女）

环境保护局纪检组

组　长　钱　敏（女）

区人民法院纪检组

组　长　无

区人民检察院纪检组

组　长　宋向华

【部门纪委】

新浦区经济信息化与发展改革局纪委

书　记　许良军

新浦区住房和城乡建设局纪委

书　记　刘亚军

新浦区城市管理局纪委

书　记　无

新浦区卫生局纪委

书　记　黄　庆（女）

法院、检察院

【新浦区人民法院】

院　长　傅成保
副院长　丁汝成　卜玉霞（女）
　　　　季　锐（女）　姜长安

【新浦区人民检察院】

检察长　吴　明
副检察长　李永红（女，回族）
　　　　邓　毅　孙锡鸿
　　　　严　中　杨晓明

人民武装部

【镇、街道、开发区人民武装部】

浦南镇人民武装部

部　长　王　强

花果山街道人民武装部

部　长　杨祖刚

南城街道人民武装部

部　长　余琼林

新东街道人民武装部

副部长　杨金龙

新南街道人民武装部

副部长　曹　江（2014年1月17日提名任职）

路南街道人民武装部

副部长　严　明（2014年1月17日提名任职）

浦东街道人民武装部

部　长　蒋崇辉

浦西街道人民武装部

副部长　王　超（2014年1月17日提名任职）

新海街道人民武装部

部　长　范　明

新浦经济开发区人民武装部

部　长　张　涛

人民团体和群众团体

【新浦区总工会】

主　席　杨中云
副主席　金　文（女）

【共青团新浦区委员会】

书　记　周　静（女）
副书记　朱兰涛

【新浦区妇联】

主　席　柴　通（女）
副主席　陈忠燕（女，不驻会）
　　　　杨秀红（女，不驻会）

【新浦区科协】

主　席　史建梅（女）
副主席　李廷顺

【新浦区文联】

主　席　李敬伟

【新浦区残联】

理事长　王云琴（女）

【新浦区工商联】

主　席　刘建春
副主席　吴海虹（女）　刘佃元
　　　　李　彬（女）

【新浦区红十字会】

会　长　袁丽霞（女）
常务副会长　陈长坝

（区委组织部供稿）

原海州区组织机构及领导人名录

（截至2014年7月8日）

中共海州区委员会

书　记　孙爱华
副书记　陈　中　于治安
常　委　李　飞　孙振东　江锦峰
　　　　李永涛　卢　平　许宝忠
　　　　顾建华（1月任）
　　　　崔长胜（3月任）
　　　　成云飞（3月免）

海州区人大常委会

主　任　孙爱华
党组书记　孙爱华
党组副书记　刘海林
党组成员　张华陆　殷少卿
　　　　徐孝芹（女）
副主任　刘海林　李　萌（女）
　　　　张华陆　殷少卿

海州区人民政府

党组书记　陈　中
区　长　陈　中（1月任）
党组副书记、常务副区长
　　　　卢　平（2月任）
　　　　于治安（2月免）
党组成员　顾建华（2月免）
　　　　江希路　王一兵
　　　　徐金凤（女）
　　　　韩向民（扶贫）　陈怀忠
　　　　李宝凯（1月任）
　　　　邵长亮（2月任）
副区长　江希路　王一兵
　　　　徐金凤（女）
　　　　徐鸿翔（挂职）
　　　　崔长胜（扶贫，3月任）
　　　　邵长亮（2月任）
　　　　成云飞（扶贫，3月免）
　　　　顾建华（2月免）

政协海州区委员会

党组书记、主席
党组副书记、副主席　于振强（正处级）
党组成员　颜景华（女）
　　王兰芳（女）　刘军林
副主席　颜景华（女）
　　高　敏（女，不驻会）
　　王兰芳（女）
　　苗永梅（女，不驻会）
秘书长　刘军林

中共海州区纪律检查委员会

书　记　江锦峰
副书记　李宝凯（1月任）　刘士成
常　委　王经博　刘永东（1月任）

区纪委第一工作室

主　任　钱忠金
副主任　顾永传　滕军长（1月任）
　　李建斌（1月免）

区纪委第二工作室

区纪委第三工作室

副主任　刘　刚
　　齐晓云（女，1月任）
　　刘永东（1月免）

区纪委信访室

主　任　史艳妮

区纪委纪检监察室

主　任　李　军

区纪委宣传教育培训中心

主　任　潘家杰（1月任）

区委工作机构

区委办公室（挂“区委台湾工作办公室”牌子）

主　任　魏　鹏
副主任　李应平　伍安富
　　赵　红（女）　吴其量

区委台湾工作办公室

主　任　赵　红

区委组织部（区委两新工委、区委党的建设工作领导小组办公室）

部　长　李　飞（2月任）
　　卢　平（2月免）
副部长　宋具才　周　健　李　超
区委副科级组织员　孙彦君

区委新社工委

书　记　周　健

区委党的建设工作领导小组办公室

主　任　李　超

区委宣传部（挂“区精神文明建设指导委员会办公室”牌子）

部　长　顾建华（2月任）
　　李　飞（2月免）
副部长　金凤勇　徐正华　刘锦州

区文明办

主　任　杨　琴（女）

区委统一战线工作部（区民族宗教事务局）

部　长　王兰芳
副部长　赵　明　嵇军民　刘永柱

区民族宗教事务局

局　长　嵇军民

区委政法委员会（区社会治安综合治理委员会办公室、区依法治区领导小组办公室）

书　记　孙振东
副书记　李宗锋　李晓阳

区社会治安综合治理委员会办公室

副主任　张　静（女）

区依法治区领导小组办公室

副主任　李宗锋　田超亚

区机构编制委员会办公室

主　任　宋具才
副主任　闫美玲

区委部门管理机构

区信访局

局　长　吴其量
党组书记　李应平
副局长　刘　健　李建斌（1月任）
　　卞　红（女，1月任）

区委机要保密局

局　长　林春娟（女）

区委老干部局

局　长　于明侠（女）

区委区级机关工作委员会

书　记　韦清余（1月任）
　　杨志成（1月免）
副书记、纪工委书记
　　王　静（1月任）

区委直属事业机构

区档案局（馆）

局　长　陈素芬（女，1月免）

区委党校

副校长　金凤勇

区人大常委会工作机构

办公室

主　任　徐孝琴（女）
副主任　唐磊磊（女）

内务司法委员会

主　任　韩亚华（1月任）
　　相裕亭（1月免）

财政经济委员会

主　任　王宝定

教科文卫委员会

主　任　范成军

环境资源城乡建设委员会

主　任　张炽昌（1月任）
　　张建生（1月免）

人事代表联络委员会

主　任　陈华成

区政府工作部门

区政府办公室
（挂区政府外事与侨务办公室、区政府法制办公室、区人民防空办公室牌子）

主　任　陈怀忠
副主任　王志钰　朱建武　茆龙海
　　　　樊继锦（聘用）　车晓荣（女）
　　　　孔凡龙　何冰（1月任）

区政府外事与侨务办公室

主　任　王志钰

区政府法制办公室

主　任　茆龙海
副主任　吴　蒙

区人民防空办公室

主　任　朱建武
副主任　周海宁

区经济信息化与发展改革局
（挂区中小企业局牌子）

党委副书记、局长　王恒云
党委书记　胡　晨
纪委书记　孙　军
副局长　胡　晨　陈　明
　　　　骆　丹（1月任）

区政府目标管理办公室

主　任　陈　明

区中小企业局

局　长　孙　军（1月任）

区教育局

党委副书记、局长　张　洪
党委书记　钱忠金
纪委书记　钱忠金
副局长　刘步华　高明柱（聘用）
　　　　李大波

区科学技术局
（挂区知识产权局牌子）

局　长　谢　艳
副局长　黄宝军

区知识产权局

局　长　黄宝军

区监察局（与纪委机关合署）

局　长　李宝凯（1月任）
副局长　黄宝军　王经博

区民政局

党组副书记、局长　徐宏洪
党组书记　刘树清（1月任）
　　　　　桑爱越（1月免）
纪检组长　吴海霞（1月任）
　　　　　桑爱越（1月免）
副局长　王开兵　吴海霞（女）

区司法局

党组副书记、局长　魏宪春（1月任）
　　　　　　　　　董淑斌（1月免）
党组书记　杨　宏（1月任）
　　　　　黄以双（1月免）
副局长　李燕芳（女）
　　　　刘　展（1月任）

区财政局（挂区政府国有资产监督管理办公室牌子）

局　长　宋振宝
党组书记
党组副书记　宋振宝
纪检组长　朱建军
副局长　朱建军　程宏宇
　　　　黄　剑（1月任）

区政府国有资产监督管理办公室

主　任　朱建军

区人力资源和社会保障局

党组副书记、局长　宋具才
党组书记　丁　梅（女）
副局长　丁　梅（女）

区环境保护局

党组副书记、局长　董淑斌（1月任）
　　　　　　　　　张炽昌（1月免）
党组书记　尚玉霞（女）
纪检组长
副局长　刘永庆

区住房和城乡建设局
（挂区地震局牌子）

局　长　蒋庆山（1月免）
党委书记　商佃仁（1月任）
　　　　　韩亚华（1月免）
党委副书记　苗新安
　　　　　　潘运学（1月任）
　　　　　　蒋庆山（1月免）
纪委书记　商佃仁
副局长　潘运学　杨恩庆　吴　铭
　　　　商佃仁（1月免）

区地震局

局　长　商佃仁

区城市管理局

党组副书记、局长　谢　辉
党组书记　顾大平
纪检组长　潘家锦
副局长　顾大平　伏广志　李沛纯

区农林水利局（挂区农业资源开发局、区农业机械管理局牌子）

党委副书记、局长　桑爱越（女，1月任）
　　　　　　　　　陈可鹏（1月免）
党委书记　周华明（1月任）
纪委书记　沈南通（1月任）
　　　　　周华明（1月免）
副局长　周华明　吴卫东

区农业机械管理局

局　长　杜新春（1月任）
　　　　周华明（1月免）
副局长　李恕全（女，1月任）

区农业资源开发局

局　长　李永桓
副局长　张　浩

区商务局（挂区粮食局牌子）

局　长　朱　冲（1月任）
　　　　杜新春（1月免）
党组书记　朱　冲
党组副书记　杜新春（1月免）
纪检组长　刘乃涛
副局长　钱厚才

区粮食局

局　长　董淑富（5月免）

副局长　刘乃涛　时宽军（1月免）

区文化体育旅游局（挂区文物局牌子）

局　长　刘锦州
党组书记　宋超增
党组副书记　徐向其
副局长　徐向其　陈吉竹（1月免）

区卫生局

局　长　崔守远
党委书记　刘玉凤（女）
党委副书记　崔守远
沈南通（1月免）
纪委书记　刘玉凤（女，1月任）
沈南通（1月免）
副局长　刘玉凤（女）

区人口和计划生育局

党组副书记、局长　韩善学
党组书记　王晓军
副局长　王晓军　许峻瑜（女，1月免）

区审计局

局　长　程党恩
党组书记　赵剑平
党组副书记　程党恩
副局长　赵剑平

区安全生产监督管理局

党组副书记、局长　陈可鹏（1月任）
韦清余（1月免）
党组书记　陈学好
纪检组长　史　杰（1月任）
副局长　陈学好　冯正云（女）
刘　兵（1月任）

区统计局

局　长　赵天明（1月任）
魏宪春（1月免）
副局长　沈学萍（女）

区政府直属事业机构

海州经济开发区

党工委书记　李永涛
党工委副书记　宁寿同
余　薇（女，1月任）
刘　兵（1月免）
管委会主任　宁寿同
人大工委主任　余　薇（女，1月任）
刘　兵（1月免）
纪工委书记　李　昂
政法委书记　余　薇（女，1月任）
刘　兵（1月免）
组织、宣传、统战委员　侍　晓
管委会副主任　邵新光　侍　晓
李　昂
崔华明（公安派干）
余　薇（女，1月免）

房屋征收与补偿服务中心

主　任　苗新安
党组书记　胡士茂（1月任）
副主任　朱松林　王庆文
王　维（1月任）
卞宝玲（女，1月任）
胡士茂（1月任）

区锦屏山旅游开发建设管理委员会

主　任　刘锦州（1月任）
副主任　高　峰（聘用）
张海萍（女）

区政府其他机构

区政府教育督导室

主　任　张　洪
副主任　刘立春
唐维春（1月免）

区供销合作总社

党委副书记、主任　方新年
党委书记　刘树青（1月免）
纪委书记　章华英（女）
副主任　李培鲁　章华英（女）

区经济责任审计中心

主　任　张海清（女）

锦屏林场

场　长　徐东方

区基层财政管理服务中心

主　任　王浩天

区金融证券工作办公室

主　任　许峻瑜（女，1月任）
副主任　顾　怡（女，1月任）

机关事务管理接待中心

主　任　车晓荣（女）
副主任　林　华　黄冬冬（1月任）

区科技创业服务中心

主　任　于小凤（女，1月任）

区会计管理核算中心

主　任　徐勤夫

区劳动人事争议仲裁院

院　长　徐建新

区劳动就业管理处

主　任　刘君远

区通榆河北延送水工程管理所

所　长　马　亮

公　司

海州资产经营有限责任公司

董事长　于治安
总经理　乔敬萌
副总经理　李宗喜　刘光超　许峻瑜

区政协工作机构

区政协办公室

主　任　刘军林
副主任　王春艳（女，1月任）

经济与科技委

主　任　何乃东

社会事业与法制委

副主任　时宽军

法院、检察院

区人民法院

院　长　田　浩
党组书记　田　浩
党组副书记　毛国勇
副院长　毛国勇　高　照　刘　强
黄以双（1月任）

纪检组长　杨　宏（1月免）
政治处主任　傅丙刚

区人民检察院

检察长
党组书记　董月明
党组副书记　霍介涛　吕恒仁（挂职）
副检察长　霍介涛　徐庆玉
　　　　　唐　敏（女）
　　　　　吕恒仁（挂职）
纪检组长　李　浩
政治处主任　唐　敏（女）
反贪污贿赂局局长　徐庆玉

群众团体、事业团体

区总工会

主　席　李沪宁
副主席　杨莅遐（女）

共青团海州区委员会

书　记　徐维铮
副书记　杜　威

区妇女联合会

主　席　李松红（女）
副主席　张　华（女）

区科学技术协会

主　席　陈素芬（女，1月任）
　　　　余　薇（女，1月免）

区残疾人联合会

理事长　王　彬

区工商业联合会

会　长　苗永梅（女）
党组书记　赵　明
副会长　孙庆海

区红十字会

常务副会长　杨　靖（女）

乡镇·街道

新坝镇

党委书记　伏广强
党委副书记　闫　浩
　　　　　　刘　浩（5月免）
纪委书记　滕军长（1月任）
　　　　　李建斌（1月免）
政法委书记　杨维立（公安派干，1月任）
　　　　　　李建斌（1月免）
组织委员　颜　玮
宣传委员、统战委员
　　　　　秦绪伟（1月任）
　　　　　黄　剑（1月免）
人大主席　刘　浩（5月免）
人大副主席　马成军
镇　长　闫　浩
副镇长　颜　玮（女）
　　　　杨维立（公安派干）
　　　　滕军长（1月任）
　　　　王　静（女，1月免）
人武部长　秦绪伟（1月任）
　　　　　黄　剑（1月免）

锦屏镇

党委书记　侍启辉
党委副书记　李　强　卢长义
纪委书记　顾永传
政法委书记　卢长义
组织、宣传、统战委员　杨　静（女）
人武部长　顾永传
人大主席　卢长义
镇　长　李　强
副镇长　许　鹏　杨　静（女）
　　　　李　敏（女）
　　　　张　忠（公安派干）

板浦镇

党委书记　江希路
党委副书记　蒋德恩　赵　胜
　　　　　　刘　浩
纪委书记　齐晓云（女，1月任）
　　　　　刘永东（1月免）
政法委书记　张冠东
人大主席　赵　胜
人大副主席　王康友（1月免）
镇　长　蒋德恩
副镇长　黄德兵　程　勇　王金状
　　　　张广年（公安派干）
　　　　卞　红（女，1月免）
组织委员　齐晓云（女，1月任）
　　　　　卞　红（女，1月免）
统战委员　程　勇
宣传委员　王金状
人武部长　程　勇（1月任）
　　　　　赵　胜（1月免）

宁海街道

党工委书记　蒋庆山（1月任）
　　　　　　李宝凯（1月免）
党工委副书记　黄　勇
　　　　　　　李克成（1月任）
　　　　　　　赵天明（1月免）
纪工委书记　刘　刚
政法委书记　夏　雷
组织、宣传、统战委员
　　　　李克成（1月任）
　　　　史　杰（1月免）
人大工委主任　黄　勇（1月免）
人大工委副主任　吴新荣（女）
办事处主任　黄　勇（1月任）
　　　　　　赵天明（1月免）
办事处副主任　夏　雷　霍永强
　　　　　　　李克成
　　　　　　　王　峰（公安派干）
　　　　　　　史　杰（1月免）
人武部长　霍永强

（区委组织部供稿）

新的海州区组织机构及领导人名录

（2014.07.08~2015.01.15）

中共海州区委员会

【常务委员会】
书　记　王立斌（2014年7月5日任职）
副书记　单晓敏（女，2014年7月5日任职）
　　　　王建明（2014年7月5日任职）
常　委　王友君（2014年7月5日任职）
　　　　江锦峰（2014年7月5日任职）
　　　　姚　超（2014年7月5日任职）
　　　　徐风良（2014年7月5日任职）
　　　　房忠涛（女，2014年7月5日任职）
　　　　李永涛（2014年12月3日任职）

卢　平（2014年7月5日任职）
郑　斌（2014年7月5日任职）
顾建华（2014年7月5日任职）
毛志峰（2014年7月5日任职）

【工作机构】

办公室

主　任　李　锋（2014年8月3日任职）
副主任　郭宝光（2014年8月3日任职）
葛艳艳（女，2014年8月3日任职）
孟小兵（2014年11月29日任职）
李应平（2014年11月29日任职）
林春娟（女，2014年11月29日任职）
伍安富（2014年11月29日任职）
刘琳琳（女，2014年8月3日任职）
王昌杰（2014年8月3日任职）

台　办

主　任　赵　红（女，2014年3月3日任职）

组织部

部　长　卢　平（2014年7月9日任职）
副部长　郑纪东（常　务，2014年8月3日任职）
宋具才（2014年11月29日任职）
周　健（2014年11月29日任职）
李　超（2014年11月29日任职）
吴　昊（2014年8月3日任职）
部务委员　孙桂香（女）
吴　昊（2014年8月3日离任）

党的建设工作办公室

主　任　郑纪东（2014年11月29日任职）

新社工委

书　记　周　健（2014年11月29日任职）

组织员办公室

主　任　李　超（2014年11月29日任职）
副主任　李　绘（女，2014年8月3日任职）

人才工作办公室

主　任　宋具才（2014年11月29日任职）
副主任　王　伟（2014年8月3日任职，2014年11月29日离任）

宣传部

部　长　房忠涛（女，2014年7月9日任职）
副部长　李敬伟（常　务，2014年8月3日任职）
金凤勇（2014年8月3日任职）
刘锦州（2014年8月3日任职）
封其冰（2014年8月3日任职，2014年11月29日离任）
石德学（2014年8月3日任职，2014年11月15日离任）
徐正华（2014年8月3日任职）

文明办

副主任　贺颖颖（女，2014年8月3日任职，主持工作）

统战部

部　长　王兰芳（女，2014年9月17日任职）
副部长　魏苏平（常　务，2014年8月3日任职）
周自彬（2014年8月3日任职）
张玉梅（女，2014年8月3日任职）
吴海虹（女，2014年8月3日任职）
赵　明（2014年8月3日任职）
刘玉凤（女，2014年8月3日任职）
刘永柱（2014年8月3日任职）

政法委

书　记　郑　斌（2014年7月9日任职）
副书记　王统松（2014年8月3日任职）
张义彪（2014年8月3日任职）
李宗锋（2014年11月29日任职）
赵天明（2014年8月3日任职）
蒋海翔（挂　职，2014年8月3日任职）
张少春（2014年8月3日任职）
委　员　李　李（2014年8月18日任职）

综治办

主　任　张少春（2014年8月3日任职）
副主任　张　静（女，2014年8月3日任职）

依法治区领导小组办公室

主　任　王统松（2014年8月3日任职）
副主任　田超亚（2014年8月3日任职）

老干局

局　长　孙桂香（女，2014年8月3日任职）
副局长　史艳妮（女，2014年8月3日任职）

机要保密局

局　长　王志强（2014年8月3日任职）

国家保密工作局

局　长　林春娟（女，2014年8月3日任职）

编　办

主　任　于明侠（女，2014年8月3日任职）
副主任　陆卫国（2014年8月3日任职）

信访局

局　长　赵斯忠（2014年8月3日任职）
副局长　吴其量（2014年8月3日任职）
赵　青（女，2014年8月3日任职，2014年11月29日离任）
刘　健（2014年8月3日任职）
卞绍东（聘，2014年8月3日任职）

党　校

副校长　金凤勇（常　务，2014年8月

3日任职）

档案局

局　长　王　涛（女，2014年8月3日任职）

局长助理　张译文（女，2014年8月18日任职）

【党　组】

中共海州区人大常委会党组

书　记　王立斌（2014年7月9日任职）

副书记　陈周德（2014年7月9日任职）

　　　　刘海林（2014年7月9日任职）

中共海州区人民政府党组

书　记　单晓敏（女，2014年7月9日任职）

副书记　王友君（2014年7月9日任职）

中共海州区人民政协党组

书　记　汤成元（2014年7月9日任职）

副书记　于振强（2014年7月9日任职）

中共海州区人民法院党组

书　记　傅成保（2014年11月15日任职）

　　　　吴中严（2014年7月9日任职，2014年11月15日离任）

副书记　傅成保（2014年7月9日任职，2014年11月15日离任）

　　　　丁汝成（2014年7月25日任职）

　　　　毛国勇（2014年7月25日任职）

中共海州区人民检察院党组

书　记　张克晓（2015年1月7日任职）

　　　　吴　明（2014年7月9日任职，2015年1月7日离任）

副书记　董月明（2014年7月9日任职，2015年1月7日离任）

　　　　李永红（女，回族，2014年7月25日任职）

　　　　霍介涛（2014年7月25日任职）

中共海州区科学技术局党组

书　记　徐孝芹（女，2014年8月3日任职）

副书记　胡庆林（2014年8月3日任职，2014年11月29日离任）

　　　　谢　艳（女，2014年11月29任职）

中共海州区民政局党组

书　记　刘树青（2014年8月3日任职）

副书记　吴卫东（2014年8月3日任职）

中共海州区司法局党组

书　记　魏宪春（2014年8月3日任职）

副书记　卞　剑（2014年8月3日任职）

中共海州区财政局党组

书　记　丁　梅（女，2014年11月29日任职）

　　　　李　军（2014年8月3日任职，2014年11月15日离任）

副书记　邱洪建（2014年8月3日任职）

　　　　尚玉霞（女，2014年8月3日任职）

中共海州区人力资源和社会保障局党组

书　记　范益军（2014年11月29日任职）

　　　　乔　敏（女，2014年8月3日任职，2014年11月29日离任）

副书记　乔　敏（女，2014年11月29日任职）

　　　　金晓玲（女，2014年8月3日任职）

中共海州区环境保护局党组

书　记　韦清余（2014年8月3日任职）

副书记　张家琪（2014年8月3日任职）

中共海州区农林水利局党组（2014年11月29日改为党委）

书　记　孟小兵（2014年8月3日任职，2014年11月29日离任）

副书记　范益军（2014年8月3日任职，2014年11月29日离任）

中共海州区商务局党组

书　记　宋超增（2014年8月3日任职）

副书记　杜新春（2014年11月29日任职）

　　　　金　文（女，2014年8月3日任职，2014年11月29日离任）

中共海州区文化体育旅游局党组

书　记　刘文学（2014年8月3日任职）

副书记　刘锦州（2014年8月3日任职）

中共海州区人口和计划生育局党组

书　记　吕芳芳（女，2014年8月3日任职）

中共海州区审计局党组

书　记　胡庆林（2014年11月29日任职）

　　　　董淑斌（2014年8月3日任职，2014年11月29日离任）

副书记　董淑斌（2014年11月29日任职）

　　　　赵剑平（2014年11月29日任职）

中共海州区安监局党组

书　记　顾德习（2014年11月29日任职）

　　　　高学成（2014年8月3日任职，2014年11月29日离任）

副书记　陈可鹏（2014年11月29日任职）

中共海州区统计局党组

书　记　孙君玲（女，2014年8月3日任职）

副书记　何洪壮（2014年8月3日任职）

中共海州区总工会党组

书　记　王富芹（女，2014年8月3日任职）

中共海州区妇联党组

书　记　柴　通（女，2014年8月3日任职）

中共海州区残联党组

书　记　陈忠燕（女，2014年11月29日任职）
　　　　王云琴（女，2014年8月3日任职，2014年11月29日离任）

中共海州区红十字会党组

书　记　陈长坝（2014年8月3日任职）

中共海州区工商联党组

书　记　吴海虹（女，2014年8月3日任职）

【镇党委】

中共海州区浦南镇委员会

书　记　李　军（2014年11月15日任职）
　　　　杨汝勇（2014年8月3日任职，2014年11月15日离任）
副书记　李明军（2014年8月3日任职）
　　　　杨　宏（2014年8月3日任职）
委　员　李晓阳（2014年8月18日任职）
　　　　袁立成（2014年8月18日离任）
　　　　王　强（2014年8月18日离任）
　　　　史　杰（2014年8月18日任职）
　　　　张传红（2014年8月18日任　职，2014年11月29日离任）
　　　　徐成亮（2014年8月18日任职）
　　　　李　绘（女，2014年8月18日离任）
　　　　王善仿（2014年8月3日任职）
　　　　卞德喜（2014年8月18日任职）
　　　　王俊红（2014年8月18日任职）
　　　　高传彬（2014年8月18日任职）
　　　　王春华（挂　职，2014年8月18日离任）
　　　　吕恒友（聘）
　　　　韦妍君（女，2014年8月18日任职）
　　　　周言友（2014年8月18日任职）

中共海州区新坝镇委员会

书　记　伏广强
副书记　闫　浩　茆龙海
委　员　颜　玮（女）　滕军长
　　　　秦绪伟　吉文和

中共海州区锦屏镇委员会

书　记　侍启辉
副书记　李　强　卢长义
委　员　黄德兵　杨　静（女）
　　　　李　敏（女）　杜天福
　　　　刘永健　王长喜

中共海州区板浦镇委员会

书　记　陈怀忠
副书记　蒋德恩　赵　胜　程　勇
委　员　孙彦君　王金状　常春玉
　　　　汤军越　葛加龙

【区委派出机构】

中共海州区委新浦经济开发区工作委员会

书　记　徐风良（2014年8月3日任职）
副书记　张正文（2014年8月3日任职，2014年11月29日离任）
　　　　张　涛（2014年8月3日任职，2014年11月29日离任）
委　员　刘　兵（2014年8月3日任职，2014年11月29日离任）
　　　　韩雪峰（2014年8月18日任　职，2014年11月29日离任）
　　　　徐敏昌（2014年8月18日任　职，2014年11月29日离任）
　　　　陶士勇（2014年8月18日任　职，2014年11月29日离任）
　　　　李　涛（2014年8月18日任　职，2014年11月29日离任）
　　　　张　瑞（女，2014年8月18日任职，2014年11月29日离任）
　　　　司举香（2014年8月18日任　职，2014年11月29日离任）

中共海州区委海州经济开发区工作委员会

书　记　李永涛
副书记　张正文（2014年11月29日任职）
　　　　宁寿同（2014年11月29日任职）
　　　　苗新安（2014年11月29日任职）
　　　　商佃仁（2014年11月29日任职）
　　　　余　薇（女，2014年11月29日任职）
　　　　张　涛（2014年11月29日任职）
委　员　刘　兵（2014年11月29日任职）
　　　　李　昂（2014年11月29日任职）
　　　　侍　晓（2014年11月29日任职）
　　　　徐敏昌（2014年11月29日任职）
　　　　陶士勇（2014年11月29日任职）
　　　　李　涛（2014年11月29日任职）
　　　　张　瑞（女，2014年11月29日任职）
　　　　刘　伟（2014年11月29日任职）
　　　　葛君伟（2014年11月29日任职）
　　　　司举香（2014年11月29日任职）

中共海州区委滨河新城工作委员会

书　记　袁丽霞（女，2014年8月3日任职）

副书记　潘运学（2014年11月29日任职）
李　军（2014年8月3日任职，2014年11月15日离任）
委　员　许　建（2014年8月18日任职）
李　宁（2014年8月18日离任）
黄　剑（2014年11月29日任职）
单培祝（2014年8月18日任职）
王东升（2014年8月18日任职，2014年11月29日离任）
朱泽东（2014年8月18日任职）
孔凡龙（2014年11月29日任职）
陈　军（2014年11月29日任职）

中共海州区委现代服务业集聚区工作委员会

书　记　王友君（2014年8月3日任职）
副书记　杜新春（2014年11月29日任职）
石德学（2014年8月3日任职，2014年11月15日离任）
邵新光（2014年11月29日任职）
委　员　成祥之（2014年8月18日任职，2014年11月29日离任）
高　亮（2014年11月29日任职）
李廷顺（2014年8月18日任职）
纪　况（2014年11月29日任职）
刘永柱（2014年8月18日任职，2014年11月29日离任）
张道杨（2014年8月18日任职，2014年11月29日离任）

中共海州区委区级机关工作委员会

书　记　车晓荣（女，2014年11月29日任职）
陈忠燕（女，2014年8月3日任职，2014年11月29日离任）
副书记　掌效兰（女，2014年8月3日任职）
王　静（女，2014年8月3日任职）
委　员　马洪亮（2014年8月18日任职）

中共海州区委花果山街道工作委员会

书　记　许　春（2014年8月3日任职）
副书记　陈守权（2014年8月3日任职）
吴　宏（2014年8月3日任职）
委　员　嵇军民（2014年8月18日任职）
吴兴淦（2014年8月3日任职）
杨祖刚（2014年8月18日任职）
李　星（2014年8月3日任职）
夏兴龙（2014年8月18日任职）
江　健（聘）
徐善明（聘）
范德洋（聘）
王　林（2014年8月18日任职）

中共海州区委南城街道工作委员会

书　记　骆丙春（2014年8月3日任职）
副书记　熊胜波（2014年8月3日任职）
祝传山（2014年8月3日任职）
委　员　吴　军（2014年8月18日任职）
杨广远（2014年8月18日任职）
余琼林（2014年8月18日任职）
王成龙（2014年8月18日任职）
李洪兵（2014年8月3日任职）
林玉亮（聘）
孙兆锋（2014年8月18日任职）
万　倩（女，2014年8月18日任职）

中共海州区委浦东街道工作委员会

书　记　陈贤斌（2014年8月3日任职，2014年10月21日离任）
副书记　陈守余（2014年8月3日任职，2014年10月21日离任）
刘道劲（2014年8月3日任职，2014年10月21日离任）
委　员　吴艳玲（女，2014年8月18日任职，2014年10月22日离任）
蒋崇辉（2014年8月18日任职，2014年10月22日离任）
金同志（2014年8月3日任职，2014年10月21日离任）
田　勇（2014年8月18日任职，2014年10月22日离任）
朱兰涛（2014年8月18日任职，2014年10月22日离任）
李安乐（2014年8月18日任职，2014年10月22日离任）
徐德俊（女，聘）

中共海州区委新浦街道工作委员会（根据市政府2014年9月25日批复，海州区浦东街道更名为新浦街道，浦东街道党工委更名为新浦街道党工委）

书　记　陈贤斌（2014年10月21日任职）
副书记　陈守余（2014年10月21日任职）
刘道劲（2014年10月21日任职）
委　员　吴艳玲（女，2014年10月22日任职）
蒋崇辉（2014年10月22日任职）
金同志（2014年10月21日任职）
田　勇（2014年10月22日任职）

朱兰涛（2014年10月22日任职）
李安乐（2014年10月22日任职）
徐德俊（女，聘）

中共海州区委浦西街道工作委员会

书　记　周云祥（2014年8月3日任职）
副书记　陈　飞（2014年8月3日任职）
顾永胜（2014年8月3日任职）
委　员　周光树（2014年8月18日任职）
张传红（2014年11月29日任职）
陈怀芝（2014年8月18日任职）
曹　霞（女，2014年8月3日任职）
王　帅（2014年11月29日任职）
刘　兵（2014年11月29日任职）
尚　明（女，聘）
王　超（2014年8月18日任职）

中共海州区委路南街道工作委员会

书　记　田亚辉（2014年8月3日任职）
副书记　王志钰（2014年11月29日任职）
张建光（2014年8月3日任职，2014年11月29日离任）
委　员　魏　东（2014年8月18日任职）
陶　冶（2014年8月18日任职）
沈　艳（女，2014年8月18日任职）
霍介会（2014年8月18日任职）
闵　浩（2014年8月3日任职）
严　明（2014年8月18日任职）

中共海州区委新南街道工作委员会

书　记　刘　虹（女，2014年8月3日任职）
副书记　陆　兵（2014年8月3日任职）
刘龙培（2014年8月3日任职）
委　员　王　涛（2014年8月18日任职）
李燕芳（女，2014年8月18日任职）
宋　明（2014年8月18日任职）
徐永华（2014年8月18日任职）
谷　慧（女，聘）
汤　娟（女，聘）
曹　江（2014年8月18日任职）

中共海州区委新东街道工作委员会

书　记　薛喜东（2014年8月3日任职）
副书记　纪　巍（2014年8月3日任职）
徐进冬（2014年8月3日任职）
徐维铮（2014年11月29日任职）
委　员　张德怀（2014年8月18日任职）
伏莹莹（女，2014年11月29日任职）
秦　玲（女，2014年8月3日任职）
鲁成卫（2014年8月18日任职）
杨金龙（2014年8月18日任职）
祝　刚（2014年8月18日任职）
林　平（女，聘）

中共海州区委新海街道工作委员会

书　记　王从峰（2014年8月3日任职，2014年11月29日离任）
副书记　李大蔚（2014年8月3日任职）
江世亚（2014年8月3日任职）
委　员　杨　靖（女，2014年8月18日任职）
范　明（2014年8月18日任职）
刘海波（2014年8月18日任职，2014年12月20日离任）
卞光启（2014年8月18日任职）
董浩宇（女，2014年8月3日任职）
夏　倩（女，2014年8月18日任职）
孙秀敏（女，聘）
胡　焱（女，2014年8月18日任职）

中共海州区委宁海街道工作委员会

书　记　蒋庆山（2014年11月29日任职）
副书记　黄　勇（2014年11月29日任职）
李克成（2014年11月29日任职）
委　员　夏　雷（2014年11月29日任职）
霍永强（2014年11月29日任职）
刘　刚（2014年11月29日任职）
朱从洋（2014年11月29日任职）
杨嗣龙（挂　职，2014年11月29日任职）
李忠堂（2014年11月29日任职）
杨维林（女，2014年11月29日任职）

中共海州区委朐阳街道工作委员会

书　记　张延广（2014年8月3日任职，2014年11月29日离任）
副书记　殷成祥（2014年8月3日任职）
杨恩庆（2014年8月3日任职）
钱明斌（2014年8月3日任职）
委　员　赵　明（2014年8月18日任职）
李　良（2014年8月3日任职）
汪　伟（2014年11月29日任职）
王万忠（2014年8月18日任职）
张　琪（女，2014年8月18日任职）
程爱春（2014年8月18日任职，2014年11月29日离任）
徐兴军（2014年8月18日任职）
李小芹（女，2014年8月18日任职）

中共海州区委洪门街道工作委员会

书　记　许　巍（2014年8月3日任职）
副书记　董志红（女，2014年8月3日任职）
　　　　李　宁（2014年8月3日任职）
委　员　刘蓓蕾（女，2014年8月3日任职）
　　　　汪　伟（2014年8月18日任职，2014年11月29日离任）
　　　　李雨轩（女，2014年8月18日任职）
　　　　陈永东（2014年8月18日任职）
　　　　张晓兵（2014年8月18日任职）

中共海州区委海州街道工作委员会

书　记　陈　东（2014年8月3日任职）
副书记　杨育宏（2014年8月3日任职）
　　　　李晓光（2014年8月3日任职）
委　员　于　洋（2014年8月18日任职）
　　　　郭　睿（女，2014年8月3日任职）
　　　　朱大勇（2014年8月3日任职）
　　　　卢发春（2014年8月18日任职）
　　　　耿　斌（2014年8月18日任职）
　　　　穆　舟（2014年8月18日任职）

中共海州区委幸福路街道工作委员会

书　记　张兴旺（2014年8月3日任职）
副书记　高长春（2014年8月3日任职）
　　　　王晓军（2014年8月3日任职）
委　员　韩雪峰（2014年11月29日任职）
　　　　汤　浩（2014年8月3日任职）
　　　　卞绍向（2014年8月3日任职）
　　　　马振波（2014年8月18日任职）
　　　　陈志敏（2014年8月18日任职）
　　　　张　华（2014年8月18日任职）

【部门党委】

中共海州区经济信息化与发展改革局委员会

书　记　李正海（2014年8月3日任职）
副书记　单新文（2014年8月3日任职）
委　员　李宗锋（2014年8月18日任职，2014年11月29日离任）
　　　　陈　明（2014年11月29日任职）
　　　　骆　丹（2014年11月29日任职）
　　　　许良军（2014年8月18日任职）
　　　　贾伊凡（女，2014年8月18日任职）
　　　　姜海燕（女，2014年8月18日任职）
　　　　孙　军（2014年8月18日任职）
　　　　穆　慧（女，2014年11月29日任职）
　　　　杨绍文（2014年8月18日任职）

中共海州区教育局委员会

书　记　王海鸥（女，2014年8月3日任职）
副书记　王从峰（2014年11月29日任职）
　　　　王宏新（女，2014年8月3日任职，2014年11月29日离任）
　　　　徐向其（2014年8月3日任职）
委　员　钱忠金（2014年11月29日任职）
　　　　高明柱（2014年11月29日任职）
　　　　卞　红（女，2014年8月18日任职）
　　　　李大波（2014年11月29日任职）
　　　　唐维春（2014年8月18日任职）
　　　　韩树宾（2014年8月18日任职）
　　　　杨长才（2014年8月18日任职）
　　　　曹兴娣（女，2014年8月18日任职）
　　　　刘立春（2014年11月29日任职）
　　　　张建忠（2014年11月29日任职）

中共海州区住房和城乡建设局委员会

书　记　徐洪宏（2014年8月3日任职）
副书记　石德学（2014年11月15日任职）
　　　　朱晓云（女，2014年8月3日任职，2014年11月15日离任）
　　　　成祥之（2014年8月3日任职）
　　　　潘运学（2014年11月29日任职）
委　员　陈洪海（2014年8月18日任职）
　　　　尤新荣（女，2014年8月18日任职）
　　　　邵新光（2014年11月29日任职）
　　　　朱泽东（2014年8月18日任职）
　　　　王　帅（2014年8月18日任职，2014年11月29日离任）
　　　　孔凡龙（2014年11月29日任职）
　　　　吴　铭（2014年11月29日任职）
　　　　徐　浩（2014年8月18日任职）
　　　　徐兴祥（2014年8月18日任职）
　　　　刘晶卉（女，2014年11月29日任职）
　　　　陈学宝（2014年11月29日任职）
　　　　胡海宁（女，2014年8月18日任职）
　　　　徐其兵（2014年8月18日任职）
　　　　徐　罡（2014年8月18日任职）
　　　　夏兴龙（2014年8月18日任职）
　　　　胡士茂（2014年11月29日任职）
　　　　朱松林（2014年11月29日

任职）

卞绍东（2014年11月29日任职）

王庆文（2014年11月29日任职）

王　维（2014年11月29日任职）

卞宝玲（女，2014年11月29日任职）

中共海州区城市管理局委员会

书　记　谢　辉（2014年11月29日任职）

乔月亮（2014年8月3日任职，2014年11月29日离任）

副书记　林秀兰（女，2014年8月3日任职）

范庆立（2014年8月3日任职）

委　员　陈　健（2014年8月18日任职）

潘家锦（2014年11月29日任职）

夏兴寨（2014年8月18日任职）

中共海州区农林水利局委员会

书　记　胡　晨（2014年11月29日任职）

副书记　宋振宝（2014年11月29日任职）

周华明（2014年11月29日任职）

李永桓（2014年11月29日任职）

委　员　严跃南（2014年11月29日任职）

吴卫东（2014年11月29日任职）

武佳华（2014年11月29日任职）

杨　桦（2014年11月29日任职）

于小凤（女，2014年11月29日任职）

张建光（2014年11月29日任职）

王开兵（2014年11月29日任职）

郑　洪（2014年11月29日任职）

王学堂（2014年11月29日任职）

张　浩（2014年11月29日任职）

程党恩（2014年11月29日任职）

李建斌（2014年11月29日任职）

马　亮（2014年11月29日任职）

朱　冲（2014年11月29日任职）

沈南通（2014年11月29日任职）

李恕全（女，2014年11月29日任职）

徐东方（2014年11月29日任职）

徐　卿（2014年11月29日任职）

中共海州区卫生局委员会

书　记　杨泗顺（2014年8月3日任职）

副书记　李松红（女，2014年8月3日任职）

黄　庆（女，2014年8月3日任职）

委　员　王经建（2014年8月18日任职）

刘　媛（女，2014年8月18日任职）

薄祥军（2014年8月18日任职）

张连生（2014年8月18日任职，2014年11月29日离任）

中共海州区供销合作总社委员会

书　记　章华英（女，2014年11月29日任职）

崔守远（2014年8月3日任职，2014年11月29日离任）

副书记　崔守远（2014年11月29日任职）

王　伟（2014年11月29日任职）

张　春（女，2014年8月3日任职，2014年11月29日离任）

委　员　郭加荣（2014年8月18日任职）

李培鲁（2014年11月29日任职）

徐向迎（2014年11月29日任职）

海州区人大常委会

【主任、副主任】

主　任　王立斌（2014年8月13日任职）

副主任　陈周德（2014年8月13日任职）

刘海林（2014年8月13日任职）

陈应聪（不驻会，2014年8月13日任职）

李　萌（女，2014年8月13日任职）

刘振华（2014年8月13日任职）

杨中云（2014年8月13日任职）

张华陆（2014年8月13日任职）

殷少卿（2014年8月13日任职）

【工作机构】

办公室

主　任　范永涛（2014年9月5日任职）

副主任　唐磊磊（女，2014年9月5日任职）

财政经济委员会

主　任　王宝定（2014年9月5日任职）

副主任　朱从敏（2014年9月5日任职，2014年12月30日离任）

金　文（女，2014年12月30日任职）

人事代表联络委员会

主　任　陈华成（2014年9月5日任职）

副主任　尹志英（女，2014年9月5日任职，2014年12

月30日离任）
马玉青（女，2014年9月5日任职）

教科文卫委员会

主　任　陈胜林（2014年9月5日任职）

内务司法委员会

主　任　韩亚华（2014年9月5日任职）
副主任　章建生（2014年9月5日任职，2014年12月30日离任）
陈　沫（2014年9月5日任职）

环境资源城乡建设委

主　任　张炽昌（2014年9月5日任职）

民宗侨台外委员会

主　任　袁立成（2014年9月5日任职）

农业经济委员会

主　任　高学成（2014年12月30日任职）
范成军（2014年9月5日任职，2014年12月30日离任）

研究室

主　任　霍广春（2014年9月5日任职）

【镇人大主席团】

浦南镇人大主席团

主　席　杨　宏（2014年8月3日提名）

新坝镇人大主席团

主　席　茆龙海
副主席　马成军

锦屏镇人大主席团

主　席　卢长义

板浦镇人大主席团

主　席　赵　胜

【区人大常委会派出机构】

花果山街道人大工作委员会

主　任　嵇军民（2014年9月5日任职）

南城街道人大工作委员会

主　任　杨广远（2014年9月5日任职）

新东街道人大工作委员会

主　任　徐进冬（2014年9月5日任职）

新南街道人大工作委员会

主　任　刘龙培（2014年9月5日任职）

路南街道人大工作委员会

主　任　魏　东（2014年9月5日任职）

浦东街道人大工作委员会（机构更名为新浦街道人大工作委员会）

主　任　吴艳玲（女，2014年9月5日任职，2014年10月29日离任）

新浦街道人大工作委员会

主　任　吴艳玲（女，2014年10月29日任职）

浦西街道人大工作委员会

主　任　顾永胜（2014年9月5日任职）

新海街道人大工作委员会

主　任　杨　靖（女，2014年9月5日任职）

宁海街道人大工作委员会

副主任　吴新荣（女）

朐阳街道人大工作委员会

主　任　赵　明（2014年9月5日任职）

洪门街道人大工作委员会

副主任　李　宁（2014年9月5日任职）

海州街道人大工作委员会

主　任　李晓光（2014年9月5日任职）

幸福路街道人大工作委员会

主　任　王晓军（2014年9月5日任职）

海州经济开发区人大工作委员会

主　任　余　薇（女）

海州区人民政府

【区长、副区长】

区　长　单晓敏（女，2014年8月13日任职）
副区长　王友君（2014年8月13日任职）
江锦峰（2014年8月13日任职）
顾建华（2014年8月13日任职）
崔长胜（扶　贫，2014年12月30日任职）
史　伟（2014年8月13日任职）
袁丽霞（女，2014年8月13日任职）
江希路（2014年12月30日任职）
徐雪峰（2014年8月13日任职）
于　卉（女，2014年8月13日任职）
徐　冰（2014年8月13日任职）
章冬斌（挂　职，2014年8月18日任职，2014年12月30日离任）

【工作机构】

办公室

主　任　张延广（2014年12月30日任职）
张振亭（2014年8月18日任　职，2014年12月30日离任）
副主任　刘亚军（2014年8月15日任职）
桑爱越（女，2014年12月19日任职）
韩善学（2014年8月15日任职）
朱建武（2014年12月19日任职）
张　洪（2014年12月19日任职）
陈毅敏（2014年8月15日任职）

赵斯忠（2014年8月15日任职）
许　建（2014年8月15日任职）
徐　蓓（女，2014年8月15日任职）
夏　雯（女，2014年8月15日任职）
吴　蒙（女，2014年12月19日任职）
吴　迪（2014年8月15日任职）

外事与侨务办公室

主　任　朱鹏苏（女，2014年8月15日任职）

法制办公室

主　任　张　洪（2014年12月19日任职）
韩善学（2014年8月15日任　职，2014年12月19日离任）

人民防空办公室

主　任　朱建武（2014年12月19日任职）
顾德习（2014年8月15日任　职，2014年12月19日离任）
副主任　冯士江（2014年8月15日任职）
张　旭（2014年8月15日任职）

政务服务管理办公室

主　任　桑爱越（女，2014年12月19日任职）

经济信息化与发展改革局

局　长　单新文（2014年8月18日任职）
副局长　李正海（2014年8月15日任职）
李宗锋（2014年8月15日任　职，2014年12月19日离任）
陈　明（2014年12月19日任职）
骆　丹（2014年12月19日任职）
许良军（2014年12月19日任职）
姜海燕（女，2014年12月19日任职）
孙　军（2014年12月19日任职）
穆　慧（女，2014年12月19日任职）

中小企业局

局　长　姜海燕（女，2014年8月15日任职）
副局长　穆　慧（女，2014年8月15日任职，2014年12月19日离任）

教育局

局　长　王从峰（2014年12月30日任职）
王宏新（女，2014年8月18日任职，2014年12月30日离任）
副局长　王海鸥（女，2014年8月15日任职）
高明柱（聘，2014年12月19日任职）
李大波（2014年12月19日任职）
徐　艳（女，　聘，2014年8月15日任职）

科技局

局　长　谢　艳（女，2014年12月30日任职）
胡庆林（2014年8月18日任　职，2014年12月30日离任）
副局长　徐孝芹（女，2014年8月15日任职）
张慧玲（女，2014年8月15日任职，2014年12月19日离任）
陈素芬（女，2014年8月15日任职，2014年12月19日离任）
黄宝军（2014年12月19日任职）
蔡淑坤（女，2014年8月15日任职）
仲启昌（2014年8月15日任职）

知识产权局

局　长　黄宝军（2014年12月19日任职）
陈素芬（女，2014年8月15日任职，2014年12月19日离任）

监察局

局　长　李宝凯（2014年8月18日任职）
副局长　王经博（2014年9月5日任职）
王汝乔（2014年9月5日任职）

民政局

局　长　吴卫东（2014年8月18日任职）
副局长　刘树青（2014年8月15日任职）
王开兵（2014年8月15日任职）
王统珍（女，2014年8月15日任职，2014年12月19日离任）
孙　雯（女，2014年8月15日任职）
吴海霞（女，2014年8月15日任职）
董淑欣（2014年8月15日任职）

司法局

局　长　卞　剑（2014年8月18日任职）
副局长　魏宪春（2014年8月15日任职）
金文虎（2014年8月15日任职）
李喜忠（2014年8月15日任职）
刘　展（2014年8月15日任职）

财政局

局　长　邱洪建（2014年8月18日任职）
副局长　李　军（2014年8月15日任　职，2014年12

月19日离任）
朱建军（女，2014年12月19日任职）
许俊瑜（女，2014年12月19日任职）
王升同（2014年8月15日任职）
程宏宇（2014年12月19日任职）
黄　剑（2014年12月19日任职）
周　敏（女，2014年8月15日任职）

国有资产监督管理委员会办公室

主　任　梁正江（2014年8月15日任职）
副主任　陈　强（2014年8月15日任职）

人力资源和社会保障局

局　长　乔　敏（女，2014年8月18日任职）
副局长　闫美玲（女，2014年12月19日任职）
局长助理　徐忠华（2014年8月18日任职）

环境保护局

局　长　张家琪（2014年8月18日任职）
副局长　韦清余（2014年8月15日任职）
车忠华（2014年8月15日任职）
刘永庆（2014年8月15日任职）
周海宁（2014年12月19日任职）

住房和城乡建设局

局　长　石德学（2014年12月30日任职）
朱晓云（女，2014年8月18日任职，2014年12月30日离任）
副局长　徐洪宏（2014年8月15日任职）
胡海宁（女，2014年12月19日任职）
陈洪海（2014年8月15日任职）
成祥之（2014年8月15日任职）
尤新荣（女，2014年8月15日任职）
邵新光（2014年12月19日任职）
朱泽东（2014年8月15日任职）
孔凡龙（2014年12月19日任职）
吴　铭（2014年12月19日任职）
石林强（2014年8月15日任职）
徐　浩（2014年8月15日任职）

地震局

局　长　陈洪海（2014年8月15日任职）

房屋征收局

局　长　胡海宁（女，2014年8月15日任职）
副局长　徐其兵（2014年8月15日任职）
徐　罡（2014年8月15日任职）
王　帅（2014年8月15日任　职，2014年12月19日离任）
夏兴龙（2014年8月15日任职）

城市管理局

局　长　林秀兰（女，2014年8月18日任职）
副局长　乔月亮（2014年8月15日任　职，2014年12月19日离任）
范庆立（2014年8月15日任职）
董育传（2014年8月15日任　职，2014年12月19日离任）
刘　奔（挂　职，2014年12月31日任职）
庄会君（挂　职，2014年12月31日任职）
伏广志（挂　职，2014年12月31日任职）
周锡明（挂　职，2014年12月31日任职）
陈　健（2014年8月15日任职）
单培祝（2014年8月15日任职）

农林水利局

局　长　范益军（2014年8月18日任　职，2014年12月30日离任）
宋振宝（2014年12月30日任职）
副局长　孟小兵（2014年8月15日任　职，2014年12月19日离任）
陈可鹏（2014年8月15日任　职，2014年12月19日离任）
周华明（2014年12月19日任职）
严跃南（2014年8月15日任职）
吴卫东（2014年12月19日任职）
李建斌（2014年8月15日任职）
程党恩（2014年12月19日任职）
李永桓（2014年12月19日任职）
朱　冲（2014年12月19日任职）
沈南通（2014年12月19日任职）
郑　洪（2014年8月15日任职）
王学堂（2014年8月15日任职）
张　浩（2014年12月19日任职）
张建光（2014年12月19日任职）
王开兵（2014年12月19日任职）
李恕全（女，2014年12月19日任职）

农业机械管理局

局　长　张建光（2014年12月19日任职）
　　　　郑　洪（2014年8月15日任　职，2014年12月19日离任）

农业资源开发局

局　长　郑　洪（2014年12月19日任职）
　　　　陈可鹏（2014年8月15日任　职，2014年12月19日离任）

水利局

局　长　程党恩（2014年12月19日任职）

林业局

局　长　朱　冲（2014年12月19日任职）

商务局

局　长　张　建（2014年8月18日任职）
副局长　宋超增（2014年8月15日任职）
　　　　金　文（女，2014年8月15日任职，2014年12月19日离任）
　　　　祁　德（2014年8月15日任职）
　　　　高　亮（2014年12月19日任职）
　　　　钱厚才（2014年12月19日任职）
　　　　李　彬（女，2014年8月15日任职）
　　　　伏莹莹（女，2014年8月15日任职，2014年12月19日离任）
　　　　杨守清（2014年12月19日任职）
　　　　刘乃涛（2014年12月19日任职）
　　　　王　强（2014年12月19日任职）
　　　　张道杨（2014年12月19日任职）
局长助理　李　杰（2014年11月29日任职）

粮食局

局　长　杨守清（2014年8月15日任职）
副局长　江乃建（2014年8月15日任职）
　　　　张道杨（2014年8月15日任　职，2014年12月19日离任）

文化体育旅游局

局　长　刘锦州（2014年8月18日任职）
副局长　刘文学（2014年8月15日任职）
　　　　杨　琴（女，2014年8月15日任职）
　　　　郑永红（女，2014年8月15日任职）
　　　　冯春红（女，2014年8月15日任职）
局长助理　王　雷（挂　职，2014年8月18日任职）

卫生局

局　长　李松红（女，2014年8月18日任职）
副局长　杨泗顺（2014年8月15日任职）
　　　　王经建（聘，2014年8月15日任职）
　　　　刘　媛（女，2014年8月15日任职）
局长助理　张连生（2014年8月18日任职，2014年11月29日离任）

人口和计划生育局

局　长　吕芳芳（女，2014年8月18日任职）
副局长　宋　燕（女，2014年8月15日任职）

审计局

局　长　董淑斌（2014年8月18日任职）
副局长　赵剑平（2014年12月31日任职）
　　　　薛广善（2014年8月15日任职）
　　　　颜井席（2014年8月15日任职）
　　　　阮莹莹（女，2014年8月15日任职，2014年12月31日离任）
　　　　何　冰（2014年12月31日任职）
　　　　马苗苗（女，2014年8月15日任职）

安全生产监督管理局

局　长　陈可鹏（2014年12月30日任职）
　　　　高学成（2014年8月18日任　职，2014年12月30日离任）
副局长　顾德习（2014年12月19日任职）
　　　　郭家农（2014年8月15日任职）
　　　　冯正云（女，2014年8月15日任职）
　　　　李　晖（2014年8月15日任职）
局长助理　田作运（2014年11月29日任职）

统计局

局　长　何洪壮（2014年8月18日任职）
副局长　孙君玲（女，2014年8月15日任职）
　　　　沈学萍（女，2014年8月15日任职）
　　　　陈秀媛（女，2014年8月15日任职）
　　　　王东升（2014年8月15日任职）
　　　　李　波（2014年8月15日任职）

民族宗教局

局　长　张玉梅（女，2014年8月18日任职）

互联网信息办公室

主　任　金凤勇（2014年12月19日任职）

副主任　于　芳（女，2014年12月19日任职）
王春艳（女，2014年8月15日任职，2014年12月19日离任）

【企事业】

连云港陇海步行街管理委员会办公室

主　任　祁　德（2014年9月5日任职）
副主任　姚　柱（2014年8月15日任职）
冯　君（女，2014年8月15日任职）

区人民政府教育督导室

主　任　钱忠金（2014年12月19日任职）
副主任　刘立春（2014年12月19日任职）

机关事务管理中心

主　任　韩善学（2014年12月19日任职）
副主任　林　华（2014年12月19日任职）

接待工作办公室

主　任　葛艳艳（女，2014年8月15日任职）
副主任　黄冬冬（2014年12月19日任职）

金融办公室

主　任　刘　坚（2014年8月15日任职）
副主任　顾　怡（女，2014年12月19日任职）
主任助理　李　静（女，2014年11月29日任职）
谢　琴（女，2014年11月29日任职）

供销合作总社

主　任　崔守远（2014年8月15日任职）
副主任　张　春（女，2014年8月15日任职，2014年12月19日离任）
王　伟（2014年12月19日任职）
郭加荣（2014年8月15日任职）
李培鲁（聘，2014年12月19日任职）
颜　珉（女，2014年12月19日任职）
主任助理　谢　豪（2014年8月18日任职）

锦屏山旅游开发建设管理委员会

副主任　樊继锦（主持工作，2014年12月19日任职）
高　峰（2014年12月19日任职）
张海萍（女，2014年12月19日任职）

房屋征收服务中心

副主任　胡士茂（2014年12月19日任职）
朱松林（2014年12月19日任职）
王庆文（2014年12月19日任职）
王　维（2014年12月19日任职）
卞宝玲（女，2014年12月19日任职）
主任助理　陈福廷（2014年11月29日任职）

江苏瀛洲发展集团有限公司

董事长　梁正江
副总经理　叶　川（女，聘）
马建永（聘）

江苏海州发展集团有限公司

董事长　乔敬萌
总经理　乔敬萌

【镇人民政府】

浦南镇人民政府

镇　长　李明军（2014年8月3日提名任职）
副镇长　杨育宏（提名，主持工作，2014年？月？日落选）
史　杰（2014年8月3日提名任职）
徐成亮（2014年8月3日提名任职）
李　绘（女，2014年8月3日离任）
王俊红（2014年8月3日提名任职）

新坝镇人民政府

镇　长　闫　浩
副镇长　颜　玮（女）　杨维立　滕军长

锦屏镇人民政府

镇　长　李　强
副镇长　黄德兵　杨　静（女）　李　敏（女）　许　鹏　张　忠

板浦镇人民政府

镇　长　蒋德恩
副镇长　孙彦君　王金状　张广年

【区政府派出机构】

新浦经济开发区管理委员会

主　任　张正文（2014年8月15日任职，2014年12月19日离任）
副主任　刘　兵（2014年8月15日任职，2014年12月19日离任）
徐敏昌（2014年8月15日任职，2014年12月19日离任）

海州经济开发区管理委员会

副主任　张正文（2014年12月19日任职）
宁寿同（2014年12月19日任职）
商佃仁（2014年12月19日任职）
刘　兵（2014年12月19日任职）
李　昂（2014年12月19日任职）
侍　晓（2014年12月19日任职）

崔华明（2014年12月19日任职）
徐敏昌（2014年12月19日任职）
主任助理　范一栋（挂职，2014年11月29日任职）

滨河新城管理委员会

主　任　潘运学（2014年12月19日任职）
李　军（2014年8月15日任职，2014年12月19日离任）
副主任　许　建（2014年8月15日任职）
单培祝（2014年8月15日任职）
王东升（2014年8月15日任职，2014年12月19日离任）
朱泽东（2014年8月15日任职）
刘　展（2014年8月15日任职，2014年12月19日离任）
王春华（2014年8月15日任职）
马建永（2014年8月15日任职，2014年12月31日离任）

现代服务业集聚区管理委员会

主　任　杜新春（2014年12月19日任职）
刘建春（2014年8月15日任职，2014年12月19日离任）
副主任　石德学（2014年8月15日任职，2014年12月19日离任）
成祥之（2014年8月15日任职，2014年12月19日离任）
刘永柱（2014年8月15日任职，2014年12月19日离任）
张道杨（2014年8月15日任职，2014年12月19日离任）
邵新光（2014年12月19日任职）
高　亮（2014年12月19日任职）
李廷顺（2014年8月15日任职）
刘光超（2014年12月19日任职）
纪　况（2014年8月15日任职）

民主路管理委员会

主　任　黄　庆（女，2014年8月15日任职）
副主任　陈　健（2014年8月15日任职）
李安乐（2014年8月15日任职）
董　安（2014年8月15日任职）

花果山街道办事处

主　任　陈守权（2014年8月15日任职）
副主任　夏兴龙（2014年8月15日任职）

南城街道办事处

主　任　熊胜波（2014年8月15日任职）
副主任　余琼林（2014年8月15日任职）
王成龙（2014年8月15日任职）

浦东街道办事处（机构更名为新浦街道办事处）

主　任　陈守余（2014年8月15日任职，2014年10月28日离任）
副主任　田　勇（2014年8月15日任职，2014年10月28日离任）
朱兰涛（2014年8月15日任职，2014年10月28日离任）
李安乐（2014年8月15日任职，2014年10月28日离任）

新浦街道办事处

主　任　陈守余（2014年10月28日任职）
副主任　田　勇（2014年10月28日任职）
朱兰涛（2014年10月28日任职）
李安乐（2014年10月28日任职）

浦西街道办事处

主　任　陈　飞（2014年8月15日任职）
副主任　周光树（2014年8月15日任职）
张传红（2014年12月19日任职）
陈怀芝（2014年8月15日任职）
王　帅（2014年12月19日任职）

路南街道办事处

主　任　王志钰（2014年12月19日任职）
张建光（2014年8月15日任职，2014年12月19日离任）
副主任　陶　冶（2014年8月15日任职）
沈　艳（女，2014年8月15日任职）
霍介会（2014年8月15日任职）

新南街道办事处

主　任　陆　兵（2014年8月15日任职）
副主任　王　涛（2014年8月15日任职）
李燕芳（女，2014年8月15日任职）
徐永华（2014年8月15日任职）

新东街道办事处

主　任　纪　巍（2014年8月15日任职）
副主任　徐维铮（2014年12月19日任职）
张德怀（2014年8月15日任职）

伏莹莹（女，2014年12月19日任职）
主任助理　鲁成卫（2014年8月18日任职）

新海街道办事处

主　任　李大蔚（2014年8月15日任职）
副主任　范　明（2014年8月15日任职）
卞光启（2014年8月15日任职）
刘海波（2014年8月15日任　职，2014年12月31日离任）

宁海街道办事处

主　任　黄　勇（2014年12月19日任职）
副主任　李克成（2014年12月19日任职）
夏　雷（2014年12月19日任职）
霍永强（2014年12月19日任职）
王　峰（2014年12月19日任职）

朐阳街道办事处

主　任　殷成祥（2014年8月15日任职）
副主任　杨恩庆（2014年12月19日任职）
李　良（2014年8月15日任职）
汪　伟（2014年12月19日任职）
王万忠（2014年8月15日任职）

洪门街道办事处

主　任　董志红（女，2014年8月15日任职）
副主任　汪　伟（2014年8月15日任职，2014年12月19日离任）
李雨轩（女，2014年8月15日任职）
陈永东（2014年8月15日任职）
张晓兵（2014年8月15日任职）
主任助理　刘　兵（2014年8月18日任职，2014年11月29日离任）

海州街道办事处

副主任　杨育宏（主持工作，2014年8月15日任职）
于　洋（2014年8月15日任职）
郭　睿（女，2014年8月15日任职）
朱大勇（2014年8月15日任职）
卢发春（2014年8月15日任职）

幸福路街道办事处

主　任　高长春（2014年8月15日任职）
副主任　韩雪峰（2014年12月19日任职）
卞绍向（2014年8月15日任职）
汤　浩（2014年8月15日任职）
马振波（2014年8月15日任职）

政协连云港市海州区委员会

【主席、副主席】

主　席　汤成元（2014年8月12日任职）
副主席　于振强（2014年8月12日任职）
曹伟平（不驻会，2014年8月12日任职）
颜景华（女，2014年8月12日任职）
高　敏（女，2014年8月12日任职）
王宏新（女，2014年8月12日任职）
张景友（2014年8月12日任职）
王兰芳（女，2014年8月12日任职）
刘建春（不驻会，2014年8月12日任职）
苗永梅（女，不驻会，2014年8月12日任职）
秘书长　汤振宇（2014年8月12日任职）

【工作机构】

办公室

主　任　刘军林（2014年8月3日任职）
副主任　王春艳（女，2014年11月29日任职）
李兴鲁（2014年8月3日任职）

经济科技委员会

主　任　方新年（2014年11月29日任职）
张慧玲（女，2014年8月3日任职，2014年11月29日离任）
副主任　何乃东（2014年8月3日任职，2014年11月29日离任）
吴广军（2014年8月3日任职）
李沛纯（2014年11月29日任职）

提案委员会

主　任　陈春梅（女，2014年8月3日任职）

学习文史委员会

主　任　孙润林（2014年8月3日任职）

联络委员会

主　任　夏新军（2014年8月3日任职）

社会事业委员会

主　任　庞学红（女，2014年8月3日任职）
副主任　时宽军（2014年8月3日任职）

法制与民族宗教委员会

主　任　陈学好（2014年8月3日任职）

【政协海州区委员会派出机构】

浦南镇工作委员会

主　任　李晓阳（2014年8月3日任职）

花果山街道工作委员会

主　任　吴兴淦（2014年8月3日任职）

南城街道工作委员会

主　任　吴　军（2014年8月3日任职）

新东街道工作委员会

主　任　徐维铮（2014年11月29日任职）

中共海州区纪律检查委员会

【常务委员会】

书　记　姚　超（2014年7月5日任职）
副书记　李宝凯（2014年8月3日任职）
　　　　武传扬（2014年8月3日任职）
　　　　刘士成（2014年8月3日任职）
　　　　徐士强（2014年8月3日任职）
委　员　祝海东（2014年8月3日任职）
　　　　姜　峰（2014年8月3日任职）
　　　　王经博（2014年8月3日任职）
　　　　刘永东（2014年8月3日任职）

【工作机构】

办公室

主　任　无

信访室

主　任　无

案件审理室

主　任　王继玲（女，2014年8月3日任职）

执法监察室

主　任　无

纪检监察室

主　任　李　军（2014年8月3日任职）

党风政风监督室

主　任　刘　进（女，2014年8月3日任职）

纪检监察机关工作室

主　任　姜　峰（2014年8月3日任职）

纪检监察农村工作室

主　任　祝海东（2014年8月3日任职）
副主任　卞德喜（2014年8月3日任职）
　　　　吴　宏（2014年8月3日任职）

宣传教育培训中心

主　任　潘家杰（2014年8月3日任职）

【镇纪委】

浦南镇纪委

书　记　卞德喜（2014年8月3日任职）

新坝镇纪委

书　记　顾永传（2014年12月20日离任）

锦屏镇纪委

书　记　滕军长（2014年12月20日离任）

板浦镇纪委

书　记　齐晓云（女）

【派出机构】

区级机关纪工委

书　记　掌效兰（女，2014年8月3日任职）

海州经济开发区纪工委

书　记　张　涛（2014年8月3日任职）

花果山街道纪工委

书　记　吴　宏（2014年8月3日任职）

南城街道纪工委

书　记　杨广远（2014年8月3日任职，2014年12月20日离任）

新东街道纪工委

书　记　徐进冬（2014年8月3日任职，2014年12月20日离任）

新南街道纪工委

书　记　刘龙培（2014年8月3日任职，2014年12月20日离任）

路南街道纪工委

书　记　魏　东（2014年8月3日任职，2014年12月20日离任）

浦东街道纪工委（后更名为新浦街道纪工委）

书　记　吴艳玲（女，2014年8月3日任职，2014年10月21日离任）

新浦街道纪工委

书　记　吴艳玲（女，2014年10月21日任职，2014年12月20日离任）

浦西街道纪工委

书　记　顾永胜（2014年8月3日任职，2014年12月20日离任）

新海街道纪工委

书　记　江世亚（2014年8月3日任职）

宁海街道纪工委

书　记　刘　刚（2014年11月29日任职）

朐阳街道纪工委

书　记　张　琪（女，2014年8月3日任职）

洪门街道纪工委

书　记　刘蓓蕾（女，2014年8月3日任职，2014年12月20日离任）

海州街道纪工委

书　记　李晓光（2014年8月3日任

职，2014年12月20日离任）

幸福路街道纪工委

书　记　汤　浩（2014年8月3日任职，2014年12月20日离任）

【派驻纪检组】

区民政局纪检组

组　长　吴海霞（女，2014年8月3日任职，2014年12月20日离任）

区财政局纪检组

组　长　王升同（2014年8月3日任职，2014年12月20日离任）

区人力资源和社会保障局纪检组

组　长　金晓玲（女，2014年8月3日任职）

区环境保护局纪检组

组　长　钱　敏（女，2014年8月3日任职）

区房屋征收局纪检组

组　长　徐　罡（2014年8月3日任职，2014年12月20日离任）

区农林水利局纪检组

组　长　李建斌（2014年8月3日任职，2014年12月20日离任）

区文化体育旅游局纪检组

组　长　郑永红（女，2014年8月3日任职，2014年12月20日离任）

区人民法院纪检组

组　长　付丙刚（2014年7月25日任职）

区人民检察院纪检组

组　长　李　浩（2014年7月25日任职）

【部门纪委】

区经济信息化与发展改革局纪委

书　记　许良军（2014年8月3日任职，2014年12月20日离任）

区教育局纪委

书　记　卞　红（女，2014年8月3日任职）

区住房和城乡建设局纪委

书　记　尤新荣（女，2014年8月3日任职，2014年12月20日离任）

区城市管理局纪委

书　记　潘家锦（2014年11月29日任职）
单培祝（2014年8月3日任职，2014年11月29日离任）

区卫生局纪委

书　记　刘　媛（女，2014年8月3日任职，2014年12月20日离任）

法院、检察院

【区人民法院】

院　长　傅成保（2014年8月13日任职）
副院长　丁汝成（2014年9月5日任职）
毛国勇（2014年9月5日任职）
高　照（2014年9月5日任职）
卜玉霞（女，2014年9月5日任职）
刘　强（2014年9月5日任职）
季　锐（女，2014年9月5日任职）
黄以双（2014年9月5日任职）
姜长安（2014年9月5日任职）
政治处主任　金立鑫（2014年7月25日任职）

【区人民检察院】

检察长　张克晓（2015年1月15日任职）
董月明（2014年8月13日任职，2015年1月8日离任）
副检察长　吴　明（2014年9月5日任职，2015年1月8日离任）
李永红（女，回族，2014年9月5日任职）
霍介涛（2014年9月5日任职）
邓　毅（2014年9月5日任职）
孙锡鸿（2014年9月5日任职）
严　中（2014年9月5日任职）
徐庆玉（2014年9月5日任职）
杨晓明（2014年9月5日任职）
唐　敏（女，2014年9月5日任职）
政治处主任　徐翠英（女，2014年7月25日任职）

人民武装部

【镇、街道、开发区人民武装部】

浦南镇人民武装部

部　长　史　杰（2014年8月3日提名任职）

花果山街道人民武装部

部　长　杨祖刚（2014年8月3日提名任职）

南城街道人民武装部

部　长　余琼林（2014年8月3日提名任职）

新东街道人民武装部

副部长　杨金龙（2014年8月23日提名任职）

新南街道人民武装部

副部长　曹　江（2014年8月23日提名任职）

路南街道人民武装部

副部长　严　明（2014年8月23日提名任职）

浦东街道人民武装部

部　长　蒋崇辉（2014年8月3日提名任职，2014年10月21日提名离任）

新浦街道人民武装部

部　长　蒋崇辉（2014年10月21日提名任职）

浦西街道人民武装部

副部长　王　超（2014年8月23日提名任职）

新海街道人民武装部

部　长　范　明（2014年8月3日提名任职）

宁海街道人民武装部

部　长　霍永强（2014年11月29日提名任职）

朐阳街道人民武装部

部　长　李　良（2014年8月3日提名任职）

洪门街道人民武装部

部　长　汪　伟（2014年8月3日提名任职，2014年11月29日提名离任）

海州街道人民武装部

部　长　于　洋（2014年8月3日提名任职）

幸福路街道人民武装部

部　长　卞绍向（2014年8月3日提名任职）

新浦经济开发区人民武装部

部　长　张　涛（2014年8月3日提名任职，2014年11月29日提名离任）

海州经济开发区人民武装部

部　长　张　涛（2014年11月29日提名任职，2014年12月20日提名离任）

人民团体和群众团体

【海州区总工会】

主　席　杨中云（2014年8月3日提名任职）

副主席　杨莅遐（女，2014年8月3日提名任职）

【共青团海州区委员会】

书　记　徐维铮（2014年8月3日任职，2014年11月29日离任）

副书记　杜　威（2014年11月29日任职）

【海州区妇联】

主　席　陈金芳（女，2014年8月3日提名任职）

副主席　张　华（女，2014年8月3日提名任职）

【海州区科协】

主　席　史建梅（女，2014年8月3日提名任职）

副主席　李廷顺（2014年8月3日提名任职）

【海州区文联】

主　席　李敬伟（2014年8月3日提名任职）

【海州区社科联】

主　席　徐正华（2014年8月3日提名任职）

【海州区残联】

理事长　王　彬（2014年8月3日提名任职）

【海州区工商联】

主　席　苗永梅（女，2014年8月3日提名任职）

副主席　吴海虹（女，2014年8月3日提名任职）

赵　明（2014年8月3日提名任职）

孙庆海（2014年8月3日提名任职）

刘佃元（2014年8月3日提名任职）

【海州区红十字会】

会　长　袁丽霞（女）

常务副会长　刘建春（2014年8月3日提名任职）

陈长坝（2014年8月3日提名任职）

阮莹莹（女，2014年11月29日提名任职）

（供稿：区委组织部）

责任编辑：孙大伟

大事记

1月

1日 市委主要领导到新浦区视察民主路老街、青年路花鸟市场。区委书记王立斌、代区长单晓敏等参加。

是日 青峰路跨宁连高速公路桥、跨东盐河桥以及振华路跨东盐河桥正式开工建设。

2日 第三次全国经济普查连云港市普查工作于上午9时启动。

7~9日 政协新浦区第八届委员会第三次会议在新浦召开。

7~9日 政协海州区第八届委员会第三次会议在海州召开。

8日 省政协主席张连珍到新浦区走访慰问。市委主要领导陪同，区委书记王立斌等参加。

8~10日 新浦区第十七届人民代表大会第三次会议召开。

8~10日 海州区第十七届人民代表大会第三次会议在区政府会堂召开。

9日 省综治法治创建检查考核组到新浦区检查工作。区委书记王立斌等参加。

10日 海峡两岸西游记文化创意交流中心在新浦揭牌。

13日 省人社厅纪检组组长刘中到新浦区走访慰问基层劳动保障平台，区长单晓敏陪同。

16日 云台山风景区在第三届中国旅游产业发展年会上荣获2013“美丽中国”十佳海洋旅游目的地称号。

是日 国土资源部正式批复花果山为国家地质公园。公园包括花果山、渔湾—东磊2个园区，面积29.9平方千米。

18日 新浦区政府举行盐河巷开街仪式。

20日 中央召开党的群众路线教育实践活动第一批总结暨第二批部署会议。区四套班子全体负责同志分别参加省、市分会场电视电话会议。

27日 市委主要领导到新浦区浦南镇调研并走访慰问贫困户。区委书记、区人大常委会主任王立斌，区长单晓敏等参加。

29日 新浦区开展“美丽新浦、最美少年”评比活动。经过50位评委评选，范星星、王思妍、金睿等10名少年荣获2013年度新浦区“十佳美少年”称号；吕蕊彤、朱宇涵、陶西等10名少年荣获2013年度新浦“最美少年优秀奖”。区委、区政府举办最美少年颁奖典礼。

30日 市委主要领导视察苍梧绿园新春大集。新浦区区委书记、区人大常委会主任王立斌，区长单晓敏等陪同。

2月

10日 新浦区召开项目管理部署会议。2014年新浦区将推进新浦开发区西区、浦南新镇区、滨河新城现代服务业集聚区、旧城改造等一系列重点工程，确保开发区西区30万平方米标准厂房建设，签约过亿元项目20个；景观湖及环湖路竣工；滨河新城两座大桥通车；建成学校、医院、全民健身中心、安置小区等公共配套工程。

11日 省委常委、宣传部部长王燕文视察民主路老街。市委主要领导陪同，新浦区区委书记、区人大常委会主任王立斌等参加。

13日 张家港农村商业银行董事长王自忠、行长季颖一行到新浦区拜访。区委书记、区人大常委会主任王立斌，区长单晓敏等接待。

20日 新浦区召开党的群众路线教育实践活动动员大会，部署全区群众路线教育实践活动的目标任务，方法步骤和载体设计。市委副书记张同生，省委督导组副组长、省委外宣办副主任陈沈张莅临指导。

28日 连云港市邮政局更名为江苏省邮政公司连云港市分公司，机构进行了调整，精减了高教园区、南城2个中心支局，市区整合为新浦区分局、海州区分局，另设立大客户等4个中心，撤销报刊零售中心。

3月

4日 省道路办拨付2.14亿元，启动连盐铁路新浦段建设。

7日 省城市环境综合整治考核组到新浦区检查2013年城市环境整治工作。区委书记、区人大常委会主任王立斌等参加。

是日 连云港市锦屏山登山比赛在锦屏山举办。登山路线起点为桃花涧景区西门，经紫竹林到景区东门，全长5千米。来自市级各机关共68个代表队400余人参加比赛。

10日 连云港市选定苍梧路等5条道路和新浦海滨社区等3个社区创建省级城市管理示范。

11日 新浦区开展“千人上山”义务植树活动。

12日 省委副书记石泰峰视察民主路老街。市委主要领导，市领导张同生、吴以桥，区委书记、区人大主任王立斌等陪同。

是日 省委党的群众路线教育实践活动督导组组长张吉生一行到新浦视察。市委常委、组织部部长祁彪，区委书记、区人大主任王立斌，区长单晓敏等陪同。

18日 连云港市社会福利院将迁址至新东街道域内，总投资1.6亿元，占地3.1公顷，建筑面积3.75万平方米，建有7栋服务楼，床位1000张，其中儿童床位300张，老人床位700张。

19日 市长赵晓江视察市区旧城改造、背街小巷和低洼易涝片区整治工作。新浦区区委书记、区人大常委会主任王立斌，区长单晓敏等参加。

22日 省长李学勇主持召开连云港市“一带一路”交汇点建设暨国家东中西区域合作示范区建设领导小组会议。省委常委、常务副省长李云峰，副省长史和平、傅自应出席并讲话，新浦区区委书记、区人大常委会主任王立斌参加会议。

25日 新浦区召开烟草巷等7个收储地块拆迁工作推进会。

26日 新浦区组织陇中路现场拆除活动。

是月 新浦区社会管理服务中心（坐落于郁洲北路）建成并投入使用，面积2500平方米，总投资1000余万元。中心由综合法治工作中心、公共法律服务中心、社会矛盾调处中心、便民服务中心和信访接待中心组成。中心建立健全首问负责、分流指派、督察考核等服务管理工作机制，形成了统筹推进基层综治、法治、维稳工作的实战性、枢纽性平台。

4月

1日 省科协党组书记陈慧娟到新浦区调研现代农业产业园建设情况。区委书记、区人大常委会主任王立斌等陪同。

2日 国家住建部风景名胜区督察组到新浦区检查新浦公园改造工程。省住建厅副厅长刘大威，副市长尹哲强，区委书记、区人大常委会主任王立斌等陪同。

3日 副省长、省公安厅厅长王立科到新浦区调研指导公安工作。

8日 连云港市市区首条定制公交开通运行。定制公交车从连云港中等专业学校开往汽车站、火车站，中途只停靠苏欣快客站、新浦汽车客运站等方便中转的大客流站点，全程只需20分钟。

9日 新浦区组织力量开展汛前大检查。以排查各类防汛工程度汛隐患、防汛工作责任制落实、水库安全、城市防洪设施、各类防汛预案等为重点，督促责任主体落实相应措施。全区共储备三袋19万只、块石14.9吨、木材128立方米及其他抢险物资；组建防汛抢险队16个，队员6350人，以确保安全度汛。

10日 连云港市第一本单独二孩准生证在新浦九龙社区诞生。

15日 新浦地区新注册登记的市场主体达806户，企业数量比2013年同期增长219个，增幅198.2%。据统计，新浦地区共有企业11370家，注册资金总额476.1亿元。其中私营企业10207家，内资1033家，外资130家。

18日 连云港市举行重点项目集中开工活动。区委书记、区人大常委会主任王立斌，区长单晓敏，区政协主席汤成元等四套班子负责同志参加区主会场活动。

24日 省委610办公室教育转化处处长崔恒武和市委610办公室常务副主任惠桂兵到新浦区视察社区反邪教工作。通过听取汇报、实地查看等形式，对社区的反邪教工作进行认真察看和了解。

28日 西班牙麦卡莎集团董事长德罗一行到新浦区访问。麦卡莎产品加工及冷链物流项目与新浦区达成合作意向，选址在新浦区现代服务业集聚区，计划用地120公顷，总投资15亿欧元。建成后，产品辐射苏北鲁南地区。

29日 市区建立全省首家服刑人员远程会见平台，实现81名连云港籍浦口监狱服刑人员与家属定期会见，为地方司法行政机关与监狱开辟一条新的信息沟通渠道。

30日 从2014年1月调整企业退休人员养老金，人均每月增加212元，港城人均增至1778元。具体办法：本次增加不足210元的，按本人缴费年限增加，缴费不满15年的增加15元，满15年不满20年的增加20元，满20年不满25年的增加25元，满25年不满30年的增加30元，满30年不满35年的增加35元，满35年及其以上的增加40元。

5月

1~7日 “四月八白虎山庙会暨新丝绸之路经济带文化商贸交流周”在海州古城举办。

1日 清晨，中央电视台一套《朝闻天下》栏目播出了花果山景区广告宣传片，“孙悟空老家，连云港花果山欢迎您”瞬间传遍祖国大江南北的每一个角落。为提升花果山景区的影响力、扩大景区的知名度，云台山风景区管委会在省旅游局的牵头指导下，加大广告宣传力度，于5月在中央电视台一套《朝闻天下》栏目和新闻频道并机播出花果山景区15秒旅游宣传片。

6日 连云港市自5月1日起，全面启动新版营业执照，取消“许可经营项目”和“一般经营项目”的分类记载，增加二维码和“企业信用信息公示系统”。旧版营业执照于2015年2月28日停止使用。

8日 《连云港市海州区志（1986~2005）》首发式在海州区政府举行。该书为16开精装本，全方位记述了1986~2005年海州地区自然、政治、经济、文化和社会等方面情况，全书约189万字。

是日 省委副书记石泰峰视察孔望山公园。市委主要领导，市领导张同生、王东升，新浦区区委书记、区人大常委会主任王立斌陪同。

10日 国务院原副总理吴仪视察民主路老街。市委主要领导，市领导杨莉、董恕娟，新浦区区委书记、区人大常委会主任王立斌等陪同。

12日 新海派出所“多元融合式调处室”正式运行，配备公安民警1名、人民调解员2名、法律顾问1名。负责辖区86家内部单位、240家场所和企业的社会矛盾调解处理工作。

13日 新浦区区委书记、区人大常委会主任王立斌带队在广州招商考察。拜访碧桂园控股集团，考察碧桂园广州凤凰城、天玺湾等项目。

26日 省政府教育督导团第六小组对新浦区进行教育督导。

6月

6日 市长赵晓江到新海高级中学视察高考准备工作。新浦区区委书记、区人大常委会主任王立斌等参加。

是日 浦南镇江浦村范宝友家庭获评首届全国“书香之家”称号。

10日 市委主要领导察看防汛工作情况。新浦区区委书记、区人大常委会主任王立斌参加。

14日 新浦区召开夏季爱国卫生突击月活动动员大会。区委、区政府要求全区机关干部把战胜一年一度的夏季高温和生活垃圾高峰与创建文明城市结合起来，举全区之力，还市民一个干净整洁的家园。区委书记、区人大常委会主任王立斌等区领导分别带队在解放路、朝阳桥等责任区内捡拾垃圾，清洗路面。全区共出动志愿者5000余名、车辆86辆、挖掘机14台，一个上午清理积存垃圾1500余吨。

18日 市委、市政府召开市行政区划调整工作领导小组会议。市委就做好市行政区划调整工作提出要求。

19日 中央政法委副秘书长、中央综治办主任陈训秋一行到港城调研政治工作期间，调研新浦区新海派出所多元融合式调处机制建设情况，实地考察了新浦区社会服务中心。对有关工作给予充分肯定。

20日 市长赵晓江到新浦区调研浦西街道沈中路低洼片区改造工作。区委书记、区人大常委会主任王立斌等参加。

是日 连云港市实验学校主体工程于2014年6月19日封顶。学校位于杏坛路以东、青峰路以北，占地157亩，总建筑面积4.5万平方米，总投资2.3亿元。包括普通教学楼、科技实验楼、图书信息楼、办公综合楼、艺体教学楼等9幢楼，学校规模3500人。学校将设占地4公顷的学生操场，包括400米的标准跑道

22日 省委“八项工程”督察组到新浦区督察浦南镇新型城镇化及城乡一体化工作。区领导王立斌等参加。

30日 花果山风景区获批全国旅游标准化示范单位。

是月 连云港市举行古泊善后河和前蔷薇河治理工程动员会，推进对古泊善后河和前蔷薇河的治理。古泊善后河是新沂河以北地区的主要排水干河，排涝面积1470.5平方千米，具有防洪排涝、供水、灌溉、航运等综合功能。由于该河道多年来未予治理，淤积严重，连云港市境内防洪排涝标准不达标。古泊善后河治理工程主要治理善后闸至埃字河段12.97千米河道，包括河道疏浚、堤防加固等，工程概算总投资5894万元，河道清淤总土方量305万立方米。前蔷薇河治理工程主要疏浚古泊善后河口至海沭大沟段河道，总长6.06千米，并对两岸堤防进行加固，按20年一遇防洪标准进行治理。工程概算总投资2786万元，治理完成后，可保护人口约3万人，保护耕地8万多亩。两项治理工程均将于年底完工。

7月

1日 新浦区委召开常委民主生活会。省委督导组组长、省政协经济委员会主任张吉生，市委副书记张同生参加，区政协主席汤成元、区人大常委会副主任陈周德列席会议。

3日 海州区投入3000多万元，打通服务群众“最后一千米”工程启动，计划整修背街小巷195条，清掏下水道170千米，整治老旧小区20个。

7日 全国政协副主席李海峰率香港特区全国政协委员江苏考察团到海州区考察。区委书记王立斌等参加。

8日 连云港市部分行政区划调整，赣榆区、新海州区、高新区南部拓展区干部大会在市文化艺术中心举行。

是日 新海州区、高新区南部拓展区举行区划调整后揭牌仪式。

10日 根据国务院和省政府对连云港市部分行政区划的调整指示，经一年的筹划准备，撤销新浦区、海州区，成立新的连云港市海州区，区人民政府驻郁洲北路9号。新的海州区管理范围为原新浦区及代管的朐阳、海州、洪门、幸福路4个街道。2014年7月9日零时为行政区划交接点。文件为《国务院关于同意江苏省调整连云港市部分行政区划的批复》（国函〔2014〕56号）、《省政府关于调整连云港市行政区划的通知》（苏政发〔2014〕64号）。

12日 新浦二桥开工建设。新浦二桥为新浦跨越蔷薇河至浦南的重要桥梁，全长250米，宽50.5米，为双向八车道，设计于2015年5月建成通车。原东站引河大桥更名为新浦大桥，于2013年7月开工建设。全长247.2米，宽50.5米，双向八车道，设计时速为60千米。预计2014年8月底建成通车。

14日 海州区成立农村土地承包经营权确权登记颁证工作领导小组。区委副书记单晓敏任组长。

17日 市长赵晓江到连云港新磷矿化有限责任公司检查安全生产工作。区委书记王立斌等参加。

29日 市长赵晓江调研海州区经济社会发展情况。市领导滕雯陪同，区委书记王立斌，区委副书记单晓敏等参加。

31日 省人大常委会副主任张

艳视察海州区延东社区居家养老服务工作，市领导于丽华，区领导王立斌、陈周德、李萌、于卉参加。

8月

4日 市委主要领导察看城区反恐防暴情况。区委书记王立斌、区领导史伟参加。

是日 赵晓江市长到海州区调研重大火灾隐患整改工作。区委副书记单晓敏陪同。

5日 海州区举行现代服务业集聚区伟驰物流项目签约仪式。区委书记王立斌、区委副书记单晓敏等参加。

8日 港城首批140辆公共自行车投运，首次办卡只需存入300元，其中200元为租车信用保证金，100元为消费资费（含10元工本费）。骑用60分钟内免租费，60分钟至120分钟收取1元，120分钟后将加倍提高收费。预计至9月底，中心城区全部143个站点1800辆公共自行车将全部投入运营。

11~12日 海州区召开政协海州区第八届委员会第四次会议。会议选举汤成元为政协连云港市海州区第八届委员会主席，于振强、曹伟平、颜景华、高敏、王宏新、张景友、王兰芳、刘建春、苗永梅为副主席。

12日 法国欧尚超市集团中国区总部发展总经理李文德、副总经理马任华、项目招商部高级经理王菻华一行3人就设立大型超市项目来海州区考察选址。副区长徐冰就该项目投资需求及意愿和李文德交流沟通。

12~13日 海州区第十七届人民代表大会第四次会议在市文化艺术中心召开。会议选举王立斌为海州区第十七届人民代表大会常务委员会主任，陈周德、刘海林、陈应聪、李萌、刘振华、杨中云、张华陆、殷少卿为副主任；选举单晓敏为海州区人民政府区长，王友君、江锦峰、顾建华、史伟、袁丽霞、徐雪峰、于卉、徐冰为副区长；选举傅成保为海州区人民法院院长，董月明为海州区人民检察院检察长。

15日 市长赵晓江督查海州区塘坝除险加固工作。区长单晓敏等参加。

20日 海州区与市城市投资集团会商孔望新城、凤凰新城、白虎山市场开发建设及旧城改造相关事宜，举行孔望山景区建设与运营合作框架协议签约仪式。区委书记、区人大常委会主任王立斌，区长单晓敏，区政协主席汤成元，市城市投资集团董事长薛采高等参加。

25日 市委主要领导调研市区电子商务发展情况。区委书记、区人大常委会主任王立斌参加。

27日 市长赵晓江到花果山街道、南城街道调研城乡发展情况。区委书记、区人大常委会主任王立斌，区长单晓敏参加。

29日 2014年度城镇居民医疗保险参保缴费工作从9月1日开始。个人缴费为150/年；低保居民全免；特困或重残居民缴费为60元/年；非市区户籍成年居民缴费为510元/年。未成年人缴费为420元/年。

9月

1日 师专二附小举行新校区、新学期升学暨教育集团揭牌仪式，全校3200多名师生参加。

4日 2014年，全区水稻秧田灰飞虱于8月初中等发生，白背灰飞虱、纵卷叶螟等轻发生，稻瘟病中等偏轻发生，条纹叶枯病零星发生，纹枯病轻发生。采取的防治措施为秧田带病移栽和8月上旬、9月初两次药控。

5日 海州区首家村级党委——中共海州开发区许庄村委会挂牌成立。

6日 市委主要领导开展教师节走访慰问活动，察看中秋节市场供应情况。区委书记、区人大常委会主任王立斌等参加。

15日 以“慈爱人间、五教同行”为主题的全市“宗教慈善周”活动仪式在海州区举办。市委常委、宣传部长滕雯，市政协副主席、统战部部长王东升，市民宗局局长范江，海州区委书记、区人大常委会主任王立斌等领导出席启动仪式。

17日 市警报试鸣日，区人防办在路南街道贾圩社区举行社区居民防空防灾疏散演练，近200名居民和全区中小学参加疏散演练活动。

21日 区委书记、区人大常委会主任王立斌接待江苏明达矿业投资集团有限公司董事长朱善益一行10人，向考察团详细介绍了海州区的区位优势和滨河新城的整体规划，并带领考察团现场考察振华路沿线地块、新圩岛及河西片区。

2014年7月24日，市长赵晓江（中）到师专二附小新校区视察

25日 海州区朐阳街道、洪门街道被命名为国家级生态乡镇。南城街道、浦南镇、板浦镇、宁海街道被江苏省环保厅命名为省级生态乡镇；新坝镇大穆村被命名为省级生态村。

28日 6月和9月，海州区共组织联合收割机1200余台次跨区作业，夏季平均每台创收3万元，秋季每台创收4万元，全年跨区作业总收入近亿元。

29日 市委书记杨省世在海州区开展国庆节和老年节走访慰问活动。区委书记、区人大常委会主任王立斌等参加。

30日 市委书记杨省世，市委常委、常务副市长曹永林调研苏宁广场开业运行情况，并会见苏宁云商集团董事长张近东。区委书记、区人大常委会主任王立斌，区长单晓敏等参加。

10月

6日 江苏省板浦高级中学迎来建校百年华诞。市委常委、宣传部部长滕雯，从全国各地赶来庆生的部分校友及全校师生参加了校庆活动。

7日 市委书记杨省世在海州区调研全市重点工程建设情况。区委书记、区人大常委会主任王立斌参加。

9日 市长赵晓江调研海州区部分市级重点项目建设和规模企业发展情况，现场会办发展问题。区委书记、区人大常委会主任王立斌，区领导王友君、徐风良、刘建春参加。

12日 海州社区卫生服务中心获评苏北地区唯一的全国群众满意社区卫生服务机构。

23日 市长赵晓江督察调研市区推进民生幸福工程暨建设现代医疗卫生体系工作情况，重点走访棚户区改造项目现场及基层卫生、教育、社会福利中心等场所。区委书记、区人大主任王立斌等参加。

28日 蔷薇岛打造占地1100亩的生态湿地公园。蔷薇岛生态湿地公园位于浦南与新浦之间的蔷薇河水域。

蔷薇岛生态湿地内的波斯菊种植园

31日 港城下月起调整最低工资标准。市区（不含赣榆区）调整为每月1460元，三县和赣榆区调整为每月1270元。

11月

13日 市长赵晓江调研海州区公安基层基础建设工作。区委书记、区人大常委会主任王立斌等参加。

15~18日 区委书记、区人大常委会主任王立斌率队赴广州、深圳、潮州等地开展招商活动。招商团分别拜访了中兴通讯副总裁、中兴网信总裁史立功，碳纤维弹簧项目投资人武希军，广东永生源生物科技有限公司董事长刘星华等客商，针对滨河新城中兴智慧城建设，碳纤维弹簧项目落户新浦开发区、依托永生源国内国际资源促进项目招引等问题进 行了深入洽谈，取得显著成效。

18日 原连云港市高新区南部拓展区所辖新坝、锦屏、板浦3个镇和宁海街道并入海州区。至此，原新浦区、海州区所辖全部地域合并为新的海州区。国务院国函〔2014〕56号文《关于同意江苏省调整连云港市部分行政区划的批复》精神得到全面落实。

20日 全年对蔷薇河饮用水源地组织5次拉网排查行动，取缔浦西街道西南湾、临洪社区，洪门街道洪门、新庄社区5家畜禽养殖户。蔷薇河饮用水源地高锰酸盐指数、氨氮、五日生化需氧量、溶解氧、PH等五项指标年平均值均达到相应功能区标准。

21~23日 中国（连云港）丝绸之路国际物流博览会在连云港工业展览馆举办，区委书记、区人大常委会主任王立斌，区委常委、常务副区长王友君赴现场指导海州区参展工作。连博会期间，海州区发放宣传资料500份，接触洽谈客商112人，组织参展企业30家，组织专业观众2000余人，达成意向成交额4405万元。借博览会平台，充分展示了近年来海州的文化、经贸、交通、物流等多方面的发展成就，把区“人文荟萃、美丽海州”的理念通过展会带给丝路沿线的国家和城市。此次参展，在扩大海州知名度、展示中心城市形象、树立城市品牌等方面起到了积极作用。

21日 连云港远大机械有限公司正式签约落户新浦开发区石化流体产业园。该项目总投资1亿元，主要生产石化流体设备、浮盘等产品。项目投产后，可实现年产值1.2亿元，利税1000万元。

22日 国家工商行政管理总局局长张茅一行考察正大天晴药业集团股份有限公司。市委书记杨省世，区委书记、区人大常委会主任王立斌陪同。

26日 市委书记杨省世到新海派出所调研基层警务工作。区委书记、区人大常委会主任王立斌等参加。

27日 海州区妇女第十三次代表大会召开，会议选举陈金芳为海州区妇联第十三届常委会委员、主席，张华、杨秀红、徐艳为副主席。

30日 海州区板浦等6个粮管所、普安等3个粮库及恒银粮贸公司等10家粮食储运购销单位，全年共收购农民余粮135144千克，比2013年增长120%。

12月

4日 区委书记、区人大常委会主任王立斌带队到上海市静安区考察学习。

9日 省高院院长许前飞一行到海州区调研。区委书记、区人大常委会主任王立斌等参加。

10日 海州区新增丰达电子、元丰机械等国家高新技术企业10家，省高新技术产品38件，国家重点新产品1件。全区共拥有国家高新技术企业32家，其中国家火炬计划重点高企6家。

11日 海州区召开领导干部述职述廉述责暨"一报告两评议"大会。

12日 海州区举办党的十八届四中全会精神辅导报告会。

是日 海州区召开区划调整后首次台属代表大会，审议通过新修订的《海州区台属联谊会章程》，选举产生海州区第一届台属联谊会理事会及其领导班子。

15日 2014年是全市"放心粮店"评审年。海州区境内大润发超市等37家粮店在全市复审中获市级"放心粮店"称号。

16~19日 区委书记、区人大常委会主任王立斌在南京拜会省发改委主任陈震宁，在上海参观考察远大铝业集团公司，在昆山参观考察江苏毅昌科技有限公司。

21日 海州区在秦东门大街28号举行行政中心新驻地揭牌仪式。

海州区行政中心

25日 区长单晓敏，区领导王建明、房忠涛、顾建华参加海州区全民健身中心、海州区文化馆、连云港市图书馆海州区分馆揭牌仪式。

26日 锦屏林场在锦屏山大虎礁附近新建包括2座100立方米钢筋混凝土水池、山顶有水池、山涧有水坝、山路有水车的立体式以水灭火森林消防系统1套，覆盖山林面积2000余亩。2014年无森林火灾发生。

27日 中房集团联合投资股份有限公司董事长张文清一行到连云港考察，与新浦工业园签订战略合作协议，并召开新闻发布会。副市长董春科，区委书记、区人大常委会主任王立斌，区领导徐风良参加。

30日 2014年，海州地区东北产大米零售价每50千克上涨20元，涨幅7.1%，其他主要粮食价格与2013年基本持平。食油价格已连续两年大幅下跌，四级大豆油、桶装5升大豆调和油比2013年同期分别下跌17.5%、9%。

31日 中共海州区委九届八次全会召开。

是年 海州区农村累计发放良种补贴、水稻直补、小麦管理物资和农资综合补贴等惠农补贴资金3155万元。

△ 2014年全区有1110个符合"单独两孩"条件的家庭领取了批准再生育一个孩子生育证。

△ 2014年，海州区农村基层生产组织出现了新的变化。全区新增农民专业合作社48个，累计合作社总数达306个，成员达46263人。

△ 2014年底，海州区区域面积697.09平方千米，辖2个农场、4个镇、13个街道、1个经济开发区、1个林场，共86个行政村、103个社区，境内花果山景区及其代管的云台街道、南云台林场由市直管，户籍总户数21279户，户籍人口70.37万人。实现地区生产总值263.20亿元，第一产业增加值18.17亿元；第二产业增加值79.88亿元，其中工业增加值61.32亿元；第三产业增加值165.15亿元，三次产业结构为6.9∶30.3∶62.8。财政总收入49.96亿元。全社会固定资产投资346.80亿元。社会消费品零售总额222.70亿元。对外贸易进出口总额12.29亿美元。实际利用外资13004万美元，引进内联客方到位资金112.49亿元。粮食（含云台、岗埠农场）总产34.83万吨，蔬菜（含菜用瓜）总产34.28万吨。城镇居民人均可支配收入27057元，农民人均可支配收入12650元，城镇在岗职工年人均工资63781元。

责任编辑：孙大伟

中共海州区委员会

综　述

2014年，是海州发展史上极不平凡的一年。区委认真落实上级的各项部署，成功完成新浦和海州合并，成立新海州区；扎实深入开展群众路线教育实践活动；积极应对宏观经济形势变化，团结带领全区干部群众，较好完成全年目标任务，办成一批大事要事。

区划调整顺利完成　认真贯彻国务院批复和省政府指示精神，落实市委、市政府的相关部署，在2013年4月接管原海洲区城区4个街道后，经过2014年7月8日、11月18日 两 次调整，区划调整顺利完成。在区划调整过程中，全区干群特别是各级领导干部以高度的政治责任感和使命感，坚持以发展大局为重，自觉维护团结，各司其职，密切配合，平稳过渡。在干部调配中，领导干部带头讲政治、顾大局、守纪律，不分区域，以建设新海州为己任，自觉服从组织安排，展现出良好的政治品质，全区上下心齐气顺、人心思进，社会大局保持团结稳定。

改革发展稳步推进　建立健全改革机构，细化改革方案设计，以激发民营经济、创新社会治理为突破口，积极申报改革试点，继续深化医药卫生体制改革，稳步推进农村综合改革、财税体制改革，以及“微贷宝”小微企业融资试点和创新社会治理机制试点。牢牢把握发展大势，加强经济研判调度，开展“服务企业发展、规范诚信经营”专项行动，积极做好企业服务保障，在宏观经济下行压力不断加大、区划调整背景下，做到人心不散、秩序不乱，多数指标实现稳步增长，纳入市目标考核的12项指标中，7项有望完成。

重大项目顺利实施　成立15个重点开发建设指挥部，集中人力物力推进173项年度重点项目建设，一批重点工程、重点片区快速突破。滨河新城新浦大桥、新浦大道基本建成，新浦二桥、安置小区开工建设，蔷薇岛开发提速；凤凰新城完成8条道路建设，新大街改造顺利推进；孔望新城磨盘山路基本建成。完成170万平方米的房屋拆迁，创造历史纪录。连盐铁路完成1300户征迁任务。民主路一期、盐河巷二期、海港城海鲜美食街建成。浦南新镇区“八个一”项目基本完成，新坝、板浦镇区改造建设稳步推进。海州开发区“一区三园”联动发展，建成一批标准厂房和配套路网。现代服务业集聚区加快推进，海州智慧物流园被列为2015年全省200个重点建设项目之一。

民生实事有效落实　坚持社会民生与经济建设同步推进，建成凤凰中学、师专二附小、板浦初中、太平小学等一批优质学校，开工建设解放路小学滨河分校，通过国家义务教育发展基本均衡区省级督导考核。建成残疾人康复中心，完成一批社区卫生服务中心改造提升。初步建成以养老机构、居家养老服务站为载体的老年服务网络，区第一社会福利中心改造运营。大力实施城区绿化工程，完成一大批老旧小区、小街巷、低洼易涝片区和村庄环境整治，改造提升多条城区干道，依法开展市容管理执法，城区面貌不断改善。广泛开展各类文体活动，1.2万平方米的区社区服务中心完成主体工程，新增社区“两房”6000平方米。完善领导干部接访包案制度；在全市率先试点建立社会矛盾纠纷多元融合式调处机制；深化“三位一体”治安防控体系建设，社会治安综合治理成效显著，重点地区五类刑事案件同比下降66%。

教育实践活动扎实开展　以群众路线教育实践活动为抓手，大力加强机关作风建设，“四风”突出问题得到有效整改，党的建设得到新的加强。制定出台区委常委会议事规则、区四套班子联席会议制度，民主决策水平不断提高。积极开展区委中心组学习、“一把手”读书班，组织全区科级干部集中学习习近平总书记系列讲话精神，高标准召开区委常委会专题民主生活会，一批软弱涣散党组织完成整顿。修订完善作风建设等制度30余项，教育实践活动成果得到巩固。扎实开展“百千万为民工程”，办成一批惠民实事。完善农村、社区民主议事机制，积极推进村（社）“减负增效”工作，调动基层工作积极性。实施青年干部“向下扎根”计划，抽调一大批干部到重点功能板块和建

设一线锻炼，充分调动各级干部的干事创业积极性。认真落实党风廉政建设“两个责任”，扎实开展八大专项治理行动，顺利完成两轮巡查工作，严肃查处一批违纪违法案件，营造了风清气正的良好环境。

区委常委工作分工

（2015年1月8日调整）

王立斌　主持区委、区人大全面工作，分管区政协工作、区委改革办工作。

单晓敏　主持区政府全面工作。

王建明　协助书记负责有关党的建设工作，具体负责区委党的建设工作领导小组的工作，分管农业和农村工作，扶贫工作，统战工作，人口与计划生育工作，机关工委工作，双拥和关工委工作，区委办公室、档案、机要和保密工作，督查工作。

王友君　负责区政府常务工作，分管接待工作。

江锦峰　分管政府相关工作。

姚　超　主持区纪律检查委员会工作，分管纪检监察、党风廉政建设和反腐败工作。

徐风良　负责海州经济开发区全面工作，分管海州专用装备产业园、海州通用设备产业园工作。

房忠涛　负责区委宣传部工作，分管意识形态和宣传工作及精神文明建设工作，党史工作，教育、科技、文化、卫生、体育方面党的工作，党校工作，文联、创建办、社科工作。

李永涛　负责海州经济开发区党的建设工作，分管现代服务业集聚区、海州电子信息产业园工作，分管对台工作，科协、台联、侨联、残联工作。

卢　平　负责区委组织部工作，分管组织、干部工作，老干部工作，工会、共青团、妇联工作，重大项目推进办工作。

郑　斌　负责区委政法委工作，分管政法工作、法治建设、社会管理综合治理工作，610办公室工作、信访稳定工作。

顾建华　分管政府相关工作。

毛志峰　负责区人武部工作，分管人民武装建设、国防动员工作。

重要会议

【区委九届七次全体（扩大）会议】 2014年8月7日上午，中共海州区委九届七次全体（扩大）会议在区行政中心会堂召开。会议由区委书记王立斌主持，并代表区委作《立足新起点　汇聚新能量　合力推进人文荟萃美丽海州建设》工作报告。会议认真贯彻党的十八大、十八届三中全会、省委十二届七次全会和市委十一届八次全会精神，回顾总结上半年工作，分析当前面临的形势，部署下半年工作任务，动员全区各级党组织和广大干部群众，立足新起点，汇聚新能量，以更加饱满的工作热情，合力推进人文荟萃、美丽海州建设。区委委员、候补委员，不是区委委员、候补委员的区人大、政府、政协负责人，离退休老干部代表，区法院院长，区检察院检察长，云台农场、岗埠农场主要负责人，区纪委委员，浦南镇、各街道党政主要负责人及部分班子成员，新浦经济开发区、滨河新城、现代服务集聚区管委会党政主要负责人，区各部委办局社（公司）、各群团组织党政主要负责人，步行街管委办、民主路管委会、瀛洲集团主要负责人，区人大各工委、政协各专委主要负责人，市各直属单位主要负责人，各村、社区支部书记，部分企业家代表参加会议。

【区委九届八次全体（扩大）会议】 2014年12月31日上午，中共海州区委九届八次全体（扩大）会议在区行政中心会堂召开。会议由区委书记王立斌主持，并代表区委作《以总书记重要讲话精神为引领　加快建设繁荣美丽海州》工作报告，区长单晓敏部署经济工作及当前工作。会议认真贯彻党的十八大，十八届三中、四中全会，省委十二届八次、九次全会和市委十一届九次会议精神，回顾总结2014年工作，科学谋划未来发展，研究部署2015年任务，组织动员全区干群，牢牢把握新机遇，主动适应新常态，加快产城融合发展，建设繁荣美丽海州。区委委员、候补委员，不是区委委员、候补委员的区人大、区政府、区政协负责人，区法院院长、区检察院检察长，县处级离退休老干部代表，云台农场、岗埠农场主要负责人，区纪委委员，各镇、街道、开发区党政主要负责人，纪（工）委书记、组宣委员，区各部委办局社（公司）、各群团组织、各有关单位党政主要负责人，区人大各工委、政协各专委主要负责人，市各直属单位主要负责人，各村、社区党总支（支部）书记参加会议。

【新海州区揭牌仪式暨干部大会】 2014年7月8日上午，新海州区揭牌仪式暨干部大会在区行政中心会堂召开。会议全面贯彻落实市委、市政府召开的赣榆区、新海州区、市高新区南部拓展区揭牌仪式暨干部大会，并为新的海州区揭牌。

会议由区委副书记单晓敏主持，区委副书记王建明宣读《市委市政府关于调整部分行政区划的通知》《市委关于干部任免决定》。区委书记王立斌在会上作重要讲话。他指出，新浦、海州两区合并，对完善城市功能，做大做强主城区，加快高新技术产业发展具有重要意义。全区各级干部要树立大局意识，保持平常心和社会稳定，抓好当前工作，为建设人文荟萃、美丽海州做出新的更大的贡献。

区四套班子全体负责人，区法院院长，区检察院检察长，部分区级离退休老干部，云台农场、岗埠农场主要负责人，浦南镇、各街道党政主要负责人，新浦开发区管委会、滨河新城管委会主要负责人，区各部委办局、各直属单位主要负责人，区人大各工委、政协各专委主要负责人参加会议。

【全区干部大会】 2014年11月18日上午，全区干部大会在区行政中心会堂召开。会议全面贯彻落实市委、市政府召开的深化高新区发展会议精神，动员全区上下做好调整各项工作。

会议由区委副书记王建明主持，并宣读《市委市政府关于撤销高新技术产业园区（南部拓展区指挥部）通知》《关于将高新技术产业园区（南部拓展区指挥部）管理范围交海州区管理的通知》。区委书记王立斌在会上作重要讲话。他指出，此次调整实现了原新浦和原海州的完全合并，海州区区位优势进一步凸显，权责关系进一步理顺，干部队伍进一步壮大。全区上下要继续发扬团结、互助、担当、奉献的精神，推动调整工作顺利进行。同时，立足当前、脚踏实地，开创海州发展新局面。

区四套班子全体负责人，区法院院长、检察院检察长，部分区级离退休老干部，云台农场、岗埠农场主要负责人，浦南镇、各街道党政主要负责人，新浦开发区管委会、滨河新城管委会、民主路管委会、现代服务业集聚区管委会主要负责人，锦屏镇、板浦镇、新坝镇、宁海街道、海州经济开发区、锦屏林场、高新区南部拓展区10个工作部门科级以上人员，区各部委办局党政主要负责人，各直属单位主要负责人，区人大各工委、政协各专委主要负责人参加会议。

【区委常委议军会议】 2015年2月11日下午，区委常委议军会议在区行政中心508会议室召开。会议由区委书记王立斌主持，听取2014年海州区国防后备力量建设情况及2015年武装工作要点。会议指出，区委、区政府要继续大力支持人民武装工作，加强国防教育和后备力量建设，为人民武装工作提供保障。区政协主席汤成元，区人大常委会副主任陈周德，区政协副主席、统战部部长王兰芳列席会议。 （撰稿：马 超）

组织工作

【概况】 2014年，全区组织系统围绕区委区政府中心工作，认真履职，积极进取，干部、人才、基层党建等各项工作均取得较好成绩。先后获得全国党的群众路线工作法100例优秀范例、全市党建工作创新工程奖、“打通最后一公里，服务群众抓到底”专题活动先进集体等荣誉；区委组织部先后被评为人民网“基层党建宣传示范单位”“最受关注的基层党建新闻”，并获全市组工宣传工作先进单位一等奖。

至年底，全区共有直属党（工）委35个、党总支146个、党支部1100个；党员29375名。全区共有科级干部664人，其中在职527人，退出领导岗位137人。在职科级干部平均年龄44.3岁，其中女干部123人，占23.3%；党外干部13人，占2.4%；大学以上学历453人，占86%。

全年全区发展党员268人，其中，女党员129人，占48%；35岁以下174人，占65%；大专以上201人，占75%；生产、工作一线83人，占31%。

【党的群众路线教育实践活动】 按照中央和省、市委部署，全区党的群众路线教育实践活动于2014年2月正式启动，到2014年10月底基本结束。2月10日，成立以区委书记为组长的区委教育实践活动领导小组，并组建组织组、综合组、宣传组和督导组等实践办工作机构。全区76个活动单位、1310个基层党组织紧扣“为民务实清廉”主题，按照“照镜子、正衣冠、洗洗澡、治治病”的总要求，突出领导带头，强化问题导向，注重群众参与，坚持从严要求，以踏石留印、抓铁有痕的劲头推进学习教育、听取意见，查摆问题、开展批评，整改落实、建章立制三个环节各项工作。活动期间，区委举办4期“一把手”读书班，科级以上领导班子举办“为了谁、依靠谁、我是谁”和“三严三实”（严以修身、严以用权、严以律己，谋事要实、创业要实、做人要实）专题讨论会，召开座谈会712场，征集群众意见建议5100余条，查摆和整改领导班子和领导干部“四风”（形式主义、官僚主义、享乐主义和奢靡之风）问题4700余条，以“整风精神”召开高质量的民主生活会，各级领导班子制定整改落实方案、专项整治方案和制度建设计划，落实公示、月报制度，狠抓问题整改，推进专项治理。深入开展以“四促五帮”（促党建、促发展、促民生、促和谐，帮建班子，帮带队伍，帮上项目，帮办实事，帮护稳定）联百村（社区）、千名机关志愿者爱心帮扶行动、万名党员万户行为主要内容的“百千万为民工程”，以集中学习日自省群众观念、走访调研日自省联系实际、义务劳动日自省工作作风为主要内容的“三日三省”活动，以及“转作风、办实事、解难题”集中惠民月等一系列特色活动，解决突出问题，回应群众期盼，赢得社会好评。

【区划调整及干部调配】 7月8日和11月18日，原海州区、原高新区分别划转125名、159名科级干部到新海州区。区委以干部调配班子整合为重点，深入调研干部队伍现状，合理确定调配原则，科学制定调配方案，严肃组织人事纪律，积极做好调整干部思想工作，圆满完成两次干部调配工作。

【干部一线培养】 年内，建立干部在基层一线常态化培养机制，选派区机关28名干部到滨河新城、民主路管委会、现代服务业集聚区、浦南新镇区等重点功能板块挂职锻炼，抽调63名干部到各旧城改造地块参与房屋征收工作。实行重点一线干部跟踪考核，通过个人业绩登记、指挥部评价、不定期走访等形式，对参与全区重点工程建设的300余名公务员、事业干部和大学生村干部进行考核。

【规范干部从政行为】 2014年，按照中央和省市有关要求，及时清理干部在企业兼职（任职）行为，共排查出17名干部在企业兼职（任职）、经商办企业、从事个体经营和有偿中介等行为，均已规范清理到位。同时开展机关事业单位“吃空饷”“在编不在岗”专项整治工作，会同区人社局，成立专项治理工作领导小组，制定治理工作方案，召开专题推进会，全面开展“吃空饷”“在编不在岗”专项排查工作。全区共清查出非政策性“吃空饷”和“在编不在岗”人员6人，已全部治理到位。

【干部档案管理】 2014年，严格干部档案审核，抽调专门人员对原新浦区保管及原海州区移交的1400余册，特别是860余册在职干部档案进行集中审核和改版升级，对干部的出生年月、工作时间、入党时间、学历学位、主要经历等“三龄二历”信息和干部身份进行逐项核查，严防改学历、改经历、改年龄的“三改问题”发生。

【干部教育培训】 2014年，坚持突出重点、丰富内涵、创新手段，全方位培育高素质干部队伍。通过领导讲授党课、专家解读政策等形式，加强党的十八大，十八届三中、四中全会和习近平总书记系列重要讲话精神的学习贯彻，开展集中学习4场，培训党员干部1600多人次。先后组织53名处级干部、镇街党政正职干部参加市集中轮训。并选派76名干部赴台湾、苏州、南京等地参加中小企业、干部任用条例、对外贸易等专题培训。

【干部监督管理】 2014年，严格落实从严管理干部的要求，进一步加大干部监督力度。先后开展股级干部选任“一报告两评议”，组织24家单位1139名干部群众对选任工作和新选任的188名股级干部进行民主测评，下发结果反馈单24份。落实新修订的《干部任用条例》，扎实开展干部选任政策指导和专项检查。全面开展超职数配备干部自查，制定严格领导职数配备、合理消化超配职数相关举措。加强干部经济责任审计，委托区审计局对岗位调整的35名领导干部和任期较长的3名领导干部分别进行离任审计和任中审计。

【基层党建工作】 2014年，开展区、镇、村三级书记抓基层党建“联述联评联考”工作。完成区划调整后的机关党组织设置调整，理顺党组织隶属关系。在新坝镇、浦南镇试行乡镇党代会年会制，新坝镇党代会年会在全市首家召开，打造乡镇党代表议事献策平台，为全面推广夯实基础。

【抓好农村党组织建设】 2014年，区委组织部围绕一村一策开展对软弱涣散党组织整顿，全区7个软弱涣散村党组织转化到位。同时优化农村党组织设置，建立魏口农产品代加工区党支部等一批产业型党组织，建立返乡党员创业孵化基地3个，以优化组织设置推动集体经济增加和农民致富增收。

【提高村干部待遇】 2014年，区委组织部开展村级干部全员缴纳医疗保险试点，激发村干部干事创业、晋位争先热情。按照“减负增效”要求，对村级综合服务中心制度、标牌进行梳理和清理，整顿服务中心管理使用中的违规行为，实现使用效益最大化。

【党群服务网络智能平台】 2014年，区委组织部打造集信息收集发布、在线交流、民生服务、党员教育等功能为一体的“海州区党群服务平台”，面向全区党员干部和全社会公众开放，推动社区服务与群众需求高效对接。“海州区党群服务平台”成功入选由中央教育实践活动办公室指导，人民网《中国组织人事报》等多家单位组织评选的“党的群众路线工作法100例”优秀案例，并受邀参加在北京召开的颁奖座谈会。

【在职党员志愿服务活动】 8月29日，区委组织部启动在职党员到社区报到开展志愿服务群众活动。出台《关于组织在职党员到社区报到开展志愿服务群众活动的实施办法》，采取建立联络服务站、设立片区联席会、成立服务协会、聘任“名誉书记”和实施“一诺三评”（公开承诺，网上评、群众评、组织评）等5项跟进举措，推动在职党员进社区服务群众制度化、常态化、长效化。全区4130名机关事业单位在职党员到103个社区报到，先后开展“集中惠民月”“千名在职党员在行动”等大型集中服务27次，组织志愿服务3.2万余人次，解决基础建设、环境卫生、就业低保等生产生活实际困难4550余件。

【大学生村干部】 全年新选聘6名大学生村干部，县区新交流21名村干部。组建大学生村干部服务联合会，各镇街成立分会，全面加强大学生村干部自我服务、自我管理能力。利用节假日组织开展公益活动，服务范围涉及环境整治、道路绿化、扶贫助困、化解纠纷、农技培训、文化下乡等多个领域。

【人才队伍建设】 年内，积极参与全市“三百引才”（由市委、市政府部署实施，突出沿海开发主题，围绕产业发展、科技创新重点，面向全省、全国、全球招才，推动政府、企业、高校院所、驻连部省属单位联动；到“十二五”末，每年引进高级管理人才100名，高端专业人才100名，累计引进复合型领军人才100名），共招引人才37名，完成招引计划。同时，大力实施“本土人才扎根计划”，发挥区域资源配置和服务环境优势，密切与淮海工学院、连云港职业技术学院等本地高校合作。广泛开展各类岗位技能培训，增强对专业技术人才、高技能人才、农村实用人才、社会工作人才的培育力度，全年培育各类人才2500余名。同时强化平台载体建设，东浦管桩等3家企业获批省级企业研究生工作站，新增国家高新技术企业5家，德翔新材料等8家企业与南京大学、东南大学等高等院校签订产学研合作协议，促成企业与高校院所“联姻”。

（撰稿：张延静　李　绘　李　星
徐　鑫　相　涛　陶士催
唐玉灿　王　郑
审稿：郑纪东）

2014年中共海州区基层组织党员结构情况一览表

表 1

序号	类别组织名称	组织情况		党员概况																	
				党员数量			性别		民族		年龄结构					学历结构					
		总支	支部	总计	正式	预备	男	女	汉族	少数民族	35岁以下	36~45岁	46~54岁	55~59岁	60岁以上	研究生	大学	大专	中专	高中	初中及其以下
1	浦南镇党委	4	45	1758	1720	38	1421	337	1757	1	509	307	253	129	560	7	203	377	95	236	840
2	新坝镇党委	17	66	1008	997	11	815	193	1008	0	243	137	138	101	389	2	71	118	93	219	505
3	锦屏镇党委	11	51	1311	1300	11	1028	283	1311	0	254	117	162	114	664	2	76	105	89	344	695
4	板浦镇党委	21	42	1807	1799	8	1443	364	1807	0	214	228	314	181	870	0	64	234	252	396	995
5	花果山街道党工委	0	19	950	938	12	702	248	950	0	273	146	110	80	341	8	130	179	81	188	364
6	南城街道党工委	0	13	362	360	2	249	113	361	1	76	52	49	32	153	4	37	69	38	86	128
7	新浦街道党工委	15	58	1934	1927	7	1291	643	1934	0	312	125	285	192	1020	6	188	355	134	553	698
8	浦西街道党工委	15	58	1680	1676	4	1174	506	1676	4	238	151	245	188	858	3	161	302	120	365	729
9	路南街道党工委	10	54	1432	1426	6	882	550	1431	1	257	79	139	190	767	3	221	339	174	323	372
10	新南街道党工委	12	54	1832	1826	6	1227	605	1829	3	350	181	184	176	941	14	291	387	210	394	536
11	新东街道党工委	13	49	1832	1826	6	1160	672	1832	0	463	163	202	141	863	17	357	441	126	426	465
12	新海街道党工委	13	54	2217	2210	7	1601	616	2205	12	292	134	258	271	1262	5	282	430	228	478	794
13	宁海街道党工委	0	19	1008	991	17	831	177	1008	0	196	121	140	82	469	3	52	77	111	194	571
14	朐阳街道党工委	3	24	833	831	2	619	214	833	0	229	92	138	80	294	1	111	141	49	207	324
15	洪门街道党工委	2	35	716	712	4	542	174	716	0	101	92	131	77	315	5	68	90	49	163	341
16	海州街道党工委	0	18	604	600	4	429	175	603	1	118	70	69	45	302	4	70	101	30	152	247
17	幸福路街道党工委	0	14	643	640	3	515	128	643	0	79	85	110	119	250	2	31	106	87	131	286
18	海州开发区党工委	2	58	670	658	12	534	136	669	1	232	101	108	67	162	7	95	132	65	187	184
19	滨河新城党工委	0	1	14	13	1	13	1	14	0	7	5	2	0	0	3	7	2	1	0	1
20	机关工委	9	65	1429	1414	15	1004	425	1423	6	304	375	361	131	258	106	724	330	57	116	96

续表

类别组织名称序号		组织情况		党员概况																	
				党员数量			性别		民族		年龄结构					学历结构					
		总支	支部	总计	正式	预备	男	女	汉族	少数民族	35岁以下	36~45岁	46~54岁	55~59岁	60岁以上	研究生	大学	大专	中专	高中	初中及其以下
21	经发局党委	1	22	214	214	0	149	65	214	0	15	21	45	42	91	3	25	30	13	63	80
22	教育局党委	8	52	1512	1494	18	858	654	1511	1	281	514	264	138	315	21	947	322	170	37	15
23	住建局党委	0	10	181	181	0	140	41	180	1	37	59	35	20	30	6	35	61	21	43	15
24	城管局党委	1	13	261	258	3	201	60	261	0	62	103	47	21	28	3	103	69	16	36	34
25	农水局党委	0	4	127	124	3	101	26	125	2	23	33	40	4	27	7	43	39	14	16	8
26	卫生局党委	0	18	354	347	7	203	151	353	1	44	116	50	33	111	0	87	99	98	31	39
27	供销社党委	0	13	127	127	0	97	30	127	0	1	5	21	31	69	0	4	7	3	45	68
28	海州区公安分局党委	1	36	571	561	10	485	86	571	0	180	198	118	23	52	1	307	212	22	13	16
29	高新区公安分局党委	1	17	157	152	5	148	9	157	0	41	37	51	8	20	3	62	68	8	6	10
30	新社工委	0	43	21	11	10	17	4	21	0	1	9	8	2	1	1	2	5	10	2	2
31	岗埠农场党委	9	50	1059	1059	0	923	136	1057	2	134	172	182	87	484	3	60	212	68	211	505
32	云台农场党委	2	18	545	545	0	445	100	545	0	76	56	98	69	246	5	79	74	38	118	231
33	日出东方太阳能股份有限公司党委	2	1	154	145	9	123	31	152	2	150	3	1	0	0	17	121	12	3	1	0
34	黄海机械股份有限公司党委	0	6	52	52	0	49	3	52	0	5	11	19	15	2	0	5	11	21	13	2

宣传工作

【概况】 2014年，全区宣传思想工作紧紧围绕区委、区政府的工作部署，以繁荣区域先进文化、建设美丽海州为目标，强化思想阵地、舆论阵地、精神文明建设阵地和文化事业阵地建设，创新思想武装平台、新闻宣传手段、文明创建载体、文化发展思路，开创宣传思想文化工作的崭新局面，为全区经济社会发展提供良好的舆论、文化、智力支持和营造文明向上的社会环境。先后荣获2013~2014年全市基层党员干部冬训工作先进集体、全市宣传思想工作先进集体和全市思想文化工作创新奖。

【理论教育】 区委宣传部制定下发全区两级理论学习中心组2014年度学习计划，安排区委中心组集中学习12次，集中学习研讨6次。邀请省委研究室副主任王兴亚为全区副科级以上干部作“提升新媒体环境条件下领导干部行政施政能力和水平”专题讲座，拓展全区党员干部学习平台。

【十八届三中全会精神宣讲】 2014年1月，区委宣传部成立学习贯彻党的十八届三中全会精神宣讲团，特邀9名市理论专家担任宣讲员分赴机关、镇、街道、村、社区进行宣讲。在重点项目一线、村和社区组织开展学习宣讲活动达380多场次，实现十八届三中全会精神宣讲全覆盖。

【农村党员冬训】 2014年，区委宣传部重点把提高农村党员素质、理清工作思路、推进思想解放、发挥党员先进模范作用作为冬训的目的，大力倡导“学以致用、用以促学”理念，构建“四学模式”，即领导带头“引导学”、创新方式“灵活学”、完善机制“保障学”、联系实际“深入学”。2013~2014年度全区共培训农村党员1250余人次，参训率达97%以上。

【典型宣传报道】 2014年，区委宣传部策划重大典型宣传，挖掘在经济发展、新农村建设、和谐社区建设、旧城改造等工作中的先进典型，先后推出省级先进典型陇海步行街管委办主任祁德、市最美基层干部新海街道西苑社区主任夏倩等一系列先进典型代表。1~9月份，海州区在省级以上媒体发稿139篇；在《连云港日报》用稿1100余篇，《苍梧晚报》用稿1200余篇；市电视台、市广播电台用稿600余篇；连网用稿2000余篇；制作专题片《党员冬训》《浦南城乡统筹》《青少年维权岗》等10部、《海州新闻》9辑。

【网络舆情监管】 2014年8月，成立区网络办公室，专门负责全区的网络舆情监控、研判、处置、新媒体平台建设等，并于10月底实现海州政务网上线运营。同时修订完善《关于建立健全信息发布和政策解读机制加强舆论引导工作的实施意见》《网络新闻宣传管理工作制度》《舆情跟踪处理工作制度》等,做好重大突发事件和敏感问题的宣传报道和舆论引导，及时删堵网络不良信息。

【评选先进典型】 开展“爱心市民”评选活动，至2014年底，全区共推选“爱心市民”165人、“爱心团队”8个，入围“中国好人榜”6人，入选“江苏好人”4人，入围“江苏省第四届道德模范”3人，入围“连云港市第四届道德模范”2人。在全区范围内开展“美丽海州最美人物”评选表彰活动，召开“最美少年”评选表彰大会，推选“最美爱心市民”“最美少年”“最美基层干部”各20名，并拿出30万元予以专项奖励。开展“百名诚信之星”“百名医德之星”“百名美德少年”评选活动。年内，各街道、各文明单位共举办各类道德讲堂300余场次。

【志愿者服务】 2014年，区委宣传部以“邻里守望·欢乐新春”“邻里守望·平安出行”“邻里守望·关爱他人”“邻里守望·关爱好人”四大志愿服务活动为引领，在全区开展“与雷锋车同行　聚文明正能量”志愿者集中行动、“千名机关志愿者爱心帮扶行动”“文明旅游进社区”“文明单位结对帮扶养老院”“端午‘粽’是情”“情满港城中秋喜团圆”“党员志愿者进社区”等近百场次的志愿服务活动。至12月30日，全区各文明社区、文明单位均成立志愿者服务站，全区中国文明网上的注册志愿者已突破10万人。

【文明创建】 2014年是文明城市创建测评年，区文明办开展“向不文明现象说‘不’”活动，并加强城市背街小巷整治和违章搭建清理整顿。同时，完善文明创建基础材料，收集整理2011~2013年度文明城市创建台账。2014年是2012~2013年度市、区两级文明单位（村镇、社区）创建测评年，区文明办开展文明单位网上在线评比活动，共评出区级文明单位237家、文明乡镇1家、文明村13家、文明社区35家，荣获市级文明单位120家、文明镇1家、文明村7家、文明社区15家。

【未成年人思想道德建设】 2014年，区文明办开展未成年人习惯养成活动，确定新浦中学、海宁中学、海庆中学、解放路小学、建宁小学、六一幼儿园、海州幼教中心7所学校为省级未成年人文明礼仪实践学校，并组队参加全市未成年人风采礼仪大赛，解放路小学代表海州区荣获特等奖，并获得省级大赛三等奖。组织开展“十八岁成人仪式活动”“清明网上祭英烈活动”“新生入学仪式”“向国旗敬礼”等多项活动。与此同时，面向社会招聘16名具备专业知识的心理咨询师；组织开展“心理健康教育进社区”“小学生进军营”、少儿心理拓展训练、“同享蓝天　快乐过中秋”“快乐阅读”等多项活动，打造未成年人思想道德建设新品牌。

（撰稿：王　静　审稿：李敬伟）

统战工作

【概况】 2014年，全区统战工作坚持以党的十八大，十八届三中、四中全会精神为指导，以省、市委统战工作会议精神为统领，围绕区委、区政府中心工作，紧贴实际，牢牢把握统战大局，组织广大统一战线成员，务实进取，开拓创新。加强对基层商会建设的指导，协助提高非公经济人士的法律意识和自身素质；维护民族团结进步和各宗教和谐共处的良好局面；开展全区侨情普查；团结全区各民主党派人士努力开创大统战工作新局面。

【多党合作事业】 2014年，区委统一战线工作部（简称区委统战部）继续开展党外后备干部推荐，调整和充实党外人士数据库，推荐政治素质好、具有较强代表性和参政议政能力的党外代表人士进入人大代表、政协委员队伍。对全区党外人大代表、政协委员、非公经济人士开展综合评价工作，建立党外代表人士综合评价体系，提高党外人士参政议政水平。年内，各民主党派、无党派人士就全区民生改善、道路建设、水利设施、土地流转、秸秆禁烧和现代高效农业等热点、难点问题及转型发展、科技创新、企业管理等方面积极参政议政。农工党海州支部调研提出《关于合理规划与配置卫生资源的建议》，受到市有关部门的重视；民进海州支部提出小区停车难和旧城改造问题，得到市电视台报道，编发66期《海州民进信息快报》；致公党海州支部提出《关于加强市民广场、公园等场所公共厕所卫生管理的建议》，得到市有关领导的批示。7月，区委统战部利用区政协常委会的契机，向民主党派、无党派人士传达区委全会精神，通报全区经济社会事业发展情况和党风廉政建设反腐败情况，征求党外人士意见。同时，积极做好全区各民主党派中的人大代表、政协委员在市、区两会上开展建言献策、上报社情民意工作，号召广大民主党派人士为全区经济社会事业发展多做贡献。

【民族宗教工作】 2014年，区委统战部开展以“发挥正能量，共筑中国梦”为主题的“民族宗教政策法规宣传月”活动。通过举办多种形式的学习、培训和宣传，切实让党的十八大、十八届三中、四中全会精神进社区、进场所，进一步巩固和发展各民族团结进步、各宗教和谐共处的良好局面。优化服务工作，为10名符合条件的群众办理民族成分变更手续，为12名少数民族考生办理民族成分初审确认事项。并对全区15户困难少数民族家庭开展春节慰问，先后与区红十字会、有关中小学校一起看望被烫伤的少数民族学生马亮，并送上慰问金。与此同时，成功承办全市“宗教慈善周”活动启动仪式，募集善款10万余元。海州准提寺在“六一”前夕慰问市社会福利院，为孤儿送上慰问金和慰问品。开展“宗教活动场所安全隐患排查治理年”活动。在白虎山庙会期间，指导重点宗教活动场所安全隐患排查和宗教活动开展，确保为期7天的白虎山庙会期间宗教活动场所和宗教活动安全有序。抓好净修庵大雄宝殿在建工程和碧霞寺综合楼装饰工程安全检查，确保序时进度和工程质量。完成南城玉皇宫上山道路水泥路面铺设，新建碧霞寺图书室。继续开展“和谐寺观教堂”创建活动，选树学习全国创建和谐寺观教堂先进集体——准提寺的先进典型。依法治理私设基督教聚会点和私自传教。1月，联合海州公安分局国保大队及时清理新东街道广场社区信众私设基督教聚会点及外来人员传道活动；4月，制止浦东街道站北社区居民私设基督教聚会点活动；5月，制止新海街道居民私设基督教聚会点开堂活动，确保全区教会教风的纯洁。

【经济统战工作】 2014年，区委统战部加强工商联队伍建设，优化会员结构。新发展会员企业30多家。春节前，组织民营企业家到浦西街道等社区开展“送温暖、献爱心”活动，为贫困家庭送上钱物和节日的祝福。3月，开展执委会会员企业集中走访活动，深入企业一线了解生产经营状况，对走访调研中企业提出的问题和困难，帮助协调有关部门予以解决；联合民建市委会在陇海步行中街举办迎“3·15”法律义务咨询活动，不断增强民营企业的法律意识和依法维护合法权益的能力。4月，召开区工商联四届三次执委会，调整部分人事安排，优化执委会成员。继续加强对基层商会的指导，推动基层商会稳步发展。会议期间，集中学习十八届三中全会精神，开展企业家与中国梦大讲堂活动，着力增强非公经济人士“四信”意识。5~6月，先后组织部分民营企业家和基层商会赴北京，到清华大学参加“企业战略转型高级研修班”和“易物天下经营管理模式培训班”，使民营企业家增强抵御风险能力，增长现代企业管理知识。同时开展光彩事业奉献社会活动。6月，联合连云港书店为社区捐赠图书，共向海州街道、洪门街道的6个社区捐赠2500多册，价值4万元的图书，丰富社区居民的业余文化生活。此外，积极服务政府中心工作。开展招商引资工作，先后赴淮北、杭州等地开展招商活动3次；接待浙江、安徽、四川等地的客商30多人次；年内，协助完成电商物流园投资项目落户现代服务业集聚区。

【侨务工作】 2014年，区委统战部健全工作机制。各镇、街道明确1名分管领导专抓专管，各侨务社区都成立以社区书记为组长的侨务工作领导小组，完善区、镇（街）、村（居）三级为侨服务网络。7月初到11月底，按照市、区侨情要求，组织区侨联对新海州区进行大规模侨情普查，至年底，全区普查涉侨家庭547户（不含市级机关普查情况），涉侨人员（含港澳）1781人，其中华侨120人、华人88人、归侨18人、侨眷940人、留学生211人、出国务工人员366人，侨港资企业38家。

（撰稿：胡锦保　审稿：魏苏平）

涉台事务

【概况】 2014年，区台湾事务办公室（简称区台办）深入学习贯彻党的十八大，十八届三中、四中全会精神，牢牢把握两岸关系和平发展主题，坚持“和平统一、一国两制”涉台方针政策，紧紧围绕涉台交流合作“四个新高地”（加快建设台资产业集聚新高地，加快建设台企创新发展新高地，加快建设台商投资环境新高地，加快建设两岸交流交往新高地）建设要求，围绕中心，服务大局，突出重点，主动作为，涉台各项工作不断迈上新台阶。

【搭建经贸合作平台】 2014年，区台办加强与台湾社会各界的沟通交流，分批次接待、邀请台商组团到区参观考察、洽谈项目，圆满完成区委、区政府交办的招商任务。5月，邀请台湾高雄市两岸关系发展促进会会长王钟贤到区考察，为推进与台湾中南部地区的合作交流架起桥梁、打下基础。6月，邀请市台商协会会长、台湾光鼎电子董事长马景鹏一行到区座谈，就共同促进海州区建设发展事宜进行深入交流。7月，邀请南京市台商协会监事长、南京华鼎电子董事长孙根明一行到区参观考察，并就深入合作开展座谈交流。8月，由陇海步行街和台湾云林县地方传承技艺小吃协会联合举办的台湾美食节再次火爆陇海步行街。10月，积极参与"首届连博会"招商招展工作，邀请台湾优杰（苏州）精密机械有限公司参展，并认真做好参展客商的服务、接待工作。

【促进涉台交流交往】 2014年，区台办以促进两岸交流交往和争取民心为目的，充分发挥职能优势，积极拓展与台湾在经贸、教育、旅游、农业等多领域的互访交流考察活动，不断提升交流合作层次。年内，在加强两岸农业产业发展与技术交流合作方面开展内容丰富的活动。2月，接待台湾两岸农业发展与技术交流访问团到区参观考察，就休闲农场建设等进行洽谈交流。7月，由区领导带队赴台开展"海台一家亲——特色乡镇结对交流"活动，浦南镇与台湾埔心乡签署农业结对合作意向书，为下一步建立农业、经贸长期友好合作交流关系奠定基础。10月，江苏板浦高级中学迎来百年校庆，部分年事已高的旅台校友不辞辛苦到海州区参加节庆活动。

【做好涉台宣传工作】 2014年，区台办充分利用各种媒体多形式、多渠道、多层次开展对台宣传，收到良好的社会效果。积极推进入岛宣传，配合赴台考察活动，加强与台湾社会各界的互动交流，充分利用座谈和餐叙时机，积极宣传两地的互补性，提升海州区在台湾的知名度和美誉度。12月，台湾《联合报》《旺报》等知名媒体到海州区实地参观考察民主路民国风情街和盐河巷历史文化街区，加深台湾同胞对海州的认识和了解。全年，区台办在省、市有关网站及刊物上发表信息稿件近20篇，位列全市之首。

【服务台商台胞台属】 2014年，区台办坚持把服务好台商台胞台属贯穿全年工作的始终，认真细致地做好台商台胞台属投资兴业、往来交流、来信来访的服务接待工作，竭诚为他们提供优质服务，积极为他们排忧解难，增强台商台胞台属对祖国的认同感和凝聚力。元旦、春节和中秋佳节期间，区台办走访慰问重点台属和困难台属家庭，为他们送去米、油、奶等慰问品和慰问金。结合台湾电电公会对大陆投资环境的调查和《江苏省保护和促进台湾同胞投资条例》贯彻落实情况的专题调研活动，区台办实地走访调研爱仕沃玛、大润发等7家台资企业，发放、填写调查问卷，问需台企，全面了解对海州区投资环境评价，帮助企业协调有关部门解决消防、安监等实际问题。2月，区台办想方设法帮助家住墟沟的谢文莉、谢春林姐弟俩寻找到失散60余年的台湾亲人，姐弟俩为此向区台办赠送一面"不辞辛劳、为民解难"的锦旗。《86岁老人几经辗转找到港城亲人》在中国江苏网和《苍梧晚报》等多家网站和报刊上转载。

【涉台基础工作】 2014年，区划调整后，区台办认真做好各项基础性工作：建立台商台属信息资料库，认真梳理原海州区、新浦区的台商台属信息资料，建立与完善新的台商台属信息资料库；走进基层开展调研活动，区台办深入大润发、昌旺物业等台资企业和浦南镇、新浦经济开发区等基层单位，通过座谈交流和察看现场，重点了解台企生产经营和项目招引等情况；做好台办资料归档工作，认真收集原海州区、新浦区台办原有的档案资料，将2002~2014年的各种文字、图表、声像、电子等资料按照档案管理要求予以分类分年限编目、装订和归档；做好来访接待工作，加强对涉台工作的统筹协调，认真受理来信来访，妥善处理涉台问题，切实帮助台胞台属解决薪资纠纷、寻亲探亲、遗骸回迁等实际问题，积极为台胞办实事、解难题、做好事，努力营造良好的投资发展氛围。

【指导台属联谊会工作】 2014年，区台办以"联络、联谊、联心"为主线，围绕全区中心工作，充分发挥职能优势，团结和带领广大台属，开展各项工作。年内不定期召开台谊会理事会成员会议，通过报告会、座谈会、参观考察等多种形式，不断规范台谊会工作。元旦、春节期间，组织台属开展"喜看海州新变化，共谋古城大发展"和"看新浦、增情谊"活动，组织台属代表和客商实地参观考察新坝新镇区、电子信息产业园和台属企业。邀请市台谊会参观民主路、盐河巷历史文化街和新浦开发区西区建设现场。区划调整后，区台办在前期充分调研和酝酿的基础上，于12月组织召开新海州第一次台属代表大会。审议通过新修订的《海州区台属联谊会章程》，选举产生海州区第一届台属联谊会理事会及其领导班子，为区台谊会的发展注入新的动力和活力。

（撰稿：张晶宇　审稿：赵　红）

区级机关工委

【概况】 2014年，中共海州区委区级机关工作委员会（简称区级机关工委）紧密结合区委、区政府中心工作任务，围绕服务中心、建设队伍两大任务，致力践行"两个走在前"（党建工作走在全省党的基层组织建设的前头，走在全国机关党建工作的前头）的工作要求，以深入开展党的群众路线教育实践活动为契机，积极探索机关党建管理工作全新模式，激励机关广大党组织、党员干部奋发有为，不断增强机关党组织的创造力、凝聚力和向心力，为“人文荟萃、美丽海州”建设提供坚强的思想和组织保证。全年，区级机关工委共有128篇报道机关党建内容的稿件被人民网、中直党建网、共产党员网、江苏机关党建网等媒体采用，在全省县区名列前茅；有389篇稿件被连云港市机关家园等新闻媒体采用，在全市各县区中排名第一。机关信息调研工作受到省级机关工委表彰。

【理论学习】 2014年，围绕党的群众路线教育实践活动相关内容，区机关工委制定教育实践活动理论学习计划，要求全体机关党员干部系统学习中国特色社会主义理论体系，学习《党章》和十八大报告精神，学习习近平总书记系列重要讲话精神及群众路线必读书目。通过中心组学习、党员集中交流学习、主要领导上党课、业余自学、观看专题影片、网络视频、邀请专家讲学、开展大讨论活动等多种形式开展学习，并对各个阶段群众路线相关知识和重点内容进行梳理，形成《群众路线教育实践活动知识要点》，发放至每位党员干部。全区机关党员干部撰写心得体会800余篇；区机关工委组织领导班子专题学习会7次，党员集中学习交流会5次，其中一把手书记上党课2次，集中学习讨论3次。

【机关党员志愿者志愿服务行动】 年初，区级机关工委启动“千名机关志愿者爱心帮扶行动”。按照“全员参与、社会支持、政府托底”的要求，以5名机关志愿者组成一个爱心帮扶小组，长期结对帮扶1户困难家庭，帮扶小组每月至少1次深入帮扶对象家中开展慰问、至少帮扶400元资金，直至受助家庭子女完成学业。至年底，全区共结成帮扶对子290个，投入帮扶资金140余万元。

【《条例》学习宣传和督促检查】 年内，区级机关工委认真抓好《中国共产党党和国家机关基层组织工作条例》（简称《条例》）和江苏省委《实施办法》的学习贯彻，采取开办培训班、随机抽取书面测试、开展专题调研等方式对贯彻执行情况进行督促检查，及时发现和解决存在的问题，切实加强对机关党员领导干部、党务干部贯彻落实的自觉性和坚定性的宣传教育，推动《条例》和省委《实施办法》真正落实到基层和实处。

【规范机关基层党组织建设】 2014年，由于区划调整，全区各级党组织的党员队伍发生很大变化。9月初，区级机关工委根据各单位实际和工作需要，按照中共中央《条例》和省委《实施办法》的要求，下发《关于进一步规范基层党组织建设的通知》，要求各党委、总支、支部及时统计党员数量，完成党组织设置、更名、换届、升级等工作。截至9月底，隶属区级机关工委的41个基层党组织全部完成集中更名和换届工作，并对符合升级条件的基层党组织进行升级，将区检察院党总支升格为区检察院党委。

【机关党员干部培训】 2014年，区级机关工委按照“政治素质强、作风过得硬、业务工作精”的要求，加大入党积极分子、青年干部和党务干部的培训力度。全年，结合群众路线教育实践活动，区级机关工委先后举办党务干部和青年干部（入党积极分子）3期培训班。对参训的180余名学员进行党的十八大及十八届三中全会精神、党建工作实务、《党章》、中共中央《条例》及省委《实施办法》等内容的系统培训和专题辅导，并组织部分学员参观廉政教育基地、白虎山革命纪念亭等，增强教育培训的趣味性和实效性。

【廉政教育】 2014年，区级机关工委围绕区委、区政府工作中心，结合党的群众路线教育实践活动，开展以“践行党的群众路线、弘扬社会正能量”为主题的廉政教育，切实增强反腐倡廉宣教工作的针对性和实效性。并结合群众路线教育实践活动的不同阶段，开展推送廉政格言、观看警示教育片、廉政征文等教育活动，教育引导机关党员干部严格遵守廉洁自律各项规定，在全区机关营造“以廉为荣、以贪为耻”的良好风尚，推动党风廉政建设和各项工作顺利开展。

【机关作风效能建设】 年内，按照区委的要求，以提高行政效能为重点，扎实开展机关作风建设。引导机关党员干部在服务群众、解决群众诉求、化解社会矛盾中发挥骨干带头作用，真正做到在思想上尊重群众、在感情上贴近群众、在行动上服务群众，始终与群众同甘共苦。机关作风领导小组办公室及时完成区机关作风领导小组交办的各项工作，做好文件上传下达、信息上报和日常协调工作。同时，积极配合区纪委对窗口单位定期开展巡查，着力解决效率不高、工作落实不到位、纪律涣散等问题，督导窗口单位进一步完善执法责任制、责任追究制等制度，在全区机关营造风清气正、干事创业的良好氛围。

【开展“四风”整治行动】 2014年，区级机关工委积极开展“四风”（形式主义、官僚主义、享乐主义、奢靡之风）整治行动，认真查找单位和个人在“四风”方面存在的问题，做到不隐瞒、不掩盖。对查找出的“四风”问题做到不回避、不推脱，无条件及时整改。“四风”整治期间，区机关工委领导班子带头查找和整改班子和自身存在的问题，共查找和整改“四风”方面存在的问题4个。

【建立机关作风长效管理机制】 2014年，区级机关工委以群众路线教育实践活动为契机，在建章立制环节中清理规范了一批规章制度，并对制度建设的盲区和空白点及时予以填补。对首问负责制、服务承诺制、限时办结制、责任追究制等制度进一步进行规范。同时，强化常态化监督机制，加强对制度执行情况的监督检查，着力解决“制度不管用”等突出问题。对违反制度的行为坚决查处，做到有章必循、违章必纠，维护制度的权威性和严肃性，确保制度落实执行的有效性。 （撰稿：掌孝兰）

离退休干部管理

【概况】2014年底，全区共有离退休干部184名，其中区级退休干部37名，代管易地安置离休干部23名。

【落实老干部政治待遇】2014年，区老干部管理局（简称区老干局）组织离休老干部参加“党的群众路线教育实践活动”，开展“传承薪火汇正能、同心共筑中国梦”主题实践活动。每月集中学习、阅文一次；下发《习近平总书记系列重要讲话宣传提纲》，保证老干部人手一本；分别组织老干部参加市委老干部局举办的第21期老干部理论读书班、区“两会”（人大、政协会议）和区委九届六次、七次全委扩大会议等重要会议；7月、12月，组织老干部参观考察全区重大项目推进情况；通报全区经济社会发展情况2次。开展“听革命歌曲、看红色经典”活动，整理50部经典红色影视作品和18位歌唱家近百首经典歌曲，每月组织老干部收听、观看1~2次。

【落实老干部生活待遇】2014年，春节、暑期、中秋、国庆期间走访慰问老干部500余人次，区委书记王立斌亲自带领区四套班子领导走访慰问老干部。每逢老干部生日当天，以区党政主要领导名义为他们送生日蛋糕、鲜花、贺卡，全年共上门庆贺生日52人次。区老干局努力做到对离休干部“两费”（离休费、医疗费）保持零拖欠，全年共报销离休干部医药费460万余元，并为2名“三无”（无工作单位、无工资收入、无公费医疗）遗属办理补助和医疗保险。

【亲情服务老干部】2014年，区老干局在老干部工作者中开展“幸福敲门”活动。要求每位老干部工作人员结对不少于5名老干部，每月必须走访一遍，通过说时政、聊新闻、拉家常、观表情、听烦恼，及时了解发现老干部日常生活中的困难。全年，通过家访谈心活动，先后为老干部解决日常生活困难83件次。路南街道向阳社区成功通过“利用社区资源服务老干部省级示范点”验收。

【开展文体活动】2014年，区老干局组织3支老干部门球队8次参加省、市组织的门球比赛。全年组织老干部钓鱼3次、书画展1次、棋牌比赛4次，共有1800余人次参加各类文体活动。

（撰稿：马洪亮　审稿：孙桂香）

信访工作

【概况】2014年，全区信访工作以推进信访案结事了为根本，重点抓好领导接访下访包案化解、矛盾纠纷排查化解、重点信访积案治理、基层基础建设提高等四项工作，不断健全工作机制，严格落实工作责任，狠抓问题解决。全区信访形势总体平稳，信访秩序持续好转，没有发生群体性非正常上访事件和个人极端信访行为，为全区经济发展营造良好的社会环境。年内，全区共发生群众到区及区以上上访718批5816人次，其中进京上访30批63人次，去省上访85批222人次，到市上访95批904人次，来区上访508批4627人次。青奥会及中央巡视组驻江苏开展巡视工作期间，海州区发生群众赴宁到中央巡视组驻地上访82批131人次，其中集访2批10人次，重访13批22人次。

【领导接访包案】2014年，区委、区政府印发《关于完善区领导干部信访接待日制度的通知》，进一步规范区、镇（街道）两级领导班子坐班接访活动。全年区及镇（街道）党政领导干部先后开展接访活动350余次，接待来访群众360余批800余人次，解决信访问题290余件；进一步加强重点信访案件区党政领导包案，推进信访件的化解，对市交办及自排的重点信访积案逐一落实领导包案，推动32件信访积案成功化解；对两级党政领导所包案件，加大跟踪督办力度，对重大疑难久拖不决的信访案件，由区联席办牵头政法、纪委、组织、信访等部门组成联合督办组进行专案督办，切实提高积案化解效果。

【积案化解】2014年，区信访局以巩固党的第二批群众路线教育实践活动成果及“八大专项行动”为契机，在全区开展“信访积案化解专项治理行动”，将53件重点信访案件全部转交责任单位化解、稳控。通过综合运用法律、政策、经济、行政等手段和教育、协商、调解、疏导等办法，妥善化解信访积案32件，化解率超60%。

【矛盾纠纷排查化解】2014年，区信访局不断健全定期排查、即排即化、常抓不懈的排查化解工作机制，争取第一时间受理、第一地点化解，最大程度将信访矛盾发现在基层并化解在萌芽状态，努力做到小事不出村（居）、大事不出镇（街道）、难事不出区，不断提高初信初访化解率，防止初访转化为重复访，正常访转化为非正常访。

【案件终结】2014年，区信访局为推进本级信访复查工作，制发《海州区信访事项复查工作暂行办法》，在着力加大区级信访复查力度的同时，主动对接市信访局督查处，对诉求无理、缠访闹访的信访案件，在“六步工作法”的基础上，通过“三级终结”程序予以终结处理，确保信访人合理诉求得到解决、无理诉求得以终结。全年，接待和协调处理复查事项16批次，有效终结一批“无理案”。

【基层基础工作】2014年，区信访局以机制建设为核心，围绕硬件设施、办访手段、机制体制、责任落实、能力素质、实际效果“六提高”的目标任务，开展信访“基层基础建设提高年”活动。组织各镇（街道）信访办及信访问题突出的委办局信访室到基层基础工作较好的单位进行现场观摩、实地学习；举办全区基层信访基础工作专题培训会，邀请市信访局网络处及督查处领导到海州区进行系统的理论培训和实践指导。全区19个镇（街道）、开发区和18个信访重点部门设立专（兼）职信访工作机构32个，配设信访专（兼）职人员51名，视频系统、身份证自动识别系统等硬件总投入达40余万元。

（撰稿：张华敏　审稿：李　李）

机要保密工作

【概况】 2014年，海州区机要保密局（简称区保密局）在上级主管部门和区委的正确领导下，认真落实“十二五”时期密码保密工作发展规划，进一步规范密码保密管理、落实各项密码保密要求，较好地完成全年工作目标任务。

【强化业务管理】 2014年，区保密局坚持以国家核心秘密安全需求为导向，进一步健全和完善保密、办文办会等各项工作制度和办理程序，营造有利于密码工作发展的良好环境，不断推进密码事业全面、快速发展。年内，结合区划调整，区保密局在密码管理机构设置和人员配备上，积极争取区委领导对密码工作的重视、支持，使机要人员增至4名。针对区政府办公场所搬迁需要，提前谋划，及时与相关领导沟通，加紧对老海州区机房改造，安装室内监控、红外报警系统，改善机要局办公条件。同时，健全各项管理制度和工作规定，规范密码电报和业务文件批抄办理等操作规程，牢固树立精品意识，不断完善监督检查机制，定期开展密码保密检查，及时发现和堵塞存在的密码安全漏洞。全年机要工作无丢失、压误、错发、漏办等重大问题发生，做到快速、准确、无差错。进一步完善节假日期间密码通信保障工作方案和应急预案，加强对通信设备、通信线路、供电系统以及备用设备的检查和维护，消除隐患，保持良好的运行状态。

【建立信息化平台】 2014年，区保密局与电信、移动部门配合，建立海州信息、领导动态和总机云等信息化平台，为全区党政干部提供手机终端信息化服务，并做好相关运维工作。积极开展海州区党政部门信息技术产品和应用系统安全现状及国产化情况前期调研，推进电子政务内网工程建设。

【文件资料搬迁工作】 12月份，区政府从郁洲路办公地址搬迁至老海州区政府办公场所。在搬迁前，区保密局认真整理登记各类文件资料，清理废旧文件，对相关文件资料、设备装箱编号，进行整理核对；搬迁过程中，安排专人随车跟踪，做到不漏一件、不丢一份，确保国家秘密安全。

【保密宣传教育活动】 2014年，区保密局充分认识干部保密教育培训工作的重要意义，认真履行干部保密教育培训工作职责，配合协调组织部门、人社部门、党校将保密教育培训纳入党政领导班子成员和中青年干部培训内容，纳入公务员“四类培训”（公务员必须参加初任培训、任职培训、专门业务培训和更新知识培训四类培训）及各部门年度干部培训工作计划，提供培训教材，发放《中华人民共和国保守国家秘密法》学习辅导材料、《党政干部和涉密人员保密常识必知必读》100多份。同时积极开展警示教育，通报近期党政机关门户泄密案例，要求各单位认真开展警示教育，引以为戒，强化保密意识，严格落实好信息公开保密审查制度，排查网络泄密隐患，杜绝网上泄密事件。为加强保密宣传，区保密局还建立QQ群，在全区党政机关中对工作人员开展机型保密知识、网络安全和计算机知识等宣传，提高保密宣传普及率。

【保密专项检查】 2014年，区保密局按市有关要求，认真部署开展非涉密网络保密管理专项检查，切实加强保密要害部门部位的保密管理。年内，对区委办公室、区政府办公室及有关部门的计算机开展抽查1次，抽查30余台计算机。

（撰稿：王志强）

档案工作

【概况】 2014年，海州区档案局（简称区档案局）组织全局人员学习档案工作各项规定，制定2014年工作计划，下发收集档案资料通知；及时接收区委、区政府及区各部门形成的档案资料；参与《海州纪事》编印；指导基层档案室档案收集、整理工作；完成区委、区政府交办的各项工作任务。12月，市档案局对海州区档案局各项业务工作进行考核，区档案局全力做好档案收集、整理、进馆以及档案人员的培训等准备工作，顺利通过市档案局年检考核并取得“良好”等次。

【档案整理入库】 2014年，区档案局继续做好档案收集工作，全年共接收原海州区25家单位的14525件档案（其中保管期限为永久的5360件，保管期限为30年的5320件，保管期限为10年的3863件）进馆。原海州区、新浦区合并后馆藏量达到27568卷、90630件。

【档案目标管理达标升级】 2014年，区档案局狠抓档案目标管理达标升级工作。年内海州区法院和宁海乡财政所已晋升为省四星级档案目标管理单位；步行街管委会办公室晋升为省三星级档案目标管理单位。

【档案利用】 2014年，海州区现行文件中心及政府信息公开场所继续对机关各单位和广大群众开放。全年接待查阅人员241人次，查阅档案637卷次。至年底，全区41家有行政权力单位的所有公开文件已整理入馆以供查询。

（撰稿：卞晶晶　审稿：王　涛）

责任编辑：王恒亮

海州区人民代表大会

综 述

2014年，区人大常委会围绕“建设生态宜居、人文荟萃、经济繁荣、社会文明的现代化中心城区”总体目标，认真履行宪法和法律赋予的职责，强化监督实效，保障民生发展，激发代表履职主动性，加强人大机关作风建设，为推动全区经济社会发展和民主法治建设作出了积极贡献。

加大监督力度，增强监督工作实效 常委会秉持“加强监督、突出重点、注重实效”的工作思路开展人大监督工作。助推生态区规划建设。常委会专门组织视察浦南生态农业园区、四季农副产品批发交易市场、花果山垃圾中转站、圣湖路污水提升泵站及城区油烟整治等现场。建议区政府强化组织领导，密切与相关职能部门的协作配合，加大监督考核力度；健全完善环境基础设施资金投入机制，积极争取省市财政在生态补偿和环境基础设施建设方面的资金支持力度，保障生活污水、垃圾处理设施正常有效运行。推进科技成果转化。常委会高度重视区科技成果转化工作，组织视察组深入江苏乐园新材料集团有限责任公司、江苏东浦管桩有限公司、连云港东海硅微粉有限责任公司、连云港市港圣开关制造有限公司等单位进行实地察看，并召开座谈会听取相关工作情况汇报。建议区政府继续加强科技园区建设，加大科技投入，激发企业对科技成果应用的内在需求和自主研发能力，充分发挥企业科技投入的主体作用；加大人才引进和培养力度，完善人才激励机制，提高科技奖励标准，增强科技人员转化科技成果的积极性和主动性。

促进依法行政、公正司法 常委会听取并审议区检察院查办和预防职务犯罪工作报告。建议区检察院针对性地开展侦查技能培训和岗位练兵活动，提高干警运用现代高科技手段侦破案件的能力，培养一批业务尖子、办案能手，全面提高队伍整体素质；健全举报机制，畅通举报渠道，加强与纪检监察、公安等有关行政执法部门的沟通协作，提高办案效率；不断拓展预防职务犯罪渠道和预防领域，尤其是加强重点行业、重点领域、重点项目的预防；加强法制宣传教育，形成全社会积极参与配合的预防工作机制。常委会还对全区社会治安管理情况进行视察调研，实地察看新农村康居示范小区、新城小区、海州公安分局监控中心等技防监控设施建设情况；对区法院刑事审判工作进行视察，旁听法院庭审，听取相关工作情况汇报，分别提出可行性意见和建议。

发挥代表主体作用 常委会坚持把尊重代表的主体地位、保障代表依法履职作为人大工作的基础，不断创新代表工作方式，丰富代表活动内容，拓展代表闭会期间履职功能，代表工作取得明显成效。常委会在坚持和完善常委会主任联系委员、委员联系代表和代表联系选民工作的基础上，邀请代表列席常委会会议，组织代表参加执法检查、专题调研、集中视察、民主评议和旁听法院庭审等活动，让代表更多地了解常委会和“一府两院”的工作情况，激发代表参政议政热情，充分发挥代表参与管理国家和社会事务的作用。区十七届人大三次会议后，常委会及时将代表们提出的74件建议转交各承办单位，同时筛选出带有全局性、人民群众普遍关心的热点、难点问题作为重点建议，进行重点督办。各承办单位在办理建议过程中，研究制定切实可行的办理措施，较好地解决了农业观光园区建设、便民道路修建、居家养老等一些事关群众切身利益的问题，受到代表和群众的好评。

加强人大自身建设 常委会按照中央和省市区委的统一部署，深入开展党的群众路线教育实践活动，广泛征求党员、干部、代表、群众的意见，接受社会各界监督，共征集意见、建议256条。开展谈心活动，撰写对照检查材料，查摆“四风”突出问题，剖析根源。围绕“我是谁、为了谁、依靠谁”“群众路线怎么走、改进作风怎么办”等主题开展讨论活动。召开专题民主生活会，以整风精神开展批评与自我批评。对查摆出的“四风”问题提出整改措施，明确整改时间，逐条进行整改落实，作风建设常态化、长效化的良性机制进一步形成。结合纪念人民代表大会制度成立和宪法颁布60周年，深入学习习近平总书记重要讲话和省市人大工作会议精神。加强对人民代表大会制度、服务民生、监督实效、先进代表典型等方面的宣传报道工作。围绕密切联系群众、转变工作作风、加强和改进人大工作，健全完善重大事项实施办法，提高常委会审议质量，规范主任会议议事规则等制度，以提高工作实效。通过制定机关学习、公务接待、车辆管理等一系列制度规定，形成规范有序的工作机制。

全年召开常委会会议11次，听取和审议“一府两院”工作报告及情况汇报19项，发出审议意见书10份，提出审议意见31条，作出决议、决定31项，组织视察和调研17次，依法任免国家机关工作人员324人次，接受辞职8人，依法任命人民陪审员115人，各项工作进展顺利，较好地完成了区十七届人大三次会议提出的各项工作任务。但是，常委会工作与形势发展、广大人民群众和代表的要求还有一定差距：重大事项决定权行使还不够充分，监督工作需要进一步改进，学习培训力度有待加大，代表活动需要不断丰富和保持常态化，常委会和机关自身建设还有待进一步加强。

主要工作

【工作监督】 常委会听取和审议区政府关于区生态区规划建设情况、学前教育发展情况、融资平台建设情况、加快养老服务业发展情况、代表建议办理情况、《中华人民共和国促进科技成果转化法》和《中华人民共和国食品安全法》贯彻落实情况的工作报告。

常委会还围绕人民群众普遍关心的热点、难点问题，视察调研创业孵化基地建设、背街小巷道路建设、低洼易涝片区下水道改造、农村环境综合整治、市容环境卫生管理等工作，提出意见、建议65条，使一些反应突出的民生问题得到了改善。

【法律监督】 常委会听取和审议区检察院关于查办和预防职务犯罪情况的工作报告，对全区社会治安管理情况进行视察调研，对区法院刑事审判工作进行视察，旁听法院庭审，听取相关工作情况汇报，并分别提出可行性意见和建议。常委会先后对《中华人民共和国促进科技成果转化法》《中华人民共和国食品安全法》实施情况进行执法检查，听取和审议区政府专题报告，对贯彻实施这些法律法规所取得成绩给予肯定，并提出具体意见和建议。

认真开展规范性文件备案审查，促进政府依法行政，着力维护法制统一。认真接待和处理群众来信来访，2014年共接待群众来信来访29件次，转办上级人大常委会交办信访件3件，促进相关问题妥善解决。

【代表工作】 区十七届人大三次会议后，常委会及时将代表们提出的74件建议转交各承办单位，同时筛选出带有全局性、人民群众普遍关心的热点、难点问题作为重点建议，进行重点督办。从办理和答复情况看，代表提出的74件建议已全部办理并答复代表，其中得到解决或基本解决的建议23件，占建议总数的31.1%；正在解决或列入规划逐步解决的建议42件，占建议总数的56.8%；因条件所限暂时不能解决或供有关部门参考的建议9件，占建议总数的12.1%。

密切联系、拓宽代表知情知政渠道，常委会在坚持和完善常委会主任联系委员、委员联系代表和代表联系选民工作的基础上，加强代表对常委会工作的参与面。邀请代表列席常委会会议，组织代表参加执法检查、专题调研、集中视察和旁听法院庭审等活动，让代表更多地了解人大常委会和“一府两院”的工作情况，充分发挥代表参与管理国家和社会事务的作用。结合“我与小康社会建设同行”主题实践活动，以代表小组为单位，组织开展会前集中视察和专题视察活动，使代表深入了解社情民意，积极为经济社会发展建言献策。根据省、市人大常委会的工作安排，为省、市两级人大代表活动做好联系和服务工作。

重要会议

【原海州区十七届人大三次会议】 原海州区第十七届人民代表大会第三次会议于2014年1月8~10日在海州区政府会堂召开。会议听取和审议海州区人民政府工作报告；审查和批准海州区2013年国民经济、社会发展计划执行情况和2014年国民经济、社会发展计划草案的报告，批准海州区2014年国民经济、社会发展计划；审查和批准海州区2013年财政预算执行情况和2014年财政预算草案的报告，批准海州区2014年区级财政预算；听取和审议海州区人大常委会工作报告；听取和审议海州区人民法院工作报告；听取和审议海州区人民检察院工作报告；选举产生海州区人民政府区长，补选区第十七届人民代表大会常务委员会委员。1月10日，大会选举陈中为海州区人民政府区长，选举卢长义、陈华成、赵胜为海州区第十七届人民代表大会常务委员会委员。

【新浦区十七届人大三次会议】 新浦区第十七届人民代表大会第三次会议于2014年1月7~10日在新浦区政府大会堂召开。会议听取和审议新浦区人民政府工作报告；审查和批准新浦区2013年国民经济和社会发展计划执行情况及2014年国民经济和社会发展计划草案的报告；审查和批准新浦区2013年财政预算执行情况和2014年财政预算草案的报告；听取和审议新浦区人大常委会工作报告；听取和审议新浦区人民法院工作报告；听取和审议新浦区人民检察院工作报告。1月10日，大会选举王立斌为新浦区第十七届人民代表大会常务委员会主任，选举单晓敏为新浦区人民政府区长，选举傅成保为新浦区人民法院院长，选举范永涛、霍广春为新浦区第十七届人民代表大会常务委员会委员。

【海州区十七届人大四次会议】 海州区第十七届人民代表大会第四次会议于2014年8月12~13日在连云港市文化艺术中心召开。大会分为区划调整情况说明、选举两项议程。8月13日，大会选举王立斌为海州区第十七届人民代表大会常务委员会主任，选举陈周德、刘海林、陈应聪、李萌、刘振华、杨中云、张华陆、殷少卿为海州区第十七届人民代表大会常务委员会副主任，选举第十七届人民代表大会常务委员会委员22名（名单：万发刚、王宝定、王统松、刘珺、刘龙培、李晓光、李敬伟、吴江、陈华成、武传扬、范永涛、范成军、郑纪东、赵胜、赵又晴、夏倩、柴通、徐军、徐卿、徐长华、高文清、霍广春）；选举单晓敏为海州区人民政府区长，王友君、江锦峰、顾建华、史伟、袁丽霞、徐雪峰、于卉、徐冰为海州区人民政府副区长；选举傅成保为海州区人民法院院长、董月明为海州区人民检察院检察长。

【原海州区十七届人大常委会会议】 2014年2月27日，原海州区十七届人大常委会第十二次会议召开。会议听取和审议区政府关于《海州区生态区建设规划（2013~2016年）》编制工作情况的报告，会议通过关于《〈海州区生态区建设规划（2013~2016年）〉编制》的决议。通过《海州区人大常委会2014年度工作要点》。会议任命张炽昌为海州区人大常委会环境资源城乡建设委员会主任，韩亚华为海州区人大常委会内务司法委员会主任，余薇为海州区人大常委会海州开发区工作委员会主任。免去张建生海州区人大常委会环境资源城乡建设委员会主任职务，相裕亭海州区人大常委会内务司法委员会主任职务，黄勇海州区人大常委会宁海街道工作委员会主任职务，刘兵海州区人大常委会海州开发区工作委员会主任职务。会议决定任命卢平为海州区人民政府副区长，邵长亮为海州区人民政府副区长。决定免去于治安海州区人民政府副区长职务，顾建华海州区人民政府副区长职务。会议决定任命李宝凯为海州区监察局局长，魏宪春为海州区司法局局长，董淑斌为海州区环境保护局局长，桑爱越为海州区农林水利局局长，朱冲为海州区商务局局长，陈可鹏为海州区安全生产监督管理局局长，赵天明为海州区统计局局长。决定免去魏宪春海州区统计局局长职务，董淑斌海州区司法局局长职务，陈可鹏海州区农林水利局局长职务，董德华海州区监察局局长职务，张炽昌海州区环境保护局局长职务，蒋庆山海州区住房和城乡建设局局长职务，杜新春海州区商务局局长职务，韦清余海州区安全生产监督管理局局长职务。会议任命黄以双为海州区人民法院副院长、审判委员会委员、审判员。会议免去刘春海州区人民检察院检察员职务。

2014年4月29日，原海州区十七届人大常委会第十三次会议在海州会堂召开。会议听取和审议区教育局局长张洪作的《关于海州区学前教育改革发展情况的报告》。听取和审议江苏海州发展集团总经理乔敬萌作的《关于区融资平台海发集团建设情况的报告》。会议通过《关于批准将洪门等四个街道2014年房屋征收项目纳入全区国民经济和社会发展计划的决议》。会议决定任命崔长胜为海州区人民政府副区长，决定免去成云飞海州区人民政府副区长职务。会议任命马书英为海州区人民法院立案庭副庭长，李秀芬为海州区人民法院民事审判第一庭副庭长。会议任命侯家德、刘永柱、相涛、丁乐琴、张红芝、伍安富、秦世军、江波、顾玉林、杨靖、郭建军、宗国平、丁长岭、王爱春、刘艳、张枫、赵永平、吴蒙、杜友祝、李娟、封云、孙笑笑、张颂远、瞿爱强等24人为海州区人民法院人民陪审员。

【新浦区十七届人大常委会会议】 2014年1月2日，新浦区十七届人大常委会第十八次会议召开。会议通过关于接受陆兵、夏新军辞去新浦区第十七届人大常委会委员的决定。通过区十七届人大三次会议主席团和秘书长建议名单。

2014年1月10日，新浦区十七届人大常委会第十九次会议召开。会议通过《关于批准将融资租赁还款资金纳入区财政预算的决议》。

2014年2月21日，新浦区十七届人大常委会第二十次会议召开。会议任命陈胜林为新浦区人大常委会科教文卫工作委员会主任，马玉青为新浦区人大常委会办公室副主任，杨广远为新浦区人大常委会南城街道人大工作委员会主任，吴艳玲为新浦区人大常委会浦东街道人大工作委员会主任，顾永胜为新浦区人大常委会浦西街道人大工作委员会主任，殷国庆为新浦区人大常委会科教文卫工作委员会主任科员。免去殷国庆新浦区人大常委会科教文卫工作委员会主任职务，陆兵新浦区人大常委会办公室副主任职务，江尧珍新浦区人大常委会南城街道人大工作委员会主任职务，夏新军新浦区人大常委会浦东街道人大工作委员会主任职务。决定任命徐冰为新浦区人民政府副区长。决定任命张家琪为新浦区环境保护局局长，乔月亮为新浦区城市管理局局长，王海鸥为新浦区农林水利局局长。决定免去乔月亮新浦区监察局局长职务，石德学新浦区环境保护局局长职务，周云祥新浦区城市管理局局长职务，陈毅敏新浦区农林水利局局长职务。任命杨晓明为新浦区人民检察院副检察长。

2014年3月28日，新浦区十七届人大常委会第二十一次会议召开。会议听取和审议区政府关于新浦区生态区规划建设情况的工作报告。通过《关于批准将2014年新浦区旧城区改造项目纳入全区国民经济和社会发展计划的决议》。

2014年5月28日，新浦区十七届人大常委会第二十二次会议召开。会议听取和审议区政府关于《中华人民共和国促进科技成果转化法》贯彻落实情况工作报告。听取和审议区检察院查办职务犯罪情况工作报告。通过《关于批准将区教育局与富银融资租赁（深圳）有限公司采用售后回租方式开展融资租赁项目的还款资金纳入区财政预算的决议》。通过《关于批准将区教育局与上海爱建融资租赁有限公司采用回租赁方式开展融资租赁项目的还款资金纳入区财政预算的决议》。通过《关于批准将区教育局与日立租赁（中国）有限公司采用售后回租方式开展融资租赁项目的还款资金纳入区财政预算的决议》。通过《关于批准将2014年新浦区旧城区改建新增项目纳入全区国民经济和社会发展计划的决议》。

【海州区十七届人大常委会会议】2014年8月8日海州区十七届人大常委会临时会议召开。会议通过代表资格审查委员会关于代表变动情况的报告。通过区十七届人大四次会议的决定。通过区十七届人大四次会议议程。通过区十七届人大四次会议主席团和秘书长建议名单。通过区十七届人大四次会议列席人员范围的决定。

2014年8月18日，海州区十七届人大常委会第二十三次会议召开。会议决定任命事项（详见人事任免）。

2014年9月5日海州区十七届人大常委会第二十四次会议召开。会议通过《关于批准将2014年海州区旧城区改建新增项目纳入全区国民经济和社会发展计划的决议》。通过《关于海州区第十七届人大常委会代表资格审查委员会组成人员的决定》。会议任命范永涛为海州区人大常委会办公室主任，王宝定为海州区人大常委会财政经济委员会主任，张炽昌为海州区人大常委会环境资源城乡建设委员会主任，韩亚华为海州区人大常委会内务司法委员会主任，霍广春为海州区人大常委会研究室主任，袁立成为海州区人大常委会民宗侨台外委员会主任，范成军为海州区人大常委会农业经济委员会主任，陈华成为海州区人大常委会人事代表联络委员会主任，陈胜林为海州区人大常委会教科文卫委员会主任，尹志英为海州区人大常委会人事代表联络委员会副主任（正科级），马玉青为海州区人大常委会人事代表联络委员会副主任，章建生为海州区人大常委会内务司法委员会副主任（正科级），陈沫为海州区人大常委会内务司法委员会副主任（正科级），朱从敏为海州区人大常委会财政经济委员会副主任（正科级），唐磊磊为海州区人大常委会办公室副主任。任命嵇军民为海州区人大常委会花果山街道工作委员会主任，杨广远为海州区人大常委会南城街道工作委员会主任，徐进冬为海州区人大常委会新东街道工作委员会主任，刘龙培为海州区人大常委会新南街道工作委员会主任，魏东为海州区人大常委会路南街道工作委员会主任，吴艳玲为海州区人大常委会浦东街道工作委员会主任，顾永胜为海州区人大常委会浦西街道工作委员会主任，杨靖为海州区人大常委会新海街道工作委员会主任，赵明为海州区人大常委会朐阳街道工作委员会主任，李宁为海州区人大常委会洪门街道工作委员会副主任，李晓光为海州区人大常委会海州街道工作委员会主任，王晓军为海州区人大常委会幸福路街道工作委员会主任。任命傅成保为海州区人民法院审判员、审判委员会委员，丁汝成为海州区人民法院审判员、审判委员会委员、副院长，毛国勇为海州区人民法院审判员、审判委员会委员、副院长，高照为海州区人民法院审判员、审判委员会委员、副院长，卜玉霞为海州区人民法院审判员、审判委员会委员、副院长，刘强为海州区人民法院审判员、审判委员会委员、副院长，季锐为海州区人民法院审判员、审判委员会委员、副院长，黄以双为海州区人民法院审判员、审判委员会委员、副院长，姜长安为海州区人民法院审判员、审判委员会委员、副院长，金立鑫为海州区人民法院审判员、审判委员会委员，付丙刚为海州区人民法院审判员、审判委员会委员；刁锦华为海州区人民法院审判员、审判委员会委员，蒋灵均为海州区人民法院审判员、审判委员会委员，崔国权为海州区人民法院审判员、审判委员会委员，谢莉萍为海州区人民法院审判员、审判委员会委员，孟宪宝为海州区人民法院审判员、审判委员会委员，宋耀宣为海州区人民法院审判员、审判委员会委员，张鑫为海州区人民法院审判员、审判委员会委员，陶和平为海州区人民法院审判员、审判委员会委员，王宝留为海州区人民法院审判员、审判委员会委员，张明为海州区人民法院审判员、审判委员会委员。任命贾秀军为海州区人民法院审判员、审判委员会委员、立案一庭庭长，尹西平为海州区人民法院审判员、审判委员会委员、立案二庭庭长，高兵为海州区人民法院审判员、审判委员会委员、刑事审判第一庭庭长，刘佃红为海州区人民法院审判员、刑事审判第二庭庭长，李保群为海州区人民法院审判员、审判委员会委员、少年综合审判庭庭长，唐乐毅为海州区人民法院审判员、审判委员会委员、民事审判第一庭庭长，王道军为海州区人民法院审判员、审判委员会委员、民事审判第二庭庭长，曹洪卫为海州区人民法院审判员、审判委员会委员、民事审判第三庭庭长，武旸为海州区人民法院审判员、审判委员会委员、民事审判第四庭庭长，张建强为海州区人民法院审判员、审判委员会委员、民事审判第五庭庭长，张海为海州区人民法院审判员、环境保护审判庭庭长，乔红为海州区人民法院审判员、行政审判庭庭长，刘宏为海州区人民法院审判员、审判委员会委员、审判监督庭庭长，蒋丽萍为海州区人民法院审判员、立案一庭副庭长，兰彬为海州区人民法院审判员、立案一庭副庭长，宋春林为海州区人民法院审判员、立案二庭副庭长，窦立环为海州区人民法院审判员、立案二庭副庭长，李雪华为海州区人民法院审判员、刑事审判第一庭副庭长，陈利东为海州区人民法院审判员、刑事审判第二庭副庭长，张艺姝为海州区人民法院审判员、少年综合审判庭副庭长，盛新海为海州区人民法院审判员、民事审判第一庭副庭长，李秀芬为海州区人民法院审判员、民事审判第一庭副庭长，姜如明为海州区人民法院审判员、民事审判第二庭副庭长，张坤瑞为海州区人民法院审判员、民事审判第二庭副庭长，陈宽卓为海州区人民法院审判员、民事审判第三庭副庭长，马书英为海州区人民法院审判员、民事审判第三庭副庭长，胡明为海州区人民法院审判员、民事审判第四庭副庭长，张玖铭为海州区人民法院审判员、民事审判第四庭副庭长，颜明为海州区人民法院审判员、民事审判第五庭副庭长，梁秀萍为海州区人民法院审判员、民事审判第五庭副庭长，王崔起为海州区人民法院审判员、环境保护审判庭副庭长，陈兵为海州区人民法院审判员、环境保护审判庭副庭长，王月英为海州区人民法院审判员、行政审判庭副庭长，李素平为海州区人民法院审判员、行政审判庭副庭长，王守富为海州区人民法院审判员、审判监督庭副庭长，杨军为海州区人民法院审判员，张华来为海州区人民法院审判员，刘永峰为海州区人民法院审判员，周永为海州区人民法院审判员，秦立刚为海州区人民法院审判员，陈庆文为海州区人民法院审判员，陶士刚为海州区人民法院审判员，汪洪祥为海州区人民法院审判员，葛军为海州区人民法院审判员，冯尊裕为海州区人民法院审判员，贺萍为海州区人民法院审判员，周华为海州区人民法院审判员，张纯浦为海州区人民法院审判员，魏方好为海州区人民法院审判员，胡必波为海州区人民法院审判员，朱春跃为海州区人民法院审判员，乔士华为海州区人民法院审判员，李正美为海州区人民法院审判员，茆翔为海州区人民法院审判员，魏兵为海州区人民法院审判员，郝斌斌为海州区人民法院审判员，孙晶晶为海州区人民法院审判员，时恒雨为海州区人民法院审判员，史夏夏为海州区人民法院审判员，孟善业为海州区人民法院审判员，刘永红为海州区人民法院审判员，王明才为海州区人民法院审判员，陈康祥为海州区人民法院审判员，张宏为海州区人民法院审判员，乔爱民为海州区人民法院审判员，杜秀丽为海州区人民法院审判员，刘兴超为海州区人民法院审判员，董德培为海州区人民法院审判员，张义为海州区人民法院审判员，王新中为海州区人民法院审判员，蔡毅为海州区人民法院审判员，刘素琴为海州区人民法院审判员，王毅为海州区人民法院审判员，张久林为海州区人民法院审判员，卞成山为海州区人民法院审判员，李秀娟为海州区人民法院审判员，汤茂忠为海州区人民法院审判员，苏士军为海州区人民法院审判员，徐冰为海州区人民法院审判员，王永田为海州区人民法院审判员，刘文龙为海州区人民法院审判员，刘建军为海州区人民法院审判员，张洪来为海州区人民法院审判员，刘洪加为海州区人民法院审判员，杨善佳为海州区人民法院审判员，李禹书为海州区人民法院审判员，尚银华为海州区人民法院审判员，李玉华为海州区人民法院审判员，周其超为海州区人民法院审判员，胡海波为海州区人民法院审判员，李建国为海州区人民法院审判员，乔景浪为海州区人民法院审判员，武可星为海州区人民法院审判员，王德华为海州区人民法院审判员，张德清为海州区人民法院审判员，张善奇为海州区人民法院审判员。任命董月明为海州区人民检察院检察委员会委员、检察员，吴明为海州区人民检察院副检察长、检察委员会委员、检察员，李永红为海州区人民检察院副检察长、检察委员会委员、检察员，霍介涛为海州区人民检察院副检察长、检察委员会委员、检察员，邓毅为海州区人民检察院副检察长、检察委员会委员、检察员，孙锡鸿为海州区人民检察院副检察长、检察委员会委员、检察员，严中为海州区人民检察院副检察长、检察委员会委员、检察员，徐庆玉为海州区人民检察院副检察长、检察委员会委员、检察员，杨晓明为海州区人民检察院副检察长、检察委员会委员、检察员，唐敏为海州区人民检察院副检察长、检察委员会委员、检察员，宋向华为海州区人民检察院检察委员会委员、检察员，徐翠英为海州区人民检察院检察委员会委员、检察员，李浩为海州区人民检察院检察委员会委员、检察员，王颖为海州区人民检察院检察委员会委员、检察员，朱锦玲为海州区人民检察院检察委员会委员、检察员，王正起为海州区人民检察院检察委员会委员、检察员，王俊壹为海州区人民检察院检察委员会委员、检察员，冯德柱为海州区人民检察院检察委员会委员、检察员，杨军武为海州区人民检察院检察委员会委员、检察员，张亚为海州区人民检察院检察委员会委员、检察员，林国祥为海州区人民检察院检察委员会委员、检察员，孟庆营为海州区人民检察院检察委员会委员、检察员，赵登梅为海州区人民检察院检察委员会委员、检察员。任命于洪清、王义云、王元麟、王中军、王凤娟、王春华、王恒熙、王锦秀、卞光耀、尹国春、卢琦、付方远、印永凤、吕廷志、任伦礼、刘中华、刘芳、刘启民、刘新华、江顺东、祁涛、许可、纪学明、李东明、李如军、李恒军、李艳云、李超、杨金凤、吴跃华、吴楷、汪亚兵、宋和东、张士祥、张文梅、张学根、张鹏、陈向阳、陈如庆、陈忠行、陈凌、陈福军、陈燕、武洋、周宜云、赵全东、侯海源、施永林、徐晓广、高霞、唐建康、陶羡华、黄坤、黄喆、营龙云、韩继刚、潘竹梅、潘曙光、戴晓君为海州区人民检察院检察员。

2014年10月29日，海州区十七届人大常委会第二十五次会议在海州会堂召开。会议听取和审议区政府关于区十七届人大三次会议以来代表建议办理情况的报告。听取和审议区政府关于《中华人民共和国食品安全法》贯彻落实情况的工作报告。通过《关于批准为连云港市滨河股权投资基金合伙企业（有限合伙）提供财政担保的决议》。通过《关于区人大常委会浦东街道工作委员会更名的决定》。通过《关于接受陆云飞辞去市十三届人大代表职务请求的决定》。会议任命吴艳玲为海州区人大常委会新浦街道工作委员会主任，余薇为海州区人大常委会海州经济开发区工作委员会主任，吴新荣为海州区人大常委会宁海街道工作委员会副主任，徐恒喜为海州区人大常委会云台街道工作委员会主任，张伟为海州区人大常委会云台街道工作委员会副主任。免去吴艳玲海州区人大常委会浦东街道工作委员会主任职务。任命朱斌为海州区人民检察院检察员。

2014年12月30日，海州区十七届人大常委会第二十六次会议召开。会议听取和审议区政府关于加快养老服务业发展情况的工作报告。审议通过《关于批准调整2014年全区财政预算的决议》。审议通过《关于批准将中国环球租赁有限公司融资租赁还款资金纳入区财政预算的决议》。审议通过《关于批准将南京银行东站引河河道综合整治项目贷款还款资金纳入区财政预算的决议》。审议通过《关于批准将江苏银行结构化融资租赁还款资金纳入区财政预算的决议》。审议通过《关于批准将海通恒信国际租赁有限公司融资租赁还款资金纳入区财政预算的决议》。审议通过《关于批准将中海集团租赁有限公司融资租赁还款资金纳入区财政预算的决议》。审议通过《关于批准将新浦中学与远东宏信（天津）融资租赁有限公司采用回租赁方式开展融资租赁项目的还款资金纳入区财政预算的决议》。审议通过《关于批准将南京银行新城国际花园安置小区项目贷款还款资金纳入区财政预算的决议》。审议通过《关于批准成立海州区第十七届人大常委会财政经济专业委员会的决定》。审议通过《关于批准海州区人民法院增加人民陪审员名额的决定》。审议通过《关于接受吴军等辞去海州区第十七届人民代表大会代表职务请求的决定》。审议通过代表资格审查委员会关于代表变动情况的报告。审议通过关于召开区十七届人大五次会议的决定。审议通过区十七届人大五次会议议程。审议通过区十七届人大五次会议主席团和秘书长建议名单。审议通过区十七届人大五次会议计划财政预算审查委员会建议名单。审议通过区十七届人大五次会议议案审查委员会建议名单。审议通过区十七届人大五次会议特邀人员名单。审议通过关于区十七届人大五次会议列席人员范围的决定。会议任命高学成为海州区人大常委会农业经济委员会主任，金文为海州区人大常委会财政经济委员会副主任。免去范成军海州区人大常委会农业经济委员会主任职务（行政关系保留在区人大机关，正科职级不变，到区重大项目推进办工作），尹志英海州区人大常委会人事代表联络委员会副主任职务（行政关系保留在区人大机关，正科职级不变，到区重大项目推进办工作），章建生海州区人大常委会内务司法委员会副主任职务（行政关系保留在区人大机关，正科职级不变，到区重大项目推进办工作），朱从敏海州区人大常委会财政经济委员会副主任职务（行政关系保留在区人大机关，正科职级不变，到区重大项目推进办工作）。讨论《区人大常委会工作报告（征求意见稿）》。

人事任免

2014年8月18日，海州区十七届人大常委会第二十三次会议召开。会议决定任命章冬斌为海州区人民政府副区长（挂职）；任命张振亭为海州区人民政府办公室主任，单新文为海州区经济信息化与发展改革局局长，王宏新为海州区教育局局长，胡庆林为海州区科学技术局局长，李宝凯为海州区监察局局长，吴卫东为海州区民政局局长，卞剑为海州区司法局局长，邱洪建为海州区财政局局长，乔敏为海州区人力资源和社会保障局局长，张家琪为海州区环境保护局局长，朱晓云为海州区住房和城乡建设局局长，林秀兰为海州区城市管理局局长，范益军为海州区农林水利局局长，张建为海州区商务局局长，刘锦州为海州区文化体育旅游局局长，李松红为海州区卫生局局长，吕芳芳为海州区人口和计划生育局局长，董淑斌为海州区审计局局长，高学成为海州区安全生产监督管理局局长，何洪壮为海州区统计局局长，张玉梅为海州区民族宗教事务局局长。

2014年12月30日，海州区十七届人大常委会第二十六次会议召开。会议决定任命崔长胜为海州区人民政府副区长（扶贫），江希路为海州区人民政府副区长。决定免去章冬斌海州区人民政府副区长职务。决定任命张延广为海州区人民政府办公室主任，王从峰为海州区教育局局长，谢艳为海州区科学技术局局长，石德学为海州区住房和城乡建设局局长，宋振宝为海州区农林水利局局长，陈可鹏为海州区安全生产监督管理局局长。决定免去张振亭海州区人民政府办公室主任职务，王宏新海州区教育局局长职务，胡庆林海州区科学技术局局长职务，朱晓云海州区住房和城乡建设局局长职务，范益军海州区农林水利局局长职务，高学成海州区安全生产监督管理局局长职务。任命李筠、董立户、张海林、李东红、张波、王海敏、王月连、陈爱明、汪素琴、仲玲艳、李洪云、徐艺尘、沈燕、贺君、姜美玲、陈铭、卫道芳、王立三、王道阳、江树群、陆江滨、徐渊、张国权、林森霖、滕小燕、王平武、王丽华、余汶娟、杜建新、王晓军、吴连英、陈娟、刘玲、刘志伟、殷然、徐霞通、刘照文、刘莹、孙宜福、韩继军、王莲娣、李凤芹、季建华、尹刚、崔守远、张光艳、张刘霞、周庆娥、宋秋菊、陈红蕾、王超、陈和平、孙全、徐进明、朱国跃、葛百霞、赵药、赵惠、杨丽、朱燕昌、刘艳、尹敏、许耕耘、吴争鸣、王彦峰、付武斌、邹丽莉、王海滨、姜玲、郑季如、马志刚、郭磊、周筱、郭家民、滕建军、梁建平、蔡伟辉、舒连响、徐启湘、颜珉、杨静、陈学好、吴蒙、崔月明、李洪亮、刘刚、刘大勇、王向荣、王燕、黄苏生、李虹等91人为海州区人民法院人民陪审员。

（撰稿：张波　审稿：唐磊磊）

责任编辑：马善臣

综　述

2014年区划调整后，对原新浦区、海州区两区的经济、文化、社会民生进行整合。统筹推进稳增长、调结构、促改革、重生态、惠民生、防风险等工作，经济社会在加快转型中取得新成效。完成地区生产总值263.20亿元，增长10.1%，服务业增加值增长10.5%，规模以上工业增加值、公共财政预算收入保持增长态势。完成规模以上固定资产投资299亿元，增长24%。实现社会消费品零售总额222.70亿元，增长13%。城镇、农村居民人均可支配收入分别增长12%、12.5%。

规模企业扩量提质　完成规模以上工业总产值177.60亿元，日出东方、鹰游纺机、天明装备3家企业产值均过15亿元，列入市重点监控的8个新增长点新增产值9.6亿元。新增规模企业11家。装机容量130兆瓦的农业光伏发电一期、森呼吸食品二期、万成熔融石英二期等15个工业项目建成投产。实施技改项目58个，正大天晴、三得利、康达智等企业通过新上、改造生产线，生产能力进一步扩大。获批国家知识产权强县工程试点区，新增国家高新技术企业10家、省科技型中小企业21家、省级研发机构9家，完成专利授权量1119件。福源医疗器械成为全市首家在省股权交易中心挂牌企业，正融科技荣获医疗行业十大信息技术服务龙头企业奖。

现代农业扩大规模经营　现代农业新增适度规模经营2133.33公顷；新增高效农业507.33公顷，其中高效设施渔业153.33公顷；打造规模化生产基地4个；新增无公害、绿色、有机农产品品牌14个；新增农民合作社37家、家庭农场24家、市级农业龙头企业1家。浦南农业三大基地管理服务中心投入使用。3.3万吨的粮食危仓老库改造完成。完成高标准农田1200公顷，新建防渗渠20千米，新建、改造农村道路31.1千米，改造危桥9座。

商贸服务业容量逐渐扩大　升级改造城内市场，建立市场管理长效机制，井字形中央商贸金融服务业集聚区容量逐渐扩大，苏宁广场、时尚莱迪对外营业，海港城美食广场建成。新增限额以上商贸企业40家。白虎山小商品批发市场、义乌商品城、连云港四季农副产品批发市场等老市场不断壮大。陇海步行街荣获全国中小商贸流通企业服务年活动示范街称号。民主路老街引进商户30家。盐河巷古街开街迎客。杰瑞科技文化创意产业园入驻企业60家。南京银行入驻海州、信元农村小额贷款公司开业。新增个体工商户1849户、从业人员10441人，资金3.38亿元。全区进出口实绩12.29亿美元。盐河巷古街二期开街。

园区功能配套更趋完善　海州开发区专用装备产业园郁洲南路南延、昊海大道西延、昊海大桥等项目竣工，昊海大厦、香海湖调蓄等项目加快推进；通用设备产业园新增标准厂房及配套设施20万平方米，发展北路、创新西路、创业路、开放路建成通车，污水处理厂回购并投入运营；电子信息产业园新建标准厂房及配套设施36万平方米，润州路、新北河路续建等竣工。现代服务业集聚区成为市首批重点物流基地，智慧物流园被纳入省重点推进项目，4.5万平方米仓库交付，淘宝路、聚宝路通车。

重点招商项目推进有力　引进内联客方到位资金112.5亿元，实际利用外资1.3亿美元。麦卡莎农产品加工、浦南风力发电等77个项目签约落户，其中过亿元46个，过10亿元14个，在谈项目签约率48%。电商物流园、世纪缘美食广场等44个招商项目开工建设，签约项目开工率57%。245个重点投资建设项目完成投资248亿元，超额完成年度投资计划，其中纳入市重点的50个项目完成投资97亿元。

新城区建设日新月异　滨河新城新浦大桥、新浦大道建成通车，新浦二桥加快推进；月牙岛11千米环岛观光路、1.8万平方米花卉景观带和20公顷薰衣草园建成；解放路小学滨河分校、安置小区等建设全面展开。孔望新城新孔南路、磨盘山路通车，完成玉带河河滨绿化和沿河路工程，孔望山公园二期完成基础工程，师专二附小建成使用。凤凰新城8条道路竣工，区社区服务中心主体完成，新海实验中学教育集团凤凰校区建成招生。

老城区改造成效显著　全年征收房屋170万平方米，6个地块拆成净地，7个地块扫尾，连盐铁路1710户征收户签约率90%。切实做好310国道、徐新公路、蔷薇湖、沭新渠等省市重点工程征收拆迁和服务保障工作。拆除九龙城市乐园等居民反映强烈的违建14万平方米。锦屏磷矿棚户区改造项目一期16.7万平方米，二期228套安置房启动建设。完成30个老旧小区、6个低洼片区改造，整治便民路17条、背街小巷210条，新建下水道6.8千米。

城乡环境综治水平提升　建立投诉、受理、查处、督查一体化的城管工作机制，成立区城市管理督查调度中心，区数字化城管二级平台接受案件12.2万件，处置率98.1%。36个小区城市环境综合整治任务得到落实，苍梧社区、朝阳中路分别通过省级示范社区、示范路考核验收。引导推动老旧小区引进物业公司7家，4个小区实施业委会自治管理，19个小区由社区托管，提高了物管水平。完成垃圾中转站9个，建设垃圾房90座，镇、村垃圾无害化处理率分别为90%、60%。扎实推进生态建设，城区栽植苗木50万株，新增绿地109万平方米，改造提升小游园16个。完成成片造林64公顷，四旁植树185万株。花果山、朐阳、洪门通过国家级生态乡镇专家现场考核。完成120个村庄环境整治工作。开展大气污染源整治、餐饮油烟专项治理、饮用水源保护等工作，关停、限产化工企业6家，拆除燃煤锅炉17台，铺设污水管网25.3千米。夏秋两季实现秸秆零焚烧。

社会事业全面进步　全年，新增城镇就业2.6万人，转移农村劳动力1620人。城乡基本社会保险覆盖率100%。建立社会救助“一门受理、协同办理”（统一规划、部署、协调和组织落实辖区大救助工作，解决重复救助、多头救助和遗漏救助，解决社会救助“碎片化”问题）工作机制。城乡低保对象月保障标准分别增至450元、325元。建成社区居家养老服务站75个。

新建省级标准化市民学校12所，改扩建社区卫生服务中心3家、卫生院4家，建成健身场地4000平方米。完成限价房210套，发放廉租房货币补贴340户，新建及改造菜市场5家，设立鲜活农产品进社区网点32个。

新增政社互动社会组织209个，2个社区获评全国和谐社区建设示范单位。连续7年荣获省级平安区称号，获评省2012~2013年法治县创建工作先进单位、省“六五”普法中期先进区，入选省现代社区治理创新实验区。

区政府领导分工

区长单晓敏　主持区政府全面工作，兼管编制、监察、财政、人力资源和社会保障、审计、外事、国有资产监管、人民武装方面工作。

副区长王友君　负责区政府常务工作，分管经济信息化与发展改革、沿海开发、政策研究、目标管理、国土资源、环境保护、招商引资、统计、物价、税务、司法、金融、法制、机关事务、行政审批、应急管理、信访等方面工作。协助单晓敏同志分管监察、财政、人力资源和社会保障、审计、外事、国有资产监管方面工作。分管区政府办公室（法制办）、经济信息化与发展改革局（市发展与改革委员会对应工作）、环保局、商务局、统计局、司法局、政府金融工作办公室、信访局。协助分管区监察局、财政局、人力资源和社会保障局、审计局、江苏瀛洲集团、国有资产监督管理委员会办公室。联系区国税各分局、地税各分局、国土分局、物价分局，驻区金融、保险和证券机构。

副区长徐风良　分管开发园区方面工作。

副区长孙晓兵　主持新浦公安分局全面工作，分管公安、消防、社会稳定方面工作。

副区长袁丽霞　负责教育、文化、卫生、四城同创、体育、旅游、食品安全、药品监督、妇女儿童、人口和计划生育方面工作。分管区教育局、文化体育旅游局、卫生局、人口和计划生育局、妇女儿童工作委员会办公室。联系药监分局、文联、总工会、团区委、妇联、红十字会，广播电视、新闻出版机构，驻区省市属院校。

副区长徐雪峰　负责城乡规划建设与管理、交通及运输业、房屋征收、城市防汛、园林绿化、建筑业、房地产、农村康居工程、防震减灾、人民防空、核电协调方面工作。分管区住房和城乡建设局、城市管理局、区政府人民防空办公室。联系规划、交通、供电、供水工作。

副区长于卉　负责农业和农村经济、民政、水利、农村防汛抗灾、林业、森林防火、双拥、扶贫、民族宗教、残疾人、供销、档案、地方志方面工作。分管区民政局、农林水利局、民族宗教事务局、新浦供销总社、地方志办公室。联系区档案局、残联，驻区部队，农垦、气象、烟草专卖工作。

副区长徐冰　负责工业经济、科学技术、服务业、市场建设、工商管理、民营经济、安全生产、步行街方面工作。协助王友君分管环境保护、招商引资工作。分管区经济信息化与发展改革局与中小企业局（市经济和信息化委员会对应工作）、科技局、安全生产监督管理局、陇海步行街管委会办公室。协助分管区环保局、商务局。联系工商分局、工商联、科学技术协会，海关、海事、检疫、边检、质监、通讯、邮政、盐务工作。

副区长章冬斌（挂职）　负责侨务、涉台工作，协助徐风良分管开发园区工作，协助徐冰分管科学技术工作。分管区政府外事与侨务办公室（侨务），协助分管科技局。联系区台湾工作办公室。

重要会议

【第十七届第十三次常务会议】 2014年2月22日下午，区长单晓敏在区政府210会议室主持召开区十七届政府第十三次常务会议。会议传达省市安全生产工作会议精神，研究城区、农村春季绿化工作方案和《新浦区农村环境综合整治规划（2012—2017）》，听取全区办公用房整改情况汇报。

会议指出，随着市级消防部门调整监督管理权限，辖区单位实行消防属地管理，全区安全生产工作面广量大、形势严峻。会议强调，全区上下要认真贯彻落实省市会议精神，始终绷紧安全生产这根弦，要抓好安全生产重点工作，做到面上总抓、排查和点上重抓、整改工作齐头并进。区级层面，要建立健全安全生产领域难题集中会办制度，由区安监局牵头消防大队、住建局等重点部门梳理出存在的问题，提请区政府分管领导会办。涉及安全生产重点事项，提请区政府常务会和区长办公会研究。基层各单位、部门要强化队伍建设，配备配强专职安全员。由区安监局牵头制定全区安全生产宣传氛围营造工作方案，开展安全形势宣传、安全常识普及，在全社会营造重视安全生产的良好氛围。要在化工企业、学校、大型市场等重点场所组织有效果的安全演练活动。会议要求，各责任单位近期要围绕贯彻省市安全生产工作会议要求，全面排查安全生产隐患，对发现的问题及时督促整改，消除安全隐患。

会议审议并原则通过《全区城区春季绿化工作方案》和《全区农村春季绿化工作方案》。会议指出，按照市创建“全国绿化模范城市”的要求，结合海州区建设“生态宜居”城区的目标定位，各责任单位要精心组织实施好春季绿化工作。会议要求，区住建局、农水局在做好自身的春季绿化工作的同时，加大指导力度，帮助基层确定绿化重点、品种。区住建局牵头负责高速公路、国省道、城区绿化等；区农水局牵头负责乡道、村道、山体绿化、河堤绿化等。区住建局、农水局等部门要积极向上争取资金；各街道要协调辖区单位力量，共同开展绿化工作，即增加体量又提升档次；要引导社会慈善人士“捐绿”，推行环保行动，鼓励社会力量参与绿化工作。区督查办要做好绿化督查工作。

会议审议并原则通过《新浦区农村环境综合整治规划（2012—2017）》。会议指出，农村环境综合整治是一项系统工程，是创建国家级生态示范区的薄弱环节。会议要求，区成立领导小组，由区政府常务副区长王友君牵头，区环保局、农水局、城管局、住建局、卫生局等相关部门共同组织推进。区环保局要按照规划，进行专题研究，细化工作重点，明确实施目标、任务及措施。要加快创建国家级生态示范区，年内花果山街道创建国家级生态乡镇，浦南镇、南城街道创建省级生态乡镇，并纳入相关单位年度目标考核。

会议听取区政府办关于全区办公用房整改情况的汇报。会议指出，全区上下要严格按照中央和省市有关规定，在前期已经取得明显成效的基础上，继续推进办公用房清理整改工作。会议要求，管好现有资产。区政府办公室要做好区政府办公楼资产的登记造册工作，建立基础性台账，防止资产流失。用好闲置空间。要整合好区政府办公楼及市民服务中心资源，并把握好几个原则：主楼以办公为主，面积要符合中央规定；所有在外租用场所的为民服务窗口、中心由区政府办公室牵头梳理，本着“方便群众、服务群众”的原则，尽量整合到市民服务中心。

【第十七届第十四次常务会议】 2014年4月21日下午，区长单晓敏在区政府1011会议室主持召开区十七届政府第十四次常务会议。会议听取市和海州区《政府工作报告》目标任务一季度完成情况、一季度全区安全生产工作情况及二季度重点安排汇报。

会议指出，《政府工作报告》重点任务分解落实后，确定14项综合指标、123项重点工程和重点事项，涵盖市对区重点工作任务和区委、区政府年度重点工作。各部门、各单位一季度完成情况总体较好，但有些项目进度仍然滞后。会议要求，对《政府工作报告》目标任务的推进落实，各部门、各单位要提高思想认识，严格按照序时、责任抓好推进。工作任务涉及多个部门的，牵头部门要主动协调推进，共同责任部门要全力配合。对于牵头部门难以推进的，要查摆问题，通过区级层面会议推进解决。会议明确，通报滞后项目。要重点通报未达序时、没有进展的项目，集中精力会办难题。由陈毅敏牵头，区政府督查办要加强对《政府工作报告》目标任务推进情况和责任单位履职情况的督促检查，对结果“一月一通报”。对存在问题的查摆要清楚准确，并提出有参考性的意见建议，区政府将通过多种途径推进解决相关难题。会议强调，要按照“三个一”原则推进工作开展，即每季度听取一次整体情况汇报；每个月通报一次没达序时、完成不好的项目；每个月督办一批《政府工作报告》重点任务分解中需协调推进的事项。

会议听取区安委会办公室关于2014年一季度全区安全生产工作情况以及二季度重点工作安排汇报。会议要求，各单位、各部门要提高对安全生产工作的认识，主动开展工作，做到警钟长鸣、常抓不懈。全区安全生产工作要突出抓好两个“百分之百”，对安全隐患的排查率要百分之百，整改率要百分之百。区安委会层面强调重点企业的排查、整改率百分之百，镇、街道以及其他单位强调辖区人员密集场所、老旧建筑的排查、整改率百分之百。区安委会联席会议要每月召开一次。重点关注学校、商场、医院、娱乐场所等人员密集场所安全工作。区安监局重点抓好辖区化工行业、化工企业安全生产工作；各街道及相关单位重点抓好白虎山批发市场、淘宝街、银河购物中心等老旧市场、场所安全生产工作；区住建局本月底前完成统计上世纪70年代、80年代的老旧建筑工作。加强安全演练，在人口密集的场所组织开展安全逃生演练活动。对复杂的安全演练活动，邀请市相关部门指导。

【第十七届第十五次常务会议】 2014年5月20日下午，区长单晓敏在区政府1011会议室主持召开区十七届政府第十五次常务会议。会议听取夏季秸秆综禁工作、地方政府性债务管理办法，加强环境保护、推进生态文明建设，民主路棚户区改造二期等6个项目征收工作方案以及新浦区小微企业贷款担保实施方案汇报。

会议听取区综禁办关于夏季秸

秆禁烧前期工作进展情况汇报，审议并原则通过《新浦区2014年夏季秸秆综合利用工作方案》。会议指出，全区2013年秸秆综禁工作在广大干群共同努力下，取得显著成效，会议要求，区综禁办要细化秸秆禁烧工作方案，建立健全领导挂钩、部门联动、镇街自查的巡查工作体系。区农水局要积极推动秸秆机械化全量还田。浦南镇、相关街道、开发区、农场及相关部门要制定切实可行的方案，强化禁烧期间的不间断巡查和执法检查，公安部门要加大执法巡查力度，环保、农水、消防等部门执法工作要到位。区农水局以及浦南镇、相关街道、开发区、农场要严格把好收割关、还田关、督促检查关、秧苗栽插关，确保秸秆综合利用工作落到实处。建立健全秸秆禁烧考核制度，实行禁烧保证金制度。区综禁办要深化禁烧督查体系方案，配齐配强区级层面督查力量，细化工作措施，明确工作责任。

会议审议并原则通过《关于加强地方政府性债务管理实施意见》《新浦区政府性债务管理暂行办法》（以下简称《管理办法》）。会议指出，加强新浦区政府性债务管理，出台《管理办法》，确保全区经济和各项社会事业健康发展的需要。会议强调，政府债务管理要遵循统筹兼顾、总量调控、注重效益、权责明确、防范风险、强化监督的原则。政府债务规模应当与本地区经济社会发展和可支配财力相适应。会议要求，浦南镇、各街道、开发区以及各功能片区要严格按照《管理办法》规定，坚持“责权利”和“借用还”相统一的原则，规范有序、合理有度地开展投融资工作。

会议听取区环保局关于加强环境保护、推进生态文明建设工作情况汇报，审议并原则通过《2014年度新浦区生态文明建设十大工程》（以下简称《十大工程》）。会议指出，市委、市政府近期出台了一系列与环保相关的文件，并将生态文明建设纳入重要议事日程。全区上下要高度重视此项工作，牢固树立环境优先理念，以实施从严从紧的环保政策措施为抓手，以解决损害群众健康的突出环境问题为重点，努力改善环境质量、保障环境安全。会议要求，《十大工程》涵盖28项具体工作任务，各责任主体要强化目标责任，细化时间节点，不折不扣推进。会议强调，生态文明建设要着重抓好开发区污水处理厂运行、园区跟踪环评、城乡环境整治等工作。要强化督查推进，由区政府常务副区长王友君牵头，每月会办推进一次。

会议审议并原则同意对民主路棚户区改造二期、原海云大厦、润邦、利玛、市交通局周边、海通集团等6个项目地块实施征收。会议要求，加快项目征收进度。各责任主体要以市区领导挂钩地块为契机，积极组织推进项目征收工作，确保完成市对区年度征收目标任务。对征收进度慢的地块，要查准原因，有针对性地予以推进解决。突出征收前期工作。紧抓征收决定书下达前重点环节工作，强化与市国土、规划、建设、城投集团等部门协调沟通工作，推进解决相关难题。

会议听取区金融办关于小微企业信贷扶持情况的汇报，审议并原则通过《新浦区小微企业贷款担保实施方案》。会议明确，区政府安排设立1000万元的资金池，与江苏银行、格斯达担保公司合作实施，由银行安排1亿元信贷资金，专项用于支持小微企业发展贷款。会议强调，要把握好小微企业贷款担保具体操作中的几个环节，抓好企业筛选。各镇街、开发区以及相关单位要对申报企业认真把关，筛选出有成长性、有科技含量的企业，以加快形成工业经济新的增长点。强化跟踪管理。对小微企业贷款进行全程监管，建立健全风险预警机制，降低资金使用风险。完善审批流程。贷款担保的审批、还款等操作流程要进一步细化，明确相关单位责任。对于政府承担的30%风险，由区政府与相关镇、街道、开发区共同承担。

【海州第十七届第十六次常务会议】 2014年9月20日下午，区长单晓敏在区政府210会议室主持召开区十七届政府第十六次常务会议。会议听取1~8月份全区经济运行情况、海州区投资项目评审管理暂行办法、关于进一步完善招商引资工作机制意见的汇报。

会议听取区经发局、财政局、商务局、统计局、中小企业局1~8月经济运行情况汇报，以及区政府办、重大事项督查办督查情况汇报。会议指出，1~8月，全区经济呈现“总体平稳、稳中有进”的运行态势，但也存在一些困难和问题，全区上下要进一步增强责任感、紧迫感，鼓足干劲，抓住机遇，确保圆满完成年初确定的各项目标任务。会议强调当前要抓好八个方面工作：一是加强税源普查，经发局、财政局、商务局、统计局、中小企业局要定期召开座谈会，各主体责任单位要广泛收集辖区内税源信息；二是加强挂钩企业服务工作，定期会办企业发展难题；三是扎实推进房屋征收工作，尽快完成天然居、财校A西、车管所地块征收扫尾工作；四是深入开展连博会招商以及“百日招商”行动，推行园区共建共用，加大外出招商力度，提升项目签约率和开工率；五是加强民生工作，对无物业小区加快实施物业管理，加快创建全国义务教育发展基本均衡县（市、区）和省学前教育改革发展示范区；六是提前部署秋收和秸秆综合利用工作，抓好蔷薇岛等重点区域的禁违拆违工作；七是抓好信访稳定，集中推进积案化解；八是做好国庆节日期间环境打造、氛围营造、商贸文体活动安排和信访稳定等工作。

会议审议并原则通过《关于海州区政府性投资项目评审管理暂行办法》（以下简称《暂行办法》）。会议指出，政府性投资项目数量大，涉及资金多，出台《暂行办法》，是加强政府性投资项目监督管理的需要，是有效防控风险、提高投资实效的需要。会议强调，《暂行办法》实施对象重点是政府性投资项目和江苏瀛洲集团代表政府对外投资项目，以本级为主；各指挥部新发生投资性的、符合区评审中心职责范围内的项目，原则上都以评审中心为主开展实施；在实施过程中必须遵循“有利于促进发展、有利于加强监管、有利于方便执行”的总体原则，保证《暂行办法》实施的合理性和可操作性。评审中心目前作为财政局内设机构，审计局要发挥监督及业务指导的作用。会议要求，《暂行办法》出台后，浦南镇、各街道、区各有关单位、各指挥部要认真贯彻执行。

会议审议并原则通过《关于进一步完善招商引资工作机制的七条意见》（以下简称《意见》）。会议指出，出台《意见》，目的是强化专业招商、区域招商，加强功能片区招商，提升全区招商引资工作水平和实际效果。会议强调，全区上下要增强抓招商促产业的紧迫感、责任感，推行专业化招商，在相关部门增挂农业招商局、工业招商局和服务业招商局牌子，集中时间、人员和精力，突出重点产业、重点区域、重点企业，全力推进招商引资工作；各部门、各单位要以主攻区域为重点，全力以赴“走出去”，强化驻点招商，提高项目成功率；要大力推行园区共建共用政策，完善重要载体招商工作机制。会议要求，《意见》进一步修改完善后下发。

【海州区第十七届第十七次常务会议】 2014年11月1日下午，区长单晓敏在区政府210会议室主持召开区十七届政府第十七次常务会议。会议听取海州区开展“六打六治”打非治违专项行动综合督查及联合执法检查工作方案、海州区背街小巷环卫保洁考核管理暂行办法、海州区改造后老旧小区管理工作考核奖励暂行办法的汇报。

会议审议了《关于海州区开展“六打六治”打非治违专项行动综合督查及联合执法检查工作方案》。听取区安监局关于全区开展“六打六治”打非治违专项行动综合督查及联合执法检查工作方案的汇报。会议指出，海州区安全生产形势不容乐观，在全区范围内开展安全生产综合督查工作非常必要。会议要求，安全至上、警钟长鸣。要时刻绷紧安全生产这根弦，切实抓好当前安全生产工作。要通过开展安全生产综合督查，查找薄弱环节，排查整改安全隐患，提升安全生产工作管理水平。要落实责任、周密部署。全区安全生产重点行业部门、重要场所、挂牌督办场所，以安监、消防等职能部门管理为主。推行网格化管理，由镇街、开发区以及相关行业部门管理，实现全覆盖。区有关部门要各司其职、各负其责、密切配合，开展好专项督查。区安委办要明确全区所有场所安全生产主体责任单位，确保不留盲区。镇、街道、开发区等单位在开展安全生产检查过程中，需要联合执法的，由区安委会协调实施。安全生产年度目标考核工作由区目标办、监察局负责，对镇街、开发区及相关部门实行量化考核，同时要把安全生产工作纳入干部效能考核范围。区安委会、区政府督查办要强化日常督查。

审议并原则通过《海州区背街小巷环卫保洁考核管理暂行办法》（以下简称《暂行办法》）。会议认为，出台《暂行办法》，把背街小巷的环境卫生保洁工作摆上重要位置，是改善人居环境、提升城市品质的需要。会议要求，要以打造“洁净、舒适、宜居、和谐”的市容环境为目标，遵循“权责匹配”和“费随事走”的原则，建立完善“统一领导、属地负责、分级监管、合力推进”的管理体制，全面提升背街小巷环卫保洁管理水平。各街道要发挥主体作用，真抓实干，负责组织各自辖区背街小巷的环卫作业管理。区城管局、督查调度中心负责考核管理工作，通过明察暗访等形式加强监督，严格奖惩措施，提升工作效能。会议明确，《暂行办法》根据会议精神进一步修改完善。

审议并原则通过《海州区改造后老旧小区管理工作考核奖励暂行办法》（以下简称《暂行办法》）。会议认为，推进老旧小区管理工作是保障和改善民生的重要举措。《暂行办法》的出台，将促使改造后的老旧小区逐步实现制度化、规范化的长效管理，提升惠民实事成效。会议要求，全区老旧小区改造完成后，管理工作要同步推进，并纳入年度目标考核体系。各街道要遵循“政府引导、市场为主”的指导思想，全力引进物管公司对老旧小区进行管理，对改造后无物业企业进驻的小区，采取业主委员会管理或社区托管形式。会议强调，老旧小区管理工作要与2013年完成的老旧小区技防改造工作相融合，公安部门要主动对接住建部门，发挥已建成技防工程资源的作用。会议明确，区住建局根据会议精神进一步修改完善《暂行办法》，并制定好《海州区改造后老旧小区管理工作考核细则》。

重要施政

【新浦磷矿采空区地面塌陷处置】 2014年1月6日上午，区委常委、常务副区长王友君在区政府901会议室召开区长办公会议，专题研究新磷矿化公司在新浦磷矿开采区范围内发生的地面塌陷事件，就维护塌陷区及周边安全、组织专家论证、制定整治方案等问题进行深入分析与研究。市振兴集团公司、省地质六大队、新浦国土分局、新浦规划分局、区政府办公室、区委宣传部、区安监局、区经发局、浦东街道办事处、滨河新城管委会、新磷矿化有限责任公司负责人参加会议。

会议指出，自接到新磷矿化公司关于开采区范围内发生的地面塌陷情况报告以来，市政府、新浦区委、区政府及国土分局等部门高度重视，责成新磷矿化公司、滨河新城管委会迅速采取封闭塌陷区及东侧浦发路北段，设置警示标牌，禁止无关人员进入危险区等措施，有效防止可能因塌陷而造成的其它安全事故。

会议决定：（一）新磷矿化公司、滨河新城管委会和振兴集团公司要分别成立安全和监测工作小组，明确分管领导和责任人。按照属地管理原则，对塌陷区及周边浦发路、钢材市场等各自管理区域，设置醒目的安全警示标志，进一步完善拦挡、隔离等工程防护措施。现场要有人值守，严防无关人员进入隔离区。空挡区由浦东街道办事处负责。每天对塌陷区及周边浦发路、钢材市场实施地质情况监测（包括塌陷坑直径、深度及周围地面、路面裂缝等），每天17点前将监测结果报告新浦国土分局。

（二）浦发路暂时继续封闭。由国土分局牵头，振兴集团公司配合，对钢材市场业户发放“防灾明白卡”；由新磷矿化公司、省地质六大队和振兴集团公司比对、论证钢材市场地表建设、经营与地下矿石开采情况。采空区上方必须停止建设及经营活动，确保人员和财产安全。

（三）由国土分局牵头，协调市国土局组织专家对塌陷区及周边可能威胁区进行论证，制定整治方案。由新磷矿化公司负责回填、平整等整治工作，消除安全隐患。

（四）区安监局加大对新磷矿化公司、钢材市场及周边道路建设等安全检查力度，新浦规划分局根据专家论证意见，及时调整片区开发建设规划。

（五）区委宣传部负责与新闻媒体的衔接，确保客观公正报道相关信息。

（六）各责任单位要将各自负责落实的事项完成情况于1月8日17点前报区政府办公室，以便梳理情况报市政府。

【规范工程招投标】 2014年2月27日上午，副区长徐雪峰在区政府901会议室，主持召开规范工程招投标有关工作的专题会议，区监察局、住建局、审计局、招标办等相关单位参加。会议就招投标工作手续规范问题进行研究，会议议定事项纪要如下：

会议强调，所有工程必须严格按照各项程序规定，手续完备，程序规范，公开招标。招标代理公司统一由招标办建立备选单位项目库，严格审查，实行百分制打分，在工程招投标时，由招标办按专业择优推荐选用。工程预算在招标之前由审计部门依法先进行审计。因时间紧、任务重的特殊工程需走邀标程序的，必须严格把关，招投标主体要将邀标申请上报招标办审批，报区纪检监察部门备案，并经区四套班子各分管领导签字。

会议认为，盐河巷二期工程工期紧，对施工单位的组织化程度要求高，从前期招投标情况来看，按照盐河巷工程4:3:3付款方式，以及审核过的控制价格，条件要求相对较高，考虑到财务成本，施工队伍认为条件苛刻，参加招投标的施工单位越来越少，一旦流标，还要重新走程序，耽误工期，直接发包会引发不可预见问题。为确保工程按期交付，会议强调，招投标程序一定要规范，既要严格按审计控制价招标，又要考虑到工程实际情况。会议认为，可参照城乡统筹和新海新区模式，在施工过程中不付款。第一次付款，项目竣工验收交付后30个工作日内，支付工程合同价款的40%，工程造价决算审核（竣工后30日内完成）30个工作日内，支付工程总价与合同价差额部分的40%。第二次付款，甲乙双方约定的第一次付款期的第二年同期，支付至工程总价的70%。同时该批次工程款（即30%部分）承担14%（年利率）一年期融资利息。第三次付款，支付至工程总价的100%，工程款即30%部分承担14%（年利率）二年期融资利息。就二标段地下室工程的渣土清运、排水及支护工程等暂估计算费用项目，原则同意按实结算。

会议指出，城区绿化、背街小巷建设邀标工作必须抓住当前有利时机，如按正常招投标程序，会耽误工期，影响绿化成效，同时，绿化总量虽然相对较大，但种植点相对分散，像一些游园的提档升级，本身就是区住建局自身管辖范围。考虑到情况特殊，会议认为，游园绿化属于区住建局自身养护的，可以不走招投标程序；不是自身养护的游园走邀标程序；零散分布的景观树、垂直绿化等城区绿化，分片划分打包，走邀标程序，由区住建局下属单位负责实施。便民路和背街小巷整治工程，数量较大，但单体工程量相对较小。会议强调，便民路单独进行邀标；背街小巷、下水道整治按片区划分进行邀标，海州片区由海州区市政工程养护管理处实施，新浦地区由新浦区市政养护管理处和新浦宏达市政工程公司实施。区监察局、审计局、住建局建立联合工作组跟踪参与监督实施，所有程序必须规范，层层把关，在施工过程中，区监察局、审计局、相关街道等要全程参与，在资金付款上，在区住建局、监察局、审计局、相关街道签字后，由区政府分管领导签字，确保经得起检验。

【市民服务中心地块】 2014年1月25日上午，区长单晓敏在1001会议室召开区长办公会议，专题研究收购区市民服务中心地块相关问题。

会议指出，区市民服务中心工程占地面积2400平方米，建筑面积3020平方米，该地块的土地使用权归上海云间房地产开发有限公司所有。

会议明确，因区建设市民服务中心需要，由连云港神农现代农业发展有限公司与上海云间房地产开发有限公司商谈区市民服务中心地块收购事宜，原则同意以180万元/亩的价格收购该地块（总价约648万元，最终以实测面积为准），产权转让所产生的费用均由连云港神农现代农业发展有限公司承担。

【新浦区原政府大院资产处置】 2014年4月19日上午，区长单晓敏在1001会议室召开区长办公会议，专题研究区政府原办公大院资产处置有关问题。

会议指出，为进一步盘活区内国有资产，做强做大投融资平台，支持区重大工程、重大项目建设，根据《关于新浦区滨河新城及新浦经济开发区西区建设有关问题的会议纪要》（市长会议纪要〔2012〕第94号）相关精神，同意将位于（新浦区民主中路177号）区政府原办公大院的房产、土地等资产划拨注入连云港神农现代农业发展有限公司。

会议明确，由区国资办出具资产划拨决定，将区政府原办公大院资产划拨至连云港神农现代农业发展有限公司，连云港神农现代农业发展有限公司负责资产变更的具体手续，请区各有关单位积极做好配合工作。

会议要求，连云港神农现代农业发展有限公司要切实做好资产的优化管理工作，做大做强区投融资平台，为建设发展提供强有力的资金保障。

【重大火灾隐患整治】 2014年6月11日上午，区长单晓敏在区政府1001会议室召开会议，专题部署重大火灾隐患集中整治专项行动相关事宜。区委常委、常务副区长王友君主持会议，副区长、新浦公安分局局长孙晓兵做工作部署，区消防安全委员会成员单位、各相关街道、派出所等单位负责人参加会议。

会议听取新浦消防大队关于全区消防安全形势的汇报，通报市政府《督查通报》中涉及海州区消防相关问题。会议指出，近年来，全区上下深入推进消防工作社会化、基础化进程，确保全区火灾形势总体平稳，但是区域内火灾隐患点仍然较多、问题较为突出，火灾防控工作压力很大。按照公安部部署，全区要高度重视，切实抓好重大火灾隐患排查治理工作，采取政府综合治理、严格铁腕执法、市场手段运作和社会舆论监督等多种方式，切实摸清火灾隐患底数，分类进行重点整治，确保全区消防安全形势持续平稳。

会议要求，要严格按照“政府领导责任，部门监管责任，企业主体责任，社会监督责任”要求，各负其责，确保重大火灾隐患集中整治专项行动落到实处。一是明确责任主体。对于全区已排查出的10个重大火灾隐患场所，由公安消防部门牵头，镇、街道配合，及时履行挂牌督办程序，做到“一案一策”，扎实推进整改。区各行业主管部门要抓好各自管理场所的火灾隐患排查，及时下达整改通知书，与消防部门主动对接，定期召开会办会，强化整改落实。消防安全委员会各部门要全力履职，把重大火灾隐患集中整治专项行动各项措施落到实处。浦南镇、各街道要按照“属地负责”的原则，加强排查辖区内的火灾隐患点，主动对接消防部门、行业主管部门，积极推进整改。二是明确时间节点。6月底前，各部门、各单位要完成重大火灾隐患排查工作；10月10日前，重点抓好整改，逐个逐项整改落实到位。三是明确整改方案。各责任主体单位要根据排查情况，制定切实可行的整改方案，最大限度地整改火灾隐患。区政府将专题听取各责任单位的火灾隐患排查情况和建议整改方案情况汇报。四是加强宣传培训。大力普及消防安全用火、用电、用气、用油和燃放烟花爆竹等防火知识，提高全社会消防意识。经常性开展消防安全培训和灭火疏散演练，全面提高单位自防自救的能力。

【尾矿砂开发利用】 2014年6月12日上午，受区长陈中委托，原海州区领导孙振东、陈士彬、颜景华在区行政中心406会议室组织召开锦屏磷矿尾矿砂综合开发利用项目专题会办会，锦屏镇、区经发局、区商务局、区安监局、区环保局、海州国土分局等部门负责人和加拿大中国工商业协会嘉华实业投资集团负责人参加会议。

会议认为：尾矿砂生产新型材料项目切实可行，是尾矿砂综合开发利用的好项目之一，会议就该项目前期的安全生产、环境保护、综合利用、选址事宜进行座谈交流。

会议集体研究决定：

（一）成立项目开发建设工作领导小组。由孙振东、陈士彬牵头负责，成员单位包括锦屏镇、区经发局、区商务局、区安监局、区环保局、海州国土分局，由锦屏镇负责项目对接工作。

（二）建议嘉华实业投资集团成立项目实施工作组，做好项目前期准备工作。

（三）做好项目相关手续报批工作。区各职能部门要积极对接，协助项目方做好环评、安评、综合利用等相关手续报批工作。

（四）加快项目工作进度。区各职能部门要强化时间意识，密切配合，认真做好项目服务保障工作，确保按序时推进。

（五）由锦屏镇抓紧做好投资比选、风险评估等工作，为下一步加快开发利用尾矿砂做好准备工作。

【滨河新城工程项目招标】 2014年6月19日上午，区长单晓敏在区政府1001会议室召开会议，专题研究滨河新城解放路小学分校、蔷薇岛环岛路、新浦二桥（蔷薇河大桥）三个重点工程项目招投标事宜，

会议听取关于滨河新城三个重点工程项目进展情况的汇报。该三项工程因地质勘查设计未完成、建设主体变更、施工图优化、立项、土地指标等原因，以致尚不具备工程招投标条件。

会议认为，滨河新城三个重点工程项目是市、区重点工程，建设时间紧，按照常规招标程序，无法达到市、区级建设的时间节点要求，影响滨河新城与浦南城乡统筹片区的连片发展。通过集体研究之后确定的简便招标方式，能够较好地解决在时间紧迫的情况下，按照市、区两级节点要求完成工程项目建设的问题。

会议决定：（一）区内各工程项目在建设过程中要杜绝议标、限制邀标。

（二）滨河新城这三个重点工程项目采取与浦南新镇区“八个一”项目相同的先进场施工后完善招投标手续的简便招标方式推进项目实施，该招标方式仅限于滨河新城这三个重点工程项目。

（三）在采取简便招标的操作过程中，要注意做好四个方面工作。一是邀请多家资质硬、能力强、信誉优的施工单位、招标代理单位进行洽谈，区纪委和审计部门全程参与施工单位、招标代理单位的洽谈和选择确认。二是区固定资产投资审计中心参与滨河新城三个重点工程项目的招标价核准、下浮比例确定、跟踪审计、竣工决算审计工作，并把关代理单位选择。三是区招标办牵头做好与市招标办的衔接过程中，完善所有招标手续办理。四是要规范投融资行为，项目建设不允许采取垫资或BT方式，要采取过程中部分付款的工程付款方式，基本按照4:3:3的比例，即按照工程形象进度支付工程进度款的40%；工程结束经交工验收合格后满一年，支付工程款到合同价的70%；工程结束经交工验收后满二年，付清全部工程款。

会议强调，滨河新城管委会要高度负责、精心组织，区纪委、审计部门要全程参与、强化监管，区招标办要主动衔接、靠前服务，共同确保滨河新城三个重点工程项目在保证工程质量的基础上，按照市、区两级节点要求完成建设任务。

【磨盘山地块借款偿还问题】 2014年6月30日下午，在海州区政府406会议室，原海州副区长江希路召集区住建局、区财政局、海州国土分局、海发集团等单位负责同志，就原孔望山新城磨盘山地块借款偿还相关问题进行专题研究，市城投集团、江苏东驰

置业有限公司相关负责人参加会议。

会议审议：区政府于2009年12月9日与江苏东驰置业有限公司签订《孔望新城磨盘山北棚户区（危旧房）改造项目合作框架协议》（以下简称协议1），向该公司借款3000万元用于合作地块农转用手续的办理，借款于2009年12月30日到账。2010年12月6日，合作双方又签订了《孔望新城磨盘山北片区土地一级开发整理委托协议》（以下简称协议2），明确合作有关问题。区政府先后于2011年12月、2012年8月、2013年3月偿还江苏东驰置业有限公司借款共计2000万元，另由市城投集团于2014年1月代为偿还借款500万元。由于规划调整等原因，协议1和协议2内容无法完全实施。

会议决定：本着平等、合作、互惠的原则，江苏东驰置业有限公司向区政府出具书面说明并抄送市城投集团，承诺放弃协议（含协议1和协议2）合作地块一级开发权利。因前期东驰置业有限公司投入大量精力对该地块进行管理和维护，市城投集团在磨盘山地块二级开发上给予江苏东驰置业有限公司优先合作权。原协议内容自动失效。

剩余借款及利息问题，借款双方同意从借款日（即2009年12月30日）至第一次还款日（即2011年12月16日）计算期限，按照年利率7.5%的标准计算全部借款额3000万元的利息，加上剩余借款500万元，由市城投集团支付给江苏东驰置业有限公司。资金到账后，借款双方不再存在任何债务问题。

借款双方合作地块土地农转用办理情况和3000万元借款资金收支使用情况报市城投集团备案，海州国土分局负责办理该地块土地农转用手续，区财政局负责将协议地块权益移交给市城投集团。

【蔷薇岛开发】 2014年7月11日上午，区长单晓敏在区政府1001会议室主持召开会议，研究推进滨河新城蔷薇岛开发事宜。副区长袁丽霞、区政协副主席、统战部部长张景友以及浦南镇、滨河新城管委会、住建局、城管局、农水局、文体旅游局相关负责人参加会议。

会议听取滨河新城管委会关于蔷薇岛开发设计方案的汇报。会议指出，为实现新型城市一体化的目标，要充分认识蔷薇岛旅游开发的重要意义，根据5月20日区委书记王立斌调研蔷薇岛时提出的要求，大力推进蔷薇岛生态旅游开发，相关部门要统一思想，合力推进。会议强调，蔷薇岛坚持保护性开发原则，立足现状，依托岛上现有的地形、地貌、特色资源，重点打造“一路一公园五基地一廊道”。

会议决定，成立蔷薇岛开发工作领导小组，成员单位由浦南镇、滨河新城管委会、住建局、城管局、农水局、文体旅游局6个部门组成，区领导袁丽霞、张景友牵头负责蔷薇岛旅游开发推进工作。各部门分工如下：

（一）浦南镇要加快新圩村土地流转，确保滨河新城管委会于9月完成土地改良；要确保年内岛上不再进行粮食种植；要加强违建管理，不再出现新的违建，划定村庄界限；要加强矛盾处理工作，派遣专人参与滨河新城矛盾处理工作，并参与相关会议。

（二）滨河新城管委会要明确主体责任，完善、细化蔷薇岛设计方案，制订年度工作计划、季度计划及月计划，新浦二桥2015年上半年要建成通车。

（三）区住建局要按照三星级康居乡村标准，加强对新圩村的环境整治，制定实施方案，浦南镇负责实施。

（四）区城管局要把对新圩村违建督查作为工作重点。建立完善垃圾集疏运体系，不能出现在滨河新城范围内倾倒垃圾现象。

（五）区农水局要拿出河堤绿化及经济果林种植方案，对习性、栽培技术、管养指导进行专业研究。关于新圩村水利设施、大桥维修等问题，与市水利局做好对接；提前介入，对蔷薇岛排灌系统进行规划设计及施工；对水景观旅游进行项目包装，结合蔷薇岛旅游开发争取资金。

（六）区文体旅游局要介入蔷薇岛旅游方案的设计、推介及策划，并对农家乐等项目进行包装设计。各部门要明确具体负责人，全程参与蔷薇岛旅游开发工作。

各部门要围绕责任分工，制定详细实施方案，于7月25日之前报区委办、区政府办，区督查办根据会议纪要内容进行督查考核。

【连盐铁路项目资金管理】 2014年7月14日上午，区长单晓敏在区政府1001会议室召开区长办公会，专题研究连盐铁路（海州段）建设项目资金管理使用办法事宜。区政府办、监察局、财政局、审计局、铁路办、房屋征收局、浦南镇、浦东街道、浦西街道、洪门街道、新浦经济开发区、云台农场、岗埠农场等部门负责人参加会议。

会议听取并原则同意连盐铁路（海州段）建设项目资金管理使用办法。会议明确：

（一）关于工作经费或服务费。连盐铁路（海州段）建设项目按照涉及的部门将分别发生铁路办工作经费、征地征收工作业务费、测绘及评估费等不同科目的费用，具体使用及支付办法是：

1.区铁路办工作经费。主要用于全区连盐铁路建设项目征地征收、保障铁路施工地方性矛盾总的调度、协调、管理和推进。由市铁路办直接拨付区铁路办，按实际发生结算。

2、房屋征收业务经费。主要用于国有土地上房屋征收发生的办公费、宣传费、交通费、禁违控违费、误餐费、聘用征收专业人员劳务费及征收工作人员奖励金等各项支出。征收业务经费按照市政府办〔2011〕第31号会议纪要《关于市区国有土地上房屋征收与补偿工作等问题的会议纪要》房屋征收补偿费用总额的3%拨付，包干使用。其中土地测绘费用，由指挥部委托具有土地测绘资质的测绘单位签订土地测绘委托协议并按协议支付测绘费用。费用由市、区铁路办将资金拨付至区房屋征收服务中心支付。征收劳务费，按照《国有土地上房屋征收与补偿条例》规定，由区房屋征收局与街道办事处和区房屋征收服务中心签订征收委托协议，再由街道办事处和区房屋征收服务中心与提供征收专业人员的劳务公司签订劳务聘用合同。征收劳务费由区铁路办将资金拨付至区房屋征收服务中心支付。

3.房屋测绘及评估费。按照《国有土地上房屋征收与补偿条例》规定，由区房屋征收局与选定的评估机构和测绘公司签订委托协议并按协议支付服务费。评估费按征收评估总额的5‰计取，房屋测绘费为每平方米3元，费用由市、区铁路办将资金拨付区房屋征收局支付。

4.征地业务费。征地业务费参照房屋征收工作经费拨付使用。

（二）关于征收工作奖励经费。为充分调动工作人员积极性，加快推进连盐铁路海州区段房屋征收工作，根据上级有关精神，结合区旧城改造房屋征收现行管理办法（新委办发〔2014〕15号《关于进一步明确旧城改造相关工作的通知》），制定连盐铁路（海州段）建设项目考核奖励办法。奖励金在房屋征收业务经费中列支，由市、区铁路办将资金拨付区房屋征收服务中心支付。

（三）关于规范资金使用和报批流程。为规范连盐铁路（海州段）建设项目各项经费会计核算，客观、真实、及时地反映财务信息，区连盐铁路建设工程指挥部专门制定下发《海州区连盐铁路建设征收经费管理办法》，就连盐铁路（海州段）建设项目各项经费使用审批、核算及监管作出专门规定，供连盐铁路（海州段）建设项目涉及的各部门执行。

【非法集资案件处置】 2014年8月25日下午，在区政府1101会议室，区委常委、常务副区长、区打击和处置非法集资工作领导小组组长王友君主持召开了区重点非法集资案件处置协调与任务布置工作会议。市公安局经侦支队、区法院、区检察院、海州公安分局、区农水局、区司法局、区信访局、区金融办等部门负责人出席会议。

会议听取区金融办关于郑云、瑞阳担保公司等非法集资案件调查和处置情况汇报，各与会单位代表根据工作职责进行了发言。

会议指出，海州区是非法集资案件的高发区、重灾区，案情复杂，涉及人员众多，处置难度极大，市委、市政府和区委、区政府高度重视，要求加快案件调查侦查、资产梳理变现和清偿兑付进程，维护社会稳定。

会议要求，公检法司机关和区金融、农水等部门要从全心全意服务人民、积极维护群众利益的高度，统一思想，高度重视非法集资案件的调查处置工作，要按照部门职责与会议布置的任务分工，各司其责，勇于担当，加快追缴涉案资产，加快资产处置进程，按时完成任务。同时，各有关部门要密切配合，形成合力，共同推进此项工作。

（一）关于郑云非法集资案件处置工作

1.关于易变现房产、车辆。海州公安分局在10天内提供义乌小商品城3处门面房的土地证、汽车行驶证；区法院在10天内牵头推进义乌小商品市场门面房和汽车的评估。（责任单位：海州公安分局、区法院）

2.关于江苏鸿瑞热电有限公司江苏银行50万股股权。海州公安分局在1个月内约谈鸿瑞热电有限公司法定代表人李宏，采取措施督促鸿瑞热电有限公司同意处置其股权，并形成处理意见报送区政府。区法院在鸿瑞热电有限公司同意处置其股权1个月内对鸿瑞热电有限公司股权进行处置，牵头对股权进行拍卖变现，并划拨至区清偿专户。（责任单位：海州公安分局、区法院）

3.关于蘑菇大叔餐厅预付款400万元。海州公安分局1个月内查封该房产，约谈蘑菇大叔餐厅实际控制人，采取措施追缴郑云购买蘑菇大叔餐厅400万元预付款，并形成反馈意见及处理意见报送区政府。协商不成，区法院在1个月内研究启动民事诉讼程序，并形成反馈意见报送区政府。（责任单位：海州公安分局、区法院）

4.关于孔望山土地及房产。海州公安分局在20天内查证房产证存根、分户图，土地证存根、宗地图，1个月内追缴顺天房地产公司收取的土地租金。区法院在1个月内协调顺天房地产公司解除该地块冻结，启动进入拍卖程序，并形成反馈意见及处理意见报送区政府。（责任单位：海州公安分局、区法院）

5.关于猴嘴通园路房产。海州公安分局在2个月内查清该房产具体位置、面积及转让协议真实性；调取房产证存根及分户图；保全房产并约谈程冬梅，追缴其房产预付款94万元，形成反馈意见及处理意见报送区政府。区法院在1个月内调取该拍卖房产的裁定书，查清原购买价格，联系相关资产评估公司推进房产评估、拍卖，推动变现进程。（责任单位：海州公安分局、区法院）

6.关于江苏鸿瑞热电有限公司其他资产。海州公安分局在2个月内查清鸿瑞热电有限公司全部资产，如厂房、土地的具体位置、现实情况、冻结状况等；查清与郑云借款往来、转让给郑云资产情况，查找并约谈马建萍，查清建院未来城办公楼转让情况及该房产状况，追缴借款，形成书面意见报送区政府。区法院在1个月内梳理鸿瑞热电有限公司民事诉讼及在外债务等情况，协调其他法院解决轮候冻结；研究建院未来城无产权处置难题，形成书面意见报送区政府。（责任单位：海州公安分局、区法院）

（二）关于瑞阳担保公司案件处置工作

1.关于30户集资大户集资额核对工作。市经侦支队在2个月内对30名集资大户的集资金额逐一核对，对已取得王兵部分资产的集资大户，剔除其占有的资产价值金额，尽快理清统计出债权额。（责任单位：市公安局、海州公安分局）

2.关于车辆拍卖工作。市经侦支队在10天内调取两辆轿车（一台马自达6、一台丰田赛纳商务车）的汽车行驶证、车辆登记信息。区法院在10天内联系资产评估公司，牵头推进汽车拍卖、过户。（责任单位：市公安局、海州公安分局、区法院）

3.关于瑞阳担保公司代多伦多公司还贷款资金504万元工作。市经侦支队在1个月内约谈多伦多公司法人代表，追缴瑞阳担保公司代其还贷资金。（责任单位：市公安局）

4.关于7套房产抵押变现工作。市经侦支队在2个月内摸清房产占有情况、抵押情况及抵押权人情况，查明抵押原因及真实性，依法清理房产非法占用人，并追缴租金。区法院在2个月内协调市中院，由市中院牵头，联系资产评估公司对房产进行评估，得出评估价格，与抵押权人进行协商，统一进行拍卖。（责任单位：市公安局、区法院）

（三）关于圆周率公司案件处置工作

根据市政府常务副市长曹永林关于重点非法集资案件处置会议精神，公安、法院在2个月内查明并梳理涉案资产、涉案诉讼、冻结资产情况等，形成书面意见报送区政府。区法院重新梳理案件，在公安机关和地方政府对非法集资案件涉案资产认定、处置前，对非法集资案件涉及资产暂不处置。（责任单位：海州公安分局、区法院）

各镇街、新浦开发区要高度重视打击非法集资工作，勇于担当，积极化解社会矛盾。公安、法院要做好非法集资案件追缴资产、资产处置工作，各业务主管部门按照“谁审批、谁主管、谁监管”原则，落实责任，做好信访稳定。

实行打击和处理非法集资工作责任追究制度，未按规定履行监测预警、风险排查职责的，未按规定履行监管职责造成工作延误的，因推诿、拖延、敷衍等行为致使追缴处置资产缓慢的，未经区处置办同意随意处置涉案资产的，未采取维稳措施引发群体性、突发性事件的，对其责任单位主要负责人、分管负责人和直接责任人进行责任追究。

【盐河巷和新浦公园内部改造】 2014年9月22日上午，在少年宫二楼会议室，副区长徐雪峰主持召开盐河巷和新浦公园内部改造等问题工作会议。区政府办、监察局、住建局、财政局、审计局、江苏瀛洲集团等单位和部门负责人参加。

会议决定，盐河巷一期工程修补工作由华康圣博负责。对水池、树池等要进行刷新，对墙面进行修补，要进一步细化管理，在细节上，风格要和整个街区统一。对一些破损的铺装道板、石头盖板等，要抓紧时间进行更换修复，整个修补工作要在10月1日前完成。天后宫要加快施工进度，确保10月1日能正常试运营。二期工程要加快主体工程扫尾，主体墙面扣缝、收口、廊柱台阶石等工程，确保9月25日前完成。道路铺装、绿化工程、花池等要再加快进度，确保在9月25日前完成。牌坊改字等要抓紧整改到位。管网、水电气等要加快施工，商家消防设施尽快落实。零星工程要抓紧时间处理到位。

会议强调，街区人流量越来越大，二期监控布点已经完成，要抓紧时间进行安装。要提前做好整个街区环境卫生保障工作，确保开街期间环境卫生。

关于工程资金问题。会议强调，盐河巷二期工程交付使用后，将面临500多万元的到期应付工程款，要抓紧上报付款计划，江苏瀛洲集团要抓紧时间审核拨付。

关于开街问题。要做好盐河巷二期开街准备工作，按照10月1日开街时间节点，细化措施安排，由华康圣博负责。要突出氛围营造，开街活动安排紧凑，突出特色。会议要求，9月25日前，要形成开街活动方案。

关于盐河巷一、二期有关项目手续问题。会议强调，天后宫西侧假山、新浦公园改造等零星项目工程，盐河巷一期店牌店招设计制作安装工程需要补合同流程。地下停车场维护桩工程和盐河巷一、二期监控工程需要补招标手续。盐河巷二期施工图设计按规定不需要补招标手续，指挥部按照最低收费打折标准与设计单位谈价签订合同。地上生态停车场项目内的绿化工程由总包单位发包给连云港市仁和园林绿化工程有限公司进行施工。

关于工程决算审计问题。新浦公园内部改造审计完成后，单独出具审计报告。盐河巷一期项目没报审核资料的施工单位，指挥部督查其在一周内抓紧上报。盐河巷二期项目施工抓紧完成上报资料并进行审计。盐河巷一、二期合并出具审计报告。

会议要求，要本着负责、求是的原则和态度，新浦公园指挥部要和区财政、江苏瀛洲集团等单位把工程具体账务核算清楚，理出明细，对工程欠款进行梳理，给各家排定付款计划表。

【民主路老街运营招商】 2014年10月18日下午，区长单晓敏在区政府1001会议室主持召开会议，研究民主路老街管理运营招商等事宜。区委常委、宣传部部长房忠涛、副区长徐雪峰，以及区委宣传部、区人社局、财政局、编办、江苏瀛洲集团、民主路老街管委会办公室负责人参加会议。

会议听取民主路老街管委会办公室及相关部门关于老街管理运营招商等情况汇报。

会议强调，民主路老街要在以指挥部为主要框架的基础上，抓好建设工作，进一步理顺体制，提高管理运营效率，打造具有地方特色的老街区。

会议决定：（一）以指挥部为引领，实行指挥长负责制。老街指挥部主要负责规划建设等工作，街区保洁、保安、绿化等费用一并纳入规划建设费用。民主路老街管委会办公室主要负责街区管理工作，不参与经营。江苏瀛洲集团主要负责运营等工作，包括资产运营、投入、收入等方面，要成立专门运营公司。

（二）要加强老街招商工作，繁荣街区业态，实行大招商机制，明确招商任务，将任务分配到各街道和部门，原则终止与圣博华康的招商合作。

（三）关于街区管理费用，要做好核算工作。要学习借鉴其他街区的管理经验，提高管理运营效率。

【国大地块王爱云信访问题】 2014年10月24日上午，在区政府901会议室，副区长徐雪峰召集浦西街道、新海街道、区房屋征收局等相关单位和部门，专题研究国大国际花园地块王爱云信访问题。

会议审议：信访人王爱云反映国大开发商在签订协议未交房情况下，于2013年11月20日将其房屋拆除。

会议认为，在王爱云户拆迁问题上，王爱云和国大房地产公司双方都有履约不到位问题。为妥善解决问题，区级有关单位和部门多次约上访人和国大开发公司协商，但双方因交房需补差价21.8万元问题，无法达成一致意见。

会议强调，国大地块拆迁遗留问题得不到解决，导致六一幼儿园的建设6年没有启动，更影响了整个地块的开发建设。该地块后续还有200户拆迁户待拆，处理不好，将影响整个地块拆迁工作。交房补差的21.8万元，会议研究，由国大房地产公司减免7万元，王爱云自己承担4.8万元。在国大地块下一步征收工作中，国大地块征收指挥部减免国大公司征收工作经费10万元。

会议提出，减免的10万元，在征收工作开展时，由浦西街道办事处承担5万元，区旧城改造指挥部统筹5万元，用于该项目指挥部。

会议要求，按此纪要落实相关工作，国大公司与王爱云做好安置房交付工作，浦西、新海两个街道办事处协助配合，一次性解决相关信访问题。

【新坝新镇区建设问题】 2014年12月30日上午，区长单晓敏在区行政中心410会议室主持召开新坝新镇区建设相关问题推进会，专题研究会办新坝新镇区建设中需协调解决的问题和明确的事项。会议讨论了新坝新镇区有关公建项目建设责任主体、资金、后续运营等问题。

会议决定，由区委副书记王建明、副区长徐冰为新坝新镇区建设联系领导。在建项目责任主体不变，社会福利中心由区民政局负责；文体中心由区民政局代建（附属设施建设由区文旅局负责，装修由新坝镇负责）；新城路等市政项目由区住建局负责；沿街立面改造出新、砖厂地块拆迁、周边坟场迁移由新坝镇负责。建成后，机构招商、运营、服务等以新坝镇为责任主体。

会议指出，新坝社会福利中心在经营模式未明确之前，暂停后续装修工程，先由新坝镇进行招商，视招商情况决定装修方案。文体中心由区文旅局向省、市积极争取扶持资金，主动解决部分建设资金问题，并对原有方案进行调整，不再建设网球场。新城路等市政项目建设按照原有规划方案继续推进，区住建局与新坝镇尽快理顺地块关系。海发集团配合新坝镇做好后续土地资源整理相关工作，以争取资源变资金，化解前期投入压力。

会议明确，新坝福利中心采用公办民营方式运营，文体中心可酌情采用部分民营方式运营。

会议要求，新坝镇要把握住农业大镇特征，将城乡统筹工作作为2015年工作重点，做好土地增减挂钩、新镇区建设及人气集聚等工作。完善公建设施、土地征用手续。

【东海尾水通道运行管理】 2014年12月31日下午，区委常委、副区长江锦峰，副区长江希路在区行政中心413会议室，召开东海尾水通道运行管理工作协调会议，区住建局、区环保局、海州开发区通用设备产业园、浦南镇主要负责人参加了会议。会议研究了东海尾水通道运行管理相关事宜，确定了运行管理方案。

会议指出，东海尾水排放工程是蔷薇河综合整治的重要组成部分，是事关饮用水安全的重大民生工程，是市委、市政府督查推进的重大事项。自2012年6月，东海尾水通道4号、5号泵站以及海州段管道资产由东海县人民政府移交海州区运行管理，海州区立即启动试运行。在试运行期间发现的泵站电机设计功率过大无法冷却、管道漏点较多等多个问题尚未解决。目前，海州段管道处于停运状态。

会议要求：（一）按照行业工作职能，明确由区住建局负责牵头统筹协调，区环保局负责水质达标监管。

（二）由于东海尾水通道是一条地下排水管道，具有不可分割属性，分段管理势必浪费人力、物力。明确由海州开发区通用设备产业园对尾水通道海州段实施统一的运行、维护、改造工作，以及上、下游区域间的沟通与配合。浦南镇负责做好管道沿线的纠纷矛盾化解和协调工作。

（三）海州开发区通用设备产业园在2015年2月中旬完成尾水通道维护、改造工作，使其具备运行条件。下一步，浦南污水处理厂污水也将通过该管线排放。

会议强调，各方要密切配合，齐抓共管，住建、环保部门要主动积极争取维修和管养资金，确保尾水通道切实发挥截污作用，保证蔷薇河饮用水源安全。

政府法治建设

【概况】 2014年，依法行政工作贯彻落实区委、区政府决策部署，紧紧围绕区委、区政府中心工作，创新思路，切实履职，深入推进行政审批制度改革，不断强化政府法制工作服务、保障全区经济和社会发展的功能和作用。年初，区依法行政工作领导小组对2014年度推进依法行政工作进行研究部署，制定下发《2014年依法行政工作要点》，将依法行政工作纳入全区经济社会发展综合考核体系。领导小组定期听取依法行政专题汇报，分析解决依法行政工作中存在的矛盾和问题，严格落实依法行政报告制度。区各镇街、各有关部门定期向区政府报告依法行政工作情况。

【领导干部学法用法】 区委、区政府制订领导干部及行政机关工作人员学法计划等学习计划，系统安排各类学法活动，逐步形成多样化、全覆盖的学法模式。区法制办定期牵头组织区政府党组（扩大）学习会。由区委组织部和区政府法制办牵头，联合举办为期两天的科级领导干部以及新提拔、新选任公务员依法行政专题培训班。四中全会召开后，分别于10月28日、11月2日、12月12日 召开区委中心组学习会、四套班子扩大会、全会精神辅导报告会。

【行政审批事项清理工作】 2014年，出台《关于深化行政审批制度改革的意见》《新浦区深化行政审批制度改革实施方案》，对行政审批事项进行清理，清理21个政府组成部门、镇（街道）及部分垂直管理单位，全部行政审批事项、非行政许可审批事项112项。精简和调整后，拟保留50项、暂停5项、调整管理方式21项。（不含市直单位）

【规范性文件动态管理】 认真落实《江苏省规范性文件制定和备案规定》和《连云港市各级人民代表大会常务委员会关于实施<江苏省各级人民代表大会常务委员会规范性文件备案审查条例>暂行办法》，完善规范性文件三级审查程序，对规范性文件实施动态管理和定期评估制度。2014年，出台《新浦区人民政府重大行政决策程序规定》《新浦区农村公益性公墓管理办法》和《海州区政府性投资项目评审管理暂行办法》3个规范性文件，审查率、备案率100%。

【完善法律顾问团】 2014年，聘请7位专职律师，并从连云港师范高专、淮海工学院聘请两位专家，组成区政府法律顾问团，为重大项目合同、房屋征收等问题提供专业的建议。共参与处理民事纠纷、经济纠纷、行政纠纷10件，审查政府性合同12件，参与信访复查15次，其他突发性事件5次。

【行政复议应诉工作】 2014年，区法制办共受理行政复议案件4件，其中决定维持2件、当事人撤回2件。在办理过程中，最大限度对人民群众复议申请权实行保护，疏通进口，敞开大门，把行政争议化解在行政程序之中，减少了社会不和谐因素。

【执法人员队伍培训】 2014年7月，区法制办会同区司法局，组织对全区近100名机关执法工作人员进行执法培训，组织231名工作人员参加江苏省行政执法证考试，通过率达92%。

【强化行政行为监督】 区法制办会同有关部门开展行政执法自查自纠工作，共抽查各类行政执法案件102件，及时向执法单位发布整改意见12条，整改率100%。

（撰稿：陈守刚）

人事人才工作

【概况】 2014年，全区人才资源总量较2013年增长率达到10%，完成目标的100%；高层次人才（副高以上职称或硕士研究生以上学历）占人才资源总量的比例达到5.5%以上，完成目标的110%；2人申报省“高技能人才”，6人申报省“双创人才”，10人申报省“博士集聚计划”，75人申请市高层次人才补助，45人申报苏北发展急需人才补助。组织50家企业参加在成都、南京、西安等地举办的精英人才对接峰会、合作恳谈会、高层次人才招聘会等活动；安排8家企业参加“双创英才聚港城”现场洽谈活动，邀请30余名有投资潜力、合作意向的人才到滨河新城、民主路文化街、现代服务业集聚区等项目一线对接洽谈，实现“双招双引”。密切与高校院所合作，园区企业广泛与国内著名高等院校签订合作项目协议和开展人才引进、培养合作。加强博士后工作站建设，建立健全博士后工作管理制度。做好本区对于国外先进技术、管理人才的需求情况摸底。新增专业技术人才2095人，完成考核目标的140%，引进国外智力6人。海州区机关事业单位工勤技能岗位培训及继续教育73人。

【人才引进】 2014年，先后指导和参与教育系统和财政部门的公开招聘工作，共录用事业单位工作人员67人。全区共引进公务员28人，其中公开招录公务员21人、特殊职位公务员2人、省委选调生5人。完成2014年度公务员录用备案表和党政机关考录情况统计表填写上报。

【公务员管理】 2014年，对全区1226名公务员进行考核，其中优秀183人、称职1008人、不定等次32人、未参加考核3人。组织公务员南北对口培训8人。公务员任职培训率100%。认真做好事业单位人员考核。规范做好机关事业单位新进人员和调整人员相关手续办理工作，严格按照程序履行相关报备手续。从2014年7月1日起，调整机关津补贴标准和事业单位绩效工资标准，已完成全区机关事业单位在职和离退休人员12453人的调资工作。区属事业单位和市直事业单位执行相同的绩效工资标准，年人均绩效工资总量51660元。为115人办理专业技术人员岗位聘任工作，其中副高26人、中级37人、初级52人。

【军转干部管理】 2014年，新浦区按照1∶1.2的比例，调剂1个行政岗位，专门用于接收安置1名分配到区的军转干部。按照市专门办统一部署，认真协调财政、经贸等有关部门落实企业军转干部相关待遇，及时拨付工资及慰问金。对新出现的个案问题，请示上级部门，妥善加以处理，防止出现串联等不稳定因素。

【职称评定】 2014年，按照市职称办的统一部署，积极做好中高级职称的初审工作。全区共推荐275人申报高一级职称，其中教育专业146人、卫生专业52人、农林水利专业29人、群众文化专业6人、电子信息专业22人、化工专业12人、其他专业8人。对大、中专院校毕业生(含毕业研究生)实行见习期满考核初定专业技术资格,共受理申报初定职称160人，其中教育专业91人。2014年度教育、建设、农业系列（专业）初级专业技术资格考试共有7人报名,通过6人。

【区划调整移交】 根据《国务院关于同意江苏省调整连云港市部分行政区划的批复》《省政府关于调整连云港市部分行政区划的通知》和中共连云港市委、连云港市人民政府《关于调整部分行政区划的通知》精神，撤销新浦区、海州区，设立新的连云港市海州区。此次行政区划共移交5621人。其中公务员762人、事业编制4496人、其他393人。

【人员招聘计划】 2014年，批准公务员招录计划24个，其中法检一线办案人员计划12个、乡镇街道基层计划12个；批准事业单位招聘计划142个，其中教育系统65个、卫生系统43个、其他事业单位34个。

（撰稿；仲一丹）

侨务工作

【概况】 2014年，海州区侨务工作紧

扣区划调整新起点的要求，立足主城区工作实际和侨情特点，牢牢抓住服务发展这一主线，积极构筑为侨服务体系，突出社区侨务、侨法宣传、为侨服务、外联经科等工作重点，扎实开展侨情普查，不断创新工作思路，侨务工作取得新进展、新突破。新增1家侨务社区——新海街道新潮社区，成功创建省社区侨务工作示范单位。

【社区侨务】 按照侨务社区"一社一品"的要求，引导社区侨务工作向"人无我有、人有我优、人优我特"方向发展。启动新海街道新潮社区侨务社区创建，筹划建设侨法宣传长廊、"侨之家"活动室。新南街道玉龙社区按照华侨、侨眷、留学生划分小组，实行网格化管理服务，分类确定联络员，通过举办侨眷联谊会、留学生家庭联谊会，建立涉侨家庭交流沟通新平台。贾圩、蔷薇、龙尾、星化社区推进归侨侨眷"一户一档"管理，努力实现服务"零距离"，构建"社区基础扎实、社会优势互补、依法维权有力、双向服务有序"的社区侨务工作格局。

【侨法宣传】 结合"六五普法"搭建平台，强化侨法宣传。借助郁洲公园"港城法治文化公园"、常乐新村"新浦区法制公园"、路南街道法制文艺广场、新东街道法制长廊、新南街道法制休闲广场、浦南镇农民千米普法示范路等近20处特色法制阵地，大力开展侨法宣传活动。充分发挥社区"侨法宣传角"主阵地的示范带动作用，将侨法宣传广泛地融入社区居民日常生活中去，累计设立社区侨法宣传角7个，举办侨法宣传30场次。参与"法治新浦建设十年巡礼"活动，在市民广场、通灌路华润苏果等人流密集场所开展侨法宣传和侨情普查宣传，发放宣传资料200份，接受咨询30人次。

【为侨服务】 2014年，进一步完善侨港资企业联系制度，建立帮扶困难归侨侨眷的长效机制，千方百计解决好他们的生产生活问题。在群众路线教育实践活动中，配合市侨办，在新东街道龙尾社区组织召开归侨侨眷座谈会；组织"归侨侨眷游港城"活动，龙尾社区、贾圩社区、星化社区归侨侨眷共25人参加。走访部分贫困归侨侨眷，发放慰问金6万元。针对辖区朝鲜归侨丁原富多年的信访问题，积极面对，妥善化解，取得明显效果；联系区劳动部门，配合市侨办，推进化解辖区侨港资企业——国际商务大厦劳动纠纷、法籍华人企业——鑫侨足疗劳动纠纷等事宜。

【外联引智】 开展招商引资工作，投身全区招商大局。邀请新加坡广东会馆会长何国才一行到海州区考察；促成总投资1亿元的海南众泰医疗设备项目落户新浦经济开发区西区；组织"侨商新浦行"活动，邀请上海、广东、福建等侨商会重点侨商20余人到海州区考察。配合新浦经济开发区开展招商活动，赴浙江丽水、北京等地开展主题招商活动4次，推介新浦的产业、项目、环境、政策。重抓服务企业，区委、区政府制定出台《关于建立区副处级以上干部联系重点企业制度》，由区领导联系东浦集团、正大天晴药业等侨港资重点项目，实行一个项目、一名区级领导牵头、一个工作小组落实、一套服务措施保障、一抓到底见成效的"五个一"服务协调机制。参与制定《海州区小微企业助贷（微贷宝）实施方案》，全力帮助辖区侨港资企业解决项目建设中的难题。

【侨务捐赠】 11月18日，第十九届"杨天全奖学金"在连云港市南城小学举行颁发仪式，南城街道7名教师和26名贫困学生领到4万元助学金、奖学金。"杨天全奖学金"由美籍华人杨天全在家乡南城街道设立，奖励和资助品学兼优、家庭经济困难的中小学生，奖励教育教学工作成绩突出的教师。"杨天全奖学金"为南城街道中小学千余名贫困学生、优异生累计发放资金近90万元。

【侨情普查】 区侨办按照"组织推进、宣传发动、摸底登记、督查考核"四个方面，抓好侨情普查工作，从基层抽调专人负责并配备必需的办公设备，积极争取侨情普查专项资金，结合区情制定工作方案，通过为期一个月的认真普查和一个半月的反复核查，侨情普查工作做到"防丢防漏、找全找遍、搞全搞实"。全区共普查涉侨家庭867户，涉侨人员2248人，其中华侨74人、华人62人、归侨23人、侨眷1438人、留学生461人、出国务工人员166人，侨港资企业24家。建立全区侨情台账。

（撰稿：樊　婷）

志鉴编纂

【海州区志出版发行】 2014年5月8日，《连云港市海州区志（1986~2005）》首发式在海州区政府举行。区志上限起于海州区恢复建制的1986年，下限至2005年。全书涵盖海州区自然、政治、经济、文化、社会等方方面面。全志除总述、大事记、附录外，设36编、141章、564节，有图照229幅，随文表格298张，总篇幅188.9万字。海州是连云港市城市之根、文化之源，拥有优秀的修志传统。这部区志全方位记述海州的地情、民情、政情、社情，再现了改革开放20年间海州经济社会发展变化的轨迹，对于保存历史、资治百业、教育人民、对外交流，都将发挥积极而独特的作用，为领导决策提供真实而宝贵的资料。

【新浦区新志编纂出版】《连云港市新浦区新志》编纂工作自2005年启动，历时10年，编纂人员走遍苏北鲁南，查阅历史档案，走访老同志，收集资料数十万条，形成初稿。2013年3月，编委会聘请专家学者对《新浦区新志》稿进行评议，并按专家提出的意见进行修改。2014年3月通过市志办验收。经再次修改整理，2014年12月由北京方志出版社审定。交南京凯德印刷厂印刷出版。全书设39编、214章、839节，并设有大事记和附录。《新浦区新志》收录新浦有史以来至2005年，其间自然、经济、政治、文化、社会、风土人情等方面发生、演变、发展情况，为存史、资政、育人留下了宝贵资料。

【云台乡志送审】 2007年3月组成《云台乡志》编委会，下设编写组，历经5年撰稿，于2012年形成初稿。编委会邀请历届老干部组成初审组逐章审改，形成征求意见稿，分发至各单位，再经市、区老干部审核修改后，形成送审稿。2014年底，送审稿报区、市地志办评审。全书共31章，140万字。

【海州年鉴编纂】 2014年，由于2013年区划调整，原海州区地方志办公室承担板浦等3镇1街及南部拓展区年鉴编纂工作。编纂人员根据古海州特点，仍记录海州2013年区内自然、政治、经济、文化、社会真实风貌，全书设33个类目、229个分目、971个条目。

【新浦年鉴编纂】 2014年1月印发年鉴征稿通知，3月举办年鉴纂写知识培训班，请市志办专家讲课，参加培训80人。对不熟悉年鉴编写的新手，区志办工作人员分别进行辅导。根据区划调整和社会经济发展情况，志办对年鉴结构进行调整，充实经济发展、人民生活和新浦风采等内容。于2014年12月出版，全书设17篇，共93.1万字。

【海州史话编纂】 2014年，海州区志办根据中国社会科学文献出版社关于编纂出版"十二五"国家重点图书出版规划项目《中国史话》系列《海州史话》的函，组织力量进行编纂。书稿于2014年10月交付出版社。

【全国版权协会第五届年鉴评比】 2014年，全国版权协会举办第五届年鉴编纂出版质量评比，《新浦年鉴（2013）》获全国地州区县年鉴装帧设计一等奖、年鉴综合二等奖、框架设计三等奖、条目编写二等奖。

【区志办获全市志鉴编纂工作一等奖】 海州区地方志办公室获连云港市2014年度志鉴编纂工作综合奖一等奖；海州区地方志办公室编纂的《海州史话》获连云港市2014年度史志工作优秀创新创优项目。

（撰稿：区地志办）

人大建议与政协提案办理

在原海州区十七届人大三次会议和政协新浦区八届委员会三次会议上，人大代表和政协委员提出很多宝贵意见和建议，其中交区政府办理建议32件、提案66件。区政府办公室和各承办单位采用专访等形式，办结建议、提案。人大代表建议中，已经解决或采纳的7件，占承办总数的21.8%；列入计划拟解决的21件，占承办总数的65.6%；受条件和政策所限，难以解决的4件，占承办总数12.5%。代表满意、基本满意率达100%。政协委员提案中，已经解决或采纳的12件，占承办总数的18.2%；列入计划拟解决的46件，占承办总数的69.7%；受条件和政策所限，难以解决的8件，占承办总数的12.1%，委员满意、基本满意率均98.5%。

（撰稿：王小青）

政协委员撰写提案

责任编辑：孙寿鹏

政协海州区委员会

综　述

2014年，根据《政协章程》和市委市政府《关于调整部分行政区划的通知》《关于调整部分行政区划的实施意见》要求，以及市政协有关指导性建议，区委成立了区政协八届四次会议筹备组，召开海州区政协八届四次会议，选举产生新的政协领导班子。以原新浦、海州两区第八届政协委员为新海州区的政协委员，共342名，涉及23个界别，其中中共党员委员143名；民主党派成员和无党派人士的委员199名，其中民盟17名、民革14名、民建15名、民进17名、致公党12名、农工党11名、九三学社15名、无党派98名；妇女委员94名。

新组建的区政协在中共海州区委的领导下，按照区委九届六次、七次全会的决策部署，切实履行政治协商、民主监督、参政议政职能，求真务实，锐意进取，为建设幸福海州、和谐海州、美丽海州做出了积极贡献。

重要会议

【新浦区政协八届三次全会】 中国人民政治协商会议连云港市新浦区第八届委员会第三次会议，于2014年1月7日至9日在市委党校召开。区委、区人大、区政府、区纪委和区人民法院、人民检察院的有关领导，区政协历届主席、副主席应邀出席会议；区政府相关部门负责人应邀列席会议。

中共新浦区委书记王立斌到会讲话，区政协主席汤成元代表区政协第八届委员会常务委员会作工作报告，区政协副主席王宏新向大会报告区政协八届二次会议以来的提案工作情况。全体委员列席区第十七届人民代表大会第三次会议。

【原海州区政协八届三次全会】 中国人民政治协商会议连云港市海州区第八届委员会第三次会议，于2014年1月7日至9日在海州召开。区委书记孙爱华作重要讲话，区政协副主席于振强代表区政协八届委员会常务委员会作工作报告，区政协副主席颜景华作区政协八届二次会议以来提案工作情况报告。全体委员列席区人大十七届三次会议，听取并讨论区长所作的政府工作报告及其他报告。

【海州区政协八届四次全会】 中国人民政治协商会议连云港市海州区第八届委员会第四次会议，于2014年8月11日至12日在市委党校召开。区委书记王立斌作重要讲话，汤成元代表区政协八届四次会议筹备组作工作报告。会议选举产生政协海州区第八届委员会主席、副主席、秘书长及常务委员，共52人。

【政协海州区筹备组会议】 2014年7月15日，召开海州区政协筹备组第一次会议，会议组织开展“海州政协看海州”活动。29日，召开海州区政协筹备组第二次会议，会议对委员进行增补，并通报了八届四次会议筹备工作。

【常委会议】 1月8日，新浦区政协主席汤成元主持召开区政协八届十次常委会，听取各界别联组讨论情况，协商通过2014年工作要点，协商新浦区政协八届二次会议提案初步审查情况的报告和会议决议。同日，原海州区政协副主席于振强主持召开原海州区政协八届十二次常委会，听取讨论组关于八届三次会议审议报告情况。3月7日，原海州区政协副主席于振强主持召开原海州区政协八届十三次常委会，审议原海州区政协2014年工作意见和主席会、常委会议题安排，各专委会、活动委工作安排；召开区政协党的群众路线教育实践活动动员会。4月23日，新浦区政协主席汤成元主持召开区政协八届十一次常委会，视察海宁中学、建宁小学、大庆路小学和新浦中学，听取区教育局关于义务教育均衡发展情况的通报。5月30日，原海州区政协副主席于振强主持召开原海州区政协八届十四次常委会，通过有关人事安排和其他工作事项。10月23日，海州区政协主席汤成元主持召开海州区政协八届十二次常委会，听取区政府关于提案办理情况的通报。12月30日，海州区政协主席汤成元主持召开海州区政协八届十三次常委会，协商通过八届五次会议事项。

【主席会议】 2月13日，新浦区政协主席汤成元主持召开新浦区政协八届十二次主席会议，协商确定年度重点工作、重点会议议题和调研课题安排。26日，原海州区政协副主席于振强主持召开原海州区政协八届十三次主席会议，审议区政协2014年工作意见和主席会、常委会议题安排，各专委会、活动委工作安排。9月14日，海州区政协主席汤成元主持召开区政协八届十三次主席会议，协商通过《政协连云港市海州区委员会全体会议制度》《政协连云港市海州区委员会常务委员会工作规则》等14项制度。12月4日，区政协主席汤成元主持召开区政协八届十四次主席会议，视察区南部镇街发展情况。19日，区政协主席汤成元主持召开区政协八届十五次主席会议，会议通过区政协八届五次会议大会材料、议程、日程、执行主席等相关事项。26日，区政协主席汤成元主持召开区政协八届十六次主席会议，视察区司法行政工作。

政治协商

【协商议政】 八届三次、四次全体会议期间，区政协组织全体委员围绕区委领导讲话和常委会工作报告等进行讨论，与党政领导共谋发展大计、共商民生大事。

八届十二次常委会议对区政府关于提案办理情况的通报进行协商讨论，梳理归纳提案办理过程中存在的薄弱环节，提交政府常务会研究，进一步提升提案办理成效。

八届十四次、十六次主席会议就海州发展目标和定位进行专题协商。

专委会与党政部门就经济发展和民生改善等方面问题进行对口协商。

在党的群众路线教育实践活动中，广大政协委员认真参与区政府职能部门的民主测评和政策修订中的征求意见工作，充分发挥政协作为协商民主的重要渠道作用。

【建言献策】 区政协在大会发言及其他参政专题活动中，各民主党派和工商联、无党派人士积极议政建言，就旧城改造、新区发展、科技创新等方面的发展课题和道路建设、教育卫生、秸秆综禁等热点问题向区委、区政府提出意见和建议。周湘屏委员提出的《关于加强违章占道经营管理的建议》，区相关执法部门一直高度重视，对道路市容分类管理，按照疏堵结合原则，严控一类道路，确定疏导路段，将流动摊点规范摆放，并积极与工商、公安等部门建立联动机制，有针对性地开展占道经营、马路市场等专项整治。张华委员提出的《关于对中小学校交通高峰期进行管制的建议》，教育、交巡警等部门高度重视中小学上下学交通安全，加强校园周边道路管控，排查安全隐患，完善交通设施，在城区一些重点学校附近安排护学岗，指挥交通，全力保障学生安全。此外，关于保障居民食品安全、乡村道路维修与养护、市政道路积水问题处理等提案都为区委、区政府的决策提供了参考。

【调研视察】 2014年1月7日至9日，原海州区政协八届三次会议组织委员视察科技创业园和新坝新镇区建设情况。4月23日，新浦区政协八届十一次常委会议对全区义务教育均衡发展情况进行调研。7月，区政协组织开展"海州政协看海州"活动，对云台、浦南新镇区、新浦开发区以及现代服务业集聚区、滨河新城、孔望新城等片区进行视察。12月，区政协组织开展"走进南部镇街"专题调研视察活动，视察了宁海产业园、海州开发区等工业园区以及桃花涧景区、板浦古镇等文化旅游景点，对产业和城市转型发展中存在的问题提出合理建议。

【提案办理】 区政协八届三次会议以后，收到政协委员提案158件，涉及经济发展、城乡建设、教育卫生、社会管理、民生改善各个方面。区政协对提案认真梳理分类，转交区政府37个部门和单位办理，10月底所有提案均已办复。总体来看，提案既有事关全局性、前瞻性的问题，也有事关人民群众切身利益的民生问题。其中，以修建维护公共设施及道路、保障弱势群体权益、提高教育医疗水平等涉及民生的提案较多。区政协以关注经济发展、促进解决民生难题为重点，跟踪督促有关部门认真办理，并把《关于加强新浦经济开发区基础设施建设的建议》《建立志愿者服务体系、加快发展社区居家养老》等提案作为主席督办提案，促进相关可行建议的落实。

【社情民意】 2014年，区政协拓宽渠道，广泛开展社情民意征集和交办工作。区政协八届三次会议期间，将12件反映基层生产生活问题和亟待解决问题的提案转化为社情民意，并及时转交政府相关部门办理。在组织开展党的群众路线教育实践活动中，围绕"为民务实清廉"主题，开展社情民意征集活动，共收集社情民意21条，全部转交政府相关部门精心办理。在平时工作中，及时将委员反映信息整理为13篇社情民意报送区政府。

【学习活动】 2月~11月，区政协围绕"为民务实清廉"主题，扎实开展党的群众路线教育实践活动。深入学习中央和省、市、区委有关会议精神，强化"人民政协为人民"的工作理念，组织开展专题学习交流会、"为了谁、依靠谁、我是谁"大讨论等系列学习活动，切实增强履职的事业心和责任感。

区政协八届四次会议期间，通过重新编排委员界别联组，加强政协委员之间的联系交流，促进相互融合。四次全会后，各民主党派团体集中在8~10月开展界别联组活动。

8月，积极开展爱心救助、文艺座谈、创作童谣等特色活动，民革、民建组织关爱行动，慰问帮扶困难儿童和家庭。9月，农工党、致公党集中组织义诊活动，把健康知识送到学校和社区，民盟、民进关注教育发展和校园安全，开展专项调研。中共界别开展环卫工人保障机制调研；工会界别慰问留守儿童；工商联界别为中小企业开展咨询服务。10月，九三学社开展农业科技下乡活动，帮助农民学习致富知识。文广新界别于"八一"前夕慰问空军某部官兵；科技界别组织开展“科普大讲堂”活动，为基层争取科普益民奖补资金百万余元。社科界别开展送文化下乡、为社区捐赠图书等活动。

【联络联谊活动】 2014年，区政协广泛开展联络联谊活动，宣传海州区的区位优势和历史文化，促进经济文化交流，提升海州美誉度，为增强海州区软实力添砖加瓦。7月，接待丝绸之路沿线十余个城市政协组织来访，赴南京市鼓楼区、苏州市姑苏区学习换届筹备工作。8月，赣榆区政协到区开展工作交流。9月，协助宁夏银川书画协会在连云港市开展书画交流。10月，与四川广汉工商界开展互访交流。11月，组织驻区市政协委员赴灌云县异地视察。

民主监督

围绕深化民主法制领域改革，进一步规范民主监督内容、形式和程序。组织部分常委对全区司法行政工作开展监督，查看基层司法所规范化建设及工作开展情况，调研法律援助、公证等工作流程，并对法制宣传教育、社区矫正等业务工作提出建议。向区法院选派30余名委员担任人民陪审员，向区工商、质监、城管等职能部门选派20余名委员担任政风行风监督员，并参与市、区法检部门群众路线教育实践活动征求意见、民主评议等环节工作，切实拓宽监督范围，提高监督实效。

（撰稿：秦昌盛 审稿：汤振宇）

附：

政协连云港市海州区第八届委员会主席、副主席、秘书长、常务委员名单：（四次会议选举产生）

主　席：汤成元

副主席：于振强　曹伟平　颜景华（女）　高　敏（女）　王宏新（女）　张景友　王兰芳（女）　刘建春　苗永梅（女）

秘书长：汤振宇

常　委：（以姓氏笔画为序）

卜贤超　王　坚　王加德　王建成　王海鸥（女）　田　恒　史建梅（女）　朱孔宜　朱礼智　乔月亮　刘军林　许　鹏　许言吾　李宝凯　李健春（女）　杨　杰（女）　杨　敏　吴　昊　张运凤（女）　陆　荣　陈　群　陈忠燕（女）　陈露霞（女）　林备战　罗卫宏　周明珏　周湘屏　封其冰　胡启楷　徐正华　高云明（女）　高志红（女）　高美霞（女）　陶成友　黄宝军　崔月明　葛　敏（女）　葛雄灿　谢　艳（女）　路　涛（女）　颜　珉（女）

政协委员讨论常委会工作报告

责任编辑：李云高

中共海州区纪律检查委员会

综　述

2014年，中共海州区纪律检查委员会（简称区纪委）及监察局，紧紧围绕区委和市纪委的工作部署，抓住纪检监察工作转职能、转方式、转作风（简称“三转”）机遇，以区划调整为契机，进一步聚合力量，聚焦主业主责，强化执纪监督，加强案件查处，持续纠正“四风”（形式主义、官僚主义、享乐主义、奢靡之风），全区党风廉政建设和反腐败工作取得阶段性成效，为建设人文荟萃、美丽海州提供强有力的纪律保障。

重要会议

【全区纪检监察工作会议】 2月26日，新浦区召开全区纪检监察工作会议。会议学习贯彻中央纪委三次全会、省纪委四次全会、市纪委四次全会精神，总结2013年全区党风廉政建设和反腐败工作，研究部署2014年主要工作任务。区委常委、区纪委书记姚超出席会议并讲话。会议表彰2013年度纪检监察工作先进单位和新闻宣传信息工作先进个人和四务〔财务、村（居）务、党务、服务〕公开示范点。各镇纪委书记、街道、开发区纪工委书记，区各直属单位、驻区单位纪委书记、纪检组长，各单位监察室主任及委局机关全体人员等参加会议。

8月20日，海州区召开全区纪检监察工作会议。区委常委、区纪委书记姚超主持会议。全区镇街、开发区纪（工）委书记、12名区直单位纪委书记（纪检组长）、委局全体工作人员参加会议。此次会议明确了区划调整后区纪委、监察局领导分工及委局管内设机构调整方案；针对纪检干部“灯下黑”问题，下发《关于派驻纪检机构负责人严格遵守“八个必须”的通知》《关于纪检监察干部“十个不准”的通知》。

主要工作

【落实“两个责任”】 2014年，协助区委制定《关于落实党风廉政建设党委主体责任和纪委监督责任的实施办法》，清晰界定党委领导班子8项集体责任、领导班子成员5项个人责任及纪委6项监督责任。在党风廉政建设责任制考核和日常巡查工作中把落实“两个责任”作为重点，就检查发现的问题先后约谈纪检负责人23人次，当面交责，限期整改。

【推进“三转”】 2014年，区纪委、监察局牵头或参加的各类议事协调机构，坚决退出职能部门业务工作，保留参加11个议事协调机构，确保集中精力抓好执纪监督主业。调整优化区纪委、监察局内设机构，整合党风廉政室、执法监察室，成立党风政风监督室，增设第二、第三纪检监察室，其中第三纪检监察室挂巡查办牌子。调整后，行使监督职能的人员和科室分别占全委总数的83.3%和85.7%。要求纪检组长不分管其他业务，对纪检干部兼职情况进行清理，确保纪检干部专职专用。

【作风建设】 2014年，区纪委制定《关于加强对党员干部作风建设情况监督检查的办法》，明确监督检查内容和方法。出台《作风建设约谈暂行办法》，对党员干部作风建设方面存在的苗头性、倾向性问题，早提醒、早纠正。对违反八项规定精神的单位和个人，及时查处，公开曝光，累计通报公款购卡、公车私用、午间饮酒、大操大办等10起违反作风建设规定的行为，问责44人次。定期会同财政、审计等部门开展“三公”（因公出国、出境经费，公务车购置及运行费，公务招待费）消费检查，执行财务审核“四不报”规定（500元以上办公费不附购物清单不报，招待费不附接待清单不报，会务费不附会议清单不报，差旅费不附行程清单不报），从源头上整治“四风”（形式主义、官僚主义、享乐主义和奢靡之风）。全年“三公”经费较2013年度下降25.3%，其中公务接待费同比下降38.1%，会务费下降50.2%，因公出国（境）费用下降81.2%，普通公务用车运行费用下降9.1%。

【查办案件】 2014年，区纪委增设第二、第三纪检监察室，将委局机关骨干力量集中到办案岗位，全委直接从事办案的人员16人，占全委人员的三分之一以上，为加大案件查办力度打下坚实基础。全年，区纪检监察机关共受理来信来访169件次，初核39件，立案35件，结案33件，实施“两规”“两指”措施4件，受处分党员干部33人，涉及乡科级干部案件12件。

【巡查工作】 在全市率先开展巡查工作，创新巡办结合的工作模式，巡查组在巡查过程中发现违纪违规问题，一旦具备立案条件，就迅速由“巡”转“查”，提高办案效率。2014年先后开展对朐阳街道、新南街道、卫生局等6家单位的两轮巡查，共梳理出涉及财经纪律、工程建设、机关作风、选人用人、物品采购等方面突出问题31个，掌握违纪线索8条，转立案查处2件。

【教育引导】 2014年，建立区纪委班子对联系点主要领导、基层纪检干部约谈制度，选树“全市勤政廉政十佳公仆”先进典型，组织开展“山海廉韵”全市廉政文化乡村行走进海州文艺会演，编排廉政淮海剧《一碗米粥》，创建陇海步行街廉政文化主题街区、江浦新村等5个市级廉政文化示范点。

【自身建设】 2014年，出台《关于纪检监察干部“十个不准”的通知》，明确由纪委副书记、监察局局长李宝凯负责纪检监察干部监督工作，纪检监察干部如有违反，一经查实，一律按党纪政纪上限从严从重处理，并坚决调离纪检监察岗位。同时出台《关于派驻纪检机构负责人严格遵守“八个必须”的通知》，要求派驻纪检机构负责人必须聚焦反腐倡廉主业，及时制止和纠正所驻部门的违纪问题，及时上报发现的违纪问题，及时核实处理信访举报，服从区纪委工作安排，及时报告个人重大事项，定期汇报履职情况及严格执行八项规定精神情况。

（撰稿：薄一民　审稿：王经博）

海州区纪检监察工作会议

民主党派　工商联

民革海州地区组织

【概况】 2014年末，中国国民党革命委员会连云港市委员会（简称民革）在海州地区设有8个基层支部，共有党员189人，其中2014年新发展党员8名。海州地区的民革党员中有省政协委员1人；市人大代表3人，其中常委1人；市政协委员17人，其中副主席1人、常委2人；区人大代表5人，其中常委2人；区政协委员15人，其中常委2人。

【自身建设】 2014年，民革海州地区各基层支部继续加强思想建设。各支部从学习培训入手，认真组织中共十八届三中、四中全会精神专题学习会，帮助民革党员学习理解全面推进依法治国的意义，增强对中国共产党领导的多党合作和政治协商制度的认同。有近40人次参加省、市社会主义学院的培训学习。同时，强化支部领导工作的规范化和制度化建设，民革市委在完善后备干部信息库的基础上，进一步加强对各支部后备干部队伍动态管理，确保思想、组织、作风“三过硬”，得到民革省委和中共连云港市委、市政府认可。年内，民革海州地区基层组织及其党员获得一系列荣誉：海州支部、医卫支部在连云港市民主党派“双创双增”活动中被评为“先进基层组织”，民革海州地区党员中，有3位党员被评为“先进个人”。

【参政议政】 2014年，民革海州地区各基层组织及成员切实履行参政议政职能。年内，共有40余人次的各级人大代表、政协委员参加各种视察、调研活动，并认真建言献策；在各级“两会”（人大、政协会议）期间，人大代表、政协委员共提交提（议）案28件，这些提（议）案涉及社会保障、城市建设与管理、环境保护、教育、卫生、文化等多个方面，与全区、全市乃至全省的经济、社会生活密切相关，有较高的质量。与此同时，民革海州地区各基层支部高度重视反映社情民意工作。全年向各级党政部门反映社情民意10份，其中《做好规划与布局，促进产业合理有序转移》等4份被中共江苏省委统战部采用。在连云港市统战系统开展的“我为建设丝绸之路经济带东方桥头堡献一策”活动中，海州地区各支部的民革党员积极献计献策，提出并上报意见、建议10条，其中《关于打造“丝绸之路经济带”海陆信息中心的建议》被市有关部门采用。

【涉台工作】 2014年，民革市委会密切关注台湾形势，组织1次台属民革党员形势报告会，帮助大家认清形势，要求民革党员不失时机地以多种方式向在台亲属宣传“一国两制”主张。中秋之际，市委会召开台属成员座谈会，让台属党员相聚一堂，度佳节，话亲情，共献为国出力之策，同表促进统一之心，进一步激励大家的爱国热情。

【社会服务】 2014年，民革市委会本着彰显特色、发挥优势、努力作为、注重实效的原则，积极服务社会。经济支部积极组织民革党员参加民革市委开展的“博爱·牵手”活动，党员中的文艺工作者冒着酷暑赴驻连部队连云港教导大队、工兵连慰问官兵。医卫支部组织医疗专家赴经济保障房社区——茗馨花园、海州区新坝镇为贫困居民、留守儿童进行医疗咨询服务。此外，民革市委向连云港市新坝丰泰农业资源开发有限公司提供农业项目培训补助款2万元。

（撰稿：赵又晴）

民盟海州地区组织

【概况】 2014年，海州地区中国民主同盟组织（简称民盟）共发展新成员25人，其中博士1人、硕士12人、副高以上职称12人，平均年龄38岁。截至2014年底，海州地区民盟共有19个基层组织，盟员417人。其中有博士5人、硕士52人、副高以上职称259人，平均年龄53岁。

【学习实践活动】 2014年，海州地区民盟组织认真学习贯彻中共十八届三中、四中全会和习近平总书记系列重要讲话精神，积极投身于地方全面深化改革与依法治市的实践，以法治观念行使民主权利，依法议政建言、参政履职。根据民盟江苏省委的总体部署，民盟市委制定并下发《开展坚持和发展中国特色社会主义学习实践活动实施方案》，以学习实践活动为主线，以改进思想作风为年度工作重点，带领盟员扎实开展学习实践活动，不断提升基层组织活力，增强广大盟员对中国特色社会主义理想信念的认识。

【教育培训】 2014年，民盟市委组织盟员前往抗日山烈士陵园，开展爱国主义和革命传统教育，探索坚持和发展中国特色社会主义学习实践活动的新载体，《团结报》对该活动进行了报道；组织新盟员参加全市民主党派新成员培训班，听取《民主党派与中国共产党多党合作的优良传统》《连云港“一带一路”建设情况》讲座；组织青年教师赴沂蒙革命老区——孟良崮纪念馆及红嫂纪念馆参观学习，接受革命传统教育。安排市委委员王海红、宋现良、刘旭光和部分基层支部负责人参加中共连云港市委统战部在省社会主义学院举办的党外骨干培训学习，民盟市委主委范忠华、秘书长王海红参加中共连云港市委统战部在市社会主义学院举办的全市党外人士研讨班。

【参政议政】 2014年，根据《民盟江苏省委关于加强参政议政工作的意见》精神，民盟市委以“促进我市全面深化改革、助力科学发展”为切入点，整合盟内外资源，积极建言献策。在市政协十二届三次会议上，民盟海州地区政协委员共提交提案30件。其中，陶加庆委员提交的《关于进一步加强我市城市物业管理工作的建议》和赵军委员提交的《关于尽快出台我市<优先发展城市公共交通的实施意见>的建议》被列为市领导领办提案，民盟市委提交的《关于提升我市城市现代化与国际化品质的建议》被列为主席督办提案，黄雁鸿委员提交的《关于将志愿者服务引入我市养老服务体系的建议》被列为重点提案，民盟市委提交的《关于做大做强临港产业，实现我市经济结构调整和转型升级的建议》被评为优秀提案。

【社情民意】 全年共上报社情民意48篇，其中被省政协采用1篇，中共江苏省委统战部采用1篇，民盟江苏省委采用16篇。《关于推进国家东中西区域合作示范区（连云港徐圩新区）实行节能指标单独考核的建议》得到副省长史和平的批示。在中共连云港市委统战部举办的“我为‘丝绸之路经济带’东方桥头堡建设献一策”活动中，民盟市委报送的建议被采用15篇，其中《关于促进我市临港经济发展的建议》《关于将连云港作为“新丝绸之路论坛”永久性举办地的建议》得到市领导的批示，相关建议已被采纳落实。4月26~27日，江苏省副省长、民盟江苏省委主委曹卫星带领民盟专家组一行到连云港市调研，并召开沿海发展（临港经济）座谈会，民盟市委参加调研并做好相关联系工作。根据调研组专家的意见、建议，以建议信的形式上报省委、省政府，省委书记罗志军、常务副省长李云峰分别做出批示。10月23~24日，民盟服务“丝绸之路”经济带协商会在连召开，来自江苏、山东、安徽等地民盟专家汇聚连云港，共同研讨服务“丝绸之路”经济建设的新举措，谋划参政履职新思路。

【社会服务】 2014年，民盟市委依托各基层支部，广泛凝聚盟员力量，扎实开展农村教育烛光行动、社会帮教、捐款捐物和社区服务工作，先后开展各类社会服务活动30余次，参加盟员200余人次，服务对象8000余人，捐赠金额5万余元。

在农村教育烛光行动中，全市盟员积极投身民盟市委开展的“帮扶乡村行”活动，市政协副主席、民盟市委主委范忠华带领盟员代表赴东海县李埝乡，与乡村孩子、家长、老师面对面，为贫困学生发放助学金22000元，部分盟员还与该乡经济、教育等部门结对进行技术咨询与帮扶服务。财经支部组织盟员到锦屏镇西山社区看望慰问留守儿童；电大支部盟员热心社会帮教，当起“社会妈妈”献爱心；师专支部的盟员为灌云县白蚬小学、七道沟小学捐书，开展听课、讲课及讲座指导；文化科技支部自筹资金，为灌云县曹庄小学捐寒衣，更换校舍门窗，并与连云港市书友协会的书画家和艺术爱好者，赴东辛农场驻场空军某部，开展“纪念建军87周年，文化艺术进军营”慰问活动；中蓝连海设计研究院支部、职业技术学院支部的盟员走进街道社区，为社区居民进行义务咨询，维修家电；综合三支部盟员充分发挥自身专业优势，开展各类法律咨询服务、税法宣传和无偿献血活动；盟员秦淑珍投身“TA青年志愿者”，组织港城10位志愿者赴灌云县第一中学开展“成长心连心”公益活动。

（撰稿：杨　楠）

民建海州地区组织

【概况】 2014年，海州地区中国民主建国会组织（简称民建）紧密围绕“广大会员受教育、参政议政上水平、自身建设见成效”的总体目标，深入开展坚持和发展中国特色社会主义学习实践活动，努力建设适应新时期要求的参政党，使得民建各项工作迈上新台阶。

【调查研究】 2014年，民建紧扣“一带一路”建设这一主题，通过精心选题，与民建江苏省委、连云港市政协经科委联合开展大力推动连云港内陆无水港建设的调研。该次调研转化为两项调研成果，其一由民建连云港市委作为民建界别大会发言提交连云港市政协全会，其二由民建江苏省委作为集体提案提交江苏省政协全会。通过上下联动、共同发力的方式，力争进一步引起中共江苏省委、连云港市委对于连云港市无水港建设的重视，着力解决发展难题，争取更多的政策优势，加大扶持力度，增强港口竞争力，更好地推动连云港在融入“一带一路”国家战略大局中发挥应有作用。

【建言献策】 2014年，在市政协十二届三次会议上，民建海州地区市政协委员共提交集体提案5件、个人提案28件，会上所作的《提升我市海洋生物产业、推动蓝色经济发展》的大会发言受到中共连云港市委、市政府领导高度肯定和重视，有2件提案被列为市政协重点提案。在开展“我为东方桥头堡建设献一策”活动中，共向中共连云港市委上报建议意见24篇，其中6篇被采用。坚持开展走基层调研活动，围绕群众关心的热点难点问题，先后深入社区、高校、企业，收集社情民意信息，发挥好党委、政府与基层群众的桥梁纽带作用。年内通过各种渠道报送社情民意信息100余篇，被民建省委采用9篇，市政协采用6篇，其中《关于加强港城公交便民服务的建议》得到中共连云港市委书记杨省世批示，《关于青年路东端改造升级的建议》得到副市长尹哲强批示。

【宣传工作】 年内，民建海州地区组织积极加强同民建上级组织和新闻媒体的联系，做好在各级各类媒体、刊物、网站上的新闻宣传工作，截至12月底，在各级新闻媒体刊发稿件200余篇。连云港民建网站于12月正式开通。网站的开通有利于向社会更好地展现民建风采，树立民建形象。

【组织建设】 2014年，民建坚持注重质量、注意数量的方针，按照“保持速度、提升质量、完善结构、汇聚人才”的组织发展目标和任务，认真抓好组织发展工作，使会员队伍在数量规模上有新的增长，在整体素质上有新的提高，在组织结构上有新的改善。全年海州地区共发展会员19人，其中研究生及以上学历3人、高级职称3人。

【社会服务】 2014年，民建继续深入推进“思源工程——生育关怀行动”。年初，与原新浦区政府合作，慰问辖区85户困难计生家庭，发放慰问金4.25万元。国庆前夕，与海州区工商联、区人口计生局联合开展走访慰问活动，共慰问辖区200多户计生失独、残疾和困难家庭，送上5万元的计生系列综合保险。同时，打造“同心法律义助中心”品牌。在“3·15”国际消费者权益日到来之际，民建海州地区组织“同心法律义助中心”联合市司法局、原新浦区工商联、新浦工商分局、区消协等部门在陇海步行中街广场举办大型法律咨询服务活动，向市民宣传新消法、解答法律难题，发放宣传资料近1000份。与此同时，各基层组织积极开展社会服务工作，农业支部、工业支部送科技下基层，城建支部、财经支部、海州支部、教育支部开展助学帮困活动，机关支部、新浦支部开展义务法律咨询服务等一系列活动。

（撰稿：常　明）

民进海州地区组织

【概况】 2014年，海州地区中国民主促进会组织（简称民进）被民进省委表彰为先进地方组织、江苏民进“阳光助学（宿迁行动）”先进单位。同时获江苏省“新闻宣传工作先进单位”“信息工作先进单位”称号。民进解放路小学支部被民进中央授予“民进全国组织建设先进基层组织”。新浦中学支部、文化馆支部被表彰为省先进基层组织。

【宣传报道】 2014年，民进以坚持和发展中国特色社会主义学习实践活动为主线，坚持用思想武装促发展，以宣传带工作，全年在《人民政协报》《挚友》等省级以上新闻媒体发表文章30余篇，被民进中央、省委网站采用稿件360多篇。6月，庆祝民进地方组织成立30周年专刊《风华正茂》出刊，续接2011年的《正道行》，从不同角度展现市民进第七次代表大会以来所取得的成果。

【政治理论学习和培训】 2014年，民进组织中心组开展专题学习，及时学习中国共产党第十八届四中全会精神，中共连云港市委、市政府重要文件精神等内容；市民进主委参加民进中央主办的市、县级组织主委培训班；近60人参加中共连云港市委统战部、民进省委党外人士研讨，骨干会员、新会员学习和组织工作培训班。7月，特邀省社会主义学院副教授任世红作《当前参政党建设理论研究动态及方法解读》主题报告，组织百余名会员聆听学习。重视理论成果转化，形成一支由20多名骨干会员组成的理论学习研讨队伍。积极参与省社科院、民进省委、中共连云港市委统战部举办的参政党理论研讨及征文活动，“参政党培育和践行社会主义核心价值观的路径研究”等2个课题被列为民进中央和中共连云港市委统战部年度理论研究课题，民进市委会被民进省委表彰为2014年参政党理论研究先进单位。

【建构支部宣传平台】 2014年，海州支部创办《会员学习资料》半月刊，主动和其他支部实现资源共享；新浦中学支部、解放路小学支部等创办支部信息快报电子版。

【增强参政议政实效性】 年内，民进在深入开展调研的基础上，不断提高建言献策的针对性，提升参政议政的有效性。报送的信息有16篇被全国政协、中共中央统战部、民进中央采用；有93篇被民进省委采用，其中有25篇被中共江苏省委、省委统战部采用。积极参与高层协商民主，主要负责人多次参加中共连云港市委“双月座谈会”，在以“全市义务教育均衡发展”为议题的双月座谈会上，主委舒小平作题为《破解难题 创新制度 着力推进义务教育优质均衡发展》的发言，受到中共连云港市委的高度赞扬，被认为是成果最突出的一次双月谈。市委书记、市长等5位常委分别对建议做出批示，由市委常委滕雯亲自督办。民进市委会领导多次参加市人大、政府和政协召开的民主协商会、情况通报会以及调研活动，就全市经济社会发展重大问题建言献策。参与丝绸之路经济带建设、全市港口建设和政府工作报告等重要文件的意见征询。在省、市“两会”期间，副主委张锋代表市委会作题为《理念引领 制度创新 推进教育现代化市级示范区建设》的大会发言。民进市委会提交集体提案8件、个人提案52件。其中，市委会及部分政协委员提出的《关于围绕城市定位 将旅游业培育成全市战略性支柱产业的建议》等12件提案，成为市政协重点提案或主席督办提案；会员伏广志提出的

《关于秦东门大街整修翻新的建议》，成为市政府领导领办提案。4月至7月，民进市委会联合民进南通市委和盐城市委赴南通、盐城、宁波等地开展沿海地区港产城融合发展情况专题调研，为全省沿海城镇建设与产业融合发展献计出力。6月，与市人社局共同开展劳务派遣用工情况调研。8月，赴赣榆区施工现场及海头大官庄安置小区调研连盐铁路建设情况。11月，联合市政协文教体卫委员会、市文广新局针对全市文化惠民工程效能建设情况开展专题调研，完成涉及文化、农业、环保等方面调研报告8篇。在中共连云港市委统战部开展的“我为‘丝绸之路经济带’东方桥头堡建设献一策”活动中，民进市委会共提出建议30多条。

【丰富载体活动】 2014年，民进以重大节日为契机，策划专题，积极投入全市民主党派“双创双增”（创新，创优；增强民主党派的凝聚力、创造力，增强民主党派服务发展的本领和水平）活动，量化考核细则，推动各支部融入活动之中。3月，组织女会员参观海滨新城建设。6月，召开庆祝市委会成立30周年暨“四要四好”（要坚持学习，要立会为公，要多干实事，要团结稳定；参政议政好，本职工作好，会务活动好，广交朋友好）表彰大会，全国政协原副主席、民进中央常务副主席张怀西发来题词“参政为民、与时俱进”，师专支部等10个基层组织和76名会员受到表彰。9月，在庆祝教师节之际，召开港城教育服务“一带一路”经济发展研讨会。新浦中学支部结合学校特点，开展“重温入会誓言，畅谈双岗建功”“我为支部建设出谋划策”系列主题研讨活动；职业教育支部“义工团”开展为孤独症儿童献爱心系列活动；新海高级中学、经济、文化、机关等支部分别以“关爱失学儿童”“法律进社区”等形式开展支部活动。解放路小学、医卫、新海实验、师专、外国语学校等支部以送教、送医等优势活动为平台，不断完善支部建设，保持生机与活力。

【社会服务】 2014年，民进彰显教育特色，发挥会员专业优势，“阳光助学（宿迁）行动”再度起航。6月，市委会组织解放路小学名师赴宿迁泗洪梅花镇中心小学开展送教活动，并捐赠学生所需文具；开设数学系列课程，受益师生500余人。组织教育专家多次开展送教下乡活动，先后组织名师赴东海县山左口中学、东海县平明中心小学、连云区云山小学等送教交流，将先进的教学理念和方法传递到乡镇学校。江海书画会先后走进市公安消防支队云台山风景区大队、海州区大队、市边防支队，开展书画进警营活动，累计创作书画作品90多幅。同时组织书画家会员开展送书画、春联进社区等惠民活动。此外，采用捐赠、下基层、慰问、义诊等多种形式，开展公益活动10余次。延续对市特殊教育中心的献爱心活动，海州支部企业家会员洪海彬资助价值6000元生活用品，组织法律专家赴市贾圩社区开展“法律咨询进社区”活动，向浦西街道西桥社区阅览室捐赠价值2万余元的图书，解放路小学支部为区“十佳最美少年”范星星送去生活用品及慰问金。海州支部向板浦镇困难群众捐赠5000余件衣物、3000余件书刊。与海州区慈善基金会合作设立长期爱心捐赠点，集合更多人的力量践行公益。医卫支部分别到江苏岗埠农场、赣榆石桥镇进行义诊，惠及群众400余人。

【组织发展】 2014年，民进紧扣民进中央和民进省委组织建设工作部署，继续深化组织建设年工作主题，稳妥做好组织发展，有针对性地制订组织发展计划，并规范考核程序，主动与发展对象所在支部、所在单位党组织沟通，严格考察，确保高标准把握组织发展工作，全年发展新会员25名。

（撰稿：滕翠红）

农工党海州地区组织

【概况】 2014年，连云港市中国农工民主党市委（简称农工党）不断加强自身建设，积极开展中国特色社会主义实践活动，认真履行参政党职能，并围绕服务“一带一路”建设，建言献策，各项工作均取得新进展，为推动全市改革发展做出积极贡献。全年，农工党市委会荣获农工党省委、中共连云港市委统战部宣传工作先进集体。在全市各民主党派以创新，创优；增强民主党派的凝聚力、创造力，增强民主党派服务发展的本领和水平活动中，农工党市委会的社会服务、建功立业名列第一。海州地区农工党员立足本职，获得很多成就。王子灵荣获“全国五一劳动奖章”，董建梅获评省卫生厅全省先进个人，江玉兰荣获省教育厅教学成果一等奖，祁红艳被授予“连云港市五一劳动奖章”，赵建清获评连云港市“医德之星”、省“百名医德之星”候选人及“十大医德标兵”候选人，杨光华作品《订婚风波》荣获中共江苏省委宣传部“中国梦我心中的梦”微电影征集评选大赛优秀奖；彭家启入选江苏省“333（从2006年起，选拔30名中青年首席专家、300名中青年领军人才和3000名中青年科学技术带头人）工程培养人才”。

【服务“一带一路”建设】 全年，农工党市委会围绕全市建设丝绸之路经济带东方桥头堡这一战略重心，深入调查研究，在“我为建设丝绸之路经济带东方桥头堡献一策”活动中，为中共连云港市委、市政府科学决策提供参考依据。董淑旺主委赴河南等地邀请三门峡市政府、政协参加连云港市物流博览会。

【陈竺到连云港调研“一带一路”建设】 7月，应农工党市委会邀请，全国人大常委会副委员长、农工党中央主席陈竺率国家发改委等部委一行到连云港市就新丝绸之路“一带一路”建设进行考察，为连云港在“一带一路”建设方面争取国家有关部门的支持。

【专题调研】 2014年，农工党市委会积极参加中共连云港市委、市政府、市政协等举办的专题协商会、政情通报会、专题座谈会。5月，中共连云港市委统战部、农工党市委等就连云港市新型农村合作医疗及大病统筹等情况到东海县进行专题调研，在中共连云港市委双月座谈会上，农工党市委会领导就连云港市新农合大病统筹提出建议。农工党市委会与其他民主党派多年关注城市饮用水安全，持续跟踪调研送清水工程。6月，沭新渠送清水工程全线开通送水，港城市民终于喝上安全、卫生、放心饮用水。农工党市委会先后到市民政局、市规划局及海州地区公办，就民办养老机构建设情况进行调研，调研报告被列为市政协十二届四次会议的大会发言材料。为了解近年来青少年的吸贩毒、网络成瘾戒治，分析青少年的行为和心理，农工党市委会先后到市公安局、山东临沂网戒中心调研。妇幼保健院支部的调研报告《提高乡村医生技能 关注百姓健康》等被列为农工党省委重点调研课题成果，受到奖励。

【建言献策】 在市政协十二届三次大会上，农工党市委会共提交集体提案4件，其中《关于进一步提高环卫工人收入和待遇的建议》作为大会发言材料，《关于加快推进市万家乐老年公寓的建议》被列入市政协主席督办提案。提交个人提案44件，其中徐传东的《关于加快宋跳工业区“退二进三”的建议》被列为重点提案，谭清的《关于优化我市医保异地报销程序的建议》被列为市领导领办提案，冯怀金的《关于有效控制雾霾天气的建议》被列为现场办理提案。在市政协办理协商会上，中共连云港市委、市政府和市政协领导，政府各部门负责人以及200多名市政协委员共谋雾霾治理，取得良好效果，《人民政协报》等媒体对此作专题报道。全年农工党向各级部门报送信息137条，被采用82条，其中被市政协采用8条。田友清《正确处理我国现代职业教育发展中的若干问题》被中共中央统战部采用。

【送书活动】 年内，农工党市委会向农工党省委争取到价值20万余元的图书，用于开展服务沿海开发“十村万卷”送书工程，助力连云港市农村文化发展。6月底，农工党市委会联合中共连云港市委统战部赴赣榆区开展送书工程暨扶贫慰问活动，为班庄镇文化站和黑林镇北康邑村送去价值14万元的农村实用图书。7月，农工党市委会在2013年向农工党新农村建设服务点——东海县黄川镇桃李村捐赠价值3万余元图书的基础上，又送去价值6万余元文化、历史、励志和农民致富方面的书籍。

【健康服务行】 2014年，农工党市委会和海州地区基层组织发挥自身优势，采用集中活动和定点扶持相结合等方式，走村镇进社区，开展公益活动28次，受益群众1.2万人次，捐赠药品价值20多万元。农工党阳光心理咨询中心多次走进军营，走进校园，走进企业，为官兵、高考生、职工进行心理减压。农工党市委会组织全体党员为身患重病农工党员陆爱榕捐款4万余元，送去组织的温暖。农工党市委会联合第一人民医院总支4次到“农工党一院总支志愿者服务基地”——市社会福利院看望孤残儿童，为孤寡老人义诊，并送去价值2万元的衣物、食品。

【学习实践活动】 年初，根据农工党中央、省委有关文件精神，农工党市委会结合实际工作，制定《中国农工民主党连云港市委员会关于开展坚持和发展中国特色社会主义学习实践活动工作方案》，召开动员大会和经验交流会。农工党市委会举办“中国梦·农工情”演讲、征文比赛等系列活动，《连云港农工》设立《中国梦·农工情》专栏。穆丽荣获农工党中央举办的“中国梦·农工情”演讲总决赛二等奖、农工党江苏省委演讲比赛第一名；郑利达在农工党中央“中国梦·农工情”征文比赛中获二等奖。6月，农工党市委会与其他4个民主党派联合召开座谈会，纪念5个民主党派市委会成立30周年，共同发布《市各民主党派服务丝绸之路经济带东方桥头堡建设倡议书》。农工党市委会编印《同心同行三十年》纪念画册，回顾农工党市委会成立30年来的光辉历程。农工党市委会还先后组织党员到台儿庄革命纪念馆、红嫂纪念馆、南京邓演达烈士墓，缅怀先烈，接受爱国主义教育。

【宣传工作】 2014年，农工党市委会主动向各级新闻媒体投稿，报道市委会重大活动，展示党员风采，提升农工党组织的社会影响。年内，在国家、省、市级媒体发表各类稿件180多篇。同时，农工党市委会拓展宣传工作的新渠道，正式开通农工党连云港市委网站，“连云港农工”官方微信平台上线。农工党市委会获评农工党省委、中共连云港市统战系统宣传工作先进集体，冯怀金荣获农工党中央优秀特约通讯员称号。农工党市委会党史工作取得新进展，《中国农工民主党历史研究1927—1930》一书由华文出版社公开出版发行。

【组织建设】 农工党市委会坚持高标准、高质量发展党员。全年发展新党员19人，至2014年底，全市共有党员385人，其中海州地区有党员322人。市委会还积极推进基层组织建设，对中医药高职校支部班子进行调整，并在农工党机关总支成立第三支部。 （撰稿：冯怀金）

致公党海州地区组织

【概况】 截至2014年12月30日，海州地区中国致公党（简称致公党）有基层支部8个，党员168名，平均年龄51岁。其中博士6名，硕士16名；中高级职称142人，占84.5%。新发展党员11人，男女比例4∶7，平均年龄41.7岁。

【参加培训班学习】 2014年，致公党连云港市委员会紧扣致公党中央和省委关于组织建设的内涵精神，不断探索和创新工作方法，2013~2014年上半年，致公党有新成员7人在中共连云港市委党校参加由中共连云港市委统战部举办的新成员学习班，系统学习中国特色社会主义理论、习近平系列重要讲话精神。组织王兴强、张星荣赴南京参加致公党江苏省委参政议政骨干培训班；组织史志伟、高健、李学泉参加中共连云港市委统战部信息工作培训班；组织9名骨干党员赴南京参加为期4天的全省民主党派骨干培训班；组织史志伟、陈迅、孙林春、颜珉4名骨干党员参加致公党省委举办的2014年全省骨干党员培训班。

【参政议政】 2014年，致公党连云港市委员会围绕连云港市“一带一路”建设大局，积极上报省、市人大、政协“两会”信息，组织专题献策活动，深入开展调查研究。通过提案、信息、社情民意等多种形式积极为连云港市发展出谋划策，取得突出成绩，被致公党江苏省委授予“2014年度信息工作先进集体三等奖”。副主委周立岩代表致公党市委会在连云港市政协十二届三次会议上作题为《关于加快发展我市现代服务业的建议》的大会发言，得到中共连云港市委和市政府的充分肯定。致公党市委会上报省政协个人提案3件，上报市人大个人建议5件、市政协集体提案10件、个人提案20件均得到采纳。其中，集体提案《关于加强校外教育培训机构监管的建议》和《关于促进我市城乡基本公共卫生服务均等化的建议》被列为连云港市政协重点提案，集体提案《关于加快农业产业化龙头企业发展的建议》和毕强委员提交的《关于允许救护车等特殊车辆借用BRT专用通道行驶的建议》被列为市领导领办提案；调研报告《关于我省加强海洋生态环境保护的调研报告》被致公党中央和致公党江苏省委分别采用并作为全国政协集体提案和江苏省政协大会发言；《关于促进商业保险更好承办大病保险的调研报告》等4篇材料被采用并作为江苏省政协大会书面发言和集体提案。在年底以“抢抓‘一带一路’战略机遇 推进组合大港建设”为议题的双月座谈会上，副主委周立岩代表致公党市委会作题为《抢抓一带一路建设机遇 大力推进现代物流业发展》的发言，引起积极反响。全年共上报“献一策”专题信息28篇，其中致公党市委会采写的《关于促进我市丝绸之路经济带建设的建议》、高健采写的《加快高等教育国际化步伐 推进“一带一路”建设》被中共连云港市委统战部全篇采用；《关于在港城大道上设置“绿波带”的建议》《进一步推进家庭农场建设，提升现代农业发展水平》《关于改善市区环保案件数字化城管三级平台运作的建议》获标题采用；薛艳丽的《关于发展休闲观光农业的建议》获省政协采用，并得到副省长傅自应批示；致公党副主委史志伟的《关于跟踪服务好现有中外运输央企的建议》获得中共连云港市委书记杨省世的批示；张荃的《关于治理贾圩河周边环境的建议》《关于对解放路小学东门前的小树林进行改造的建议》获得市政府副市长尹哲强的批示。

【社会服务】 2014年，致公党连云港市委员会注重民生发展的热点、难点问题，积极开展多项社会服务工作。春节前夕，组织书法家赴贾圩社区开展“送春联进侨家”活动，为社区居民现场书写春联福贴。4月，就社区居民反映的社区卫生环境治理问题邀请市、区城管部门进行座谈，解决部分社区存在的管理不到位问题。医卫支部开展“送健康进社区”活动，组织党员赴社区为居民进行义诊，受到归侨侨眷欢迎。海州支部多次走访海州长寿宫敬老院，看望和慰问敬老院老人；赴海州区新坝镇大屯村看望和资助留守儿童，关爱留守儿童成长；与海州区幸福路街道办事处文化社区联手开展家庭教育知识讲座，指导居民科学处理家庭关系。建筑支部、科教园区支部走访万家乐老年公寓，为老人送去崭新的被褥。教育支部开展向甘肃灾区捐赠寒衣活动；5月29日，组织优质教师资源赴灌云县四队镇中心小学开展送教下乡活动；在连云港中等专业学校开展“关爱青少年健康爱眼讲座”；赴东海县平明镇中心小学开展送教下乡活动；在连云港中等专业学校开展“中华民族传统文化进新疆班”讲座；联合医卫支部在海庆中学开展急救知识讲座。

【学习实践活动】 2014年，致公党连云港市委会按照致公党江苏省委和中共连云港市委统战部的统一部署，紧密结合自身实际，团结和发动广大党员，加强思想政治学习与理论探索，不断增强广大党员对中国特色社会主义的道路自信、理论自信和制度自信。年初，致公党市委召开五届八次委员（扩大）会议，讨论并通过《致公党连云港市委坚持和发展中国特色社会主义学习实践活动方案》（五年规划）和《致公党连云港市委坚持和发展中国特色社会主义学习实践活动2014年工作计划》，对活动做出总体规划和阶段性部署。在五届九次委员（扩大）会议和五届十次委员（扩大）会议上，对学教活动半年情况进行总结，并对下半年活动进行部署，确保全年学习实践活动有序开展。

（撰稿：李学泉　审稿：陈　迅）

九三学社海州地区组织

【概况】 至2014年底，海州地区共有九三学社成员271人，有新浦支社、科技支社、农林支社、高教支社、淮工支社、城建支社、第一人民医院院支社、建筑设计院支社、连海院支社、机关支社、医卫支社、师专支社、第二人民医院支社和海州支社共14个基层组织。

【思想建设】 2014年，九三学社积极开展坚持和发展中国特色社会主义学习实践活动。3月份，社市委先后两次召开“开展坚持和发展中国特色社会主义学习实践活动”动员会，传达贯彻九三学社中央和省“开展坚持和发展中国特色社会主义学习实践活动”文件精神，学习中共连云港市委党的群众路线教育实践活动工作会议精神，部署坚持和发展中国特色社会主义学习实践活动。社市委先后到海州支社、农林支社等基层组织走访调研，就开展坚持和发展中国特色社会主义学习实践活动广泛征求社员意见、建议。4月份开始，各基层组织按照学习实践活动实施方案，先后召开主题会议，切实加强政治理论学习，引导广大社员充分认识在新的历史起点上全面深化改革的重要意义。社市委以学习领会中共十八届四中全会精神为指导，以凝聚中国特色社会主义共识为着力点，巩固团结奋斗的共同思想政治基础，为更好地发挥参政党作用提供精神动力。组织成员完成九三学社中央关于参政党理论与社史研究、坚持和发展中国特色社会主义论坛、全面深化改革与共同体意识研讨会等三项征文。4月22日，市各民主党派机关工作人员赴兰考学习考察，学习焦裕禄精神。5月21日，社市委召集部分老社员和骨干成员召开成立30周年社史研究座谈会，回顾社史并就相关纪念活动征求意见。8月，在社省委第二届思想建设理论研讨会上，海州地区社员徐建华、刘建春被聘为研究员。

【参政议政】 年内，海州地区社员中，任省政协常委1人；政府副处级以上实职干部6人，其中副市长1人；市人大常委会副主任1人，市人大代表2人，其中常委1人；市政协委员20人，其中副秘书长1人、常委6人；区政协委员15人，其中副主席1人、常委2人。

社市委在市政协十二届三次会议上提交集体提案3件、个人提案32件，其中集体提案《关于进一步加大农业投入的几点建议》、董一洪委员的《关于沭新渠作为市区饮用水源的建议》、庄海宁委员的《关于坚决取缔非法营运红色机动车的建议》等3件提案被列为重点提案。会上，副主委孟尔旺代表社市委作题为《关于完善我市自来水运营机制的建议》的大会发言，副主委陈晓平代表九三学社界别在常委会上发言。社市委围绕全市经济和社会发展中的重大问题，开展近20次专题调研。6月，社市委组织新浦支社、医卫支社部分骨干成员，市政协委员参观考察东海县石梁河水库建设情况。9月，社市委与市政协法制宗教委员会联合召开国家创新型试点城市建设工作座谈会，了解全市技术创新工作开展情况。10月，社市委组织人大代表、政协委员参观考察徐圩新区建设情况。经过调研，向中共连云港市委、社省委、中共连云港市委统战部报送调研报告11篇。在社省委第七届“江苏九三论坛”征文中，海州地区社员张洪让、杨敏、魏善涛和徐建华等4位社员围绕“科技创新与促进江苏新型城镇化建设”主题撰写的论文成功入选。在社省委2014年度参政议政课题招标中，海州地区社员张洪让、葛雄灿和李筠等3位社员的课题顺利中标。2014年，社市委首次在各支社开展课题申报工作，经过全市各支社申报、社市委评选，产生中标课题10个。

【提升信息质量】 2014年，社市委始终把反映社情民意的信息工作当作履行参政党职能的重要基础工作和关键环节，积极参政议政。4月，社市委组织参政议政理论研究室成员集体参加社江苏省委举办的2014年社情民意信息培训班，社员张洪让结合自身研究领域就“如何从突发事件中发现命题、抓住命题、用好命题”作即席发言。海州地区社员张洪让、孟伟被社省委聘为特约信息员。在中共连云港市委统战部举办的全市统战信息工作培训班上，海州地区社员张洪让、庄海宁被聘为特约信息员。全年，有34条信息被社中央采用，有3条被全国政协综合采用。在中共连云港市委统战部组织的“我为东方桥头堡献一策”活动中，上报信息34篇。

【推进民主监督】 2014年，社市委把民主监督与参政议政工作紧密结合起来，通过政治协商、人大议案、政协提案等多种方式提出意见和建议，推进民主监督。3月11日，中共连云港市委召开民主党派及新闻媒体座谈会，社市委领导应邀参加，并就中共连云港市委开展党的群众路线教育实践活动以及经济社会发展等方面提出意见和建议。3月12日，社市委领导应邀参加市政协党的群众路线教育实践活动征求意见座谈会，围绕市政协改进作风建设等问题提出意见和建议。3月20日下午，社市委委员杨光应邀参加中共连云港市委统战部召开的党外干部座谈会，就当前群众路线教育实践活动提出意见和建议。4月30日，社市委领导应邀参加市政协党的群众路线教育实践活动征求意见座谈会，就市政协党组和机关在“四风”方面存在的问题，以及进一步加强作风建设和提高履职水平等方面提出意见和建议。5月8日，中共江苏省委副书记石泰峰，省政协副主席、省委统战部部长罗一民一行到连云港市调研统战工作，召开党外人士座谈会，社市委主委徐大勇参加会议并作交流发言。担任各级特约监督员、监察员和检察员的社员，以高度的政治责任感认真参加有关检查和监督工作，发挥特约人员的作用。

【创优争先】 在全省九三学社组织2014年度评优中，社市委被评为参政议政先进集体，海州支社被评为社会服务先进集体，农林支社被评为思想宣传先进集体。在2014年度全市各民主党派“双创双增”活动中，城建支社被评为先进基层组织，海州地区刘爱琳、吴争鸣和蒋晓东3位社员被评为先进个人。

【组织发展】 2014年，九三学社围绕改善结构、提高素质、增强活力的组织发展工作思路，制订和落实年度组织发展计划，重点物色高素质发展对象。全年，海州地区共发展新社员22人，平均年龄36.4岁，其中博士4人、硕士8人、高级职称9人。

【培训骨干】 3月，社市委领导参加全市学习习近平总书记系列讲话精神轮训班。6月，社省委选派连云港市骨干成员参加九三学社全国新闻宣传工作骨干培训班。7月，推荐骨干成员参加社省委第七期中青年骨干培训班。8月，组织2013年下半年和2014年上半年入社的新成员参加中共连云港市委统战部举办的第14期民主党派新成员培训班。9月，社市委选派骨干社员参加社省委举办的“坚持和发展中国特色社会主义学习实践活动”报告会。同月，组织骨干社员10人参加中共连云港市委统战部组织的全市民主党派骨干培训班。10月，社市委领导参加中共连云港市委统战部在市社会主义学院举办的全市党外人士研讨班。11月，社市委选派2名基层组织负责人参加社省委2014年度基层负责人培训班。

【关爱活动】 春节前夕，社市委领导班子对全市80岁以上老社员和部分生病社员进行节前慰问，把社组织的关心和温暖送到每一位老社员和生病社员的家中。4月，老龄委组织40位老社员参观灌南县堆沟港。6月，社市委承办社省委“九三杯”中国象棋邀请赛。9月下旬，社市委召开老龄委座谈会，纪念社市委成立30周年，庆祝重阳佳节。

【社会服务】 8月22日，社省委常委、中国水产科学研究院淡水渔业中心教授傅洪拓领衔的课题组对连云港市水产养殖产业进行专题调研，重点对“太湖1号”青虾在连云港地区的引进示范、适应性养殖进行实地考察，与连云港市振誉水产养殖专业合作社达成新品种、新技术引进开发协议，合作项目“杂交青虾‘太湖1号’的引进繁育及养殖示范”已经由江苏省科技厅苏北科技富民强县计划立项核准。在建筑设计院支社前期帮扶和调研的基础上，社市委重点对东海县洪庄镇沟南村进行帮扶。3月2日，在东海县洪庄镇沟南村丹丘希望小学举办“九三学社东海行”“三八”节主题活动，捐赠的图书、文具价值一万元，发放蔬菜良种近1000包，举办农业养殖种植知识讲座2场，市领导吴海云参加活动并走访慰问贫困村民。4月开始，海州支社向东海县洪庄镇沟南村捐助小麦、玉米等农作物良种，并多次实地指导种植技术。

【建功立业】 全市社成员立足本职，刻苦钻研，努力进取，创造出许多新的业绩，取得丰硕成果。张洪让被社中央评为2014年度优秀信息员；孟伟被社中央评为2014年度组织工作先进个人；卜广钧、郑刚、董一洪、周敏、魏善涛5名社员被社省委评为先进个人；杨全民、蒋晓东被评为第十一届江苏省优秀科技工作者；蒋晓东被评为连云港市第九届十大杰出青年，并荣获连云港市“五一劳动奖章”。

（撰稿：孟　伟）

海州区工商业联合会

【概况】 2014年，海州区工商业联合会（简称区工商联）面对区划调整的新形势，紧紧围绕区委、区政府中心工作，以促进全区非公经济健康发展和非公经济人士健康成长为目标，认真履行职责，服务工作大局；充分发挥“桥梁”和“助手”作用，在促进滨河新城开发项目上取得实效；热心光彩事业，积极回报社会；不断加强工商联自身建设。各项工作均取得一定成效。

【组织建设】 2014年，区工商联深入开展群众路线教育实践活动，彻底开展大排查、大检修、大扫除，着力找准加强作风建设的改进方向和具体措施，切实增强工商联机关干部的政治责任感和工作使命感。全年新发展会员38家，提升了区工商联的影响力和凝聚力。同时加强基层商会建设，注重加强对基层商会的指导。引导基层商会从班子建设、制度建设和活动开展等方面着手，切实搞好自身建设。针对每个基层商会的不同情况，帮助其配齐配强执委班子，理清工作思路，解决实际问题，全面推动各基层商会工作健康有序开展。此外，对全区非公经济人士的信息进行采集并在网上申报，并与执行常委数据库、商会数据库同步使用和更新。

【参政议政】 2014年，区工商联紧紧围绕全区中心工作搞好调研，就全区社会经济特别是民营经济发展中一些亟须重视和解决的热点、难点问题，积极向党委、政府建言献策。在区政协八届三次会议上，区工商联界别的政协委员共提交《关于加大对开发园区企业帮扶力度的建议》《关于海宁工贸园内迎宾大道道路路面修复的建议》《关于提升锦屏工业园区形象的建议》等涉及民营经济发展方面的提案15件，得到区相关单位的重视，一些建议得到采纳，部分问题得到解决。同时，工商联届别的政协委员围绕汽车销售行业发展情况、农业种植结构等方面问题展开深入调研，形成《我区汽车销售行业存在问题及对策》《关于农业种植结构调整工作的情况调研》两篇调研报告并在大会上作书面交流。

【宣传教育】 2014年，区工商联上报省工商联、市工商联各类信息80余篇。将开展非公经济人士理想信念教育实践活动与党的群众路线教育实践活动相结合，开展企业家中国梦大讲堂活动，着力做好非公经济人士思想政治工作。联合民建连云港市委在陇海步行中街街口举办迎“3·15”法律义务咨询活动，使市民和工商企业的法律意识和法律素质进一步提高，依法维护自身合法权益的能力进一步增强。组织部分民营企业家和基层商会会长赴北京，到清华大学参加“企业战略转型高级研修班”和“易物天下经营管理模式培训班”，组织民营企业家参加市工商联举办的各类讲座，使民营企业家进一步认清经济形势，增强抵御风险危机的能力，增长现代企业管理知识，助推民企健康持续发展。

【服务经济】 2014年，区工商联不断探索服务工作的新领域和新途径。建立定期走访制度，了解掌握企业情况，帮助协调解决问题，并积极为会员企业争取优惠政策，协助企业申报扶持项目、争取扶持资金。利用各种对外交流的机会宣传海州区的经济优势，推介相关项目政策，服务全区招商引资工作。先后赴安徽省淮北、浙江省杭州等地开展招商活动5次，接待来自浙江、安徽、四川等地的客商30多人次，促成安徽国宇置业在海州区滨河新城开发投资10亿元的商业地产项目，全年完成内联客方到位资金4800万元。

【光彩事业】 区工商联号召会员企业在诚实守信发展经营好自身企业的同时，热心参与公益慈善事业，积极回报社会，促进社会和谐，提升民营企业形象。组织民营企业家向全区所有社区捐赠各类图书2万余册，价值13万余元，增加村、社区的图书藏量，丰富居民精神生活；中秋、春节期间，倡议组织各级商会及民营企业家广泛开展扶贫帮困活动，慰问辖区贫困家庭80余户，帮扶金额5万余元；发动企业家捐资助学，资助贫困家庭学生20名。

（撰稿：孙庆海　审稿：苗永梅）

责任编辑：王恒亮

群众团体

海州区总工会

【概况】 2014年，海州区总工会（简称区总工会）在区委和市总工会（简称市总）的领导下，广泛学习宣传贯彻党的十八大，十八届三中、四中全会精神，扎实开展党的群众路线教育实践活动。以“基层工会组建攻坚年”活动为契机，强力推进和谐劳动关系建设，工会各项工作有序稳步推进，为打造“人文荟萃，美丽海州”做出积极贡献。

【组织建设】 2014年，全区18个镇、街道、开发区工会主席均由党政副职担任或兼任，并选配专职副主席。区总工会按照“党建带工建，工建促党建”的双带双促方针，与区委组织部联合部署、检查、考核、评比工会组建工作，营造党建带工建、工建促党建的良好氛围。依托基层“工会组建攻坚年”活动平台，加大组织建设力度，各级工会因地制宜、因企制宜，不断创新建会形式，推动各类所有制企业普遍建立工会组织。全年，全区新建基层工会194家，发展会员11002人。

【先进典型】 2014年，全区培养出一批先进典型，共有市“五一劳动奖章”获得者5名；市“五一劳动奖状”企业2家、省“五一劳动奖状”企业2家；获工人先锋号单位5个，2个单位被推荐为“江苏省协商民主示范企业”，1个单位被推荐为“省级职工书屋”，2个单位被推荐为“连云港市劳动关系和谐企业”。

【基层民主管理】 2014年，区总工会以“体面劳动、舒心工作、全面发展”为主题，把构建和谐企业和工资集体协商列为劳动关系三方年度重点工作。加强劳动关系和谐企业创建，探索企业协商民主形式。不断深化和谐创建“星罗计划”和“筑网行动”。年内，有2家企业被评为市劳动关系和谐企业。积极开展工资集体协商。认真贯彻落实市总工资集体协商“冬春要约行动”精神，全区基层工会组织主动要约、积极作为、落实责任、上下配合，活动中共有146家企业开展工资集体协商并签订工资集体合同。同时，对餐饮、电动车行业进行调查摸底，经过与行业协会多次对接、商谈协商内容，最终促成玉兰会馆、山海国际、港澳城等11家中档酒店、18家电动车企业与职工面对面协商，达成行业工资集体协商协议。全年，开展行业工资集体协商4家，覆盖企业46家，覆盖职工 864人；开展区域工资集体协商1家，覆盖企业 485 家，覆盖职工 3785 人。

【困难职工帮扶】 全年共动用帮扶资金226.16万元，其中帮扶特困职工179名，资金161.23万元；困难职工大病救助80人，资金32万元；走访困难劳模39人，资金13.24万元；慰问困难职工428人，款物28.44万元；8月，为金秋助学活动发放4.95万元，帮助33名贫困职工家庭子女圆了大学梦；慰问环卫工人240人，帮扶14万元；慰问患病职工22人，帮扶4.3万元。

【劳动争议调处】 2014年，区总工会加大基层职工法律援助服务平台建设。召开全区职工法律援助服务平台推进会，创建区劳动争议调解庭、仲裁庭、巡回法庭“三庭合一”法援平台，为18个镇、街道和开发区职工法律援助站授牌，并及时为园区企业和职工提供法律咨询、受理劳动争议纠纷案件，依法处理职工各类信访问题。共参与调解劳动争议案件15例，调解成功15例。6月下旬，承办了连云港市第18期劳动争议仲裁巡回观摩现场活动。全市各县（区）、镇（街）两级工会干部参与旁听。

【安全健康保障】 2014年，区总工会进一步深化“安康杯”竞赛活动。与区安监局联合发文，在全区重点领域、重点行业，集中开展安全生产隐患大排查竞赛活动，还在企业、车间、项目部、班组之间竞相开展。全区参加“安康杯”竞赛的企业达120余家、班组240个、职工1.2万人，共排查和治理安全生产隐患40余起。

【企业文化建设】 为推进企业文化建设，区总工会于2014年3月在全区企业提出“做人和文化，创幸福企业”的口号，开展以“十项文化”为内容的企业文化建设竞赛。“十项文化”，即爱企如家的精神文化、乐善好施的道德文化、积极进取的行为文化，业精于勤的精进文化，诚实守信的经营文化，以人为本的管理文化，遵守纪律的制度文化，团结协作的团队文化，寓教于乐的文体文化，廉洁自律的廉政文化。江苏新时代工程项目管理咨询有限公司根据自身特点，结合职工文化需求，率先做到“八个一”，即一个长度40米的“目视文化长廊”、一间藏书3000余册的“职工书屋”、一个乒乓球室、一个职工培训室、一处餐厅茶座、一支文化骨干队、一张企业报、一套企业文化手册；并在公司办公区内设立“温馨咖啡屋”，让职工在紧张的工作之余，放松心情，使工作和生活变得更加轻松。江苏东浦管桩有限公司推出“诚信文化、质量文化、和谐文化、科技文化、公益文化、奉献文化”6种具有特色的企业文化，提炼出诚信经营“三字经”，建立职工书屋、职工活动室、职工创新工作室等，并在办公大楼的电梯出口处张贴企业文化口号，让职工处处受到企业文化的熏陶。6月22日在北京召开的第二届全国建材企业文化年会暨2014年度全国建材企业文化建设优秀成果发布会上，江苏东浦管桩有限公司的《切实加强企业文化体系建设》研究成果获2014年度全国建材企业文化建设优秀成果一等奖，《让“月季花”香在每一个员工的心中》获2014年度全国建材企业文化建设优秀案例奖。

【建立五联共赢协作机制】 区总工会建立与人社局、安监局、中小企业局、司法局、工商分局、工商联等部门“五联共赢”协作机制（即责任联担、管理联手、服务联动、信息联通、查处联合），整合部门资源和力量，联手加大对企业巡查力度，督促企业与职工签订劳动合同、集体合同。开展工资集体协商，推动企业自觉履行保障职工权益的法律义务和社会责任，最大限度地维护职工合法权益，实现政府、企业、职工三方互赢。协作机制运行以来就“两会”（人大、政协会议）期间安全检查、安全宣传月、安全应急演练开展3次联合行动。“五联共赢”工作机制的建立，打破工会单打独斗的工作格局，发挥部门联动作用，实现资源共享，弥补工会在人员、技能、场所、资金等方面的不足，增强对企业工作的实效。

（撰稿：罗雪军　审稿：王富芹）

共青团海州区委员会

【概况】 2014年，共青团海州区委员会（简称团区委）围绕区委、区政府中心工作，切实履行团的职能，坚持以宣传扩影响，以创新促深化，以服务增活力，实施“思想引领、服务中心、基层团建、就业创业、青少年维权、品牌提升”六大攻坚战略，创新思路，履职尽责，较好地完成团的各项工作，为推动海州跨越发展做出积极贡献。

【党史国情教育】 团区委以纪念共青团建团92周年、“五四运动”95周年为契机，在全区开展“我的青春不是梦”系列活动，加强团员青年对党史、团史的了解。“五四”前后，在全区中小学举行“青春五月”爱国主题教育活动。以学习宣传党的十八大精神为重点，各中队分别举行“中国梦·‘五四’爱国情”主题中队会，全区少先队员共同学习党的十八届三中全会精神，充分了解五年来国家取得的重要成就。

【爱国主义励志教育】 3月上旬，团区委在全区少先队员中开展“缅怀先烈，传承美德”主题队会以及“雷锋精神代代传”主题实践活动，鼓励少先队员们继承革命传统，向老一辈革命家学习。组织基层团员青年赴抗日山革命烈士陵园等地开展以“缅怀革命先烈，牢记青春使命”为主题的扫墓活动。“五四”期间，各中小学校举行新团员入团宣誓仪式，新老团员重温入团誓词，增强团员青年对党团组织的朴素感情。

【评比表彰活动】 5月，团区委与区教育局联合开展“优秀少先队员”“优秀少先队辅导员”评比表彰活动，经过团区委、区教育局研究决定，授予李雨萱等59名同学2014年海州区“优秀少先队员”称号，授予王琨等42名教师2014年海州区“优秀少先队辅导员”称号。开展“五四”评选活动，授予区卫生局等5个基层团组织“五四红旗团委”荣誉称号；授予路南街道延东社区团支部等15个基层团组织“五四红旗团支部（总支）”荣誉称号；授予付辉等9名人员“优秀团干部”荣誉称号；授予李颖等32人“优秀共青团员”荣誉称号。

【“学雷锋”主题活动】 年内，团区委利用校园黑板报、宣传橱窗等途径大力宣传少先队员的先进事迹。传承雷锋精神，举办“学习礼仪规范·做雷锋好少年”系列实践体验活动，培养青少年的坚定信念、崇高情操和优秀品质。

【青少年关爱工程】 团区委组织开展“学习雷锋好榜样”爱心义卖活动，筹集善款2300余元用于希望工程爱心捐助。年初，开展“希望工程·暖冬行动”，团区委联合爱心企业家走近3所希望来吧，慰问13名贫困儿童，送出13套学习用品和慰问金6500元。利用西苑社区和玉龙社区2所希望来吧，开展助残阳光行动和关爱农民工子女活动，共13次、26课时，有50余名青年志愿者参与其中，在市级媒体上报道3次。在各基层街道中开展“月月评”活动，扶持志愿者团队。

【维护青少年合法权益】 团区委依托“法制学校”“社区青少年法律学校”等阵地，强化青少年法制教育，开办“青春自护·暑期安全”青少年法制宣传教育50次，直接参与青少年1400余人次，陪同家长450余人次；在全区各街道50余处张贴暑期自护海报；加强青少年自护教育，以西苑社区希望来吧和玉龙社区希望来吧为基地，开办青少年自护夏令营2期。推选浦东小学1部优秀作品参加全市青少年自护情景剧大赛，荣获二等奖。积极开展市级未成年人零犯罪社区（村）推荐申报工作，有55个社区（村）创建市级未成年人零犯罪社区（村）。

【青少年社会管理创新工作】 2014年，团区委积极探索留守儿童、农民工子女等重点青少年群体管理创新工作，按照团市委的相关要求，积极申报希望来吧的建设，在已有的基础上，拟再建4家希望来吧。围绕学业辅导、自护教育、励志教育、亲情陪伴等内容，长期开展志愿服务关爱活动。同时免费为农民工子女和留守儿童开设书法、手工、电脑、绘画等兴趣班。定期组织留守儿童观看“共青团周末剧场”。海州区希望来吧管理模式得到省、市领导的充分肯定。10月，团省委志工部部长徐行一行到西苑社区希望来吧进行调研，并对如何进一步加强希望来吧建设和长效管理机制方面提出宝贵意见。

【青年就业创业】 2014年，团区委开通青年创业小额贷款绿色通道，通过与江苏银行等3家银行的有效对接，为全区40名青年提供低息小额贷款150万元。为激励和引导广大青年自主创业热情，团区委指导苏宁置业广场等4家单位积极参与全市重点建设项目优秀青年突击队评选活动。初步建立农村青年创业项目和农村人才信息库，在浦南镇18个村中建立农村青年信息服务平台，推动农村青年创业就业事业的发展。

【参与全区重点工作】 2014年，团区委发动全区各类志愿者队伍，积极参与区委、区政府重点工作和重大活动，组织80余名青年志愿者在南极路、海连路、解放路等人流集中路段发放《争做文明市民 共建美丽港城——致市民一封信》5000余份，呼吁广大市民爱护环境，共建美好家园。在8月底的“惠民月”活动中，组织10余名机关志愿者在龙尾河等城区环境卫生较差的地段开展集中清理整治工作，改善城区及周边区域环境面貌。还在卫生城市创建、秸秆禁烧等重点工作和重大活动中做出积极贡献。

【开展社会公益活动】 2014年六一期间，团区委开展送温暖活动。走访新东街道6户贫困儿童家庭，送去6套书本与慰问金3000元。8月，与区委组织部、区总工会、区妇联联合开展“金秋助学”活动，资助贫困大学新生31名，发放助学金50000元。开展各类青年志愿者服务活动，组织200余名青年志愿者参与植绿护绿活动；组织100余名社区青年志愿者参与青年路环境治理。联合专业部门开展卫生、保健、法律咨询等义务服务30余场次，服务市民400余人。

【学习与教育活动】 年初，团区委召开党的群众路线教育实践活动启动大会，集中学习《党章》、党的十八大会议精神。5月下旬，团区委带领全区基层团干走进淮安群众路线教育实践基地，开展实景课堂主题教育活动，在海州共青团网站、微信平台上开通党的群众路线教育实践活动专栏，上报学习资料、最新动态等10条。向直属团委、服务对象、机关干部等层面发放征求意见函35份。畅通意见反馈渠道，开通微信官方订阅号、官方微博、官方网站等信息收集通道，更直接地听取青年群众意见，征集各类意见、建议19条。

【新媒体阵地建设】 2014年，团区委抓好微信、微博等团属新媒体工具建设，升级改版原有的网络平台，形成架构合理、内容丰富、更新及时的青年交流平台，拓宽信息沟通渠道。全区共有团干个人微博14个，发布微博信息200余条。年初，建立“海州青年”微信公众平台，关注人数达百余人。9月，组织各基层网宣员代表参加全市网络宣传员骨干培训班，与各县区交流网络宣传的工作经验。在各基层团组织中成立网络宣传员队伍，截至12月30日，共有近200名基层青年加入网络宣传员队伍，其中有3名省级网宣员和40名市级网宣员。

（撰稿：顾 正 审稿：杜 威）

海州区妇女联合会

【概况】 2014年，海州区妇女联合会（简称区妇联）以推动男女平等、两性和谐发展，深化妇女大培训、大创业，推进妇联精神文明建设，倡扬新风尚，建设新生活为主线，团结带领全区广大妇女为推进全区跨越发展、实现大突破贡献力量。

【妇女创业就业】 年内，区妇联先后培育花果山街道茶场、浦南镇草舍村等6个“三八”科技示范基地和经济合作组织，培塑张永玲等家庭创业典型17个。举办各类就业技能培训班12期，共培训妇女800多人次，涌现出创业致富女能手46名。

【巾帼创业就业培训班】 年内，区妇联举办家政月嫂培训班8期，受训妇女5860人。举办女大学生创业培训班2期、来料加工培训班2期、美甲培训班2期，召开专场招聘会2场、月嫂交流座谈会1场。

【反对家暴宣传】 2014年，区妇联通过在集市设立反家庭暴力宣传点、在公告栏张贴宣传资料、送戏下乡等形式，广泛宣传家庭暴力告诫制度，并在预防和降低家庭暴力、提高维权能力等方面接受群众咨询200多人次，发放妇女维权资料500份。

【妇女议事会活动】 年内，区妇联借助“三会村治”（议事会决策，村委会办事，监事会监督）、“一委三会”（社区党委领导，议事会决策，居委会执行，监委会监督）及“党员议事会”等平台开展妇女议事活动，全区共召开妇女议事会17场次，解决热点、难点问题13个。

【帮助妇女学法守法】 年内，区妇联举办“普法送戏下乡”文艺演出暨法律知识竞答活动，组织4支维权小分队深入田间地头，帮助妇女学习法律条文。走进市看守所开展为女犯人送温暖活动。全年完成婚姻家庭调解案件12件。向广大妇女发放防邪教知识宣传资料7万多册。区妇联被评为省维护妇女权益示范岗。

【搭建婆婆妈妈大舞台】 年内，区妇联在浦南镇举行“婆婆妈妈”大舞台启动仪式。组织参与社会管理的热心妇女，打造“婆婆妈妈”道德大讲堂和文艺宣讲团，在交流中弘扬新风尚，传播正能量，打造极具海州特色的宣传教育品牌，实现镇街全覆盖。

【海妈妈行动】 年内，区妇联完善“海妈妈”分站建设，定期组织“海妈妈”与留守儿童共度节日。对全区新增贫困留守流动儿童进行调查摸底，继续开展爱心帮扶结对，全年新增“社会妈妈”集体和个人共78个，结对全区86名贫困留守儿童。

【培育小公民道德建设品牌】 2014年，区妇联积极探索少年儿童思想道德教育实践活动的新方式、新举措，通过举办升国旗仪式、召开“六一”儿童节座谈会、文艺会演，开展未成年人理想信念教育、爱国教育、国情教育，培育百佳小公民18名、优秀留守儿童40名。

【关爱困难特殊儿童】 年内，区妇联更新贫困儿童数据库，为21名孤儿争取助学金2.1万元；开展与留守儿童共度“六一”和中秋活动；成立单亲特困母亲子女助学专项基金会；开展“巾帼暖冬行动”，为50名贫困儿童发放羽绒服、毛巾被和食用油等慰问品。

【妇联换届】 2014年，区妇联召开区妇女第十三次代表大会，来自全区各行各业、各条战线的208名妇女代表参会。大会选举出第十三届执行委员会常委、主席和副主席。各镇街、村居妇联组织均在区妇代会召开之前全面完成换届工作。

【分类指导基层组织】 2014年，区妇联将基层组织建设纳入党建总体规划，对基层妇联组织建设实行分类指导。积极推进妇联组织向“两新”（新经济组织和新社会组织）领域拓展，向社区网格延伸，向团体协会发展。新成立基层女工委员会107个，新建妇女之家2个。

【相亲大会】 3月8日，针对大龄男女择偶难的社会现象，区妇联联合兄弟区妇联组织在云台宾馆举办“相约春天 情定三月”相亲大会，报名女嘉宾近300人、男嘉宾近150名，最后筛选女嘉宾140名、男嘉宾100名参加相亲大会。通过心心相印、做游戏等环节增进嘉宾之间的了解，现场气氛活跃，最后有30多对男女嘉宾成功结对。

（撰稿：宋开红　审稿：陈金芳）

海州区科学技术协会

【概况】 2014年，海州区科学技术协会（简称区科协）以党的十八大精神、省科学技术协会（简称省科协）党委扩大会议和区委九届六次会议精神为指导，瞄准“三服务一加强”（服务经济社会发展是方向，服务提高全民科技素质是基础，服务科技工作者是基点，加强自身建设是保证）的工作定位，围绕党建带科建的工作思路，坚持大联合、大协作的工作方法，认真实施《中华人民共和国科学技术普及法》和《全民科学素质行动计划纲要》，扎实开展科普创建活动，深入实施“百名教授科教兴百村”小康工程、科普惠农和社区益民计划工作，呈现出科普活动百花齐放、科普宣传遍及海州大地的大好局面。年内，成功创建国家级科普示范社区1个、国家级科普带头人1人、省级科普示范街道1个、省级科普示范社区6个、省级科普特色学校1个、省级科普教育基地2个、市级科普教育示范基地5个、市级科普文明示范社区8个。新实施项目2个，推广新品种、新技术2个。培养科普带头人3个（大学生村干部带头人1个）。举办科普咨询活动20场次，科普知识广场宣传活动30余场次，科普培训、讲座活动100余场次，科普演出8场次，志愿者活动30余次；更新科普宣传一条街20个；老科协工作者活动6场次；免费开放科普场馆5个；科普电子屏播放科普宣传标语1.5万余条；更换科普宣传栏290个，制作展出各类科普宣传版面3000多块；发放《食品安全与公众健康》、防震减灾、环保节能等科普图书及宣传资料15万余份，受益群众30万余人。区科协系统共有200余篇信息稿件被上级媒体采用。被评为2014年全国科普日优秀组织单位，荣获市科协2014年度目标综合考核一等奖、2014年度海州区年度目标考核二等奖。

科技普及内容见“科学技术”篇。

（撰稿：张　敏　审稿：史建梅）

海州区文学艺术界联合会

【概况】 2014年，海州区文学艺术界联合会（简称区文联）以学习贯彻党的十八大，十八届三中、四中全会精神和习近平总书记系列讲话精神为主线，紧密团结全区文艺工作者，围绕建设“人文荟萃、美丽海州”的工作主题，弘扬主旋律，提倡多样化，树立精品意识，加强文艺实践，开展文艺交流，全区文艺事业和文联工作取得新的进展。

【主题文艺活动】 2014年，区文联认真学习贯彻习近平总书记在文艺工作座谈会上的讲话精神，深刻领会其精神实质。结合海州区情组织开展“老街梦・新浦梦・中国梦”文艺作品征集活动，共收到各类文艺作品近200件，评选出部分优秀作品参加省委宣传部、省文化厅、省文联等六部门主办的“中国梦・我心中的梦”文艺作品征集活动，其中报告文学《涅槃》、微电影《订婚风波》获得省优秀奖，舞蹈《古城神韵》获省铜奖。同时组织开展“中国梦”主题文艺创作活动，精选27件作品参加“中国梦・港城情”第八届文艺作品征稿活动，其中2件作品荣获三等奖。

【各类协会活动】 2014年，区文联组织区作家协会部分作家深入市社会福利院、东海县贫困乡镇等地采风创作，拍摄微电影《乡村中，那些孤寂的空巢老人》在港城主流网站播出，荣获连云港公益广告优秀奖。区书法家协会在大华文化交流中心成功举办“善书善画”江祥荣书画精品展、"连云港市书画名家精品展""正大气象"李敬伟书法作品展、"大道至朴"吴习业书法作品展、"翰墨书缘"蔡宁书法工作室师生作品展;在中国书法家论坛举办"蔡宁甲午书法网络展"。区摄影家协会征集200余幅摄影作品参加"浦发杯"民主老街摄影大赛,其中30余件作品获奖,30余件作品入展。区音乐家协会部分会员参与市百姓春晚、市春节联欢晚会和市"3·15"晚会直播节目的录制,参演市音协主办的交响音乐会10余场;选送国家级非遗项目海州五大宫调到南京晓庄学院参加全国首届民间俗曲展演暨专家研讨会,并为专家学者表演。区舞蹈家协会参加第十一届江苏省"五星工程奖"表演艺术类的广场舞蹈比赛,先后闯入复赛和总决赛。区广场舞团队先后在央视闻鸡起舞大舞台录制32支原创广场舞蹈。组织200人参加全国第七届气功交流比赛开幕式秧歌的展演;组织400人参加青奥会连云港站启动仪式秧歌和排舞的展演。区美术家协会成功举办"678艺术圈油画作品展";与桃花涧景区联合举办书画名家交流展;与海州街道办事处联合举办《古韵海州书画展》;应邀参加板浦中学100年校庆和2014连云港市文化博览会等活动,并创作海州拓片、海州风景写生类作品。

【文艺创作】 2014年,区文联组织开展文艺创作活动,推出一批文艺精品。小说《借粮》分别被《小小说选刊》《小小说月刊》转载并入选《2014年中国微型小说年选》。散文《童年的夏天》《扎西德勒·洛川兄弟》分别在《中国散文家》《散文选刊》刊登和选载;散文《写下即是永恒》在《当代散文》刊登,并荣获江苏省第二十四届副刊好作品三等奖。诗集《蔷薇,谁的乳名》出版发行;组诗《蔷薇的脉络》、诗歌《一个人的海》分别在《青春》《扬子江》诗刊杂志发表;诗歌《写给海子的诗》收入《海子纪念文集》。定期编辑出版《海州诗词》,为广大诗词爱好者搭建创作展示的文化平台。书法创作方面,有5件书法作品分别在中国书协主办的全国大展中获奖和入展,入展数居全市第一。其中1件作品荣获"天下大同·魏碑故里"书法展优秀奖(最高奖),1件作品荣获第八届书法艺术节教师组优秀奖,2件作品入展第四届西部书法展及"祭侄文稿"全国书法展,2件作品入展"丝绸之路"全国书法展及"生态大连"全国书法展。在影视及摄影创作方面,投资拍摄微电影《雷锋车》之二《第二个妈妈》,在新浪、腾讯等全国主流网站播出。摄影家协会会员有20幅作品在国家、省市级刊物发表,其中在《大众摄影》《中国摄影》杂志发表18幅;摄影作品《吊装》荣获2014年江苏省"五星工程奖"铜奖。在音乐创作方面,成功举办1场个人吉他音乐会,1人荣获第四届省大学生艺术展演优秀辅导奖,20余部音乐作品在歌刊或词刊上发表。在舞蹈创作方面,特色广场舞蹈《淮海戏情》荣获第十一届江苏省"五星工程奖"表演艺术类银奖;舞蹈《一起来》参加"连云港之夏"开幕式演出;组队参加全省农民排舞大赛和健身秧歌大赛总决赛,均获规定套路、自选套路的一等奖;组织234人参加2014"舞动中国"排舞联赛活动,挑战吉尼斯成功,并分别荣获规定套路、自选套路一等奖;原创舞蹈《情之吻》《正月十五闹花灯》《再唱山歌给党听》《乌哈》《红红的中国》参加江苏电视台综艺频道"加油社区"栏目的晋级赛,荣获铜奖。在美术创作方面,水粉画《灰色轨迹》入选全国十二届美展,并获省中青展优秀奖;《草原秋色》《一丘一壑也风流》《大壑留云》《太行风骨万壑间》《印象丹巴》等10余件作品入围中国美协等主办的全国书画展;5人作品在省级书画展览中获奖或入展,其中2人荣获"新人奖";20余件作品被《人民日报·民生周刊》《中国书画报》《江苏民进》等国家、省级刊物选登和介绍。

【文艺平台建设】 2014年,成立大华文化交流中心,为全区广大文艺工作者提供一个艺术交流、展览、表演和销售的平台。充分利用《连云港日报》海州专版、连云港电视台"海州新闻"、《海州历史文化》杂志、海州政务网、海州宣传网等文艺宣传平台,加大对海州传统民间文艺和民俗文化的宣传力度。开通"今日海州"官方微信、"海州发布"政务微博等新兴媒介,不断丰富海州文艺品牌内容,提升海州文艺的美誉度和影响力。

【培养文艺人才】 2014年,区文联充分发挥自身资源优势,不定期组织各种文艺演出和新闻摄影培训活动,传播先进文化,丰富群众文化生活。鼓励会员积极参与国家、省、市各项赛事。通过举办各种展览、赛事,发现一批青年优秀人才,对有潜力的会员的作品精心打造,给予推荐,让他们在活动中施展才华,在展览中提升技艺,扩大知名度和影响力。修订《海州区优秀文艺作品奖励办法》,进一步推进海州文化建设,激励文艺创作,着力培养高素质的文艺创作人才。

(撰稿:朱国来 审稿:李敬伟)

海州区个体私营经济协会

【概况】 2014年,连云港市海州区个体私营经济协会(简称区个私协会),下辖9个基层党支部,组建4个非公企业党群工作室,其中有61个党支部,有党员353名,覆盖71家企业。

【党群工作站】 2014年,党群工作站设党群共建中心、党群服务中心、人才举荐中心、品牌战略中心、融资理财中心、维权援助中心6个中心和红领党员拓展提升基地、白领党员创业孵化基地、蓝领党员成长培训基地等3个基地。区个私协会党委办和党群工作站有专职工作人员6人。

【党支部及党员分布】 2014年,区个私协会所辖行业党支部分布情况:政府机关5个,餐饮业4个,服务业17个,商业23个,建筑业5个,其他行业4个。党员所在行业:政府机关14名,餐饮业44名,服务业97名,商业128名,建筑业57名,其他行业13名。

【主要工作及活动开展】 2014年，区个私协会集中开展服务发展大走访活动，共走访各类市场主体2171家，收集汇总需求信息300余条，帮助企业解决实际问题200余件次。与路南街道贾圩社区试点合作，制定《海州区协会社区会员服务站创建标准》和《海州区个体私营经济协会社区服务站服务指南》等规范化服务标准，为1.75万户个协会员提供免费赠送保险服务。深化会员互惠联盟建设，开通会员手机短信服务，通过会员QQ群、手机短信等方式，免费向会员提供服务信息5000余条，帮助40余户个体工商户成功转型为私营企业，帮助49名失业人员实现创业就业。

（撰稿：张 雷）

海州区红十字会

【概 况】 2014年，海州区红十字会（简称区红十字会）在区委、区政府的领导下，以“携手人道促和谐”为主题，扎实开展救灾、救助、救护、义诊、健康教育和救护培训等便民利民服务活动，充分发挥红十字会组织在政府人道和民生工作方面的助手作用。为推动“转型升级增实力，好中求快创一流”，全面推进海州区红十字事业发展做出新贡献。

【发展基层红十字组织】 2014年，区红十字会充分利用《国务院关于促进红十字事业发展的意见》出台的机遇，加强宣传并不断推进基层红十字会组织建设。在2013年已经建成的基层红十字组织示范点的基础上，相继在南城街道办事处、向阳小学、市东小学和大村小学等建立基层红十字组织。年内，全区所有镇、街道办事处、学校以及96%的社区都建立了红十字组织，其中新南街道玉带社区红十字服务站示范点建设不断完善，多次被定为全市观摩示范点，得到省、市红十字会领导和专家们的充分肯定。积极招募和发展红十字志愿工作者，进一步拓展各种红十字志愿服务，为社会做出奉献。区红十字会共发展团体会员单位38家、会员10939人、志愿者20686人。其中新发展成人会员1268人、青少年会员967人。

【红十字进校园活动】 2014年，区红十字会在全区所有中小学都成立了红十字组织。各学校召开相关会议，制订工作计划，落实工作措施，重新登记学生会员，并结合青少年的特点，把红十字精神与加强未成年人思想道德教育融合起来，积极宣传艾滋病、常见病预防及防灾减灾等知识，努力培养学生的爱心意识和奉献精神。同时积极开展中小学生“关爱儿童”募捐助学活动，资助贫困学生30名，资助款26000元。

【参与博爱送万家活动】 2014年1月，区红十字会领导先后深入相关社区和浦南镇龙浦、草舍等村看望慰问高龄老人和残疾户，为贫困家庭送上慰问金5200元，发放大米、羽绒被、食用油和衣服等价值10万余元的慰问品，受益群众1600人。区红十字会接管原市红十字会的“博爱超市”后，严格管理，认真备货，以每周五为定期开放日，先后为86名受助人员开展登记发放工作，为社区困难居民提供稳定、急需、基本的生活救助。此外，广泛开展扶贫帮困、博爱助学、医疗救助、关爱孤老等各种形式的社会救助活动。全年共完成捐助23位贫困学生，看望孤寡老人8次。

【普及卫生救护知识】 2014年，区红十字会积极落实《公益性应急救护百万培训项目实施意见》，将此项工作作为全年重点工作之一。年初，召开相关会议，成立救护培训工作领导小组，制定《新浦区红十字“百万救护培训工作”实施方案》；3月，举办百万救护培训班，按制订好的培训计划表，组织老师和工作人员携带教材和教学用具，深入社区、学校和交通系统，分别进行救护员和普及型的救护培训工作，传授创伤救护、气道异物梗阻和心肺复苏等急救知识和操作技能，使更多的人掌握初级救护常识。至10月28日，区红十字会已进行救护员培训675人，完成目标任务的112.05%；进行普及型救护培训6326人，完成目标任务的115.36%。利用各种宣传日，组织医务人员对辖区居民进行各种形式的救护宣传和讲座，让居民学会简单的鉴别诊断知识，学会如何正确使用120呼救和院前急救知识，不断提高居民院前自救和互救能力。此外，积极协助眼科医院的驾驶员培训基地，定期对申请驾驶执照的人员进行急救等知识的培训和考核，截至10月底，共培训和考核学员66706人次。

【艾滋病预防宣传】 2014年，区红十字会将宣传画、小折页、小册子等防治艾滋病宣传材料下发到村、社区。同时组织志愿者深入社区、工地和学校等，开展艾滋病防治宣传教育活动8次，切实提高广大群众对艾滋病防治知识的知晓率和个人防御能力。与此同时，积极开展娱乐场所高危行为干预。年内，全区共对32个娱乐场所实施干预措施，干预人数762人次，推广安全套5315个，发放宣传材料近15000份。

【传播红十字精神】 2014年，区红十字会注重红十字精神的传播，充分利用每个宣传日和纪念日的机会，宣传红十字组织及其精神。分别于3月24日（结核病防治日）、4月7日（世界卫生日）、4月25日（计划免疫宣传日）、5月8日（世界红十字日）、5月15日（全国碘缺乏病日）、9月9日（世界急救日）、10月8日（高血压日）、10月27日健康节和12月1日（世界艾滋病日）等纪念日，组织专业人员和志愿者走上街头进行宣传。发放各类宣传资料26000余份。

【开展公益活动】 2014年，区红十字会认真开展“红十字进校园活动”，把招募志愿者作为工作的重点之一，一方面积极与社会有响应的爱心团队联系，为他们配备统一的队旗和帽子等，并将他们募集的资金统一财务管理，携手开展一系列的帮扶、助学和宣传活动，另一方面积极招募中小学生作为红十字志愿者，逐个填表，按规定认真注册在案。年内，区红十字会新招募青少年志愿者5869人。与此同时，组织广大志愿者参与义诊、艾滋病防治宣传等活动。继续推进“关爱生命工程”，大力加强无偿献血、造血干细胞捐献、遗体和角膜器官捐献以及预防控制艾滋病的宣传工作。至10月底，共计组织无偿献血365人次，无偿捐献造血干细胞血样采集82人。

（撰稿：朱晓颖　审稿：陈长坝）

海州区台属联谊会

【概况】 2014年，海州区台属联谊会（简称区台联）在市台属联谊会和区台办的支持和指导下，围绕“和平统一、一国两制”的基本方针，以促进两地交流交往为主线，充分发挥自身优势，认真履行职责，团结和带领广大台属，主动开展各项工作，在促进两地交流交往、服务台胞台属、加强自身建设等方面发挥积极作用。

【加强政策宣传引导】 2014年，区台联牢牢把握两岸关系和平发展的主题，坚持把团结、教育、组织和引导广大台属学习党的对台方针政策，提高广大台属的政治觉悟和思想素质作为重要内容抓紧抓好，开展形式多样的涉台知识宣传教育活动，积极倡导广大台属通过广播、电视、报纸、杂志、互联网等渠道，了解和掌握党的对台方针政策和台湾岛内形势，通过考察、座谈讨论、调研走访等形式，宣传“和平统一、一国两制”基本方针和苏台交流合作“四个新高地”（2013年江苏省委常委会议提出打造对台合作“四个新高地”：一是加快建设台资产业集聚新高地。二是加快建设台企创新发展新高地。三是加快建设台商投资环境新高地。四是加快建设两岸交流交往新高地）建设要求，宣传海州区近年来经济社会各方面取得的新发展、新成就，激发广大台胞台属热爱祖国、投身家乡建设的热情和激情，以亲情、乡情、友情吸引台胞台商到海州区探亲旅游、考察洽谈和投资兴业。

【组织台属参观考察】 年内，不定期召开台联理事会成员会议，通过座谈研讨、参观考察等形式，不断规范台联工作。同时，加强市、区两级台联及其成员之间的互动交流，积极发挥其桥梁纽带作用，动员更多台胞台属参与家乡建设，服务海州经济社会发展。元旦、春节期间，先后组织台属开展“喜看海州新变化，共谋古城大发展”和“看新浦、增情谊”活动，组织区台属代表参观考察新坝新镇区、社会福利中心和台属企业——万达电力辅机公司，邀请市台联理事会成员参观民主路老街、盐河巷历史文化街区和新浦开发区西区建设现场，通过所见、所闻、所感，宣传家乡新变化，激发大家热爱家乡、建设家乡的热情和联系沟通海台两地的情谊。

【帮助台胞台属排忧解难】 2014年，区台联始终把关心、支持、帮助台胞、台属作为工作重点，充分发挥民间社团优势，积极协助区台办认真做好台胞、台属接待服务工作，竭诚为他们做好事、办实事、解难题，使台胞台属感受到家乡的巨大变化，体会到家乡浓郁的乡情、亲情，增强对祖国的认同感。春节期间，区台联慰问看望区内重点台属和困难台属，了解他们的工作、生活情况，为他们送去慰问金和慰问品，并通过他们向其在台亲人转达节日的问候和祝福，鼓励他们继续关注和投身海州的经济建设和社会发展。协助区台办为离乡60余载的台胞谢老寻找到大陆亲人，谢氏姐弟专程送来一面“不辞辛劳、为民解难”的锦旗。《86岁老人几经辗转找到港城亲人》在中国江苏网、连网和《苍梧晚报》等多家网站和报刊上转载。

【台联换届】 2014年区划调整后，根据《区台属联谊会章程》要求，区台联在前期充分调研和酝酿的基础上，于12月12日组织召开区划调整后新的海州区第一次台属代表大会。会议全面总结几年来区台联的工作，审议通过新修订的《海州区台属联谊会章程》，选举产生以张筠为会长的海州区第一届台属联谊会理事会及其领导班子。市台办副主任吴立军、区委常委组织部部长卢平及区台办主任赵红出席换届会议。

（撰稿：赵　红）

海州区侨属联谊会

【概况】 2014年，海州区侨属联谊会（简称区侨联）在连云港市侨联和区委、区政府的正确领导下，在区委统战部的指导下，坚持以邓小平理论、“三个代表”重要思想和科学发展观为指导，深入开展中国特色社会主义教育实践活动，学习贯彻习近平总书记系列讲话精神，不断加强自身建设，做到以侨引侨、以侨带侨、以侨搭桥，在凝聚侨心，汇集侨力，服务区委、区政府中心工作等方面进行大量有益的尝试和探索，尤其是在联系归侨侨眷、维护侨胞权益、参政议政、慈善公益和基础建设等工作中取得显著成效。

【健全工作机制】 2014年，区侨联全面落实省、市涉侨文件精神，在健全工作机制和完善基层组织网络方面做了大量卓有成效的工作。区委统战部明确1名副部长专职分管侨联工作；各镇（街道）明确统战委员分管侨联工作；各社区都成立以社区书记为组长的侨务工作领导小组。区、街道、社区三级为侨服务的基层组织网络得到完善，进一步扩大侨联工作的覆盖面。

【参政议政】 2014年，区侨界人大代表、政协委员围绕侨界群众和老百姓关注的热点难点问题，先后在市、区两会上提交《关于提高归侨生活困难补贴标准的议案》《关于开展授予贡献突出人士‘连云港市荣誉市民’称号工作的议案》《关于加大对侨界空巢老人关爱的建议》《关于对住宅小区全面实施一户一表 计量出户的议案》《关于进一步加强和规范物业管理的议案》《关于尽快改造凌州广场至人民路火车站道路的建议》《关于尽快解决水墨江南小区房屋质量及前期物业遗留问题的建议》《关于清理玉带河至秦东门大桥之间西盐河东岸建筑垃圾，建成绿化景观带的建议》《关于在市区设立建筑垃圾临时堆放点的建议》等建议议案，得到交办单位的满意答复。连云港电视台、《连云港日报》对此进行专题宣传报道。侨界市人大代表李东红的《关于进一步加强和规范物业管理的建议》获2014年度市人大代表优秀建议，受到市人大表彰。

【为侨服务】 2014年，区侨联在侨界深入开展以关爱老年困难归侨侨眷为主要内容的“献爱心，暖侨心”活动，进一步做好老弱病残归侨侨眷帮扶工作，让他们共享改革发展成果。同时，做到在归侨侨眷生病住院时前往探望，归侨侨眷去世时前往吊唁、慰问家属，并以“访侨户、察侨情、解侨难、聚侨力”为主题，经常不断地保持和归侨侨眷电话联系，一有情况就上门看望。在春节、中秋两大节日期间，区侨办、区侨联陪同市侨联、区委统战部领导前往困难归侨、侨眷家中探望，将慰问金和食品送到他们手中，把党的温暖及时带给侨界群众。做到连续19年发放“杨天全教育基金”及“郑兆财扶贫助学基金”，多年不间断地对南城、花果山、大村中心小学等学校品学兼优而家庭困难的学生进行资助和奖励。利用社区平台开展侨务工作。贾圩社区“居家养老”“零利润送餐服务”“老人家庭病房”“社区诊所医生免费上门诊治”等项服务都成了侨务品牌，实现为侨服务家庭化、个性化。玉龙社区完善为侨服务网络体系，蔷薇、龙尾、星化社区为侨实行“一户一档”管理，都形成侨务品牌效应。此外，发挥社区“侨之家”的功能和效益，努力使“侨之家”成为社会关注、侨界仰慕的好去处，真正成为海外侨胞、归侨侨眷维权和开展各项活动的好平台。经常看望患病、入住养老院的老归侨；为侨属倪望齐协调资金，办结社保和医保，解决其后顾之忧；协调解决归侨李双红子女的中考加分等一系列问题。

【海内外联谊活动】 2014年，区侨联以血缘、地缘、语缘为基础，以亲情、乡情、友情为纽带，积极开展渠道广泛、层次多样、形式丰富的海内外联谊活动。区侨联先后召开庆国庆、迎中秋、迎新春座谈会和开展关爱空巢老人等活动，推介新海城区、滨河新城建设。组织文艺节目参与庆祝中华人民共和国成立65周年文艺演出。建立并利用“侨之家”“海州侨联”QQ群、函电联系等平台，加强与归侨侨眷、海外侨胞的沟通与联系，增强侨联的凝聚力。

【为经济建设服务】 2014年，区侨联依托海外，引资引智，密切联系侨资企业。帮助出国和归国留学人员通过多种形式在海州区创业，引导港澳台和海外侨胞为家乡的经济建设出资出力、献计献策，为招商引资做贡献。在连云港市第一届物博会召开之际，联系韩国的客商到连云港市参加活动。接待来自韩国、日本、加拿大等国的侨界客人10多批50多人次。

【侨情普查及对外宣传】 2014年，区侨联利用基层组织，紧跟变化的侨情，不断完善基层侨眷和新移民眷属的信息登记，开展出国和归国留学人员、海外侨胞等情况调查，与区外侨办联系，发动基层侨务力量，进行为期4个月的大规模侨情普查，并取得初步成果。

【侨联换届】 2014年，区侨联通过与街道、社区、侨企等多方联系，选择侨界优秀人士搭建区侨联班子，并将于2015年1月召开海州区侨联第四届代表大会。

（撰稿：李东红）

海州区侨联第四次代表大会

责任编辑：王恒亮

社会治安综合治理

综　述

2014年，全区政法工作在区委的正确领导下，紧紧围绕群众最关心、最直接、最现实的公共安全问题、权益保障问题、公平正义问题，以创新社会治理为统揽，以社会矛盾预防化解、社会治安防控体系建设、公正司法及基层基础建设等工作为重点，深入推进平安、法治、队伍三大建设，为全区经济社会快速跨越发展打造良好社会环境。海州区被省委、省政府评为2014年度全省法治建设先进区、连续10年被省综治委评为平安区，荣获全省“六五”普法中期先进区称号。

全区政法工作会议

2015年3月19日上午，全区政法工作会议在区行政中心辅楼306会议室召开。区委常委、政法委书记郑斌，副区长、海州公安分局局长史伟，区法院院长傅成保，区检察院检察长张克晓，区委政法委领导班子全体成员，各镇、街道、开发区、政法各部门、综治委、依法治区领导小组成员单位分管领导及部分被表彰的先进集体、先进个人代表参加会议。

会议传达了区委书记、区人大常委会主任王立斌对政法工作提出的新的要求“全区政法机关要深入学习贯彻习近平总书记系列重要讲话特别是视察江苏时的重要讲话精神，牢固树立‘最严格的执法、最公正的司法就是最好的服务’的工作理念，以群众需求引领政法工作，以群众理想推动政法工作，以群众评判检验政法工作，全力护航‘生态宜居、人文荟萃、经济繁荣、社会文明’新海州建设，深入推进平安海州、法治海州和政法队伍‘三大’建设，进一步提升执法能力建设，进一步增强人民群众安全感和满意度，全力打造平安法治、和谐稳定的社会环境”。区委常委、政法委书记郑斌作题为《维护大局稳定促进公平正义　全力打造宜业宜居社会和谐新海州》的工作报告，充分肯定2014年全区政法系统在推进源头治理、综合治理、依法治理、系统治理和政法队伍建设工作中取得的成绩，对海州区连续10年被评为省级“平安区”，荣获2014年度全省“六五”普法中期先进区、全省法治建设先进区等荣誉进行了表扬，分析了当前政法稳定工作所面临的形势，并对2015年的政法工作提出了四点要求：一是以建设和谐社会为中心，充分发挥综治工作的主战场作用，着力提升矛盾纠纷预防化解效率，提升群众安全感满意度，完善社会治安防控体系建设，夯实平安创建基础工作。二是以维护公平正义为目标，充分发挥法治工作的主导性作用。稳步提升全民法治意识，完善法治规范化各项制度，加大执法监督工作力度，深入推进司法体制改革。三是以提升服务质效为核心，充分发挥社会治理的主动性作用。扎实做好社会治理载体建设，稳步推进社会治理改革，积极打造社会治理工作典型，全力做好社会治理惠民工作。四是以引领社会正气为宗旨，充分发挥政法队伍的主力军作用。做好政法队伍思想教育，提升政法队伍大局意识，优化政法队伍业务水平，加大政法队伍作风建设力度。

会议还表彰2014年度综治法治建设工作先进集体、2014年度综治法治建设工作先进个人和2014年度公正廉洁执法先进个人。

（审稿：田超亚　审稿：王统松）

平安海州建设

【预防化解矛盾纠纷】2014年，全区三级调解组织共开展排查2066次，成功调解各类矛盾纠纷1733起，最大限度地将矛盾纠纷控制在基层。全面实施社会稳定风险评估工作，全区重大项目、重点工程稳评工作实现全覆盖。建立综治工作信息系统，及时通过系统排查预防矛盾纠纷。在全市率先试点开展社会矛盾纠纷多元融合式调处机制建设，建立35个派驻人民调解工作室（其中公调18个、访调15个、诉调1个、检调1个），配备调解员74名，成功调解纠纷1579件。

【打击各类违法犯罪行为】2014年，区委政法委部署以治安秩序不好、人民群众反映强烈的重点区域、“城中村”和高发案地区等为重点，先后组织开展“利剑”“秋风1号”、“秋风2号”等专项行动，全年刑事案件发案率同比下降17.5%，现行案件破案率同比上升6%，全区连续5年命案全破，群众安全感指数进一步提升。

【整治社会治安突出问题】 2014年，区委政法委部署开展以肃毒羁押、破案会战、巡防除患、信访化解、队伍整肃、基础建设为主要内容的“六项行动”，针对突出治安问题、不安定因素及重点人员进行全面排查梳理。共对13个重点区域、8条重点路段及10个案件多发社区实行挂牌督办，共破获系列“两盗”案件11串63起。有效整治繁荣路、“两站”（火车站、汽车站）周边地区、茗馨花园小区等区域的治安突出问题。

【社会治安防控体系建设】 2014年，区委政法委积极部署推进巡防体制改革，成立区级特巡警大队、各派出所巡逻处警中队，并将车站、学校周边、金融网点等作为巡逻“必到点”，有效降低违法犯罪发案率。与此同时，巩固完善“三位一体”（人防、物防、技防）治安防控体系，新增技防覆盖小区32个。建立网格长、社区志愿者、矛盾纠纷调解员、“红袖标”义务巡防员等一体化管理机制。

法治海州建设

【规范依法行政】 2014年，区委、区政府严格执行重大决策程序规定，发挥法律顾问团作用，参与滨河新城房地产开发项目协议、菲律宾SM集团补充协议、孔望山风景区建设与运营框架协议等12次重大项目合同审查。加强规范性文件法律审查，清理行政审批事项、非行政许可审批事项107项，规范性文件审查率、备案率均达100%。

【行政权力阳光运行】 2014年，区委、区政府全面推行政府信息公开，实现全区党政机关、各镇（街道）及行政执行类事业单位全覆盖。开通网上“社区权力清单在线查询”，明确7大类75小项社区社会管理事务权力。狠抓行政执法人员培训和资格准入制度，组织全区行政执法人员参加全市行政执法资格考试，做到行政执法持证上岗。

【司法监督】 2014年，区委政法委积极开展执法监督工作，印发案件评查专项工作方案，共组织开展案件评查工作2次。政法各部门积极开展自查工作，海州公安分局采取案例点评会或集中培训的方式，加大对执法问题的整改力度；区检察院成立案件流程管理员和案件质量评查人才库制度，开展案件评查2次；区法院共评查12个月未结案、上级法院发回重审和改判案件109件。加大群众监督力度，实行人民陪审员、人民监督员制度，新聘任陪审员107名。

【涉法涉诉信访改革】 2014年，区委政法委将涉法涉诉信访改革作为司法改革重要内容纳入议事日程，按照省委政法委《关于成立省涉法涉诉信访改革工作领导小组和加强联合接访中心建设的通知》要求，成立区涉法涉诉联合接访中心，以中心为平台，加大对重大疑难复杂涉法涉诉信访案件的交办、督办、协调、评查工作力度。

【全民法律素质提升】 2014年，区委政法委以深入推进“六五”普法、“法治建设十年巡礼”活动为契机，一方面，注重提升公务员学法用法水平，领导干部任前法律知识考试率达100%。另一方面，注重提升全民法治意识，通过入户宣传、文艺演出等形式，加大法制宣传力度。开展宣传367场次，接待咨询141场次，发放宣传资料28620份。

基层基础建设

【便民服务平台建设】 2014年，区委政法委以打造便民高效的社会管理服务平台为目标，投入1000万元建成2500平方米的区级社会管理服务中心，打造一站式便民服务平台。镇（街道）全部完成社会管理服务中心规范化建设，9个镇街达到示范化建设标准；81个村（社区）社会管理服务站达到规范化建设标准，45个村（社区）达到示范化建设标准。

【法治文化阵地建设】 2014年，区委政法委重点打造“1234”法治文化宣传阵地，建成“港城法治文化公园”、浦南农民普法示范路、苍梧法治小游园等特色法治文化阵地20处，创建省级法治文化建设示范点1个、市级法治文化建设示范点5个。

【创新基层社会治理】 2014年，区委政法委以开展“万人牵手共创平安”活动为契机，深入推进网格化管理工作，把全区村（社区）划分成1680个网格，由综治义务社工队伍对网格内进行全方位、全过程、全覆盖的动态管理。以村（社区）减负增效为目的，积极配合民政部门，深入推进政社互动、三社联动（以社区为平台，以社会组织为载体，以专业社会工作服务为提升，通过政府购买服务、民间运营的方式，实现社区、社会组织、社工人才有效联动、互相促进）工作改革。

【基层社会治理法治化】 2014年，区委政法委以推进基层工作法治化为目标，确保“十百千法治强基工程”〔加强十个镇（街道）“法治工作中心”建设；规范一百个村（社区）“法治工作室”建设；在全区各部门、学校、企业、医院、市场、行业等组建五百到一千个“法治工作站”〕、6个“一刻钟法治惠民圈”（法律服务圈、法治文化圈、治安防控圈、矛盾调处圈、娱乐健身圈、医疗服务圈）、“三会一堂”（居民议事会、民情恳谈会、工作评议会和社区大讲堂）等工作取得一定成效。全区共建成省级民主法治示范村（社区）41个、市级民主法治示范村（社区）102个。

（撰稿：田超亚　审稿：王统松）

责任编辑：王恒亮

公安工作

海州公安分局

综　述

2014年，海州公安分局紧紧围绕建设“平安海州、美丽海州”这一总体目标，以群众路线教育实践活动“一条主线”为牵引，突出社会治安防控体系建设、公安队伍建设“两大建设”，力推反恐维稳工作、派出所基础建设、巡逻体系重组“三项重点”，着力提升治安防控立体化、执法执勤规范化、服务群众便捷化、公安队伍实战化“四化水平”，严把反恐维稳关、主业提升关、基础夯实关、服务发展关、队伍保障关“五关”，维护海州地区经济社会发展大局稳定。海州公安分局被区委、区政府授予2014年度经济建设和社会发展目标一等奖、2014年度经济建设和社会发展目标社会管理创新奖，被评为2014年度优化投资发展软环境十佳单位。海州公安分局治安大队因连博会安保工作成绩突出被记集体三等功1次；情报信息中心被授予“连云港市工人先锋号”称号；新海派出所郭强被省公安厅记个人二等功1次；海州派出所李浩被评为全市“第二届十大法治人物”“十大杰出青年”；新东派出所汪彩虹被授予“全市人民满意政法干警”荣誉称号，记个人三等功1次；苍梧派出所李庆泉被市维护信访稳定工作领导小组评为2014年度全市信访稳定工作先进个人。

维护社会稳定

【处置群体性事件】 2014年，海州公安分局落实各项维稳措施，成功处置市政府、区政府门前集访事件475起1.3万人次、群体性事件121起，其中19起百人以上规模的群体性事件得到100%妥善化解。

【情报信息稳控】 2014年，海州公安分局围绕“青奥会”“连博会”“白虎山庙会”等重大活动，“6·4”“7·5”“12·13”等敏感节点和滨河新城、旧城改造等重点项目建设，企业军转干、涉众经济犯罪受害人、征地拆迁户等群体活动，加强情报信息搜集、研判，对涉法信访人员、群体挑头人员、进京赴省上访人员开展各项专门工作，成功引导出租车罢运维权、市第一人民医院系列医患纠纷、钱二酒家火灾事故等19起热点舆情警情，先后圆满完成全国和省、市、区四级人大、政协“两会”、元宵灯会等7项重大维稳安保任务。

【反恐处置】 2014年，海州公安分局重点围绕涉维、涉恐、涉暴人员易于落脚的出租房、中小旅馆、清真饭店等场所阵地，采取“兜底翻”“滚动查”“重点靠”等方式，切实提升重点人员情况发现能力、重点人员管控能力、重点目标防范控制能力、突发事件应急处置能力。行动中共清理中小旅馆205家，排查出租房屋460户，检查清真饭店2处，核查并排除重点涉恐、涉暴人员60余人。

【矛盾化解】 2014年，海州公安分局深化公调对接，推进调解法制化、社会化和科学化。全区14个派出所均建立驻所人民调解室，配备人民调解员26人，治安纠纷、医患纠纷、家庭纠纷调解成功率分别达90.3%、95%、97.6%。以“事要解决”为核心，扎实做好涉法信访积案“清仓行动”、进京非正常上访百日集中整治、信访积案化解攻坚月等行动，对21起省、市下发的疑难积案挂牌督办，对325件信访件分别落实党务成员包所、队包干负责，促使13名重点上访老户停访息诉，初信初访结访率达70%，信访积案化解率68%。同时，深入排查涉稳苗头隐患，坚持分类处理、一案一策，建立重点日报制度。年内，先后滚动排查重点群体39个、重点人278人，做到第一时间发现上报、第一时间下交办理。

破案打处

【合成作战】 2014年，全区刑事发案8568起，破案1608起，破案率18.8%，较2013年同期上升5.7个百分点。按照“多破案、快破案、办好案”的目标要求，推动侦查模式转型升级，进一步完善盯案捆绑多警种合成作战机制，刑侦、图侦、技侦、网侦、情侦同步上案；指纹、DNA、足迹、空中信息、现场勘验多库联侦，打好合成战、图侦战、科技战、信息战、证据战，确保侦查破案效能不断提升。

【侦破大案要案】 2014年，海州公安分局相继侦破“12·23”聚众斗殴致人死亡案、“1·26”海州中大街抢劫金店案件、“2013·12·29”乐天玛特超市特大黄金被盗案件、“8·19”特大跨省网络诈骗案等大、要案件。八类案件发案146起，破案95起，破案率65.1%，同比上升6.4%；“两抢”（抢劫、抢夺）案件发案111起，破案42起，破案率37.8%，同比上升9.7%。

【侦破民生小案】 2014年，海州公安分局围绕盗窃“三车”（小汽车、摩托车、电瓶车）、扒窃、入室盗窃、电信诈骗等面广量大、群众反映强烈的突出民生小案，打系列、摧团伙、挖窝点，进一步加大侦破力度，先后破获九龙城市乐园系列盗窃案件等串案、大案，以打促防，提升群众安全感和满意度。全区盗窃刑事案件发案7317起，破案1244起，破案率17.0%。其中，盗窃“三车”案件发案2762起，破案552起，破案率19.9%；扒窃案件发案876起，破案111起，破案率12.7%；入室盗窃案件发案2029起，破案335起，破案率16.5%。

【做优打处质效】 年内，海州公安分局充分发挥刑侦主力军作用，强化侦查措施，突出斗争策略，以肃毒羁押等行动为推动，加大工作力度，提升工作效能。全区共抓获各类刑事作案成员1180人，同比上升4.3%；百名民警抓获刑事作案成员202.7人，同比上升10.7%；全区共刑拘人员768人，同比上升28.9%；百名民警刑拘数为131.9人，同比上升30.3%；刑拘人员占抓获人员总数的65.1%；共批捕402人，同比上升29.3%；百名民警批捕数为69.1人，同比上升28.4%；批捕数占刑拘人员比重为52.3%。

【开展专项斗争】 年内，海州公安分局开展“打防竞赛”、打击“两抢一盗”（抢夺、抢劫、盗窃）、冬季整治、破案会战等4次专项行动和3次代号为“利剑”、2次代号为“秋风”的集中清查行动，抓获刑事作案成员445人，其中刑拘307名、逮捕156人，分别占全年的37.7%、39.9%、38.7%。

基层基础工作

【巡逻体系重组】 年内，海州公安分局对全局巡特警部门进行重组，规范警务布局，划小作战单元，全部剥离巡特警大队接处警职能，将接处警工作和120名警力全部划归派出所。巡特警大队负责在主城区范围内开展区域机动巡逻、突发群体性事件处置、日常巡防检查管理。对派出所实行网格化巡逻，在小区域内策应和配合巡逻防范工作。着力固化全区各派出所巡逻处警中队、巡特警大队、特警队、机关巡控队4支队伍，多重巡控重点区域，建立派出所负责巡区、巡特警负责主次干道、机关警力叠加补充的勤务模式，实现派出所巡查一体化、巡特警大队巡控重点化、特警队备勤机动化、机关参与巡防常态化。全分局平均接处警时间从过去10分钟压缩到最短3分钟，警情一次处结率达76.3%，街面巡防直接抓获嫌疑人142名。

【源头信息采集】 2014年，海州公安分局以开展出租房屋管理系统推广应用为抓手，突出抓好每月抽查、日常管理、动态核查和考核奖惩等措施，持续落实旅馆业治安管理系统、一键通请求服务系统的安装、应用、反馈，全面提升信息采集效能。全区通过出租房屋服务管理信息系统申报信息6983条，其中电话申报6808条，短信申报150条，互联网申报25条；累计采集暂住人口信息15569条，寄住人口信息4936条；共登记旅馆730家，其中30张以下床位的中小旅馆587家。读卡器安装730家，安装率为100%；一键通安装587家，安装率为100%；传输系统安装730家，安装率为100%。通过信息采集，抓获外省逃犯4名、吸毒人员25名。

【视频监控建设】 2014年，按照“统一模式、统一规划、统一标准、统一管理”要求，海州公安分局在路南派出所、新海派出所试点建设全区视频监控“天网工程”。按照点位设置科学化、图像质量高清化、抓拍比对智能化、数据转换标准化的要求，规划监控点位488个，新增前端监控点372个；将辖区全部1440个自建监控点全部接入平台，初步实现人员、车辆、电子信息轨迹“三轨联控”；持续推动市公安局“图像监控联网共享应用平台”和“JSC视频监控平台”统一向各实战单位开放授权，新授权102人，进一步提升视频监控的实战效能。

安全监管

【治安复杂地区管控】 2014年，海州公安分局以重拳治乱，扭转复杂环境，先后对“两站”（火车站、汽车站）地区、繁荣路涉娼区域、茗馨花园3个市级治安重点地区及各派出所自行摸排的九龙城市乐园、大润发超市等12个治安复杂地区，集中开展“封闭式”管控，重点打击偷盗扒窃、两抢诈骗等违法犯罪，共查破治安、刑事案件102起，抓获嫌疑人47人。以“打击赌博机”、打击社会丑恶现象“无声风暴”、肃毒羁押等专项行动为抓手，向涉毒、涉娼、涉赌、涉假案件发起猛烈攻势。行动期间，全区查处涉赌违法犯罪人员1126人，查处涉娼违法犯罪人员441人，整治各类场所行业96家次；破获毒品犯罪案件25起，抓获犯罪嫌疑人32名，查获违法人员438人，缴获毒品折合海洛因2000克；打假行动共立案8起，破案5起，缴获各类假冒伪劣产品400余件，挽回损失45.5万元。

【安全监管】 2014年，海州公安分局强化公共安全监管，持续开展消防、危险物品、安全生产等公共安全大检查。年内，各种火灾隐患及时整改到位，没有发生经济损失100万元以上的火灾事故。对涉危、涉爆重点行业实现主管部门统一扎口管理、基层单位分类精细管理，深入开展危险物品单位安全检查和从业人员清理整顿，危险物品单位治安防范达标率和责任书签订率达100%。加大对重点要害部位和内部单位的安全检查，排查枪支弹药从业单位7家、爆炸物品从业单位1家，发现并整改安全隐患6处，收缴子弹129发、仿真枪127支、管制刀具50把。

【网络安全管控】 2014年，海州公安分局以推进网吧"一网管"信息系统推广应用为抓手，加大对全区网吧日常监管力度，对网吧实名登记检查工作常态化，月均对辖区内网吧检查达35家，实现治安监控系统100%安装到位、实名登记制100%落实到位，在线运行率始终保持在95%以上。对辖区内网站信息进行核实，并对新增网站的信息进行登记，确保各类网安基础数据入库率不低于95%，实现信息准确率95%，互联网违法信息处置系统接收处置率达100%。利用网上公安局、QQ、微博等手段，进一步搭建警民沟通交流平台。对全分局120余名网评员实行考核奖惩机制，督促参与对网络不实负面信息的关注与引导。年内，共收集上报公安部异地专项有害信息2000余条，删除本地论坛有害信息150余条，编报信息快报80余期，落地查人30人次。

队伍建设

【群众路线教育实践活动】 年内，在全分局开展为期8个月的党的群众路线教育实践活动。在学习动员、查摆剖析、整改规范、检查验收等阶段直面问题，不遮不掩，认真整改，真抓实干，敢于向"四风"问题叫板，敢于与不正之风做斗争，全分局公务用车减少11%，公务招待费用下降32%。先后出台《海州公安分局工作人员违纪违规计分管理办法》《海州公安分局问责管理规定（暂行）》《全区公安机关考勤暂行办法》《海州公安分局内务管理考评实施办法》。并研发纪律监督管理平台，共受理、接受移交信访举报投诉57件，对队伍发生的违法违纪问题坚持"零容忍"，主动约谈民警125人次，其中被党内警告2人，行政警告1人，诫勉谈话7人，提醒谈话3人，有效提升警风效能和执行力。

【提升服务群众效能】 2014年，海州公安分局规范全区16个公安窗口民警和108个社区警务室及社区民警接待服务标准，落实一次性告知、一次办成制、首问负责制、周六全天上班制、周日延时服务制，尽量减少群众往返次数，最大限度把便捷带给群众。通过搭建1个网上公安局、8个公安微信、14个公安微博、24个警务QQ群等新型载体，健全"网上公安"线上服务体系，完善网上警务室功能，初步实现足不出户"一键式"办理公安行政审批事项。全年窗口单位网上网下共审批各类事项5523件，一次办结率达85%，收到群众感谢信72封、锦旗36面。

【提升队伍形象】 2014年，海州公安分局对一线执法办案单位的功能区重新进行划分改造，全区14个派出所、4个大队均建成接待、办公、办案、生活等区域。统一规范询问室、讯问室、物证室等部位的录音录像系统设置，安装视频监控设备96个，联入公安内部执法监督监控平台，实现随案监督、随警督察和远程网上监控。先后出台《刑事案件告知制度》《警情回访反馈制度》等，共回访案件当事人和行政管理相对人6700余人，收到各类意见、建议760余条，查纠问题、改进工作60余项。

【提升民警素质】 2014年，海州公安分局按照公安部新修订的《公安机关人民警察体育锻炼达标标准》，深入推进警体训练活动开展，提升队伍整体素质和实战能力。推进民警体能达标活动，全年达标率达100%。同时，组织分局各条线专业培训43期，培训民警3300人次。此外，采取分类学、集中学、调动学等方式，组织派出所和社区民警轮训，全部完成派出所和社区民警全员轮训任务。

（撰稿：穆继干　审稿：李柏沄）

公安高新区分局

综　述

2014年，公安高新区分局（简称高新分局）在市公安局（简称市局）党委正确领导下，深入贯彻落实党的十八届四中全会、全省市县公安局长会议及各级公安工作会议精神，坚持以群众路线教育实践活动为牵引，以狠抓绩效考核为主线，实行目标化管理、项目化推进，进一步提升公安机关维稳处突能力、核心战斗力、社会防控力、执法公信力、队伍凝聚力和工作执行力，为全区经济社会跨越发展营造安全稳定环境。

健全维稳机制

【化解处理各类社会矛盾】 2014年，高新分局紧紧围绕青奥会安全保卫这条主线，不断健全完善维稳工作机制，深化反恐斗争，妥善处置群体性事件，深入排查、主动化解、处理各类社会矛盾，有力地维护了全区的政治稳定。全年共收集上报各类涉稳信息151条，妥善处置群体性事件22起，排查化解各类矛盾纠纷620余起。

【社会稳定风险评估机制】 2014年，高新分局调整和充实稳评工作力量，完善、规范稳评工作制度，对稳评工作程序、内容、措施进行进一步细化。进一步强化征地拆迁、环境保护、涉农利益、劳动保障等容易引发社会矛盾的重点领域及市、区立项的重点项目的稳评工作，及时分析重大政策措施出台后可能对社会稳定带来的影响，及时准确掌握社会矛盾和不安定因素的动态，重点了解掌握涉及群众切身利益、可能引发群体性事件的苗头。把社会稳定风险评估作为重大决策出台的前置程序和刚性门槛，对决策可能引发的各种风险进行科学预测、综合研判，确定风险等级并制订相应的化解处置预案。

【舆情分析汇总机制】 2014年，高新分局着力在情报信息搜集、汇总、研判上下功夫，逐步形成高度统一、分级分部门负责的情报信息研判运行机制，充分履行好综合研判、预警发布、重点人员联查核对、指挥处置等职能，按照预防在先、发现在早、处置在小的原则，对辖区重点人头实行滚动排查，切实做到底数清、情况明，发现得了、控制得住、处置得好。进一步提高化解处置工作的时效性、准确性和针对性，对涉及群体性事件、大规模集访活动的敏感、重大信息，实时研判，落地查证。进一步健全完善请示报告制度，对影响政治稳定和社会稳定的重要信息、可能引发影响稳定的重大紧急情况，必须及时报告分局和党委政府。

【矛盾排查化解机制】 2014年，高新分局认真研究新形势下矛盾纠纷的规律特点，积极预防和妥善处置群体性事件，最大限度地减少不稳定因素。继续完善滚动排查、分析研判、依法处置、跟踪反馈、责任倒查等各项工作制度，推动社会矛盾纠纷排查调处工作经常化、制度化、规范化。重点围绕企业改制、债务劳资纠纷、农村土地纠纷、城镇房屋拆迁和特殊群体维权等引发的不安定因素开展排查，密切配合有关部门和单位，充分运用法律、经济、行政等手段，努力把矛盾和问题解决在基层，解决在萌芽状态，有效杜绝了因发现不及时、应对不妥、处置不当导致矛盾纠纷升级扩大引发群体性事件或重大“民转刑”案件。切实做好公安涉法信访事项办理和去省进京非正常上访案件处理工作，按照“人要回去、事要解决”的要求，逐件落实责任，加强跟踪督办。

【应急情况处置机制】 2014年，高新分局为应对可能发生的群体性、突发性事件，调整充实了巡特警大队，组织巡特警、派出所民警、保安辅警等巡防力量，实行带枪巡逻，重点围绕重点场所、重点部位、重点时段开展多层面、网格化、立体化巡控，一旦发生突发警情，力争做到1分钟反应、3分钟到场、5分钟结束战斗，最大限度地挤压暴力恐怖犯罪生存空间；成立7支102人应急处置队（每派出所1支，巡特警大队1支，分局机关1支），投入6万余元用于购买防爆头盔、盾牌、钢叉等警用装备并配发到各实战单位，进一步从思想上、力量上、装备上做好各项准备工作。同时，为全面提高应对涉恐问题的处置能力，不断加强反恐预案、实战演习，健全完善快速反应机制，打造一支紧急时刻“拉得出、冲得上、打得赢”的反恐处突队伍。

严打违法犯罪

【提升破案能力和办案水平】 2014年，高新分局围绕增强人民群众安全感和满意度的目标要求，进一步完善侦查破案机制，坚持严打方针不放松，做到命案必破、黑恶必除、两抢必打、逃犯必抓、涉毒必肃，全面提升侦查破案能力和执法办案水平。年内，全区立案567起，破现行案件158起，破案率为27.9%，其中八类案件立案22起，破案22起，破案率为100%；公诉123人，其中侵财类35人，判处三年以上侵财类4人；抓获各类网上逃犯59人，其中外省逃犯17人（本市户籍10人），外市逃犯9人（本市户籍6人）；打掉恶势力犯罪团伙1个8人；摧毁贩毒团伙2个，抓获涉毒犯罪嫌疑人14人，侦破公安部目标案件1起，缴获各类毒品11.5千克，有效地震慑了各类违法犯罪。

【建强专业队伍】 2014年，高新分局抽调专人成立合成侦查专业队、打击“三车”（电动车、摩托车、小汽车）专业队、案审专业队、督察专业队4支专业队伍，充分发挥刑侦、技侦、图侦、网侦、导侦“五侦”合一作用，专攻各类犯罪打击工作。建立合成侦查专业队伍。从刑警大队、办公室（情报中心）、网安大队抽调人员成立合成侦查专业队，充分发挥资源整合、信息共享的优势，对辖区每天发案进行专业研判、定期分析，重点围绕流窜性、职业性、团伙性、系列性犯罪广泛开展串并侦破工作。建立打击“三车”专业队伍。从刑警中队抽调4名侦查员成立打击“三车”专业队，充分发挥尖刀作用，对辖区的“三车”案件进行分门别类地建档，按照作案手段、空间、时间等特点进行分析研判，强化“三车”案件的串并侦破，力争“破一案、带一串，抓一个、端一窝，打一伙、稳一片”的放大效果。建立案审专业队伍。从刑警大队和技术部门分别抽调1人成立案审专业队，健全串案件、串人头、串轨迹、串证据的人案关联案审模式，逐步承担全区案件办案质量监管任务，加大审查深挖力度，积极挤清余罪，完善证据，扩大战果。不断加强与检察院、法院的沟通协调，用足用好法律武器，形成打击惩处合力。建立督导专业队伍。从办公室和条线部门抽调人员成立督导检查专业队，负责对各单位的绩效进行督导检查。

【加强现场勘查】 2014年，高新分局充分发挥科技强警作用，狠抓现场必勘，明确规定不分一类、二类现场，都要进行勘验，在做好指纹、足迹、工具等常规痕迹物证提取的基础上，进一步强化对现场遗留的各类微量物质以及网络、电讯、监控图像等外围电磁痕迹的提取，建立痕迹物证档案、样品资料档案和犯罪人员档案；进一步提高采痕率，所有被审查人员指纹、DNA、足迹、掌纹、手机通信等基础信息采集入库率必须达到100%；进一步加强信息采集室建设，确保年内通过国家三级刑事科学技术室验收；进一步加强各项基础业务信息的采集和录入，做到既要采集刑事处理、治安处罚对象信息，又要围绕人员、案件、物品、单位、场所、警情等源头信息，对指纹、血样、照片、车辆号牌、联系方式、银行账号、QQ号虚拟身份、电脑MAC地址、痕迹物证等信息做到应采尽采。年内，共立各类刑事案件567起，勘查511起，案件现场勘验率为90.1%，通过指纹、

DNA比对犯罪嫌疑人22名，已抓获14人，破获各类刑事案件32起。

【加强案件串并】 2014年，高新分局根据案件现场遗留的痕迹物证、作案的手法特点、侵害的目标部位、作案的时间空间等信息进行比对梳理、筛选分析，围绕流窜性、职业性、团伙性、系列性犯罪和入室盗窃、盗窃“三车”、电信诈骗等案件，通过传统侦查手段与现代科技手段相结合，依托多库联侦系统，串案件、串人头、串轨迹、串证据，实现侦查软串和技术硬串的有机统一。截至12月31日，全区串案27串140起案件，通过图侦、技侦等手段，相继侦破15串82起案件。

【落实盯案责任】 2014年，高新分局深化“三盯三捆绑”（盯案、盯逃、盯嫌责任，侦查员与技术员捆绑、探组与社区民警捆绑、责任领导与民警捆绑）侦查破案机制，采取列表式管理，将所有案件分社区、分探组、分类别列出清单，逐一明确盯案责任人、破案措施和破案手段，确保每一个逃犯都有人盯、有人追，每一起案件都有人盯、有人破；严格实行“三到场”（技术员到场、侦查员到场、社区民警到场）制度，发生刑事案件后，侦查员、技术员、社区民警必须到现场，重大案件，所长必须到现场，改变过去坐等破案的模式，主动搜集线索、主动出击，定期分析研究破案方法手段，打好主动战、合成战、整体战。

【完善案件侦破机制】 2014年，高新分局进一步落实侦查工作责任，加强刑侦基础工作，完善合成侦查机制，不断提升案件侦破能力。对于犯罪、杀人、抢劫等严重暴力犯罪，坚持和完善快速反应、领导盯案、五侦同上等工作机制，快侦快破。对于涉黑涉恶犯罪，坚持“打早打小，露头就打”，绝不让其坐大成势。对于侵财案件，刑警大队和派出所明确职责，明晰办案范围和边界。原则上刑侦部门牵头组织全部侵财案件的侦办工作，负责侦办系列、流窜、团伙案件，以及其他案情复杂、需要开展专业侦查的侵财案件。派出所在刑侦部门指导和帮助下，对辖区内发生的侵财案件开展现场处置和初步调查，负责侦办对象明确、案情简单、无须专业侦查手段和跨市县进行侦查的案件，做到“小案有人管”。对于其他案件，治安大队重点围绕涉娼涉赌、食品药品安全，以及安全生产，经案大队围绕非法集资等涉众型犯罪、经济案件的追赃挽损情况，网安大队和禁毒队分别围绕网络和涉毒违法犯罪活动开展打击工作，其他业务单位也要根据各自职责范围开展相关工作，真正形成既分工负责，又整体联动、运转高效的案件侦破格局。

严密治安防控

【完善“四位一体”巡防机制】 2014年，高新分局号召坚持情报导巡，通过对警情、舆情、社情监测分析，开展以社会治安研判、实战研判、工作研判为主要内容的综合研判，依托预警通报、打防指令、四色布警、查证指令等载体，开展指令巡防、设点巡防，实现对巡防工作的动态布警，全力做到警力跟着警情走；坚持巡防与实战指挥调度相结合，依托情报中心成立指挥室，统筹安排好巡逻力量，在布警上做到等级化、时空化，联动上做到一体化、协作化，推动公秘结合、动静结合、人技结合等防控模式的优质高效运作，健全点线面结合、打防管控结合、网上网下结合的社会治安防控网络，努力实现对动态社会的全方位、全天候、无缝隙、立体化覆盖；进一步规范和简化应急指挥流程，深化可视化指挥、扁平化调度，定期组织开展“关城门”集中统一查控行动和群体性事件处置演练活动，分科目、分层次、分区域开展应急演练，确保一旦发生重大紧急警情，能快速反应，迅速形成区域合围。

【深化新型社区警务】 2014年，高新分局号召社区民警真正沉入社区，全面掌握辖区重点管控对象、重点场所、重点情报，积极开展社区安全防范和为民服务活动，采集相关基础信息和社会信息，将社区警务工作的落脚点放在服务现实斗争上，最大限度地为破案打击工作提供基础信息和线索，通过基层工作，共打处各类违法犯罪人员74人。管好重点人，对有现实危害或有潜在危害的人和事，按国保、反邪、治安、刑嫌、逃犯和非正常上访进行分类摸排管控，确保管得住、不出事，全区新列管重点人员106人，撤管27人，登记录入重点人员现实表现信息6908条。积极探索“社会人”管理机制和模式，加强对“社会人”的动态管控（流动人口管理）和分类管控，有效防范、精确打击流动人口违法犯罪。截至12月30日，新登记录入暂住人口2419人，新登记录入出租房屋430家。落实追逃主体责任，除外地籍逃犯、需要继续做工作经营的特定案件逃犯，以及重大案件逃犯由专业队盯逃外，其余逃犯一律交由所在地社区民警为主盯控，依靠其人头熟的优势，摸关系、找线索、做基础，通过社区民警盯控抓获逃犯11人，通过社区管控和治安防范工作，预防压降重大刑事案件，提高社区民警见警率、管事率和源头信息贡献率，提升群众知晓率和满意率。

【强化阵地控制】 2014年，高新分局加强中小旅馆、娱乐场所、二手机市场、废品收购站等重要阵地的动态监控，实时掌握高危人群、在逃人员、从业人员、可疑物品的轨迹和流向。深入推进技防建设，在已建成的“三圈两网”（在全区外围形成大的包围圈，在各乡镇辖区外围形成小的包围圈，在各乡镇中心城区周边形成密集的技防包围圈）技防城体系基础上，继续深入推进技防入户工程建设，以沿街商铺、老旧居民小区、独栋居民楼和农村居民家庭等设防单元为重点，继续加大科技防范投入，使更多的实用技防产品进家庭、进商户、进场所，着力打造一批科技示范街、科技示范市场和科技示范社区（村），逐步实现技防全覆盖。继续推动实施老旧小区建设改造工作，已完成板浦地区2个老旧小区建设改造任务，使物防更加完备、技防更加严密、人防更加规范、管理更加到位，从根本上解决老旧小区治安防范能力薄弱等突出问题。

严格履行职责

【增强群众安全感】 2014年，高新分局重点围绕接处警、案件压降、防范打击、案件办理、为民服务等方面，从群众满意的地方做起，从群众不满意的问题改起，在破大案、办大事的同时，着力解决“小案件、小问题”，全力提高追赃挽损率，着重提高巡防工作路面见警率、管事率和抓获率，以及社区民警群众知晓率、满意率和支持率，努力做到各类警情全回访、案件现场全勘验，通过扎扎实实的工作来维护群众安全，赢得群众支持。畅通联系群众渠道，建好用好“网上公安局”“网上派出所”“网上警务室”、社区民警QQ群、微博，为群众提供便捷优质的在线服务。

【提高服务满意度】 2014年，高新分局加强值班室、户籍室等窗口单位建设，落实便民利民措施，简化办事程序，实行“一站式”服务、预约服务、上门服务，让群众少跑腿，不断增进感情、温暖民心、累积信任，提高办事效率和窗口服务满意度；坚持向辖区群众报告工作制度，征询基层意见，倾听群众呼声，切实改进工作，赢得群众的理解、支持；充分借助新闻媒介，宣传安全防范知识，宣传法律政策，拉近同群众之间的距离，提高群众对公安工作的认可度和满意率。

【提升监管水平】 2014年，高新分局加强危险物品监管，确保不发生涉爆案件和事故，不发生严重危害公共安全的危险品案件或事故，共计查处涉危案件9起，收缴子弹45发、雷管16枚、管制刀具11把、仿真枪32支、烟花爆竹100余万头；加强消防安全监管，重点加强对网吧、学校、医院、大型商场等人员密集场所的检查，及时发现问题，落实整改措施，消除安全隐患，仅8月，就发现、整改各类消防隐患207处，行政拘留违反消防管理规定人员2名；加强群众性活动安全监管，严把安全许可、安全容量、安全检查、秩序维护“四关”，严格落实大型活动各项安保工作措施，审批大型群众性文化体育活动4起，圆满完成相关安全保卫任务；加强场所行业管理，组织警力对公共娱乐场所进行集中清理整治，严厉查禁黄赌毒娼违法犯罪活动，涉赌案件公诉5人，涉娼案件公诉5人，查处涉毒违法人员110余人。

坚持建警治警

【政治建警】 2014年，高新分局深入开展党的群众路线教育实践活动，将教育实践贯穿全年公安工作的方方面面，贯穿到全年公安工作的始终，时刻树立群众观念，聚焦“四风”，整改突出问题，转变工作作风，建立密切联系群众的长效机制，做群众利益的保障者。全局共召开32场对内对外征求意见座谈会，向社会各界发放137张征求意见表，收集整改群众提出的问题、意见60余件。

【制度管警】 2014年，高新分局坚持实行队伍思想状况分析、队伍管理目标考核排名通报制度，实现队伍管理常态化、制度化。坚持党风廉政建设，健全并落实教育制度、监督并重的惩治和预防腐败体系，坚持不懈地抓好中央“八项规定”（1.要轻车简从、减少陪同、简化接待，不张贴悬挂标语横幅，不安排群众迎送，不铺设迎宾地毯，不摆放花草，不安排宴请。2.要精简会议活动，切实改进会风，严格控制以中央名义召开的各类全国性会议和举行的重大活动，不开泛泛部署工作和提要求的会，未经中央批准一律不出席各类剪彩、奠基活动和庆祝会、纪念会、表彰会、博览会、研讨会及各类论坛；提高会议实效，开短会、讲短话，力戒空话、套话。3.要精简文件简报，切实改进文风，没有实质内容、可发可不发的文件、简报一律不发。4.要规范出访活动，从外交工作大局需要出发合理安排出访活动，严格控制出访随行人员，严格按照规定乘坐交通工具，一般不安排中资机构、华侨华人、留学生代表等到机场迎送。5.要改进警卫工作，坚持有利于联系群众的原则，减少交通管制，一般情况下不得封路、不清场闭馆。6.要改进新闻报道，中央政治局同志出席会议和活动应根据工作需要、新闻价值、社会效果决定是否报道，进一步压缩报道的数量、字数、时长。7.要严格文稿发表，除中央统一安排外，个人不公开出版著作、讲话单行本，不发贺信、贺电，不题词、题字。8.要厉行勤俭节约，严格遵守廉洁从政有关规定，严格执行住房、车辆配备等有关工作和生活待遇的规定）、公安部门“三项纪律”（决不允许面对群众危难不勇为；决不允许酗酒滋事；决不允许进夜总会娱乐）、省厅“四条底线”（一是守住政治纪律底线，绝不发表违背党的路线方针政策、与人民警察身份不相符的言论，绝不编造、传播谣言，绝不泄露党和国家秘密、警务工作秘密，绝不参与各种非法组织和非法活动；二是守住廉洁自律底线，耐得住清苦，抵得住诱惑，管得住小节，不以权谋私，不贪污腐化；三是守住公正执法底线，不办关系案、人情案、金钱案，不搞刑讯逼供、暴力取证、体罚或虐待被羁押人员，不发生冤假错案和执法安全事故；四是守住警纪禁令底线，不违反公安部“五条禁令”“三项纪律”和领导干部“五个严禁”。各级领导干部要带头严守“四条底线”，为民警放好样子，同时要加强经常性的监督检查，无论是谁违反规定，都要依法依纪严肃查处）等纪律规定落实，最大限度地减少民警违法违纪案件的发生。

【素质强警】 2014年，高新分局围绕信息化应用、执法规范、群众工作、实战技能4项重点开展训练，实施“战训合一、轮训轮值”练兵培训模式，采取跟班学习、委托培训等方式，有针对性地开展侦查技能、手段运用、特情建设、应急处置等培训，不断提升民警实战本领，解决“本领恐慌”，培养一批业务行家里手，推动全局平台数据质量、执法质量的提升。

（撰稿：田明生　审稿：李家涛）

责任编辑：王恒亮

检察工作

综　述

2014年，海州区人民检察院（简称区检察院）圆满完成原海州区检察院、新浦区检察院的合并工作，合并后新海州区检察院分为东（原新浦区院）、西（原海州区院）两个办公区。全院共设有19个内设机构和3个派出机构。西区内设机构有政治处、机关党委、监察室、办公室、行装科、反贪局、反渎局、预防科、法警大队；东区内设机构有侦监科、公诉科、未检科、控申科、民行科、刑事执行科、案管办、人监办、技术科、研究室；3个派出机构分别为花果山街道检察室、板浦镇检察室、浦南镇检察室。调整后，增设机关党委和研究室。两院合并后，专项编制143人，行政附属编制13人，在职干警126人。全年区检察院围绕区委中心工作，切实履行检察职能，平稳推进各项业务工作，凸出特色亮点工作。先后荣获“全国检察宣传先进单位”“全国文明接待室”“江苏省廉政教育基地”“连云港市文明单位”“全市检察机关先进检察院”等荣誉称号，有21个集体、47人受到各级各类表彰，其中副检察长杨晓明被最高人民检察院授予一等功。

打击刑事犯罪

【打击严重刑事犯罪】 全年共受理各类提请批准逮捕案件576件753人；审查起诉案件820件1292人。经审查批准逮捕案件487件628人，提起公诉案件714件1020人。办理公安部督办的何某等涉案80余人的销售假药案，姜某等21人组织、领导传销活动案，何某等7人聚众扰乱社会秩序的“闹医”案等一批重大、有影响的案件。

【贯彻宽严相济刑事政策】 2014年，通过不批捕、不起诉、刑事和解、量刑建议等手段，引导初犯、偶犯、轻刑犯、未成年犯和过失犯认罪悔罪、回归社会。共不批准逮捕犯罪嫌疑人95件136人，不起诉案件17件29人，达成刑事和解案件24件。

职务犯罪惩治和预防

【查办职务犯罪案件】 2014年，区检察院共立案侦查贪污、贿赂、挪用公款、渎职侵权等职务犯罪案件23件27人，其中贪污贿赂案件17件21人，渎职侵权案件6件6人。立案数达50万元以上的14人，其中6人达百万元。通过办案为国家挽回经济损失250余万元。查办市公安局交巡警支队行受贿案件2件3人、涉农领域行受贿案件5件5人。开展高效设施渔业补贴专项查办行动，立案查处原海州区农林水利局渔政站站长邓某违反规定、非法套取国家高效设施渔业项目补助资金200余万元的重大滥用职权案。

【转变职务犯罪侦查理念】 2014年，区检察院以“智慧侦查”为方向，大力推进侦查信息化和装备现代化建设。运用话单分析技术、手机取证系统、电脑分析取证、心理跟踪分析仪等信息化侦查设备和软件，辅助办理案件取证工作50余次，信息化侦查率达100%。创新建立菜单式初查机制，提升办案成功率。

【构建多层次社会化预防体系】 2014年，区检察院加强侦防一体化建设，综合运用预防调查、检察建议、法制宣讲等措施，深入开展个案预防、专项预防和行业预防，促进源头治理。建立完善3个基层检察工作站，开展警示教育44次、预防咨询100次，2873人受到教育。提供行贿犯罪档案查询服务1460次，被查询单位1902家，被查询个人3173人，查出有行贿犯罪记录6人次。加强预防调查研判，共发出预防检察建议8份，提交预防调查报告8篇，撰写职务犯罪案例分析10篇。开展非公经济组织预防工作，为辖区内符合条件的16名专家人才开展预防专家型人才职务犯罪工作。推进检企共建廉政警示教育基地、陇海步行街廉政文化长廊、滨河新城廉政文化主题公园建设，开展重大工程项目专项预防工作，与蔷薇湖工程、环云台山大道景区段建设工程等指挥部签订共建协议，实施督查宣传同步制度。

强化诉讼监督

【刑事诉讼监督】 全年共办理立案监督3件，纠正违法11件，追捕4人，追诉7人，有2件纠正漏诉案件被评为全市“十佳优秀诉讼监督案件”，适用简易程序499件。推进“两法衔接”（行政执法与刑事司法）机制建设，成立专项工作领导小组，改进和优化网络信息共享平台，探索建立案件移送报备、提前介入对接、全程跟踪监督等机制。

【民事行政诉讼监督】 全年共受理各类申诉案件29件，向市检察院提请和建议提请抗诉案件4件并全部被采纳，作出不支持监督申请决定的案件18件。继续开展对虚假诉讼行为的防范和查处，发现一起涉案金额达200万元的虚假诉讼案件并向上级院提请抗诉。

【刑事执行监督】 2014年，区检察院扎实开展关于减刑、假释、暂予监外执行专项检察活动，制定《海州区人民检察院减刑、假释、暂予监外执行专项检察活动实施方案》，建议法院予以收监1人；针对各类违法违规情形发出书面检察建议4份，书面纠正违法3份；开展矫正活动专项检察8次、对交付执行环节监督检察4次、法制讲课5次；开通社区矫正QQ联络群，探索新形势下社区矫正工作的新方法和新途径。

参与社会管理创新

【成立“检察为民服务中心”】 2014年，区检察院成立检察为民服务中心，集案件管理、行贿档案查询、控申接访、检察法律服务、律师接待、视频接访、检调对接等功能为一体，自启用以来，共接待来访群众182件195人，接听举报电话27件，成功化解各类矛盾纠纷9起，接访满意率达到100%；接待律师阅卷184次，当事人查询案件148次。

【建立社区检察官联络员制度】 2014年，区检察院依托板浦镇检察室和驻板浦镇派出所检察官办公室，选派21名检察干警定点联系社区（村）负责人，促进检力下沉，共深入联系点178次，为群众提供法律服务和诉讼指导200余人次，化解矛盾纠纷10件。按照区委部署要求，扎实开展“四促五帮”（促党建、促发展、促民生、促和谐，帮建班子、帮带队伍、帮上项目、帮办实事、帮护稳定）联百村和“千名机关志愿者爱心帮扶行动”等活动，先后与23户困难家庭建立长期结对帮扶关系，帮助解决实际困难。

【参与社会综合治理】 2014年，区检察院进一步完善连云港高校集聚区、市城管局、锦屏镇等3个涉罪外来人员暨涉罪未成年人观护教育基地，深入淮海工学院等高校联合开展“深化检校共建，打造零犯罪校园”活动，组织中、小学学生开展模拟庭审活动，邀请涉案未成年人家长参加市院举办的“静待花开”母亲节座谈会，共同维护青少年合法权益。

推进检察改革

【推进检务公开试点】 2014年，区检察院制定深化检务公开制度改革试点工作方案并充分利用信息化技术做好查询接待工作，同时积极探索律师预约、案件查询、电子阅卷、当事人接待等新举措。全年共接待律师阅卷184个，当事人查询案件148个。通过海州检察官方微信、微博、检务公开专栏、LED电子屏检察公益广告等方式实现与社会各界联络的常态化机制。

【改革信访接待机制】 2014年，区检察院研究制定《诉访分离工作制度》并设立检调对接工作办公室，引导涉法涉诉信访步入法治轨道。建立社会矛盾纠纷多元融合式调处机制，努力增强息诉化解工作效果。全年共受理群众来信来访109件，检察长接访30件，排查、受理涉检信访案件21件，化解涉检信访积案4件，办理申诉案件11件、检调对接12件，确保青奥会、十八届四中全会、北京APEC峰会等重大节日、重要政治活动期间非正常赴省进京零上访目标。

检察基础工作

【自觉接受外部监督】 2014年，区检察院邀请新南街道人大代表联组来院参观视察工作，征求代表们的意见和建议，提升检察工作的公信力。广泛开展举报宣传周、职务犯罪预防宣传等活动，加强网络宣传和舆情应对，积极推动平安海州建设。探索人大代表、政协委员、人民监督员和社会各界的联络机制，促进检察工作接地气、聚人气。

【内部监督】 创新建立案件流程监管模式，形成以案管联络员制度为核心，问题清单通报、案件质量讲评、优质案件评比等制度为配套的案件质量监管体系，切实加强执法办案监督效果。全年共发现、整改问题50余个，分析完成研判目标任务9个，发出问题清单5期。

【提升检察队伍新形象】 2014年9月10日，原新浦区检察院与原海州区检察院正式合并成立新的海州区检察院，按照政治、业务、责任、纪律、作风“五过硬”要求，通过群众路线教育实践活动和“增强党性、严守纪律、廉洁从政”专题教育活动，改进队伍作风。同时强化值班制度、检务督察制度和绩效考核制度，深入推进党风廉政建设。通过考察学习、专题讲座、岗位练兵、老带新导师制等形式，提高干警综合素质。区检察队伍在全市政法系统和上级院组织的各项竞赛中取得优异成绩。

（撰稿：王一铭　审稿：陈向阳）

责任编辑：王恒亮

综　述

2014年，海州区人民法院（简称区法院）认真贯彻落实区委九届六次、七次全会精神，围绕“让人民群众在每一个司法案件中感受到公平正义”的目标，坚持司法为民、公正司法工作主线，忠实履行宪法和法律赋予的职责，各项工作取得新进展。共受理各类案件17521件，其中新收案件15429件；审执结案件15119件，标的额达39.26亿元。

公正审判

【刑事审判】 2014年，区法院共新收刑事案件700件，审结675件，判处罪犯940人。依法审结的“黑记者”李某某等人敲诈勒索一案入选江苏省第二届“十大法治事件”。新设刑二庭，加大对职务犯罪和经济犯罪的惩处力度，依法审理全市首例利用影响力受贿案件，央视报道的“金钱游戏——连云港北京人‘资本运作’”传销案即姜德良等21人组织、领导传销活动罪案，以及郑云、卜凡琳等一批犯罪数额巨大的非法集资类案件。坚持宽严相济，对初犯、偶犯等罪行较轻并确有悔罪表现的133名被告人依法适用缓刑、免于刑事处罚或单处罚金。加强司法人权保护，对12件案件启动非法证据排除程序，为46名被告人指派辩护律师。加强对未成年人的关爱，对符合条件的37名未成年人犯实施犯罪记录封存，为新岸业余学校聘请专职教师，在多个学校组织开展法治报告会11场。

【民商事审判】 2014年，区法院共新收民事案件6625件，审结6738件（含旧存）。充分发挥调解优势，民事案件调解结案1844件，调解率达35.48%。加强对人民调解工作的指导，依法确认人民调解协议24件。充分发挥商事审判对于规范市场秩序的重要作用，新收商事案件2927件，审结2732件。注重以判决方式确立当事人各方的行为界限和权利边界，依法判决各类商事案件1643件，同比上升13.31%。

【行政审判】 2014年，区法院共新收行政案件127件，审结104件，同比分别上升84.06%和52.94%。支持行政机关依法行政，促进司法与行政良性互动，以维持、驳回诉讼请求等方式判决行政机关胜诉案件74件，经审查裁定准予行政机关执行案件52件，行政机关负责人出庭应诉率92%。依法对行政执法行为履行司法监督职责，以撤销、确认违法等方式判决县级行政机关败诉案件4件，经审查裁定不予执行案件2件。积极探索建立劳动争议案件和行政案件“二审合一”工作机制，审结劳动争议类案件165件。按照省高院及市中院的部署推进行政案件管辖制度改革，积极探索司法管辖与行政管辖的适当分离，依法审结三县一区的行政案件47件。

【立案信访审监】 2014年，区法院深化诉讼服务中心和网上诉讼服务中心标准化建设，细化工作标准，提升“门诊式”诉讼服务效能。进一步落实司法便民举措，建成高度规范和便民的诉讼服务中心和执行服务中心，提高群众诉讼效率。在诉讼服务中心建立专门的送达团队，直接送达成功率达83.85%。增设立案二庭，统一协调、管理全院涉诉信访工作，接待和处理来信来访114件次。进一步完善评估预防、涉诉信访通报、约期接谈、多元化解和案件终结等制度，大力推行诉访分离，努力把涉诉信访治理纳入法治化轨道。积极推进远程视频接访系统的使用，实现与最高人民法院的无缝对接。坚持有错必纠的原则，畅通申诉、申请再审渠道，受理申诉、申请再审案件203件。

【执行工作】 2014年，区法院共新收执行案件4538件，执结4357件，涉案标的额16亿元。积极推进执行指挥中心建设，全面落实执行工作统一管理、协调联动。认真开展“转变执行作风，规范执行行为”专项行动，切实解决群众反映强烈的消极执行、规避执行、阻碍执行等突出问题。创新执行手段，积极邀请市、区人大代表、政协委员“见证执行”18次。建成法院执行网，将2026件执行程序终结案件的信息、执行流程、执行动态及时予以公布，接受群众监督。完善失信被执行人的惩戒机制，坚持依托执行网站曝光失信被执行人，311名失信被执行人在全国法院执行网上公布。

服务大局

【服务地方经济发展】 2014年，区法院充分发挥审判职能，依法引导、保障和支持有利于经济转型升级的经济活动和经济行为。全年围绕规范保险合同、全市各家银行不良贷款分析等10个重点调研课题开展调研，切实找准服务保障地方经济发展的切入点和着力点。组织全市各大银行召开金融借款纠纷案件座谈会，引导其规范放贷行为，防范金融风险。组织开展“集中清理涉金融执行积案专项活动”，打击逃废金融债务行为，稳定金融秩序。选派专人参与服务连盐铁路等全市重点工程建设工作。

【维护社会稳定】 2014年，区法院成立打击和处置非法集资领导小组，庭审中注重核查吸收资金流向、资产情况，并积极参与重大涉稳非法集资案件的财产处置工作，最大限度弥补集资参与人损失。建立定期汇报集资类案件审理进展情况的长效机制。加强刑事审判与社区矫正衔接工作，回访假释案件54件。加强对重大敏感案件的化解工作，江天花园136户回迁户拆迁补偿安置合同纠纷案件，在市中院的指导和区委的领导下，经多次协调达成调解协议，得到市政府常务副市长曹永林、市中院院长薛剑祥的批示肯定。

【推进法治建设】 2014年，区法院紧贴党委中心工作，强化行政审判调研，完成的全市法院重点调研课题《司法权威重塑背景下的行政审判问题研究》被评为全市法院二等奖。加强司法建议工作，就投保人资格审查、金融机构放贷审查不严等问题发出针对性的司法建议10件，警示相关单位及时开展自查自纠，堵塞管理漏洞。《规范送达程序 提高送达效率的司法建议》得到被建议单位的高度重视，被建议单位组织开展专项检查并出台整治方案。该司法建议经《人民法院报》全文刊登，向全国推荐。开展“法治海州”集中宣传活动，选取具有典型意义的物业服务合同纠纷、赡养费纠纷等开展巡回审判32次。

改革创新

【推进审判专业化】 2014年，区法院结合案件饱和度调研工作，合理调整部门职能，在侵权、合同、借贷、房地产和建设工程、婚姻家事等领域全面推行审判专业化。在全市率先设立环境保护审判庭，专职审理土地资源和环境保护类案件，并建立起民事、刑事、行政案件“三审合一”的审理模式。

【推进审判权运行机制改革】 2014年，区法院深化审委会改革，分设刑事、民事及行政专业委员会，强化审委会统一法律适用和指导审判工作的职能作用。出台《院长、庭长办案规定》，实现优秀法官回归审判。院、庭长共审执结各类案件1225件，其中院领导主审案件278件，列全市法院首位。强化审判团队建设，按照“法官+法官助理+书记员”的模式在民商事部门建立15个审判团队。强化定案工作，将裁判文书的签发权限下放至审判团队的审判长，明确院、庭长的监督指导职责。成立辅助人员管理科，强化对审判辅助人员的管理和培训，组织开展集中速录技能培训，通过省高院组织的定岗考核人数在全市法院领先。

【推进司法公开】 年内，区法院认真组织法院开放日活动，在“五四”青年节、第一个国家宪法日等节点邀请市、区人大代表、政协委员、媒体记者、社会群众参观法院14次，参观人数达426人。选取具有典型意义的130件案件开展互联网庭审直播工作，直播数量在全市法院第一。在互联网上发布裁判文书12079件，裁判文书上网数量进入全国基层法院前五十位，居全省法院前列。依托12368短信平台，在审判流程的8个阶段设立12种自动向当事人发送流程节点短信2287条。开通法院官方微信，依托自媒体传播法院声音。积极推进档案数字化工程。

【档案数字化管理】 2014年，区法院完成建院以来的1200余万页档案的数字化工作，在全市法院率先推进案件卷宗同步数字化工作，方便当事人查阅，该项工作得到省法院领导的高度评价，并顺利通过四星级档案室验收。

【司法宣传】 强化司法宣传工作，依托报刊、网络等发表宣传文章240余篇，邀请连云港电视台对“执行公开”“阳光司法”等进行12次专题报道。

队伍建设

【整治“六难三案”】 2014年，区法院深入聚焦“四风”，强化司法为民宗旨，改进司法作风，大力整治群众反映强烈的“六难三案”问题。共收集整理各类意见和建议156条，先后出台30项重点整改措施，修订完善各类规章制度55项。

【增强司法能力】 2014年，区法院开展谈心谈话48人次，进一步加强干警的思想政治工作。组织初任法官进行宣誓，强化初任法官的责任意识和担当精神。在全市率先推行青年干警业务和实践双指导老师制度，为首批8名初任法官聘请4名社会实践指导老师，增强青年干警的群众工作能力。

【推进廉政建设】 2014年，区法院坚持“严管厚爱”理念，把对干警的关爱融入严格的管理之中，修订出台廉政制度11项，坚持用制度管人、管案、管权。成立督察委员会，班子成员牵头开展审务督察89次，及时发现、现场纠正违纪和不规范行为。强化内部监督，重新选任22名廉政监督员。

（撰稿：张继龙　审稿：高　照）

责任编辑：王恒亮

综 述

2014年，海州区司法局（简称区司法局）围绕区委、区政府“建设区域性经济文化中心、更高水平小康社会”目标，以司法行政“单项工作争一流，全面工作打基础”为主线，力办10件惠民实事，推进矛盾纠纷排查调处、特殊人群服务管理、公共法律服务体系、法治宣传教育“四个全覆盖”工作体系。建立全市首家区级公共法律服务中心及全省首家服刑人员远程会见平台，试点多元融合式调处机制建设，建成农民工法律援助工作站。为此，中央政法委综治办主任陈训秋专程到海州区视察多元融合式调处机制建设情况，省司法厅就海州区司法局有关做法先后调研4次，全市司法行政系统现场会在海州区召开3次。海州区获全省“六五”普法中期先进区称号，区司法局获全省“六五”普法先进单位称号。

法制宣传

【普法宣传教育】 2014年，区司法局深入开展“六五”普法工作，在全区范围内集中开展法治大宣传、法律大培训活动，全年共开展各类法治宣传教育活动367场次，接待法律咨询141场次，发放各类宣传资料28620份，受教育群众达40万人次。

【法治文化精品工程】 2014年，全区组织实施法治文化精品工程，先后建成陇海步行街法治街区、江浦新村法治广场，港城法治文化公园被评为省级法治文化建设示范点，新东街道苍梧法治小游园等5个阵地被评为市级法治文化建设示范点。海州区开展“12·4”首个国家宪法日系列纪念活动，在全市“12·4”法治文艺会演中获一等奖；开展法治文艺作品征集活动，共征集各类作品22件，其中2幅作品分别被评为全市法治文艺作品创作一等奖和优秀奖；组织民间法治文艺演出队开展“法治文艺村居行”演出，区和谐之声法治艺术团被收录到全市“十大普法团队”；许慧珠、薛明光被收录到全市“十大普法达人”。

【基层民主法治建设】 2014年，全区新增14个省级民主法治示范村（社区）、1个国家级民主法治示范村（社区）（浦南镇江浦村）。通过创建，基层依法决策、依法管理、依法办事能力及广大干部群众的民主法治观念不断增强。此外，成立20个“农村法律明白人工作室”，由“法律明白人”坐班，为农民群众提供法制宣传、纠纷调解、代理法律援助申请等法律服务。

人民调解

【多元融合式矛盾纠纷调处】 2014年，全区试点推行多元融合式矛盾纠纷调处新机制，建立两项工作机制，即区综治办统筹指导和司法行政部门业务指导，由区综治办负责统筹协调司法、公安、法院、检察、信访5部门和区各个镇、街道，由区司法局牵头成立公调、检调、诉调、访调对接4个专项工作小组，以“四调联动”（公调、检调、作调、访调）引领推动全区多元融合式调处机制建设工作。在全区建立35个派驻人民调解工作室，配备74名人民调解员，成功调解各类民间纠纷1056件。其中同科汇丰国际施工现场1名工人意外死亡、大润发超市1名员工意外死亡、海州街道一起积累多年的拆迁信访案件、“11·7”钱二饭店烧死3人上访案件等疑难复杂案件，均被成功调解。省、市各级领导先后到海州区调研并在海州区召开现场会进行经验推广。

特殊人群管理

【社区矫正】 5月，全区召开未成年社区服刑人员“静待花开”座谈会；8月，发动社区服刑人员为困难监狱服刑人员子女捐款助学，共募集捐款近9000元。聘请连云港师专、广播电视大学心理学教授和市第一人民医院心理专家等5名社区矫正志愿者，组成心理咨询专家组，为社区服刑人员提供心理健康教育、心理咨询等服务。建立心理矫正专业网站，面向社会广泛地宣传心理健康知识，为社会公众特别是社区服刑人员及时提供心理咨询，解答心理疑惑，疏导心理障碍，搭建社区矫正工作者和社区矫正服刑人员沟通平台。

【安置帮教】 2014年，海州区建立全省首家服刑人员远程会见平台，实现81名连云港籍浦口监狱服刑人员与家属定期视频会见，为地方司法行政机关与监狱开辟了一条新的信息沟通渠道。4月，区司法局派专人赴盐城监狱开展“安置帮教进监所”社会帮扶活动，对94名连云港主城区服刑人员开展帮扶活动，发放“法润港城”便民联系卡110张。建立专家讲师团，针对特殊人群开展法治教育、传统文化教育、社会公德教育、家庭道德教育和爱祖国、爱家乡等主题教育活动。

【特殊人群管理服务】 2014年，区司法行政部门，加大安置帮教工作力度，建立社区矫正管理教育服务中心和安置帮教服务中心，建立全省首家服刑人员远程会见平台。全面加强刑释解教人员危险性评估工作，分类建档立卡，确定危险等级，并落实定期排查制度，实行动态管理。全区新接收刑释人员155人，安置率、帮教率均达100%；接收社区服刑人员157人，解矫社区服刑人员207人，在册社区服刑人员331人，无脱管、漏管，无重新犯罪情况。加大对闲散青少年群体的管理服务力度，将未成年社区矫正服刑人员群体分开矫正，有效预防青少年再次违法犯罪。

法律服务

【建成区级公共法律服务中心】 2014年，海州区建成全市首家区级公共法律服务中心，整合法律援助、公证处、大调解、法治宣传教育四大中心职能，设置5个办事窗口，占地260平方米，配备14名工作人员。中心为弱势群众提供高效便捷的法律援助，为社会公众提供基础规范的法律服务，具备窗口、指导、协调等职能，共接待来访群众2300人次。

【畅通法律援助“绿色通道”】 全年建成13个镇（街道）法律援助工作站，127个法律援助联络点，并在解放桥农民工市场建立农民工法律援助工作站，为农民工开通援助快速通道，服务弱势群体。组建区刑事法律援助律师团、法律援助咨询解答团，加强律师参与法律援助工作。建立对遭受重大环境污染损害人群的法律援助绿色通道，不断满足社会弱势群体日益增长的法律援助需求。全年，区法律援助中心共为困难群众办理法律援助案件152件。

【增强法律服务大局能力】 2014年，组建区级政府法律顾问团，聘请8名律师作为顾问团成员，为区政府重大决策、行政行为、行政诉讼和信访复查提供法律意见和建议；参与区委、区政府重大工程项目公证工作。拓宽公证服务领域，全年共办理各类公证事项425件。

队伍建设

【群众路线教育实践活动】 2014年，区司法局深化党的群众路线教育实践活动，先后征求老干部、基层党员干部、服务对象及普通群众的意见和建议共4大类37条。响应区委号召开展“转作风、办实事、解难题”集中惠民月活动。投入15.3万元，完成6项惠民实事，切实解决好服务群众“最后一公里”问题。党组班子及党员干警深入自查，开好民主生活会和组织生活会，对照“四风”问题认真开展批评与自我批评，针对作风方面存在的顽症痼疾和群众反映强烈的突出问题，制定具体整治措施18条。细致做好制度的“废、改、立”工作，通过对已有制度的全面梳理，全局共修订完善制度2项，新制定制度5项。

（撰稿：颜金燕　审稿：卞　剑）

区妇联到看守所看望在押人员

责任编辑：王恒亮

人民武装

【概况】 2014年，海州区人民武装部（简称区人武部）在警备区党委和区委、区政府的正确领导下，围绕主题主线重大战略思想，按照“突出首位、狠抓龙头、强化管理、创新发展”的思路，努力提升遂行多样化军事任务能力，扎实推进兵役工作和民兵预备役建设，为部队建设增添后备力量，圆满完成上级赋予的各项任务。

【思想政治教育】 2014年，区人武部党委始终坚持把深入学习党的创新理论作为首要政治任务，深入学习党的十八大、十八届三中全会和四中全会精神，学习习近平主席系列讲话精神。5月，开展“牢记强军目标、献身强军实践”和“讲党性、守党规、严党纪”等主题教育，利用每周党团日时间，组织干部职工认真学习习近平《关于党的群众路线教育实践活动》《论群众路线》《厉行节约 反对浪费》等16类书籍，通过学习进一步坚定干部职工的理想信念。

【党的群众路线教育】 2月至10月，根据连云港警备区统一部署，深入开展党的群众路线教育，区人武部党委利用党委会、干部会和领导小组会议等时机，专题学习习近平主席系列讲话，精确把握各级教育实践活动领导小组会议精神，先后发放调查问卷120份、召开座谈会16场，认真梳理查找5个方面共计20个问题。同时，对照“四面镜子”（理论理想、党章党纪、民生民心、先辈先进）和“三严三实”（严以修身、严以用权、严以律己，谋事要实、创业要实、做人要实）要求，深入开展谈心交心，召开专题民主生活会，深刻剖析问题产生的原因，并提出下一步整改措施。

【战斗精神专题教育】 4月，区人武部利用民兵训练、整组等时机，先后开展“铸造战斗精神，坚定打赢信心”“发扬艰苦奋斗精神”“强化战斗精神，提高打赢能力”等专题教育，激发起广大民兵有战必胜的信念。

【全民国防教育】 2014年，区人武部利用民兵整组和学校开学等时机，组织干部职工走进社区、民兵营（连）分队和学校宣传党的创新理论，组织国防知识授课辅导。充分发挥“雷锋车组”事迹陈列馆爱国主义教育基地作用，先后组织辖区学生和市民1.8万人次参观学习，取得较好效果。区人武部连续3年被上级表彰为“国防教育先进单位”。

【战备工作规范化建设】 年初，区人武部组织各科室认真制订完善战备计划和方案，严格落实战备制度。在重大节日和敏感时期，抓好战备值班，做到值班主官和值班人员全时在职在位，应急分队随时准备出动，确保一有情况能及时处置。同时，深入抓好日常战备综合整治工作，积极完善人武部“三室两库”（作战室、作战值班室、战备资料室，指挥器材库、战备图库）建设。5月，采取向上级请领和本级自购的方式，先后投入8万余元，给区人武部本级和基层武装部配备战备锹、镐、救生衣和防毒面具等战备器材，提高了战备值班常态化、规范化水平。

【女子民兵导弹首发命中】 5月，原新浦区女子民兵导弹连再次参加省军区在射阳靶场组织的防空兵部（分）队实弹战术演习，2发导弹全部命中目标，在参演20多个单位中，唯一获得省军区首长授予的2星奖牌。有关先进事迹被中国军网、全军政工网、《中国国防报》《中国民兵》《人民前线》等军内外多家媒体报道。

【2014年度征兵工作会议】 7月3日上午，新浦区政府、云台山景区管委会分别召开2014年度征兵工作会议。会上，新浦区委常委、人武部部长毛志峰总结2013年征兵工作，部署2014年征兵工作。新浦区委常委、常务副区长王友君和云台山景区管委会党委书记徐丙超就征兵工作中的宣传发动、工作开展、廉洁征兵等方面作出指示。各乡镇、街道、农（林）场主要领导和武装部部长参加会议并与区政府、管委会签订了责任书。

【完成征兵任务】 2014年的新兵征集时间首次由冬季调整到夏秋季。自6月起，区人武部深入乡镇、社区、高校等，采取悬挂横幅、张贴标语、发放征兵宣传册等形式进行入伍宣传，并运用手机和网络等手段，宣传《中华人民共和国兵役法》，提高应征青年报名热情。全区共群发征兵公益短信4.2万余条，悬挂横幅220多条，发放宣传册5000余份。为确保新兵质量，强化廉洁征兵，区、街道(镇)两级均成立纪检小组，公布举报电话，设立举报信箱，在所有街道(镇)设立公示栏，加强征兵全过程监督。还利用召开会议和到基层检查等时机，教育征兵人员模范带头执行廉洁征兵的政策规定，树立兵役机关的良好形象。为鼓励更多高学历青年参军入伍，坚持把优质中学毕业生和普通高校大学生作为征兵宣传的重点对象，坚持开展“军校和国防生招生宣传”“征兵宣传校园行”等活动。全区完成新兵征集任务，其中高中以上学历达95.4%，大专以上学历达60%。区人武部被省军区表彰为2014年度征兵工作先进单位。

【开展民兵组织整顿】 4月至6月，区人武部按照一专多能、一队多用的要求，建成集应急维稳、森林防火、抗洪抢险、防化救援、抗震救灾等功能于一体的综合性民兵应急分队，在25个机关事业单位、院校、国企建立民兵组织，圆满完成基干民兵整组任务。

【安全防范工作】 6月，根据防暴恐袭击严峻形势，区人武部采取“外部防范、内部加固”的方法手段，投入2.5万余元为办公楼加装4个高清摄像头、4扇钢质防护门、1道钢质门帘，为值班室和军车购置2根电警棍、8瓶辣椒水和15根防暴棍，并组织干部职工进行应急演练，确保营区和人员的安全。

【学法规、明职责、严纪律、正秩序】 2月14日至3月10日，区人武部开展“学法规、明职责、严纪律、正秩序”活动，通过军容风纪检查、队列训练、条令条例学习、整治营区环境和办公秩序，进一步强化干部职工条令意识和正规工作秩序，促进过硬作风养成。

【基层武装部正规化建设】 2014年，为加强基层武装部正规化建设，区人武部先后协调区政府投入20余万元为基层武装部更新办公电脑，并对民兵器材室、会议室等场所进行整修，在上级组织的正规化检查中，镇（街道）基层武装部全部通过检查验收。其中，浦西街道办事处武装部和市电信公司武装部被省军区表彰为先进单位；云台、花果山、浦东3个街道办事处武装部被市政府和警备区表彰为先进单位。

（撰稿：张　洋）

预备役高炮五团

【概况】 2014年，江苏陆军预备役高炮二师五团（简称高炮五团）在师党委和连云港市委、市政府的正确领导下，坚决落实上级党委的决策部署，以邓小平理论、“三个代表”重要思想、科学发展观为指导，以确保部队听党指挥、能打胜仗、作风优良为目标，以推动团队建设科学发展为主题，以加快转变战斗力生成模式为主线，突出举旗铸魂，聚焦能打胜仗，狠抓从严治军，大力改进作风，扎扎实实抓准备，踏踏实实打基础，团队的各项工作稳步提升，部队全面建设有了一定的提升。

【注重学习】 2014年，高炮五团坚持把思想政治建设放在首位，注重持续抓好党的创新理论尤其是党的十八大，十八届三中、四中全会精神的学习，充分运用板报、灯箱、橱窗、LED屏等媒介营造学习氛围，并利用组织整顿和“到岗日”“归队日”等时机向预备役官兵拓展延伸。

【主题教育活动】 3月，高炮五团在开展“牢记强军目标、献身强军实践”主题教育试点工作中，突出学习贯彻习近平主席系列重要讲话精神主线，积极开展“战斗力标准”大讨论，让战斗力这个唯一的根本标准在全团上下立起来、落下去，使强军目标在官兵脑海中打下深深的烙印。4月开始，广泛开展“唱响英雄赞歌、弘扬英雄文化”主题活动，每周安排两个半天，开展观看红色影视、教唱强军战歌活动。组织官兵到抗日山祭扫革命先烈，进行战斗精神培育，激发官兵血性虎气，强化官兵当兵打仗、带兵打仗使命观念。

【强化训练】 2014年，高炮五团始终坚持军事斗争准备龙头地位不动摇，按照能打胜仗标准，在正规战备工作秩序、实战化训练和练将练官上狠下功夫。上半年完成新交流干部值班上岗培训和资格认证考核，按要求组织节日战备紧急拉动和临机拉动演练，完成快速动员、防空作战、非战争军事行动应急及相关配套方案的修订。按计划完成“三实”（手榴弹实弹投掷、轻武器实弹射击、炸药包实地爆破）训练考核和“四会”（会讲、会做、会教、会做思想工作）教练员，即具备指挥、训练、教育、管理部属能力的教练员普训，每季度组织对机关业务技能和体能进行考核。抓好关键岗位和骨干训练，组织参加各类集训10余批，圆满完成师赋予的省军区侦察员专业集训任务。

【军事斗争准备工作】 2014年，高炮五团加强与警备区、人武部的对接协调，建立健全预备役官兵个人信息电子档案，高标准完成组织整顿工作，细致摸清动员需求和底数，人员和通用物资动员实现无缝对接。注重发挥好大项军事任务的引领带动作用。5月，团机关带领37高炮营一个连参加省军区组织的防空兵部（分）队实弹战术演习，按要求完成考核任务，获“实弹射击命中目标奖”。6月至7月，团带领57高炮二营参加军区民兵预备役高炮队伍竞赛性考核，组训科学、重点突出，顺利完成考核任务，基本技能获得军区第三名。11月，全面细致开展军事斗争准备自查自评，结合年度任务对7种能力进行分析评估，为提高打赢能力找准短板、弱项。

【后勤装备工作】 2014年，高炮五团后勤装备处坚持依法施供、依法施管，深化改革创新，大力加强后勤和装备保障能力建设。严格落实上级财经法规政策，认真执行财经纪律。3月，对春节期间的经费进行专项审计，同比下降23.4%。加强财务审核和监督，核减不合理开支15笔。压缩行政消耗性开支，压减事业经费开支5项。严格油料管控，落实车辆IC卡加油制度，实行指标控制和月份消耗报告。根据市场物价，及时增补伙食费标准，选派1名炊事员参加省军区组织的集训，伙食保障水平明显提高。2014年，高炮五团完善训练保障中心内部设施，拿出训练经费更新训练保障设施（至12月30日，具备两个连的训练保障能力）。按时完成火炮换季、启封和维护保养工作，不断提高装备保障能力。

【党风廉政建设】 2014年，高炮五团把持续深入推进作风建设作为年度重大政治任务来抓，成立领导小组和办公室，扎实开展各项活动，通过为民、务实、清廉的作风来凝心聚力。团党委多次召开党委会和座谈会，发放调查问卷，掌握了解情况；成立党的群众路线教育实践活动领导小组和办公室，组织领导小组成员进行培训；利用多种载体公示活动进展情况，设立意见箱，定期组织官兵对活动开展情况进行满意度测评，确保官兵监督全面及时；发放理论学习资料，开办教育实践活动简报，制作教育实践活动主题橱窗；深入开展大讨论，帮助官兵扎深马克思主义群众观的思想根子。团党委班子突出查找问题和解决问题，制定活动整改方案和“三个专项”（专项整治、专项服务、专项建设）工作方案，建立完善规章制度，简化接待礼仪，不搞铺张浪费，主动走访慰问基层官兵和困难群众，把钱物送到真正困难的官兵和家属手中。官兵对团党委解决“四风”问题好的评价为97.1%，对团教育实践活动情况好的评价为98.5%。

（撰稿：苏　明　审稿：邹发刚）

海州消防大队

【概况】 2014年，海州消防大队（简称大队）在支队党委和地方党委、政府的正确领导下，深入贯彻落实党的十八大和十八届四中全会精神，紧紧围绕年度工作目标，带领全体官兵团结拼搏、负重奋进、攻坚克难、扎实工作，努力提高大队整体工作水平，较好地完成上级交给的各项工作任务，实现部队管理稳定和火灾形势持续平稳的好局面。

大队先后集中开展“除火患，保平安”冬春专项行动、消防安全“打非治违”以及重大火灾隐患集中整治、青奥会消防安全保卫等专项行动，先后检查社会单位722家次，下发责令改正通知书615份，发现火灾隐患1680余处，整改火灾隐患1320处，走访调查68家企业、学校、养老院等监管重点单位，帮助整改先天性火灾隐患760余处。先后对太阳雨公司新建项目、锦屏新村等重点工程上门指导、业务咨询130余次，消除火灾隐患80余处。全年共接警156起，出动车辆280辆次，出动警力1547人次，抢救被困人员3人，抢救财产价值120.4万余元，成功处置市麻纺厂、华丰纺织厂、龙顺塑料有限公司火灾和锦屏山山火等一些急难险重任务，得到地方党委、政府和社会各界的充分肯定。2014年，大队先后获得“2012至2013年度全省青年文明号”“市级文明单位”“学两会精神，做雷锋标兵”主题黑板报评比一等奖、“听写中国字，共筑强军梦”汉字听写大赛二等奖、军事队列会操第二名等荣誉。

【班子建设】 2014年，大队党委注重班子自身建设，始终坚持政治建警，不断筑牢官兵献身消防、扎根警营的思想根基，着力提高班子的团结和活力。党委成员带头叫响“向我看齐，对我监督”的廉政承诺。扎实开展“家属助廉”“廉政执法承诺”“清房清车清人”“执法腐败治理”等专项活动。

【把握教育重点】 大队每月开展党委议教，分析教育形势，部署教育任务。年内，开展“牢记强军目标、献身强军实践”主题教育活动，“端正婚恋情操、构建和谐家庭”活动，加强形势政策教育，把政治思想工作渗透、贯穿到各项工作和实践活动中，确保官兵思想稳定。通过邀请地方老师授课、开展“青奥安保签名”和“我为青奥站好岗大讨论”活动，提升官兵参战热情。先后召开座谈会5次，谈心40余次，解决官兵倾向性思想问题3件。

【拥政爱民】 2014年，大队以爱民、便民、利民、为民为拥政爱民工作主线，与辖区街道达成共建帮扶对子，定期组织官兵赴辖区敬老院打扫卫生、洗晒衣物，向困难群众赠送衣物、食品5批次。积极开展捐资助学活动，大队官兵捐款3万余元，帮助2名失学学生重返校园。

【岗位练兵】 2014年，大队按照“仗怎么打，兵就怎么练”的原则，重点加强战斗力训练，切实提高执勤备战与灭火救援能力。最大限度发挥器材装备使用效能，创新器材2项。

【用制度管人管事】 2014年，大队深入开展专项教育整顿，狠抓条令条例学习贯彻，着重在“立规矩”上做文章，在“守规矩”上下功夫，在管理过程中，把安全防事故工作放在各项工作的重中之重。坚持干部带头作表率，带动并形成良好的用制度管人、管事、育人的管理机制，取得较好的效果。

【消防硬件设施建设】 2014年，大队依托乡镇派出所，扎实推进专职队“两库一室”建设工作。至年底，已完成板浦镇、锦屏镇、鹰游专职消防队“两库一室”建设任务，按标准配备人员，并配备具有录音功能的接处警专用电话。同时将乡镇专职消防队纳入110、119调度指挥体系，统一接处警，实现多警联动，真正达到有组织、有装备、有库室、常备勤、能处警的效果。

【加大保障力度】 2014年，大队以“围绕中心、服务全局、面向基层、强化管理”为主线，紧紧围绕部队中心工作，进一步加大经费保障力度，加强消防装备建设，完善基础设施，保障官兵生活，强化科学指导，积极为全区消防工作和部队建设提供强有力的后勤保障。全年，大队共投入10万余元，完成园区绿化翻新、改造，并对大队营房重新进行粉刷、美化，努力营造拴心留人的警营环境。

（撰稿：薄煜龙　审稿：李变清）

人民防空

【概况】 2014年，海州区人民防空办公室（简称区人防办）在市民防局、区委、区政府和区人武部的领导下，紧紧围绕与市民防局签订的目标任务，立足实际，开拓创新，积极开展人防规范化建设，全面推进人防各项工作任务的落实，开创海州区人防工作的新局面。

【建立完善组织体系】 2014年，根据市民防局的要求，建立健全海州区、镇（街道）战时人防指挥体系，完善区级指挥机构。4月，根据相关人员工作变动，调整了指挥所编成人员，建立镇（街道）联络员制度，对战时人防体系按计划进行训练和演练，实行常态管理。建立和完善人民防空工作军政联席会议制度，实行军政双重领导制度，对做好新形势下的人民防空工作发挥积极的推动作用。按照市民防局年度目标任务要求，完成3个市级民防工作示范社区任务。

【人防专业队整组训练】 4月，按市民防局要求，按时完成海州区人防专业队的整组工作，并开展人防专业队整组训练工作。区人防专业队在海州水厂进行“液氯泄漏事故应急救援演练”活动，市、区有关领导莅临观摩指导。

【民防宣传教育】 2014年，区人防办制定下发民防和核应急知识进社区、进企业、进学校等系列活动方案。区人防办与区教育局配合，以载体活动为抓手，重点加强初二年级学生人防教育，以此带动家庭和社会对民防知识的了解，进而普及人民防空知识，提高战时防空、平时防灾能力。“5·12”期间在中小学普遍开展防灾疏散演练。同时，在社区成立102个宣传教育点加强人防宣传教育。此外，通过加强与海州开发区、新浦开发区和新浦工业园的联系与配合，做好相关知识的宣传教育。5月12日下午，由连云港市民防局、新浦区政府主办，新浦区人防办承办的连云港市第六届民防知识宣传周启动仪式在新浦区盐河巷老舞台广场举行。市民防局局长史道友在启动仪式上发表讲话并宣布连云港市第六届民防知识宣传周正式开始。新浦社区文艺联合会奉献一台形式多样、内容丰富的文艺演出。演出中还进行人防知识有奖问答，和现场观众进行互动。市民防局相关处室在现场就人防和核应急知识进行咨询，并组织居民观看人防和核应急知识展板。新浦区各街道民防志愿者、居民群众和人防工作人员130余人参加活动。

【防灾演练】 5月12日是全国第六个防灾减灾日。当天下午14时28分，随着警报声响起，来自新海街道新潮社区约200名居民、学生在引导员的带领下，沿指定路线疏散到集合地点，各引导员清点人数，确认无误后向指挥员报告。现场还进行医疗救护演练。新海街道负责人对演练进行总结并向现场观摩的领导汇报，此次演练强化了社区居民的安全与忧患意识，提高了应急避险与自救互救技能。

【防灾知识培训】 “5·12”民防知识宣传周期间，区人防办在浦东街道站北社区举办浦东社区民防工作骨干培训班，邀请市民防局核应急处和法宣处专家就社区防空防灾知识进行专题讲课，对街道人防办主任、15个社区的民防工作站站长和社区民防工作站骨干及民防志愿者进行防灾减灾业务培训。

【警报通信建设】 2014年，区人防办制定和完善警报维护管理的各项规章制度，明确各警报点相关单位以及管理人员的工作职责。积极主动配合市民防局信息保障中心对海州区46台警报器进行逐一检修，完成警报器的巡查检修以及统控系统的调试，确保“9·17”警报鸣放期间正常运作。警报鸣响率达100%。

【防空演练】 “9·17”市警报试鸣日当天，区人防办在路南街道贾圩社区举行社区居民防空防灾疏散演练，近200名社区居民参加活动，全区所有中小学都同期开展疏散演练活动，市电视台、报社等新闻媒体作了宣传报道。

【人防工程安全管理】 2014年，海州区人防办加强对安全生产工作的领导，建立健全安全生产工作制度，定期召开安全生产工作会议，认真排查和整改安全隐患，与所有平战结合场所相关单位和个人签订了安全生产管理责任协议书，使安全生产工作走上规范化、制度化管理轨道。3月初，对早期人防工程及出租的平战结合场所进行安全隐患大排查，并对排查出的问题进行梳理、整改。

（撰稿：冯士江）

武警连云港市支队

【概况】 2014年，武警连云港市支队（简称武警支队）在总队党委和市委、市政府的正确领导下，坚持以强军目标为统领，以“四个相适应”要求为指向，全面抓建设，扎实打基础，鼎力保稳定，努力争上游，部队建设呈现出稳中有进、持续发展的良好态势。武警支队连续18年实现“三无”（无事故、无案件、无严重违纪行为）。

【载体活动助推思想政治工作】 2014年，武警支队突出抓好党的十八大，十八届三中、四中全会精神和习近平主席建军治军重要思想的学习贯彻，采取编印下发“口袋书”、原文学习、领导宣讲、专家辅导、板报宣传、知识竞赛等方法，帮助官兵理解认同“中国梦”“强军梦”重大思想观点，确保官兵理论上清醒和政治上坚定。同时把党的群众路线教育实践活动和主题教育有机结合，扎实推进两项重大教育开展，通过采取"党委成员上大课、中队干部上小课、基层士兵上讲台"，组织官兵到赣榆抗日山宣誓，开展主题演讲、群众性大讨论和与"雷锋车"同行等活动，坚定官兵"听党话、跟党走"的政治信念。认真组织"四互四有"实践活动，使官兵履行职责使命的思想根基进一步牢固。开展"中国梦·强军梦·我的梦"主题大团日和"强军风采"系列文化活动，把活动贯穿于日常训练和各项任务之中，激发官兵保持随时上一线、打头阵的战斗状态。武警支队政治处被总队表彰为"先进处"；灌南县中队指导员范礼伟被总队评为十佳"四会"政治教员。

【强化力量建设和实战化训练】 2014年，武警支队严密组织经常性执勤工作，狠抓力量建设和实战化训练，部队保持"箭在弦上、引而待发"的战备状态。青奥会、省运会、国家公祭日、连博会安保和核燃料长途押运等重大勤务均完成出色。支队《处置大型建筑物内劫持事件战法探析》研讨文章，荣获武警部队突发事件战法研究学术研讨活动一等奖。按照"能打胜仗"要求，大力营造"训练有为、训练有位、训练有功"氛围。武警支队参加总队"体能达标和创破纪录"考核，获得总队层面2个第一，苏北赛区4个第一、5个第二、3个第三；参加总队应急班苏北赛区比武竞赛，荣获2个第一名，总评成绩均排总队第一名。

【正规化建设和规范化管理】 2014年，武警支队认真贯彻落实总队从严治警集训和徐州正规化建设观摩现场会精神，坚持用条令规范管理，以制度落实日常管控，采取下发《软件规范手册》、编印《活动简报》等方式，通过开展"规范机关办公秩序""条令知识竞赛""网上队列会操""每周常态工作实地检查"等活动，修订完善安全责任、安全教育、风险评估、应急处置、奖励问责等机制，强化各级抓制度抓规范、按职责抓落实的自觉性。扎实做好新兵"第二适应期"管理教育工作，大力纠治官兵关系和兵兵关系中存在的突出问题，积极营造团结、和谐的良好氛围。扎实开展条令、条例知识学习和作风纪律整顿活动，注重重大安全问题防范和隐患排查整治，全年实现安全无事故。通信股参谋陈江被总队评为保密工作先进个人。

【深入开展创先争先活动】 2014年，武警支队认真贯彻武警党委1号文件和总队三级主官《纲要》培训精神，坚持工作重心放基层，工作重点抓经常，深入开展"双向讲评""创先争优"活动，并围绕"三帮一提高"，建立完善"下连当兵、蹲连住班"机制，采取主官负总责、党委成员包片、股队挂钩机制，搞好经常性帮带。党委机关先后5次共65天下基层蹲点，3批13人下连当兵，帮助解决基层难题17个。

【提升综合保障能力】 2014年，武警支队采取集中培训、集体办公等形式，先后协调港城驾校、中医院、烹饪学校等单位，组织驾驶员、卫生员、炊事员等专业兵培训，提高后勤人员专业素质。先后对机关干部餐厅进行改造，建造勤务中队塑胶篮球场，为机关和基层购买电脑、空调，更新相关配套设施。同时完善后勤应急预案和物资储备体系，组织应急综合保障演练，办理军人保障卡，突出加强军械车辆管控、埃博拉疫情防控和基层伙食管理，不断提升综合保障能力。

【发挥领导班子核心作用】 2014年，武警支队坚持用创新理论武装头脑、用上级精神提升思维，每名党委成员撰写的体会文章均在10篇以上，分别在《人民武警报》等报纸、杂志发表文章9篇，党委班子理性思维层次进一步提升。与此同时，坚持把深入开展党的群众路线教育实践活动作为重大政治任务来抓，纠"四风"、改作风，治理"三清""五超"和推进暖心惠兵十项工程成效明显。扎实开展"讲党性、守党规、严党纪""重学习、尽职责、讲道德、守法纪"教育和"反对报喜藏忧，树立正确政绩观"教育整治活动，班子成员自觉做到"五个带头"（带头上党课、带头阅读本、带头谈心得、带头搞剖析、带头抓整改），反思查找党性观念、工作作风、廉洁自律等方面存在的问题，党委班子成员头脑更加清醒、行动更加自觉。

【支队党委四届三次扩大会议】 1月24日，武警支队召开党委四届三次扩大会议。会议传达学习中央军委、武警党委和总队党委扩大会议精神，全面总结分析2013年部队建设形势，部署2014年工作任务，表彰2013年度取得优异成绩的先进单位和个人。

【总队领导视察】 3月11日至12日，总队政委曹红波莅临连云港支队视察指导工作，检查调研支队党委班子建设、部队建设和年度工作开展情况。11月18日，总队司令员于铁民少将在总队副参谋长潘春银和支队长陈斌、政委马俊陪同下，亲切看望慰问部队官兵。

【完成青奥安保任务】 8月10日至26日，武警支队圆满完成南京第二届青年奥林匹克运动会老山国家森林公园自行车赛场安全保卫任务和连云港马站、班庄、双店公安检查站设卡警戒任务。

【完成连博会安保任务】 10月20日至25日，武警支队圆满完成连云港国际博览会期间6个公安检查站设卡警戒、4个县区重要部位武装巡逻、物流节开幕式机动备勤和安全保卫任务。

【完成核燃料押运任务】 11月6日至25日，武警支队派出7名官兵完成赴内蒙古自治区满洲里市执行田湾核电站核燃料押运任务，行程2900千米。

【突发事件战法研究研讨】 11月17日至19日，武警支队参谋长曹云峰带作训股参谋郦旭辉赴天津参加武警部队处置突发事件战法研讨会，支队《处置大型建筑物内劫持事件战法探析》研讨文章荣获武警部队突发事件战法研究学术研讨活动一等奖。

（撰稿：靳章勇　审稿：王　勇）

连云港公安边防支队

【概况】 2014年，连云港边防支队（简称边防支队）党委全力加强部队党的建设、爱民固边战略、基层基础工作“三大工程”，全面深化执法规范化、警务信息化、部队正规化、保障效能化“四项建设”，持续提升维护稳定、助推发展、管理创新和服务保障水平。年内，相关工作得到公安部边防管理局（简称部局）领导、江苏省边防总队（简称总队）领导和市政法委书记王加培、市公安局党委书记王永生的批示，并得到省公安厅党委委员、机关党委书记孙学顺、市委常委吴以桥的充分肯定。

【队伍素质建设】 2014年，边防支队修改完善了《支队党委议事规则》《支队党委重大事项票决制》等党内规章，不断推动党委班子决策制度化、规范化。深化党内民主规范权力运行经验做法在全省边防部队民主集中制阶段性讲评会上交流推广，并被总队简报刊载。坚持走出去交流借鉴。6月、10月支队党委正副书记先后代表总队分赴西藏、内蒙古参观学习。边防支队党建研讨文章和主官谈民主集中制被部局、总队专栏刊载交流；1名基层支部书记被部局评为优秀党务工作者；1个所被部局评为纪律作风建设先进所队；16个单位被驻地党委、政府评为服务地方经济发展先进集体。6月，徐圩新区管委会召开专题会议表彰徐圩港边防派出所的工作成绩，号召全区公安机关向其学习。

【维护辖区稳定】 2014年，边防支队坚持以青奥安保工作为中心，严密打防管控，边防辖区社会治安稳定局面进一步巩固，相关做法得到市公安局党委书记王永生充分肯定；夏季百日破案攻坚会战经验做法被部局“爱民固边”专栏刊载。国庆期间，边防支队值班员24小时在岗在位，值班领导对部队及辖区情况“一口清”（相关情况脱口而出），被部局通报表扬，并得到总队长杨顺批示肯定。同时圆满完成总队视频处突拉练、青奥安保倒计时50天视频拉练，指导各级开展演练120余次，参演官兵2200余人次。加强“三类六种”[涉及偷越国（边）境的，涉及界碑、界桩的，毒品及易制毒物品的；组织他人偷越国（边）境案，运送他人偷越国（边）境案]，破坏界碑、界桩案，走私、贩卖、运输毒品案，走私制毒物品案件）案件侦办，先后侦破“6·19”涉疆人员偷渡案、“12·9”特大组织偷渡案，被部局、总队领导批示肯定。边防支队1个所连获刑事打处和“清网”百日攻坚会战先进集体2项殊荣；融合调处机制建设成果得到市公安局副局长茅中余充分肯定，青奥会期间全市边防辖区保持刑事案件“零发案”。

【爱民固边战略】 2014年，边防支队开展以“保青奥平安、保辖区稳定，争当群众熟悉、群众满意排头兵”为主要内容的“双保双争”活动，狠抓安全防范、矛盾化解、破案攻坚、群众评价等重点环节，群众知警率同比上升20个百分点，辖区群众满意度达90%以上。加强扶贫帮困，为群众排忧解难5300余件次，共收到锦旗及表扬信59件；16人获评全市一、二级社区民警，受奖比例远超过全市公安机关最高水平。边防支队社区警务工作经验被部局推广，市公安局专门在柘汪边防派出所召开社区警务工作现场会，推广边防支队社区警务工作做法。边防支队依托警务室建立全市首批“爱心超市”，倾情服务群众，做法被部局、总队推广，并被江苏卫视、凤凰网、《现代快报》等媒体报道；警官兼“村官”经验做法入选公安部县分局局所长必训教材内容；重视青少年维权工作，海头镇边防派出所获评全省青少年维权岗，成为全市公安系统唯一获此殊荣的单位。边防支队2个所分别在驻地公安机关4月、5月质量数据考核中排名第一，9人先后被评为季度全市优秀社区民警，2人分别在所在县区局季度考核中连续2次名列第一。

【规范执法行为】 2014年，边防支队党委高度重视执法规范化建设，先后10余次深入基层实地调研，并投入70余万元为基层配备新型警务通、执法录音录像设备及警务装备；投入6.5万元采购走访视频专网服务器，确保执法资料随时随地精确查询，执法工作成效得到部局副局长欧洛布穷充分肯定。在全省边防率先加入市公安局集群通信网，率先完成执法场所录音录像存储一年的达标任务以及基层单位证物室电子密码柜安装工作，建立健全接处警登记“一本一盘”和案件办理“一案一盘”制度，全部达到公安部“四个一律”（违法犯罪嫌疑人被带至公安机关后，一律直接带入办案区，严禁违反规定带出办案区讯问询问；违法犯罪嫌疑人进入办案区后，一律先进行人身检查和信息采集；违法犯罪嫌疑人在办案区内，一律要有人负责看管；在办案区内开展执法活动，一律要有视频监控并记录）要求。依托执法岗位练兵平台，采取网上考、集中训、分散学等方式，不断提高执法队伍能力素质。整合警务、法制、督察、纪检等部门力量，建立视频督查场所、网上巡查查平台、实地检查查全面的“三查”机制，定期不定期对基层各单位进行督导，倒逼各级严格落实制度措施，执法质量稳步提升。年内，分别编发视频督查通报、实地督查通报和网上巡查通报45期、6期、16期，督促整改问题6大类324个。

（撰稿：刘　杰　审稿：朱大浩）

综　述

2014年，海州区住房和城乡建设局（简称区住建局），认真贯彻落实中央和省市区党委、政府的决策部署，围绕“六个突破、四个提升”（城市建设取得突破，现代服务业取得突破，都市工业取得突破，现代农业取得突破，城乡统筹取得突破，招商引资取得突破；文化建设水平实现提升，生态建设水平实现提升，城市管理水平实现提升，民生幸福水平实现提升）的年度工作主题，制定加大资金筹集力度，确保工程资金到位；加大监督管理力度，确保工程质量安全；加大人才支持力度，确保服务保障到位；加大队伍建设力度，确保全面争先创优；加大督查考核力度，确保工作任务落实等五项工作举措，圆满完成年度各项工作任务。

全区完成城乡建设总投入151.38亿元（含房地产）。全年完成绿化投资3.60亿元，新增绿地109万平方米，绿化绿地率达37%，绿化覆盖率达41%，人均公园绿地面积达12.7平方米；完成沥青路面维修6420平方米，维修水泥路面坑塘4610平方米，清掏大小井18284座次，疏通排水管道245千米，更换大小井盖1835座，维修人行道板10750平方米，新铺及维修平立石3465米；完成整治背街小巷229条、改造低洼片区6个，疏通及新建下水道8千米，总面积2.2万平方米；新增建成区面积2平方千米；完成建筑业总产值10.20亿元，建筑业增加值3.20亿元；完成120个村庄的环境整治任务，建成1个三星级康居乡村、119个环境整洁村；全年实施30个老旧小区的改造工程，并指导改造后的老旧小区成立业主委员会或物业管理委员会，推进改造后的老旧小区实施物业管理、业主自治管理、社区托管等工作。

先后获得2014年度连云港市城乡建设发展目标优胜奖、2014年度全区经济建设和社会发展目标管理综合二等奖。

城乡规划

【概况】 2014年，海州规划分局在市规划局及海州区委、区政府的双重领导下，围绕年初确定的各项目标任务，制定切实可行的实施方案，并深入基层单位及居民住宅现场，进行调研、验收，确保规划工作的原则性、严肃性，推进各项任务顺利落实并提前完成年度目标计划。

【民房管理】 2014年，海州规划分局主要做好历史遗留问题的处理工作，确保社会稳定和旧城改造项目的顺利实施。至10月末，已处理民房历史遗留问题7个。

【规划管理】 2014年，海州规划分局参全区房屋登记与验收15次，验收社区用房6处1214平方米。

【化解房屋拆迁中的矛盾纠纷】 2014年，海州规划分局办结区人大代表建议、政协委员提案5个，满意率达100%。接待群众来访69人次，采取多措并举，化解征房拆迁及民房建筑中产生的各类矛盾纠纷，确保全年未发生因民房事务越级上访事件。

【为建设项目提供规划支持】 2014年，海州规划分局为区委、区政府当好参谋助手，为全区各项建设提供规划支持。截至10月30日，为区各镇、街道办事处和各部门招商引资介绍规划8次。

【编制规划】 2014年，海州规划分局积极做好全区各项规划的编制工作。先后参与编制海州古城规划、浦南镇物流规划、海州区现代服务业区规划、云台农场镇区控规及滨河新城控规等编制工作。

（供稿：王绪国）

市政建设

【市政养护管理】 2014年，区市政养护管理部门及时修复全区主次干道出现的坑塘、软基、破损路面，确保道路平整、交通安全。全年完成沥青路面维修6420平方米，维修水泥路面坑塘4610平方米，清掏大小井18284座次，疏通排水管道245千米，更换大小井盖1835座，维修人行道板10750平方米，新铺及维修平立石3465米。

【小街巷整治及低洼片区改造】 全年投入4000万元，完成整治背街小巷229条，总长25.5千米，整治面积10.4万平方米，新建下水道26.7千米；对陇海花园片区、振兴公寓片区、兴隆路支巷片区、浦西街道财苑社区的罐头厂宿舍片区、建成巷片区、洪门街道洪新社区的新海粮库宿舍片区等6个片区进行改造，总长6千米，疏通及新建下水道8千米，改造面积2.2万平方米。

房屋征收与旧城改造

【概况】 2014年，全区房屋征收工作，积极应对资金困难、规划调整等制约瓶颈，强化责任落实，狠抓工作推动，全力推进旧城改造房屋征收工作。全年完成征收4750户、企事业单位173家，征收房屋总面积174.58万平方米，全区征收工作获得市目标考核一等奖，区房屋征收局被区委、区政府评为经济和社会发展目标一等奖。

【征收（拆迁）结转项目】 年内多次与剩余拆迁户沟通谈判，讲解政策，通过了解其真实想法，梳理社会关系，动之以情，晓之以理，成功解决玻璃二厂、众兴华庭舒欣地块、众兴华庭大众兴地块遗留七八年之久被拆迁户的补偿安置问题，全年完成拆迁结转项目3个。征收结转项目7个，完成体育局地块和大众兴2个地块项目征收；天然居地块剩余2户居民已基本完成；财经学校A西地块剩余居民2户进入扫尾阶段；车管所地块剩余居民2户、企业1家。

【新实施征收项目】 全年新实施征收项目15个，即黄海度假村、财校B地块一期、飞雁毛毯厂地块、万山城市花园地块、连盐铁路、东圣变压器厂地块、民主路棚户区改造二期项目、滨河新城规划十六路以北棚户区改造项目、南城新大街东侧棚户区改造项目、木材厂地块、烟草巷地块、人民西路八号地块、孔望山路地块、新海路东、人民路周边地块，其中连盐铁路项目涉及居民1712户、企业19家，需征收面积28万平方米，3月作出征收决定，5月11日公示被征收房屋评估价值，并开展协议签订及搬迁工作，至年底，完成98%；黄海度假村地块涉及居民555户、企业6家，需征收面积5万平方米，3月15日公示被征收房屋评估价值，开展协议签订及搬迁工作，至年底，完成签约490户，剩余65户；民主路棚户区改造二期项目涉及居民457户、企业10家，需征收面积5.1万平方米，6月作出征收决定，6月20日公示被征收房屋评估价值，开展协议签订及搬迁工作，至年底，完成签约178户；滨河新城规划十六路以北地块棚户区改造涉及居民156户、企业3家，需征收面积5.4万平方米，5月30日作出征收决定，6月进行被征收房屋评估价值公示，开展协议签订及搬迁工作，至年底，完成签约居民156户、企业2家；木材厂地块棚户区改造项目涉及居民150户、企业8家，需征收面积约2.91万平方米，6月19日作出征收决定，7月进行被征收房屋评估价值公示，开展协议签订及搬迁工作，已公示112户，完成签约居民107户、企业1家；新海路东地块旧城区改造项目涉及居民53户、企业12家，需征收面积约3.5万平方米，9月1日作出征收决定，9月3日进行被征收居民房屋评估价值公示，开展协议签订及搬迁工作，至年底，全部完成53户居民征收签约。

【启动原高新区征收（拆迁）项目】 全年启动实施征收、拆迁（含自拆）项目30个，其中征收结转项目1个、收购项目8个，其他各类自拆项目21个，完成各类房屋拆迁、拆除36万平方米，拆除居民房屋1665户、企事业单位（含个体商户）105家。其中南部新城商务中心区一期、板浦新镇区刘庄和磕头桥地块、锦屏新镇区地块、连盐铁路海州段等项目全部完成，盐河南路南延项目房屋征迁进入扫尾阶段。

【规范有序推进旧城改造】 年内，全区65个地块都成立旧城改造建设指挥部，负责对各地块项目旧城改造领导和督查工作，各项目地块所在辖区具体负责旧城改造项目的推进落实。区四套班子领导分别牵头1~2个征收地块，全区共抽调800余名干部到旧城改造一线开展房屋征收工作，区房屋征收局全体人员充实到房屋征收一线开展工作。将地块项目细化，把任务分解到位，做到“人人有压力、个个有任务”。各街道、社区也都相继成立旧城改造攻坚队伍，整体推进旧城改造工作。

【规范管理】 年内，以制度为抓手，规范资金使用和管理。出台《旧城改造运作模式及经费管理暂行办法》《旧城改造项目房屋征收专业人员聘用实施意见》《海州区旧城改造统筹资金使用管理办法》等征收规范性文件，依托旧城改造及房屋征收有关政策，在政策宣传、方案拟定、资金筹措、补偿安置等环节上把好关，以规范的管理制度约束各旧城改造指挥部工作行为。与此同时，区房屋征收局不断强化服务意识，对全区各征收地块做好业务指导，在协议签订、审核和归档，以及资金发放等方面，推行一站式服务，实行全程化负责。

【督查考核】 2014年，根据房屋征收和旧城改造工作实际，建立健全考评考核制度，建立监督管理机制，将旧城改造建设工作纳入年度目标绩效考核范围和区重大项目督查内容，区督查办每周对项目建设情况进行督查通报，实行项目推进倒逼工作压力，序时进度倒逼目标完成，依法征收倒逼工作规范。区四套班子成员根据分管地块定期督查推动签约，加班加点坐镇服务，强化压力传递。全区各旧城改造地块指挥部推行旧城改造周工作例会制度、旬督查通报制度、月回头看制度，进而形成全区房屋征收高压推进态势。

（撰稿：陈福廷　审稿：胡海宁）

园林绿化建设

【园林绿化】 2014年，全区重点实施公园游园广场、道路、滨河、居住区单位，以及交通绿色通道5大类94项绿化建设任务，完成投资3.60亿元。全年共栽植各类苗木49.52万株，其中乔木34.32万株、花灌木15.2万株；色块15.95万平方米、草坪11.65万平方米、花境6万平方米（草花100万株）、大青竹1720丛。秋季绿化养护涂白树木53.9万株，新增绿地109万平方米，绿化绿地率达37%，绿化覆盖率达41%，人均公园绿地面积达12.7平方米。

【城区特色绿化】 年内，在城区主干道两侧、道路节点，栽植景观树和香溢海州特色花卉。栽植弗吉尼亚栎景观树160株、桂花树200株，栀子花296株；对道路两侧绿地廊架、景观石以及部分单位墙体等地段栽植木香花、凌霄、藤本月季等植物4400株，补植色块绿篱2169平方米；对新浦公园、青年公园生态园林景观建设提档升级，栽植大树82株。城区小街巷栽植各类香溢苗木0.34万株；组织各街道对辖区裸露黄土进行覆绿，对沿街道路、背街小巷两侧进行缺株补植、见缝插绿，新建和改造绿地1.53万平方米，新增绿地1.46万平方米。

村镇建设

【村庄环境整治】 全年完成省、市下达120个村庄环境整治任务（含1个三星级康居乡村），完成投资3560万元。其中锦屏镇、新坝镇、板浦镇、宁海街道办事处共完成100个自然村的村庄环境整治工作；浦南镇、花果山街道办事处共完成20个自然村的村庄环境整治工作，浦南镇江浦新村成功创建三星级康居乡村。

【农村公路建设】 2014年，全区共完成农村公路建设45条，总里程68千米；改造农村危桥15座，总面积2013平方米，全年完成投资7200万元。

建筑业

【建筑业各项指标同比增长】 2014年，区建筑企业继续开拓外省（市）建筑市场，足迹遍布全国9个省（市）。完成总产值10.2亿元，建筑业增加值3.2亿元；全区外出施工人数960人，完成外出施工产值1.02亿元，各项指标均超额完成市政府下达的任务指标，同比分别增长18%、18.7%、11.6%、13.3%。

【质量安全管理】 全年共组织建筑业安全生产大检查6次、专项检查5次、月查12次，发现安全隐患62起，下达整改通知书18份，整改率达100%。

【清欠工作】 全年共受理清欠案件16件，处置9件，转办7件，涉及金额860万元；赴省接访劝返民工4批次600余人；召开案件协调会5次，配合市城乡建设局会办案件3起，在人社部门立案1起，相关涉及案件均已妥善处理。全年无恶性群体事件发生。

房管物管

【城区住房保障】 2014年，全区计划发放廉租房补贴260户，实际发放住房补贴382户，完成任务的147%；新申请廉租房726户；年内新开工限价房目标任务280套，实际完成位于浦南镇的樱花社区限价房210套和新城国际花园80套，共290套，超额完成全年目标任务。

【危旧房屋安全隐患排查】 根据连政办传〔2014〕34号文件精神，区住建局组织工作人员对全区范围内存在安全隐患的房屋进行拉网式的调查。此次排查涉及11个街道的100余个社区及花果山街道、浦南镇的21个行政村，现场调查危房和老旧房屋11033（幢）处，涉及面积4084141平方米。

【物业管理】 2014年，完成日月花园、华润公寓、海连新天、悦城国际、天顺花园、港城新世界、津华苑、一方山水、郁洲花园、枫林湾、利华城市花园11个小区的业委会组建工作；完成幸福家园、紫云公寓、日月花园、极美苑、浦东园丁小区、嘉家小区、新贵都、新东园丁小区、新中花园、普天安小区等10个小区的物业管理整治提升工作。年内，全区共有成型小区195个，其中实行物业管理的有149个，实行准物业管理的小区有19个。全区物业覆盖率已达86.2%。

【老旧小区改造】 2014年，改造老旧小区30个（市建设局负责改造龙河小区、海南小区、新龙新村、东新绿苑、兆隆新村、极美园、振兴公寓、矿山院小区、荣发公寓、幸福路园丁小区共10个；海州区政府负责改造浦东园丁小区、日月花园、新东园丁小区、郁州花园、登泰新村、极美苑、嘉家小区、幸福花园、新中花园、新海普天安、新贵都、常乐新村、新惠公寓、南园新村、天安公寓、德邦小区、啤酒厂宿舍、洪门普天安、纺织小区、锦化小区共20个），此次改造的老旧小区面积达156.1万平方米，惠及14024户家庭。

教育实践活动

【在职党员惠民活动】 全年以党的群众路线教育实践活动为主线，扎实开展“在职党员进社区”“党员集中活动日”“集中惠民月”等活动，使惠民水平不断提升。局领导带头深入基层走访帮扶，共走访贫困家庭169户，走访单位26家，帮扶特困家庭6户，每户每月送去400元慰问金；投入帮扶资金2万余元，为电台社区、通池社区、康宁社区、浦南镇浦南村解决村庄整治、环境绿化等方面的实际问题；以“惠民月”活动为契机，自筹资金19.85万元完成老百姓反映强烈的康民路、龙尾路、普庆路、后河路、机床巷、富强路、青年路、新新路、市民路、河滨路10条道路存在的下水道堵塞，背街小巷脏、乱、差等问题的整治。

（撰稿：周锡唐　审稿：石德学）

责任编辑：王恒亮

综　述

2014年，海州区城市管理局（简称区城管局）围绕城市管理中心工作，以城市环境综合整治、道路景观改造出新、禁违拆违、环卫城乡统筹等重点工作为契机，开展市容秩序综合整治，完善城市管理基础设施建设，创新长效管理机制，突出重点，统筹兼顾，圆满完成年度各项目标任务。先后获得市城管系统2014年度目标考核一等奖，2014年度海州区目标考核一等奖。

市容管理

【市容秩序整治】 2014年，区城管局开展以市容秩序整治、店招广告整治、环卫达标创建等工作为主要内容的"清洁环境、美化市容"综合整治活动。组织执法队伍对农贸市场周边、居民区周围等占道经营比较严重的49条道路进行专项整治，较好地解决陇海东路、新孔路、秦东门大街等路段流动摊点拥堵问题。在南极路农行门前、青年路市房管局门前等处，安装固定设施，减少流动摊点占道行为。年内，清理流动摊点占道经营8697处，规范整治夜排档1028处。

【小广告清理】 2014年，区城管局结合城区道路出新，积极开展店面招牌的提档升级工作。先后拆除民主路、小学路等处材质较低的店招2000余块，提档升级店招1000余块。此外，清理主、次干道及背街小巷对联、福字等1.2万条，清除各类小广告3.4万余处，净化城区环境。

【禁违拆违】 年内，建立完善控制和查处违法建设长效机制，制定《海州区控制和查处违法建设实施方案》，成立海州区控制和查处违法建设领导小组，加强全区禁控违监督检查和协调。按照"属地管理，以块为主，政府牵头，部门配合"的方针开展禁违拆违工作。建立区、镇街、居（村）委会三级巡查防控机制，在违建高发地段、重点路段，安装30余个360度电子监控装置，创立人机结合的防控措施，将违建行为遏制在萌芽状态。区禁违办定期召集有关辖区单位、城管大队负责人会商，研究查处办法，加强案件督办。全年，共接受群众来信、来电、来访举报违建案件687件，开展拆除行动280余次，其中重大联合拆除行动20次，对市民反映强烈的九龙城市乐园、颐和花园等处违章建筑进行拆除，共拆除违章建筑4.5万平方米，制止违建形成1.5万平方米，有效遏制违建蔓延势头。

【示范点创建】 2014年，全区投入资金2000万元，整改各类问题450余项，朝阳中路、苍梧社区分别通过省级城市管理示范路、示范社区验收。完成朝阳中路、江化北路等10条城市道路景观改造出新工作。德邦小区、园丁小区等36个城市环境综合整治项目全部得到整改落实。

环卫工作

【环境卫生整治】 2014年，区环境卫生管理处（简称区环卫处）开展环境卫生整治"百日行动"、南出入口环境卫生突击整治、背街小巷"卫生突击月"等活动。对温哥华小区东侧、原无线电十厂、蔷薇小区、东池西巷积存垃圾及全区范围内的背街小巷、农贸市场、城郊接合部167处积存垃圾、卫生死角进行清理，清运各类垃圾18万余吨。

【环卫设施建设】 2014年，区环卫处完成朝阳桥、九岭5个中转站的新建和改造任务，提档改造制药巷、罐头厂等7座公厕，修建封闭式垃圾房11座，打造环卫工人休息点10处，购置洗扫车等各类环卫作业车辆74辆，更新垃圾桶900只、果皮箱750只。

【环卫精细化管理】 年内，区环卫处打造精品路段、公厕，在重要节点实行定点、分段、循环保洁。制定垃圾清运作业管理办法，提升垃圾清运效率。对主城区16条主、次干道垃圾桶进行优化配置，解决主干道两侧垃圾桶污染环境、渗滤液扰民问题。同时组织开展"安全生产百日竞赛"活动，实行安全日报制度和每日巡查制度，强化安全生产工作。

【城乡环卫统筹】 年内，区环卫处购置垃圾运输车8台，建设90座垃圾房，建成浦南镇江浦垃圾中转站并投入运行，镇村垃圾无害化处理率分别达90%和60%。粉刷墙面8000平方米，清理各类垃圾3000余吨，冲洗道路约200千米，确保浦南镇市容环境整洁有序。

【处罚不文明行为】 9月，区环卫处制定《关于对破坏环境卫生行为予以行政处罚的实施方案》，10月1日正式开始实施，从源头上减少路面垃圾。同时引导市民改变随地吐痰、乱扔垃圾等陋习，形成监督与执法并重，管理和处罚联动的长效管理模式。

【背街小巷保洁】 11月，区环卫处出台《海州区背街小巷环卫保洁考核管理办法》，建立完善"统一领导、属地负责、分级监管、合力推进"的社区背街小巷环卫保洁管理体制。并根据每月明查、暗查考核得分情况，对相关责任单位进行考核奖惩，进一步促进改善背街小巷环境卫生面貌，实现城市环境卫生管理全覆盖。

【重大活动保障】 年内，区环卫处开展节假日及各类重大活动保障工作。参与清明节、白虎山庙会、苏宁广场开业、中高考及重点工程开工仪式等保障任务100余次。参与并完成现代服务业集聚区、滨河新城、连盐铁路房屋征收、民主路改造等重点工程和重大项目急难险重突击任务。

软环境建设

【执法队伍建设】 2014年，区城管局认真贯彻落实行政执法责任制，以制度促规范，以规范促提升，推进依法行政水平不断提高。建立健全案件办理、执法行为监督、评议考核等各项制度。同时，积极开展法律法规学习和业务培训，进一步提升执法人员依法行政水平。

【依法行政】 年内，区城管局规范执法办案流程，对所有案件进行网上公示，坚持依法行政。严格依据法律法规开展案件查处和办理工作，全年共办理行政处罚案件424件，其中一般程序案件320件、行政处罚较大案件99件、重大案件5件。

【数字化城管】 2014年，区城管局通过业务培训考试，加强平台工作人员业务技能，实行业务工作量化考核，明确责任分工，做好疑难案件调查、案件结果核查、督办案件督促、争议案件协调等工作。区数字化城管二级平台全年累计接受各类案件122414件，处置率96.88%，按时处置率87.93%，应结案120764件，按时结案率89.05%，结案率98.09%，现场核查案件约500件次。一些深层次的热点问题和细小的民生问题也通过平台得到有效解决。

（撰稿：聂义刚 审稿：范庆立）

浦南镇太平康居示范村建成污水处理厂

责任编辑：王恒亮

交通运输

运输管理

【概况】 2014年是贯彻落实党的十八届三中全会精神、全面深化交通运输改革的启动之年，是完成“十二五”规划目标的关键之年。全市各级运管部门在交通运输主管部门的领导下，紧紧围绕政府和交通运输部门工作部署，不断加大工作力度，加快工作进度。在优先发展城市公交，提升运输保障能力，加强全区物流场站建设等年度重点目标任务的圆满完成等方面，取得了新成绩。

【行政审批改革】 2014年，市交通运输管理处（简称市运管处）按照省市关于深化行政审批制度改革工作的总体要求，全面梳理现有行政审批权力，制定深化运管行业行政审批制度改革工作方案，提出归并、下放及变更审批事项等意见，并结合实际出台《市级运输管理行政审批改革工作意见》，明确审批权力清单，将19项许可事项合并成3项，取消1项，4项行政审批改为行政服务。对保留的23个许可服务事项，下放管理1项，暂停使用11项。与此同时，按照省市关于“先照后证”登记制度改革工作部署，制定出台《推进道路、水路“先照后证”审批改革、强化事中事后监管工作实施方案》，明确工作职责，建立协同监管工作机制，对工商部门抄告的47件已发营业执照的经营主体实施监管，事中事后监管机制基本建立，实现改革后监管闭环管理。

【推进法治运管建设】 2014年，市运管处严格贯彻落实《道路运输车辆动态监督管理办法》《江苏省城市公共汽车客运经营许可规范》等规章制度要求，制定和修订《行政许可工作规则》《行政处罚工作规则》等25项内部管理规章制度，做到用制度管权、管事、管人。完美收官“五项执法行动”（规范执法、严格执法、阳光执法、智能执法、文明执法），市运管处被评为全省运管系统五项执法行动先进单位。

【优先发展城市公交】 2014年，市运管处完成《连云港市市区优先发展城市公共交通实施意见》的拟定，市政府常务会议审议获得原则通过。完成《连云港市城市公共交通规划》编制并通过专家评审。全年积极协调市级财政，争取公交财政补贴4600万元，区级财政补贴公交取得历史性突破。新辟优化调整公交线路，服务市民便捷出行，徐圩新区、临港产业区、连云新城等公交盲区实现公交覆盖。全年新辟赣榆至墟沟、BRT三号区间线等公交线路10条，优化调整公交线路12条，新购城市公交车辆82辆，新增公交专用道里程20.6千米。建成徐圩新区管委会公交首末站，开工建设海滨大道平山北路首末站和连云古镇停保场。完成新一轮出租车运价调整，更新出租汽车373辆。

【推动城乡客运一体化】 2014年，新建城乡客运一体化站亭32个、站牌28个，全市镇村公交开通乡镇总数达30个，开通率达到37.03%，提前一年完成“十二五”规划确定的35%目标任务。

【规范汽车维修行为】 2014年，市运管处推动“江苏车大夫”便民化发展，聘请专家坐诊，发放《汽车常识问答》手册和倡议书等资料，引导消费者理性维修，树立“车大夫”公开公正形象和扩大公众知晓度。指导36家维修企业组建连云港诚信汽修联盟，实现配件、采购联合统一，实现配件有源可溯、行业抱团发展。

【科学发展驾培行业】 2014年，市运管处贯彻实施《连云港市机动车驾驶人培训市场发展规划（2013-2020）》，首次引入第三方机制，招投标发展2家驾培机构，填补新建城区驾培服务覆盖盲区。全面完成驾培两项新国标的贯彻落实，全市36家驾校驾培场地和设施符合性改造全部完成并通过验收。取缔251块不达标训练场地，新国标改造带动社会直接投资近2亿元，行业管理和经济发展实现双赢。

【强化从业人员管理】 2014年，市运管处在全市各县区增设9个道路运输驾驶员诚信考核便民服务点，为驾驶员提供就近服务2.3万人次；优化从业资格证换证流程，实行“一站式”“上门式”服务，完成补证换证4万余人次。规范考试组织管理，强化对考核员的监督使用，做到考试公平、公开、公正，全年共举办从业人员培训班265期，培训学员1.2万余人，核发证件1万余本。推进道路运输驾驶员诚信体系建设，对驾驶员违规行为予以记分3.4万人次，实现从业人员动态监管。

【提升运输保障能力】 2014年，春运期间，联合公安部门对过境长途客车、危险品运输车辆实施逐车检查6500余辆次，纠正违规违法行为60余次，保证春运安全。落实青奥会、国家公祭日期间运输安保工作任务，在各运输子行业开展安全大检查，督查企业落实安全主体责任。在重大节假日、重大活动期间，安排应急运力疏导旅客，加大市场秩序维护力度，确保运输安全有序。积极配合参与应急救援力量组建，组织危化品运输企业开展“防恐防灾”应急演练，圆满完成交通战备任务。

【履行安全监管职责】 2014年，市运管处严格执行“一岗双责、党政同责、齐抓共管”规定，落实“管业务必须管安全、管行业必须管安全”的要求，树立安全红线思维和底线意识，全面贯彻落实安全生产法及道路运输“三关一监督”（运输经营者市场准入关、营运车辆技术状况关、营运车辆驾驶员从业资格关和汽车客运站的安全监督）安全监管职责。出台安全监管约谈、定期报告等8项制度，全面推进安全监管痕迹化、信息化、标准化。稳步推动安全生产标准化建设。贯彻实施《道路运输车辆动态监督管理办法》，投入70余万元建成市级“两客一危”（从事旅游包车、三类以上班线客车和运输危险货物的车辆）重点运营车辆监控中心，实现企业安全监管主体责任监管网络全覆盖，行业安全监管能力和水平跃上新台阶。建立健全安全生产责任体系，层层签订安全生产责任书，安全监管责任落实实现横向到边、纵向到底。

【开展运输市场整治】 2014年，市运管处与公安联合开展“道路运输市场整治年”活动和整治非法营运汽车专项行动，同各县区运管所开展执法联动。全年全市各级道路运输管理机构共查获各类道路运输案件5148起（其中非法营运1127起），纠正悬挂“出租”顶灯非法营运行为597次，没收顶灯标志223只。

【做好超限超载治理】 2014年，市运管处立足自身职责，切实开展源头治超，对6家重点货运车辆装载源头单位实施巡查51家次。与公路部门开展联合执法，并落实治超关联处罚制度，共接收公路部门抄告信息1867辆次，同时对325名驾驶人员、154辆违法超限超载车辆、122家运输企业分别实施计分、吊销营运证、停业整顿等处罚，对10起未经许可案件、28起无道路运输证件、18起未按规定参加年度审验、180起擅自改装案件依法实施处罚。

【优化行业结构】 2014年，市运管处积极引导客运企业实施经营主体整合和客运班车公司化改造，完成107条线路、334辆车公司化改造，全市省、县际客运班车公司化率达50%以上，市际客运班车公司化率达73.69%。更新并新增中高级客车69辆，县际以上班线中高级客车占比达90%。全市新增甩挂牵引车等专业运输车辆742台，占全部任务的390%，厢式货车及各类专用货车占全市运营货车的比重达45%。全市船舶运力首次突破100万吨，10万吨以上海运企业培育取得历史性突破。新增“江苏快修”企业6家、“江苏快货”企业1家，新增“江苏快客”品牌车辆14辆、“江苏快货”线路67条，本地连锁快修型企业培育取得突破。全年发放运输品牌奖励资金供给241万元。新增省级农村物流示范点1家，全市农村物流示范点达到11家。

【物流场站建设】 2014年，连云港港庙岭集装箱中转站一期工程升级为连云港中哈国际物流基地。5月29日习近平总书记亲自出席中哈国际物流基地远程投产仪式。连云港港中心货运站（一期）完成投资4000万，候工楼及停车场硬化工程完工。赣榆柘汪物流中心建设取得实质进展，“三通一平”（水通、电通、路通、场地平整）已完毕，场地硬化已完工，场区功能定位已确定。为中哈物流场站等3个省级重点货运物流场站项目争取奖励资金770万元。

【推进船型标准化】 2014年，市运管处制定出台《连云港市推进内河船型标准化工作实施意见》和《调整连云港市交通运输局船型标准化领导小组方案》，全年申请拆改各类船舶37艘，完工22艘。

【推进多式联运】 2014年，连云港港实现吞吐量2.1亿吨，集装箱500万标箱。海铁联运集装箱累计完成21.6万标箱，其中过境集装箱运输9.55万标箱。新云台码头实现海河联运货物吞吐量164万吨，占全年计划任务的108%。市运管处积极开展连云港市海河联运发展调研，形成专题报告上报省厅，争取政策资金支持。以连云港港集装箱多式联运为主题的交通运输部公路甩挂运输组合性试点项目通过部级初审。

【“绿色”交通效果初现】 2014年，市运管处全面落实省市关于节能减排工作的部署，组织典型运输企业参加绿色循环低碳主题性项目调研。“绿色汽修”创建向纵深发展，培育发展省级“绿色汽修”示范企业4家。加大清洁能源车辆的推广应用，年内，全市新增新能源营运车300辆。驾培行业节能减排成效显著，市区教练车油改气基本完成。新购420台驾驶模拟器用于机动车驾驶培训。严格执行营运车辆燃料消耗量限值标准，加大汽车检测抽检力度，实行检测报告定期会审。

【“智慧”交通成果显现】 2014年，市运管处升级完善连云港市营运车辆技术智能管理系统，新增“营运车辆机务管理”模块，为企业提供三级预警服务，实现车辆技术管理、档案电子化，相关信息数据接入省运政业务系统。连云港市营运车辆技术智能管理系统荣获全省道路水路运输行业管理十大“创新成果”之一。升级改造驾培智能化培训系统，完成1600多辆教练车计时终端改造，对验收合格的95块场地圈定“电子围栏”。免费开放“先培后付”应用平台，实现网络预约培训、考试和有关信息查询。按照省交通局部署，稳步推进江苏省运输市场信用信息服务系统建设，完成全省公路客运联网售票业务系统升级工作。同时做好道路运输证IC卡和ETC融合工作，完成399名从业人员IC卡从业资格证件换发。推广应用江苏省道路运输网上学习平台，9.1万人参加网上驾培学习，3169人参加网上继续教育。

【提升党建规范化水平】 2014年，市运管处党委健全党委会议事决策、党委中心组学习、党员干部重大事项报告等工作制度，提升运管党建工作规范化水平。完善基层组织机构和制度建设，市运管处3个党支部完成换届选举。开展党支部实务工作培训，夯实基层组织建设。按照“设好岗位、定好计划、选优人才、用好干部”的“四步走”工作法强化队伍建设，通过岗位交流、挂职锻炼等途径，做到各尽所长、各尽其能。同时扎实开展群众路线教育实践活动。注重创新，推出“进企业、听民声、求良策”专题调研等6个自选动作，推出2014年度运管服务民生10件实事，一批事关人民群众切身利益的热点、难点问题得到解决。层层签订党风廉政建设责任书，适时进行廉政提醒，定期开展明察暗访，不断强化行风作风建设。

【新闻宣传】 2014年，市运管处党委围绕运管工作职责，做好主题策划，深度报道运管部门调结构、促发展、转作风、重民生等工作成效及特色。全年被各级媒体录用稿件2100余篇次，被人民网、《新华日报》等媒体刊用56篇，《“五抓五到位”促党风廉政建设》入选全省运管系统十大“好新闻”。

【政务运行】 2014年，市运管处优质高效办结人大代表建议、政协委员提案47件，及时处理330件办结数字城管、2336件96196投诉、79件厅长信箱、阳光信访等投诉。全年报送政务信息1155条，被省交通局采用405条，位列全省前茅。

【行业文明创建】 2014年，市运管处党委坚持自身文明和行业文明“两手抓”，着力构建运管行业核心价值体系。以开展各类创树活动为载体，深入推进诚信体系建设，大力选树先进典型，打造服务品牌。围绕打造“政治硬、业务精、作风廉、群众赞”的运管队伍，认真抓好文明示范岗、工人先锋号、青年文明号的创建，开展形式多样、内容丰富、扎实有效的志愿服务活动。组织开展从业人员职业技能竞赛，成功举办“十佳文明驾校”评选和教练员规范教学劳动技能竞赛，开展“公交出行周”暨“城市公交进社区”等活动，培树一批行业服务品牌和先进典型。

（撰稿：陈小平 审稿：江尧宏）

铁路运输

【概况】 铁路运输连云港车站（简称连云港站）地处陇海线东端江苏省连云港市海州区境内。2014年，日均接发列车56.5对，其中客车11.5对、货车45对；年发送旅客167万人次，日均4566人次。连云港站在徐州车务段及车务段党委的领导下，坚持以科学发展观为指导，以安全大检查为载体，以提高经济效益为重点，突出客车保安全，强基达标抓管理，瞄准市场抓营销，以人为本抓服务，经过全站干部职工的奋力拼搏，圆满完成全年各项工作任务。截至12月31日，连云港站实现行车安全9409天，完成运输收入15888万元，同比增加1327万元，超计划510万元；发送旅客167万人次，同比多发送14万人次。被上海铁路局（简称路局）评为春运工作先进集体、路风工作先进集体、标杆班组等荣誉称号。

【职工技能达标】 2014年，连云港站针对调图、新《技规》《行规》《站细》（车站工作细则）等相关规章修改幅度大，新增内容多等特点，严格按照徐州车务段下达的学习计划，采取班前提问带学、月度考试促学、实作演练督学等方法，注重在全员性、针对性和实效性上下功夫，特别是模块化业务学习运用后，全站干部职工自觉克服电脑少的困难，主动利用班后休息时间抓好自学，做到全员足额完成模块化学习任务。同时，着力抓好职工岗位练功，每月组织一次全员考试，每季组织一次实作演练，通过持续不断地抓业务，练硬功，职工的业务素质明显提高。年内，在徐州车务段组织的接发列车比武中，连云港站有1人获得好成绩，在上海铁路局和徐州车务段抽考中，有3名职工名列前茅。

【岗位安全责任】 2014年，连云港站积极探索车站、班组二级管理模式，建立健全安全生产长效管理机制。年初，按照便于管理、发挥作用的原则，对全站班组重新设置，科学划分为客运、行车班组。重新修订《安全风险管理班组月度考核办法》和《安全风险管理差点班组认定实施办法》，完善《安全风险管理干部量化管理考核办法》和《职工请假、调班、迟到的暂行规定》等4项规定。以考核为抓手，强化激励约束，每月一考评，并将考评结果与岗效工资挂钩，通过考核，落实了岗位责任，拉开了收入档次，真正体现让抓好管理的干部、班组长和保证安全的职工多得，让抓不好管理的干部、班组长和“二违”（违章、违标）职工少得。

【确保安全有序可控】 2014年一季度，连云港站把春运安全当成压倒一切的任务，从机关、运转、武警部队抽调40余人组织帮班，按照定人、定岗、定责的要求，车站领导分片包保，每天点名上岗，全站干部、职工全力以赴，奋力拼搏，圆满实现春运奋斗目标。同时做好除冰扫雪保畅通工作。连云港站干部、职工都能够以雪为令、见雪上岗，确保冰雪天气的行车安全。第二季度继续围绕劳动安全这项工作重点，全站干部、职工识大体，顾大局，自觉执行各项防护措施，提高自我防范意识，保证人身安全。第三季度以暑运安全为重点，坚持把职工的人身安全放在首位。在保证职工开水供应的基础上，坚持统筹安排，“干两头，歇中间”，尽量避开中午高温时间段，确保没有一名职工因工作而出现中暑问题。新《技规》《行规》陆续公布，《站细》等相关规章修改幅度大，新增内容多，连云港站做好学习和培训工作，确保职工及时适应新要求。第四季度紧紧扭住防寒过冬和施工安全这一关键，严格落实防寒过冬和施工管理办法，科学制定预案，抓好模拟演练，强化盯控互控，严把安全关，保证防寒过冬和施工的绝对安全。

【加大安全处罚力度】 年内，连云港站加强源头控制，充分运用安全大检查这个载体，强化隐患排查和整治，切实解决车站在安全方面出现的新情况、新问题，全年整治安全隐患88个。与此同时，坚持从严从细管理，强化现场控制，及时发现和纠正职工违章违标作业。到12月底，共查出“二违”327个，其中上级发书49个，连云港站发书278个；发出C类通知书206个，B类通知书120个，A类通知书1个。分别落实责任，一律对规处罚。

【抢抓客流货源】 2014年，连云港站本着抢大抓小的原则，力争不使一个客流货源丢失。具体工作中，保春运，抓暑运，盯淡季，努力实现增运增收。春运工作是年度旅客运输组织的重头戏，为确保春运工作平稳有序，增运增收，春运前，连云港站在抓好干部职工安全教育的同时，先后制定《春运工作措施》《突发客流应急预案》《列车晚点应急预案》等20多个应急预案；具体组织上，严抓接发列车、售票、“三品”（易燃易爆物品、刀具及枪支弹药）查堵和旅客安全4个关口，按照定人、定岗、定时、定责的“四定”要求，抽调机关和执勤人员帮班，实施人海战术，集团突击作战，确保春运客车安全正点。进入夏季后，连云港得天独厚的山海风光成为西部游客追逐的一个热点，西安、汉口和乌鲁木齐3个方向车次成为“热门车”，连云港站紧紧抓住这一有利时机，一方面与连云港市当地多家旅行社联系，联合旅游推介；另一方面及时向上级提报计划，申请加开加挂。进入旅客运输淡季，运能相对充足，部分列车甚至出现票额严重虚糜现象，连云港站采取走出去、请进来的形式，到旅行社及周边的厂矿企事业单位，积极开展促销活动。确保运输行业淡季不闲。

【有序协调运作】 2014年，连云港站紧紧抓住春运、暑运、“十一”等有利时机，加强对学生、民工、探亲、旅游流的组织，随时掌握流量、流向，加强与上级主管部门的汇报与联系，请求增加票额或加挂车厢，保证旅客走了走好。同时做好长三角货物快运列车开行工作。抽调3名业务骨干专职负责快运相关业务办理。迅速协调相关部门做好开通基础准备工作，按规定和作业标准办理到发业务。自9月11日至12月31日，连云港站共办理发送货物121批6127件，158957千克；到达货物194批13938件，200695千克。

【思想政治教育】 2014年，连云港站充分利用职工大会、碰头会、点名会等时机，发动职工开展“如何践行员工守则、争当优秀员工”“建设美丽徐车，我能做什么”大讨论，利用面对面谈心、座谈会等交流形式，紧密联系连云港站改革发展和个人思想实际，谈感受、谈体会、明责任、找差距。并以班组为单位开展“员工宣誓词”集体宣誓活动。通过这些活动的开展，使全站干部职工进一步认清和感悟“入路为什么、誓言是什么、岗位做什么”，铭记入路誓词，自觉践行员工守则。

【提高服务质量】 年内，连云港站以创建“海之缘”雷锋服务站为载体，积极推行人性化、亲情化和诚信化服务。在客运、运转班组深入开展服务理念大讨论，引导职工积极转变观念，提高服务意识。采取走出去、请进来的方法，组织干部、职工参观雷锋车组事迹展览室，学习地方先进服务经验，请部队官兵教干部、职工走队列，请连云港市旅游学校老师，到连云港站举办礼仪、旅客心理专业知识讲座等，着力提高干部、职工综合素质和职业技能。同时，推广使用文明用语，设立路风服务监督台，接受旅客监督。着力为旅客创造良好的旅行环境。售票房通过增设售票窗口，延长售票时间，尽量压缩旅客排队时间。年内，全站职工共为旅客、货主做好事55件，收到锦旗8面、感谢信12封，先后有15人次被上海铁路局和地方新闻媒体报道或表扬。

（撰稿：左仁忠）

海通公交

【概况】 2014年，连云港海通公共交通有限公司（简称海通公交）在海通集团党委、董事会的领导下，广大干部、职工围绕三届二次职代会确定的任务和年度经营目标，以“精细化管理年”为主线，狠抓企业内部管理，全面提升服务水平，着力打造服务品牌，科学组织生产运营，公交资源整合取得新突破，企业规模不断壮大，全面完成年度各项目标任务。海通公交荣获“江苏省五一劳动奖状”，快速公交公司荣获全国“安康杯”竞赛优秀班组、全国学雷锋先进单位、江苏省安全文化建设示范企业等16项市级以上荣誉。

【经营指标】 2014年，海通公交完成年度总收入21336.29万元。其中公交运输19772.62万元；常规公交完成总收入13003.77万元，计划为13100万元，完成计划的99.27%；快速公交完成总收入6768.85万元（其中主营收入4052.90万元），计划为6900万元，完成计划的98.10%；传媒公司完成总收入807.03万元，计划为700万元，完成计划的115.29%；大浦保养厂完成总收入756.64万元，计划为530万元，完成计划的142.76%。海通公交完成年度利润-4846万元。其中，公交运输-5156.04万元；常规公交实现利润-94.90万元，计划为-200万元，比计划减亏105.10万元；快速公交实现利润-5061.14万元，计划为-4149.63万元，比计划增加亏损911.51万元（包含车辆设备折旧、融资贷款费用利息、经营亏损-1274.35万元）；传媒公司实现利润305.34万元，比计划增加利润5.34万元；大浦保养厂实现利润4.70万元，比计划增加利润61.70万元。

【交通运营】 年内，海通公交实现营运周转量9.97亿人千米，其中常规公交完成周转量4.98亿人千米，计划为5亿人千米，完成计划的99.60%；快速公交完成周转量4.99亿人千米，计划为5.21亿人千米，完成计划的95.77%。总行驶里程4422.53万千米，其中常规公交完成总行驶里程2853.83万千米，计划为3020万千米，完成计划的94.50%；快速公交完成总行驶里程1568.70万千米，计划为1531万千米，完成计划的102.46%。

【优化线路】 2014年，海通公交新辟线路7条（56路、58路、59路、游6路、601路、B13线、B3区间线）。优化线路14条（3路、6路、8路、16路、23路、32路、17路、2路、游1路、99路、10路、27路、1路、37路）。

【更新车辆】 2014年，海通公交完成购置车辆31台，总投资1170万元，资金来源属企业自筹。其中新增公交通勤车辆5台，新增港口集团通勤车辆16台；新增公交车辆10台。开通在海一方至赣榆601路公交专线。

【公交站场建设】 2014年，配合市规划局、交通运输局和南京交通规划院完成对全市公交站场现状调查和发展规划编制工作。海州开发区、海州园林站、浦南镇、市开发区等全市公交场站建设规划已编制完成，并在市政府网站公示。此外，配合海通集团做好公交幸福路14号拆迁、场地置换和维修公司搬迁等工作。

【整合资源】 8月，按照海通集团的统一部署，将海通传媒公司、汽服大浦保养厂整合到海通公交，资源整合后，海通公交将所有广告资源划归传媒公司进行集中管理，使传媒公司的经营空间得到拓展，实现效益最大化；海通公交对维修保养及外修业务进行合理调配，确保大浦保养厂在维持现有业务的同时，全力推进公交车辆机务维修改革。

【产业发展取得实效】 年内，海通公交开通大学城至火车站线路；开通港口集团、连云区政府、车管所、连云新城、新海电厂、徐圩新区、市公安局、汾灌高速等单位通勤包车业务。连云港供电公司29台工程租赁车辆按海通集团批复，已进入实质性操作阶段，进一步拓展公交经营发展空间。

【保障节假日运输】 年内，海通公交根据乘客的出行分布规律，及时制定各类交通运输应急保障预案，合理调整运营班次，完成"连云港之夏"、连博会、文博会等大型活动及重大节日期间交通运输保障工作。

【强化考核与管理】 2014年，海通公交围绕企业生产经营中心，加强企业内部管理，促使企业管理达到"精、准、细、严"的目标。在推行精细化管理中，充分发挥绩效考核作用，进一步完善绩效考核细则，对基层单位、部室的工作职责、岗位标准、规章制度、工作流程进行修订和完善，使考核细则更加科学合理、便于操作，形成一套全新的工作检查和考核机制。

【安全管理全面达标】 年初，海通公交成立安全标准化工作小组，制定安全标准化工作实施方案，对照项目推进表明确职责，责任到人，并按照时间节点有序推进。公司本部以及快速公交公司、东部公交公司、公交旅游公司全部通过国家ISO14001职业健康安全管理体系认证和交通部安全生产标准化一级达标企业标准考核验收，快速公交公司被评为江苏省安全文化示范企业和国家"安康杯"竞赛先进班组。

【"隐患排查治理年"活动】 2014年，海通公交开展全员"排查身边的安全隐患"活动，以"强化红线意识、促进安全发展"为主题，扎实开展"安全生产月"活动，走进站台和车厢发放《海通公交安全乘车温馨提示》1500余份。每月定期不定期开展安全大检查，上路上线72次，重点对车辆安全锤、消防器材、电路、油路等方面进行全方位检查，共检查公司营运车辆6551台次，违章违纪87起，排除隐患车辆107台，并组织人员上路上线对危险品进行查堵。

【机务管理】 2014年，海通公交根据年度运营里程严格测算机务指标，并进行跟踪监督。同时与东汽公司合作，开展上门加油服务，有效降低加油成本，减少空驶里程，仅此一项年节约燃油成本近20万元。为全面提升驾

繁忙的BRT公交

驶员爱车例保水平，海通公交推行一日三检制度，并编制《运营车辆常见故障检修手册》，保证驾驶员人手一册。

【降本增效】 2014年，海通维修公司自加压力，拓展外修业务，开展修旧利废竞赛活动。全年完成一级保养5700台次，二级保养976台次，大修发动机65台，小修车辆15906台次，上路抢修车辆496台次，在公司老旧车辆占70%的情况下，机务保障得到了加强，确保正班正点率。与此同时，公司严格控制机务成本，对防冻液、润滑油等润料、配件材料实行招投标，全年共节约燃料成本558.35万元，节约材料配件成本5.26万元，节约轮胎成本30.78万元，节约润滑油成本7.16万元。

【提升职工待遇】 2014年，海通公交在生产经营任务压力大、资金周转困难的情况下，始终把提升职工待遇作为重要工作，职工工资保持持续合理增长，平均增幅达10%。同时调整职工公积金缴存比例，从8%上调至10%。此外，积极推行非在编人员转正，全年共转正非在编人员194人，其中驾驶员142人、站务员33人、行管后勤服务17人、修理工2人。

【完善智能调度】 2014年，海通公交对智能调度系统进行升级，将车辆营运里程、油料消耗、驾驶员考勤、营运收入等内容纳入系统软件，逐步将智能化调度平台延伸到企业的运营、安全、机务、财务等各个环节，将各项生产经营指标、营运成本进一步细化和量化，使企业内部管理由简单人工操作向智能化、信息化转变。公司已全部取消常规公交线路人工签证，实行智能化电子路单，有效降低企业人力资源成本。

【人事制度改革】 2014年，海通公交根据经营发展需要，以"三定方案"为基础，全面实行定人定岗定指标、岗动薪动的人事管理制度，消除基层单位人多好办事、不计劳动用工成本的思想，根据车辆数和生产经营规模核定各岗位定编人数，对管理岗位实行考核应聘上岗，对生产后勤服务岗位实行按需定岗，彻底解决人浮于事、懒散庸碌现象。同时打破工资结构，在基本工资统一的基础上，不同岗位的绩效工资不同，纳入月度绩效考核，充分调动职工爱岗敬业积极性。此外，对富余人员实行转岗分流，年内海滨大道新增5对站台，分流职工20人，海通公交分流不能开车驾驶员16人从事BRT站台巡逻安保，取消BRT站台安保外包，仅此一项年节约利润70万元。

【品牌创建】 2014年，海通公交为深化"争先创优"意识，促进公交服务质量再提升，命名3条"与雷锋车同行"文明线，并创建"敬老文明线"，同时开展"安全生产、优质服务"专项整治、星级驾驶员评比和向社会公开十项服务承诺、进站台进车厢征求乘客意见等一系列品牌创建活动。年内，分别开展驾驶员、维修工、站务员操作技能大赛，举办站务员、客服人员业务培训班，规范公交线路运营秩序和服务标准，激励员工爱岗敬业。海通公交表彰奖励53名星级驾驶员、64名星级站务员，乘客服务满意率达到96%，公交首末班正点率达100%。同时加大稽查上路上线查处力度，查处违章违纪176起，查处"三私"（私收票款、私自卖油、私自收钱不给票）行为9起，通过严惩各类违章违纪行为，有效减少投诉，海通公交整体服务形象得到提升。全年共收到锦旗42面、感谢信209封，连云港市广播电台、电视台、《连云港日报》《苍梧晚报》等新闻媒体报道86次，其中王炜、王小成先进事迹先后登上中央电视台及省电视台，23路驾驶员乔晓峰的优质服务事迹被"港城365"进行专题报道。

【群众路线教育实践活动】 第二批党的群众路线教育实践活动开展以来，海通公交党委严格按照"照镜子、正衣冠、洗洗澡、治治病"的总要求，先后召开动员大会，明确领导班子联系点；组织学习"八项规定"和"六项禁令"等8个方面的文件，印发党的群众路线教育实践活动学习手册；召开"为了谁、依靠谁、我是谁"大讨论交流会，组织开展"三严三实"大家谈活动，并按要求进行自我对照，解剖存在问题，明确整改方向。海通公交向中层以上干部统一配发党的群众路线教育实践活动学习笔记本，并进行交流评比；结合交通企业"窗口"服务单位特点，广泛征求乘客的意见、建议，向乘客发放征求意见表6000份，收回1800份，由公司统一进行梳理并制定切实可行的整改方案。

【开通公交服务热线】 为更好方便市民咨询、反馈、投诉，海通公交开通"服务热线"，拓展公交对外服务内容，并与市12345平台和运管投诉平台有效对接，更加及时、快捷地处理乘客投诉、咨询、建议、表扬等事项。

【打造温暖工程】 年内，为保持企业和谐稳定，维护职工利益，海通公交为职工增长工资，上调公积金，定期组织职工体检，建立困难职工档案。在市总工会和海通集团工会的支持下，端午节、中秋节走访困难职工43名，发放慰问品17200元。有5名困难职工子女获得金秋助学金3000元。海通公交党委组织党员干部189人，向公司困难帮扶中心捐款10840元。另有762人参加市"慈善一日捐"活动，捐款18413元。

（撰稿：许　静）

新浦汽车客运总站

【概况】 2014年，新浦汽车客运总站（简称客运总站）在总公司党委的正确领导下，以"三个代表"重要思想和科学发展观为指导，深入贯彻落实习近平总书记党的群众路线教育实践活动指示精神，认真落实汽车总公司各项工作部署，充分调动广大干部职工的积极性、主动性和创造性，各项工作都取得较好的成绩，先后荣获省、市级荣誉8项。

【强化站务管理】 2014年，客运总站始终坚持以人为本，注重制度建设，狠抓职工思想教育、文化教育、技能培训等工作，加强岗位管理，严抓服务规范，有效促进职工素质的全面提升。年内，定期召开全站班组长会议，安排布置工作，强调劳动纪律，对存在的问题进行公示并进行处罚；每月召开一次站长办公会，分析各项生产工作，听取意见、建议，解决工作中存在的问题；抓考核，堵漏洞。每月对工作质量、业务差错、劳动纪律等进行考核。严格落实车站各项管理制度，发现问题及时处理；抓制度，促规范。修改完善《职工统考标准》。在全站推行员工星级服务考核制度。客运总站每个月都对员工的工作情况进行考核，并根据考核标准打分，符合标准的才能拿到全额奖金。通过星级服务考核活动，提升职工的业务水平与团队意识。从细微之处入手，加强节俭教育，教育员工从节约一度电、一滴水、一张纸做起，培养大家的勤俭节约意识。定期对水电、办公用品使用情况进行公示，让大家共同监督，在全站形成“比、学、赶、帮”的良好氛围。

【节日运输工作】 2014年，在客运总站领导班子的带领下，创新工作思路，拓展经营理念，千方百计确保收入增长。元旦、春运、清明、五一等节假日，做到提前预测、统筹兼顾、合理调配，确保收入。针对假日客流特点，提前与车队协商，安排好人员及班次，在不同时段加大运力，节日期间未出现旅客过于拥挤和滞留现象。针对小长假旅客流动的特点，客运总站对售票、检票、护厂、稽查等各个岗位，以及客流高峰时段的限时进站购票、候车等各个环节进行详细分工，确保每位旅客平安、快捷、适时、走了、走好。春运40天共发送客运车辆25726班，为2013年同期的96.4%，其中加班370次，为2013年同期的80%；运送旅客37.1万人次，为2013年同期的103%。十一黄金周发班6374次，为2013年同期的116%，其中加班487次，为2013年同期的129%；运送旅客13万人次，为2013年同期的128%。

【确保营收稳步增长】 2014年，客运总站针对客运市场情况，积极谋划，创新工作方法，拓展经营渠道，千方百计确保营收增长。积极配合总公司公司化经营工作，严把签证关，加大外围签证站工作力度。加强稽查队伍管理，合理调配稽查，加强上路查处频率，严格落实违规行为处罚。积极拓展营业网点，先后与邮政网点、各大高校及其他客源较多地点合作，拓展经营范围，便捷旅客购票，增加营业收入。针对信息化时代旅客特点，积极探索方法，通过电话订票、网络售票和高校直通车等便捷化服务方式，抢抓客源，增加营收。

【推进安全生产标准化】 2014年，客运总站根据汽车总公司的相关要求，结合安全标准化考核内容，组织人员对全站安全工作进行梳理，以提升企业安全生产管理为落脚点，以管理标准化、操作标准化、现场标准化为核心，持续、稳步推进安全生产标准化工作。首先，健全和完善基本制度。规范安全生产例会制度、岗位安全生产责任制度、安全技术操作规程制度、隐患排查治理制度、安全生产责任考核制度、安全生产承诺制度等。其次，严格落实安全投入。及时足额提取并切实管好用好安全费用，确保安全设施投入，加大安全科技投入，保障安全生产有序推进。再次，加强安全生产培训。通过强化职工素质培训、加强安全技能培训、强化风险防范教育、开展事故应急演练等方式，增强职工安全意识，促进安全生产工作稳步提升。此外，加强安全宣传活动。利用电子显示屏、宣传栏、各种安全宣传活动向广大旅客、职工进行安全知识普及，取得良好效果。

【提升硬件水平】 2014年，面对旅客不断要求提高服务质量，客运总站着力加强对站场硬件设施的改造，确保为旅客营造舒适、整洁、安全的乘车环境。先后对苏欣快客站和客运总站增设3道安检门，提升安检力度，确保旅客安全乘车。同时，为更好地应对客流高峰时旅客出入困难问题，客运总站在苏欣快客站候车室以及出站口处安装了单向门，有效杜绝无关人员从出站口进站以及缓解安检门处的压力。此外，还不断更新完善各项配套设备，先后与太阳雨公司合作，在客运总站和苏欣快客站候车室安装了全自动净水设备，为旅客提供免费的纯净水；与市旅游局合作，在车站售票厅内安装自助式旅游服务查询触摸屏；分别对监控设施、消防系统、安全通道、下客区人车分流、进出站道闸和其他安全设施进行全面改造，大大提升站场服务功能。

【提升整体素质】 2014年，客运总站以参加苏北5市站务技能比赛和省站务员比赛为契机，对全站站务员进行技能培训。同时，还组织职工进行急救知识、礼仪规范、普通话等相关培训。还开展“家风格言”征集活动，广大职工积极参与，取得良好的效果。此外，充分发挥劳模的示范引领作用。通过开展先进班组、先进个人的评选，促进职工的整体素质的提升。

【实现信息化智能化】 2014年，客运总站不断加强信息化升级，以满足未来交通管理的需求。强化智能报班系统。在原先的智能报班系统的基础上，开发适用软件和配套系统。对车辆进站、例检、报班、检票、出站等实行统一管理，不但规范驾驶人员的信息存储，而且做到从安全源头入手，对班车信息、驾驶员信息和进出站情况进行实时跟踪和检验，大大提高对班车安全的检查效率和车辆信息的采集汇总，为班车进一步科学调度、安全运营提供重要依据和保障。同时，与中国银行合作开通网上订票、自助售票等业务。

【发挥党支部核心作用】 2014年，客运总站党支部深入开展四好领导班子和五好党支部创建活动，坚持领导班子带头学习，切实提高班子成员科学决策、规范管理、开拓创新和应对复杂局面的能力。年内，客运总站党支部认真学习党的十八大精神、《中国共产党章程》和党的群众路线教育实践活动等材料，结合客运总站实际情况，将理论学习与实际相结合，达到提高思想认识、解决突出问题、创新体制机制、促进科学发展的目标。同时，坚持每月召开党支部会议，通过集中组织学习、收看电视宣教片、自学、交流等多种形式，不断完善学习制度，在全站上下形成自觉学习、主动学习的良好风气，推进学习型组织科学化、制度化建设，在倾听群众的意见中找到解决问题的思路和办法，提高工作的系统性、预见性、创造性，真正把学习作为增强本领、推动工作的根本途径。在实际工作上，组织"雷锋车"手开展进学校、进社区、进企业作报告等志愿服务活动，组织党员服务队走进敬老院，为老人送上关爱和温暖。

客运总站党支部严把党员发展关，特别是在制度化、规范化建设上下功夫，严格按照程序，加强对入党积极分子的教育，采取上党课、组织参观、开展义务劳动等形式，把培养、考验、锻炼相结合，做到成熟一个发展一个。全年共发展党员3人。

【坚持民主管理】 2014年，客运总站工会坚持实行民主管理，坚持以职代会为基本形式的民主参与监督机制，职代会召开率达100%。坚持站务公开制度，车站的费用支出、干部提拔、党员发展、评功授奖等均坚持公示，广泛接受群众监督。同时严格按照汽车总公司《厂务公开细则》落实厂务公开制度，进一步健全完善职代会、集体协商等民主管理制度，不断丰富站务公开内容，落实好职工的各项民主权利，形成职工多层次参与企业管理、行使民主权利的指导体系。

【"雷锋车"品牌创建活动】 客运总站作为窗口行业，为广大旅客提供优质的服务是重中之重。2014年，客运总站在候车室内设置党员公示栏，所有服务员挂牌上岗。为旅客们提供"贴心小药箱""便民针线包""流动送水车"等便民服务实施，春运期间还举行免费赠送对联的活动，受到广大旅客的好评。客运总站开通24小时服务的"雷锋车服务热线"，开通服务热线微信平台，为旅客们排忧解难。截至2014年11月底，服务热线在全体客服人员的共同协作下，共计接电176232次，日平均535次，接到旅客求助341起，其中包括寻物292件，找到149件；投诉57起；协助"96196"69次；包车14起；订票10322次，实际取票7306张。同时，还积极利用自身的品牌优势向社会传播正能量，展现自身风采。年内，客运总站90后"雷锋车"手们自导自演的连云港汽车客运版《小苹果》MV面世，在网络上迅速火了起来。《小苹果》以极具特色的动感节奏瞬间蹿红大街小巷，被赞"洗脑神曲"。客运总站"雷锋车"手们借助这一效果演绎汽车客运版的《小苹果》，传播文明乘车知识，展现窗口服务风采。此外，成立"雷锋车"志愿服务队，开展创先争优和社会帮扶活动，先后开展党员活动日，团员志愿服务，在职党员进社区、进单亲家庭、进特困家庭帮扶，无偿献血，"站北社区"全程服务，与"雷锋车"同行等志愿活动。年内，客运总站投入帮扶资金5万余元，动用各类志愿者300余人次。

（撰稿：彭小川）

海通航运

【概况】 2014年，海通航运有限公司（简称航运公司）实现营业收入960万元，完成全年营收指标2000万元的48%。根据目标任务分解，货代科收入为710万元，为年目标任务1600万元的44%；港口收入为250万元，为年目标任务400万元的63%。年实现利润0万元，未完成全年利润指标30万元。其中货代科实现利润35万元，为全年目标任务30万元的115%；港口装卸完成吞吐量13万吨，操作量26万吨，完成吞吐量年度目标任务22万吨的60%。

【建造LNG动力示范船项目】 2014年，航运公司根据国家出台的（LNG动力示范船的补贴政策精神，LNG动力示范船是今后内河运输船舶的发展趋势，积极推广新能源动力示范船对航运企业是一次良好机遇），从四月底开始，对LNG动力示范船的建造做了大量前期工作，并制定详细的工作计划，确定各项工作完成的时间节点，已完成建造设计单位考察、合作方案制定、合作船东确定等各项工作。

【为承运船舶供燃油】 为寻求利润增长点，有效解决航运公司2014年升级给一般纳税人带来的税收压力，航运公司从五月中旬开始批发燃油为承运船舶加油，以此冲抵部分运费，至12月30日，已经加注燃油100余吨，实现利润5万元左右，抵扣税收10多万元。

【拓展内河航线】 2014年，内河航运市场竞争异常激烈，本地内河运输市场逐渐饱和，航运公司针对航运市场情况，多次组织专人或联合其他单位的业务人员共同考察周边的内河航运市场。先后考察安徽、河南等地，已经试运行南周口大豆航线以及项城镍矿航线，基本满足客户和船主的要求。

（撰稿：刘　晖）

新浦运管所

【概况】 2014年，新浦运输管理所（简称新浦运管所）紧扣工作目标，突破难点工作，各项目标任务稳步推进，辖区运输市场、运力结构进一步优化，年内获批2条"江苏快货"线路，38家5辆车以上道路货运企业考核率100%。行业管理、服务水平和调控能力得到一定提升。

【加强驻站常规管理】 2014年1月20日下发《关于进一步加强和规范汽车客运站安全监管工作的通知》，对市客运南站、龙河站及捷安站派专人驻站管理，每天均对客运站场及车辆进行常规管理并记录驻站日记，特别是在春运、节假日等客流量大的期间，进行专项检查并逐一记录相关台账，对现场发现的问题和相关企业负责人当场交流并下达整改通知书，力求最快速度整改到位。

【强化安全监管】 2014年，新浦运管所按照安全管理工作要求，制定工作方案，重点对辖区客运站和规模货运企业进行安全监管。对辖区内相关企业进行常态检查并逐一记录相关台账，对现场发现的问题和相关企业负责人当场交代，对发现的安全隐患及时下发整改通知书并督促落实到位。

【审验运营证件】 2014年，新浦运管所完成普货道路运输经营许可690户，年审2490户，注销322户，换证337户，补证13户；道路运输证配发1494套，年审4955套，注销1352套，换证1352套，补证119套。

【维修企业信誉管理】 2014年，新浦运管所完善信誉考核内容和机制，提升信誉企业的公信度。辖区内共新增三类汽车维修企业许可33户。同时加快道路货运运力结构优化调整，积极引导运输企业加快淘汰老旧车辆，引导使用重型货车、厢式货车、集装箱货车及CNG、LNG等新能源货车（12台）。加强营运车辆卫星定位系统监管，按相关文件要求完成"北斗双模"车载终端安装任务，并在重型载货、半挂牵引等车型中大力推广应用，全年安装"北斗双模"系统车辆达到595台。

【运输品牌培育】 2014年，新浦运管所强化"江苏快货"线路、"甩挂运输"企业、"江苏快修"业户等省级运输品牌培育，筛选组织辖区内具备条件的企业进行先行准备和完善，积极培育省级运输品牌企业。年内获批2条"江苏快货"线路，1家公司被评为"江苏快修"品牌企业。

【道路货运质量信誉考核】 2014年，辖区内38家5辆车以上的道路货运企业考核率达100%，其中AAA级31家，AA级7家。自2月建立从业人员诚信考核便民服务点起，全年完成诚信考核213人。

【源头治理】 2014年，新浦运管所落实源头治超信息抄告及处罚规定，建立源头治超巡查管理制度。全年共处理来自淮安市路政支队、淮阴区路政大队等相关单位的违法超限车辆信息抄告144起；对一年内违法超限超过3次的车辆依法吊销道路运输证件；按月到辖区内源头治超相关单位至少进行2次巡查并完成相关台账登记。

（撰稿：王　艳）

连云港市航道管理简介

海州区境内共有航道18条，其中盐河、蔷薇河、玉带河、云善河、烧香河、老烧香河6条为等级航道；中干河、小海河、埃字河、东干河、辛沟河、扁担河、妇联河、泊阳河、五道纵沟、大浦河、八一河、排淡河12条为等外级航道。

连云港港疏港航道是海州区境内最重要的内河航道，北起连云港物流园区接连云港港，南连灌河、通榆河，西接苏北运河，全长71.363千米，按三级航道标准进行建设，最大设计通航船舶等级为1000吨级。该工程于2007年12月9日开工建设，2010年12月26日交工通航，2012年11月14日竣工验收，成为继京杭运河之后贯穿江苏省的第二条南北走向的水运大通道。其中海州区境内主要包括烧香河——云善河段，长30.1千米，船闸1座（云善船闸）。

玉带河规划等级为六级，长4.22千米，沟通盐河和蔷薇河；蔷薇河刘顶——临洪闸段，规划等级为五级，长14.31千米，为工农业生产和人民群众生活的主要用水资源，经八一河进入盐河，是通榆河北延工程市区——赣榆段的重要航道；境内北部为盐河，向南连接连云港港疏港航道，其中海宁桥——狮树闸段航道规划等级为六级，长6.89千米，狮树闸——善后河口段航道规划等级为四级，长9.03千米；老烧香河东陬山闸——沈跳段，航道规划等级为三级，长21.5千米。

（撰稿：陈治美）

新浦港简介

新浦港位于盐河南路玉带河桥南首西侧，隶属连云港海通物流有限公司。

2014年，新浦港务管理公司（简称港务公司）干部、职工认真贯彻落实上级有关文件精神，以经济建设为中心，加大安全生产管理力度，要求从业人员必须经过安全教育培训，持证上岗，按规程作业。港务公司采取"内外兼修"，对外加大港口宣传力度，利用自身地理环境，对接上、下游客户，寻求新货源、新货种，巩固老客户，开发新客户；对内加强内部管理，缩减成本，节约一度电、一滴油。年初，与海通物流有限公司签订安全生产经营目标责任书，积极开展春运、事故隐患排查、"安康杯""安全生产月"等一系列活动，并搞好安全消防知识培训及演练工作。

全年新浦港共完成港口吞吐量15.9万吨。

（撰稿：顾士荣）

玉带河上的繁忙航运

责任编辑：王恒亮

环境保护

综 述

2014年，海州区围绕全年生态文明建设工程目标，以创建省级生态区为契机，开展饮用水源综合治理、大气污染防治、污染物减排、生态文明创建、依法行政等工作，解决群众反映的环境问题，改善辖区环境质量，全面完成年度环保工作目标任务。海州区被市委、市政府评为全市生态文明建设先进单位。区环保局被市环保局评为全市环保系统2014年度先进集体。

全年辖区内环境空气质量总体较好，空气质量优良天数250天，同比增加8天，优良天数占全年总天数69.4%，同比增长2.7%；饮用水源水质达标率100%；地表水环境得以改善；城市声环境质量优于国家标准。

3月，浦南中心小学被省环保厅、省教育厅命名为省级绿色学校。5月，花果山街道通过国家级生态乡镇专家现场考核，南城街道、浦南镇、板浦镇、宁海街道被省环保厅命名为省级生态乡镇，新坝镇大穆村被省环保厅命名为省级生态村。6月，组织开展“6·5”世界环境日宣传教育活动，现场发放宣传资料1200余份。海州区环保局联合新龙社区、常乐社区、电台社区等5个社区开展环保志愿者活动，举办环保图片展、环保文艺演出、环保咨询等，宣传环保法律法规及环保常识。9月，朐阳街道、洪门街道被命名为国家级生态乡镇。11月，解放路小学郁洲分校、浦东小学、洪门小学、朐山幼儿园、精勤中心幼儿园创建市级绿色学校通过市环保局、市教育局验收。同月，新东街道河滨社区、浦西街道电台社区、海州街道新建社区、海州街道砚池社区、锦屏镇中山社区创建市级绿色社区通过市环保局、市教育局验收，新浦中学创建省级绿色学校通过省环保厅验收。

年内，帮助镇、街道申报环保专项资金项目11个，获批市级环保补助资金535万元，用于生态镇创建、农村环境综合整治、镇级污水处理设施建设等。畅通“12369”环保服务热线，查处环境信访案件，解决涉及民生的环境污染问题，全年受理“12369”环保服务热线环境信访案件618件，回复率100%。

环境质量

【水环境质量】 按统计口径，市区饮用水源沭新渠各项水质指标均满足地表水III类标准要求，水质达标率为100%。与2013年相比，烧香河、龙尾河、排淡河、玉带河水质无明显变化。

【空气质量】 市区空气中二氧化硫年均值为30微克/立方米，二氧化氮年均值为35 微克/立方米，与2013年相比分别下降11.8%和2.8%，均符合空气质量二级标准要求。可吸入颗粒物（PM10）年均浓度为111微克/立方米，与2013年相比下降6.7%；细颗粒物（PM2.5）年均浓度为61.2微克/立方米，与2013年相比下降8.66%。

【声环境质量】 根据统计口径，市区的区域环境噪声年均值符合国家城考相关要求。市区区域环境噪声年平均等效声级为53.3分贝，比上年有所降低。市区各功能区噪声昼间、夜间平均等效声级年均值均符合国家标准。市区交通噪声平均值均符合国家标准昼间四类区标准，其中市区20条主要道路交通噪声年平均等效声级为67.5分贝，比上年略有上升。

【工业固体废物】 海州区一般工业固体废物年产生量为104.67 万吨，危险废物产生量为0.1万吨；一般工业固体废物综合利用量为104.41万吨，危险废物得到安全处置。

环境综合整治

【水环境综合整治】 8~11月，投入290万元，铺设宁海街道新北河路、东环路、南北大沟污水管网、平安四组污水管网3.8千米。11月，建设全区10个涉农镇街社区卫生服务中心医疗废水无害化处置设施。同月，投入150万元，铺设海州开发区纬一路、纬二路（郁州南路以西段）污水管网1.2千米。12月，投入130万元，建设浦南镇江浦村污水处理设施1座，处理规模为100吨/日，建设污水管网1.5千米。年内，投入400万元，铺设板浦镇新区大道至西环等路段污水管网2.5千米。

【大气污染防治】 8月，开展保障南京青奥会环境质量专项行动，对重点企业废气治理设施提标改造，对燃煤锅炉全面检查，对餐饮油烟专项整治，对众兴华庭等30家施工现场设置封闭围挡和冲洗设施，实施道路硬底化。11月，完成大气污染排放源清单调查工作，调查工业企业39家。

【秸秆综合利用与禁烧】 年内，开展夏秋两季秸秆综合利用和禁烧工作，成立秸秆综合利用与禁烧工作领导小组，制定秸秆综合利用与禁烧工作方案。组建督查、巡查队伍和应急队伍，实行24小时田间地头巡查。开展宣传发动，采取悬挂横幅、张贴标语、签订禁烧承诺书、“小手拉大手”等形式，宣传秸秆综合利用的益处和焚烧秸秆的坏处。实行农机合作社与农户签订收割还田合同形式，推广秸秆机械化全量还田，夏秋两季秸秆机械化还田率和综合利用率达95%，部、省两级卫星遥感零火点。

【环境噪声污染防治】 高考、中考期间，向辖区范围内建筑工地发放通知，要求暂停施工作业，组织环境监察人员对区内考点及施工地点进行全天巡查，保持12369环保举报热线畅通，维护考生考试环境。年内，对区内工业企业、建筑工地、服务业等开展日常环境噪声监管，查处环境噪声污染信访举报205件。

【危险废弃物管理】 年内，定期对辖区工业企业处置管理产生危险废弃物的情况进行现场检查，执行网上申报制度，企业使用危险废弃物和进口固体废物要在动态信息管理系统进行申报，每月报送报表。

生态环境保护

【饮用水源保护】 年内，对蔷薇河饮用水源地组织5次拉网排查行动，取缔浦西街道西南湾、临洪社区和洪门街道洪门、新庄社区5家畜禽养殖户；对大圣湖应急水源周围4条生活污水排污沟进行定期清理；配合市环保局对7个湖库型集中式饮用水水源地完成调查摸底；定期对饮用水源地沿线进行环境巡查。

【生态建设】 6月，召开全区省级生态区创建大会，成立生态区创建工作领导小组，设立创建机构。制定省级生态区创建指标分解实施方案及创建实施工作方案，将22项省级生态区创建指标分解落实。海州开发区省级生态工业园区创建25项指标完成20项，达标率80%。

【环境监察】 3月，开展环保专项检查行动，重点对区域内通榆河沿线、海州开发区、镇工业园区等区域进行拉网式检查，出动人员210人次。6~9月，开展及时就地解决环境信访突出问题专项行动，出动人员240人次。年内，开展餐饮油烟专项执法活动，制定餐饮企业油烟污染整治工作方案，对餐饮油烟扰民问题进行查处，建成八佰城市走廊、新海新区科苑路美食街2条餐饮油烟治理示范街。

节能减排

【水污染物减排】 6月，新浦经济开发区污水处理厂投入试运行，排查新浦经济开发区内部失修污水管网，完成顶管施工图纸设计。投入200万元，铺设新浦经济开发区污水管网1000米。

【大气污染物减排】 4月，区环保局、城管局、安监局、公安分局等部门对死灰复燃小锅炉进行取缔，拆除13台小浴室燃煤锅炉。10月，拆除4家工业企业4台燃煤锅炉。

【农业污染减排】 9月，完成辖区2家规模化畜禽养殖场粪便综合治理工程，每个养殖场建设1座100立方米沼气池。年内，投入省、市、区资金300万元，搬迁南城青春社区15家养殖户。

（撰稿：戚萍萍　审稿：张家琪）

朐阳街道创建国家级生态镇

综　述

海州区是连云港市区的主要农业区，全区有涉农镇4个（浦南镇、板浦镇、锦屏镇、新坝镇）、涉农街道5个（宁海街道、朐阳街道、洪门街道、花果山街道、南城街道）、一个经济技术开发区和两个国有农场（岗埠农场、云台农场），共97个行政村及锦屏林场。全区耕地面积25200公顷，农村总户数7.42万户，拥有农业人口24.76万人，其中农村劳动力14.87万人。

2014年，海州区农村工作围绕农业现代化的总体目标，注重园区建设，发展特色高效农业。全年新成立专业合作社48个，农业机械总动力306个。实现粮食总产量34.83万吨、蔬菜产量21.75万吨。农、林、牧、渔业总产值34.36亿元，增幅8.7%。全区农民人均收入达15119.54元，同比增加12.5%。

农业结构调整

【概况】 2014年，海州区农业结构调整以市场为导向，资源为依托，以优化产业结构，运用现代科技成果，发展优质、高产、高效农业。全年新增高效设施农业面积近266.67公顷，高效设施农业面积累计达1333.33公顷。

【特色农业基地建设】 全区建有规模化特色农业基地10个，其中蔬菜基地8个、食用菌基地1个、优质瓜果基地1个。另有花卉苗木基地6个、特色养殖基地6个。

【高效农业保险】 2014年，海州区扎实推进高效设施农业保险工作，切实增强高效设施农业抗风险能力，多次组织区农水局与区财政、金融部门以及各镇街联合开展高效农业保险宣传活动，提高农户风险意识，并取得明显成效。全区农业年保费达1552.82万元，其中种植业保费686.36万元、高效农业保费866.46万元，高效农业保费占农业总保费比重达55.8%。

种植业

【粮食生产】 2014年全区粮食播种面积43695.67公顷，总产量34.83万吨。其中，小麦种植20624.67公顷，主要品种是济麦20、22，烟农19等。小麦种植的茬口主要是水稻、玉米等。播种方式以机旋耕、机条播为主，全区小麦平均亩产442.46千克。

全区水稻种植20355.87公顷，主要播种方式有手栽稻、机插稻、直播稻和抛秧四种，平均亩产630.76千克。

全区玉米种植面积2376.47公顷，主要品种是苏玉系列，平均亩产497.3千克。大豆播种面积338.67公顷，平均单产221.82千克。

2014年海州区粮食作物种植情况表

表2

镇街	粮食播种总面积（公顷）	粮食总产量（吨）	小麦			水稻			玉米			大豆		
			播种面积（公顷）	单产（千克/亩）	总产量（吨）	播种面积（公顷）	单产（千克/亩）	总产量（吨）	播种面积（公顷）	单产（千克/亩）	总产量（吨）	播种面积（公顷）	单产（千克/亩）	总产量（吨）
新坝镇	7937.3	63506.186	3688	452	25003.736	3666.7	625.8	34419	477.4	510	3652.11	105.4	273	431.34
锦屏镇	2987.1	23508.676	1417.9	454	9656.126	1437.3	604	13022.24	88.5	520	690.56	43.3	215	139.75

续表

镇街	粮食播种总面积（公顷）	粮食总产量（吨）	小麦			水稻			玉米			大豆		
			播种面积（公顷）	单产（千克/亩）	总产量（吨）	播种面积（公顷）	单产（千克/亩）	总产量（吨）	播种面积（公顷）	单产（千克/亩）	总产量（吨）	播种面积（公顷）	单产（千克/亩）	总产量（吨）
板浦镇	7138.3	54907.75	3034.3	447	20345205	3132.7	601.5	28264485	781.3	490	5742.31	190	195	555.75
宁海街道	4523.3	35688385	2227.3	488	1630408	1266.7	618	11742	1029.3	495	7642305	–	–	–
浦南镇	8382.5	6530368	4266.7	403	25792	4115.8	640	3951168						
花果山街道	479	399525	200	425	1275	279	650	272025						
南城街道	93.3	744.1	46.7	420	294	46.7	643	450.1						
洪门街道	87	68434	43.5	410	267.73	43.5	638	416614						
海州开发区	125.7	913.11	62.3	454	42449	63.3	573.8	495						
新浦开发区	830.9	641632	433.3	400	2600	397.5	640	381632						
云台农场	1896.2	15882576	776.2	432	5029.776	1120	646	108528						
岗埠农场	9215.1	7677755	4428.5	450	2989215	4786.7	653	468854						
合计	43695.7	3483279	20624.7	442.46	1368843	203559	630.76	1925958	2376.5	497.3	17727285	338.7	221.82	112684

【农作物保护】 种植采用稻茬口旋耕播种方式，旱茬口以条播麦、撒播麦为主，故小麦草害发生总体较轻，发生面积较少。病害方面，2014年全区小麦白粉病轻发生、赤霉病中等偏轻发生。虽然发生程度较轻，但海州区植保站针对田间实际发生情况，采取积极应对措施，及时进行防治。全年共发放农情简报7期。

水稻病虫害总体上中等偏轻。秧田灰飞虱中等发生，白背飞虱、纵卷叶螟等轻发生，水稻稻瘟病中等偏轻发生，条纹叶枯病零星发生，纹枯病轻发生。采取的防治措施为秧田两次药控，带药移栽；8月上旬，主治纹枯病、稻飞虱、稻纵卷叶螟；9月初主治稻纵卷叶螟、稻飞虱、纹枯病。

【蔬菜瓜果生产】 海州区经济作物已经基本调整为蔬菜、花卉苗木、特色产品等种植。原来的棉花等经济作物已经零星种植，农户的经济来源主要依靠蔬菜、特色产品。2014年全区瓜菜播种面积5570公顷，形成以品质安全为基准的浦南镇草舍西红柿、江浦66.67公顷优质丝瓜、云台农场66.67公顷标准韭菜与466.67公顷浅水藕、小荡源鑫精细蔬菜基地日光温室14公顷、小荡平菇基地10公顷等种植基地；以品牌效应为优势的小荡、朱圩、王付、墙框、陈户、新西等村拿比特礼品西瓜基地200公顷；锦屏镇桃花精细蔬菜种植园区日光温室13.33公顷；板浦镇官庙、罗圩、永平等村43.33公顷浅水藕，菜园村8667公顷西瓜、西兰花等蔬菜种植基地。

全区蔬菜年产量达21.75万吨，产值64972万元。日光温室面积466.67公顷，大中棚面积666.67公顷，小棚、地膜面积达33.33公顷。其中浅水藕600公顷，产量达1.2万吨，产值5000余万元；三瓜面积300公顷（其中拿比特西瓜233.33公顷），产量2.12万吨，产值3600万元。

（撰稿：杨广元　审稿：宋振宝）

养殖业

【畜禽生产】 2014年申报省级生猪标准化养殖场建设项目1个（省级财政补助45万元）、省高效农业项目蛋鸡养殖场改扩建项目2个（省级财政补助200万元）、省级畜禽健康生态养殖项目1个（财政补助50万元）。生态健康养殖示范点包括连云港市应生猪养殖场等6家，申报无公害农产品产地4个、产品6个。全区生猪饲养量26.14万头，三禽饲养量483.5万羽，羊13500只，牛1980头。畜禽规模养殖比重逐年提高，其中生猪规模养殖比重达76.1%，大中型生猪养殖比重达76%，三禽规模养殖比重达

98.6%，羊规模养殖比重达95.6%。

【防疫检疫】 2014年，海州区按照省、市防指要求分别制定春季、夏季和秋冬季大动物疫病防疫行动方案，要求各镇动物防疫人员按照“以防促检、预防为主”的方针和强制免疫的要求，做好辖区内所有畜禽的免疫工作，确保疫病不发生、不流行。全区防疫共使用猪口蹄疫疫苗78.42万毫升、猪瘟疫苗85万头份、猪链球菌疫苗52.3万毫升、禽流感疫苗967万毫升、禽流感二联疫苗220万头份、牛羊口蹄疫疫苗6.5万毫升，免疫密度达100%，免疫抗体达90%以上。

【动物及产品卫生监督】 2014年，全区有奶站1个、奶牛养殖小区2个，奶牛年饲养量达1357头。海州区加大对生鲜乳的监管力度，采取不定期检查与专项整治相结合的方式，共抽取奶样95份，经市畜产品检测中心检测，均未发现使用违禁药物和非法添加物的违法行为；建立养殖场，实行消毒防疫制度和规范畜禽养殖档案，严格动物防疫条件审查，全年通过审核68家；对辖区内的35家兽药经营户、12家饲料及饲料添加剂生产企业、18家饲料及饲料添加剂经营点进行全面检查；开展“瘦肉精”专项整治工作，对兽药、饲料等养殖环节投入品实行定期检查，对全区活禽经营市场进行专项整治。完成省、市畜产品样品送检478份，合格率100%。加强检疫监督工作，对辖区内天缘和苏海两家肉品生产企业进行检疫监督，杜绝劣质肉品进入流通环节，确保广大市民吃上“放心肉”。

渔　业

【概况】 2014年，渔业水产品总产量21335千克，其中海洋捕捞1141千克、淡水捕捞715千克、淡水养殖19479千克，渔业经济总产值93541万元。

【淡水养殖】 2014年，海州区淡水养殖面积达到1322公顷。浦南镇利用市级财政资金打造现代化水产生产基地，板浦镇东北村利用市级财政资金建立40公顷南美白对虾养殖基地，同时招引外来资金，在南美白对虾养殖基地建立工厂化的高位池养殖池。浦南镇锦泰合作社、允成合作社分别承担省高效设施渔业建设项目，完成133.33公顷鱼虾混养配套设施的改造工程，泥鳅生态养殖基地繁育池建设，引进台湾泥鳅养殖人才及养殖技术，建立新型泥鳅养殖模式、南美白对虾主养及鱼虾混养养殖模式。全区形成泥鳅、河蟹、南美白对虾、鱼虾混养、建鲤养殖5大优势品种的养殖基地。

【渔政执法】 2014年成立区水产品质量监管领导小组，制定水产品质量专项整治行动方案，开展渔政执法活动，严厉打击电、毒、炸等违法捕捞行为。区渔政站与市渔政部门联合执法一次，没收电鱼设备一套。加强伏季休渔政策宣讲活动，把政策宣传落实到每一条渔船。认真开展水产品质量安全整治活动。

【渔船管理】 2014年江苏渔船检验局海州检验站对全区渔业船舶进行检验工作，全年为64艘内陆渔船进行年审，对所有船只进行易地检验，检验出有安全隐患的船只12只，并进行了整改。对海洋渔船实行严格监管措施，利用市监测平台对海洋渔船实行全方位的跟踪。按省局要求完成渔船数据库清除、完善工作，及时将省海洋环境监测预报中心发布的天气预报信息转发给渔民，让渔民及时掌握天气情况，做好防灾工作。组织召开渔业柴油补贴工作会议，成立海州区渔业柴油补贴领导小组，全区127万余元渔业柴油补贴全部落实到位。

【渔业安全生产】 2014年，海州区农水局分别与镇街、渔民签订安全生产责任状。加强对重点乡镇的渔业安全生产的监督与管理。做好渔业安全生产隐患排查专项整治工作，强化渔船安全检查和异地作业渔船管理。加强源头管理，注重渔船检验等基础性工作，着力提高渔船受检率和检验质量。召开了海州区渔业安全生产会议，成立了区渔业安全生产领导小组，设立24小时值班电话。

林果花卉

【林业资源】 据测算，海州区2014年林地面积1114.67公顷，森林覆盖率22.42%，比上年增加1.04%，林木覆盖率25.41%，比上年增加1.45%。全区木材蓄积量426373立方米，比上年增加15000立方米，采伐量3521立方米。

【林业生产】 2014年，全区完成成片造林640公顷，其中实施沿海防护林400公顷。全区新引进连云港市城市建设投资责任有限公司、江苏兆绿农业科技有限公司、连云港市凤鸣湖园林绿化有限公司、绿柳苗木种植专业合作社4个林业企业，全区连片千亩以上造林地块4块、百亩以上造林地块20块；四旁植树185万株；完善农田林网533.33公顷；创建省级绿化示范村10个。加强森林资源管理，在全区开展以修枝、割灌、除草为主的中幼龄林抚育工作，全区中幼龄林抚育面积1000公顷，其中山场面积333.33公顷、平原面积666.67公顷。扎实开展美国白蛾、松材线虫病等有害生物疫情监测及防控工作。美国白蛾防控方面，采取群防群治、专群结合方法，通过人工剪除网幕、化学防治等措施，使疫情得到有效遏制，全区人工剪除网幕约5万株，药物防控面积1466.67公顷。松材线虫病防控方面，清理松材线虫病疫木4470株，并运到定点厂家进行无害化处理，有效地控制疫情扩散和蔓延。

【花卉苗木】 2014年新发展花卉苗木面积286.67公顷，主要分布在浦南镇龙浦路、连霍公路岗埠农场段及新坝镇的孙庄大沟两侧、宁海街道办事处的海河村。盆栽植物产量47万盆。当年苗木产量3732万株。

【果树种植】 2014年全区水果产量

13130吨，同比上长1.5%。其中，苹果552吨、梨2309吨、葡萄2732吨、桃子6547吨、其他果品989吨。果园面积5958公顷，其中苹果园20.13公顷、梨园172公顷、葡萄园111.07公顷、桃园211.67公顷、其他822公顷。推广无公害套袋技术，全年葡萄、梨、苹果、桃套袋50万只。

（撰稿：徐恒柱　审稿：朱　冲）

农业综合开发和产业化建设

【土地治理】 2014年，建设高标准农田666.7公顷，改造中低产田533.33公顷，改拆建泵站9座，新建泵站2座，建成渠系建筑物1140座，渠道衬砌39.64千米；新修机耕路23.06千米；技术培训农民2000人次；示范推广800公顷。项目已通过市级验收。开工建设2014年度浦南镇、新坝镇666.67公顷高标准农田。

【产业化扶持】 2014年实施产业化项目2个。连云港市康旺畜禽养殖专业合作社承建的连云港市海州区万头生猪养殖基地扩建项目，项目建设投资为156.6万元，其中财政投资100万元，项目单位自筹资金56.6万元。主要建设内容为扩建猪舍3栋、排污渠道100米，购入设备98台套。连云港市菖隆苗木种植专业合作社承建的连云港市海州区30公顷滨柳苗木繁育基地扩建项目，项目建设投资为159.49万元，其中财政投资100万元，项目单位自筹资金59.49万元。主要建设内容为新建泵站1座、水泥路5250平方米、中沟桥1座、涵洞5座，购入设备13台套。

【农业龙头企业】 2014年，全区规模以上农业龙头企业27家，包括省级农业龙头企业3家、市级农业龙头企业13家、区级农业龙头企业11家。至年底，全区27家区级以上规模农业龙头企业固定资产达215160万元，销售收入达883437万元，利润16215万元，上缴税金12269万元，出口创汇563万美元，带动农户数22.943万户。

【丘陵山区开发】 2014年，建设花果山街道新滩农业观光园基地项目和南城街道西山生态观光园基地项目133.33公顷，财政扶持资金240万元，建设电灌站1座、蓄水池2座、水泥路2.8千米、喷滴灌20公顷、林网4000株，项目已通过市级验收。开工建设2014年度浦南镇新建村设施蔬菜基地项目66.67公顷。

（撰稿：夏兴文　审稿：王学堂）

农田水利

【河流沟渠管理】 2014年，区农水局对全区河流沟渠进行普查，流经海州境内的主要河流共有13条，其中新沭河、通榆河为流域性河道；区域性骨干河道有蔷薇河、沭新河、古泊善后河、盐河；重要县域河道有烧香河、云善河、前蔷薇河、乌龙河、鲁兰河、东盐河、排淡河、大浦河、大浦副河、妇联河、沭新渠、马河。通榆河贯穿南北，最南侧是古泊善后河，最北侧是新沭河。对这些河流实行“河长制”管理，订立长效制的管理方式。

对蔷薇河等重要河流的“河长制”管理，建立政府主导、水利部门牵头、有关部门分工负责的河道良性管护机制考核评价制度。开展“百河整治”行动，协助市局整治前蔷薇河6.06千米拆迁工作，完成2014年度目标任务。按照维修工程实施方案，按时完成省市水利工程维修养护项目。

【农村水利建设】 2014年，海州区出台《海州区水土保持监督管理能力建设实施方案》，制定规范性文件，建立动态档案。农田水利现代化水平为83%。按照2014年农村水利建设计划，重点实施农村河道疏浚、小型农田水利重点县等项目，完成投资12951万元。完成土方1324万立方米，小沟以上建筑物838座，防渗渠78.14千米；疏浚整治县级河道15条198万立方米，乡级河道49条342万立方米，村庄河塘24个行政村166万立方米；完成水利绿化30.9万株，其中河道绿化11.6万株，水保林19.3万株。做好国家水土保持监督能力示范县建设。

【水政水资源管理】 2014年，落实水资源管理制度，做好水资源综合规划，把水资源的节约和保护放在首要位置，严格执行建设项目水资源论证、规范取水许可审批、地下水管理和保护制度；推进节水技术改造，普及农业高效节水技术；限制排污总量，限制区域纳污；对用水户实行登记许可和挂牌登记制度。组织水政检察队伍学习培训，保障执法经费和工具设施；开展执法巡查，水事案件查处率98%以上。

【水库移民后期扶持工作】 根据国家、省大中型水库移民后期扶持政策要求编制建设计划。对拆迁移民居住地的道路、排水及部分设施进行改善，发放省补资金91.56万元。新建道路8.655千米、防渗渠1.33千米、下水道2.48千米、排水沟0.83千米，增加村庄绿化350平方米，装太阳能路灯107盏，建公厕3座。投资533万元。

（撰稿：于瑞卿　审稿：程党恩）

防汛抗旱

【重点河道防洪】 2014年，海州区对通榆河、蔷薇河、东站引河和新建的蔷薇湖、沭新渠饮用水供给水源，加强保护和管理。配合市局相关部门，推进新建蔷薇湖工程的征迁和协调工作，克服汛期施工、征地拆迁、资金协调等多重压力，圆满完成库区758万立方米开挖任务。全面推进通榆河北延送水工程后续项目，完成新北河闸拆建及引水河整治工程，建成农桥7座、泵站7座、水泥路12千米及防渗渠6.5千米等工程，完成投资3543万元。蔷薇河作为防洪排涝的骨干河道，在保障防洪安全、拓展发展空间及保护当地生态环境方面的作用极为显著。工程建设内容主要是治理河道6.1千米，拆建泵站9座，新建涵闸21座，工程投资2077万元。高度重视农村饮水健康工程建设，推进城区供水管网向农村延伸，实现区域集中供水，加强水源地保护和水质检测能力建设。省水利厅批复实施饮水安全项目板浦一期、板浦二期和板浦三期，投资2609万元，开展新建水厂、管网铺设等基础设施建设，解决板浦镇5.28万人的农村饮水不安全问题。

【防汛防旱责任制】 全面落实防汛防旱工作责任制。按照国家防总印发的《各级地方政府行政首长防汛抗旱职责》的要求，各乡镇、街道、开发区、各防务单位根据自身实际情况，及时对防汛防旱指挥部成员进行调整和充实。修订完善各类防洪防旱防台预案。各防务单位根据工情变化，结合汛前检查发现的问题，制定各类工程抢险预案。同时，区防指加大对在建工程的监管力度，所有跨汛期施工的涉河、涉库工程认真落实防汛责任制，制定相应的安全度汛方案和施工导流方案。

【河库清障】 各地按照市、区防指下达的任务，开展河库清障工作，切实维护水事秩序和水利工程安全。对影响防洪安全的蔷薇河、盐河、乌龙河、鲁兰河等河道违章种植、违章建筑等进行清理，共出动人员370人次，清除违章种植28公顷，对双龙、吴窑等水库塘坝，青龙涧沟、甲子河的乱堆乱放、私搭乱建进行清理。拆除辖区内骨干河道内影响行洪的渔网、鱼簖，一些区域性河道内的行洪障碍逐一落实责任制，限期拆除，确保防洪安全。另外，建立河道堤防巡查制度，发现违章设障及时组织查处。

【汛前检查】 按照省、市防指的统一部署，3月初开展汛前大检查，全区自下而上组织力量排查各类防汛工程度汛隐患，将防汛工作责任制、各类水利工程的险工隐患处理、在建水利工程的度汛措施、水库安全、城市防洪设施、河库清淤清障、各类防汛预案作为检查重点。做到“五个清楚”，即工程有无隐患清楚、存在问题大小清楚、问题原因清楚、问题具体位置清楚、问题解决办法清楚。并按照分级负责的原则，督促责任主体落实相应措施，确保工程安全度汛。

【防汛物资和抢险队伍】 全区共储备“三袋”19.0万只、块石14900吨、木材128立方米、土工布3.6平方米、树棍1400根、元钉470千克。部分镇办、防办单位还拨出专款以增加本级防汛物资和抢险器材的储备。全区组建防汛抢险队16个，抢险队员6350人。同时，部分镇办、防务单位还组建了防汛抢险突击队，参加全市应急抢险培训和演练，提高抢险队伍的实战能力。

农业机械化

【概况】 2014年全区农业机械化总动力48.9万千瓦，拥有拖拉机9104台（其中大中型1400台），联合收割机4844台，配套犁、耙、旋耕机、播种机、秸秆粉碎还田机8220台，植保机械5000余台，全区农业机械总值达到5亿元。

【农机安全管理】 2014年全区共检验、登记入户拖拉机796台，检验、登记入户联合收割机1052台，农机上牌率100%。培训农机职业技能143人。

【农机跨区作业】 全年组织联合收割机1200余台次跨区作业。夏季平均每台创收3万元，秋季达到4万元以上，全年跨区作业总收入近亿元。

【农机宣传培训】 2014年共发放各类宣传资料2000余份，举办跨区作业培训5期，培训1000余人；举办水稻机插秧技术和秸秆还田技术培训班共20余期，4000余人次受益。开展水稻机插秧技术和秸秆还田现场演示会6次，近1500人次参加现场观摩。

【农机购置补贴】 2014年全区共使用中央及省级农机购置补贴资金2709.45万元，新增大中型拖拉机302台、秸秆还田机224台、旋耕机334台、收割机368台等各类机具3053台套，受益农户854户，带动全区资金投入8200多万元。

【插秧机推广】 全年共新增24台乘坐式插秧机、543台步进式插秧机，完成市下达目标的123%。原新浦区通过了省级水稻生产全程机械化技术集成推广项目验收（省“三新工程”项目），原海州区通过了省级基本实现水稻种植机械化县区考核验收。

【秸秆还田推广】 通过秸秆还田市场化、专业化运作模式，引导秸秆还田企业、农机合作社与村（居）签订收割、还田工作协议，将机具落实到位，工作责任落实到人。2014年夏秋两季秸秆机械化还田约44000公顷，还田率达98%以上；秸秆机械化连片示范区面积达20000公顷；全年新增农机专业合作社21家，合作社作业面积达到总作业面积的80%。全区争取省、市秸秆还田资金共计1640万元。

农村土地承包管理

【土地流转管理和适度规模经营】 进一步完善农村土地流转行为，坚持依法、自愿、有偿原则，允许农民以转包、出租、互换、转让、股份合作等形式流转土地承包经营权，科学、合理地确定流转价格，规范流转程序，实行规范的合同管理。至2014年年底，新增土地流转面积2234.13公顷，占耕地面积比重8.87%；新增适度规模经营面积2053.53公顷，累计达21767.73公顷，占海州耕地总面积的86.38%。

【土地确权登记颁证】 根据中央和省市关于农村土地承包经营权确权登记颁证工作的统一部署，2014年，海州区在锦屏镇李圩村、新坝镇大穆村、板浦镇石河村及宁海街道办事处太平村、浦南镇许安村等村开展试点，以试点先行、错位推进的方法，带动全区土地确权登记颁证工作整体推进。共涉及93个村居、49463户农户和21683.13公顷耕地。至年底，完成公示的有63个村，完成率达67.7%。

农民合作组织建设

【农业专业合作社】2014年度新增农民专业合作社48个，累计合作社总数达到306个，合作组织建账数56个，指导成立合作联社1个。农民专业合作社成员累计达到46263人，其中新增合作社成员4979人。

表3

2014年海州区蔬菜专业合作社明细表

序号	注册号	合作社名称	法定代表人姓名	地址
1	320706NA000054X	连云港胜吉食用菌农民专业合作社	吴胜吉	海州开发区南朐路98号
2	320706NA000009X	连云港市方吉蔬菜粮食专业合作社	滕　考	海州开发区振兴路3号
3	320706NA000037X	连云港天成豆丹养殖专业合作社	刘校君	海州区板浦镇中正社区中大路8号
4	320706NA000051X	连云港市绿萃蔬菜种植专业合作社	许士忠	海州区板浦镇中正社区中正路村部
5	320706NA000036X	连云港市山锦蔬菜种植专业合作社	刘同刚	海州区锦屏镇锦孔路陶湾村红旗管桩厂对面
6	320706NA000028X	连云港市天路食用菌种植专业合作社	陈少松	海州区锦屏镇李圩村新坝中路东侧
7	320706NA000048X	连云港百林食用菌种植专业合作社	顾欣欣	海州区锦屏镇桃花村240#
8	320706NA000057X	连云港市蔬惠蔬菜种植专业合作社	陈叶磊	海州区锦屏镇桃花村精细蔬菜种植园内
9	320706NA000012X	连云港市友益蔬菜种植专业合作社	叶如磊	海州区锦屏镇镇前路14号
10	320706NA000022X	连云港润昌食用菌种植专业合作社	赵东仓	海州区锦屏镇镇前路16号
11	320706NA000008X	连云港市海州区泊洋蔬菜水果种植专业合作社	穆方标	海州区新坝镇大穆村
12	320706NA000007X	连云港市海州区鑫杭蔬菜苗木专业合作社	卢力银	海州区新坝镇沙杭村109号
13	320706NA000006X	连云港农强食用菌专业合作社	印志俭	海州区新坝镇魏口村
14	320706NA000024X	连云港农乐食用菌专业合作社	许乃堂	海州区新坝镇小荡村
15	320706NA000068X	连云港市明呈蔬菜瓜果种植专业合作社	付明呈	海州区新坝镇新坝东路王付村
16	320706NA000067X	连云港市雨晨蔬菜种植专业合作社	孟祥祝	海州区新坝镇徐海路武圩村
17	320705NA000019X	连云港市海州区润宁蔬菜专业合作社	高明杰	海州区宁海乡太平村六组28号
18	320706NA000004X	连云港市海州区源鑫蔬菜种植专业合作社	叶维余	海州区新坝镇小荡村村部北首200米
19	320706NA000082X	连云港市伟标蔬菜种植专业合作社	何伟标	海州区新坝镇镇前路东侧
20	320706NA000084X	连云港市成顺食用菌种植专业合作社	宋成顺	海州区锦屏镇镇南路2号
21	320706NA000102X	连云港市宝兵蔬菜种植专业合作社	陈宝兵	海州区新坝东路小荡桥南侧村委会驻地
22	320706NA000103X	连云港大地蔬菜种植专业合作社	黄德普	海州区新坝西路西侧樊庄村村委会
23	320706NA000105X	连云港鼎盛蔬菜种植专业合作社	何学军	海州区板浦镇新民路西侧108号-5幢商铺6号
24	320706NA000114X	连云港甘露蔬菜种植专业合作社	潘成培	海州区新坝镇樊庄村
25	320706NA000116X	连云港市顺程蔬菜种植专业合作社	顾其春	海州区新坝镇新北路四里村顾庄
26	320706NA000117X	连云港市香香豆芽种植专业合作社	陆占邑	海州区板浦镇小浦村70-1号
27	320706NA000122X	连云港市埸鑫蔬菜种植专业合作社	谢　意	海州区新坝镇陈户村
28	320706NA000124X	连云港曙光蔬菜种植专业合作社	陈宝兵	海州区新坝镇小荡村
29	320706NA000125X	连云港穆艺蔬菜种植专业合作社	穆传杨	海州区新坝镇新北路幸福家园1-5幢
30	320706NA000129X	连云港市小钟蔬菜种植专业合作社	钟守成	海州区板浦镇东周路（永平村）

续表

序号	注册号	合作社名称	法定代表人姓名	地址
31	320723NA000015X	灌云县别样红连藕专业合作社	江　流	灌云县板浦镇尤庄村十一队
32	320706NA000106X	连云港金土地蔬菜瓜果种植专业合作联社	曹　峰	海州区新坝镇新坝街42号
33	320706NA000129X	连云港市小钟蔬菜种植专业合作社	钟守成	海州区板浦镇东周路（永平村）
34	320706NA000133X	连云港市中宇食用菌种植专业合作社	薛　飞	海州区锦屏镇新坝中路连云港祥云化工有限公司院内
35	320706NA000155X	连云港市同科蔬菜种植专业合作社	卞雷成	海州区新坝镇新坝东路

强农惠农新举措

【粮农综合补贴】 2014年全区累计发放良种补贴、水稻直补、小麦管理物资和农资综合补贴等惠农补贴资金3155.1万元。

【农资市场监管】 2014年检查农资经营户100户，通过检查，有效保护农民群众的合法权益，保障了农业安全生产，农资市场专项治理工作取得了明显成效。同时，加强宣传动员，结合市“放心农资下乡进村宣传周”、“3·15”消费者权益日等活动扎实开展农资打假宣传活动，全年发放各类农资宣传资料2000余份。

【农民负担监管】 2014年海州区新一轮农村低收入人口建档立卡工作圆满完成，实现了户有卡、村有册、区有电子文档的目的。开发式扶贫帮扶年度计划2052人，实际完成2054人。积极落实帮扶资金，为扶贫项目提供有力支持。

【村级集体经济】 海州区大力发展村级集体经济，2014年全区共有86个行政村村集体经济收入超过15万元，占总村数的92.47%。收入50万元以上的村数达34个，占总村数的36.56%。

【产业扶贫】 2014年，完成推广小麦、水稻良种良法累计520公顷，帮扶建设苗木（竹柳）等基地，建设菜篮子基地1个，帮扶建造钢架大棚44.47公顷，引进新技术2项、新品种1个。创建润生淡水养殖基地近40公顷。帮扶申报家庭农场9个，分别是连云港市钟守成家庭农场、连云港通鑫家庭农场、连云港市永盛家庭农场等。

【技能培训】 2014年海州区认真贯彻实施省、市“积极实行科教兴区，推动农村经济发展”的战略措施。2014年实际完成农业实用技术培5700人、职业农民培训530人、农业信息技术培训240人、基层农技人员培训80人。

【小额贷款发放】 连云港市合信农村资金互助社发展顺利，2014年年底股民社员存定互金1742.96万元，存流互金84.94万元，有贷款总额1387.69万元，释放贷款279人，释放借款1636.31万元，累计释放借款9600余万元。

（撰稿：李玉萍　审稿：张继光）

锦屏林场

【国有山林经营】 锦屏林场始建于1961年，为国有林场，负责海州区国有山林的管护。全场有在职职工30人、退休职工18人、长期临时工13人（护林员），山林面积1533.3公顷，现有固定资产438万元，办公用房面积450平方米，林场博物馆面积450平方米。

【森林防火】 2014年，锦屏林场重点加强森林消防系统建设，新建森林以水灭火消防系统1套，覆盖大虎礁附近2000亩林地。清理重点地段和道路两边林下可燃物面积200多公顷。新建100立方米钢筋混凝土水池2座，做到山顶有水池、山涧有水坝、山路有水车的立体式防火水源体系。全年无森林火灾发生。

（撰稿：张永月　审稿：郑　洪）

森林防火专业队伍

责任编辑：孙寿鹏

招商引资

【概况】 2014年，全区新批外资企业19家，协议利用外资11300万美元；利用外资实际到账13004万美元，完成市确保指标的100.03%。全区进出口实绩12.29亿美元，同比增长7.9%。完成市确保增幅7%目标。其中，出口10.18亿美元，同比增长5.8%；进口2.12亿美元，增长18.7%。进出口增幅位居市区第二。引进内联项目1127个，其中新增项目1102个、投产开业934个，引进内联客方到位资金112.49亿元，完成市考核目标110亿元的101.26%。海州区商务局在2014年度经济建设和社会发展目标考核中获部门综合二等奖，年度重大项目招引先进奖。

【招商引资活动】 2014年，根据海州区招商引资工作实际，出台《关于进一步加强全区招商引资工作的意见》，进一步调整和完善区级、重要载体和镇街招商工作机制，强化完善招商引资信息共享机制，实行前后方联动，共同促成项目签约落户。调整强化招商工作思路和方法，加强对挂钩重点区域的驻点招商和对意向投资项目的跟踪服务。以目标任务形式在全区开展“百日招商”活动，有力推动海州区招商引资工作的进展。区划调整后，重新修订印制新海州区招商项目册、投资指南，并制作新海州视频宣传片，在连云港电视台、《连云港日报》等媒体对海州区服务客商环境进行宣传，加大对海州的宣传推介力度。完善海州区商务局官方网站，定期及时更新推介项目。“三库”建设日臻完善。经过梳理汇总，全区有重点招商项目51个，总投资307.54亿元，其中外资项目9个，投资总额6.14亿美元。年内先后组织300多人次分别在苏州、市委党校、区本级开展招商引资实务培训15次。还以“百日招商”活动为牵引，走出去、请进来，全区分别在丝绸之路经济带、长三角、珠三角、中国香港、台湾及日本、韩国、新加坡等重点区域开展招商活动129次，其中境内招商活动127次，举办投资说明会5次。10月的连博会，招商引资成果丰硕。全区30家参展企业，参展摊位35个，展区参观人数近万人，专业观众达2000多人，达成意向成交额4405万元。签约项目3个，总投资36.5亿元，分别是总投资10亿元的城市综合体项目，总投资20亿元的电商快递物流园项目，总投资6.5亿元的310物流园项目。海州区以重点项目为目标，加大招商引资推进力度。先后邀请重点客商403人次到海州区进行意向性考察，其中境内377人次、境外26人次。年内，江苏万发国际物流园有限公司投资6.5亿元的310物流园已意向签约；江苏丰晟能源有限公司投资10.8亿元的生态农业综合利用开发光伏项目、海南众泰医疗设备有限公司投资2亿元的医疗设备项目均已开工建设；总投资2亿欧元的麦卡莎农产品加工及冷链物流项目、总投资1400万美元的新世界百货等项目在连云港之夏经贸活动期间意向签约，正在全力跟踪推进。

2014年海州区新批直接投资项目明细表

表4

单位：万元

序号	企业名称	经营范围	投资总额（累计数）	注册资本（累计数）	合同外资（累计数）	投资者名称	国别（地区）
1	连云港西经塬实业有限公司	农业开发、园林绿化工程，软件开发，日用品进出口及批发（不设店铺，以上商品不涉及国营贸易管理商品，涉及配额、许可证管理商品的，按国家有关规定申请办理）	980	980	980	华盈科国际有限公司	香港

续表

序号	企业名称	经营范围	投资总额（累计数）	注册资本（累计数）	合同外资（累计数）	投资者名称	国别（地区）
2	连云港沃政玛贸易有限公司	建筑装潢材料、汽车配件、电子产品、五金交电、办公用品进出口及批发业务（不设店铺，以上商品不涉及国营贸易管理商品，涉及配额、许可证管理商品的，按国家有关规定申请办理）	1000	1000	1000	香港迅博瑞科技发展有限公司	香港
3	德裕发商贸连云港有限公司	建筑材料、装饰材料、五金制品、塑料制品的进出口及批发业务（不设店铺，以上商品不涉及国营贸易管理商品，涉及配额、许可证管理商品的，按国家有关规定申请办理）	580	580	580	德裕发国际贸易有限公司	香港
4	连云港凯人贸易有限公司	工程机械、建筑材料、五金制品的进出口及批发业务（不设店铺，以上商品不涉及国营贸易管理商品，涉及配额、许可证管理商品的，按国家有关规定申请办理）	660	660	660	香港西金贸易有限公司	香港
5	连云港杰诺明珠水处理科技有限公司	温水床垫、净水器研制与开发；水暖材料及技术研发；水处理工程设计；自营和代理化妆品、净水器及其他小家电进出口及批发业务（不设店铺，以上商品不涉及国营贸易管理商品，涉及配额、许可证管理商品的，按国家有关规定申请办理）	42.57	34.38	16.54	连云港明珠净水设备科技开发有限公司	中国
						CHO BONG HOAN	韩国
6	连云港凯昌贸易有限公司	工程机械、建筑材料、装饰材料、五金交电的进出口及批发业务（不设店铺，以上商品不涉及国营贸易管理商品，涉及配额、许可证管理商品的，按国家有关规定申请办理）	580	580	580	香港凯信贸易有限公司	香港
7	连云港博玖贸易有限公司	矿产品、五金制品、建筑材料、装饰材料的进出口及批发业务（不设店铺，以上商品不涉及国营贸易管理商品，涉及配额、许可证管理商品的，按国家有关规定申请办理）	280	280	280	金博塑业有限公司	香港
8	连云港朐利贸易有限公司	塑料制品、建筑材料、五金交电、机电产品、机械设备、劳保用品的进出口及批发业务（不设店铺，以上商品不涉及国营贸易管理商品，涉及配额、许可证管理商品的，按国家有关规定申请办理）	490	490	490	恒宝利实业有限公司	香港
9	高盟建设工程（连云港）有限公司	项目开发咨询服务，物业管理	1000	1000	1000	高盟投资集团（控股）有限公司	香港
10	连云港定犇商贸有限公司	机械设备、机电设备、电子产品、陶瓷制品、皮革制品、塑料制品、汽车配件、建材、卫生洁具、针纺织品、服装服饰、工艺品、办公用品、日用百货、床上用品的进出口及批发业务（不设店铺，以上商品不涉及国营贸易管理商品，涉及配额、许可证管理商品的，按国家有关规定申请办理）	499	499	499	林锦贤	香港

续表

序号	企业名称	经营范围	投资总额（累计数）	注册资本（累计数）	合同外资（累计数）	投资者名称	国别（地区）
11	连云港市南弗贸易有限公司	五金、机械、电子、服装的进出口及批发业务（不设店铺，以上商品不涉及国营贸易管理商品，涉及配额、许可证管理商品的，按国家有关规定申请办理）	490	490	490	香港融通实业有限公司	香港
12	连云港浦亨贸易有限公司	建材、五金制品、针纺织品、电子产品的进出口及批发业务（不设店铺，以上商品不涉及国营贸易管理商品，涉及配额、许可证管理商品的，按国家有关规定申请办理）	500	500	500	中亨国际贸易有限公司	香港
13	连云港海智电子科技有限公司	计算机信息系统的技术开发、技术服务、技术咨询、技术培训、技术中介及技术转让；软件开发、网络工程、网站建设、计算机网络优化、移动网络优化；对外贸易咨询服务、电子产品、机械设备、机电设备、床上用品、工艺礼品、化妆品、玩具、日用百货的进出口及批发业务（不设店铺，以上商品不涉及国营贸易管理商品，涉及配额、许可证管理商品的，按国家有关规定申请办理）	73	48.66	19.47	江苏巴艾特信息科技有限公司	中国
						连云港明珠净水设备科技开发有限公司	中国
						DENG HAI	美国
14	连云港万茵绿化工程有限公司	园林绿化工程、景观工程、市政工程、水利工程、土石方工程设计、施工；花卉、苗圃、景观植物及销售；绿化养护	500	500	400	连云港成荫绿化工程有限公司	中国
						名汇国际集团有限公司	香港
15	连云港西储国际教育咨询有限公司	教育咨询、商务咨询	8.11	8.11	8.11	ZHUZHU CHENG	美国
16	连云港安林绿化工程有限公司	园林绿化工程、景观工程、市政工程、水利工程、土石方工程设计、施工；花卉、苗圃、景观植物种植；绿化养护	490	490	441	连云港成荫绿化工程有限公司	中国
						鹏顺国际集团有限公司	香港
17	连云港凝成进贸易有限公司	会展服务；园林绿化工程；饲料、饲料添加剂、饲料原料等一般货物及技术的进出口及批发业务（不设店铺，以上商品不涉及国营贸易管理商品，涉及配额、许可证管理商品的，按国家有关规定申请办理）	10	10	10	SEOK JIN CHEONG	韩国
18	连云港厚百多机械科技有限公司	机械装备研发设计、新材料研发、碳纤维材料研发、纳米技术开发、自动化设备研发、电子封装材料研发、环保研发、计算机软件开发；电子产品、机械设备、计算机软件及配件批发；动漫制作、网页设计	1100	640	310	连云港事顺科实业有限公司	中国
						郭棋	香港

续表

序号	企业名称	经营范围	投资总额（累计数）	注册资本（累计数）	合同外资（累计数）	投资者名称	国别（地区）
19	连云港海牙湾贸易有限公司	蔬菜、水果、花卉、林木、景观植物的进出口及批发业务（不设店铺，以上商品不涉及国营贸易管理商品，涉及配额、许可证管理商品的，按国家有关规定申请办理）	480	480	460	连云港季红农业开发有限公司 香港美莱有限公司	中国 香港
	海州区	共（19）家	9762.68	9270.15	8724.12		

进出口贸易

【概况】 2014年，海州区外贸累计进出口12.31亿美元，同比增8.31%，其中出口10.19亿美元，同比增6.25%，进口2.12亿美元，同比增19.38%。按类型分，外贸企业累计进出口8.62亿美元，同比增9.56%，其中出口7.64亿美元，增6.46%，进口0.98亿美元，增41.9%；三资企业累计进出口1.12亿美元，增21.89%，其中，出口0.39亿美元，同比减少20.96%，进口0.74亿美元，同比增71.15%；生产企业累计进出口2.57亿美元，同比减0.37%，其中出口2.16亿美元，增12.51%，进口0.41亿美元，同比减37.77%。

【外贸自营出口】 2014年，海州区商务局通过定期走访、现场调研等方式，及时掌握产业、行业、企业发展动态，深刻了解企业面临的困难和需要帮扶的关键环节，有针对性地为企业排忧解难。引导企业走出去，积极抢占国际市场和抢抓订单。支持企业参加国内外知名展（博）览会，鼓励企业结合展会建立自主营销网络，开展贸易对接活动，提高参展成效。引导企业加大对高新技术产品的研发，申请名牌产品、注册境外商标，开展环境、质量认证等，提高国际市场竞争力。帮助企业参加出口信用保险，提高抵御和抗风险的能力。积极培育发展电子商务等新型贸易方式，扩大线下对接规模，拓展在线成交业务，降低企业运营成本。密切跟踪和服务重点企业。加大对中土物产、远泰国际贸易等重点外贸骨干企业的帮扶力度，协调解决业务开展过程中出现的问题和困难。上门宣传国家、省、市对外贸企业的扶持政策，和企业一起想办法、谋思路，充分挖掘调动企业潜能，培育新的外贸增长点，保持外贸总量的持续攀升。

对外经济合作

【劳务输出】 2014年，海州区商务局在原有劳务平台的基础规模上，升级改造外派劳务服务平台软硬件环境。外派劳务服务平台认真践行“为群众服务、为企业服务”的工作宗旨，加强对外派劳务市场的监管。到外派劳务平台咨询、报名人员50余批次，外派劳务人员1000余人，同比增长20%，主要去往日本和新加坡，实现外派劳务零纠纷。利用省级外派劳务中心平台优势，为越来越多有意愿出国务工的劳务人员和有对外承包工程或对外合作经营资格的企业提供优质、高效的服务，树立海州外派劳务品牌形象。

区委书记、区人大常委会主任王立斌在“相约新海州”招商推介会上致辞

责任编辑：马善臣

开发区建设

江苏海州经济开发区

【概况】 2014年12月，随着连云港市规划调整，新浦区与海州区合并为海州区，海州经济开发区与新浦工业园区合并为海州经济开发区，以“一区多园”作为发展思路，西片区（原新浦工业园区、洪门工业园区）称为通用设备产业园，东片区（原海州经济开发区）称为专用装备产业园。2014年，累计实现全社会固定资产投资72.68亿元，其中工业投资完成62.8亿元；财政收入12.65亿元，公共财政预算收入4.96亿元；注册外资实际到账5766.29万美元；招引内联资金25.06亿元；工业产值156亿元；新增天田机床、万千食品、振扬纸品、耐特网具、连云港机床厂等规模企业5家，累计达到48家。科技创新抢占转型升级制高点，国家高新技术企业达到16家，“三站三中心”34家，其中省级以上博士后工作站10家、省级科技企业孵化器1家，全年申报（实施）科技项目39个，申请专利106个。年内，海州经济开发区相继被省委、省政府评为江苏省模范劳力关系和谐工业园区，被省经信委评为江苏省特色产业集群（装备制造业集群），被共青团江苏省委评为江苏省五四红旗团委，被省劳动人社厅评为省级劳力保障监察示范网格。

【项目建设】 昊海大厦完成11层顶板钢筋绑扎及楼梯混凝土浇筑、钢筋制作。标准厂房总投资1.2亿元，6栋厂房竣工验收交付使用。小海邻里中心完成人工湖工程，秋季绿化及廉政文化长廊、企业活动中心装潢。市保障房一、二标段土方工程分别完成80%与50%，一标段1、4、7#楼已进行砖胎膜施工，地下室一期防水施工完成钢筋绑扎。崇盛商业广场总投资10亿元，完成方案调整，等待市规划局审查。民政服务中心为连云港市“十二五”民政事业发展规划的重大民政建设项目，主体竣工。市妇幼保健医院正在办理土地农转用手续。城市综合体已与红星美凯龙签订合作意向协议，设计方案已调整并出图。佳富新城项目试桩结束，施工图纸已审查通过，完成打桩400余根。帅宝机械、长城防护设备、森呼吸口香糖项目建成投产，齐天铁塔紧固件、诺信科技等技改项目完成并投入运行，康达智公司新增2条生产线。欧洲小镇建设已完成总规编制，全部绿化迁移，燃气管道迁移完成1400米，自来水改完成1400米，弱电改造完成1200米，启动云顶房产、东盛房产、康达智等沿线企业围墙改造工程，正在加快实施道路路基土方、雨污水工程、入口广场改造、两侧河岸挡墙工程。

【招商活动】 开发区以“走出去，请进来”为主要形式，全面强化招商引资攻势。外出招商。赴长三角、珠三角等地开展招商活动，先后邀请30余批次客商进区实地考察，洽谈合作。驻点招商。按照区统一部署，开发区机关内2名员工由区部门领导带队，分别到深圳、苏州驻点招商。全年招商成效显著。在谈项目25个，其中超5亿元项目3个，计划总投资近30亿元。无锡崇盛商业广场、兴亿达商务大厦、兆隆大厦等3个重大项目实现签约，总投资近15亿元。红星美凯龙城市生活广场、恒吉星复合材料研发中心、LED研发展示中心、顺丰物流集散中心、金韦尔精密设备、呼吸治疗仪研发生产、太阳能产业研究院、医药物流仓储中心等重点项目在谈，消防器材项目、流体装卸设备项目、环保机械项目、瑞都电子项目、荣爽实业项目等一批项目开工建设。受规划影响，很多大型企业无法落地。

【基础设施建设】 昊海大桥竣工通车。昊海大道西延完成通车。通灌南路完成许庄小学以北段道路工程沥青面层、绿化亮化工程。纬四路完成范庄村部以东路基开挖回填、雨污水工程。经二路完成烧香河以南段基开挖回填、雨污水工程。郁州南路完成道路主体工程。污水管网工程完成纬一路、纬二路污水管施工。香海湖调蓄工程拆迁56户2万平方米，完成70%土方开挖、湖泊工程及景观土方整治工程。发展北路、创新西路、创业路、开放路完成慢车道沥青铺设及路牙石配套工程，

发展北路具备通车条件。西区9千米双回路10KV供电线路架设已完成。西区建设厂房20万平方米，投入使用。

【管理与服务】 围绕“转作风、重规范、提效能”主题，加大制度建设力度，完善各项制度，相继出台《海州开发区工程建设项目管理办法》《零星工程及物品采购实施办法》《开发区档案管理办法》等一系列制度，并形成《园区制度手册》，规范各项流程操作，提升服务效能水平。牢固确立正确的用人导向，继续推行竞争上岗，完善用人机制。通过民主推荐、竞聘演讲、党工委评审、公示等环节，5名机关中层干部脱颖而出。通过吴海员工年度考核竞聘实现岗位调整、末位淘汰，形成“优者上，劣者下”的竞争氛围，调动员工工作积极性。强化“企业第一、客商第一、效率第一”的服务意识，推进帮办服务内涵延伸、范围拓展、水平提高，全面打造园区的帮办服务品牌。继续落实专人帮办全程服务制度和企业难题会办制度，实行定期走访制度，召开难题会办会8次，解决企业难题17个。

【民生工作】 针对开发区历史土地“以租代征”形式，为确保园区失地农民权益，对60周岁以上失地老人每月发放养老补助200元。认真解决群众征地补偿、拆迁安置、禁违拆违、秸秆禁烧、安全生产等方面的利益冲突和矛盾，成立信访办，由专人负责接待，切实维护群众的合法权益。健全信访工作机制，形成上下联动、齐抓共管的大信访工作格局，切实维护社会稳定。

【大事记】 1月10日，园区获评国家火炬装备制造基地，6家企业成为首批基地骨干企业。

2月7日，园区获批创建省级生态工业园区。

8月19日，省商务厅开发区处副处长葛艳霞一行来海州开发区验收统计工作规范化建设。

9月10日上午，省沿海办“十三五”规划调研组来园区调研。

10月17日，省商务厅开发区处副调研员陆挺、孙状元到开发区，对开发区特色产业园进行年度考核。

（撰稿：王悦文　审稿：宁寿同）

海州经济开发区通用设备产业园（原新浦经济开发区）

【概况】 新浦经济开发区原为浦南镇工业园区，因区划调整由东海县划入新浦区，成立于2009年3月，是东陇海产业带上的重要节点，区位优势明显，距离市中心不到5千米，紧临204国道与323省道，距机场16千米、港口30千米。区域内河网密布，生态环境优良，有着极为广阔的发展空间，是新海城区最具发展潜力的开发区，先后获批省级硅电子信息产业基地、连云港市电力电器特色产业基地。

新浦开发区分为东区、西区。东区总面积17.5平方千米，其中工业区东至204国道，南至323省道，西至沈海高速，北至鲁兰河，规划面积6.23平方千米。东区已形成“六横四纵”总长25千米的道路框架，园区实现“七通一平”，已入住项目113个；西区东至沈海高速，西与东海县接壤，北至鲁兰河，南至323省道，规划面积35平方千米，重点实施25平方千米的核心区建设，已拉开发展框架。编制完成控制性详细规划，总长30千米的“四横四纵”主干道已建成通车，同时建设水、电、污水管网等基础配套工程，具备项目入驻条件，入驻项目35个。

2014年底，新浦开发区更名为海州经济开发区通用设备产业园。

【经济建设】 工业经济　2014年，新浦开发区完成全社会固定资产投资50.19亿元，同比增长10.5%，其中城镇规模以上固定资产投资44.23亿元，同比增长11.23%；完成全社会工业投资38.78亿元，同比增长12.2%，其中城镇规模以上工业固定资产投资完成33.87亿元，同比增长15.2%；实现规模以上工业总产值39.15亿元，同比增长22.5%；新增规模企业4家，分别是连云港神宇石化机械有限公司、连云港柯瑞宝石英陶瓷材料有限公司、连云港帅宝机械有限公司、连云港诺信食品机械有限公司。

农村经济　开发区土地面积17.5平方千米，其中耕地面积396公顷，农户数2035户，户籍总人口7730人。全年农村经济完成农业收入2590.66万元、林业收入20万元、牧业收入897.31万元、渔业收入156.06万元、工业收入1051.90万元、建筑业收入2835.67万元、运输收入1559.1万元、商饮业收入881.1万元、服务业收入3889.43万元、其他收入993.35万元。

【招商引资】 2014年完成内联引进资金9.56亿元，完成注册外资实际到账1601万美元。共签约过亿元工业项目18个，协议总投资20余亿元，其中过亿元项目8个，分别是总投资5亿元的华源太阳能电池板发电项目、总投资2亿元的众泰医疗设备项目、投资2亿元的润物生物工程生物肥料项目、投资1亿元的拓普科技流体装卸设备项目、投资1亿元神宇石化流体设备油气自动回收装置项目、投资1亿元的卫泉净水器项目、投资1亿元的远大机械项目和投资1亿元的孚纳特新材料项目。

【项目推进】 2014年建成投产及技改项目6个，帅宝机械、长城防护设备、森呼吸口香糖项目建成投产，齐天铁塔紧固件、诺信科技等技改项目完成并投入运行，康达智公司新增2条生产线；按序时推进项目11个，品苏制造、烯碳产业园、晨鸿纺织、双惠机械、沈阳机床、太阳能研发中心、润利新材料、众泰医疗器械、生物科技、拓普科技、神宇石化等项目厂房按序时建设。

康达智成型机生产线

【园区建设】 基础设施建设 2014年重点实施25平方千米核心区建设，迅速拉开发展框架。发展北路、创新西路、创业路、开放路完成慢车道沥青铺设及路牙石配套工程，发展北路具备通车条件；西区9千米双回路10KV供电线路架设已完成；协调资金完成开发区污水处理厂回购及设备调试等工作，6月底，实现试运行；完成西区道路绿化6万平方米，204国道两侧绿化3万平方米，高速公路两侧绿化流转土地面积17.67公顷。

中小企业园建设 中小企业园位于开发区西区，东至建中路、西至发展路、南至和谐路、北至国安路，横向以创新路为界，纵向以祖平路为界，划分四个区域，其中创新路南侧A、B区为中小企业园，北侧C区为流体装备产业园、D区为数控机床产业园，产业定位为以数控机床为主的装备制造及机械加工类产业。A区、B区规划用地约66.67公顷，36万平方米标准厂房全部建成，厂房主要包括17栋单栋面积5000平方米的厂房、2栋单栋面积8000平方米的厂房、2栋单栋面积6000平方米的厂房、3栋单栋面积1万平方米的厂房。园区将建设共享空间（员工公寓、餐饮中心、产品展示中心、商务中心、后勤保障中心、办公中心）4个；年内人驻项目25个。

欧洲小镇建设 项目规划范围北至滨河路、南至长江路、西至东海路、东至204国道，规划用地面积为1.54平方千米，拟完成建筑面积139.6万平方米，由居住小区（云顶别墅、中盛康城、蓝云馨苑等）、风情街、新陇路、晶都路组成，该片区建成后可形成容纳约3万人的社区。2014年，已建成建筑面积约32万平方米（云顶别墅、中盛康城），完成香榭丽舍风情街周边绿化移植2.4万平方米，移栽乔木约1500棵；完成涉及黄河路改造的房屋拆迁16户，约3200平方米，完成黄河路门前广场盖板涵及河道挡墙主体建设；完成现有道路地下管网的迁移改造，包括雨污水管网改造500米、燃气管道迁移1500米、自来水管道迁移1500米、广电通信线缆迁移1500米。

【社会事业】 村庄建设 2014年疏浚河道2条，总长4000米，土8万立方米，总投入24万元；加强村庄环境保护，做好饮水源工程，全年清运各类垃圾900吨，禁违拆违6500平方米；加大秸秆禁烧力度，全年未发生秸秆焚烧事件；对开发区内的两个电站进行全面整修，使其按当初设计标准正常运转；发放农机补贴51.92万元，申报办理农机购置补贴19户；2个村新增11名清洁工作人员，做好村级环境卫生工作；对高速公路两侧19公顷土地进行绿化补植，绿化造林25公顷，四旁植树15000株；连盐铁路征收红线用地8.17公顷、临时用地2.33公顷，涉及农户77家，发放补偿款339万元，保证工程顺利实施；对开发区2013年的饮用水工程进行扫尾工作，对备用线路建设过程中造成的损失，申请130余万元补偿款并做专款发放。

民生保障 城乡基本保险覆盖率达100%；新增城镇人口就业率95%；对残疾人就业、失业进行统计上报；定期调查，及时掌握老人信息，保障老年人权益；通过5户低保户审批；计划生育每季度随访服务参查率达99%，人口自然增长率控制在2.23‰以内；做好校园安全工作，每季度进行安全检查，并且对3所幼儿园存在的安全隐患进行整改，年内校园内无安全事故发生；完成农村卫生室改制和合并，新陇村卫生室成功做好两次安装假肢等重大手术，农民参合率达100%；卫生户厕改造达100%。

平安法治 平安创建宣传实现园区全覆盖，硬件达到规定要求，开展“红袖标”义务巡防，坚持和完善党政领导信访接待制度，进一步强化干部的责任意识，有效化解矛盾纠纷，辖区内无越级上访情况，园区社会环境和谐稳定。

安全环保 全年未发生安全生产事故和亡人事故。全年共检查企业163家次，排查各类安全隐患436条，已整改435条，整改率99.5%，下达各类执法文书170多份；组织5批安全生产管理人员、2批特种作业人员操作证以及2批烟花爆竹零售资格证培训班，按照新标准完成10家500万元以上企业安全标准化达标工作；筹措资金800万元收购污水处理厂，投资100万元进一步完善相关污水处理设备，建成污水管网17千米，污水处理厂实现试运行。

【党群工作】 党建 年内新建3个非公企业党总支，全年共发展非公企业党员5名。认真学习贯彻习总书记重要讲话和省市区委会议精神，深入开展群众路线教育活动，查摆“四风”方面突出问题，细化措施，即知即改，共查摆问题26处，整改26处，建章立制，标本兼治，构建作风建设长效机制。

工会　全年新建企业工会5家，发展会员120名。加强工会干部培训，组织开发区53名工会干部参与工会劳动法律监督员培训和工资集体协商培训。

共青团　开展志愿服务活动。开发区团工委成立助困基金，开发区工作人员每年捐出二天的工资帮助发生重大经济困难或罹患重病的贫困学生和其他贫困人员等弱势群体。为贫困儿童等募捐经费3万余元，开展返乡青年农民工和大学生的就业与创业指导活动。举办电工、焊工、叉车工等培训班10期，培训青年320人次，促进就业人员280人。举办招聘会4次，为企业招聘员工数百名。

【行政村简介】 新陇村　新陇村有13个村民小组，1380户、5398人，党员118名，耕地面积196公顷。农民年人均收入17805元，年化解村级债务5.36万元。

夏禾村　夏禾村有6个村民小组，648户、2332人，党员54名，耕地面积200公顷，农民年人均收入17805元，年化解村级债务6.13万元。

（撰稿：杨涛　审稿：陶士勇）

海州现代服务业集聚区

【概况】 2013年初，区委区政府从进一步优化市区生产力布局，扶持新兴产业发展角度出发，谋划建设现代服务业集聚区，整合全市电商物流资源，抢占新一轮区域发展新优势。集聚区北至新浦大道，南至鲁兰河，东至老204国道，西至规划中的204国道，规划面积5.17平方千米，重点发展电子商务、快递物流等业态。现代服务业集聚区作为全区服务业“U”型产业带上的重点一环，坚持“政府主导、科学规划、市场运作、专业服务”的模式运营，通过政府、电商企业、开发商、第三方物流快递、金融机构、中介代理策划等多种方式进行广泛合作，搭建电商发展平台，为大、中、小型电商及初创电商提供全流程、个性化定制、创业孵化等全方位服务，进一步创造就业机会，推动地方经济发展，引领本地产业转型升级。2014年，集聚区管委会紧紧围绕“一年培育市场，两年初具规模，三年形成集聚”的总体要求，以招商引资为核心，以项目建设为重点，以加强自身建设为保障，强力推进集聚区快速、高效发展。集聚区针对电子商务和快递物流两大产业方向，通过实施全员招商、以商招商和“走出去、请进来”等方式，组织人员赴苏南、浙江、山东、宁夏等地招商。累计招商考察达50人次，新签约5个项目，协议总投资50亿元。成功引进总投资8亿元的电商物流园、总投资2亿欧元的西班牙麦卡莎冷链物流和总投资20亿元的电商快递物流园等一批项目。7月，集聚区成功入选市经信委首批五大市级重点物流基地之一。

【项目推进】 按照“一个项目、一套人马、一抓到底”的工作机制，全力抓好重点项目的落实。电商物流园项目，年内完成7、8、9、10号仓库共6万平方米；11号仓库和电商创业中心项目完成桩基工程，进行招商。连云港海通培训学院项目，占地16公顷，总投资1.3亿元，电商培训综合楼和监控大厅等一期工程投入使用。西班牙麦卡莎冷链物流项目，占地93.33公顷，总投资2亿欧元，建筑面积60万平方米，对接前期注册事宜。电商物流快递产业园项目，计划占地64.67公顷，由深圳市大汇金投资管理有限公司投资20亿元，与市邮政管理局、区政府共同打造电商快递物流基地，建设快递分拣中心和数字化物流仓储中心及服务平台，完成项目注册工作。

【基础设施建设】 路网建设得到加强。着眼于启动区“三横三纵”路网建设，努力提升项目承载能力。2014年投资3900万元，启动淘宝路、聚宝路新建及配套工程，使得电商物流园内道路不断完善，提升物流园区形象，增强招引能力。配套设施不断完善。按照开发一块、配套一块的原则，投资500万元，组织实施区内水、电及规划馆配套设施项目。投入100万元，全面完成4000米主副供水管道工程铺设，实现正常供水；改建完成浦开、浦蔷线3016米10KV线路迁移；新上规划馆200 KVA、电商物流8号仓库315 KVA、创业中心400KVA三个变压器，保障项目供电。至此，集聚区一期片区基本实现“五通一平”，项目承载能力进一步增强。

【社会服务】 建立服务高效的干部队伍。2014年通过内部民主推荐，对集聚区内部中层干部进行选拔，选拔出5名工作能力强的人员担任中层领导，进一步充实集聚区干部队伍，调动了广大职工的积极性，为工作的顺利开展增添新动力。营造安定有序的社会环境。建立健全双向互动机制、项目帮助机制、信访负责制等工作机制，明确专门人员帮助企业解决证件办理、与政府沟通协调等事宜，通过走下去和请上来的办法，及时了解村民和企业建设过程中碰到的问题，做到及时化解和解决，有力地保障了集聚区和谐稳定的发展局面。妥善做好征地征收工作。强化以人为本理念，严格按照有关政策，通过集聚区和镇、村三方精诚合作，高效完成电商物流园、快递物流园及相关道路征地共计663亩，按规定足额兑现各项补偿费和补助费，同时，妥善安置被征地农民和征收群众的生产生活，让集聚区群众共享发展带来的红利。

（撰稿：王丽颖　审稿：纪况）

滨河新城

【概况】 滨河新城东起陇海铁路，西至204国道，南至鲁兰河、海连西路、人民路，北至乌龙河、310国道，分为沈圩、蔷薇岛、河西三大片区，占地面积32平方千米，规划建筑面积2500万平方米，规划居住人口40万人。2014年，滨河新城管委会紧紧围绕“三年出形象、五年见规模、八年成新区、未来大跨越”的总体目标，坚持创新为魂、实干为本，突出“规划引领、项目推动、重点突破、全力招商、品位提升”五个重点，快速推进滨河新城开发建设工作。

【新城规划】 坚持科学规划引领，突出抓好建设用地调整和重点片区规划设计。7月区政府委托省住建厅城市规划技术咨询中心对连云港市海州区沈圩片区建设用地进行调整；11月经市政府批准，区政府委托江苏华新城市规划市政设计院有限公司对沈圩片区控制性详细规划进行修编；11月29日，市规划局在区政府会议室组织召开《沈圩片区二三单元控制性详细规划》评审会，会议邀请省市城市规划、道路交通等方面专家，原则通过修编方案。方案经修改，于2014年12月4日在市规划局网站及规划展示中心进行公示，12月31日完成批前公示。片区规划工作取得突破，为大规模推进滨河新城开发建设奠定重要基础。

【征地拆迁】 全年完成土地征收20.65公顷，其中规划十六路以北、规划六路以东地块征收156户居民房屋，拆迁建筑面积29399.89平方米；规划十六路以北、规划六路以西地块征收连泰玻璃钢厂、同创信息记录纸有限公司、连云港杰圩化工有限公司3家企业，占地12.66公顷。

（撰稿：胡天俊）

【基础设施建设】 坚持基础设施先行，重点抓好新城路网建设，促进新城开发。11月规划十六路开工建设，12月聚贤路开工建设。年内新浦大道（新浦大道总长2.8千米，宽60米，双向六车道）、浦发路、振华路、环岛路、蔷薇河钢便桥等路桥实现竣工通车，滨河新城路网框架基本成型。

新浦大桥 总长247.2米，桥面总宽50.5米，上部结构为两联4×30预应力混凝土组合箱梁，下部结构为柱式桥墩，钻孔灌注桩基础，双向八车道，设计车速60千米/小时，设计安全等级一级，计划总投资7500万元，年内完成主体工程。

新浦二桥 总长225米，桥面总宽46.5米，上部结构为（35+45+65+45+35）米五跨预应力混凝土变截面单箱三室直腹板连续箱梁，下部结构为柱式桥墩，钻孔灌注桩基础，双向八车道，设计车速60千米/小时，设计安全等级一级，计划总投资1.2亿元。7月10日开工建设，年末完成桥头软基处理和下部结构施工。 （撰稿：朱泽东）

【民生工程】 坚持民生为重，积极抓好事关民生的安置小区和生态建设。为进一步完善功能配套，方便群众生产生活，区域内小学、幼儿园、派出所、农贸市场、垃圾中转站等公共配套建设项目也都在有序推进。

瑞安花园小区 占地10.85公顷，总建筑面积约25万平方米，可容纳5500人居住生活，计划总投资10亿元，全年完成其中3栋楼各20层、5栋楼各6层的土建施工。

解放路小学滨河分校 占地3.59公顷，总建筑面积2.6万平方米，设置6轨36个班，可容纳1600名学生就读。9月29日开工建设，年内教学楼、图书信息楼、教师办公楼、科技实验楼完成主体封顶，艺体楼完成一层（共两层）土建施工，报告厅完成地下室土建施工，教师发展中心完成四层（共五层）土建施工。

创业服务中心 占地1.76公顷，总建筑面积约9000平方米，11月开工建设，年内完成一层土建施工。

生态建设 坚持“早谋划、快落实、塑精品”的原则，突出滨河水绿生态主题，围绕道路绿化、河滨绿化、游园绿化和蔷薇岛开发四大重点，实施大浦河绿化、振华路绿化、新浦大道绿化等20余项工程，新增绿地面积100余公顷，栽植各类乔木1.5万株、灌木7万株、草坪6公顷、草花30公顷。

【旅游景点开发】 利用蔷薇岛独特的区位优势和良好的生态环境，全力打造特色旅游岛，2014年蔷薇岛开发建设工作全面启动。蔷薇岛位于连云港市主城区西北部，东至东站引河，西至蔷薇河，面积5.5平方千米（其中陆地面积4.5平方千米）。蔷薇岛地理位置优越、生态环境良好，旅游资源丰富，从北向南依次为生态湿地公园、薰衣草基地、农家乐基地、垂钓中心等。7月完成11千米的环岛路建设，年内完成1.8公顷花卉景观带和薰衣草园建设。

双湖湿地公园 全年在蔷薇岛北岛栽种各类草花约43.5万株，完成湖边停车场、步游道、双湖路、双湖桥施工和部分景观小品打造，完成双湖四周芦苇割除施工，清淤及泊岸整理工作有序推进。

薰衣草基地 8月启动薰衣草园建设，占地约33.33公顷的薰衣草园初步成型，其中薰衣草园一期约9.33公顷、薰衣草园二期约10公顷已建成。标志牌、瞭望台、景观木屋、亲水护栏、LOVE标志、售票亭、景观木桥等功能设施按计划紧张施工；占地13.33公顷的波斯菊园完成土地翻耕和土壤改良。

薰衣草园建成迎客

【招商引资】 年内引进2个房地产项目，协议出让土地25.88公顷，分别为连云港市圣承房地产开发有限公司17.51公顷和河南亿嘉集团8.37公顷。推动土地出让工作，3.92公顷连云港圣承地块、8.37公顷河南亿嘉地块进入土地出让程序。协助河南亿嘉集团完成在连云港的公司注册，公司注册名为“江苏亿嘉盛世置业有限公司”。

（撰稿：孙　刚　审稿：潘运学）

锦屏工业集中区

【概况】 锦屏工业集中区背靠风景秀丽的锦屏山，位于连云港市古城海州南部的锦屏镇境内，是东陇海产业带的重要空间载体，也是连云港市工业园区的卫星园区。集中区主要分布在刘志洲山两侧，北为锦屏山，西为锦屏镇镇区，东接海州开发区，南临徐连高速公路。锦屏工业集中区从2006年6月择地建园，占地面积27.53公顷，至2014年底，引进企业48家，其中在生产企业40家、有证经营企业34家、有税收企业22家。主要产业为机械装备制造、新材料、电子、灯具照明、服装加工等。园区有3家规模企业，分别为中通复合材料设备制造厂、连云港通源科技有限公司、连云港泓桥照明电器有限公司。

【基础设施完善】 交通：全长1.5千米水泥道路全面贯通，园区形成“两横一纵”运输格局；电网：10KV、35KV高压架空线路可全面保证各类工业项目用电；水源：生活及工业用水由城市管网——海州水厂直接供水；园区绿化：按照都市型生态园区建设标准，启动1.7万平方米园区绿化建设工程，道路两侧栽植法桐、大叶女贞、红叶李、紫薇等各类乔木品种500余棵，园区绿化率达60%以上。

【企业在建项目】 园区在建项目7个，分别是投资6600万元、年产45万吨干混砂浆项目，投资3300万元、年产10万立方米混凝土和10万立方米机制砂项目，投资3800万元、年产6000吨活性炭项目，投资3400万元、年产15万吨秸秆固化生物燃料项目，投资6000万元、年产50万吨搅拌干粉砂浆项目，投资2000万元的石英玻璃制造项目和投资2000万元的药剂生产项目；签约项目2个，分别是投资近亿元的废弃尾矿砂综合利用项目和投资近10亿元的东海龙宫旅游开发项目。

（撰稿：王　宁　审稿：李　强）

海州经济开发区通用设备产业园（原洪门工业园区）

【概况】 工业园区位于连云港市新牛公路北侧，204国道西侧，是连云港市区西部工业区的重要组成部分。园区始建于2003年初，规划面积1.01平方千米，其交通区位优势明显，西距机场15千米，东离港口30千米，204国道、连徐高速、G15沈海高速、陇海铁路分布四周。先后投入1亿元用于园区的“七通一平”基础设施建设。紧紧围绕“生态型、科技型、外向型”的产业定位，严格按照“布局集中、用地集约、产业集聚”的理念，重点发展机械制造、包装材料、现代物流配送和电子商务等4大主导产业，已初步形成产业特色鲜明、综合配套能力较强的现代制造业集聚区。工业园区有落户企业54家，规模以上企业9家，另有5家（泰乐、双菱、新奥、三人行、景悦）在园区外面。2014年园区产值达到18亿元，产生税收近3000万元。

新坝电力辅机园

【概况】 园区东至花卉东路，西至立成新厂区，南至泊阳河，北至新北路，占地8公顷。工程总投资3000万元，建筑面积近40000平方米，园区已引进企业十家。从事生产职工达600余名，其中专业技术人员60名；销售人员达180余名。主要生产20万千瓦机组以下的火力发电厂配套机器，有水膜式除氧器、多功能真空滤油机、抗喷阻型消音器、球磨机、检测盘车、新型轴分粗粉（细粉）分离器、汽封加热器等20多个系列、100多种产品。产品畅销广州、上海、山东、河北、吉林、新疆等国内20多个省市。

电力辅机产品

工业经济

综　述

2014年，海州区工业经济突出“稳增长、调结构”两大任务，在下行压力大、困难挑战增多的形势下，对照年度目标任务，扎实开展运行调度、项目推进、难题化解和小微企业培育工作，工业经济增长总体呈现不断加快的态势。在做大做强都市工业的考量下，在省级海州开发区统领下，催生了“一区三园”的工业新格局，重点发展专用装备、通用设备、电子信息3个特色产业园。全区92家规模以上工业企业完成工业增加值35.7亿元，增长0.3%；完成规模以上现价产值177.6亿元，增长0.27%；完成全社会工业投资124.7亿元，同比增长111.3%；完成规模以上工业投资109亿元，增长52%。全年新增11家规模企业。区划调整使新的海州区拥有装备制造、能源、医药、食品、化工、新材料、新型建材、木制品、石材加工、酒业饮料、复混肥、农副产品加工等20余个行业门类。全区产值过10亿元企业3家，分别为日出东方太阳能股份有限公司、连云港鹰游纺机有限责任公司、连云港天明装备有限公司；过5亿元企业3家，分别为江苏齐天铁塔制造有限公司、江苏德邦化学工业集团有限公司、江苏乐园新材料集团有限公司。日出东方太阳能股份有限公司、黄海机械股份有限公司已于2012年分别在上交所A股主板和深交所中小板上市，2014年这3家上市企业分别完成工业现价产值3.7亿元、17.5亿元和0.9亿元。全区亿元以上在建工业项目15个，项目计划总投资54.7亿元，预计全年完成投资26亿元。中小企业园区今年新建标准厂房50万平方米，累计建成标准厂房76万平方米，帅宝机械、浮纳特电子等6个项目投产，拓普科技、神宇石化等6个项目正在实施，近20个项目签约入驻。全年规模以上企业实施技改项目61个，其中3000万元以上工业技改项目37个。当年新开工3000万元以上项目22个，新竣工3000万元以上项目23个，大唐新能源2.2MW光伏发电技术改造项目、奇星流体无臭氧矿泉水生产线改造、板浦汪恕有滴醋灌装整体生产线技改等项目顺利投产。

海州区获市委、市政府2014年度工业发展“先进单位”表彰；正大天晴药业集团、日出东方太阳能、鹰游纺机3家企业受到全市“工业税收二十强”企业表彰，天明机械集团受到市委、市政府“工业技术改造十佳企业”表彰，联瑞新材料股份有限公司被省经信委认定为2014年度省“科技小巨人企业”。

创新服务

【推动企业技术创新】 2014年积极引导装备制造、新能源、新材料、新医药等产业企业加大科技创新工作力度，自主创新能力不断增强。东浦管桩、德邦精细化工和中蓝连海等3家企业获批省级企业技术中心，金桥盐化和丰达电子2家企业获批市级企业技术中心；东浦管桩获批省级两化融合示范企业，新磷矿化获批省级两化融合试点企业，东浦管桩和港圣开关、德翔新材料获批市级两化融合示范和试点企业；如年实业、板浦汪醋等7家企业通过省信用管理贯标验收。

【搭建企业发展新平台】 福源医疗器械成为全市首家在省股权交易中心挂牌企业；新浦工业园（玖信投资集团）与中国房地产投资集团（央企）达成合作，其中新浦工业园（玖信投资集团）占股40%；江苏联瑞新材料股份有限公司在全国中小企业股份转让系统（新三板）上市已进入冲刺阶段。申报的62个“2014年度市工业扩量提质专项资金”项目和4批20个技术改造项目，共获市级政策资金2792万元；3家企业获省级企业技术中心奖励资金150万元；港圣开关“智能型MNS低压配电设备”、万千食品“年产1000吨糕点工业经济新增长点”、如年实业“信用管理体系示范单位”等项目较好地提升了企业竞争的软、硬实力，打下做大做强的基础。鹰游立成毛绒“法兰绒”项目、天明装备“智能化大功率高压交流变频刮板输送机项目”、正大天晴新建2万平方米生产车间等8个市级新增长点项目达产达效，累计新增产值8亿元、利税1.4亿元。格兰特化工、德邦化工2家企业完成清洁生产审计工作。

【探索搭建小微企业融资平台】 区中小企业局与区金融办共同研究制定"微贷宝"实施方案和贷款操作流程，面向科技型、成长型小微企业提供贷款资金，解决中小微企业因轻资产、缺担保、无抵押导致的融资难题。2014年7月30日，"微贷宝"业务正式启动。"微贷宝"模式为政府+担保公司+银行模式，即政府承担30%、担保公司承担60%、银行承担10%的风险。区政府在江苏银行投入风险补偿资金1000万元，可以带动1亿元的银行贷款额度。20余家企业提出贷款申请，瑞琪家纺、建都石材、诺信食品3家企业获得贷款800万元。

【搭建企业招聘用工新平台】 针对企业"用工难、用工荒"现象，区中小企业局和区人社局与市有关单位沟通协调，争取在市人力资源市场上组织企业参加每周三的免费专场招聘会。从4月启动，当年累计为60余家企业提供招聘席位，招聘涉及电气自动化、检验员、技术熟练工等30余个工种400个岗位，实际用工550余人，企业用工矛盾得到有效缓解。

新能源产业及企业选介

【概况】 2014年，新能源产业实现工业总产值19.1亿元，比上年下降15.4%，有日出东方太阳能、江苏省太阳能研究所有限公司等2家规模企业。受国内光伏产能过剩等原因的影响，真空管式太阳能趋于市场饱和，新能源企业增长空间不大。日出东方太阳能的产值也从2012年的23.4亿元降到2014年的17.5亿元，在洛阳市的分厂建成投产又分散了部分订单，企业开始投资净水器项目，计划2015年初生产。适宜高层住宅安装使用的平板太阳能逐步打开了市场。年内，由中国广核集团中广核太阳能开发有限公司在浦南镇区域投资建设118.8MWp生态农业光伏发电项目，总投资12亿元，当年已投入8亿元，一期工程初步具备发电条件，计划2015年初实现并网。项目占地3600亩，在包青路西侧的新建村、草舍村、新湾村范围内，装机容量130兆瓦，电站运营周期25年，年发电量约1.29亿度，每年可节省标煤约44226吨，可累计带来7.92亿元税收。

【日出东方太阳能股份有限公司】 公司成立于1997年，是专业从事太阳能应用技术研究和太阳能热水器制造、营销的科技型企业。厂区占地面积20余万平方米，有员工5000余名，各类专业技术人员占员工数30%以上。2014年，公司相继立项31个新产品开发计划，包括基于PLC为主控制器的太阳能热水系统项目；公司相继实施年产20万平方米多腔增强型高效变径热管式太阳集热器、基于物联网的太阳能工程供热系统技术改造项目，已达产达效，技改项目累计实现销售收入6085万元，净利润675万元。全年公司用电3224万千瓦时，折合标准煤1.06万吨。公司在国内建立3000多个销售服务网点，主导产品真空管式太阳能热水器，销量144万台，还出口到100多个国家和地区，公司品牌在20多个国家注册，国内市场占有率达15%，高居行业首位；集团公司实现销售收入30.50亿元，净利润2.15亿元，纳税3.25亿元。公司总资产已达49.60亿元，固定资产净值2.35亿元，资产负债率为31%。为加大新产品研发力度，专业研发队伍发展到470余名，其中高级职称30余名。研发领域涉及热水工程、计算机科学与技术、工业设计、机电一体化、自动化控制等。

装备制造业及企业选介

【概况】 2014年，装备制造业实现工业总产值73.3亿元，比上年增长4.3%，有鹰游纺机、天明装备、黄海机械、齐天铁塔等29家规模以上企业。装备制造业产品在众多领域被广泛运用，且质量水平处于领先地位。黄海机械主攻矿山机械研发和产业化，产品全液压多功能履带式煤层气钻机成为同行业"巨无霸"；天明机械、天明装备注重煤炭地质装备、特种车辆、纺机装备等前沿科技领域；齐天铁塔、港圣开关成为江苏省电力设施生产安装的佼佼者，齐天铁塔年产量较2013年增长20%，产量高时接近每月3000吨；鹰游纺机、如年实业跻身国内纺机后整理设备生产技术、规模领先地位；流体装卸设备制造是装备制造业的重要支撑，产品广泛用于港口、油品等流体装卸，在国内市场举足轻重，远洋流体、佳普石化、天邦科技、托普科技等流体装卸设备制造企业也保持了较好的增长态势。

【连云港鹰游纺机有限责任公司】 公司成立于2013年12月，是集研发、生产、应用、技术服务、产品销售为一体的高新技术企业。拥有省级认定的企业技术中心、江苏省高性能纤维机械工程技术研究中心，建有国家级企业博士后科研工作站，具备业内一流的研发创新能力。企业综合经济实力在全国纺机行业排名前十位，在纺织后整理行业排第一位。公司始终注重技术创新和新产品开发，拥有11个国家重点新产品、30个江苏省高新技术产品，授权专利100多件。产品已形成起毛、烫剪、刷毛、磨毛、印染、特整、前纺、合成皮革、碳纤维成套生产设备9大系列158种规格。2014年，公司实施2个重大项目。一是纺机后整理设备联机生产线。以前生产的纺机后整理设备分散在纺织企业的各个车间里，半成品需要来回托运，该生产线安装以后，从原料到成品，一次成型，减少了中间的托运过程，提高了生产效率，降低了成本。二是油烫光辊替代电烫光辊。针对电烫光辊加热整机80%的能耗是烫光辊消耗的，研发采用油加热后，有效降低了能耗，而且辊体受热均匀，烫光效果也提升了档次。年内公司开发了LMV50D型圆网印花机、LMV821型拉幅定型机、MB314G型剪毛机3项新产品，经江苏省经信委、中国纺织工业联合会鉴定，产品达到同类产品国内领先水平。全年公司资产总额92950.6万元，销售收入38028.4万元，利润总额256.4万元。

【连云港远洋流体装卸设备有限公司】 公司成立于1994年8月，是集流体装卸设备、自动化控制系统、双密封导轨阀等产品设计、制造、销售、服务的专业企业。公司注册资本3500万，占地6.6公顷。在成功自主研发系列LNG超低温产品的基础上，2014年，公司设立了创新基金、研发室，对员工合理化建议进行月评定，鼓励员工自主创新，完成16寸LNG装卸臂、陆上LNG加注站、20寸输油臂等设计研发工作。公司通过11项申报项目，获得政府和集团奖励资金419万元；共有23项授权专利，包括6项发明专利和17项实用新型专利。全年公司共取得市场订单2.93亿元，实现产值3.25亿元，主营业务收入1.81亿元。

【连云港市港圣开关制造有限公司】 公司成立于1992年9月，位于连云港市海州区新浦经济开发区港圣路1号，占地9.33公顷，注册资本10060万元，隶属于江苏宜尔杉集团有限公司，有员工180余人。公司主营业务为高、低压成套电器设备等输配电控制设备的制造与销售，以及送变电工程专业承包施工、电力设施安装、试验与维修。2014年，公司实现销售收入14016万元，实现利润500多万元，上缴税收566万元。全年研制成功并投放市场的新产品主要有YB-12预装式变电站、HXGN-12/630-20高压交流金属封闭环网开关设备、12kv户内固封真空短路器等。年内，公司负责连云港市科创城项目建设中电力设备设计生产及安装施工总包工程，合同总价为2000万元，已竣工验收；承接的连云港市工业展览中心项目，合同总价为700多万元，同样是电力设备设计生产机安装施工总包工程。6月，公司被认定为国家高新技术企业。

【江苏齐天铁塔制造有限公司】 公司成立于2002年，位于新浦经济开发区长江路8号，占地15公顷，注册资金6000万元，员工260人，资产总额3亿元。主要生产750kV及以下输电线路铁塔、钢管杆、钢管变电构支架、铁附件和热镀锌加工。公司生产能力为年加工铁塔、铁附件5万吨，钢管杆2万吨，热镀锌加工5万吨。取得750kV及以下输变电角钢塔生产许可证、220kV及以下多棱钢管杆及500kV变电构支架产品质量合格证书，建立了ISO 9001质量管理体系，通过了电能PCCC产品认证。2006年起，成为国家电网合格供应商，在国网公司的招投中中标年达2.5万吨，产品覆盖江、浙、沪、京、陕、青、新、藏等12个省市自治区。2014年，通过了“安全标准化”和“清洁生产”验收，投资600万元对铁塔、钢管杆、热镀锌生产线进行升级改造，投资500万元新建废水、废气净化处理工程，“齐天”牌输电线路铁塔获连云港市名牌产品。公司实现销售收入2.5亿元、利润1608.84万元、税收851.53万元。

【江苏天明机械集团有限公司】 公司系自主创业民营科技企业，成立于2000年，主营业务为高端装备研发制造与销售，涵盖煤炭地质装备、特种车辆、纺机装备等前沿科技领域，已布局鄂尔多斯专业化工厂、北京销售分公司、澳大利亚国际贸易公司。2014年，集团公司实施智能化大型变频刮板输送机成套设备研究与产业化项目，凭借技术国际先进、产业创新特点鲜明、产品市场反馈率丰厚等突出优势获批江苏省科技成果转化专项资金；四/六驱支架搬运车打破传统技术瓶颈，展现绿色智能制造、资源友好型的优势，获批江苏省首台（套）重大装备产品；刮板输送机成套设备、矿用重载平板动力车、矿用液压支架搬运车顺利通过中国煤炭工业协会组织的专家鉴定。“刮板输送机的紧链装置”发明专利荣获中国煤炭工业关系首届发明专利一等奖。自主研制开发的智能化大功率电牵引采煤机、聚酰亚胺纤维全自动卷绕机、全液压多功能车载钻机、多功能铲运车等一系列高端智能化装备项目孕育成功，着手全面布局推向市场。全年公司主营业务收入突破历史新高，达到251691万元，实现净利润23683万元，总资产达224242万元。集团公司为国家火炬计划重点高新技术企业、省创新能力建设示范企业，建有国家级博士后科研工作站、省级工程技术研究中心、省企业技术中心，下辖4个事业部、1个研发中心，拥有由300多名具有博士、硕士学历及中、高级职称人员组成的科研队伍。

【连云港水表有限公司】 公司始建于1966年，占地3.33公顷，建筑面积2.7万平方米，年生产水表300万只。主要产品有口径15毫米到300毫米的冷热普通水表、智能水表和热量表，有300多个品种可供工业、农业、居民等客户选购，是集研发、生产、销售为一体的国家级高新技术企业，产品销往全国各省、市、自治区，出口亚、欧、非、美洲18个国家。公司是江苏省最大的水表生产企业，位于中国水表行业前列，是国内最大的智能水表配套生产基地。2014年，公司实现主营业务收入14557万元，利润468万元。公司成功申报2个实用新型专利、1个省级高新技术产品、9类近30个产品的生产许可证，再次通过ISO 9001管理体系认证审查，被评为江苏省AA级质量信用企业。“浪花”牌水表获江苏省名牌产品认定；成为中国智能水表最具影响力企业、全国智能水表综合实力前十强企业、省科技型中小企业，市级安全生产标准化三级企业。

【连云港连利·福思特表业有限公司】 2014年，为更好地做大、做强企业，科学合理地调配资源，战略重组后的连云港连利·福思特表业有限公司兼并了原连云港福思特表业有限公司并控股了连云港连利水表有限公司。公司是一家集研发、生产、销售于一体的专业水表制造有限公司，注册资金3000万元，是国内最大的水表生产基地之一。公司员工已达400人，各类专业技术人员占公司员工的40%，已拥有30多个系列、200多个品种的普通水表、电子远传水表、智能水表及抄表系统，以及满足不同层次、不同需求的水表产品，生产口径从15毫米到600毫米，年生产能力300万只水表。真正实现强强联合，统一面对国内、国际两个市场，更高效地满足市场需求。年内公司共研发LVLY-E垂直螺翼式R160电子水表、LXC15~40柱式超声波水表、PD14TAR-15E/T高精度活塞式水表、LXLGC-（50~500）E/C5水平螺翼可拆卸干式水表、LXSGK1-（15~25）B6G/Z无源直读阀控水表、DS97TAR-25E/T3机芯359°旋转防盗水表等6个新产品，并申请一种大口径远传水表和一种新型防盗水表2个实用新型专利，还承担江苏省科技计划项目（企业研究生工作站）、连云港市科技成果转化项目、连云港市工业扩量提质项目、连云港市商务发展项目。全年公司创工业总产值1.1亿元，利润1018万元，缴税500万元；“连利”牌商标被评为江苏省著名商标，产品被评为江苏省名牌产品；公司获批为高新技术企业，总经理被评为苏北创业领军人才、江苏省优秀企业家、连云港市“521”高层次人才、连云港市百名诚信之星；LXS-F1可拆摄像智读远程抄表式水表和LCC-（20-200）超声波流量计2个产品被列为江苏省重点推广应用的新技术新产品目录（第五批）；DN15-DN20高精度（R=160）单流束干式水表获江苏省高新技术产品认定；与淮海工学院共建江苏省热能流量计工程技术研究中心，与江苏理工大学共建企业研究生工作站。年内，公司相继通过ISO 9001质量管理体系认证和ISO 14001环境管理体系认证，产品得到EEC质量认证、BV质量认证和许多国家的水务部门认证，成为国家贸促会向欧盟市场推荐产品，获得法国高质量科技产品等荣誉称号。公司被评为国家出口产品一类企业，江苏省四星级数字企业、高新技术企业，获批江苏省科技型中小企业、江苏省两化融合试点企业。拥有专利12件、省高新技术产品5件，建有江苏省热能流量计工程技术研究中心、江苏省企业研究生工作站、技术中心和水表检测实验室。

纺织工业及企业选介

【概况】 2014年，纺织工业实现工业总产值5亿元，比2013年增长1.7%，有华丰纺织（连云港）有限公司、连云港市众恒纺织有限公司、连云港瑞琪纺织品有限公司等6家规模企业。连云港市华隆纺织有限公司、立成毛绒主要生产经编、纬编涤纶毛绒产品，有高档仿海派、仿提花、平剪绒、刷花、压花、滚束、蒙古毛、汽蒸、深加工拧花等产品系列，色彩鲜艳，绒面丰满，毛感逼真，在玩具、服装、家用纺织品等领域被广泛使用。金典服饰位于连云港市海州区幸福中路，是具有自营进出口权的外向型家纺、服饰生产企业，主要从事长毛绒服装、家纺和床上用品的制作和研究，有各类缝纫设备600余套。公司技术力量雄厚，运用先进的CAD系统进行从纤维到面料直至成品的全方位工艺设计，可以根据客户要求生产各种品种、图案、颜色的家纺、服装产品，已通过ISO 9001-2000国际质量管理体系认证。飞雁毛毯公司主要生产经纬编单双层超柔毛毯、剪花地毯等系列产品，年产毛毯1000万条，95%以上用于直接出口，产品已远销欧、美、非、大洋洲，及日、韩、东南亚等国家和地区。

【连云港瑞琪纺织品有限公司】 公司创建于2006年11月，2007年4月投产，注册资金400万元，公司占地1公顷，建有厂房及办公楼11000平方米，生产长毛绒、家纺制品、毛绒玩具等，市场涵盖美国、墨西哥、日本、俄罗斯、德国、法国、南美等。公司于2013年投入1400万元开展二期工程建造，2014年满负荷生产。新建的特种产品生产线，扩建的绗缝生产线，使产品结构、产能得到极大提高。公司经营结合电子商务、广交会及海外展会等，直接与国外客商接洽，及时跟踪各个目标市场对产品需求的变化，与DISNEY、APOLO TEX、FRANGO等国际知名公司建立长期合作关系，国际结算主要采用电汇和信用证结算方式。为节约成本，商检、报关、货运均采取委托专业船代打理。年内，公司目标客户群大幅度增加，订单增加了30%，全年销售收入达6000万元。

【华丰纺织（连云港）有限公司】 华丰纺织（连云港）有限公司系香港华丰纺织国际集团有限公司子公司，位于连云港市市区古镇板浦北郊，公司于2004年2月建成，投资2000万美元建成，注册资本255万美元，占地6.67公顷，拥有职工390多人。公司充分利用当地的棉花资源与附近村庄签订上万亩棉花种植合同。经过几年的拼搏进取，企业发展速度很快，产销两旺，成为区内涉棉企业的龙头，而且凭借天时、地利、人和的优越条件，企业充满生机活力和发展后劲。2014年企业纺纱能力达5.3万锭，生产高档针、机织用纱。主要品种有环锭纺JC40S、C32S、C21S，气流纺OK26S、OK21S、OE16S、OE12S、OE10S，专纺26S、21S，产品在南昌、武汉等市场为前三名品牌。公司从日本进口最先进的自动化设备，生产工艺不断创新，产品质量不断提高。公司经营的宗旨是以高质量、低成本的产品让利于客户，始终与客户双赢。

新医药产业及企业选介

【正大天晴药业集团股份有限公司】 正大天晴药业集团股份有限公司是海州区唯一的新医药产业。该公司集科研、生产和销售为一体，是国内最大的肝健康药物研发和生产基地之一，国家重点高新技术企业，位列中国医药工业百强企业榜第25位。2014年，集团公司实现产值99.7亿元（指标包括海州区以外的生产片区，下同），销售收入86.7亿元，利润16.7亿元，利税33.6亿元。至年末，公司在研项目200余项，其中一类新药31项；有效专利及专利申请331项，发明专利306项；授权公告的专利169项，其中发明专利147项、国际授权专利13项。公司建立了国家级企业技术中心、国家级博士后科研工作站、江苏省新型肝病药物工程技术研究中心等高层次研发平台，集团自主创新能力不断增强，10余项研发课题列入“国家新药创制重大专项”。

食品工业及企业选介

【概况】 2014年，食品工业实现工业总产值6.5亿元，比上年增长1.2%，有三得利食品、天缘食品、吉本多蔬菜、天福莱饲料、九洲科技饲料5家规模企业，主要产品包括啤酒、食品糕点系列 、肉类、出口蔬菜、动物饲料等。吉本多蔬菜加工出口形势较好，公司是省级产业化龙头企业、市放心加工企业和市十大出口创汇企业。公司基地生产的莲藕、洋葱、辣椒、西兰花、甘蓝、番茄等农产品都通过无公害农产品认证。三得利食品与青岛啤酒合作扩张，在淡季结束后，于3月开始培植麦芽，4月即产生1万吨生产能力，可生产2000吨易拉罐、8000吨瓶装王子啤酒系列。全年生产增长20%，税收2831万元。九州科技饲料等公司生产的动物饲料，主要有猪、鸡、水产饲料及复合预混料等六大系列140多个品种，成为集海洋生物原料、饲料、生物装备产品、水产品养殖经营、网络商务为一体的农业科技型龙头企业。

【中国江苏三得利食品有限公司】 公司于1984年10月30日成立，是中国食品行业最早的中外合资企业之一。2013年5月，公司股东之一，三得利（中国）投资有限公司与青岛啤酒集团公司合作，成立三得利青岛啤酒（上海）有限公司，并收购了原公司100%的股权，原公司成为三得利青岛啤酒（上海）有限公司的全资子公司，投资总额为3.4亿元，注册资本1.7亿元。公司占地面积13.63公顷，职工400人，其中大专以上学历占20%。2014年投资850万元进行设备更新升级改造，为配合产能提高及产品质量提升，对原制水系统进行更新，新上一套RO水处理系统（30m3/h）；新增3套理瓶机替代人工拾瓶入箱再上线的模式，生产效率明显提升；更新一台易拉罐纸箱包装机，取消人工包装；新增一台码垛机器人，取消人工码垛，从而提高生产效率。全年销售啤酒72268千升，销售收入14098万元。公司成立30年来，从单一化发展到包括连云港啤酒工厂、麦芽工厂、淮安啤酒工厂等在内的集团化，产品品种有王子系列50多个品种、包装啤酒、“三得利”牌麦芽，生产能力已达年产啤酒15万吨、麦芽2.2万吨。

【连云港吉本多食品有限公司】 公司始建于2009年3月，为江苏省云台农场投资控股经营，注册资本1050万元，总投资6000万元，占地9.33公顷，员工350人。2014年，公司依托连云港花果山（省级）外向型农业示范区，加强基地建设，添置、改造生产线。拥有流态床冷冻生产线2条、进口真空包装机4台、全自动杀菌设备2台，及8000吨高温冷藏库、6000吨低温冷冻库。投入500多万元改造完善了现代化实验室，主要检测设备有液相色谱仪、气质联动仪、超纯水发生器、旋转蒸发仪、固相萃取仪、氮吹仪和金属探测仪等，检测能力符合出口食品生产企业的要求。公司在经营的冷冻、保鲜、盐渍和调理等四大类产品中，增加了莲藕系列、烤洋葱、冷冻韭菜和菠菜类特色品种20余个，总数120多个。年加工生产能力突破20000吨，产品外向化程度稳定在90%以上，出口日本、韩国、东南亚及欧美市场，年创汇能力1000万美元。公司加大研发力量，先后推出“一风堂”糯米藕、“一风堂”加味藕片、“一风堂”藕粉、“一风堂”盐水毛豆、加味大根、牛蒡茶等即食型新产品，口味鲜美，营养丰富，得到了广大消费者的喜爱。“一风堂”莲藕制品获得连云港市名牌产品荣誉证书。公司拥有1100公顷出口蔬菜基地，省内其他备案基地133公顷。先后通过ISO 22000、GAP、BRC、QS等质量认证，拥有“JBD”“一风堂”“云台农庄”“吉本多”四个注册商标及《蔬菜宝贝》著作权。

【连云港九洲科技饲料有限公司】 公司成立于2001年5月，注册资本300万元，总投资2000万元，占地1.3公顷。从事配合饲料、浓缩饲料、添加剂预混合饲料的生产、销售。公司拥有现代化的检测、分析仪器及3条现代化生产线，年设计生产能力15万吨。2014年，原材料涨价，市场竞争激烈，公司加大市场开拓力度，聘请专家为经销商和养殖户传经，共举办大型高峰论坛6次、小型推广会25次，参会3500人。公司为提高畜禽饲料生产能力，杜绝生产过程交叉污染，进一步提高产品稳定性，投资400万元改造畜禽饲料生产线。全年公司实现销售收入14081万元，亏损130万元。

化学工业及企业选介

【概况】 2014年，化学工业实现工业总产值22亿元，比2013年增长0.76%，有德邦化工、新磷矿化、泰乐化工等15家规模企业。主要有氯化铵等农用肥系列、工业氯化苄等化工产品。农用肥以销售库存为主，为了保住自身的市场份额，亏本销售、亏本生产；泰乐化工、双菱化工生产形势稳中有升，较为稳定；德邦化工整体情况和上年基本持平，主要产品氯化铵，因供大于求，每吨亏损300元左右，全年亏损近3000万元。新磷矿化受7月矿井渗水影响，造成意外经济损失约400万元，再加上产品供大于求，价格走低，处于亏损局面。

【连云港景悦食品配料有限公司】 公司原名连云港市海州景悦化学制剂厂，始建于2001年，专业生产与销售食品添加剂氯化钾，是国内最早生产食品添加剂氯化钾的厂家之一。公司由洪门街果园路老厂区和洪门工业园新厂区两部分组成，老厂区占地1公顷，新厂区占地2公顷。产品广泛用于低钠盐、卡拉胶、果冻、运动饮料、饲料等行业。公司使用纯净的海钾为原料，采用物理方法——热分解冷结晶提纯，生产工艺中没有添加任何对人体有害的化学物质，是生产绿色食用低钠盐的首选供应商。2014年，公司对烘干车间震动流化床的旋风除尘系统进行改造，选用先进的双除尘系统；对冷却结晶罐进行底部改造，确保物料无滴漏。实现年销售收入3431万元，利润247万元。投入3000万元、年产氯化钾5万吨的项目，计划2015年10月建成投产。

新材料产业及企业选介

【概况】 2014年，新材料产业实现工业总产值18.5亿元，比2013年增长15.3%，有联瑞新材料、乐园集团、龙塔研磨等10家规模企业；主要产品为碳化硅、硅微粉系列，70%以上出口。新材料产品主要销往美、日、欧盟及台湾地区，在国内用于光伏企业、航天工业、冶炼工业，部分销往珠三角、长三角的日资企业。受成本上升、价格下降的影响，利润增幅有所下降，有关企业不断研发高附加值的新产品，不断调整产品结构。花果山磨料投资1500万元新上黑碳化硅微粉生产线，乐园集团投资2000万元进行超精密6HSiC生产线技术改造项目，联瑞公司积极争取上市，行业总体经营形势好于上年。

【江苏联瑞新材料股份有限公司】 公司始建于2002年4月，原名连云港东海硅微粉有限责任公司。2014年8月公司完成股份制改造，在全国中小企业股份转让系统（新三板）上市工作已进入冲刺阶段。公司先后开发大功率LED覆铜板用电子级超细硅微粉、低粘度无卤覆铜板用电子级高纯超细熔融硅微粉等符合高端目标客户产品性能要求的超细粉产品，上述两个新产品被省科技厅认定为江苏省高新技术产品。公司注重创新生产、营销、服务策略，以“创新产品、扩增产能、优化管理”为主题，提升管理创新水平，被省经信委认定为江苏省管理创新优秀企业、2014年度江苏省“科技小巨人”企业。是国内最早从事电子级硅微粉生产、研发的企业，也是国内唯一在硅微粉行业拥有核心技术和创新体系的国家级高新技术企业，是中国电子信息产业不可或缺的前端关键材料硅微粉的研发、生产龙头企业。公司建有4个专业制造硅微粉的工厂，主导产品有结晶硅微粉、熔融硅微粉、活性硅微粉、超细硅微粉、球形硅微粉5大系列100多种规格，年生产能力4万吨。产品主要应用于电子材料、电工绝缘材料、特种陶瓷、精密铸造、油漆涂料、硅橡胶、功能性橡胶、塑胶、高级建材等领域。

【江苏中鹏新材料股份有限公司】 公司集科研、生产和销售电子封装材料为一体，是国内最大的中资环氧模塑料、酚醛模塑料研发和生产基地之一。2014年，创工业总产值1.3亿元，税收341万元，用电量641.3万千瓦时。公司的环氧模塑料系列新推出9个新产品，承担了国家科技重大专项——“三维高密度集成倒装芯片模塑工艺底部填充材料研发及产业化”；获批国家重点新产品及半导体自主创新产品2个、江苏省高新技术产品1个；获批发明授权专利1件；上马酚醛模塑料生产线，当年建设当年生产，销售165吨；ERP项目全面运行，将管理信息化解决方案成功地实施、应用到企业的实际业务流程中，质量管理和基础管理得到加强；持续运行四标合一体系，加强过程质量控制，产品质量进一步稳定，性能指标得到提高，为开发中高端客户打下坚实的基础；公司是国家火炬计划重点高新技术企业、江苏省高新技术企业，在全国同行业中排名第二，在全国中资企业中排名第一。

建材行业及企业选介

【概况】 2014年，建材行业有东浦管桩、东盛混凝土、节能建材厂等11家规模企业，实现工业总产值17.7亿元，与2013年持平。该行业基本上正常运行，主要产品包括混凝土、管桩、干粉砂浆、新型墙材等。新增新型管桩和干粉砂浆2个增长点项目，东浦管桩投资800万元的免压蒸防腐管桩生产工艺改造项目销售情况良好。

【江苏东浦管桩有限公司】 公司是连云港市最大的建材管桩制造企业，主要从事先张法预应力混凝土管桩的研发、生产施工，是管桩生产二级资质企业，地基基础施工一级资质企业，生产规模及创新程度在全市排名第一，在全省排名第三，在全国排名前十位。2014年，公司建成第一条方桩生产线，自主研发的预应力高强防腐管桩、半预应力实心方桩2个新产品获江苏省高新技术产品称号。公司年内投入科技研发经费1149万元，占销售收入的3.7%，建立了省研究生工作站，申报专利24项，拥有有效专利50项，其中发明专利10项。全年公司产品销售量192万米，营业收入30859万元，利润1228万元，上缴税金149万元。年内，公司获全国建材百家优秀企业、全国建材企业文化建设一等奖、全国建材企业文化优秀案例奖、全国建材企业文化突出贡献奖、省五一劳动奖、省第十八届职工运动会龙舟比赛第七名等荣誉，被认定为国家级高新技术企业、省高成长型重点培育企业、省两化融合转型升级示范企业、省级企业技术中心、省高强度耐盐渍防腐管桩工程技术研究中心、市两化融合示范企业、市信用管理示范企业，进入中国建材500强、中国民营建材企业100强、中国建材高成长型100强。

（撰稿：张　军　审稿：贾慧娟）

责任编辑：马善臣

商贸服务业

综　述

原新浦主城区是连云港市商贸流通业最集中、最发达的区域。其产业占原新浦区经济总量的70%，产生的税收约占财政收入的55%。2014年，海州区把提升、培植现代服务业作为加强商贸服务业改造的主攻方向。建成民主路、盐河路等特色街区，提升了海州白虎山小商品批发市场、义乌小商品市场、四季农副产品批发市场等商贸服务资源在流通领域内的促进作用。对城区内商贸流通布局进行升级改造，建立市场管理长效机制。电子商务在全区迅速发展，网络消费已深入到社区居民生活的方方面面。供销合作商业服务网点由乡村向城区延伸。域内购物中心（广场）、商店、商行、小商品市场、超市、大卖场等商贸服务网点遍及城乡，布局更趋合理，方便了群众生活。

2014年，全区消费品零售额为222.7亿元，增幅12.8%。新增私营企业252户，注册资本127.26亿元；新增个体工商户1849户，从业人数10441人，资金3.38亿元。

商贸流通

【概况】 2014年，海州区社会消费品零售总额为222.7亿元，同比增长13%。其中，限额以上企业社会消费品零售总额完成148.7亿元，同比增长12.8%；限额以下社会消费品零售额74亿元，增长13.4%。

【市场建设】 2014年，海州区按照城市中心区、乡镇商贸区等多个发展层次，逐步完善商贸网点布局，提升城市整体商贸服务水平。针对已形成的一些自发性集聚商贸区，如青年东路花鸟鱼市、青年西路电动车一条街、海宁路汽车文化服务特色街、四季茶城根雕城、八佰城市走廊等，按照布局和特色对其进行整合，提档升级，将其纳入到统一、科学、有序、规范的管理模式下。大型特色街区集聚效应日益增强。亚欧建材装饰广场快速推进，大润发超市、九龙大世界等大型零售商业企业经营效益日益提高，苏宁广场、时尚莱迪开业，陇海步行街进行提档升级，进一步增强辐射带动力，形成专业市场、专业特色街区与大型商场互补发展的格局。年内，对5个农贸市场进行升级改造。

【电子商务】 2014年，海州区电子商务发展速度较快，网络消费已深入到居民生活的方方面面。区现代服务业办公室拟订区级电子商务扶持政策，帮助杰瑞科技产业园、天马网络、韦希电子商务、为民家政等几家重点电子商务企业争取省、市级扶持资金共75万元；配合市商务局成立以天马网络为龙头的连云港市电子商务协会。为居民生活提供服务的家政服务网络中心，尝试将电子商务应用于社区服务领域，有效利用网络信息平台，通过电子商务网站、电话呼叫、短信平台等手段，整合社区服务资源，开展电子商务服务；通过数百家加盟商和加盟服务商信息，提供家政、维修、养老、订购等多项居民服务项目，为群众提供便捷实惠的一站式日常生活服务。

【网上菜篮子惠民工程】 2013年9月，天缘集团组建菜篮子电子商务有限公司，对外注册连云港菜篮子网，在连云港市首家启动网上菜篮子惠民工程。2014年，网上购物在新浦、海州城区建院未来城、苍梧三期、水木华园、华阳丽都、世纪广场等小区和写字楼，以及党政机关和重点学校，设置的40多个智能终端柜开始运营。终端柜具有食品保鲜功能，能确保食品在安全时段内的质量。每柜设16扇独立小门，凭交易成功后的回复密码，小门才能打开。终端柜全部安放在一楼通道口的显眼处，方便购买群众随到随取。

网上菜篮子可购买蔬菜、生鲜、水果、熟食、炒货、酱菜、粮油等八大类，共计30个小类、666个产品，基本涵盖了居民日常生活所需。网上购物便捷、廉价、安全、可靠。购物人只要登录公司菜篮子网站，先注册，之后查找可需商品，接下来购买—提交订单—付款—确定收货回复密码—按照购物回复密码到指定终端柜输入密码，开箱取货。整个网上买菜流程关键是要做好注册认证，确保留下的电话号码和地址准确无误。

为使城区居民广泛认知网上菜篮子，该公司推出送菜上门服务，送菜范围涵盖了海州区的整个建成区。

【商贸企业】 2014年，海州区有商贸企业15007家，注册资金总额达700多亿元。其中，批发和零售业企业6339家，注册资金近135亿元；住宿和餐饮业企业324家，注册资金4.82亿元；居民服务、修理和其他服务业企业64家，注册资金4.4亿元。

【商贸个体户】 2014年，海州区在工商部门登记注册的商贸个体户22070户，注册资金8.15亿元。其中，批发和零售业15103户，注册资金58481.45万元；住宿和餐饮业个体户2231户，注册资金13994.01万元；居民服务、修理和其他服务业个体户2524户，注册资金9061.35万元。

【白虎山庙会】 2014年5月1~7日，由新浦区委、区政府主办的四月八白虎山庙会暨新丝绸之路经济带文化商贸交流周（以下简称庙会）在东风路、幸福中路、义乌商品城开幕。

白虎山庙会距今已有300多年历史，庙会已成功进入首批市级非遗保护项目。这次庙会以“老海州老味道，新海州新体验”为主题，通过文化演出、非遗进庙会，以及一系列经贸活动，展示白虎山庙会的悠久历史和文化特色。为了确保庙会安全有序进行，成立白虎山庙会活动指挥部，区委、区政府主要领导分别担任指挥部政委和总指挥，并下设办公室以及宣传报道组、商品交易组、文艺演出组、环境秩序组、医疗救护组、福体彩票组、宗教活动组、交通安全保卫组等工作小组。区工商、住建、城管、商务、民政、公安、幸福路街道、朐阳街道、洪门街道、海州街道等17个单位整体联动。

白虎山庙会除传统商品展示、旅游推介和经贸洽谈外，还有一系列民俗表演和精美的文化大餐。7天时间，庙会交易额达3000万元，人流量达30万人次。

现代商圈建设

【概况】 2014年，海州区充分凸显商贸服务业作为区主导产业的作用，重点打造以解放路、海连路、通灌路、南极路为核心的“井”字形中央商务商贸金融服务业集聚区，引领商务、商贸、金融企业集中、集聚、集约发展。进一步巩固提升通灌路和陇海步行街T字形商圈建设。民主路老街突出市场招商和功能完善。盐河巷文化街二期完成少年宫改造，天后宫9月建成开放。在加快商业建设的同时，海州区商圈建设进一步形成专业市场、专业特色街与大型商场互补发展的格局。

【海州区核心商业圈】 海州区核心商业圈亦是连云港市最大的商业集聚区，以陇海步行街为中心，向周边辐射约4平方千米，涵盖通灌路、海昌路、解放路及海连路等街区，是全市客流、物流、财富流的汇聚之地。商圈内特色街区、各种商贸服务业态汇聚，国际、国内知名商家云集。计有陇海步行街、万润商业步行街、时尚莱迪广场、汇金广场、盐河路餐饮街、八佰城市走廊、博威江南酒吧街、青年东路花鸟古玩特色街、三禾水晶街、民主路民国风情特色街、沿河古巷、丰联广场（在建）、苏宁广场13条商业街区；中央国际、九龙大世界、华联商厦、银座百货（筹）等4家百货店；乐天玛特（通灌路）、苏果、大润发、农工商、永辉等大型综合超市；苏宁（2家）、五星（2家）、国美（2家）、文峰、数字旗美等8家家电数码专业店；红太阳、曲美、雅士居、金泰、金叶等5家家居商城；还汇集了近300家沿街门面的餐饮、娱乐、食品、电器、数码、医药、运动器械、金银饰品、服饰鞋帽、影院、书店、咖啡馆、足浴等商业网点，营业面积达到110万平方米。随着2013年9月商业综合体苏宁广场的建成开业，海州区核心商圈的整体水平、商业规模、业态功能得到了很大提升，城市形象和商业设施水平进一步优化，商圈的集聚效应明显。

【海州西区商圈】 海州西区商圈以海州白虎山批发市场为龙头，汇集了海州白虎山批发市场、宝利商业街、义乌小商品城、家乐福和家得福超市等大型商业网点，商业面积25万平方米。2014年，海州区配合孔望山片区及石棚山片区的开发扩大其规模，同时整合高速南入口，依托汽车城（规划）、振兴花卉城、兴隆装饰城（扩建）等商贸资源，打造以汽车、汽配、建材家居等为主导的生活性精品市场集群，以满足市民消费需求。

【海州东区商圈】 海州东区商圈位于巨龙路步行街周边，以巨龙南路餐饮美食街为中心，依托3000米长的巨龙路步行街向周边延伸，汇集了海鲜特色美食街，乐天玛特（巨龙路店）、北京华联2家大型超市，各类餐饮、休闲、娱乐商业网点1000多家，商业面积达15万平方米，已逐步成为满足新区居民购物、餐饮、休闲、娱乐服务需求的集聚区。

【龙河广场升级改造】 2014年，对享有“城市客厅”美誉的华联商圈中心主要街区龙河广场进行提档升级改造，同时易名为“龙河潮流广场”，改造总面积5000平方米。改造后的龙河潮流广场将成为港城地下商业新的亮点。龙河潮流广场包括两个下穿广场，以及负一层、负二层。负一层为美食广场，内有港城消费者喜爱的小吃，如铁板烧、鸭血粉丝等。负二层设置“潮流百货”“时尚DIY”和“男女时装”3个街区，面积共3000平方米。主营项目包括各类男女精品服饰、小百货、化妆品、美甲彩妆、摄影写真、动感电玩等。负一层美食广场已完成招商。

特色街区

【概况】 海州区是连云港市商贸中心，上档次的特色街区主要有陇海步行街、民主路老街、龙河潮流广场、连云港水晶街、东盐河美食街、盐河巷古玩一条街、青年东路花鸟鱼市、青年西路电动车一条街、海宁路汽车文化服务特色街、四季茶城根雕城、八佰城市廊等，这些特色街区集聚效应日益增强，成为繁荣海州商贸业的亮点。

【苏宁广场】 苏宁广场位于海连中路和通灌路交汇处，连云港市商圈核心，周边交通便利，是全市最具商业价值的区域和黄金商业宝地。苏宁广场总面积22平方米，其中商业面积超10万平方米，于2014年9月30日正式开门迎客。苏宁广场作为连云港商业新地标，以国际品质和全球视野，集合丰富业态、知名品牌，以“精品、时尚、体验”为定位，涵盖了精品百货、休闲娱乐、时尚餐饮、精品超市等丰富业态，满足城市购物、休闲、娱乐、交际四大需求，成为连云港市全方位、全天候的生活目的地。共有近200个国内外知名品牌入驻，出租率达100%。首批苏宁广场020体验店苏宁“嗨店”同步运作。

【东盐河美食街区】 位于海州区东部、东盐河中段的新世界文化城，总建筑面积135万平方米，由文化街区、美食街区、时尚街区3个部分组成，是连云港市委、市政府倾力打造的港城新名片，功能齐全，设施先进。美食街区位于凌州路与东盐河交界处，淮海工学院北侧，是新世界文化城的核心项目，紧邻主城区，距离市行政中心仅1200米。美食街区一期项目占地9公顷，总投资4亿元，街区吸纳了众多知名加盟连锁店、港城老字号餐饮企业。集茶吧、酒吧、餐饮、大型购物中心为一体的民国建筑风格休闲美食街区已有多家商户入驻。

【时尚莱迪购物广场】 时尚莱迪购物广场（简称时尚莱迪），位于南极北路南侧，紧邻陇海步行街，2014年3月28日开街，300余商户入驻，5月1日正式开业。时尚莱迪是集购物、餐饮、休闲、娱乐于一体的一站式情景主题购物中心，已进场的商品有服装、百货、鞋帽、化妆品、玩具等。餐馆品牌有五代唠吧、台湾回转涮涮锅、吉阿婆麻辣烫、韩国自助烤肉、成都冒菜、麻辣香锅、钵钵鸡、品滋、VQ、春城米粉等。

农贸市场

【概况】 2014年，海州区完成了22个菜市场建设和升级改造，19个菜市场投入使用，还有中央华府、茗馨花园2个菜市场主体完工，已开始招商，巨龙路、花果山2个菜市场的升级改造工程即将完成。全区菜市场建设改造面积达8.8万平方米。升级改造后的菜市场，不仅购物环境改善了，每个菜市场还配备了农残检测设备和专业人员，对不同品种每天抽检，食品安全得到了一定的保证。全新的菜市场做到建设与管理同步，进一步提升了城市形象。设立了东风、镇海等5个直销点，销售总量超过2.5万千克，客流总量超过4万人次。2014年，海州区现代服务业办公室主动协调社区和相关企业，在全区建设了13个网点、17个智能终端、2个加盟店。

【连云港四季农副产品批发市场】 连云港四季农副产品批发市场系连云港万联能源集团在海州投资开发的大型三产项目。项目建于陇海铁路以南、204国道以西，占地面积48.67公顷，总投资10亿元人民币，是规划中的市区西部大型物流中心的重要组成部分。该项目是国家商务部重点建设的“双百市场”之一。2014年，该市场成交额27亿元。

【极美苑农贸市场】 坐落在大庆东路85号，占地面积3600平方米，商户98户，投资2600万元，年成交额1.37亿元。

【振兴农副产品交易市场】 坐落在海州区云海街浦南中心路，占地面积8000平方米，商户120户，投资3600万元，年成交额2.14亿元。

【惠润蔬菜活禽市场】 坐落于海昌南路，占地6800平方米，商户348户，年成交额4.33亿元。

【海州南门农贸市场】 位于海州南北大街东侧，始建于1977年。该市场在海州古城墙旧址上经多次改建、扩建而成，至2008年底，市场占地面积7000余平方米，有经营门面房126间，钢架玻璃瓦大棚4000余平方米，经营柜台600余延长米，总投资额300余万元。内设卤货、海干货、蔬菜、肉类、水产、豆制品、粮油、家禽等多个交易区，各种新鲜蔬菜、肉禽蛋、水产品、干鲜果品种齐全。既有早市批发，又有现货零售，是海州地区最大的农副产品交易市场和蔬菜集散中心之一。该市场交通便利、服务设施完善，市场除设有工商所进行日常监管外，场内还设有农药残留检测站、停车场、服务台、公平秤、信息宣传栏等多种服务设施和自来水、垃圾转运站、果皮箱、水冲厕所等配套卫生设施。年内，市场进行内部提档升级改造。2014年市场成交额7500万元。

【板浦镇鼎盛农贸市场】 板浦镇鼎盛农贸市场位 于北门社区，1995年兴建，占地约1公顷，建筑面 积10000余平方米，经营铺面180余家，其他经营 户400户。2011年11月由连云港鼎盛农业开发有限公 司出资1885万元进行升级改造，2012年8月完工 并投入使用。改建后新市场占地约1.33公顷，建筑面积11560平方米。市场内分蔬菜区、豆制品 区、蛋品区、水果区、粮油区等，蔬菜区摊位65个，其中豆制品摊位12个、半成品摊位2 0个、蛋品摊 位8个、水果摊位25个；门面房132间，其中肉制 品门面房20间、水产区门面房20间、活禽门面 房10间、熟食门面房18间、粮油门面房18间、海 干货门面房20间、调味品日杂门面房26间，合计318节柜台。

【新坝综合市场】 新坝农贸市场位于新坝镇，始建于1976年，1993年改建。占地面积18000余平方米，有经营门面房224间，钢架玻璃钢瓦大棚5300余平方米，经营柜台610延长米，总投资金额320万元。是集综合和农贸于一体的综合性市场，上市商品包括农副产品、粮油类、肉禽蛋类、水产品类、食品类、日用品类等。

【锦屏农贸市场】 原为马路市场，始于1977年。1999年为改变锦屏镇长期的马路市场格局，镇政府决定由桃花村主办，在镇政府西首桥南建成占地4500平方米的农贸市场。该市场有门面房112间、摊位300延长米，上市商品包括农副产品、粮油类、肉禽蛋类、水产品类、食品类等。由于市场地处桃花涧岸线，空间狭小，通行不便。2013年锦屏镇在工人村西新建的锦屏农贸市场，已完成主体建设。

表5 2014年海州区主要农副产品市场简况表

序号	市场名称	市场地址	经营场地面积（平方米）	场内经营者户数	年成交额（亿元）
1	振兴农副产品交易市场	海州区云海街浦南中心路	80000	120	2.13
2	连云港丰润市场	海州区大庆西路26号	2400	254	2.18
3	极美苑农贸市场	海州区大庆东路85号	3600	98	1.37
4	惠润蔬菜活禽市场	海州区海昌南路东、建设路北	6800	348	4.33
5	苍梧生活广场	海州区兴隆路26号	15704	200	2.21
6	巨龙农贸市场	海州区海连东路11号	3800	61	0.67
7	艺北农贸市场	海州区艺北路8号	1150	500	0.90
8	沈圩桥农贸市场	海州区新新路188号	3550	84	0.84
9	连云港四季农副产品批发市场	海州区洪门物流园区	5300	219	27.00

工业消费品市场

【概况】 2014年，海州区有上档次的工业品消费市场（包括其他生产资料市场、钢材市场、旧机动车市场）13个，主要经营日用工业品、塑料制品、陶瓷制品、家具、装饰用品、机动车和钢材等。年成交额达21.3亿元。

【泰源市场】 连云港市泰源市场发展有限公司坐落于陇海东路南侧36号。该市场法人代表汪洪，注册资金300万元，场内经营户192家，年成交额2.17万元。

【万家欣装饰市场】 万家欣装饰市场坐落于大庆东路99号，有167家商户进场经营，该市场主要经营成材、木板、地板、装饰材料、塑料制品、五金交化、厨卫用品等。2014年，市场成交额4.56亿元。

【红星·美凯龙国际家居广场】 红星·美凯龙国际家居广场地处火车站，位于人民路与盐河路交接点，交通便利。商场结构为四层，经营规模达8万平方米，设有中央空调、20部自动扶梯。商场环境整洁、舒适、优雅，为顾客提供了一个现代化、个性化的时尚购物空间，代表了高档商场型家具、建材专业化卖场的崭新形象。主营知名品牌家具、建材、陶瓷、卫浴、家具装饰等上万款品牌家具、建材商品，共有千余家品牌家具、建材生产厂家进驻直销，真正实现了"从装修到家具、家饰"的一站式消费。2014年，红星·美凯龙国际家居广场年成交额2.20亿万元。

【连云港兴隆装饰城】 连云港兴隆装饰城是兴隆实业集团于2002年投资8000万元建造的超大型建材装饰材料星级市场。装饰城位于瀛洲路南首，204国道东侧，紧邻市中心。商场门口设有多路公交车站，地理位置优越，交通运输方便。兴隆装饰城占地33.33万平方米，建有混凝土钢铁框架大展厅和大面积仓储用房。主要经营范围：灯具、陶瓷、水暖洁具、家具、木业五金、精品橱柜、胶合板、铝型材加工、油漆、木线和门窗材料制作。2014年成交额0.61亿元，日均人流量2000人。

表6 2014年海州区主要工业消费品市场简况表

序号	市场名称	市场地址	场内经营者户数	年成交额（亿元）
1	中舟百货批发市场	海州区幸福中路东侧	238	0.48
2	旧机动车交易市场	海州区通灌南路239号	30	7.98
3	糖酒副食品有限责任公司万家欣装饰市场	海州区大庆东路99号	167	4.56
4	国安电脑城	海州区通灌南路1号	19	0.84
5	天晟五交化有限公司金三角装饰城	海州区解放东路55号	55	0.77
6	兴隆装饰城	海州区瀛洲路南首	226	0.61
7	泰源市场	海州区陇海东路南侧36号	192	2.17

续表

序号	市场名称	市场地址	场内经营者户数	年成交额（亿元）
8	红星美凯龙国际家居广场	海州区人民路66号	94	2.20
9	恒基物业管理	海州区人民路66号宝安商业广场BC区	61	0.80
10	普捷贸易有限公司地一大道市场	海州区通灌北路128号九龙世贸城地下室	63	0.68

海州白虎山小商品批发市场

【概况】 海州白虎山小商品批发市场始建于1991年，占地面积8万平方米，建筑面积约6万平方米。营业摊店2400个，商户1500余户，其中浙江、福建、山东等外地商户300余户，有限责任公司40户，从业人员逾4000人，市场年成交额近20亿元。该市场主要经营服装、鞋帽、糖果、食品、酒、饮料、五金电器、电动自行车、家具、油漆、建筑装潢材料、日用百货及日用杂货等13大类上千个品种。

1992年起，白虎山批发市场连续三次荣获国家级“文明市场”称号，多次荣获省市级“文明市场”称号。多年来，该市场在地方政府指导下，由初始小规模经营，经过一段时间的运行发展，形成以批发、零售为一体的大型市场。工商部门优化服务措施，强化监管力度，向社会承诺“满意在市场，有事找工商”，并在市场推行首问责任制、政务公开制。通过“家家到、户户访活动”“户户讲道德、店店无假货”“文明示范区”等一系列创建活动的开展，该市场先后评出数百户无假货摊店“十大明星”，向社会公开承诺卖真品、标实价，积极推行无障碍退货、送货配货等服务，推进了市场的强势发展。90年代中后期，市场发展达到鼎盛，成为苏北地区最大的批发市场之一，位列连云港市政府重点培育的五大龙头市场之首。白虎山批发市场走出了一条“立足品牌，规模发展”之路。全国150余家知名企业在此设立了全国、省、市总代理、总经销，总代理、总经销品牌350余个，与全国20余家市场建立了广泛联系。2003年建宝利商业街，2005年开业，宝利商业街占地面积28233平方米，建筑面积29138平方米，新增营业摊店800余个，新增从业人员1300人。市场总占地面积达108233平方米，营业摊位3200个，从业人员5300余人。2014年，市场成交额近20亿元，日平均人流量1万多人。

陇海步行街

【概况】 2014年，陇海步行街管委会办公室（以下简称管委办）紧密围绕建设“人文荟萃、美丽海州”目标定位，突出重点，打造亮点，街区建设和管理得到新提升。2014年，陇海步行街先后荣获全国中小商贸流通企业服务年活动示范街、国家AA级旅游景区等荣誉称号；管委办被评为2013~2014年度全国商业街管理先进集体，通过市廉政文化进机关示范点考核验收。

【美食节活动】 2014年4月27日至5月3日，步行街管委办在西街美食广场举办连云港首届烧烤美食节。美食节期间，日人流量25万人次，销售额30多万元。8月9日，联合台湾云林县地方小吃协会成功举办第三届台湾美食节，直接销售额达100多万元 。

【街区建设】 2014年，管委办投资1300万元,对街区垃圾桶、休闲座椅、路灯等基础设施及花园、广场、绿地、附街道路等进行绿化、亮化、美化升级改造；与电信合作，实施街区公共区域无线网络建设工程，基本实现WiFi全覆盖；投入资金252万元，新增智能化电视导购导览系统8套，新增及改造LED显示屏145平方米，大力推进智能化街区建设。

【文明创建】 2014年，围绕省正版正货示范街、放心消费特色街区、全国中小商贸流通企业服务年等目标，积极开展创建活动。3月，与区消协、区药监局、区工商联等11家单位联合举办纪念“3·15”消费者权益日宣传活动。5月，联合市电视台开展电视台新闻中心编辑、记者走进陇海步行街技术比武活动，采编陇海步行街比武活动新闻稿件21篇，在《连云港新闻》《港城365》电视节目上集中播出。8月，省放心消费现场会在陇海步行街举行。9月，结合东街北附街民治路改造，联合工商局、市文广新局等单位成功举办连云港市首届“海州杯”西游记主题涂鸦墙比赛。

【党群工作】 2014年，以党员服务新干线为平台，开展保安、保洁、公共设施维修、绿化带维护、消费者维权等五大类22项服务。每周五开展“义务劳动日”活动，组织党团员志愿者为商户搬运货物、清除街区卫生死角、铲除小广告等，营造整洁、有序、优美的街容环境。3月5日，联合团区委开展学雷锋大型广场志愿活动和义务劳动，现场募集“希望工程”爱心款2329.35元，招募青年志愿者54人。3月8日，会同区妇联、司法局开展“三八维权周”法制广场文艺会演，现场法律宣传、咨询和文体活动。3月12日，到帮扶村浦南镇尹巷村开展义务植树活动。3月和8月，开展“联系商户大走访”活动，走访商户495家，征集意见和建议332件，现场解决58件，剩余问题制订整改时间表，明确到人。5月8日，会同市委宣传部、市妇联、连云港广电传媒共同举办“新婆婆妈妈”大舞台走进陇海步行街广场文艺演出。7月1日，联合市慈善总会举办了“港城尽飘黄丝带，我为孤残儿童献爱心”大型义捐活动。

【爱心帮扶活动】 2014年，步行街管委办立足街区实际，积极组织引导街区商户党员开展爱心帮扶、回馈社会活动，结对帮扶社区和花果山街道贫困户10户，党员捐款、捐物折合人民币近4万元。在步行街中街常年设立募捐箱，全年共收集募捐各类物品500余件，南城老年公寓、阳之聋心语训中心及多名困难群众受益。

（撰稿：丁琳凌　审稿：祁　德）

中华老字号

【概况】 海州区中华老字号及百年以上的著名商标主要有生庆公茶庄、三和兴药店、天成公药店，以及板浦镇汪恕有滴醋和东达肉制品厂的香肠。

【汪恕有滴醋】 连云港市板浦汪恕有滴醋厂把祖传的传统工艺和现代科技相结合，不断运用现代先进的生产技术改造传统产业，企业的产能不断扩张，并实现了机械化、管道化、标准化生产，建立了以市场为导向，以效益为中心，以生产过程控制的企业质量管理和质量保证机制。产品质量的稳步提高，降低了消耗，使滴醋的各项质量指标均高于国家标准要求，在同行业中处于领先地位。汪恕有滴醋厂已发展成为江苏食醋行业的标杆企业之一。企业在发展连锁经营，挖掘老字号品牌经济文化价值，量化无形资产，整合老字号资源，扩大老字号的经营规模，走集团化经营的发展道路，建立集中采购、配送的服务平台等方面取得明显成效。

【板浦香肠】 板浦香肠品牌始创于清道光十三年（公元1833年），传承至今已有180多年历史。其第四代传人黄友沛独资设立了连云港市海州板浦东达肉制品厂，2002年国家商标局注册板浦商标一直使用至今。板浦香肠系连云港的传统名特优产品，其注册商标已被认定为江苏省著名商标，具有很高的知名度和市场占有率。板浦香肠列入连云港市非物质文化遗产名录，通过了GB/T19001-ISO 9001质量管理体系、GB/T24001-ISO 14001环境管理体系、CNAB S-152-HACCP食品安全管理体系的认证。

物流业

【概况】 2014年，海州区依托独特的区位优势，大力发展商贸流通产业，带动物流业迅速发展，打造沿解放东路、310国道和老204国道形成“U”字形专业市场，货运物流产业带初具规模。总投资20亿元的电商快递物流园项目、总投资6.5亿元的310物流园项目已邀请客商403人在海州区进行意向性考察，其中境内377人次，境外26人次。

据统计，30家限上物流企业全年实现主营收入46亿元，超额完成年度目标任务。

【物流园区建设】 2014年，海州区已建物流园区有海州区服务业集聚区、金隆钢材城、振兴物流园、康缘物流配送中心等，园区入驻企业约3500家，固定资产5亿元，仓储面积约300万平方米，年营业额35亿元，利税12亿元。洪门工业园物流综合楼建成使用；康缘物流配送中心凭借新建运营的现代化智能仓库采用的中国领先的物流系统工艺流程，挺进了“第三方物流”项目；连云港天马网络发展有限公司“电子商务项目”、连云港顺丰速运有限公司“智能化仓储、物流运输”项目入驻海州区现代物流业综合服务园区，总投资2亿欧元的西班牙麦卡莎集团冷链物流等签约入驻。金隆国际钢材城着力打造具有钢材交易、仓储物流、加工配送、电子商务、产品展示等综合功能的新型专业钢材物流园区。在海州区现代服务业集聚区内的海州智慧物流园被列为2015年全省200个重点推进项目之一，4.5万平方米仓库交付，淘宝路、聚宝路通车。

【康缘物流智能化仓库】 连云港市康缘医药商业有限公司康缘物流配送中心智能化仓库项目，是江苏康缘药业股份有限公司出资对原连云港医药采购站进行改制而成，是康缘药业上市后第一个资本运作项目，主营药品批发、零售，经营商品涉及中西药品、医药器械、化学试剂、玻璃仪器等六大类一万余个品种，商品销售覆盖全市，辐射至江苏、山东、安徽等省市。公司批发和零售已双双一次性通过国家GSP认证。

【物流企业发展壮大】 在解放东路片区，北靠310国道，起于丁字路，南依人民路、凌州路，东至海连东路，向西延伸到蔷薇河岸区域（不含宋跳高新区）约5000亩范围内集中了多家仓储企业。形成20余个较大规模的生产、生活资料批发销售专业市场，成为物流业发展的有效载体，市场经营品种主要有建材、五金机电、钢材、木材、化肥等产品，基本满足本市市民日常生活需求并辐射周边地区，连云港中储物流中心、万联物流有限公司等主体企业发挥支柱作用。永昌物流开拓配载市场并新添置10台载重运输车，风电车运输成为特色，2014年成功签约虹港石化物流项目，一年新增3000万元营业收入；海通航运大力发展水运，拥有28.8米拖轮，可组建8000~10000吨船队。

【物流业转型升级】 沿204、310国道的“物流产业带”在规划实施中，顺丰物流集散中心、医药物流仓储中心等重点项目在谈。2014年，连云港海通物流有限公司被认定为省级重点物流企业，海州区现代物流业综合服务园区被认定为首批市级重点物流基地；连云港市永昌货物运输有限公司、连云港康缘医药商业有限公司、连云港海通物流有限公司、连云港海通航运有限公司、江苏省邮政速递物流有限公司连云港市分公司、连云港市翔安危险品运输有限公司等6家物流企业被认定为首批市级重点物流企业。海州区现代物流业综合服务园区“电商物流仓库工程”、永昌货物运输有限公司“虹港甩挂运输”、康缘医药商业有限公司“现代化物流仓库”、翔安危险品运输有限公司“虹港石化对二甲苯运输”等4个项目共获得市工业“扩量提质”专项资金140万元。

市场管理

【概况】 2014年，海州区进一步规范农贸市场管理，维护农贸市场交易秩序，落实工商行政管理监管职责，提升农贸市场的监管效率和水平，建立农贸市场管理长效机制。

【落实管理职责】 2014年，连云港工商局海州分局组织召开全区农贸市场规范化建设工作会议，部署农贸市场的工商工作，签订责任书，明确市场主办方的责任义务。指导四季农产品直销市场的新建工作，规范农贸市场公平秤事宜，做好农贸市场禽流感防控检查。

【规范市场主体准入】 规范农贸市场主体登记注册行为，严格依照法定的权限、范围、条件和程序，履行农贸市场主体登记职责；认真清理、规范农资经营主体资格，重点检查前置审批证件是否有效、经营资格是否合法；建立农资无照经营查处工作机制，确保农资经营主体资格合法有效；建立健全退出机制，对不符合法定资质条件或者有严重违法行为的农资经营者，要依法注销或者吊销其营业执照。

【加强重点商品监管】 结合消费市场热点，将监管重点放在食品、药品、农产品等关系人民群众身体健康和生命安全的商品上，严查侵犯乳制品商标、高知名度酒类商标、绿色标志等专用权的侵权行为。按照局管所、所管片、人管点的原则对辖区内的大型市场开展拉网式专项检查，依法查处销售假冒伪劣、过期变质商品等违法行为，从源头上杜绝不合格商品流入市场。

【假冒伪劣商品查处】 2014年，加强监管力度，规范市场秩序，共查处涉及鞋类、服装、计量器具等制售假冒伪劣商品案件19件。

【设立农产品检测点】 2014年，区政府加强农贸市场食品安全工作力度，在9个农贸市场设立农产品检测点，并委派专人负责，让人民群众吃上货真价实的放心菜、安全菜。

（撰稿：张　雷　审稿：丁铜双）

区供销合作商业

【概况】 2014年，根据区划调整对新组建的区供销总社进行调整，建立健全机关工作机构，并对基层供销社进行整合。恢复重建岗埠供销社、花果山供销社、新东供销社、朐阳供销社、新坝供销社5家基层供销社。启动区供销集团公司、板浦供销社、板浦商业、东辛供销社、东辛商业等单位改制。对宁海供销社90名职工进行安置。全年实现外资到位30万美元，内资到位2700万元

【为农服务】 2014年，在全市同行业率先建立市级标准农资供应店4家，新建各类农资直供专营店35家。在商品货源管理、从业人员行为准则、内外标识等方面做到统一规范，确保农户用上放心农资，在区蔬菜管理服务中心新建300平方米金泉农资连锁超市，并设立庄稼医院、科普服务中心等综合便民服务项目。依托市供销总社“连云港农产品网”，累计采集梳理上报龙头企业、名优产品、优质农资、专业合作社及农产品经纪人图文资料120篇，组织花果山云雾茶、山楂酒、老海州辣黄酒、富硒米等本区名优、特色产品参加2014海峡两岸（江苏）名优农产品展销会

【农民专业合作服务社建设】 2014年，成立连云港市新坝农机服务专业合作社、连云港市爱科植保专业合作社等25家专业合作社，培育省级示范社1家、市级示范社1家。规范出新连云港市苏合农喜专业合作联社，在区现代农业园区新建1家水产养殖联合社，创建江浦为农服务社为省级样板社，对云台丹霞等13家为农服务社进行升级改造，在浦南3个自然村创办3家村级为农服务社。

【特色农副产品进入上海市场】 2014年，根据上海市农副产品的市场需求，依托海州区社及天通农资连锁店成立的上海农百金农业科技有限公司，在连云港市开展订单式服务，将富硒米等特色农副产品推向上海市场，同时该公司在上海股权托管交易中心Q板成功挂牌上市。

【服务网点向城区延伸】 2014年，区供销总社采取联合合作方式，通过与家得福公司、金购福公司合作，发展城区日用品超市。在生活小区及淮海工学院等大学校园新建13家日用品连锁超市，将供销社的服务面向城区拓展。

【项目引进】 2014年，区供销总社联系对接区域内的浦南农贸市场项目及锦屏镇锦荣农产品交易市场项目，做好项目入库、申报资料整理等前期工作，服务农产品市场体系建设。引进农产品加工项目，形成农产品种植、加工、流通产业链的工作机制。10月中旬，引进的农产品加工项目“连云港香果佳食品有限公司”完成签约，落户海州区农产品加工集中区内，建筑规模1.7万平方米，计划建设铁罐果蔬罐头生产线3条，土豆条生产线1条，果蔬汁、酱生产线2条，设计年产果蔬食品6万千克，并将建设绿色果蔬生产基地666.67公顷。

【农田一站式服务】 2014年，浦南下滩村为农服务社继续开展水稻种植的育秧、机插秧、田间管理、收割“一站式”服务，帮农民种田；天通农资利用乡镇连锁经营网点和村级综合为农服务社，组织开展“产前产中产后”“群防群治”等一站式服务。组织农产品经纪人及种植大户培训，全年组织人员14名参加省、市农产品经纪人资质培训，其中2人取得高级资质、12人取得中级资质；金泉农资、天通农资、区供销集团农资公司分别邀请厂方技术专家开展了种植大户培训，培训种植户1000多户，现场讲解科学施肥、减本增效知识并发放《金泉服务导报》《测土配方施肥实用技术手册》给岗埠供销社、花果山供销社、新东供销社、朐阳供销社、新坝供销社等5家基层供销社。对

《天通快讯》等资料进行互动交流，促进农民减少盲目施肥、不合理施肥现象，发展连锁经营，向群众提供优质商品。金泉农资等连锁企业新建连锁网点13家，针对农作物长势，向农户提供农资商品的“组合套餐”，方便农户施肥用药。下半年，引进了水肥品种，进一步便利农户施肥。开展科技示范让利惠民活动，组织金泉农资科技帮扶队伍。在浦南镇新建、汪新、江浦、草舍等村开展水稻种植科技示范田帮扶惠民工作，同时向农户提供低于市场价20%~30%的农资商品“组合套餐”，全年让利金额达10余万元。

【关爱民生活动】2014年，抓好秸秆禁烧包片点南城街道的防范措施落实，组织专门人员驻点开展巡查、督促等工作。开展“机关千名志愿者爱心帮扶”活动，每月到2户捐资助学家庭开展一次活动。帮助朐阳街道西门社区清掏500米下水道。开展“万名党员万户行”，与结对群众面对面交流，与有关部门协调解决居民困难问题8条。

（撰稿：谢　豪　审稿：崔守远）

粮食购销

【概况】2014年，海州区粮食工作重点立足于为农服务、为社会服务和为全区经济建设服务。粮食部门广大干部职工围绕自身的职能、责任和任务，实行定岗定责，做到工作有计划、有安排、有落实、有监督，为维护农民利益和稳定全区粮油市场秩序做了大量工作。全年收购农民余粮135144吨，销售粮食82002吨，保管粮食136697吨。比2013年同期分别增长120%、467%、130%。

【粮食收购】2014年，由于粮食市场收购价普遍低于国家最低粮食收购价，全市及时启动国家小麦和稻谷最低收购价应急预案，为确实把国家惠农政策落实到位，区粮食局对外积极宣传国家预案精神和粮食收购政策，对内严格执行好粮食收购政策，坚持国家价格标准和作价办法，敞开收购农民余粮。全年两季共收购粮食135144吨。其中夏季收购小麦113074吨，秋季收购稻谷22070吨，在维护全区粮食收购市场秩序和保护农民利益方面，充分发挥了国有粮食部门的主渠道作用。

2014年海州区国企粮食收购统计表

表7　单位：吨

企业名称	收购总量	小　麦	稻　谷	企业名称	收购总量	小　麦	稻　谷
		托市收购	托市收购			托市收购	托市收购
浦南粮管所	13052	7192	5860	普安粮库	10888	10888	—
岗埠粮管所	16333	16333	—	新坝粮管所	5225	5225	—
郎墩粮库	22888	15680	7208	板浦粮管所	25591	18731	6860
云台粮管所	4356	4356	—	玖拾穗粮库	9203	9203	—
恒银粮贸公司	18328	16186	2142	合　计	135144	113074	22070
宁海粮管所	9280	9280	—				

【粮食销售】2014年，全区各国有粮食企业储粮都属托市粮，粮权属国家所有，销售由国家进行统一竞拍销售。各储粮单位以国家中储粮连云港直属库发出储粮出库通知书为依据，按照程序和规定确保储粮安全出库。全年销售出库原粮82002吨，其中小麦57251吨，稻谷24751吨，没有发生一例违反国家粮食出库原则和相关规定。

社会粮食销售。2014年，海州区粮油市场粮食购销总量133721吨，城镇实际销售量66868吨，比2013年销售增加29868吨，主要原因是两区合并后城镇人口增加，实际人均消费水平与上年基本持平。

2014年海州区国企粮食销售统计表

表8　单位：吨

企业名称	销售总量	小　麦		稻　谷		企业名称	销售总量	小　麦		稻　谷	
		托市粮	自营粮	托市粮	自营粮			托市粮	自营粮	托市粮	自营粮
浦南粮管所	11430	4788	—	6121	521	普安粮库	3571	3571	—	—	—
岗埠粮管所	14350	11950	—	—	2400	新坝粮管所	—	—	—	—	—
郎墩粮库	22367	12189	—	7591	2587	板浦粮管所	9952	9952	—	—	—
云台粮管所	3566	—	—	—	3566	玖拾穗粮库	—	—	—	—	—
恒银粮贸公司	10928	8963	—	1965	—	合　计	82002	57251	—	15677	9074
宁海粮管所	5838	5838	—	—	—						

【粮食储存与保管】2014年，全区粮食平均储存量90000吨，12月底，储存量136697吨。为确保全区储粮安全，各粮食收购单位认真把好粮食入库源头质量关，对高杂质、高水分粮及时进行除杂烘干处理，为安全保粮打下了良好基础。区粮食局在全区积极号召和推广科学保粮，加大粮库机械通风设备和冷冻储存设备的投入，把机械通风和自然通风、自然储存和冷冻储存进行有机结合，提高了全区安全保粮水平。并不断完善行政监督机制和安全责任追究制度。

2014年海州区国企粮食储存统计表

表9 单位：吨

储粮单位名称	储粮总量	小麦	稻谷	储粮单位名称	储粮总量	小麦	稻谷
蒲南粮管所	14605	7192	7413	普安粮库	10888	10888	—
岗埠粮管所	16333	16333	—	新坝粮管所	5225	5225	—
郎墩粮库	22888	15680	7208	板浦粮管所	25591	18731	6860
云台粮管所	4356	4356	—	玖拾穗粮库	9203	9203	—
恒银粮贸公司	18328	16186	2142	合　计	136697	113074	23623
宁海粮管所	9280	9280	—				

【粮油市场监督管理】2014年海州区粮油市场面广量大，粮油经营网点分散，为确保全区居民及军粮和院校的口粮供应。区粮食局把安全保供作为一项重要工作，积极推行服务社会和依法治粮，认真履行职能部门的工作职责，采取“四个结合”对粮油市场进行有效管理，即把区局自查和工商、物价、质检等部门的联合检查相结合，提高对粮油市场的监督力度；把监督检查和岗位培训相结合，提高经营人员的业务素质和诚信经营理念；把特殊季节和重大节日相结合，防范和杜绝意外事故的发生；把检查经营者和走访消费者相结合，全面了解和掌握市场动态。

【放心粮油店评审】2014年，海州区积极推动放心粮油工程建设，扩大放心粮油进社区、进农村的覆盖面。在“放心粮店”评审中。区粮食局对所有网点采取家家到、家家看、家家比的方法，选择一批诚信好、软件齐、保粮条件好的粮店作为全区示范粮店参加市级“放心粮店”评审，有37家粮店在全市复审中获得了市级“放心粮店”称号。

2014年海州区被评为市级“放心粮油店”明细表

表10

粮店名称	粮店地址	联系人
大润发超市	郁洲路	陶　威
乐天玛特超市（通灌路店）	通灌路苏宁广场对面	陈思红
乐天玛特超市（苍梧路店）	苍梧路与巨龙路交叉口	葛经理
苏果超市（华润总店）	通灌路与青年路交叉口	朱　贵
苏果超市（南城店）	南城镇	李汝军
苏果超市（常乐新村店）	朝阳路常乐新村B-11号楼	王　玲
苏果超市（陇海路店）	陇海中路31-106号	周　云
苏果超市（青年路店）	海昌北路公园街21号	朱　芹
苏果超市（港利新城店）	解放西路	王　林
家得福超市（海连新天店）	苍梧三期南门对面	熊兰芳
家得福超市（苍梧店）	郁洲路上招商银行北边门	陈　龙
家得福超市（海宁店）	海昌路上海宁小区西门向南50米	薛玉红
家得福超市（南极路店）	南极路上新海实验中学北50米	徐春兰
家得福超市（九龙乐园店）	通灌路上九龙城市乐园后门	王统艳
家得福超市（沈圩桥店）	人民路上沈圩桥涵洞向北100米	王先美
家得福超市（新孔路店）	新孔路与朝阳路交界口	刘　凤
家得福超市（洪门店）	江化路上洪门平价菜场西门	李文学

续表

粮店名称	粮店地址	联系人
家得福超市（老海州店）	海州医院对面	唐慧萍
保真超市（通灌路店）	通灌路上海宁小区东门对面	左良超
保真超市（建设路店）	建设路上龙河小区北门口	左良超
保真超市（解放路店）	解放路上东一时区大门口（市局斜对面）	左良超
保真超市（华阳丽都店）	郁洲路上华阳丽都小区东门口	左良超
保真超市（新桥店）	解放东路菜市场北边	左良超
元圣粮油（建设路店）	建设西路海宁中学西50米	王树英
元圣粮油（科苑路店）	苍梧三期南门西100米	魏迎慧
元圣粮油（小学路店）	通灌路与小学路交界西50米	张美花
元圣粮油（巨龙路店）	巨龙北路一品苑大门口	孙丽洲
元圣粮油（海宁路店）	海宁小区对面再就业一条街东第四间	卞店长
元圣粮油（陇海路店）	陇海西路新海花园北门西50米	丁笑笑
元圣粮油（大庆路店）	大庆西路明珠万福家园南门	曹家荣
元圣粮油（工农兵店）	工农兵菜场中段	刘朝霞
元圣粮油（沈圩桥店）	沈圩桥过涵洞家得福超市对面	朱　琳
元圣粮油（民主路店）	民主桥东200米	张仁刚
元圣粮油（海昌路店）	海昌南路直销市场西门口	钱名利
元圣粮油（西城市场店）	大庆西路西城市场东门向南20米	江店长
元圣粮油（茗馨花园店）	茗馨花园小区家乐福西100米	宋店长
元圣粮油（新海店）	海连西路车站小学对面	陈　妍

【粮食加工】 2014年，全区4家粮食加工注册企业原粮加工量61750吨，比去年同期增长21%，出厂成品粮36960吨，比2013年同期增长15.7%，出厂饲料17000吨，比2013年同期增长70%。

2014年海州区粮食加工企业产量统计表

表11　　单位：吨

企业名称	原粮生产量			成品量		
	稻谷	小麦	玉米	大米	面粉	饲料
莱根香米业有限公司	24000	—	—	16800	—	—
天福等级面粉厂	—	23000	—	—	16100	—
李巷面粉厂	—	5800	—	—	4060	—
九洲科技饲料有限公司	—	750	8200	—	—	17000
合　计	24000	29550	8200	16800	20160	17000

【粮油价格】 2014年，海州地区主要粮食价格除原粮受国家最低收购价格影响率有微调外，东北产大米每50千克上涨20元，涨幅7.1%，其他粮食价格与2013年基本持平。食油价格已连续两年大幅下跌，2014年底，四级大豆油每50千克330元，比去年同期下跌17.5%，桶装5升大豆调和油每桶60元，比去年同期下跌9%。

2014年海州区粮油价格涨跌情况统计表

表12　　单位：元/50千克

品种	价格类型	2013年底价	2014年粮油价格涨跌时间										
			1月27日	3月17日	4月21日	5月5日	6月9日	7月14日	8月8日	8月29日	9月9日	11月17日	12月30日
白麦	购价	124	—	—	—	—	120	—	—	126	—	—	126
	售价	127	—	—	—	—	125	—	—	129	—	—	129

续表

品种	价格类型	2013年底价	2014年粮油价格涨跌时间										
			1月27日	3月17日	4月21日	5月5日	6月9日	7月14日	8月8日	8月29日	9月9日	11月17日	12月30日
稻谷	购价	150	—	—	—	154	—	—	—	155	—	157	157
	售价	154	—	—	—	156	—	—	—	158	—	160	160
大豆	购价	240	—	—	—	—	—	—	—	—	—	—	240
	售价	270	—	—	—	—	—	—	—	—	—	—	270
面粉	购价	158	—	—	—	—	—	—	—	—	—	—	158
	售价	160	—	—	—	—	—	—	—	—	—	—	160
地产大米	购价	190	188	194	196	200	—	—	—	—	—	198	198
	售价	220	210	210	220	220	—	—	—	—	—	210	210
东北大米	购价	250	—	—	—	—	—	—	255	260	—	—	260
	售价	280	—	—	—	—	—	—	290	300	—	—	300
四级豆油	购价	380	360	370	—	360	350	340	320	—	310	300	300
	售价	400	390	400	—	400	380	370	350	—	340	330	330
桶装5升大豆调和油	购价	63	—	—	—	62	—	—	—	—	—	56	56
	售价	66	—	—	—	65	—	—	—	—	—	60	60

【危仓老库维修改造】 2014年，海州区国有粮食企业，对危仓老库进行全面维修改造，资金以中央财政投入为主，地方财政扶持和企业自筹为辅。全区共融资1392万多元，投入到5家企业，主要用于危仓老库维修改造、功能提升和信息化建设。在危仓老库维修改造方面，全区修复6万千克长期闲置的危仓老库；功能提升方面，共添置粮食进出仓设备和粮食化验设备60台套；信息化建设方面，购进粮情监测预警系统设备5套。经过国家政策扶持，基本实现了企业“三提升”的预期（提升企业机械化作业能力，提升科学化保粮和提升信息网络化管理水平）。不仅使老粮企的国有资产重新得到了利用和增值，也使老粮企更加适应新形势下粮食工作的经营发展需求。

【专项资金管理】 2014年，海州区为了确保国家向粮食企业投放维修资金专款专用，区粮食局专门成立危仓老库维修改造领导小组，加强对建设项目和专用资金的监督管理，保证工程项目质量和把每分钱用到实处。同时由区财政实行双重管理，采取逐笔拨付和跟踪监督，防止和杜绝挤占挪用或截留专用资金行为的发生。10月17日至20日，由区财政、建设、设备、粮食和土建等部门组成项目验收小组，对粮食企业危仓老库维修改造项目和资金使用情况进行全面验收。

2014年海州区国有粮食企业“危仓老库”专项维修资金分配表

表13　　单位：万元

用款单位	资金总量	专项资金来源		
		中央财政	地方财政	企业自筹
浦南粮管所	306.35	182.33	33.4	90.62
岗埠粮管所	198.55	153.1	26.4	19.05
云台粮管所	125.65	71.25	13.6	40.8
宁海粮管所	287.106	172	15.2	99.906
普安粮库	399.591	245	21.3	133.291
合　计	1317.247	823.68	109.9	383.667

2014年海州区国有粮食企业信息化建设专项资金分配表

表14

单位：万元

用款单位	资金总量	专项资金来源			用款单位	资金总量	专项资金来源		
		中央财政	地方财政	企业自筹			中央财政	地方财政	企业自筹
浦南粮管所	15	15	—	—	宁海粮管所	17.13	15	—	2.13
岗埠粮管所	15	15	—	—	普安粮库	17.77	15	—	2.77
云台粮管所	9.88	9.88	—	—	合 计	74.78	69.88	—	4.9

【机构调整】 2014年7月8日，新浦区粮食局更名为海州区粮食局，11月18日，新浦区粮食局与原海州区粮食局合并。合并后，区属国有粮食企业增至9家。其中从事粮食购销业务的企业有海州区粮食购销公司、工贸公司、浦南粮管所、岗埠粮管所、宁海粮管所、云台粮管所、郎墩粮库、普安粮库等8家；从事餐饮业1家，为海粮饭庄。

（撰稿：李传富）

食盐专营

【概况】 2014年，江苏省苏盐连锁有限公司连云港分公司城区营销部销售盐产品9160吨，其中销售小包装盐3360吨；集采商品实现收入474.06万元，实现毛利润850万元，完成计划的103%。

【盐政管理】 坚持食盐专营"一天不放开，市场监管就一天不放松"的要求，发挥舆论先行、政策导向作用，充分利用"3·15""5·15"宣传日，积极开展"食盐安全健康访万家"和食盐安全村、放心店创建工作，大力宣传盐业法律法规，宣传全民食用碘盐政策，不断营造守法和执法氛围；同时坚持"打、防、管、控"相结合，坚持日常巡查与集中专项治理相结合，加强市场监管，严厉打击涉盐违法行为。盐政部门严格行业用盐签批权限，逐户签订食盐安全承诺书。2014年全年查处盐业违法案件104起，刑事立案7起，涉案人员11人，罚没盐39吨，罚没款10万余元。

【连锁经营】 2014年，按照连锁经营体系建设的要求，抓好渠道店建设工作。突出抓好市场覆盖、渠道分销、终端开拓、运营管理四个环节，进一步规划门店布局，在城区范围内设立新浦、海州、板浦等门店；以门店为渠道节点，全面完善客户经理制，完善门店考核激励办法，激发门店经营活力；强化商流物流分离。加强门店数据采集、订单上传等运营职责，加强订单管控，坚持货随单走，杜绝无订单送货。制订访销分离流程实施意见，加强客户关系管理。引导客户经理开展终端开发和客户拜访工作，健全客户档案资料，实施ABC分类管理。

【非盐经营】 围绕全年的渠道分销指标，抓好渠道分销的调味料类、粮油类等优势商品，借助食盐放心店和分销网络，做好餐饮行业销售工作。扎实抓好大专院校、机关食堂、饭店等有效客户开发，丰富非盐商品品类。鼓励发展特色产品经营，加强业务筛选和审核，建立稳定的供应商队伍，扩大自采商品的品种规模。

【真假碘盐识别方法】 手捏：精致碘盐为松散状态，颗粒匀称；假冒碘盐，手抓成团，不易分散。鼻闻：精致碘盐无异味；假冒碘盐有怪味。口尝：精致碘盐纯正咸味；假冒碘盐咸中带涩。过称辨重量：精制碘盐量足，假冒碘盐量不足。外观辨颜色：精制碘盐色泽洁白；假冒碘盐色杂发暗。包装辨真假：真碘盐包装袋有省主管部门统一制作的防伪标识，字迹清晰，封口整齐严密，而假冒碘盐袋封口不齐，字迹模糊。

（撰稿：曹红全　审稿：吴映华）

邮　政

【概况】 2014年，江苏省邮政公司连云港市分公司实现邮政业务收入3.66亿元，增长16.11%，高于全省平均增幅4.6个百分点，列全省第2位；完成省公司年度预算的110.71%。市公司荣获2014年全国文明单位，省"模范劳动关系和谐企业"、"放心消费创建活动先进行业"，市政府"2014年建设连云港先进单位""软环境建设进位单位"，市"用户满意服务单位"、"三下乡"先进集体、"厂务公开"民主示范单位。市公司发行投递局人民路投递部被授予省"工人先锋号"称号，信息技术中心被授予市"工人先锋号"称号；海连路支局荣获市"三八"红旗集体，姜凡荣获市"三八红旗手"，李丹荣获市"五一劳动奖章"。

【机构整合】 2014年2月28日，根据中国邮政集团公司和江苏省邮政公司的安排，连云港市邮政局更名为江苏省邮政公司连云港市分公司，机构进行调整，精简了高教园区、南城2个中心支局，市区整合为新浦区分局、海州区分局，设立大客户中心、数据服务咨询中心、政企客户中心，新成立邮政商务智能中心，撤销报刊零售中心 。

【发展经营项目】 2014年，开展"核电科普校园行"活动，开发房屋维修基金对账项目，查阅房屋维修对账单13.7万份。先后开展地税完税证明、催缴账单、20周年意见征集活动等项目。

【网点改造】 2014年共改造网点14

个。成立全国第一家以西游文化为元素的主题邮局。为市区76个投递段道配备投递信息终端，提升投递服务信息化处理水平。

【"苏邮惠民"合作社】 2014年全区共建成农村苏邮惠民合作社80家，发展社员近万人，建成便民服务站（村邮站）54个，并在部分网点叠加了小额助农取款功能。

（撰稿：王 慧）

电 信

【概况】 2014年，中国电信股份有限公司连云港分公司抢抓江苏电信"振兴苏北"活动契机，全面落实市政府与中国电信江苏公司共同签署的"十二五"信息化战略合作协议，全年累计完成投资3.15亿元。圆满完成市重大活动应急通信保障20余次。全省第三方满意度测评名列行业前茅，被评为江苏省"用户满意服务"单位。

【助力智慧港城发展】 2014年，中国电信连云港分公司完成全市电子政务服务延伸、市森林防火监控系统、市环保远程监控系统、市安监视频会议系统和赣榆区政务管理系统等政府信息化项目20个；完成区域卫生信息化平台IDC机房托管和相关电路的优化，完成第一、二、三、四人民医院的新农合10MVPN专线；完成市12345平台主软件优化、网站升级、手机客户端软件升级和话务座席扩容的技术方案；签约并实施"教育信息化"项目。在智慧民生方面，完成天翼看家、市精准扶贫信息化平台、浦南镇农业信息化等民生信息化项目8个；开通电信"居家养老"12349热线；市区新增智慧小区40个，开展10个乡镇的新农村信息化试点。加快翼支付、"孙悟空"等便民手机应用推广，实现全市电费和部分区域水费、燃气费用的快捷缴费，支持电影票、火车票、汽车票等的在线支付。

【通信设施建设】 2014年，完成4G一期基站土建及配套设施建设，主城区大部分区域和部分乡镇已经可以体验4G高速网络。投资建设aWiFi免费无线上网平台，累计开放热点449个、AP2794个。加快推进光网城市建设，全年新增FTTH覆盖21万户，全市城区和乡镇已基本实现光网全覆盖，各行政村和90%以上的自然村已通光缆;宽带用户平均带宽达到13.5M，列全省第一。积极推进共建共享和节能减排，减少重复投资1000万元，节电约223万度。

（撰稿：董 博 审稿：尹宝华）

联 通

【概况】 2014年，中国联合网络通信有限公司连云港市分公司（简称连云港联通）以"围绕提升市场地位"为总目标，以"抢抓历史机遇，加快有效发展，规模效益提升"为要求，以"提振精气神，狠抓执行力"为抓手，公司收入市场份额9.98%，较2013年提升0.99PP，新增市场份额达15.9%。公司先后被市委、市政府评为连云港市文明单位、连云港市服务业统计工作先进单位，营业厅荣获市"青年文明号"、中央"青年文明号"等荣誉称号。

【业务发展】 2014年，连云港联通以服务民生为落脚点，依托全业务宽带互联网优势，重点布局智慧城市、企业信息化，深度参与城市建设。完成花果山智能景区监控项目，为市东方医院等建成智慧医疗信息系统，利用最先进的互联网技术，让医院实现患者与医务人员、医疗机构、医疗设备之间的互动，达到了医疗信息化；为连盐铁路指挥部搭建智慧工地平台，包括视频会议、无线视频监控及移动办公等诸多项目，为工地建设、管理节约大量人力物力，大大提高工作效率，促进公司信息化发展水平和信息产业规模走在全市前列。

【通信建设】 全年新增3G基站69个，基站规模达到939个。3G网络覆盖率达到58.2%，较2013年提高13.7%；3G网络城区覆盖率达到94.2%，较2013年提升7.8%，并完成3G业务密集区多载波开通；调整优化2G基站65个，基站规模达到752个。乡镇、行政村和交通干线2G网络覆盖率分别达到99.1%、58.8%和99.6%。新增及改造室内分布系统33套，规模达到253套。新增WLAN热点4个。新浦IP城域网出口带宽增至20G。接入网新增宽带接入端口1.27万个，其中具备20M放装能力的宽带小区54个，覆盖用户5.2万户。

【客户服务】 2014年，进一步完善社会监督机制，为服务"找茬"。从社会聘请15名有丰富经验的社会监督员进行服务督察，对公司所辖的3000余个经营窗口随机抽查，重点在服务规范、服务内容、客户咨询解答等方面寻找瑕疵。对各营业网点上报的客户需要协调解决的问题，由公司组织找茬人员和相关职能部门跟踪督察、督办。对营业厅现场服务进行动态找茬，发现客户诉求事项，立即责成店长和当班员工认真整改。公司积极参加总经理行风热线。每周二，公司的领导班子成员、市分部门的负责人保证上线两小时，耐心解答各位听众提出各种问题，并在公司内部实施"总经理热线督办单"机制，确保每一个上线的客户诉求都能够得到及时、有效的解决和满足。

（撰稿：郑书文）

综　述

2014年，海州区面对区划调整后的新形势，及时调整旅游工作思路，通过完善组织机制、推进景区建设、开发乡村旅游、强化行业管理、狠抓节庆促销等措施，推动海州旅游由“观光型”向“体验型”转变，逐步形成以海州城郊休闲观光为中心，以海州古城、云台水生花卉园、振兴现代农业示范园、凤凰山生态旅游区为重点，以浦南现代农业示范园、花果山茶林、新坝乡村游、洪门果园、岗埠鲜切花等城郊资源为依托的休闲观光农业体系，着力把海州打造成为港城独具特色的旅游休闲中心。按照“政府主导、市场运作、企业跟进”的原则，大力举办各类节庆活动。坚持以节造势，全年海州区成功举办白虎山文化旅游庙会、“情系锦屏山、牵手桃花涧”千人相亲会、锦屏山登山比赛、2014连云港荷花节、老街啤酒嘉年华、古城金秋文化旅游节、首届“瀛洲杯”环蔷薇岛长跑比赛、省秧歌大赛、市排舞比赛、《海州雅集》首届全国书画名家展等重大节庆活动，以节活市、以节聚客、以节生财。全年接待国内外游客685.35万人次，同比增长14.6%，实现旅游总收入80.08亿元，同比增长19.8%。2014年10月，桃花涧景区被评为国家AAAA级景区；云台农业生态旅游示范区、浦南现代农业园成功创建为省四星级乡村旅游区（点），江浦农业生态园成功创建为省三星级乡村旅游点，板浦镇天景生态园获评省二星级乡村旅游点。

旅游资源

【锦屏山风景区】 锦屏山是云台山的支脉，古称朐山，明朝天启五年（1625年），海州知州翁承选将它改名为青龙山，清朝康熙十三年（1674年）海州知州孙明忠将它改名为锦屏山并一直沿用至今。山东西长5.4千米，南北长4.5千米，主峰马耳峰海拔427.7米。这里山色锦绣，古迹众多，是古海州文明的发祥地，也是连云港文化底蕴最为深厚的地方。海州2个国家一级文物保护单位（1988年被公布为第三批全国重点文物保护单位）、数十个省级文物保护单位和14个市级文物保护单位都在锦屏山及附近。尤其是新石器时代将军崖岩画，东汉佛教摩崖造像，再加上孔子登临望海的遗迹，凸显了这里的古老和深厚底蕴。锦屏山由10座独立山体、37座山头组成，森林覆盖率达75%，境内有木本植物240多种、野生动物300多种。锦屏山风景区是云台山国家级风景名胜区重要组成部分。

【海州古城】 海州古城建于南北朝时期，有1500余年历史。秦设置朐县，到北朝东魏武定七年（549年）始称海州，清雍正二年（1724年）升为直隶州。为淮海东来第一城，素有“六郡古都”和“东海名郡”之称，曾是苏北、鲁南地区重镇，一直以来也是海赣沭灌地区的政治、文化、经济中心。海州“南蔽江淮、北控齐鲁”，重要地理位置及占据渔盐之利使其历来为兵家必争之地。清末，古城城垣及城内的官廨、民居、寺庙等建筑依然整齐有序。可惜1956年大部分被拆毁，保留下来的多处古城墙、部分古建筑，以及丰富的地上、地下文物，仍能见证古城历史的悠久和当年的辉煌。其主要景点有钟鼓楼、朐阳门、秦东门城雕、古牌坊、甲子桥、碧霞寺、双龙井、福音堂、谢家洋房、文庙戟门、蒋宅、南洋楼、百子庵、观音庵、天成药店等。

【孔望山景区】 孔望山景区是离市区最近的景区，距离市区只有2千米，也是连云港市文化积淀最为深厚的地方，2004年1月被评为国家AAAA级景区，是国家级风景区云台山的一个重要组成部分。孔望山蕴含着丰富的历史文化内涵，不仅有秦汉时期的杯盘刻石，有宋元明清的名人题刻、龙洞题刻，有中国迄今为止最大的汉代圆雕石象，特别是20世纪80年代发现的东汉佛教摩崖造像，经考证比敦煌莫高窟还要早将近300年，为历代游客所景仰。其他主要景点有龙洞庵、石象、馒头石、东海庙遗址及东海庙碑、石蟾蜍、飘然亭、乘槎亭遗址、孔子望海像、承露盘及孔望山古城遗址等。

【桃花涧景区】 桃花涧景区位于锦屏

山南麓，距市区9千米。这里山青水碧，谷幽涧深，整个景区占地面积4.5平方千米，其主要旅游景点有将军崖岩画、石刻文化艺术园、桃花潭、双虎护佛、桃花涧遗址、观景亭、紫竹林寺、金蟾洞、张果老洞等。景区分东西两个部分。西部为将军崖原始岩画；东部是景色清幽的桃花涧，由岩画、奇石、幽涧、龙潭、岩洞、古寺构成了“桃花涧三十六景”。景区集自然风光和人文景观于一体，是国内唯一以观赏原始岩画和自然风景为特色的山间园林和旅游胜地，2014年10月被评为国家AAAA级景区。

【白虎山景区】 白虎山景区地处海州古城南门外，崛地而起，孤高突兀，山高62.8米。山上石多树少，通体灰白，奇石连岗，有着独特的地理风貌。明朝时因其通体皆白，曾名白壁山。山上怪石嶙峋多肖走兽飞鸟之形，如“虎峰夕照”“玉蟾争食”“七步龟”等，同时遍镌历代文人骚客的书法、题勒。最著名的如宋代海州知府、镇压梁山起义的张叔夜的《登高碑》，以及清两江总督陶澍的《鳌头山诗》等，都有很高的史料价值，从而构成了独特的人文景观。

【凤凰山景区】 凤凰山景区位于海州区南城古镇，因两山对峙如凤展翼，故名凤凰山。域内宗教文化、古街六朝文化、励志教育及南城生态文化融为一体，是国家AA级景区。主要景点有城隍庙、玉皇宫、魁星阁、碧霞宫、普照寺、特种卡尔养殖场、文化长廊、开心农场、匡衡园、真人CS活动基地、蒙古包草原风情烧烤体验园、桂花观赏园、荷花池、大樱桃采摘园及凌霄花园等。

【云台水生花卉园】 云台水生花卉园位于云台山南麓云台农场境内，距连云港市区仅10千米，2013年被评为国家AA级景区。园区连绵一万余亩，其中核心区占地面积约40公顷。主要包括20公顷荷花观赏区、13.3公顷睡莲观赏区、6.7公顷休闲垂钓区。种有植荷花、睡莲、千屈菜、再力花、海寿花、大叶皇冠、水葱、花叶芦竹、王莲等水生花卉150个品种。主要景点有百荷园、莲心岛、赏荷广场、蔬菜长廊、精品睡莲池、荷花荡、嬉鱼池等。

【连云港市革命纪念馆】 连云港市革命纪念馆是国内规模较大的市级综合类革命纪念馆，为国家AAAA级旅游景区、江苏省爱国主义教育基地、江苏省德育教育基地。革命纪念馆成立于1987年6月，原址为建于1925年的陇海公寓，是原国务院副总理谷牧等老一辈无产阶级革命家在连云港地区早期从事革命斗争的秘密基地。作为中共江苏省委、连云港市委庆祝建党90周年的献礼工程，连云港市革命纪念馆新馆于2011年7月1日正式建成并向社会免费开放。新馆馆区占地面积2.5公顷，建筑面积14938平方米，展陈面积6000平方米，包括基本陈列展、“陇海公寓”复原、国防园、各类专题展览、老电影欣赏和红色旅游文化展示中心等。

【李汝珍纪念馆】 李汝珍纪念馆坐落在板浦镇东大街，占地1500平方米。由新建的门厅、主展厅和修葺一新的故居组成，小巧玲珑，古色古香。纪念馆门厅门楣上，悬挂着“李汝珍纪念馆”金字匾额，出自著名书法家尉天池之手。主展厅正中，矗立着一尊李汝珍塑像。大厅陈列橱内展出中外多种文字的《镜花缘》版本和国内外专家学者的学术论文、研究资料。大厅墙壁挂满了名流佳作。展厅后院，有一颗树龄二百多年皂角树。北面墙壁镌刻着王羲之体“镜花水月”四个大字。2012年11月，李汝珍纪念馆被评为为国家AA级景区。

【新浦公园】 新浦公园位于新浦中心地带，建于1962年，是市区第一座城市公园，也是一座集园林、园艺、动物观赏、仿古建筑为一体的综合性公园。2011年9月，按照“一心、两轴、六区”的功能结构对新浦公园进行全面改造。2013年被评为国家AA级景区。公园旅游资源内容构成丰富，绿化生态景观、独特的水面景观和古色古香的亭台楼阁交相辉映，为整个公园带来别样的文化韵味。公园内的动物观赏区域有珍稀动物30余种，是少年儿童重要的科普基地。

【青年公园】 青年公园位于新孔南路与海宁西路交会处，占地14.44公顷，总投资约6000万元，2009年5月1日建成并试开园。园区坚持生态化、人文化、趣味性、参与性的规划原则，在满足市民日常休闲需求的前提下，以婚庆文化活动为主线，融休闲、娱乐、游览、观赏于一体。整个公园有玫瑰大门、金色沙滩、婚典教堂、景观桥等十大景点，2011年被评为国家AA级景区。不仅成为广大市民休闲娱乐的好去处，也为创建国家园林城市、打造绿色港城增添了新亮点。

【青龙山革命烈士陵园】 青龙山革命烈士陵园占地2000余平方米，建筑面积500余平方米，由纪念碑、烈士墓园和纪念广场三个主体构成。纪念碑高16.9米，基座宽7米，通体大理石贴面，正面为“革命烈士纪念碑”七个金色大字。烈士墓园采用草坪葬形式，以草坪、鲜花为铺垫，衬托厚重光洁的山西黑墓材，整体氛围彰显肃穆、高洁。烈士陵园于2011年正式建成开放，2012年被区委宣传部定为爱国主义教育基地，2013年获评国家AA级景区。

【民主路老街】 民主路原名中山路，始建于清末民初，是海州近代商业发源地，位于海州区核心商圈，存市级文物保护单位18处。2013年，启动民主路老街改造工程，按照“修旧如旧，延续传统风貌，整合业态，提升商业风貌”原则，使老街再现“洋为中用、古为今用、中西合璧”的民国建筑风情。民主路老街全长1200米，街宽5~12米，改造项目分为两期。一期从通灌路到南极路，全长650米，投资205亿元，已于2013年底完成建设。2014年，以“统一风格、整合业态、平衡效益”为原则，进行业态调整，引进新业态，保留老业态，努力将民主路老街打造成为传统和现代相融、商业与文化结合、旅游和休闲功能兼具的民国特色街区。建成后的民主路文化旅游区涵盖民主路老街、连云港水晶街、连云港民俗博物馆、民主路历史纪念馆、茶文化展示馆、中药展示馆等六大景点。是年，民主路文化旅游区被评为国家AAA级景区。

【陇海商务文化旅游区】 陇海商务文化旅游区位于连云港市中心商业区，是在原陇海铁路遗址上兴建起来的一条集购物、文化、餐饮娱乐、旅游观光、商务办公、展示博览为一体的现代化商业步行街区。2001年正式开街，全长1170余米，由海滨建筑风格的步行东街、简欧建筑风格的步行中街和园林建筑风格的步行西街组成。为连云港市特色旅游街区和“全国百城万店无假货”示范街，2012年被评为国家AA级景区。

【盐河巷历史文化街】 盐河巷历史文化街区位于海连路和盐河路交叉处，毗邻陇海路步行街。该项目整个建筑以明清风格为主，计划建成文化旅游、市民和外地游客重要的休闲交流场所。项目总长568米，总建筑面积17000平方米，一期建筑面积12000平方米，二期建筑面积5000平方米，生态停车场约7200平方米，停车位100余个，盐河巷二期与金海国际影城、少年宫、公园等连成一体，项目业态以文化、古玩、餐饮、休闲、娱乐类为主，2014年已全面开街。

旅游设施建设

【景区项目建设】 2014年，海州区大力开发旅游项目，以项目建设支撑旅游发展。一是开发都市旅游项目。实施民主路老街二期改造工程，全年投入8000余万元加强基础设施建设，完善旅游配套服务功能，10月，民主路文化旅游区顺利通过国家AAA级景区验收；加大海州古城文化街开发力度，投入1500余万元，完善街区停车场、标识、景观小品等配套基础设施建设，推进街区美化、亮化及外立面改造工程，通过努力，海州古城文化街于12月被评定为市级旅游特色街区；加大盐河古巷旅游服务设施配套力度，凸显其历史文化韵味，推动市级特色旅游街区创建工作。二是开发锦屏山旅游片区。根据与市城投集团签订的协议，市城投集团负责孔望山景区和桃花涧景区具体开发事宜，计划三年内投资3亿元，全面改造两景区。截至年底，孔望山景区已投入1500余万元，完成3000平方米停车场建设，1000平方米游客中心及配套用房整修，景区进山道路、旅游公厕等改造建设。桃花涧景区投入6000余万元，完成千亩红叶工程，建设2000米国家级健身步道，完善景区创A相关基础设施和设备，10月，正式获评国家AAAA级旅游景区。三是开发休闲旅游项目。启动蔷薇岛休闲度假区建设，依托岛上现有的地形、地貌、特色资源，围绕水绿文化和滨河文化，投入2000多万元，整治景区周边环境，开发千亩薰衣草基地和配套旅游基础设施，通过“一路一公园五基地一廊道”建设工作，将蔷薇岛建成生态绿岛、旅游宝岛，顺利打造绿色生态、亲近自然的滨河新城景观廊道。

【乡村旅游】 海州区依托城郊资源丰富的优势，积极发展城郊乡村旅游，促进城乡统筹发展。重点提升乡村旅游级别。2014年云台农业生态旅游示范区、浦南现代农业示范园均成功创建为省四星级乡村旅游区（点），江浦农业生态园也成功创建为省三星级乡村旅游点，板浦镇天景生态园获评省二星级乡村旅游点。逐步完善配套服务设施。在推进城乡统筹发展过程中，海州区乡村旅游配套设施得到极大完善。尤其是浦南现代农业示范区以“一路三园一中心”（尤浦路，设施蔬菜、特种水产、花卉苗木园区及其管理服务中心）建设为龙头，在环境整治、设施改造、服务完善等方面得到长足发展。在此基础上，不断创新旅游产品。依托丰富的旅游资源，开发地方旅游产品，“草舍”西红柿、吉本多、富硒米、拿比特西瓜、7-61油桃、汪恕有滴醋、板浦香肠等特色旅游商品销路通畅，剪纸、烙画、贝贴画、葫芦画、桃木雕等优秀非遗产品市场前景广阔。

旅游市场开发

【旅游宣传】 2014年旅游宣传工作主要围绕各节庆活动内容，多管齐下，在立足市内两报（日报、晚报）、两台（电台、电视台）和一网（连网）的基础上，加强和《新华日报》《扬子晚报》《现代快报》等省级媒体的联络，通过报纸、电台、电视、网络等宣传媒体，大容量、多角度、深层次、全方位地宣传海州丰富的旅游资源及良好的投资发展环境，收到令人满意的宣传效果，海州的知名度和美誉度进一步扩大，影响力和吸引力进一步提升。

【旅游促销】 年初，制定2014年度旅游促销计划，开展各类旅游促销活动，组织辖区内30余家旅游企业参加中国国际旅交会、中国国内旅交会、连云港新春大集、“5·19”中国旅游日、“连云港之夏”“西游记文化节”等各类活动。组织100多家旅行社参加蓬莱、新沂等外地来连云港举办的旅游推介会活动，率队参加东海、灌南、赣榆等周边县区的节庆活动，学习交流经验。

旅游节庆活动

【白虎山文化旅游庙会】 5月1日至7日，由新浦区人民政府，连云港市商务局主办，区委宣传部、区文化体育旅游局、海州工商分局、区住建局、新浦公安分局、市交巡警支队等承办的2014年“四月八白虎山庙会暨新丝绸之路经济带文化商贸交流周”在海州古城顺利举办。为彰显庙会的民俗文化特色，营造文化旅游庙会氛围，提升白虎山文化旅游庙会层次，庙会分为文化核心区、传统商贸区、现代商贸区三个区域。文化核心区荟萃新丝绸之路节点城市地方戏曲综艺、非物质文化遗产、中国达人秀等节目，重点向新丝绸之路节点城市推介全市丰富的旅游资源，展示节点城市的风土人情；传统商贸区进行商品展销、农产品展

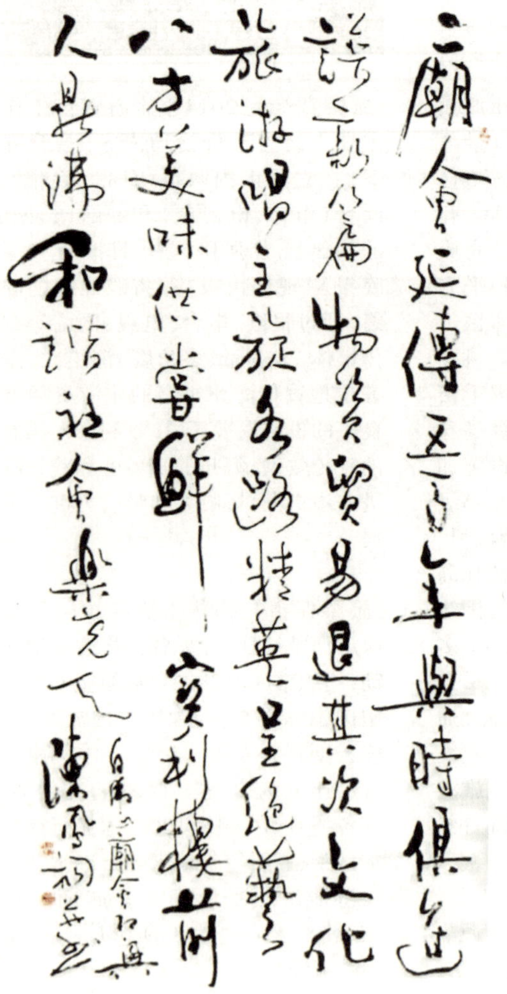

市楹联协会主席陈凤桐为庙会题诗

销、彩票销售、民俗表演等活动；现代商贸区举办白虎山庙会啤酒广场等商贸活动。

【锦屏山登山比赛】 由连云港市委市级机关工作委员会、连云港市体育局、连云港市妇女联合会、海州区人民政府主办，市城投集团金天文化旅游公司承办的连云港市锦屏山登山比赛于3月7日14:50在海州锦屏山成功举办。登山路线起点为桃花涧景区西门，经健身步道、桃花潭、紫竹林寺、金蟾洞，终点在桃花涧景区东门，全长5千米。来自市级各机关共68个代表队400余人参加比赛。随着发令枪响，参赛队员迈开大步向山顶进发，一路上尽管山路起伏较大，但运动员兴致勃勃、热情高涨，在激烈的竞争中享受着登山的乐趣。此次活动的举办有效地促进全民健身、户外运动与文化旅游的互动融合，有效地引领群众享受健康生活新方式。

【千人相亲会】 由市城投集团主办，连云港婚嫁网承办的“情系锦屏山，牵手桃花涧”千人主题相亲会于3月29日至30日在海州区桃花涧景区举办。相亲会以公益为主线，旨在为事业有成的大龄未婚男女青年搭建沟通交流平台，在相识、相知、相交中建立友谊和爱情。29日为高端相亲会，主要针对机关、事业单位职工；次日为千人相亲会，针对有正式职业的20~45岁单身人士。通过此次相亲活动，营造浓郁的浪漫氛围，让所有需要爱的人在轻松、浪漫、温馨中寻找到属于自己的幸福和爱情。

【《海州雅集》书画名家展】 2014年1月26日，首届《海州雅集》全国书画名家作品展在海州区板浦镇李汝珍纪念馆举行。此次书画展由海州区文旅局、板浦镇人民政府主办,海州区国画院承办。展览以“笔墨丹青绘新城”为主题，共展出作品60件，市书画协会多名知名书画家的力作在展览中亮相。书画艺术是中国文化的重要组成部分，是世界民族艺术殿堂中的瑰宝。此次书画展充分展示区文化旅游事业蓬勃发展的喜人局面，又营造出浓厚的春节氛围。

【连云港荷花节】 2014年6月，由连云港市旅游局、新浦区人民政府、江苏省云台农场主办，新浦区文体旅局、连云港华缘公司承办的2014连云港荷花节开园仪式在云台水生花卉园赏荷广场举办。整个荷花节活动从2014年6月延续至10月，活动内容包括荷花节婚纱摄影体验月、苍梧晚报小记者征文比赛、啤酒烧烤节、摸鱼比赛、“秀美荷花”摄影大赛、采菱节、野钓比赛等，并通过多角度、全方位宣传，打响区生态休闲旅游品牌。

旅游行业管理

【旅游企业做大做强】 扶持辖区旅游企业做大做强，云台宾馆、连云港国旅获评省百家诚信旅游单位。推进省星级旅行社创建工作，连云港青年国际旅行社成功创建为省四星级旅行社，永安旅行社、正大旅行社成功创建为省三星级旅行社，全年新增华宇、杰瑞、天乐、云泰航空假期旅行等4家旅行社，全区有旅行社74家。完成星级饭店复核工作，适时淘汰一批不达标的星级饭店（杰瑞宾馆、黄海度假村），辖区有星级饭店15家，其中五星级饭店1家、四星级饭店1家、三星级饭店11家、二星级饭店2家。

【旅游安全管理】 加大旅游安全监管力度，严格落实安全生产责任制。年初，区旅游部门与辖区内旅游企业逐户签订安全生产承诺书，要求旅游餐饮业餐饮卫生安全，落实食品卫生安全主体责任，提升自我管控能力。暑期，区旅游部门联合区食品卫生监督所开展“舌尖上的安全大检查”“打非治违”等专项整治行动。协同市旅游部门，联合工商、卫生、消防、安监、公安等涉旅部门，加大行业管理检查力度，出动人员300余人次，深入旅游企业现场，开展检查100余户次，不断提升海州旅游发展环境，全年无一起安全生产事故发生。

【旅游人才培养】 组织有关人员赴南京、常州参加省旅游执法、智慧旅游培训班，动员旅游企业参加全市旅游比赛活动。在2014年全市旅游服务技能大赛活动中，云台宾馆王安锦获客房叠床服务中式铺床一等奖，成威获中餐宴会摆台一等奖；在全省“畅游江苏”导游大赛中，区选手市革命纪念馆房阳获中文组第一名，被授予“江苏省金牌导游”和“江苏省巾帼建功标兵”荣誉称号。

（撰稿：周锦松　审稿：刘锦州　樊继锦　高　峰　王　雷）

责任编辑：马善臣

综　述

2014年，金融系统融资规模突破400亿元，进一步加大了对重大项目和重点产业建设的支持力度。

年底，银行业金融机构本外币存、贷款余额为1887.31亿元和1607.42亿元，分别比年初增加177.37亿元和181.92亿元。全年保费收入达到49.44亿元，同比增长12.39%。证券营业部证券交易总量1283.29亿元。融资性担保公司在保余额42.36亿元，在保户数2933户；全市20家小额贷款公司（17家农贷公司，3家科贷公司）累计放贷近76.75亿元、其中农贷公司涉农贷款占比达到96.41%。坚持宣传考核与严厉打击并举、专项整治与长效机制建设并重，对不良贷款处置工作持续推进。通过多种渠道向广大市民宣传非法集资的特点和危害，从源头上治理非法集资滋生和蔓延的势头。至2014年底，银行业不良贷款余额41.01亿元，不良贷款率2.55%，实现不良贷款余额与不良贷款率“双降”。

保险行业保费收入49.44亿元，同比增长12.39%。其中，财产险保费收入18.10亿元，同比增长15.51%；寿险保费收入31.34亿元，同比增长10.62%。全市保险行业赔付支出16.57亿元，其中财产险赔付支出9.33亿元、寿险赔付支出7.24亿元。全市政策性农业保险保费收入2.45亿元，其中高效农业保险保费1.38亿元，占农业保险保费收入总额的56.14%，比2013年提高5.78个百分点。

全年，全市共有27家银行业金融机构、39家保险公司、9家证券营业部、3家期货营业部、30家融资性担保公司、20家小额贷款公司、7家上市公司、14家典当公司，初步形成了银行、证券、保险、期货等功能较为齐全的金融机构体系。

（撰稿：朱东芳）

中国人民银行连云港市中心支行

【概况】2014年，中国人民银行连云港市中心支行（以下简称中心支行）围绕“务实创新、品牌强行”的主题，积极探求基层央行有效履职的新方法、新途径和新举措，各项工作取得了明显成效。连续第十年荣获“建设连云港有功单位”称号。

【货币信贷】贯彻执行稳健的货币政策，坚持市场化和行政化相结合的调控思路，推进间接融资、直接融资同步增长，支持沿海开发和港产城融合发展。2014年末，全市可统计的各类融资余额2471亿元，比年初增加380亿元。其中，各项贷款余额1607亿元，比年初增加182亿元；全年新发行直接债务融资工具162亿元，发行量居苏北首位。引导金融资源向重点领域和弱势群体倾斜。组织对接临港产业、战略型新兴产业、现代服务业等领域455个重大项目。成功申报省级小微企业金融服务重点示范项目，惠及全市1692户小微企业。市委、市政府对“双轮驱动”的融资战略给予充分肯定，货币信贷管理部门撰写的专报信息得到市委杨省世书记的批示表扬，赣榆支行强力推动金融支持县域经济发展，存贷款总量和增量位居全市县区之首，《连云港日报》以整版篇幅报道了中心支行支持地方经济发展的成就。

【服务实体经济】探索建立土地流转、价值评估和风险缓释机制，推行“1+23”土地流转服务模式。2014年有6家银行机构开办了该项业务，发放了63笔、3212万元的贷款。南京分行行长周学东在连调研时指出，“这是严格意义上的土地承包经营权抵押贷款，具有较强的复制推广性”。探索小微企业不良贷款处置路径，组织对不良贷款进行分类排队，按照“一行一策”的思路稳妥处置，协调市法院出台《加快执结金融机构涉诉案件意见》。截至2014年末，不良贷款率下降了37%。

（撰稿：陈苏鸣）

中国工商银行股份有限公司连云港分行

【概况】2014年，中国工商银行连

云港分行（以下简称分行）坚持“以客户为中心”的金融服务理念，加快产品创新和服务创新，全力服务地方经济发展，各项工作呈现出势头不断高昂、基础持续夯实的良好局面。年末，本外币各项存款195.42亿元，日均余额195.71亿元；本外币各项贷款首次突破200亿元大关，达到209.73亿元，新增27.41亿元；实现拨备前利润5.56亿元。分行被市委、市政府授予建设连云港有功单位、扶贫开发工作先进集体。

【支持地方经济发展】 充分发挥国有大行规模优势，以服务地方经济发展为指针，拓宽经济实体融资渠道，全力支持重点项目建设，倾力扶助企业做大做强，大力推进“三农”金融服务，积极履行社会责任。

（撰稿：姚　欣　祝佳佳）

中国建设银行股份有限公司连云港分行

【概况】 2014年，中国建设银行股份有限公司连云港分行（以下简称分行）坚持“保平安、增份额、提质量、强管理”的工作思路，乘势而上，加快转型，提速发展，较好地完成了“一般性存款时点和日均新增速度明显提升，保二争一；中间业务收入份额提升，位次前移”的全年目标，实现了市场竞争能力、价值创造能力、精细化管理能力和风险防控能力“四项能力”的全面提升。2014年，分行荣获年度连云港市金融系统最佳网点服务奖，获得“连云港市文明单位”称号。

【存款业务】 2014年，分行一般性存款呈持续增长态势，日均新增前10个月居同业第一。至年末，一般性存款时点余额165.46亿元，较年初新增16.10亿元，日均余额170.43亿元，较年初新增22.64亿元，时点、日均新增均居同业第二。

【贷款业务】 年末，各项贷款余额144.88亿元，较年初新增10.11亿元；不良贷款余额4.61亿元，较年初下降3.22亿元，不良率为3.18%，较年初下降2.62个百分点。不良贷款额和不良贷款率实现“双降”，资产质量显著提升，全年安全运营无事故、无案件，无违纪违规现象。

【电子银行】 2014年，分行电子银行账务性交易量达826.33万笔，完成率在省行系统排第一位。电子银行收入1096.83万元,完成省分行全年计划的114.64%，完成率在省行系统排第一位。手机银行活跃客户34556户，比上年同期净增16221户。个人微信银行新增17601户，完成省分行计划的202.31%，完成率在省行系统排第一位。

（撰稿：陈延玲）

中国农业银行股份有限公司连云港分行

【概况】 2014年，中国农业银行股份有限公司连云港分行（以下简称分行）主要业务经营指标较好地完成了年度计划。至年末，分行各项存款余额221.04亿元，比年初增加19.01亿元，增量份额33.54%，列“四大行”第一。本外币各项存款、个人存款、对公存款日均增量份额均列“四大行”第一。全行本外币各项贷款余额181.34亿元，比年初增加28.82亿元，同比多增5.49亿元，增量份额34.49%，列四行第一。实现拨备后利润3.87亿元，增长率和完成率均列全省农行第三；资产回报率1.35%，列全省农行第一。在农行江苏省分行2014年综合绩效考核中得分列第三，分行被连云港市委、市政府授予“建设连云港有功单位”称号。

【产品营销取得新突破】 成功注册连云港港口集团3年期10亿元私募债;完成连云港市城投集团5亿元超短融授信审批;开立太平洋石英IPO资金监管账户，托管募集资金1.9亿元。牵头组建全省第一笔1.3亿元间接银团业务；为淮海工学院开通首笔专线版银企直联。拓展淮工金穗学子联名卡项目，累计发行联名卡5100张，锁定日均存款1000余万元。办理江苏省新海粮食储备直属库企业年金业务。代理保险保费3.03亿元，市场份额48%，居“四大行”第一；新增养老金托管金额4900万元，完成全年任务的120%。新增信用卡活动客户数9089户，完成省分行目标的139.8%，完成率居全省农行第一位。有效收单商户较年初增加227户，完成省行目标的141.6%，完成率列全省农行第一。累计实现信用卡中收2799万元，完成省行目标的116.6%，完成率居全省农行第二。新增转账电话活跃客户数613户，完成率居全省农行第四。自助机具台均月收入23.66元，列全省农行第一。

【加强客户基础建设】 全年对公客户有效结算账户净增1060户，完成省行目标196%。新增现金管理客户313户，完成省行目标116%。小微企业贷款客户新增21户，完成省行目标105%。工商局新注册法人客户开户率34%，高出省行目标4个百分点。法人折效客户数净增2641户，完成省行目标190%。第三方存管有效户新增4832户，完成省行目标173%。外汇资本金开户率和到账率居全市第一。个人折效客户较年初增加11654户，完成省分行目标127%，点均个人有效客户较年初增加1243户，列全省农行第二。

【推进三农金融业务】 到年末，分行涉农贷款日均余额47.8亿元，较年初增加20.95亿元，完成省行目标161%。农户贷款余额1.66亿元，较年初增加0.33亿元，完成省行目标111%。新增“千百工程”客户8个，完成省行目标133%。“惠农通”服务点有效率94.5%，排名全省农行前列，全年交易笔数14.48万笔，交易金额达9.47亿元，同比分别提高64%、164%。累计制发集成银行卡功能的社会保障保卡、居民健康卡70.26万张。在省分行三农绩效考核中得分列第二。

（撰稿：于祥彪　审稿：仲崇杰）

交通银行股份有限公司连云港分行

【概况】 2014年末，交通银行股份有限公司连云港分行（以下简称分行）总资产129.49亿元，人民币各项存款余额122.47亿元，人民币贷款余额98.28亿元。全年为连云港市经济社会发展提供新增资金35亿元。分行营业部再次成功获评2014年中国银行业文明规范服务千佳示范单位。

【支持地方经济发展】 分行发挥交行全牌照经营的优势，表外融资创新业务在数量和规模上创历史新高，通过4单创新业务募集资金23.5亿元，在全市处于前列，有效地支持了企业和地方经济发展。通过承兑汇票、信用证、保函等表外产品支持实体经济发展，2014年末，余额31亿元，比年初新增2.65亿元。全年，合计为本地经济社会发展提供了逾35亿元的新增资金支持。根据中央和总行精神积极调整投向结构，贷款主要投向当地重点项目、骨干企业和新兴产业，电力、热力、燃气及水生产、供应业、租赁和商务服务业、科教文卫等鼓励类行业均较年初有较大提升。

（撰稿：华　飞）

中国农业发展银行连云港市分行

【概况】 2014年，中国农业发展银行连云港分行（以下简称农发分行）积极应对宏观经济下行、金融风险频发和高位突破发展等严峻形势，强化支农服务力度，提升经营管理水平，发展成效创下历史新高。市农发分行在省行经营绩效考评中位列第三，被省行评为先进集体，首次实现“信贷资产优质行”目标，被市委、市政府评为金融服务发展先进单位。

【信贷总量】 围绕“两轮驱动”发展战略，加大信贷投放力度，信贷总量不断攀升，全年各项贷款累计投放67.3亿元，同比多投放6.6亿元，年末，贷款余额达98.2亿元，比年初增加12.3亿元。市农发分行积极履职，突出保障粮食购销储资金供应，重点支持夏秋两季收购，特别是夏粮收购累计投放贷款21.1亿元，收购粮食83.3万吨，分别较上年多投放5.3亿元，多收粮28.5万吨，创历史新高对接政策，重点扶持水利建设、城镇化建设，中长期贷款业务呈现“营销多、投放多、增幅大”的特点，全年营销获批中长期项目12个、金额34.4亿元，较2013年多营销12.3亿元；投放中长期贷款26.1亿元，较2013年多投放8.2亿元，为历年来贷款投放之最；年末，中长期贷款余额52亿元，较年初增加12.1亿元，增幅30%。

【存款质态】 市农发分行实施“三个强化”推进存款组织。年末，企事业单位存款余额和日均余额分别达30.7亿元和29亿元，分别比年初增加2亿元和3.3亿元。年末存款时点和日均余额均列全省第3位。

（撰稿：吴志蓉）

中国邮政储蓄银行连云港市分行

【概况】 2014年，中国邮政储蓄银行连云港市分行企业转型成效进一步显现，业务收入达到31606万元，比2013年增长8.18%。全年实现拨备后利润7961万元，比2013年下降35.83%。经济资本回报率15.8%，收入利润率25.19%。坚持存款立行、贷款兴行，负债、资产业务呈现良好发展态势。全系统自营储蓄余额达到42.14亿元，净增7.35亿元，增长21.13%，全省排名第二，占全省增量的8.83%。公司存款日均余额达到16.44亿元，较年初增长3.33亿元，完成省行2014年日均计划的99.64%。信贷规模达到47.49亿元，较年初增加14.08亿元，其中个人贷款结余突破40亿元，达到40.17亿元，较年初增长10.4亿元，完成省行计划的105.48%。

【企业管理精细高效】 完善决策流程，建立决策模型，提高决策水平。重点对“三重一大”决策制度、会议制度、转授权管理、财务审批管理等制度进行了修改和完善，确保运行更加规范、高效。树立“勤俭办银行”思想，建立全方位、全成本、全过程的成本管理机制。以“高标准、高要求、高效率”为目标，迅速提高市行机关的决策水平、管控效率和工作规范。优化个人抵押类贷款信审流程，实现无纸化审批1098笔，提高了信贷业务审查、审批效率。继续开展神秘人检查、监控非现场检查，开展服务条线评价，不断提升服务水平。

（撰稿：胡　迪）

招商银行股份有限公司连云港分行

【概况】 2014年末，招商银行连云港分行（以下简称分行）各项存款余额达到20.73亿元，各项贷款余额12.64亿元，较年初增长8.24亿元。新增表外融资总量11.64亿元；实现营业净收入9903万元，经营利润6298万元，经济利润3656万元。分行被中国人民银行连云港市中心支行评为连云港市金融业信息安全工作先进集体、利率报备工作先进单位、支付系统宣传优秀单位等称号；2014年度执行人民银行政策综合评价等级为A级。

【支持实体经济】 重点支持中复神鹰等符合国家产业政策和能够体现连云港经济特色的新能源、新材料、新医药、高端装备、高效农业“三新一高”实体经济企业，共发放贷款5.92亿元。

【支持民生工程】 重点支持棚户区改造项目、蔷薇湖送清水工程、硕项湖自来水厂及管网项目等民生工程建设领域项目共计5.74亿元贷款。

【支持小微企业发展】 与市相关部门、连云港格斯达融资担保有限公司等单位合作，联合推出“连文贷”金融产品、创业小额担保贷款产品；与市科技局积极联系，成为“苏科贷”项目合作贷款银行，为文化类、创业型、高科技成长型小企业搭建融资平台，发放中小微企业贷款2.37亿元。

（撰稿：尚明诚）

江苏银行连云港分行

【概况】 2014年末，江苏银行连云港分行本外币存款余额210.38亿元，比年初增加10.97亿元，分行人民币各项存款余额209.59亿元，比年初增加14.01亿元；本外币各项贷款余额179.18亿元，比年初增加19.67亿元，人民币各项贷款余额178.11亿元，比年初增20.99亿元。累计实现中间业务净收入5651万元。不良贷款余额10.58亿元，不良贷款率为5.91%。实现账面拨备前利润44161万元。

【服务地方经济发展】 扩大和创新业务范围和领域，勇做港城第一投行，服务地方经济。积极发展多层次资本市场，努力解决中小微企业融资难题，助力企业加快上市步伐。紧紧围绕市委、市政府重大项目推进计划，密切关注连云港市东西部合作和南北产业转移的企业和客户，积极支持“一带一路”重点客户落户连云港。将有限的资金重点投向符合连云港市产业布局特点的重点产业、项目，切实加大对港口、交通、园区等政府主导的重大基础设施和项目的资金投入，全力保障重点区域和重点项目的资金需求。全年共办理28亿元的投行业务，并首次开展多项业务，其中监管第一笔保障房发债资金7亿元；落地分行今年首笔短融业务3亿元；办理首笔财质通业务，带来1亿元人民币存款。共办理16.9亿元结构化融资。新增国有背景企业授信53户，金额27亿元。

【服务小微企业】 贯彻总行“特色发展、内生增长、创新驱动”方针，秉持“中小企业专营银行”理念，创新推出了“微贷宝”业务并借鉴P2P贷款新模式，通过全新担保方式和运作模式化解港城小微企业贷款难题。新推出的产品通过设立专项基金提供风险代偿，以求实现风险共担，建立以政府合作为基础，合作机构和平台建设为手段，风险分担和补偿为保障的业务运行机制，担保模式为海州区人民政府、格斯达融资担保有限公司与银行三方联合，由企业缴纳的保证金和政府风险补偿资金共同作为担保手段的信贷业务。参与合作的海州区政府已存入担保风险基金1000万元，“微贷宝”业务的主办行民主支行已与10余家申报企业对接。年末全行小企业授信户数1738户，余额76.59亿元。

（撰稿：陈　勇）

上海浦东发展银行股份有限公司连云港分行

【概况】 上海浦东发展银行股份有限公司连云港分行（以下简称浦发银行连云港分行）经中国银行业监督管理委员会江苏监管局批准，于2011年12月1日成立，12月6日正式开业运营，营业办公地址位于连云港市海州区郁洲北路3号。

浦发银行连云港分行坚持“立足连云港、服务连云港、融入连云港”的指导思想，以创新为驱动，以转型为契机，科学发展，深化合规管理体系，切实防范各项风险，着力提升服务水平，加大品牌宣传力度，全力拓展市场，努力提升经营管理水平，全力打造具有核心竞争力的现代金融服务企业，塑造了良好社会形象，取得了良好的经营业绩和社会效应。开业以来浦发银行连云港分行累计向连云港市城市建设及地方经济发展注入180多亿元的资金支持。2014年荣获连云港市委颁发的建设连云港先进单位奖。

【存贷业务】 2014年总存款余额37.12亿元，总存款日均余额41.6亿元，总存款日均市场占比2.22%，较上年提高0.57个百分点；总贷款余额34.82亿元，比年初新增10.03亿元，增量在系统内排名第三，增速在系统内排名第二。全行工信部口径小微企业贷款余额8.99亿元，圆满完成小微企业“两个不低于”的目标。全行实现营业净收入2.54亿元，实现中间业务收入5831万元，实现账面利润1.52亿元，实现经济利润8501万元，人均经济利润159万元，系统内排名第一。全年在江苏浦发银行系统内综合考评第二名。

【债务融资】 为连云港当地4家主体评级达AA及以上企业成功注册80亿元债务融资工具额度，累计主承中票和短融金额67亿元，债券余额64亿元，占连云港市债券余额的35%。金融市场业务实现跨越式发展，全年投资规模达50亿元，债务融资工具承销笔数、业务量及客户覆盖面稳居当地同业首位，为政府市政建设、企业经营发展提供了大量资金支持。

（撰稿：浦发办）

连云港东方农村商业银行

【概况】 2014年，连云港东方农村商业银行（以下简称东方农商银行）以服务“三农”、服务市民、服务实体为市场定位，做“农渔的银行，市民的银行”，客户做小、产品做新、服务做优，进社区、进农户、进市场，送产品、送服务、送资金，专注差异化、特色化、专业化服务，资金取之于港城、用之于港城、造福于港城人民。年内，东方农商银行获得全国企业文化先进单位、省创建文明行业工作先进行业、省联社信贷支农先进单位、省市五四红旗团委、青年文明号、省小企业金融服务工作先进单位、市文明单位、市平安创建先进集体等荣誉。

【存贷业务】 2014年末，各项存款84.92亿元，较年初增加14.33亿元，增幅20.3%。其中储蓄存款55.24亿元，较年初增加13.72亿元，增幅

33%。各项贷款96.39亿元，较年初增加19.56亿元，增幅25.46%。承兑汇票签发16.4亿元。贴现7.84亿元。零售投放扎实有效。开展农贷专项竞赛，广义“阳光信贷”4366户7.1亿元，较年初净增1048户、1.46亿元。调整利率优惠，推出组合贷款，实现分类营销，按揭贷款1916户、6.97亿元，较年初净增1122户、4.8亿元。公司贷款蓄势待发。梳理全市重点项目和客户名单，深入开展“扫街扫楼”活动，有的放矢营销客户，全年拓展客户188户，授信21.66亿元，用信8.38亿元。开展二院、连岛旅游度假区等银团贷款1.23亿元，授信26家企事业客户11.56亿元，支持7所高校提供资金2.25亿元。创新业务品种，丰富拓客手段，办理“厂商银”1笔、授信5000万元，“票证通”1笔、1000万元，“票即现”1笔、10万元，保函5户、688万元，委托贷款1户、2.09亿元。微贷投放增势良好。成立专业团队，投放车贷407户、2968万元，投放二手房贷213户、6808万元。上线全国首家农商行网贷平台，注册投资人1525户，投放65笔、436万元。小微贷款余额6.39亿元，较年初增加3.83亿元。

【网点建设】 增设板浦、浦南、东辛农场3家支行，搬迁新浦、振兴2家支行，装修宿城、沈圩、义乌商品城等8家网点，建设9家自助银行。

（撰稿：孟昱成）

中国太平洋财产保险股份有限公司连云港中心支公司

【概况】 2014年，中国太平洋财产保险股份有限公司连云港中心支公司实现保费收入25481万元，同比增长18.9 %，高于市场平均增速6.36个百分点，其中车险保费20166万元，同比增长22%，领先行业6.91个百分点；非车险保费5315万元，同比增长9%，领先行业4.3个百分点。综合成本率102.11%，未决赔款准备金较2013年底增加1696万元，综合赔付率69.04%。其中，车险综合成本率105.62%，综合赔付率71.71%；非车险综合成本率88.01%，综合赔付率58.29%。；总赔款支出13837万元，全险简单赔付率54.31%，其中机车赔款11655万元，简单赔付率57.89%，非车险赔款2146万元，险简单赔付率40.72%。滚动12个月应收保费率4.69%。12月底市场份额14.07%，较上年同期提升0.8个百分点，继续保持市场份额第二。

【车险业务】 2014年始终坚持不懈抓好车险的续保工作，大力发展新保、转保业务。重点以车商和电销渠道为突破口，充分发挥这两个渠道在新保和转保中的重要作用。全年实现车险保费20166万元，同比增长22%，领先行业6.91个百分点，高于全辖增速7.62个百分点，在全辖排名第一；车险优客续保率为66.44%，电网销优客续保率69.67%，位于全辖前列。公司车险占当地市场份额为14.44%，较2013年提升0.82个百分点。车险综合成本率、车险同比增长率、市场份额、优客续保率等KPI考核指标，综合排名辖内领先。

【非车险业务】 2014年重点抓好万元以上客户的续保，针对重大项目和重点客户的拓展加大力度，瞄准国内贸易信用保险等新险种加大推广力度，积极参与政府推动的一些项目，实现责任险进一步增长，想方设法为农险上发展需找突破口，寻找机会实现异地业务，加强与银行的业务合作，力争银保业务有较大的突破，推动非车险快速发展。全年支公司全系统实现非车险保费收入5315.8万元，同比增速为8.47%，高于行业增速4.08%（行业增速为4.39%），完成全年计划任务的110.7%，其中企财险入账保费1589万元，责任险入账保费858万元，意健险入账保费2207万元，货运险入账191万元，船舶险入账保费232万元，建工险入账保费222万元。全年非车险市场份额占比12.8%，同比提升0.63%。年初参与市安全生产责任险的共保及环境污染责任险的推广工作。三季度成功签单大病保险；积极推动农险项目，广泛搜集各种农险资料和信息，认真撰写农险开办报告，为公司在实现农险市场零的突破打下了坚实的基础。

推动“银保通”新系统对接，开拓银保业务。积极开展贸易信用保险的推广工作。组织相关银行及目标客户参加有关宣导，成功为多家客户提供国内贸易信用保险的保障。

（撰稿：屈国红）

中国太平洋人寿保险股份有限公司连云港中心支公司

【概况】 2014年，中国太平洋人寿保险股份有限公司连云港中心支公司（以下简称中心支公司）下设6家支公司和9家营销服务部，有160余名员工和1600余名营销员。全年保费收入33961.17万元，在连云港寿险市场份额占比为10.8%，共计赔付金额2305.94万元。

【重大赔付】 2014年，中心支公司及时妥善处理3起重大赔付。9月15日，被保险人马某在单位修车时，被正在修理的拖车落下砸到致死。中心支公司为其赔付20万元。9月22日，被保险人王某骑电动车与重型货车相撞，导致死亡。中心支公司为其赔付23万元。11月2日，被保险人王某在颜马村西南处养鸭厂内一氧化碳中毒身故 。中心支公司为其赔付20万元。

（撰稿：许　一）

中国人民人寿保险股份有限公司连云港中心支公司

【概况】 2014年，中国人民人寿保险股份有限公司连云港中心支公司

（以下简称中心支公司）坚持“公司有位置、渠道有特色、岗位有价值”理念，立足市场，积极开拓，各项业务稳步发展，规模保费逐年提高，新单保费稳列同业前三。人民保险，服务人民。积极融入经济发展，充分发挥保险的社会补偿职能，促进和谐港城建设。

【保费收入增长】 2014年，中心支公司个险、团险、银保、互动、续展全条线齐头并进。实现保费收入2.42亿元，其中个险渠道保费1964万元，同比增长34.90 %；银保渠道保费收入13819万元，同比增长-30.27%；团险渠道保费收入962万元，同比增长40.38%；互动渠道保费收入6056万元，同比增长129.39 %；续展渠道保费收入1365万元，同比增长342.56%。总保费收入市场排名为第四位。

【处理理赔案件】 2014年，处理理赔案件6154件，赔付总额近900万元，简单赔付率14.26%，未决赔款300余万元，上交市地税营业税及附加81.14万元。为港城遭受意外、疾病侵害的2000多户家庭送去关爱，有力维护了港城社会稳定及和谐社会建设，特别是受到理赔的人员和家庭成员体会到保险独特的补偿作用。创新服务，积极探索方便客户理赔的简捷、快速通道。坚持“迅速、准确、合理、及时”的理赔原则，不断提升传统人工理赔效率，积极探索理赔先进方法，站在客户的角度，不断优化理赔服务，真正解决“理赔难”问题。

中国人民财产保险股份有限公司连云港市分公司

【概况】 2014年，中国人民财产保险股份有限公司连云港市分公司（以下简称市分公司）实现保费收入86428万，同比增长10.2%，市场份额为47.74%。截至年底，市分公司共有员工467人、保险代理人579名，在全市各地设有7家支公司、4个直属营业单位、5个区县以下营业部、85个营销服务部，服务网络遍布三县三区直至各个乡镇。经营单位实力进一步增强，2家经营单位跃上亿元量级新平台。市分公司累计承担风险责任总额达8320亿元，处理各类赔案5.19万余件，支付赔款4.45亿余元。2014年，市分公司荣获江苏省质量奖（服务业）、省放心消费创建活动先进单位、江苏省文明单位、江苏省诚信单位、江苏省诚信承诺联盟百佳示范企业、省创建文明行业工作先进行业、省平安金融创建先进单位、连云港市文明行业等多项荣誉，并被市政府授予金融服务发展奖。

【业务经营】 2014年，市分公司开办险种100余种，是连云港市政府采购、多家机关企事业单位车辆保险定点单位，为大型商业活动、行业统保等集中型业务，以及车辆保险、家财险等分散型业务领域提供优质服务。为11.5万辆机动车提供风险保障达336亿元，处理车险赔案4.4万余件，支付车险赔款超3.39亿元，日均处理车险案件约120余件，日均支付车险赔款近百万元。

市分公司通过加大各类责任保险的覆盖面，助力民生保障工程。公司首席承保安责险，为160多家高危企业提供45亿元风险保障；为106家公立医疗机构提供医疗责任保险，承担保险责任超亿元；独家承保连云港市城镇居民大病保险，为连云港市47.45万城镇居民提供大病医疗保障；积极在各区县推行农村小额人身保险，为农村居民提供风险保障18亿元，有效提高了农村居民人身风险保障水平。市分公司推进外出务工人员意外伤害保险，进一步完善外出务工人员风险保障体系。

【农业保险】 市分公司是连云港市唯一承办政策性农业保险的经办机构。2014年，市分公司强化农业保险服务意识，提升农业保险服务能力，建立健全了市、县、乡、村四级农业保险服务体系，建有中心乡镇营销服务部12个、乡镇三农服务站68个、三农服务点1422个，基层农险服务人员约1500人。截至年底，开办农险险种24个，新增14个险种，包括苹果、桃、露地西瓜、露地葡萄、露地旱生蔬菜、种（蛋）鸡、肉鸡、山羊、食用菌、鸭、苗木、林木火灾、茶叶、南美白对虾，多方面满足了农户生产和生活的需要。

全年，累计承担农业风险保障52.95亿元，受理赔付案件5144起，支付赔款1.14亿元，参保农户77.67万户次，受惠农民达15.56万户次。全市高效农业保险占比56.14%，高于全省水平2.72个百分点，省内排名第五名，在全省农业现代化建设考核指标中取得良好的成绩，为港城农村经济发展和农村社会和谐稳定做出了积极贡献。

（撰稿：闫春娟　审稿：施祖荣）

中国人寿财产保险股份有限公司连云港市中心支公司

【概况】 2014年，中国人寿财产保险股份有限公司连云港市中心支公司（以下简称中心支公司）实现总保费收入2.17亿元，完成全年计划目标的100.82%，同比增长26.5 %；其中非车险保费收入1445万元，完成全年目标的93.22%，同比增长22.78%。保费总量在全省排名第8名，保费贡献度为6.35%，在全省系统的贡献度高于连云港市GDP在全省3.3%的贡献度。总保费增速远高于市场的12.54%，继续以12%的市场份额稳居第三位，在全省系统处于第一位。当年，中心支公司被评为市文明单位。

【效益经营】 2014年，中心支公司的综合费用率为26.37%，综合赔付率为63.46%，综合成本率89.83%，实现承保利润1959万元。全面达成综合成本率、赔付率、利润考核指标，是全省唯一达成利润指标的中支公司，在省公司的综合考核中位列第一，再次获得甲A评级。在渠道建设上，公司互动、银行、电销、个代4个渠道提前达成年度目标，达成率分别为124.06%、115.2%、112.7%、109.4%；车行、重客2个渠道达成率为89.5%、51.7%，若排除无代理资质车行业务、重客业务因展业费用无法列支而只能进入个代渠道因素，车行、重客渠道也已达成既定目标。产代寿业务在一季度已超额完成。

（撰稿：王　峰）

中华联合财产保险股份有限公司连云港中心支公司

【概况】 2014年，中华联合财产保险股份有限公司连云港中心支公司（以下简称支公司）完成保费收入4420.75万元，超额完成上级公司下达的全年保费计划（4310万元），比上年增长18.57%，其中车险收入3232.66万元、非车险收入1188.09万元（含人险268.14万元），非车险占比26.88%。综合费用率47.8%、综合赔付率67.6%，其中车险赔付率77%，非车财险赔付率34.4%，人险赔付率32.9%。报表利润68.57万元，在连云港市财险市场份额排名第五位。

【车商渠道业务建设】 2014年，支公司狠抓车商渠道建设，将车商业务销售团队独立分部，以加大车商渠道业务拓展力度。分别在市区南、北两片设立远程出单点，引进年轻具有活力的销售人员壮大队伍，采取全天候值班的方式及时做好车商业务的跟踪，即做好周六、周日及节假日值班，防止跟踪脱节。经过努力，业务形成一定规模，支公司与多家4S店达成合作。支公司的车商渠道保费占比情况在全省名列前茅。1~12月渠道业务实现保费收入1653万元，同比增长23.61%，其中车商渠道业务完成保费1290万元。

【非车险业务发展】 年初，支公司制订了详细的非车险发展计划，由总经理室带头开发，落实具体负责人与其分管非车险业务渠道无缝对接，一对一地对渠道进行拓展和维护，特别是开展了与银行、邮政等专业保险代理单位的合作，拓宽了支公司非车险业务发展的方向。通过努力，1月初，支公司顺利地承保了连续跟踪多年的产品质量保证保险业务。支公司在拓展非车险业务的同时，还注重利用渠道精心维护客户关系，为客户提供多项优质服务。加大对业务发展的支持力度。通过大力发展非车险、强化管理、拓宽渠道，支公司的业务逐步摆脱过去的低谷困境。至年底，完成保费729万元。

（撰稿：徐晓明）

天安财产保险股份有限公司连云港中心支公司

【概况】 2014年，天安财产保险股份有限公司连云港中心支公司（以下简称中心支公司）全年累计实现保费收入4072.23万元，同比增长约-6.24%，在当地财险市场的占有率约为2.25%，在当地财产险公司中排第六位。车险保费收入3178.35万元，占比78%，同比增长-9.17%，非车险保费收入590.35万元，占比22%，同比增长29%。赔付总金额2500.1万元，赔付率61.39%，同比增长-13.5%。为连云港经济金融业的健康发展、社会和谐稳定做出了积极贡献。

【新浦营销服务部业务启动】 经总分公司同意及中国保监会江苏监管局批复，2014年3月初，天安保险股份有限公司新浦营销服务部迁至连云港市龙河小区A号楼底层门面4号，全面启动各项业务活动。

（撰稿：刘都庆）

阳光财产保险股份有限公司连云港中心支公司

【概况】 2014年，阳光财产保险股份有限公司连云港中心支公司（以下简称阳光财保）克服财保市场重重困难，奋力拼搏，积极开拓市场，加强内部管理，合规经营，实现保险业务的可持续发展。拓展团车、危货、非车等优质业务，通过危货责任险的统保，积极接洽市运管处及危货企业，并新增3家危货企业团车的承保。积极推进农发行业务，成功承保团意险项目以及非车险业务。

【拓展车险渠道平台】 2014年，阳光财保积极拓展车险业务，先后与几家车商签署合作协议，全力支持上海大众送保费活动，使车商保费平台形成一定规模。9月以来，连云港市场车商的手续费需求不断攀升，导致车商的发展停滞不前。在新车市场受挫之后，阳光财保积极拓展存量车市场。10月初，总经理室带队拜访北京电销中心，全面了解连云港电销发展情况，并将呼打人员由2人增为5人，从而使数据开放的区域和年份都有所增加，遏制了电销严重负增长的势头。加强电销人员的招聘，为北京座席及属地拨打做储备。和邮政电子商务局进行接洽，力争从上层切入份额，包括车险和卡单，于年底安排专人负责邮政业务，以做好邮政的落地对接工作。

（撰稿：相　翔）

财政税务

财　政

【概况】 2014年，全区公共财政预算收入完成32.5亿元，同比增收4604万元，增长1.4%。先后获省文明单位、市财政收入工作考核一等奖、全市财政系统会计管理部门目标考核先进单位一等奖、全市财政信息宣传与调研工作先进集体、全市财政目标管理先进集体、全市财政一体化系统建设工作先进单位、全市财政监督工作先进单位、全市权责发生制政府综合财务报告工作先进单位、全市财政决算工作先进单位、全市企业国有资产统计报表工作先进单位、全市金融办优秀服务奖、区机关作风十佳单位一类单位、全区法治建设工作先进集体等荣誉。

【财政收入】 2014年财政收入中，增值税（25%部分）46616万元，同口径比2013年增收5241万元，增长12.7%；营业税117099万元，同口径比2013年增收2843万元，增长2.5%；企业所得税28059万元，同口径比2013年增收3380万元，增长13.7%；个人所得税12364万元，同口径比2013年增收1394万元，增长12.7%；资源税1110万元，同口径比2013年减收594万元，减少34.9%；城市维护建设税18743万元，同口径比2013年增收722万元，增长4.0%；房产税6052万元，同口径比2013年增收1360万元，增长29.0%；印花税3531万元，同口径比2013年增收497万元，增长16.4%；城镇土地使用税5679万元，同口径比2013年增收422万元，增长8.0%；土地增值税22321万元，同口径比2013年减收13116万元，减少37.0%；车船使用税1476万元，同口径比2013年减收473万元，减少24.3%；契税377万元，同口径比2013年减收1420，减少79.0%；行政性收费50357万元，同口径比2013年增收2617万元，增长5.5%；罚没收入2489万元，同口径比2013年增收1070万元，增长75.4%；专项收入8031万元，同口径比2013年增收324万元，增长4.2%；国有资源有偿使用收入339万元，同口径比2013年增收312万元；新增耕地占用税10万元。

【财政支出】 全年公共服务支出45109万元，增长2336万元，增幅5.5%；国防支出349万元，减支66万元，减少15.9%；公共安全支出7774万元，减支163万元，减少2.1%；教育支出58435万元，减支9868万元，减少14.4%；科学技术支出3792万元，增支431万元，增长12.8%；文化体育与传媒支出1567万元，增支130万元，增长9.0%；社会保障和就业支出19169万元，减支382万元，减少2.0%；医疗卫生支出14074万元，增支3129万元，增加28.6%；环境保护支出1509万元，减支1078万元，减少41.7%；城乡社区事务支出70746万元，增支5454万元，增长8.4%；农林水事务支出30048万元，增支2858万元，增加10.5%；资源勘探电力事务支出13791万元，增支7127万元，增长106.9%；商业服务等事务支出1939万元，减支891万元，减少31.5%；金融支出41万元，增支34万元，增长485.7%；住房保障支出9016万元，增支3022万元，增长50.4%；粮油物资储备管理等事务支出291万元，增支12万元，增加6.5%；其他部门事业费8220万元，减支1613万元，减少16.4%。

【扶持企业项目】 2014年，为企业争取各项扶持资金2015万元，协助融资2000万元，缓解企业生产资金压力。全年获批省级科技计划项目6项，其中东海硅微粉获批省级重大成果转化项目。引导正大天晴、东海硅微粉、乐园新材料等工业企业进行老旧设备改造、产业转型升级，技改和科技扶持资金支出1774万元。落实招商引资奖励政策，营造良好招商环境，签约亿元以上项目27个。扩大"营改增"税改范围，全区涉及试点纳税人2863户，企业纳税同比减负14%，促进企业提升经营活力。

【完善机制促征管】 经过多年建设，形成"区-乡镇（街道）-村（社区）"三级网络和综合治税、社会化征管、专项整治、催报催缴四大平台。国税、地税等15个执法部门组成工作组，全面监控税收征管情况，全年入库税收21.9亿元，占公共财政预算收入的82%。在全市率先成立4家个体零散税收服务站，全年开票16209

份，开票金额1.9亿元。开展陇海步行街等专项税收整治工作，查补税收4562万元。按照属地管理原则，对各类建安工程及1.6万户个体工商户催报催缴，入库税收9676万元。

【加快项目融资进程】 通过资产整合、财政资金注入等方式，支持江苏瀛洲集团做大做强，净资产规模达15亿元，升级为市级投融资平台。充分发挥财政职能作用，采用财政资金质押、资产租赁、政府信誉、委托贷款等方式，多渠道开展融资工作，当年实现融资6.9亿元。

【加大工程投入规模】 积极落实重点工程部署，以财政资金为引导，政府融资为主体，多渠道筹措项目资金，加快重点工程建设步伐，全年共投入16.3亿元，其中财政资金5.6亿元。支持浦南新镇区建设，推进路网和公益项目建设，打造全市城乡统筹样板，支付2.5亿元。支持滨河新城建设，拓展城市功能分区，支付2.2亿元。支持旧城改造建设，动迁东上渔场、财校等地块，及时拨付兑现拆迁补偿款8.5亿元。支持特色街区建设，水晶街、民主路老街顺利开街，盐河巷古街工程全力推进，支付3.1亿元。

【坚持教育优先原则】 学前教育、中小学生公用经费按省定标准逐年增长，全年公用经费支出4270万元。进城务工人员随迁子 女100%就读，全额享受公用经费。支付教师培训经费200万元。安排贫困生补助 403万元，扶助贫困学生1272名。学校安全工作专项支出7650万元。城乡学校教育装备提档升级，达省定二类标准 。教育现代化水平进一步提升，教育优质发展惠及更多民众。

【支持社保体系建设】 2014年城乡居民基础养老金标准稳步提高，从2013年的80元/人/月提高到90元/人/月。全年拨付城乡居保财政补助资金共计4103万元，其中区级财政配套资金1335万元。每月领取基础金人数达到3.75万人。新农合及城镇居民医保金区级配套资金3435.91万元，足额上解市财政。加大对基层医疗卫生机构的扶持力度，拨付基本公共卫生经费2770万元，受益人口达80万人。拨付卫生系统2014年收支缺口及基药欠款补助1000万元，有力保障基层医疗卫生机构良性运转。做好城乡最低生活保障金发放工作，低保金支出2732万元，10.8万人次受益。

【促进城市改造出新】 2014年共投入4100万元整治改造便民路和背街小巷212条、片区6处，整治范围覆盖5个街道、40个社区，通过整治，惠及居民1.8万余户，惠及人口3.8万人。9月出台《海州区政府性投资项目评审管理暂行办法》（海政规发〔2014〕1号），对政府性投资项目评审的范围、内容、方式、程序、工作时限等方面均做出了详尽的规定，为政府性投资项目评审工作提供具有可操作性的政策支撑。

【落实支农惠农政策】 2014年，争取国家级农业开发项目4个，促进农业产业结构调整，支出1494万元。争取省级集体经济发展项目，壮大村级集体经济，支出480万元。推进农桥、农路、农村“一事一议”项目建设，支出804万元。签单政策性农业保险保费280万元，兑现粮食直补、农资各项补贴1018万元，发放家电下乡补贴资金1773万元，受益农户近2万户。加强村庄环境整治力度，推进秸秆机械化还田和综合利用，支出1054万元。推进“菜篮子”工程建设，实施生产基地建设和农贸市场改建，支出217万元。

【财政管理】 2014年3月，对6家社区基层卫生机构实行统一核算，5月对原海州区4个街道及22家事业单位进行代管，纳入国库集中支付系统管理的行政、事业单位231家。全年调度资金18.9亿元，增长27%。争取上级专项补助资金3.5亿元，增长29%。国库集中支付清算25758笔，支付资金13.2亿元，直接支付率94%。

【财政监督】 2014年，财政局完善预算编制、预算执行、绩效管理、财政监督“四位一体”的财政管理体系，对37家单位进行检查。主要针对部门预算编制执行情况、财务制度执行情况等，重点检查5家基层医疗卫生机构2013年财务情况，进一步推动基层卫生单位财务管理规范化。开展专项督查，联合商务局针对2009–2014年度家电下乡政策执行情况进行督查，通过随机抽查、电话回访、实地核实等方式，确保财政补贴落到实处。针对环卫系统运行保障问题，进行深入调研，摸清家底，研究解决方案。借助外部审计，委托会计师事务所对3家卫生机构公共卫生配套及其使用情况，15家住建系统单位工程项目收支情况，江苏瀛洲集团及其7家子公司融资情况、项目支出等情况进行跟踪检查，并提出相关整改意见。

（撰稿：张泰琦　审稿：邱洪建）

税　务

【综述】 海州区、新浦区合并后，税务工作内容做了调整。原在新浦的国税三分局负责海州区新浦地区的企业、个体和市场税源管理工作。原在海州的国税四分局负责组织原海州区范围企业和个体税收收入，并负责市区范围内电气机械和器材制造业、通用设备制造业。

国税三分局

【概况】 2014年，连云港市国家税务局第三税务分局（以下简称国税三分局）全局在职在册干部、职工43人，负责海州区新浦地区企业、个体和市场税源管理工作，全年组织税收收入12.5亿元。2014年 荣获 连云港市文明单位、新浦区文明单位、建设新浦有功单位、建设景区有功单位等荣誉。8名干部荣获嘉奖。

【国税收入】 2014年，共组织各项税收收入124608万元，与2013年118057万元相比增收6552万元，增幅5.5%，完成年计划的100%。其中，国内增值税71358万元（其中营改增税8514万 元），与2013年65380万元相比增收5978万元，增幅9.1%；消费税13452万元，与2013年12604万元相比增收848万元，增幅6.7%；企业所得税39796万元，与2013年40065万元相比减收269万元，减幅-0.7%。

表15

2014年度国税三分局分税种收入情况表

单位：万元

项　目	年度计划	1-12月累计	上年同期	增减额	增减（%）	完成计划（%）
收入合计	124440	124608	118056	6552	5.5	100.1
一、"两税"	84358	84810	77984	6826	8.8	100.5
1.增值税	70908	71358	65380	5978	9.1	100.6
其中：营改增	8500	8514	4283	4231	98.8	100.2
调库数	800	858	449	409	91.1	107.3
2.消费税	13450	13452	12604	848	6.7	100
二、所得税	40080	39796	40065	-269	-0.7	99.3
三、个人利息税	2	2	7	-5	-71.4	100

【税源预测和收入分析】 2014年，实施二级税源预测和收入分析工作制度，对分局总体、主体税种分税种收入，以及省、市、分局级重点税源户收入由经济和政策引发增减的因素进行分析；对特殊行业、纳税户的收入趋势，税负情况，以及个体税收增减因素进行分析，找出影响税收增减主要因素，掌握税收收入主动权。提出税源管理和风险应对工作合理化建议。

【重点税源监控】 2014年，以低于行业税负、任务类风险、连续三年亏损、一般纳税人连续6个月零负申报等为主线开展风险识别、风险预警、风险应对、纳税评估。对存在纳税问题达到稽查条件的及时转入稽查程序。2014年度共对771户企业进行风险应对，查出存在纳税问题238户次，查补增值税220万元，查补企业所得税3765万元，滞纳金80万元，调减留底1382万元，调减亏损额1428万元。稽查补税615万元。

【流转税管理】 2014年，加强户籍、发票、资格认定等基础管理，确保准期申报率、入库率达标，金税工程存根联采集率保持100%，抵扣联重号率为零，征管工作处于市区较好水平。加强分行业管理，对农产品收购企业风险税源实行监控，开展供票资格审核、实际税负与行业税负的比对、经营业务是否具有真实性等内容开展实地调查，对收入产出比、能耗比、毛利比、税负比加强监管；完成福利企业年检和资格复查，适时开展巡查和评估；实行纳税期关键日报告制，层层反馈实情，监控组织收入工作全程。

【所得税管理】 抓好所得税季度预申报和企业所得税汇算清缴工作，2014年所得税汇算清缴的汇缴面100%，实现税款5557万元，比2013年3703万元增加1854万元，增幅50.06％。

【个体税收征管】 2014年度，共组织个体税收入库2741万元，与2013年2398万元相比 增收343万元，增长14.3%。其中，2014年代开发票入库845万元，与2013年725万元相比增加120万元，增长16.5%；加强发票核查，对超定额个体户及时督促补税454万元，与2013年369万元相比增加85万元，增长22.9%；延伸服务站，增加委托代征点，委托代征入库520万元，与2013年446万元相比增加74万元，增长16.5%。

【税收风险应对】 2014年，注重信息的采集应用，建立房产局信息情报传递机制，实地查看收集楼盘总体情报，增加对房地产企业纳税风险提醒的次数和力度；对房地产企业涉税报表进行集中分析，筛选有效风险点。

【纳税服务】 2014年，举办所得税培训6期，举办2次房地产业重点税源企业纳税辅导，走访纳税大户和营改增企业。促进国家宣传文化事业的繁荣发展和图书批发零售。7月1日起，将自来水、小型水力发电等特定一般纳税人适用的增值税6%、5%、4%、3%四档征收率合并为一档，统一按现行简易计税办法，执行3%的征收率。

【执法监督】 建立综合监督考评信息平台，实施"日报周清月结"的执法过错适时跟踪制度和及时应对机制，全年审查出过错信息1242条，其中市局直接推送42条，分局推送1200条。分局针对存在的问题进行逐条整改并核实，全部保质保量按时完成。全年共集体审议评估案例146户次，对集体审议的案例、评估资料，分局按月进行检查。

【税收改革】 2014年8月21日前，按照《连云港市国家税务局关于全面推进税收管理改革的工作方案》的要求，国税三分局成立按行业、跨区域设置的专业纳税评估机构，下设6个风险应对科，人员编制43人。落实省局"两个办法一个清单"管理模式（纳税服务工作任务管理办法、税收检查任务管理办法、税收职责清单），推行应用数据情报综合管理平台。改革后，分局不再承担税收基础服务职能，改为牵头市区范围内房地产业和建筑安装业等行业的纳税评估工作，承担新浦地区（区划调整后为海州地区）中小税源的纳税评估，本地域范围内经济税收分析、预测工作。

（撰稿：赵扣锁　审稿：孙　跃）

国税四分局

【概况】 连云港市国家税务局第四税务分局(简称国税四分局),2014年8月前,主要负责原海州区范围企业和个体的税收征管工作,以及纳税评估工作,2014年8月征管改革以后,主要负责组织原海州区范围企业和个体的税收收入工作,并增加牵头负责市区范围内电气机械和器材制造业、通用设备和专用设备制造业、批发业和汽车销售行业一般纳税人的纳税评估工作,同时承担海州地区除市国税局大国处集中应对及其他分局牵头应对的行业外中小税源的纳税评估工作。分局内设办公室、综合科、风险应对一至五科等共7个科室,在编人员30人,分局长韩树锦。年度内有3人荣获三等功,6人获嘉奖。

【组织税收】 2014年共组织各项税收收入12.29亿元,较2013年9.66亿元增收2.63亿元,增长27.23%。其中,组织增值税收入10.71亿元,较去年同期9.02亿元增收1.69亿元,增减率18.76%;消费税收入0.17亿元,较上年同期0.14亿元,增收0.03亿元,增减率19.33%;企业所得税收入1.41亿元,较上年同期0.50亿元增收0.91亿元,增幅182.71%。组织区级公共预算收入3.1亿元,比上年同期2.58亿元,增收0.52亿元,增长20.16%。

【纳税服务】 2014年,国税四分局以优化、简化服务规程,提高纳税人税法遵从度为出发点,切实加强对纳税人的零距离服务。将税收宣传工作纳入全年工作重点,多渠道多形式改进政策宣传、纳税辅导和税收政策解读,充分利用现代信息沟通技术,做好日常征管、涉税办理、风险告知和执行税收政策等工作的提前介入,对小微企业经常性短信平台提醒,全年达6000余户次;对重点税源企业根据实际提供个性化服务10余次;对风险行业企业适时进行风险提醒1000多次,扎实做好具体工作。举办所得税培训4期,举办1次汽车销售行业企业纳税辅导,走访调研重点税源和营改增企业70余户。通过提醒、一对一、集中解答等多种纳税辅导方式的开展,尽最大限度减少了纳税人因各种原因带来的不便和损失。

【税收改革】 全面推进和落实税收管理改革工作,是2014年全市国税工作的首要任务和重中之重,根据上级深化税收改革方案要求,分局积极响应。分局主要采取三种手段抓好改革的具体落实。抓好税收改革的动员和宣传,适时召开会议,对改革思路和具体内容作全面细致的解读,统一思想,提高全体干部对改革的认知度和认同度;调整管理职能,积极配合市局做好各项具体工作,确保政令畅通和改革的落实;转变管理方式,做好原征管方式和新机制的衔接工作,顺利完成职能转变工作。

【税收管理】 2014年,分局抓好落实两个办法和一个清单(纳税服务工作任务管理办法、税收检查任务管理办法、税收职责清单),严格执行,规范管理和服务行为,规范工作职能、程序和岗位设置,依职能、依清单办事。强化数据平台应用,充分发挥税收数据情报管理平台的作用,提高数据情报的应用能力,多次组织情报平台应用培训,使各应对人员掌握和了解情报平台的应用,为强化案头分析和风险应对能力打下良好基础。注重第三方信息的采集应用,加强税收情报收集,并结合五级风险和重点行业的分析应对,完善应对工作联动机制。深化绩效管理。明确绩效管理工作的方式、范围和要求,构建绩效管理的架构和平台。通过深化绩效管理,形成了务实奋进、团结协作的工作氛围,从根本上破解了干部队伍中存在的“干多干少一个样”“干多错多”的难题,助推提升分局站位。全年共完成风险应对366户,取得应对总成效2633万元,其中直接入库成效1170万元(补缴税款1129万元,滞纳金41万元),调减留抵1348万元,核减亏损466万元,应对成效明显提升。

(撰稿:崔宏伟 审稿:韩树锦)

地税六分局

【概况】 2014年,海州、新浦两区合并后,海州区税务由连云港地税局第六税务分局(以下简称六分局)负责。六分局始终坚持围绕市局和海州区的工作部署和年初确定的目标任务,把组织收入工作放在第一位,领导班子带领干部、职工深挖税源,强化税基,坚持依法治税,应收尽收,促进税收收入的稳步增长。六分局通过加强税源分级分类监控措施紧抓收入,对占税收总量60%的近90户重点税源企业密切关注税源变动情况。局长武琼获得江苏省五一巾帼标兵、省五好文明家庭的荣誉,六分局获建设新浦优秀单位和区软环境建设十佳单位的殊荣。

【税收收入】 2014年,六分局累计实现税收收入53620万元,同比增收4247万元,增长8.6%,公共预算收入42660万元,同比增收1968万元,增长4.84%,完成市局下达计划59552万元的90.04%。

【税收监管】 2014年,六分局成立税收风险管理领导小组,定期召开风险应对工作分析会议,及时指导风险应对工作。建立明确的职责分工机制,形成分局、科室、应对人员三个层级的工作职责。结合工作实际,统一操作规范、操作步骤和不同风险类型、风险级别条件下的应对方式。全年风险应对完成户数567户,中等风险入库税款3024万元,应对贡献率达到5.39%。

【优化税收管理】 分局推出“创新风险机制、提高风险应对质效”和“分级分类管理”两项管理办法,将征管质量指标明确到责任科室,每月两次检查通报,对存在的问题由分管局长逐户带领各科长及业务骨干逐条分析整改。对省局信息管理系统中的税源与征管状况监控指标,逐条明确其业务口径和技术口径。对责任科室和责任人进行考核,并将考核结果纳入绩效考核。2014年全年各月的准期申报率、准期入库率等指标均在市区排名靠前。

(撰稿:李 莹)

责任编辑:孙寿鹏

综合经济管理

经济运行管理

【概况】 2014年，海州区积极应对复杂严峻的宏观经济形势，加大经济工作组织力度，加强经济运行监测分析，经济运行呈现出总体平稳、稳中有进的发展态势。综合经济实力显著提升，完成地区生产总值263.2亿元，增长10.1%。三次产业平稳发展，服务业引领作用继续增强，完成服务业增加值165.2亿元，增长11.1%，占比地区生产总值达62.8%；工业增加值61.3亿元，增长9.4%；农业增加值18.2亿元，增长3.5%。经济需求有效提升，发展动力更加强劲，完成全社会固定资产投资346.8亿元，增长26.3%；工业投资124.7亿元，增长45.3%，增幅全市居首；社会消费品零售总额222.7亿元，增长13%；外贸进出口12.3亿美元，增长7.9%。财政收入保持平稳，完成公共财政预算收入32.5亿元，增长1.4%。招商引资成果显著，实际利用外资1.3亿美元，基本与上年同期持平；引进内联客方到位资金112.5亿元，增长18.5%。

【综合计划管理】 为全面完成全年经济社会发展目标，海州区经发局在综合考虑各单位资源禀赋以及与各经济社会事业主管部门多次沟通的基础上，科学地编制《海州区2014年国民经济和社会发展主要指标计划》。为确保计划有效实施，完成或超额完成年度指标任务，一方面加强计划执行情况的跟踪监督，定期向区人大常委会和区政府汇报计划执行情况；另一方面，每月对全区经济指标完成情况、经济运行主要特点、矛盾和存在问题进行深入剖析，提出加强经济发展工作的建议和对策。全区主要经济指标保持平稳增长态势，基本达到发展计划。

【经济运行监测】 加强对指标的监测。为把握经济发展大势，定期调度地区生产总值、服务业增加值、规模以上工业增加值、全社会固定资产投资、全社会消费品零售总额等主要经济指标进展情况，确保指标在合理区间内运行。加强对企业的监测。受宏观经济影响，很多企业生产经营遇到困难。深入开展企业调研活动，了解企业的经营状况、影响企业发展的主要矛盾和突出问题，与企业人员探讨对经济运行情况及市场发展走势的展望。加强对企业数据的分析评估，及时掌握企业发展过程中出现的新趋势、新情况、新问题。有针对性地帮助企业解决发展难题，提高协调帮扶成效，做好增量经济的培育与扶持。提振企业信心，稳定企业运行工作，一些行业、企业逐渐摆脱上半年总体运行不畅的局面。新增规模以上工业企业11家，列入市重点监控的三得利、康达智、立成毛绒等8个新增长点，新增产值9.6亿元。全区新增市级服务业集聚区4个，新增限额以上商贸企业40家，智慧物流园项目列为2015年省200个重点项目之一。

【综合服务能力提升】 作为综合经济管理部门，经发局不断提高服务水平和质量，优化发展环境。为更好地承接市发改委下放的行政审批权限，积极扩大宣传，主动设立窗口，印发《项目审批核准备案指南》1000余份，简化项目立项手续，对于材料齐全合规的项目即时审批，不断提高服务水平和效率。发挥部门优势，服务产业发展，推动养老特色一条街和杰瑞科技创业产业园2个项目列入省"十百千"计划，争取省扶持资金300万元；全年新培育4家市级现代服务业集聚区，争取市级服务业引导资金360万元；高新技术产业争取市专项引导资金150万元；沿海防护林争取扶持资金135万元；生猪养殖争取专项引导资金40万元。

【产业发展提质】 农业现代化全面推进　高效设施农业加快发展，新增高效农业面积507.3公顷、高效设施渔业面积153.3公顷，在江浦蔬菜基地建成1万平方米连栋日光温室大棚，在新坝镇黄泥沟沿线建设万亩高档苗木产业基地。农业综合改革扎实推进，新增土地流转面积2333.3公顷、适度规模经营面积2133.3公顷，新增农民合作社37家。

工业转型升级　规模以上工业销售收入和利润分别增长15%和32%。主导产业发展形势较好，装备制造业全年完成产值77.5亿元，占规上工业产值43%；食品化工行业产值突破30亿元；新材料行业产值达到

23亿元;日出东方太阳能和江苏省太阳能研究所2家新能源企业完成产值17亿元。提档升级步伐加快,实施技改项目58个,计划总投资36亿元,年内完成投资21亿元,竣工技改项目达37个,新增国家高新技术企业10家,高新技术产业产值占海州区规模以上工业产值比重为45%。

服务业引领集聚　苏宁广场建成并对外营业,海鲜美食街海港城开始招商,丰联广场、奥迪城市展厅主体竣工,昊海大厦、市农业科技创新中心进展加快,临港物流园开始启动,智慧物流园项目列为2015年省200个重点项目之一。

【投资结构优化】 海州区完成规模以上固定资产投资299.4亿元,增长24%。区245个重点项目完成年度投资248亿元,其中纳入市重点的50个项目完成年度投资97亿元。投资结构不断优化,其中基础设施类投资占比7.4%、产业类投资占比47%、社会事业类投资占比9.8%。滨河新城新浦大桥、新浦大道建成通车,解放路小学滨河分校、瑞安花园安置小区等建设全面铺开,蔷薇岛环岛路和景观廊道建设完成,凤凰新城兴隆国际商贸城扩建等重点项目有序推进,孔望新城新孔南路、磨盘山路通车,师专二附小建成使用。

(撰稿:刘宪龙　审稿:单新文)

国有资产经营管理

【概况】 2014年,投融资平台资金形势普遍低迷,为实现融资工作新突破,瀛洲集团领导带领融资部抓住一切有利机会,推动一切可能推进的项目,融资工作取得较好成效。截至12月,集团通过银行贷款、融资租赁、中小企业私募债、信托等方式完成融资17.02亿元,超额完成区政府下达的争取8亿元的融资任务,缓解了区内重大工程项目资金压力。同时瀛洲集团作为城乡统筹、民主路改造、新浦公园等建设指挥部的运作主体单位,全力推进各项基础设施工程建设,集团投入各指挥部项目资金超过13亿元。在年度全区目标考核中,集团获2014年度经济建设和社会发展目标一等奖。

【国有资产保值增值】 瀛洲集团作为区资产整合领导小组的办公机构,积极与其他工作小组对接,搜集整理信息,筹备推进会议,落实土地、房产等整合过户工作,确保国有资产保值增值。民主路房产办证工作有效推进,至年末,已办理完成6个土地证,计2504.5平方米;民主路老区政府办公楼权属证件已经办理完成并过户至神农公司名下;浦南镇新圩砖厂8.53公顷融资地块已经由瀛洲集团完成摘牌并支付土地出让金,正在办理后续相关权证手续;财政大楼拍卖手续已完成,正在协商办理产权过户手续;东河新城土地及房产注入工作,正与市机关事务管理局、新海新区进行沟通协商;位于郁洲路9号瀛洲大厦办公大楼,与3家精品酒店经营客商开展经营项目洽谈招商,至年底,集团净资产增至31亿元,总资产达51亿元。

【重大项目建设】 社区服务中心项目投资4300万元,建筑面积约1.5万平方米,该项目具体工程涵盖综合社区服务、党员活动室、健身中心、文体活动中心、社区图书馆等,2014年年底,工程主体完工、封顶。海州培智学校项目位于海州区中大街,建筑面积4415平方米,工程概算约700万元。集团与文桥土石方工程有限公司签订拆迁协议,于12月底完成拆迁工作。

(撰稿:刘云明　审稿:梁正红)

国土资源管理

【概况】 2014年,连云港市国土资源局海州分局与连云港市国土资源局高新技术开发区分局合并,成立新的连云港市国土资源局海州分局(简称海州国土分局),负责浦西、路南、新南、新海、浦东、新东、南城、朐阳、洪门、宁海10个街道,以及浦南、板浦、新坝、锦屏4个镇和岗埠、云台、新浦3个农场范围内国土资源管理工作。年底被海州区委、区政府授予"优化投资发展软环境十佳单位""建设海州有功单位"称号。

【规划修编】 2014年,海州国土分局对原新浦城区、浦南镇、岗埠农场、云台农场规划布局进行优化调整,归并整合滨河新城范围内规划不规整的道路地块。规划修改涉及地块114个,面积668.4783公顷,修改后农用地面积增加19.6167公顷,城镇建设用地面积增加11.1243公顷,村镇建设用地面积减少11.1243公顷,风景旅游用地面积减少2.6530公顷,林地用地面积减少2.1184公顷,其他用地面积减少13.8453公顷。

【耕地保护】 海州区开展耕地后备资源和高标准基本农田调查工作,全面掌握耕地后备资源数量和空间分布状况,为耕地占补平衡提供重要工作依据。同时做到耕地数量、质量和生态并重管理。全年上报耕地占补平衡项目24个,项目建设规模207.7公顷,提供129.1公顷耕地占补平衡指标。在基本农田划定工作中,落实保护责任,建立基本农田保护图、表、册,设立统一标识,建立基本农田数据库。投资92万元,设立81个基本农田保护标志牌,签订620份责任状。年末,海州区耕地保有量为33240公顷,基本农田面积为19800公顷。

【土地利用】 海州国土分局组织4次农用地转建设用地报批,涉及33个地块,面积105.6826公顷。牵头包装连云港市海州智慧物流产业园项目,列入省发改委2015年重点项目清单。配合市局预审9宗项目用地,分别是连云港师专二附小东校区新建工程、连云港市浦南中学异地新建工程、连云港市浦南中心小学新镇区分校建设工程、连云港市饮用水输水(管线)工程、凤凰新城片区道路新建工程、南城污水处理场项目工程、郁洲南路项目工程、市农科院项目工程、新孔路项目工程。

【地政地籍管理】 全年海州国土分局

受理个人土地登记发证1679宗，单位地籍调查57宗，完成地籍前置调查及勘测定界初审133宗。配合海州区重大项目房屋征收，完成民主路、黄海度假村、变压器厂、鹰游房地产、财校、木材厂、连盐铁路等12个地块348宗拆迁用地土地确权。完成辖区内农村宅基地外业核查、测绘、底图制作，完成农村宅基地使用证发放5697宗，完成村集体建设用地使用证发放606宗。聘任省级测量标志点保管员9名、市级测量标志点保管员27名。

【矿产资源管理】 海州区分别对南城凤凰西山、朐山二采场、岗嘴采石场、刘顶园林段4个废弃塘口开展环境整治。海州国土分局带领南京中山园林设计公司现场勘查，协调地方矛盾，顺利出台设计方案。年度征收矿产资源补偿费10万元。受理板浦镇莱园村砖瓦厂和板浦镇浦东村砖瓦厂采矿权登记申请。

【地质灾害监测】 海州国土分局组织国土所对辖区内重要地质灾害隐患点、人口密集区、交通干线、重要设施等区域进行自查。全年开展地质灾害隐患巡查25次（82人次）。建立区、镇、村、点四级群测群防体系。排查发现锦屏西山隐患点和桃花涧风景区两处隐患点，及时落实防治单位和责任人，设立地质灾害隐患警示标志牌，发放隐患明白卡。6月初汛期来临前，及时启动灾情速报、汛期值班、月报、巡查等预防工作，年内未发生地质灾害事故。

【违法用地查处】 2014年，海州国土分局立案查处3宗道路违法用地、8宗企业违法用地、7宗村民宅基地及安置房违法用地、5宗其他基础设施违法用地、1宗非法转让土地，面积计66.8公顷，收缴罚款351.503万元。

【卫片执法检查】 2014年度卫片执法监督检查下发海州区153个疑似违法用地图斑，面积103.9公顷，耕地面积71.4公顷。最终认定海州区违法用地面积23.2公顷，耕地面积17.3公顷。在落实土地矿产卫片执法检查过程中，海州国土分局坚持高标准、严要求，保证排查统计真实、严肃，严格按照“一宗一卷”要求，整理归档资料，做到对违法用地查处事实清楚、程序合法、适用法律准确、处理到位。

【国土法规宣传】 海州国土分局通过“4·22”地球日、“6·25”全国土地日、“8·29”测绘日、“12·4”法制日等节日，以挂大型横幅、发放宣传单、现场咨询、图板展示等形式开展普法宣传，不断扩大国土资源法律法规宣传面，努力提高群众的国土资源保护意识。

【涉土信访】 全年海州国土分局受理涉土信访32件，其中处理市“12345”热线11件、部转违法线索3件、省厅信箱信访件3件、市转办5件、区转办3件及举报电话、来访7件。按照属地管理、分级负责原则，做到来访有记录、问题有答复、处理有反馈，办结率为100%。

（撰稿：李伟 审稿：闫振标）

工商行政管理

【概况】 2014年，海州工商分局共有干部职工145人，下设7个科室、7个工商所和1个经济监督检查大队。辖区有企业15664家，个体工商户26768户。工商分局纵深推进商标战略，积极培育“三名商标”，全区新增注册商标600余件，新申报和续展市知名商标58件、省著名商标32件。工商分局自上而下抢抓机遇，切实营造有利于创业者投资兴业的发展环境。加强对特殊创业人群的关心和支持力度，为广大下岗职工、自谋职业的退伍军人、应届大学毕业生、残疾人等出谋划策，排忧解难，帮助300余人免费办理登记手续。全年新登记私营企业2853家，新增注册资本98.3亿元；新发展个体工商户3417户、农民专业合作社37家、家庭农场24家，实现“个转企”43户。分局围绕“深化改革、服务发展”这一工作主线，以商事制度改革为引领，各项工作取得了明显成效。被表彰为连云港市文明单位、建设海州有功单位、软环境建设十佳单位，荣获区委、区政府“重要事项推进奖”等多项荣誉。

【商事制度改革】 根据省、市局部署，紧跟工商登记制度改革步伐，全面推进“宽进严管”工作，有序推进“先照后证”“四证联办”、网上登记、企业年报、电子执照发放等工作。深化开展走访服务、预约服务、延时服务等惠民举措，着力塑造工商良好形象。推进落实注册资本认缴制，实施放宽企业名称核定限制和企业住所登记限制等改革举措，以“先照后证”为重点，贯彻落实“前置改后置”相关文件精神，推行登记注册便利化。网上办理公司登记762户，完成市场主体年报1.75万件。

【服务发展创新举措】 出台《服务海州发展12条措施》，着力搭建服务平台，全面促进新能源、新医药、新材料等战略性新兴产业，以及电子商务等产业加速发展。开展“服务企业发展、规范诚信经营”行动。建立注册登记绿色通道，为入驻苏宁广场、时尚莱迪、盐河巷古街等地的市场主体提供快速、高效、便捷的服务，为160家市场主体办理营业执照。办理动产抵押登记35件，助企融资5.58亿元，其中园区动产抵押12件、抵押金额0.79亿元。

【依法保护民生】 围绕履职要求，高效运用日常巡查、专项行动、年报核查等契机，加强对产品质量、商标、广告、合同、食品等类型案件的查办力度。以商品质量监测为抓手，加大对垄断、限制竞争、仿冒名牌、虚假宣传、商业贿赂、违法有奖销售等行为的查处。以关系社会民生的问题为执法重点，开展“维权保民生、执法促发展”百日执法行动，主要查处传销、虚假宣传、产品质量及不正当竞争等4类案件，全年查处各类经济违法案件227件。

【食品安全监管】 针对群众关注的食品安全等热点问题，探索建立食品安全监管长效机制，开展农村食品市场“四打击四规范”工作。加强食品安全监管，实施台湾地沟油、巴西牛肉等12项食品安全专项检查，完成质量抽检200余批次，查处44起食品案件，发放食品流通许可证1340份。建立食品经营户档案资料，重点落实超市、集贸市场等进货检查验收、索证索票、购销台账等制度；推进食品快速检测工作常态化，并将检测设备用到日常巡查工作中，针对巡查发现的问题和突发食品安全问题进行全方位抽检、监测，努力确保流通环节食品安全。加强诚信教育和行业自律，采取边巡查边宣传、集中培训等方式，突出婴幼儿配方乳粉、酒类等重点品种以及校园内外、景区、古街等重点区域食品安全培训，不断提高经营者素质。根据辖区实际情况，确定以小餐饮、农村群体性聚餐为重点环节，对食用油、调味品、保健食品、白酒等品种进行重点检查。紧抓重点场所，对大型超市、酒店进行巡查，并加大对旅游景点、车站、校园周边餐饮单位等人群聚集场所食品安全监督检查力度，严厉查处各类违法违规行为；紧抓重点时段，强化传统节日期间食品安全监管，切实保障节日期间辖区食品安全。

【服务旅游市场发展】 以渔湾风景区、陇海步行街等为重点监管服务对象，加强落实工商所属地监管和执法人员网格化监管责任制，不断规范旅游服务，维护公平竞争的市场秩序，营造规范诚信的市场环境。加强对新《消法》、新《商标法》《合同法》《旅游法》等涉及旅游行业的法律法规宣传力度，引导旅游经营者诚信守法经营。在旅游旺季，加大对旅游景点资源宣传力度，推动海州地区旅游品牌发展。依法对旅行社的经营范围、经营地址、主体资质等进行全面清查，加强对辖区旅行社开展旅游合同格式条款专项整治行动，检查旅行社75家，核查旅游合同500余份，开展维权咨询、服务195人次。

（撰稿：张雷　审稿：丁铜双）

质量技术监督

【行政执法与认证】 2014年，加强与工商、公安等部门的执法打假协作，全年联合执法10次，12365信息平台处理116件，立案13起，无行政复议和行政诉讼。认证检查3C获证企业20家。指导21家企业新通过体系认证，11家企业新通过管理体系认证，9家企业新通过环境体系认证。组织27家有资质的检验机构集中学习检验数据网上直报，并指导其完成直报工作。

【质量监督】 年内，连云港质监局城区分局指导1家企业通过AA级质量信用评价，2家企业通过AAA级质量信用评价。江苏省名牌新增2家，连云港市名牌新增12家；有17家企业27个产品获评江苏省名牌，40家企业52个产品获评连云港市名牌。组织辖区内36家规模以上企业的质量负责人参加质量强企推进会暨质量提升专题培训班。对72家企业进行档案重建，对24家企业进行全面问诊，提出改进建议12条。

【标准计量】 组织新兴产业、服务业、农业等方面项目申报标准化项目，其中海州区设施果蔬栽培标准化综合示范区已获批；完成11项采标工作。组织15家企业通过计量合格确认考核，1家企业通过计量保证确认考核。连云港市新浦孔雀湖茶场通过C标志考核。完成辖区内的大米、面粉、电线电缆等10类商品分级分类监管工作。

【食品生产监管】 全年巡查获证企业255家次、小作坊40家次，出动监管执法人员565人次，发现企业存在问题数19个，下发责令整改通知书19份，并全部督促整改。开展大型集中联合检查6次，培训检验人员90人次，行政约谈14家次。及时有效地处理包括12365、12345、市食安办、海州区食安办等交办、转办的各类举报50起。对风险分析、监督抽查的2家不合格食品企业实行“闭环”处理。

【特种设备安全检查】 2014年，印制460份《特种设备安全法》单行本，发放到特种设备生产和使用单位。出动特种设备安全监察人员236人次，检查特种设备生产和使用单位109家，检查设备580台套。发现一般事故隐患和严重事故隐患402条，涉及37家企业、350台套设备，下发特种设备安全监察指令书37份，及时督促整改。

（撰稿：王淑英　审稿：刘晓永）

安全生产监督管理

【概况】 2014年，全区先后召开整治违章占压燃气管道、危化品管道工作推进会和储罐安全生产情况、重大火灾隐患单位整改推进联席会，对专项整治工作中发现的重点、难点和突出问题进行分析整改，严格落实“全覆盖、零容忍、严执法、重实效”的总要求。专项整治行动中，全区各街道和行业牵头单位组织47个检查组、870多人参加检查，累计检查企业625家，发现各类事故隐患1082条，及时整改1056条，整改率97.6%。年内全区发生工矿商贸（含建筑）事故3起，死亡3人；发生火灾事故680起，死亡4人，其中较大事故1起、死亡3人。全区安全生产工作被市安全生产委员会评为安全生产目标管理优良单位。

【安全生产培训】 分行业针对性地开展从业人员培训，提高全员安全意识和安全管理人员工作水平。全年海州区安监局牵头举办一般工商贸及危险化学品从业单位人员岗位资格培训班6期，参训人员包括企业厂长、经理、安全员、危化品经营单位职工，以及烟花爆竹经营从业人员，818人取得安全生产岗位资格证书；区文体旅游局举办歌舞娱乐、网吧、电子游戏、印刷、星级饭店、旅游景区等行业从业人员安全管理培训班6期，380余人参加培训；区农水局举办农机跨区作业培训班2期，核发跨区作业证220张；区消防大队举办各类培训班11期，发放宣传资料1500余本，培训教育各类人员6150人。

【安全生产宣传】 2014年6月，结合全国“安全生产月”活动，面向广大市民开展安全生产宣传咨询。活动期间，全区悬挂宣传横幅300余条，张贴标语4000余张，出专题宣传板报、画廊等120余期，发放各类宣传资料11000份；开展“强化红线意识，促进安全发展”主题宣传教育活动，给全区生产经营单位、企业主要负责人一封信，向广大企业负责人宣传安全知识；新修订的《安全生产法》12月1日正式实施后，海州区及时制定新安全法宣传贯彻工作方案，通过集中开展宣传教育活动，把法律规定及时传达到各有关部门和每个生产经营单位、每个生产岗位、每位一线职工；12月26日区安监局组织由镇、街道、开发区，部分重点企业主要负责人、分管负责人、安全员参加的新《安全生产法》培训班。

【隐患排查治理】 针对重点时期、重点地区、高危行业和安全生产工作中存在的突出问题，全面、深入排查治理各类事故隐患。2014年全区累计排查企业1494家，发现各类安全隐患2398处，已整改2389处，整改率99.6%。区划调整后，及时组织技术人员对原两区事故隐患排查治理系统进行调整、合并，确保信息数据上报不断档。截至年底，系统中已录入企业2321家，上报各类事故隐患978条。

【专项整治活动】 “六打六治”活动开展打击矿山企业无证开采、超越批准的矿区范围采矿行为，整治图纸造假、图实不符等问题；打击破坏损害油气管道行为，整治管道周边乱建乱挖乱钻问题；打击危化品非法运输行为，整治无证经营、充装、运输，非法改装、认证，违法挂靠、外包，违规装载等问题；打击无资质施工行为，整治层层转包、违法分包问题；打击客车客船非法营运行为，整治无证经营、超范围经营、挂靠经营及超速、超员、疲劳驾驶和长途客车夜间违规行驶等问题；打击“三合一”“多合一”场所违法生产经营行为，整治违规住人、消防设施缺失损坏、安全出口疏散通道堵塞封闭等问题。

“九小场所”〔小商场及家庭经营场所、小学校（幼儿园）、小医院、小餐饮场所、小旅馆、小歌舞娱乐场所、小网吧、小美容洗浴场所、小生产加工企业〕专项排查治理。为深刻吸取“10·17”钱二酒家火灾较大事故教训，10月20日至11月20日在全区范围内开展“九小场所”安全专项排查整治工作。对排查出的5285家“九小场所”，采取“人盯人”“人盯企”的方式，实行网格化管理；对查出的隐患进行梳理、汇总后及时对接工商、消防、卫生、文化等职能部门进行整改；对管辖权存在争议的，由区政府予以明确，杜绝安全监管盲区。

长输油气地下管网安全专项检查。对全区境内1条输油管道、4条输气管道的母站、阀室及沿线管网等进行全面排查，累计发现各类安全隐患12处并整改到位。同时，开展实施危险化学品安全专项检查。

南京青奥会期间全区开展安全生产检查整改专项行动。活动期间共检查工矿商贸等重点企业625家，排查整改隐患1082条，下达责令整改通知书164份。同时加大对整改措施的跟踪落实，对隐患整改不力的企业主要负责人进行约谈，确保隐患整改到位。

【企业基础建设】 安全标准化创建。严格按照上级要求，建立健全企业标准化创建台账；指导企业完善安全生产责任制，健全安全生产管理制度，规范安全生产操作规程。在巩固现有成果的基础上，按照“提质、扩面、增量”目标，坚持点、线、面结合，全力推进企业安全标准化、规范化建设。至年底，全区规模以上企业通过安全标准化二级评审企业1家，通过三级复（评）审企业45家，小微企业通过评审62家。

安全生产应急管理。围绕应急管理“一案三制”工作要求，立足事故预防，强化应急管理，完善体制机制建设，落实基层及企业应急管理基础，不断完善工业聚集区，以及以德邦集团、新磷矿化、自来水公司等重点企业为主导的应急救援基地建设，严格执行高危行业企业及规模以上企业应急救援预案报备制度。

【职业健康监管】 年初，将职业危害申报列为全年安全生产工作的重点进行部署，层层分解目标任务。区划调整后，迅速进行对接，确保工作不断档、不出错，对辖区企业进行拉网式排查。至年底，全区作业场所职业病危害网上申报与备案469家，工矿商贸企业职业卫生统计系统上报196家，隐患排查职业病危害普查上报1330家。全年加大职业健康行政执法检查力度。在执法检查活动中共出动安全监督执法人员210人次，检查企业84家，对67家企业下达执法文书，发现问题或隐患506项，改正完成494项，督促开展职业病危害现场检测38家，开展现状评价3家。

（撰稿：孔　龙　审稿：陈可鹏）

物价管理

【概况】 2014年，区物价管理部门围绕区委、区政府的工作中心，认真履行价格监管职能，以加强价格监测预警、强化价格监督检查为手段，努力规范市场价格秩序，减轻企业和群众负担，保持市场价格基本稳定，促进全区经济和社会发展。被区委、区政府表彰为建设海州有功单位，荣获区委、区政府“文明单位”称号，被市物价局评为价格监测先进集体。12月18日，连云港市物价局决定，将原连云港市物价局新浦分局、连云港市物价局海州分局合并，成立新的连云港市物价局海州分局，为正科级单位。新的海州分局由周明主持工作，王忠敏任书记，李永斌任副局长，办公地点设在连云港市海州区行政中心。

【规范收费行为】 2014年，2次组织人员对全区各乡镇和村涉农价费公示情况进行督查。4月，在市行政审批中心开展2013年度《收费许可证》年审工作，全区参加《收费许可证》年检的收费单位共131家，年审行政事业性收费金额24663.29万元。10月，向各乡镇发放由市物价局统一印制的《连云港市涉农价费优惠政策手册》，并在人口流动量大、位置醒目的地方摆放永久性涉农价费公示牌，进一步提高涉农收费的透明度。在相关乡镇、街道和农场的积极配合下，分别在浦南镇、宁海街道、岗埠农场等镇、街道和农场新设了涉农收费公示牌10个，使农民群众能够了解各项涉农价费政策。继续在区内实行企业收费登记簿制度，加大对涉企收费监督检查力度。12月，召开辖区内部分规模以上工业企业座谈会，了解企业负担情况以及收费单位《企业收费登记簿》制度落实情况，征求企业对物价部门在收费管理方面的意见和建议。

【价格监督检查】 3月，开展汽车销售、维修行业明码标价专项检查，先后检查辖区内10家汽车销售企业,对标价行为不规范的单位下达整改通知书，责令其限期改正，并对整改情况进行回头看。5月，组织开展基本药物制度检查，先后对浦南镇村卫生室等单位进行检查。重点检查药品零差率制度执行情况、“一般诊疗费”医疗服务项目收费情况、床位费及二类疫苗价格公示制度执行情况。7月，开展宾馆、酒店行业明码标价集中整治专项检查。先后对连云港市齐春阁早餐工程有限公司、东海名郡等宾馆及酒店进行检查，检查期间宣传明码标价相关规定，促使经营者实行明码实价，守法经营。10月，根据连云港市物价局、连云港市优化办的统一部署，海州分局分别对连云港市连云区板桥街道办事处、连云港市云台山风景名胜区云台街道办事处、连云港经济开发区朝阳街道办事处3个单位开展乡镇（街道）涉农收费专项检查，检查的主要内容为各乡镇（街道）在农村建房、计划生育、农技服务等方面的收费情况。12月，开展商品房销售明码标价专项检查，此次检查的重点是住宅商品房销售中明码标价规定的执行情况，先后检查了辖区内石棚名居、连云港苏宁置业有限公司、易居公馆等6个在售楼盘。

在元旦、春节、清明、“五一”、国庆等重大节日期间，开展节日市场价格巡查，重点巡查超市、商场、农贸市场、批发市场、旅游景点等行业明码标价、收费公示情况，以及是否存在价格欺诈等违法行为。节日期间，保持“12358”价格举报电话24小时畅通，对举报的价格违法行为及时进行查处，维护全区节日市场正常价格秩序。

【夏粮收购服务和检查】 在夏粮收购开秤之前，主动和区粮食局沟通，了解全区粮食收购准备情况，帮助粮食部门联系质监部门对夏粮收购点的地磅进行校验，使夏粮收购工作能够顺利进行。在做好服务工作的同时，对浦南粮管所、板浦粮库等粮食收购点进行检查，主要检查粮食收购点是否严格执行小麦最低收购价政策，是否公示质量标准和收购价格，是否坚持依质论价、优质优价，是否及时支付售粮款，让种粮农民享受到国家的惠农政策。

【平价商店管理】 2014年，在对平价商店的日常监管工作中，突出推动平价商店提档增效，为长效管理平价商店打好基础。3月13日，分局召集辖区内平价商店负责人会议，对平价商店工作中存在的问题进行反馈，会上向各平价商店征求对《连云港市平价商店管理考核办法》的修改意见，并对辖区内的平价商店在经营、管理等方面提出了具体要求。分局对区域内平价商店开展日常检查、监督和管理工作，协调和帮助解决平价商店日常经营中的相关问题，引导平价商店发挥其稳价惠民的作用，平价商店经营的蔬菜价格低于市场同类品种15%以上，全区居民直接从中受益。在做好日常监管和考核工作的同时，组织平价商店参与“提档增效”专题活动、“连云港市2014年示范平价商店”创建等活动，帮助平价商店提升管理水平。在由连云港市物价局、连云港市商务局组织的“连云港市2014年示范平价商店”创建活动中，辖区内有保真超市华阳店、家得福超市海连西路店等13个平价商店被评为“连云港市示范平价商店”。

【价格举报受理】 加强价格举报受理工作，对群众反映的问题，按照规定程序和时限，及时稳妥地处理好各类价格举报投诉，认真答复群众咨询的问题。在“3·15”国际消费者权益日来临之际，与海州工商分局、海州区消费者协会等部门联合举办“3·15”宣传咨询活动，走上街头现场宣传价格法律法规，解答群众关心的价格热点、焦点问题，同时向群众发放由物价部门编制的《价格投诉举报维权100问》以及《中华人民共和国价格法》《禁止价格欺诈行为的规定》等法律法规宣传资料。配合连云港市物价局与海州区新建社区联合在海州鼓楼开展“3·15”宣传活动，通过悬挂标语、摆设展板、发放宣传手册和印有“12358”价格举报电话字样的便民袋，及在现场接受群众咨询和举报等方式，开展价格举报维权宣传活动，收到了较好效果。2014年受理价格举报和咨询105件，其中举报68件、咨询37件，均在规定期限内办结，办结率100%。

（撰稿：金　雷　审稿：周　明）

统　计

【概况】 2014年，海州区根据省、市统计局的工作部署，主动适应新形势，新要求，以建设现代化服务型统计为抓手，以提高数据质量为核心，全面优化服务统计，统计工作迈出新步伐。区统计局把改革创新作为推进统计发展的有力推手，按照国家统计方法制度改革要求，结合实际，着力推进统计方法制度改革创新。加强单位名录库建设。严格执行“先进库、后有数”原则，规范名录库管理工作流程，提高企业名录库更新时效。建立部门联系制度，拓宽信息来源渠道；强化各专业之间的配合，共同做好基本单位名录中在库单位信息的核实比对工作。提高统计数据质量。按照国家和省统计局的统一部署，全区近700家企业顺利实现网上直报统计数据。制定并下发企业一套报表，新增调查单位月度审核制度和专业工作职责，建立企业一套表数据质量定期巡查制度，不断夯实企业一套表工作基础，提高企业源头数据质量。

【经济普查工作】 2014年是全国第三次经济普查登记、数据审核处理阶段，区统计局坚持把经济普查作为全区统计工作的重中之重，继续通过开展形式多样、富有成效的宣传活动，让普查对象充分了解普查的新方法、新手段，支持和配合普查登记工作。及时组建区、镇（街道）两级普查机构，签订普查目标责任书，建立分工明确、协调顺畅的工作推进体系。全区189个社区居委会共选聘“三员”900人。区、镇（街道）两级分层次、分类别召开单位核查、电子地图绘制、普查登记、PDA使用及数据处理平台培训会议，对普查员进行全员、全方位培训。在单位核查阶段，先后与税务、工商等部门联合下发关于认真做好经济普查工作的文件通知，组织上述部门全面参与并负责本系统单位普查表数据质量审核工作；加强普查物资管理，做到各类普查物资准确接收、及时发放，制定PDA使用和管理办法，明确要求，责任到人。在核查阶段，启动经济普查单位和个体户清查工作，建立完整的、按地理位置顺序的核查底册；加强部门单位登记资料比对工作，充分利用部门力量开展查遗补漏工作。经济普查全区共登记法人单位7726家、产活单位1127家，分别较二次经济普查增加65%和45%。个体户34340家，其中有照的个体经营户19472家，分别较二次经济普查增加56%和28%。按照省、市统一部署，高质量地完成第三次经济普查工作。

【夯实统计基层基础】 围绕推进现代化服务型统计建设，积极争取党政领导关心支持，科学调整工作布局，全力推动各镇（街道）进一步加强和改进统计基层基础。针对省统计局拨付的镇（街道）规范化奖补资金，争取区委、区政府支持，提请区政府印发《关于拨付统计机构规范化建设奖补资金及其使用要求的通知》，明确要求镇（街道）扎实推进基层统计机构建设。同时，坚持把统计从业资格考试培训、统计职称考试作为重要的基础性工作来抓，采取有效举措，认真组织实施。全区参加统计从业资格考试126人，全局参加技术资格考试8人，创历史新高。政府统计地位得到提升，统计工作得到区委、区政府领导的高度重视，区主要领导多次听取统计工作汇报。全区重要政策、规划、决策出台之前先咨询统计部门意见，经济会议上都安排统计局进行汇报，统计参与决策的作用进一步突显。

【统计服务能力提升】 围绕全区经济社会发展主题主线，不断创新服务方法，丰富服务内容，提高服务效率，积极探索统计为党政领导和社会公众服务的新方式、新途径，积极构建现代化服务型统计。密切关注宏观经济环境变化及其影响，组织开展专题调研，加强对经济形势的分析判断，做到主要指标、重要信息和经济形势分析报告第一时间上报。拓宽统计服务领域，及时就全区经济社会发展中出现的新情况、新问题，从统计角度进行深入分析，为区领导编写送阅材料和统计分析。突出惠及民生，为社会公众提供统计服务。积极拓展为统计基层、调查对象、社会公众服务的途径和方式。组建海州信息网，加大信息公开力度，主动及时公布群众关心的生产、生活方面的统计数据。编印《新浦区统计年鉴（2014）》《统计公报》2期、《新浦统计》16期、《统计专报》5期，撰写各类统计分析、简报100多篇；原海州区编印《海州区统计年鉴（2014）》《统计公报》各一期，《统计分析》14期。接受社会公众各种形式咨询百余次。

（撰稿：胡　宏　审稿：何洪壮）

审　计

【概况】 2014年，海州区审计局围绕全区重点工作，完成审计项目234个，查处违纪违规金额和管理不规范金额3800万元，应缴违纪资金全额上缴国库，入库率达100%。固定资产投资审计224项，核减工程款15590.91万元。向被审计单位提出改进和加强资金管理建议70余条，向上级审计机关和区政府提交审计专题、综合性报告和信息简报14篇，被领导批示采用12篇。全面完成区委、区政府下达的年度经济建设和社会发展目标任务。

【固定资产投资审计】 围绕全区重点工程，海州区审计局全年完成224个项目竣工决算审计和招标控制价审计。对重点工程项目招标前控制价审核把关。完成郁洲路立交桥装饰工程、浦南镇核心启动区景观工程、盐河巷古街建设二期工程、民主路二期陇西路沿街立面改造工程、海庆中学附属工程、滨河绿城蔷薇岛薰衣草基地一期和二期工程、板浦初级中学异地新建项目、宁海工业集聚区等88个项目的招标控制价审计工作，审减额达3493.87万元，审减率达16.75%。完成浦南镇汪新大桥新建工程、龙浦路道路改造工程、城市建设管理指挥部2014年老旧小区改造工程、振华路（浦发路—解放东路）新建工程、锦屏磷矿棚户区改造工程等136个工程项目的竣工决算审计工作，核减额达12097.04万元，核减率为17.25%。其中锦屏磷矿棚户区改造工程的核减额达5320万元，核减率为17.15%。

【任期经济责任审计】 在经济责任审计中，海州区审计局突出对重点部门、单位和关键岗位领导干部的经济责任审计，配合区委组织部、编办对浦南镇、花果山街道办事处、开发区管委会等10家单位领导干部的“三责联审”工作，先后对10名领导干部进行经济责任审计工作，查处违纪违规金额和管理不规范金额3800万元，向被审计单位提出合理化建议27条，有效促进领导干部增强依法理财和廉洁自律意识。

【国土审计】 根据审计署统一部署，从8月中旬到10月底，派出7名审计骨干人员赴徐州市铜山区开展全国土地出让金和耕地保护情况审计，审计组对铜山高新区管委会及铜山区融资平台和建设用地审批、供应、使用以及耕地保护情况进行耐心细致审计，审计组奋战69个昼夜，按时、准确、圆满地完成了审计署交办的各项审计任务。

【群众路线教育实践活动】 按照群众路线教育实践活动要求，相继开展“万名党员万户行”“党员干部进社区”活动和“转作风、办实事、解难题”集中惠民月活动。进社区召开座谈会5次，发放征求意见表68份，实地走访党员群众56人，共收集到意见和建议128条。每月给帮扶的3户特困家庭分别送去慰问金400元，帮助开展大扫除，清洁、粉刷损毁墙面，为社区阅览室添置书橱、桌椅和书籍等。

（撰稿：赵　婧　审稿：董淑斌）

会　计

【概况】 2014年，海州区会计业务认真落实党风廉政建设各项规定，严格执行财经纪律和会计制度，加强财务核算管理，强化财务监督职能，强化预算执行，管好用好财政资金，严禁滥发津贴补贴、严格控制“三公经费”等一般性支出，坚决从源头上制止铺张浪费行为。圆满完成区划调整后各单位账务清理合并工作及各项代扣代缴款项核算工作，配合纪检、审计等部门及局各科室加强资金管理，加强工作人员管理与教育，提升服务水平，切实履行会计职责。

经过7、11月两次区划调整，新浦区和原海州区合并为新的海州区，全区会计业务按照两次合并方案，集中人力，实施人财物清查盘点，整理会计资料，进行账务处理，顺利完成账务调整及合并工作。

【强化预算执行】 规范单位财务核算，对收入的确认、支出明细核算、往来核算、科目使用等具体业务统一规定，严把支付审核关口，对单位直接支付用款申请信息和原始凭证进行审核，确保原始凭证手续健全、支出符合各项政策规定、原始凭证内容与指标计划内容一致，确保各类资金、项目不串用，无预算不开支。

【规范经费支出】 认真贯彻落实中央八项规定、国务院“约法三章”、省委十项规定和市委二十条实施办法，切实履行监管职责。严格控制因公出国（境）经费、公务接待经费、公务用车购置与运行费和会议费等公务支出，印制统一格式报销凭证附件，规范“三公经费”等公务支出报销程序和手续，促进厉行节约各项措施的落实。

严格执行厉行勤俭节约、反对铺张浪费各项规定，结合工资改革相关要求，严格控制超标准、超范围发放各项津贴、补贴及加班费、值班费支出，规范执行津贴、补贴、加班费和值班补贴等财务制度，维护收入分配秩序，严肃财经纪律。

【加强资金管理】 在资金支付环节，坚持支付流程制度化。严格管理支付申请、支付审批、支付复核、支付办理四个环节。在会计印鉴分管制的前提下，对每一笔开具的拨款凭证，由两人分别进行审核，确保金额、预算科目、款项用途一致，确保财政资金安全。

【提升服务效能】 圆满完成2014年度会计人员继续教育工作，完成会计从业资格换证工作，完成财政部行政单位会计制度知识竞赛的组织参赛工作以及2014年度市区财政支农惠农政策培训考核工作。在全体工作人员中开展“十问十查摆，十强化十提升”“联系群众、培养作风、锻炼干部、解决问题、促进发展”等系列活动。制定并公布“改进作风、优化服务”公开承诺，主动接受社会各界监督。加强日常管理与考核，营造在党员、干部、群众中学先进、赶先进、作贡献、当表率的良好风气，杜绝门难进、脸难看、话难听、事难办和吃、拿、卡、要等不良现象，深入改进工作作风、密切联系群众，强化争先意识，提升服务效能。

（撰稿：安长英　审稿：徐勤夫）

【财会干部培训】 海州区重视会计从业人员继续教育与培训工作，全区会计从业人员继续教育培训率达70%以上。4月10日起，对全区会计从业人员进行继续教育培训工作；11月，区财政局会计科在东海名郡酒店组织召开支农惠农政策培训会议，邀请东海县财政局农业科科长杨文军、连云港市开放大学教授苗洁，对支农惠农政策的要点以及在村镇会计工作中的应用做了专题讲座，参会的村干部与村会计表示，将培训内容应用到实际工作中去，让政策真正“支农惠农”。12月，在东海名郡酒店配合市财政局、基层局协办基层财政干部培训会议，印制会议培训材料，请专家作基层会计制度及财政工作政策讲座，各村镇基层财政工作人员参加了会议，对基层财政工作者把握政策、提升专业技术能力发挥了一定的促进作用。年内，对辖区内2013年度下半年通过会计从业资格考试的人员办理、发放会计从业资格证，共发放400余人次。对全区代理记账机构进行复验、发证和网上公示，查验合格的代理记账机构15家，从业人员60余人。

（撰稿：苏　秦）

教育

综　述

2014年，海州区以全面加快高水平教育现代化建设为统领，以“深化教育改革，推进高位均衡”为主导，通过实施“教育资源强基出新”“教育管理改革提升”“素质教育辐射引领”“校园安全规范创优”等多项工程，全力推进区域教育一体化发展和教育公平。

通过创建省学前教育改革发展示范区，促进学前教育质量提升；通过校长论坛等活动，探索义务教育发展方向和改革思路；通过开展阳光大课间评比活动，促进阳光大课间高质量、常态化进行；通过推进高雅艺术节目进校园活动，促进校园艺术繁荣；通过加强创建、强化特色、注重学生发展和高层次教师培训，提高普通高中教育水平；通过深化师德师风建设，增强师德建设的针对性和实效性。特殊教育重在对教师进行分梯队培养，针对智障学生的个性，开展专项研究；德育工作通过开展“成长体验”主题活动、“学生最喜爱的班主任”推选活动、全区中小学文明礼仪风采大赛活动、“观变化、爱家乡”社会实践活动、德育案例及心理健康案例征集活动、培育与践行社会主义核心价值观实践活动、未成年人文明礼仪养成教育等活动，促进学生道德提升。教学研究注重提高集体备课活动的有效性，加强课题研究过程管理，开展各级各类针对性培训，促进教育教学质量提高。创新视导形式，对“建构式生态课堂”进行专项督导；职业与社会教育做好“校站结合”相关工作；依据市政协提案，改进社区教育，开展社区培训和各类活动；招生与自学考试重在强化考务管理，促进大中专院校全国公共英语考试稳定发展。年内，顺利通过义务教育发展基本均衡区省级督导考核、省学前教育改革发展示范区考核验收，新建及加固校舍8万平方米，9所幼儿园通过省优质园现场评估验收，新建省级标准化市民学校12所。

7月8日，经国务院批准，新浦区、海州区合并为新的海州区。原两区教育局随之合并为新的海州区教育局。

基础教育

【概况】2014年，全区有幼儿园70所（其中教育部门开办的幼儿园为14所），828个教学班，在园幼儿25695名；小学50所，870个班，在校学生40031名；初中13所，248个班，在校学生11021名；普通高中4所（其中民办1所），109个班，在校学生5132名；培智学校2所，10个班，在校学生105名。

【学前教育】开展创建活动，提高办园标准。海州区幼儿教育创建省学前教育改革发展示范区，完成示范区创建自评材料撰写、申报及整改工作；完成高庄、罗圩、花果山、欣欣、小海龟、太平、夏禾、潘圩等8所幼儿园创建市优质园验收和岗埠农场幼儿园市优质园复验工作；完成罗圩、高庄、欣欣、江浦、蓝天水木江南、世纪阳光、商业新海、东方宝贝、香江等9所幼儿园省优质园申报和现场评估，及海州幼教中心等11所省示范园复审申报工作；完成示范区现场验收台账及省幼儿教育信息库信息整理工作；完成学前教育改革发展示范乡镇和新东街道学前教育改革发展示范区创建工作。全面实施“园园通工程”，建立海州区幼儿教育网站，全区45所幼儿园建立并完善幼儿园网站。开展各项活动，提高教学水平。参加市六一儿童节童话剧展演，市机关、钟声、春辉苍梧、机关二幼等幼儿园的节目被评为一等奖；参加市幼儿园教师优秀教育活动评比，六一幼儿园教师徐娅被推荐参加江苏省幼儿园优秀教育活动评比；承办省学前教育学会“送教新浦”现场观摩活动、市幼儿园暑期骨干教师教材培训活动、市青蓝课程、市幼儿园优秀教育活动评比等各级各类活动；开展全区幼儿园优秀网站评比，促进幼儿园网站的规范建设，提高幼儿园信息化管理与应用水平。做好市管理规范示范园申报验收工作。商业幼儿园兴业分园、机关幼儿园苍梧分园、育红幼儿园、小红花幼儿园、海州幼教中心、锦屏中心幼儿园、板浦中心幼儿园等7所幼儿园通过市管理规范示范园验收。5月20日，承办连云港市学前教育宣传月活动启动仪式暨优质学前教育成果展，活动在市民广场举行，全区29个学前教育机构近50所幼儿园参加活动，活动中展演15个幼儿园优秀节目，发放《指南》读本等宣传材料4000多册，观摩活动的家长、市民近千人；组织申报省幼儿园课程游戏化项目建设，有2个项目被推荐申报参加省幼儿园课程游戏化项目建设。

【义务教育】 举办第七届中小学校长论坛，重点探讨全区义务教育发展方向、办学思想和改革思路；学校管理与教育现代化；学校特色文化建设的实践智慧；改变培养模式，发展创新型学校；建设新型课堂文化，让课堂更有魅力；促进教师的专业成长的有效途径。活动收到论文30篇，其中9篇获一等奖。加强学籍管理。2014年是学籍管理系统全国联网的第一年，区教育局及各校认真贯彻落实《省教育厅关于印发江苏省义务教育和普通高中学籍管理规定的通知》的精神，加强学校档案室建设，督促学籍管理人员切实做好学籍管理及控辍工作。妥善安排外来务工人员子女入学，要求各校做到“八个明确”（明确人员安排、明确外来务工人员子女入学的重要性、明确招生工作意见及外来务工人员子女接受义务教育实施办法、明确外来务工人员子女入学条件及相关证件的审核、明确外来务工人员子女施教区范围、明确报名时间、明确补报名的时间、明确录取公布时间）、“五项准备”（张榜公布、氛围的营造、服务态度、登记场地、安全维护的准备）。全年全区各中小学接纳外来务工人员随迁子女9154人，对符合条件的外来务工人员随迁子女100%接收，切实解决外来务工人员子女上学的后顾之忧。通过推进高雅艺术节目进校园工作，全区有7个节目被市教育局大爱艺术团选中，其中建宁小学的校园剧《浪漫的PK》、海州实验小学的大合唱《水母鸡》、解放路小学的群舞《习》、海宁中学的朗诵《读书成长、快乐如斯》、海宁小学的大合唱《喊巴山、喊清江》、建宁小学李小柱的男生独唱和区音乐教师的大合唱参加全市巡回演出。11月30日，开展阳光大课间评比活动。各校的阳光大课间形式多样，内容丰富多彩，学生充满生气，活动促进保证学生每天1小时体育锻炼时间。

【普通高中教育】 加强创建、强化特色。板浦高中以课程建设为主阵地，以丰富的社团活动为主旋律，全力突破传统教学模式。学校着眼于每一位学生的个性发展、特长发展和全面发展，确立“选材多样化，教学差异化，高考多元化，发展国际化”的学生培养模式，并以此完善课程建设，组建并丰富学生社团。形成国家必修课程、德育活动课程、自主选择课程、学科课程、实践课程和特色课程六大课程体系，组建60多个学生社团。学校云帆文学社和德育大讲堂被评为省优秀文学社团，《云帆》期刊获省星级高中文学社刊一等奖，《菁菁校园》获省星级高中文学社报一等奖。著名诗人舒婷为云帆文学社亲笔题词：“鼓文学之帆，走人生大川”。学校依托省语文课程基地的建设，加大硬件投入，不断开发课程资源，完成淮盐文化主题长廊和淮盐文化、镜花缘文化、书院文化、名人文化、红色文化、民俗文化和醋文化等7大文化主题教室建设；开发淮河溯源、镜花水月、地方论著等课程资源，编写《水意板浦》《淮北盐都》《汪氏兄弟》等20多种校本教材，课程基地已开始投入使用。学校的体育、音乐、美术、传媒、日语等特色教育在全市独树一帜。学生在国家、省、市级各类比赛中频频获奖，6名同学在国家、省级比赛中分获国家金奖，省特等奖、一等奖。新浦中学圆满完成省绿色学校、省健康促进校（银牌）、省义务教育现代化办学标准、省节水学校、市关工委常态化验收等创建任务。锦屏中学通过艺术教育、“循爱”美育课程基地创建、艺术社团活动三大平台，推进学校艺术特色教育，学校先后成立17个学生社团、12个学习兴趣小组。2014年阳光科普社团、白鹭文学社获“区十佳社团”称号。有19篇新闻稿件发表在市级以上主流媒体上，进一步扩大学校特色教育的社会影响。

采取有效措施，提升教学质量。板浦中学围绕“建构优质高效课堂，全面提升教育质量”这一课题，深入推进课堂改革，全力打造具有学校特点的生本课堂，形成备课组、教研组、年级和学校四级课改推进层次，努力提升教学质量。以内容丰富多彩、形式富有创意的学科活动为载体，激发学生学习兴趣，活跃校园文化生活，促进学生素质全面发展。新浦中学结合各类检测考试，定期召开教师会，分析学情，制定对策，加大培优补差力度。做好考试技巧和策略指导，考后及时分析，调整复习方法，精选试题，用好信息。认真做好学校与家长、老师和学生的沟通工作，了解学生学习和心理动态，及时进行临考心理调适，确保学生以最佳状态投入高考。2014年小高考一次性过关率达95.6%；高考的文化本科达17人，其中本一1人、本二16人，最终被本科院校录取达100人。

通过培训和教科研促进教师发展。通过读书活动、全员通识培训、教科研专题培训、人才引进、优质课评比、外出听课观摩、备课组长选聘、教研组长选聘、班主任选聘、业务考核等系列举措，促进骨干教师业务提升。通过青蓝工程、新教师导师制等形式，加大对青年教师的培养力度，通过选派骨干教师参加国家级、省级培训加强对名优教师的培养。实施以研促教战略，全力助推教师专业发展。板浦中学省级立项课题3项，市级46项；发表论文121篇，其中核心期刊发表12篇、获奖97篇；省“师陶杯”“五四杯”“教海探航杯”，获奖68人，其中特等奖1人、一等奖12人；优质课基本功大赛，获国家级特等奖1人、市级一等奖10人；优秀教研成果，获省级一等奖1项，市级特等奖1项。2014年板浦中学获市教科研先进集体、市教科研成果论文奖学校综合奖、省“五四杯”“师陶杯”“教海探航杯”中学组第一名。锦屏中学拥有研究生学历老师30人，占教师比例30%；拥有市“333”工程骨干教师9人。1名教师的方案获市“师德十要方案”一等奖，2名教师获省“新世纪园丁杯”二等奖，6名教师获省“师陶杯”二等奖，8名教师市级课题立项，在省级以上刊物发表论文80余篇。新浦中学14名教师市级个人课题立项；全校全年发表论文44篇，其中核心期刊4篇、主流期刊20篇、一般期刊20篇。省“师陶杯”1名教师获省一等奖，12名教师获二等奖，16名教师获三等奖。

【特殊教育】 特殊教育学校根据特殊教育学校教师队伍建设要求，对教师进行分梯队培养，针对性地开展师德教育与师资培训。通过参加各级各类培训，不断提高教师的思想道德修养和业务水平。针对智障学生个性及学习特点，结合学生生活的家庭、社区，开展生活语文、生活数学、生活适应校本课程开发，密切联系学生生活实际开展教学活动，提高学生生活自理能力，帮助智障学生更好地融入社会生活，减轻家庭负担。根据研究结果撰写相关论文。把康复训练与知识教学、职业技能教育紧密结合起来，进行生活语文、生活数学、美工校本课程开发。定期进行消防、防震等应急疏散演练，无火灾、危房倒塌、楼道踩踏事故发生。密切联系周边街道社区和派出所，保证学校周边治安、卫生、交通安全。市级中长期课题如期开题结题，2014年个人课题结题率达100%。荣获省特殊教育青年教师基本功比赛二等奖1名，市级特殊教育青年教师基本功比赛一等奖1名、二等奖1名、三等奖1名。市特殊教育学校优质课比赛一等奖1名、二等奖二名。培智学校被评为市依法治校示范校、关工委常态化建设市级合格单位。

【德育活动】 开展未成年人文明礼仪养成教育活动。根据市文明办、市教育局《关于举办全市未成年人文明礼仪风采大赛的通知》要求，选拔并上报7家单位作为示范校，随时准备接受省文明办检查。2014年5月底，省文明办一行检查海州区六一幼儿园和解放路小学未成年人文明礼仪养成教育开展情况，对两家单位的活动开展给予肯定，特别是解放路小学的文明礼仪童谣和自编小册，受到较高评价。开展“成长体验暨三养成”德育主题活动。6月5日下午，成长体验德育主题展示活动在浦南中心小学举行，活动采取自主申报制度，根据各校申报材料，选取主题鲜明、内容丰富、形式新颖、参与面广、效果显著的主题活动向全区中小学展示。活动主题为“五好养成习惯，礼仪放飞梦想”；活动形式有成果展板展示、主题班会、论坛和经验介绍等。各校分管德育校长、主任及班主任代表近100人参加活动。举行全区中小学文明礼仪风采大赛。6月12日，在解放路小学举行全区中小学生文明礼仪风采大赛，大赛分文明礼仪知识答题和情景剧展示两个环节，全区26所中小学校的130名同学展示了学校文明礼仪教育的成果。开展“观变化、爱家乡”社会实践活动。10~11月组织“观变化、爱家乡”中小学生浦南行活动。24所中小学近2000名学生参加活动，在通过实地感受浦南镇全力打造城乡统筹示范镇以来的变化，增强学生爱祖国、爱家乡的情怀。开展优秀德育案例征集评选活动。活动收到各中小学上报的德育案例58篇、心理健康教育案例23篇，各校案例讲述了教育工作者身边的精彩故事、动人事迹和教育智慧。开展培育与践行社会主义核心价值观实践活动。深入贯彻《中共中央关于培育和践行社会主义核心价值观的意见》，在全区中小学开展培育与践行社会主义核心价值观实践活动，全区所有中小学制定切实可行的实施方案，并与学校办学特色相结合，有效开展各项活动。锦屏中学把德育工作放在教育教学首位，注重养成教育。针对学生的思想现状、劳动品质、守纪意识、文明礼仪、学习习惯等展开常规教育。通过学习条例、军训、国旗下讲话、黑板报、主题班会、班级文化、宿舍文化、宣传栏、文化长廊、法制报告会、区运动会、表彰优秀学生、十佳歌手比赛、才艺展示、骑马舞比赛、跑操比赛、各级各类竞赛等丰富多彩的教育形式，促进学生在德智体美劳诸方面得到全面发展。

【优质教育资源共享】 秋季开学，全市教育系统涌现一批优质教育集团群体，如新海实验中学教育集团、解放路小学教育集团、师专二附小教育集团、海州实验中学教育集团和海宁中学教育集团。这些强力打造的教育集团通过优质学校的示范引领作用，促进集团内部办学理念、课程、名师、文化等教育资源共享，拉动新校、弱校发展，实现优势互补，带动城市建设。新海实验中学是一所有着悠久历史的教育名校，新建成的凤凰校区位于市新海新区凤凰组团北片区，学院南路以东，凤舞路以南，凤翔路北，总用地面积4.5万平方米，总建筑面积3.07万平方米，总投资约1.3亿元。学校拥有教学楼、电教、艺体教学楼、塑胶操场、标准篮球场等设施，是一所高标准建设的九年一贯制学校。新海实验中学教育集团校长徐进利表示，集团抽调了骨干教师前往凤凰校区开展教学工作，学校还将在家校沟通和小班化教学、走班制等内容上进行大胆尝试。师专二附小学校以“一流的管理、一流的设施、一流的教学质量”赢得社会的广泛赞誉。2013年12月30日，连云港师专二附小新校区开工建设。新校区位于秦东门大街以北、镇海路以西、玉带河以南，校区总建筑面积约为2.6万平方米，总投资1.2亿元，按10轨60班建制，包含教学楼、办公楼、校史馆及体育馆等设施。2014年9月1日，师专二附小举行新校区新学期开学仪式暨教育集团揭牌仪式，学校建成并投入使用后，将有利于西部城区基础教育的提档升级和优化配置，增强优质学校资源的辐射能力。

教学研究

【概况】 海州区教研室组织参加省教育厅有关部门和市教科所组织的各项教科研活动，定期开展省市论文竞赛培训、中小学教师专业研究能力培训、省市规划课题主持人课题研究培训、市个人课题阶段性研究成果展示与交流等各类区级培训。聘请市内有影响的名、特、优教师到区内讲座或研讨。教研室组织有关学科集体备课活动，首先由主备人就教学设计、重点难点的处理策略及教学建议作发言，其他教师进行补充。活动过程中各科教师积极参与讨论，经过研讨形成教学设计，主备人根据集体备课讨论情况，及时整理教学设计并上传到海州区教师共同体QQ群，作为各校共享资源。各校根据校情、学情进行第二次备课，形成最终教学方案。教研室成立学科视导小分队，针对问题，采取异校同研、送课到校、跟踪服务、紧扣主题等形式，为学校提供服务。帮扶区内部分学校薄弱学科，促进学科质量提升。2014年，海州区教科研工作荣获市教科研工作先进集体、省“教海探航”论文竞赛先进集体奖；在省“五四杯”论文竞赛中，3人获一等奖。有10项课题获评市优秀个人课题并被转为市规划课题；5项课题被评为市精品课题培育对象；7项课题被立项为市重大调研课题，其中2项被确定为市重大调研课题重点资助课题。

【省课程基地创建】 浦南初中物理课程基地在省课程基地调研中被评为优秀课程基地。建国路小学与解放路小学共建的民间美术课程基地接受省小学课程基地、省教育报刊总社新闻采访小组采访，建国路小学校长葛高中受省教育厅、省教育报刊总社邀请，代表连云港市在省课程基地培训会上作经验交流。大庆路小学与海宁小学共建的数字科技课程建设项目获全市最高分，并代表连云港市参加省课程基地建设现场答辩。新浦培智学校医教结合建设项目作为市3个特殊教育学校建设项目之一，也参加省课程基地答辩。

【课题研究过程管理】 根据《连云港市个人课题建设标准与过程管理实施方案》的要求，加强过程考评，加强对教科研工作人员的指导与培训，抓紧研究过程指导与管理。把个人课题研究作为教师专业成长的平台，个人课题研究紧密围绕教学实践，开展切实可行的行动研究，将研究方案付诸实践，把自己的课题研究融于平时的教育教学实践中。

职业与社会教育

【概况】 2014年，海州区职业与社会教育加强职业教育指导，开展各项社区培训竞赛活动，获得多项奖励。获“2013年全国全民终身学习活动周”优秀组织奖（此奖项2014年公布），获2014年市教育局“成人教育培训服务三项国家标准”业务知识大赛组织奖。在市教育局组织的“成人教育培训服务三项国家标准培训”业务知识大赛中，有6人获一等奖，5人获二等奖，32人获三等奖。在市局组织的2014年社会教育论文评比中，有2人获二等奖。

【职业教育】 加强实训课程的教学指导与研究，校内实训课开出率达95%以上。强化学生技能考核，促进学生技能水平提高。加大对口单招的教学力度，在4月对口单招考试中，有3人获电子技术、计算机技术、艺术设计市级专业状元，专科达线率98%，圆满完成对口单招考试预定计划。推动教学信息化建设，开发学校教学资源，建设网络教学平台，学校以2014级汽修班作为课改试点对象，成立课改小组，装配现代化的教学资源设施，为师生提供丰富的网上教学资源。加强服务业技能型人才培养，深化校企合作，大力推行岗位实习、工学结合的人才培养模式，提升学生的职业素养和就业水平。充分利用学校教育资源，开展面向企业和社会的职业培训。做好“校站结合”相关工作，教育局召开全区副校长会议，贯彻落实省教育厅《关于推进“校站结合”，提高青少年校外教育水平的意见》以及市教育局相关文件精神，要求各校研究确定结对单位（至少一个临近校外辅导站），并明确一名负责人担任校外辅导站副站长。研究制定结对方案。选派1~2名责任心强、有能力、有奉献精神的在职教师到校外辅导站兼任辅导员，参与校外辅导站的管理、辅导工作。

【社会教育】 开展社区培训等各类活动。开展农村实用技术、农村劳动力转移、农民工培训等各类应用型培训1.74万人次，老年教育5018人次。组织2名校长参加省级培训，8名教师参加市级培训。7名教师被评为市级“成人教育培训服务三项国家标准”宣讲员。区社区学院与连云港社区大学联合举办“市民大讲堂”，邀请市第二人民医院神经科副主任曹金霞博士到社区作《居民心理健康指导》专题讲座，为居民传授心理健康知识，现场解答心理疑难问题。组织居民参加口腔科普健康活动。与电台社区联合开展“反邪教警示教育”宣传活动。举行“2014年连云港市全国科普日启动仪式暨大型广场科普宣传活动”。开展防灾减灾疏散演练及文艺演出活动。依据市政协《关于在社区中普及中华传统文化教育的建议》的提案，将传统文化教育纳入社区教育内容。在社区建立传统文化道德讲堂，定期开展传统文化教育活动。加强社区教育，建成省级标准化市民学校12所。关注弱势群体，在未成年人校外活动场所开展普及中华传统文化教育活动。

【民办教育机构年检】 根据《中华人民共和国民办教育促进法》及《中华人民共和国民办教育促进法实施条例》，结合教育部和省教育厅有关文件精神，职教办于3月对花果山文武学校、连云港市新世纪实验学校和83所校外培训机构进行年检。

招生与自学考试

【概况】 上半年自考学历报名4116人，9031课次，下半年报名4110人，8937课次，全年自考学历报名为8226人，17968课次。上半年230人本专科自考毕业，下半年324人本专科自考毕业，全年有554人获得自考本专科毕业证书。全年全区组织自考学历考试2次，共启用2个考点，使用559个场次的考场。

全国公共英语等级考试上半年报名3290人，下半年报名1905人，全年报名5195人。江苏省书法等级考试上半年报名9994人，下半年报名2808人，全年报名12802人。社会证书考试报名17997人，颁发证书14889份。全年组织非学历证书考试4次，启用23个考点，使用599个场次考场。

在校生专接本报名上半年1148人，2517课次；下半年1386人，2943课次；全年报名2534人，5460课次。

【考务管理强化】 严格执行国家、省、市有关规定，强化考务细节管理。实行从考点主任到监考及工作人员责任制，建立监考及工作人员业务档案。各考点均有一个信得过、认真仔细、高素质、高水平的装订验收小组。考试时考场实行封闭管理，监考教师在监考工作中不得走出考场；场外有局派出科室干部划片定位巡视，考点主任、考办人员实行网状管理。2014年，区自学考试办公室被江苏省教育考试院评为江苏省高等教育自学考试先进集体。

教育管理

【概况】 2014年,为进一步改善办学条件，强化学校管理，全面实施素质教育，海州区实施教育资源强基出新工程，投入2.26亿元，新建校舍6.2万平方米，加固校舍1.85万平方米；实施教育管理改革提升工程，采取评比、培训、帮扶等多种形式，全面促进教师整体素质提升；实施素质教育辐射引领工程，推广数字化技术在教学管理和课堂教学方面的运用；实施校园安全规范创优工程，采取多种形式进行安全规范教育，确保校园和师生安全。

【实施教育资源强基出新工程】 投入2.26亿元，新建校舍6.2万平方米，加固校舍1.85万平方米。凤凰学校、师专二附小异地新建工程、板浦初级中学新校区、海庆中学教学综合楼建成投入使用；浦南新镇区中小学、太平小学内外装修竣工；解放路小学滨河分校异地新建工程基础完工。投入资金1200余万元，全区中小学添置塑胶运动场12片、多媒体100余套、视频展台71套、课桌凳6632套、图书1.8万册，为新建的4间学科课程基地教室、5间阶梯教室配齐多媒体设备，补充完善了一批音、体、美学科及实验学科教学仪器设备。投入80余万元重点打造岗埠中小学劳动实践场所（分室内制作、室外种植、科普宣传、户外活动4个区域），可同时满足2000余名学生活动需要。浦南中学物理课程基地被评为省级优秀课程基地。

【实施教育管理改革提升工程】 采取评比、培训、帮扶等多种形式，全面促进教师素质的整体提升。2名教师被评为省特级教师，1名教师获“感动江苏教育人物——2014最美乡村教师”称号，24名教师获市“优秀教育工作者”、市“优秀教育园丁”称号，62名教师被评为市骨干校长、骨干班主任、骨干教师，261名教师获区“师德标兵”“模范班主任”“优秀教育园丁”“教坛新秀”“教学能手”称号。招聘40名幼儿园教师及紧缺学科教师，85%的新招聘教师安排在乡镇学校任教。安排272名校长和教师交流任教，交流比例达15%。组织教师参加国家、省、市级各类培训107项，培训教师4000余人次。组织全区中小学开展“一对一”“一帮二”结对帮扶，解放路小学、海宁中学与赣榆区、灌云县的学校结成互助共同体。加大教科研工作在学校综合考核、教师绩效考核、教师岗位设置中的权重。印发《关于开展“传承高尚师德，树立创优标杆”师德建设主题活动的通知》，编印主题活动读本《师德的光辉——老一辈教育工作者先进事迹汇编》，深入开展师德建设主题活动。持续实行有偿家教自查情况月报制度，并结合市教育局《转发〈教育部关于严禁教师违规收受学生及家长礼品礼金等行为的规定〉的通知》精神，进一步规范教师从教行为。

【实施素质教育辐射引领工程】 打造建构式生态课堂升级版，举办各学科课堂观摩、基本功竞赛、优质课评比活动。海宁中学推出“主问式生态课堂”教学模式，被列为市级实验学校；解放路小学的“生本常态”课堂、建国路小学“普爱和润”课堂、建宁小学“学师”课堂、向阳小学“阳光”课堂、浦南小学“简约”课堂取得初步成效，10名教师在省教师基本功大赛、教学成果评比中获奖，22名教师在市教师基本功大赛、优质课评比中获奖。推广数字化技术在学校管理与课堂教学方面的运用，大庆路小学承办全市小学数字化教学现场会，并通过网络实现江浙沪三地教师网络视频实时研讨，数字化云校园建设成果获得与会人员高度肯定。

【实施校园安全规范创优工程】 年初，与全区学校签订安全工作目标责任书，将安全工作纳入学校综合考核，并实行一票否决。上好安全教育课，开展“安全教育周”活动，通过校园网、家校通平台、《致家长一封信》以及邀请法制副校长、交巡警、消防大队工作人员开展知识讲座等多形式，多渠道进行安全常识宣传教育。定期开展形式多样的安全演练，不断强化预案责任教育，努力提高全体师生自救互助和面对突发事件的应急能力。组织护校队伍，加强学生集体活动尤其是课间活动及体育活动期间的安全管理。进一步加强中小学幼儿园门卫管理，严格执行出入校门的管理规定，杜绝不安全因素进入校园。对学校组织的社会实践、外出参观和各种大型活动等，实行报批制度，制定应急方案，确保师生安全。区教育局、卫生局、疾控中心、卫生监督所联合对辖区中小学及托幼机构进行两轮食品安全与传染病防控专项督导检查。

【评选竞赛活动】 2014年6月10日，全区第二届“学生最喜爱的班主任”推选活动在新浦中学举行，39位“学生最喜爱的班主任”和百名学生代表组成39个推介团参加活动，活动推选出两位教师代表参加市教育局的网络视频投票活动。开展班主任基本功选拔赛。根据连云港市教育局《关于举办2014年连云港市中小学班主任基本功竞赛的通知》精神，区教育局于8月中旬举行全区中小学班主任基本功选拔赛。全区27所中小学

497名班主任报名，442名老师参加比赛，比赛分笔试、面试和复赛三个环节。解放路小学教师王曼丽荣获特等奖，新浦中学教师刘晶、浦南中学教师李善和荣获一等奖，另有2名教师获二等奖，6名教师获三等奖。

教育督导

【责任督学挂牌督导】 按照国家、省、市教育督导部门的统一部署，对全区中小学、幼儿园（含私立幼儿园）全面实现责任督学挂牌督导。2014年1月26日，由教育局局长主持召开新浦区教育责任督学挂牌督导大会，聘任46名责任心强、工作扎实认真的部门负责人和学校领导作为责任督学，明确责任区，并将责任督学公示牌全部悬挂到各责任学校、幼儿园大门口显著位置。所有责任督学全部持证到校督导，每月一次，对责任学校、幼儿园进行随机督导，及时填写"责任区督学督导评估记录表"。各位督学采取随机听课、查阅资料、列席会议、座谈走访、问卷调查、校园巡视等方式，对责任学校进行随机督导。

【专项督导】 2014年1月，对22所学校开展技术装备专项督导，督导小组主要由区局装备办和督导室有关人员组成，督导小组采取查阅资料和实地考察相结合的办法进行督导。6月，对浦南、岗埠地区16所（含教学点、村小）农村学校开展农村义务教育学校办学条件专项督导。重点督导农村学校基本教学和生活条件，具体内容为是否存在D级危房、每名学生是否都有课桌椅、寄宿学生是否一人一床位、是否有安全饮用水、食堂是否满足就餐需要、厕所是否满足师生需要、教室和寝室门窗是否完好、学生上下学是否存在突出安全隐患、是否配备计算机网络教室（教学点是否有优质教学资源及播放设备）、是否按规定拨足公用经费、是否开齐国家规定课程等共11项内容。年内，还采取听课、听学校汇报、课堂反馈等形式对学校课堂教学改革情况进行专项督导，与学校共同查找课堂教学中存在的不足与问题，提出改进措施。

【义务教育均衡国家级验收迎检】 要求各校依据方案，制定推进时间表，做到责任明确、任务清楚，并将创建工作纳入重点督查，及时发现问题，落实整改措施。督促政府加大投入，突出重点项目，努力改善办学条件。进一步完善政府推进工作的相关资料，增加景区、原高新区推进工作台账。成立督查组，对照一校一表，对67所受检学校办学条件进行现场督查。督促相关部门做好座谈会、访谈及满意度调查的前期准备工作。对受检学校安保及专用室工作人员进行培训，完成汇报材料及专家进场用书的补充完善工作。对发现的问题与不足，立即提出整改意见，并督促相关职能部门和学校限时整改。

【素质教育督导评估】 2014年上半年，对部分中小学进行对比式综合督导评估，以推动学校办学水平进一步提高和均衡化进程。评估分两大组，涉及6所学校，一组是城区幸福路、大庆路小学和农村的大村中心小学对比；另一组是海州实验小学和洪门、浦东小学对比。督导室进行对比式综合督导评估。

学校选介

【连云港市六一幼儿园】 连云港市六一幼儿园创建于1956年，是江苏省首批示范性实验幼儿园、省示范园免检单位。幼儿园有省特级教师、市优秀青年教师，有市"333"工程优秀校长、学科带头人、优秀教育园丁、教科研先进个人；幼儿园连续参加7届江苏省优秀教育活动评比，其中5届获一等奖；6名教师参加市基本功大赛，获一等奖。在市、区级艺术大赛中，幼儿园均获得优异的成绩。幼儿园依据连云港独特的地域特点，设计开发了以山海文化为主题，以风景名胜、风土人情、家乡特产等为内容的系列园本课程。幼儿园要求教师树立面向全体幼儿、全面发展、尊重幼儿个体差异三种观念，把素质教育的任务分解在一日活动的各个环节，寓教育于各个活动之中。幼儿园开展文化艺术节、金秋体育节，结合节日教育，合理挖掘家、园、社区的有效资源，促进幼儿的发展。

2014年，除六一总园外，还有万润和中央华府两个分园。有教职工134名，其中研究生学历占3%，专科及以上学历占100%，中学高级教师占12%，中共党员占48%。幼儿园获2013~2014年度市教学质量奖，区目标考核一等奖、区教科研先进集体、省中小学网站评比一等奖、市网站评比一等奖。园长张东方被评为江苏省中小学优秀党务工作者，沈艳君获"省优秀教育工作者"称号，袁沙、王慧颖分别被区委、区政府评为优秀教育园丁和师德标兵；刘媛被评为市学生最喜爱的班主任，另有2位教师被评为区学生最喜爱的班主任；陈红霞被评为区教科研先进班主任，袁沙被评为区教科研先进个人；徐娅执教的大班音乐活动获省第七届优秀教育活动评比一等奖，有7位教师获市、区优秀教育活动评比一、二等奖，2名教师分别获市信息化教学能手大赛和市教师信息化课堂教学录像评比一等奖；多位教师获省"师陶杯"论文评比二等奖，市环境教育教学论文一、三等奖，市教研论文评比一、二、三等奖；6篇论文分别在《幼儿教育》《幼儿100》等核心期刊和省级刊物上发表；17项省、市、区级课题如期开题、结题；6名教师被评为市教育信息化专题培训优秀学员。40名幼儿在市少儿艺术大赛中分别获一、二等奖，3名幼儿在省中小学师生数字绘画比赛中分别获一、二、三等奖。

【解放路小学】 连云港市解放路小学始建于1936年，原名新龙镇初级小学，后曾多次更名，依次更改名称为新民小学、新化镇小学、苏北模范小学、新海连第二实验小学，1953年暑假定名为解放路小学。1978年4月14日被列为江苏省14所重点小学之一，1981年3月20日被确定为江苏省实验小学。2001年8月，解放路小学迁入新浦中学原校址（海连中路17号）。到2014年，学校占地面积为

54622平方米，有87个教学班，4626名学生，专任教师251人。

学校一向全面贯彻党的教育方针，促进学生全面发展。20世纪90年代初，解放路小学提出了“高质量、轻负担、五育和谐发展”的办学理念，培养了一批批全面发展的高素质人才。近几年，学校坚持“德育为首、质量为本、发展为旨、文化为魂”的办学方略，塑造“高、新、美”（“高”即高质量、高品位；“新”即新理念、新发展；“美”即师生言行美、校园环境美）的学校形象。学校曾获市级以上表彰数百项。学校在艺术教育方面成绩突出，被授予“江苏省艺术特色学校”称号，已有数千名学生的作品在全国、省、市教育部门组织的儿童艺术大赛中获奖。以“童话”及“阳光”为主题的校园文化氛围已形成。“读童话、说童话、演童话、画童话、塑童话、创童话”系列活动扎实开展。“阳光儿童、阳光之星、阳光班级、阳光园丁、阳光家长、阳光办公室”系列评比活动有效推进。“个性化课程”建设不断完善。孩子们沐浴在“阳光”文化中，浸润在“童话”世界里。校园处处洋溢着纯真、健康、和谐、阳光的气息。学校曾培养了9名江苏省特级教师。全体师生在“以德育德，以能育能，师生结伴同行”的办学理念引领下，求真务实，敢为人先，开拓进取。

2014年，获市区两级教学质量奖、江苏省未成年人文明礼仪风采大赛三等奖和江苏省第七届中小学诗歌竞赛优秀组织奖等奖项；在江苏省第六届中小学网络读书活动中获团体奖；在省“师陶杯”教育科研论文评选中荣获组织奖，5人获一等奖，24人获二等奖，27人获三等奖；省“教海探航杯”二等奖3人、三等奖2人。市五四杯一等奖1人、二等奖2人、三等奖1人；校舞蹈团被市教育局评为大爱教育艺术团，曦之歌合唱社团被评为市十佳学生社团。在全国啦啦操竞赛中，学校获小学丁组街舞规定动作第一名。在区啦啦操比赛中获小学A组一等奖，获区体卫艺工作先进单位。后勤工作。获区后勤精细化管理先进校和区节水型学校。妇女工作。获市2013~2014年度三八红旗集体和区先进教职工之家。

【海宁中学】 海宁中学创建于1987年。长期以来，学校以“管理一流、设施先进、品味上乘、质量卓越”为办学目标，秉承“修身、博学”的校训，精细管理，全面育人，努力做到“让每一个学生都获得成功”。学校占地面积36067平方米，生均占地面积15.6平方米；校舍建筑面积20162平方米，生均校舍建筑面积8.7平方米。教育装备达到省二类标准，其中藏书87580册，生均37.9册；建有独立的校园网络，计算机373台，生均0.16台；物理实验室4间，化学实验室3口，生物实验室3间，音乐、体育、美术专用教室各2间，器材设施配套齐全；300米、200米跑道的塑胶运动场各1片，运动健身设施完善。学校有42个教学班，在校学生2308名；教职工180人，专任教师175人，其中拥有高一级学历的教师168人、区级及以上骨干教师72人。

海宁中学坚持走内涵发展之路，开发了多种适合学生个性发展的校本课程，组建各种社团，开辟第二课堂。学校注重打造科技教育特色，以航模、机器人、电子百拼、电路创新制作为内容的科技社团，开展了丰富多彩的课内外科技活动，为青少年的个性成长创造条件。学校先后获得国家教育部“科学教育与技术教育相结合的理论与实践研究”实验学校、全国青少年电子制作锦标赛优秀基层单位、省“未来科学家”科技知识电视竞赛先进学校、省少年电子技师认定活动先进单位、江苏省教育现代化示范初中等多项荣誉。

2014年，海宁中学获得全国科普教育基地称号，被评为省文化建设特色学校，荣获江苏省中小学“师陶杯”科研论文评选组织奖、省义务教育学校现代化办学标准建设学校、省自学考试优秀考点、省青少年科技教育先进学校、省第二十一届中学生排球锦标赛暨体育传统项目排球赛初中女子组第二名、市义务教育教学质量奖、市网站测评中学组一等奖、市文明礼仪风采大赛二等奖、市首届中学生汉字听写大赛二等奖、市第五届中小学生科技模型比赛优秀组织奖和团体总分一等奖、市第二届“魅力之光”杯全国中小学生核电科普知识竞赛优秀组织奖、市网上家长学校优秀基地学校等荣誉，“主问”生态课堂研究成果获2014年市基础教育成果一等奖；宁韵乐团被评为2014年度海州区中小学十佳学生社团，获海州区阳光体育大课间评比一等奖、区啦啦操比赛特等奖和街舞优秀表演奖。

【新浦中学】 “新浦中学”有两个概念。一是原新浦中学，校址在连云港市新浦区海连中路17号。2001年，市政府对市区学校进行优化重组，该校并入新海高级中学。二是原陇东中学更名而成的新浦中学，创建于1964年，原名连云港市陇东初级中学。1972年更名为连云港市陇东中学，同年开始招收高中学生。1980年，开展职业技术教育，形成普、职、高并存状况。1985年，被省教育厅确定为“江苏省重点职业中学”，随即普高停办。1991年，市教育局进行布局调整，将该校职高部并入市职教中心，学校以招初中生为主。1997年暑期，经市教委批准，又恢复普高招生。2001年，浦东中学并入。2004年2月，学校由市重点中学升格为江苏省二星级普通高中。新浦区教育局为了保留原新浦中学这块品牌，当年将学校更名为连云港市新浦中学，校址在连云港市海州区陇中路1号。新浦中学（原陇东中学）2007年被评为江苏省三星级普通高中。2014年，学校占地面积4.99万平方米。初中部有23个教学班、1022名学生，高中部有26个教学班、1308名在籍生，全校共有218名专任教师、11名工勤人员。

学校不仅注重硬件建设，更注重内涵发展，秉承“在尝试中成长，在自主中成功”的办学理念，以“崇礼知明”为校训，以“文明团结，勤奋创新”为校风，积极探索和实践具有浦中特色的“361生本课堂”，充分发挥学生的主体作用，培养学生的主体意识。学校积极开展“青蓝工程”“教师论坛”等活动，通过“五训机制”“名师工程”和梯队建设，打造一支高素质的教师队伍。学校以学生成长指导中心和学生社团建设为抓手，注重学生行为习惯的养成和礼仪教育培养，分年级、分层次完成德育目标，走出了一条适合校情、适合学情的特色发展、均衡发展之路。

2014年，新浦中学先后被授予全国中学生核电科普知识竞赛优秀组织奖、省绿色学校、省教学成果奖二等奖、省第六届中小学网络读书团体奖、省第九届"时代英语杯"英语风采大赛优秀组织奖、省中学生篮球赛男子团体第七名等7项省级及以上荣誉；还获得市先进基层党组织、市民防知识教育先进校、市网络读书团体奖、市网站测评二等奖、市车模团体总分三等奖、市文明礼仪风采大赛二等奖、市关工委常态化学校、市依法治校先进校、市篮球联赛第五名等荣誉；还获区学校工作目标考核一等奖、区后勤精细化管理先进校、区跳绳踢毽子比赛中学组团体总分第六名、区体艺卫先进单位、区高中教学质量奖、区中小学田径运动会承办单位奖、区田径运动会团体总分第一名、区计生工作优秀奖等荣誉。

【海州中等专业学校】 连云港海州中等专业学校是国家级重点职业中学、江苏省三星级职业中学。学校占地面积近3.33万平方米，建筑总面积3.17万平方米。学校的前身是锦屏职业高级中学。1982年成为市首批职业技术学校，1995年被批准为江苏省重点职业学校，2003年兼并原幸福路职业中学，更名为连云港市海州职业技术教育中心，2010年更名为连云港海州中等专业学校。学校以"贴近产业办专业，面向市场育人才"为办学理念，面向当地产业培育实用型人才，面向现代城市培养服务型人才，打造品牌专业，凸显职业教育办学特色。2014年学校有教职工133人，28个班，在校生1987人。年内，多位师生荣获各类项目的专项个人奖，学校获得市技能大赛组织奖。海艺艺术社团被评为海州区中小学优秀学生社团。获区啦啦操比赛、文明礼仪风采大赛二等奖，共青团海州区级考核一等奖。

（撰稿：许景明 审稿：王从峰）

2014年海州区幼儿教育情况一览表

表16

序号	学校名称	合计	其中：女	托班		小 班		中 班		大 班		离园（班）人数
				班数	生数	班数	生数	班数	生数	班数	生数	
叠加合计		25695	11771	49	870	265	7494	266	8606	248	8725	7656
1	连云港市精勤中心幼儿园	331	147	0	0	5	148	4	138	2	45	95
2	连云港市欣欣幼儿园	170	76	0	0	2	56	2	69	1	45	28
3	连云港市大井幼儿园	370	175	0	0	4	118	4	134	3	118	12
4	连云港市东辛幼儿园	351	174	0	0	4	105	5	158	3	88	90
5	连云港市宁海高庄幼儿园	544	255	0	0	7	205	5	175	4	164	10
6	连云港市罗圩幼儿园	528	248	0	0	7	208	5	161	4	159	23
7	连云港市板浦中心幼儿园	1607	724	1	19	17	486	16	547	14	555	665
8	连云港市新坝中心幼儿园	486	244	0	0	5	134	5	167	5	185	23
9	连云港市宁海中心幼儿园	598	285	0	0	8	223	6	205	5	170	306
10	连云港市锦屏中心幼儿园	475	218	0	0	7	188	4	137	4	150	240
11	连云港市朐山幼儿园	507	230	2	39	4	105	7	218	5	145	97
12	连云港市海州区春辉香江花园幼儿园	247	102	1	19	2	49	2	69	3	110	39
13	连云港市新浦区世纪阳光幼儿园	295	114	1	6	3	77	2	68	4	144	18
14	连云港市商业幼儿园分园新海园	341	147	1	17	3	92	4	118	3	114	26
15	连云港市海州区春辉润城幼儿园	269	119	0	0	3	88	3	102	2	79	49
16	连云港市海州区金阳幼儿园	294	134	1	20	2	60	3	105	3	109	79
17	连云港市新浦区水墨江南幼儿园	167	55	2	40	2	60	2	47	1	20	6
18	连云港市新浦区东方宝贝儿童之家	237	100	0	0	4	101	2	77	2	59	32
19	连云港市中茵伟才幼儿园	392	187	2	40	5	139	4	120	3	93	85
20	连云港市海州区童馨幼儿园	581	252	3	77	4	118	6	203	5	183	96
21	连云港市海州区幼儿教育中心	733	349	0	0	7	208	7	245	7	280	213
22	连云港市海州区贝贝幼儿园	195	87	1	15	2	50	2	60	2	70	90

续表

序号	学校名称	合计	其中：女	托班		小班		中班		大班		离园（班）人数
				班数	生数	班数	生数	班数	生数	班数	生数	
23	连云港市爱倪儿幼儿园	150	65	1	5	1	27	2	49	2	69	38
24	连云港市钟声幼儿园	502	288	2	48	5	149	5	160	4	145	18
25	连云港市钟声育苗园	205	89	0	0	2	59	2	70	2	76	71
26	连云港市钟声亲亲宝贝园	278	135	1	18	3	75	3	92	3	93	93
27	连云港市商业幼儿园	517	237	2	35	5	148	4	136	5	198	196
28	连云港市商业兴业幼儿园	211	87	1	14	3	69	2	61	2	67	80
29	连云港市苏星幼儿园	257	106	0	0	2	60	3	98	3	99	74
30	连云港市小红花幼儿园	366	167	1	20	3	96	4	137	3	113	99
31	连云港市莱恩早教津华苑幼儿园	368	141	2	14	3	68	3	105	5	181	122
32	连云港市民生花苑幼儿园	235	106	0	0	2	50	3	106	2	79	70
33	连云港市新浦区春辉苍梧幼儿园	303	149	0	0	3	78	3	105	3	120	118
34	连云港市海韵艺术幼儿园	349	116	1	20	3	75	3	90	5	164	140
35	连云港市育红幼儿园	295	139	1	20	3	90	3	77	3	108	90
36	连云港市蓝天艺术幼儿园龙河园	200	91	1	17	2	53	2	55	2	75	78
37	连云港市乐迪幼儿园	228	101	1	14	2	63	3	83	2	68	61
38	连云港市育才幼儿园	207	94	1	14	2	57	2	63	2	73	69
39	连云港市新浦区晨辉幼儿园	192	61	1	22	2	60	2	70	1	40	40
40	连云港市陈辉苗苗幼儿园	195	78	1	25	2	60	2	70	1	40	38
41	连云港市机关幼儿园	561	280	2	40	5	150	5	175	5	196	200
42	连云港市机关幼儿园玉带分园	315	162	0	0	3	90	3	105	3	120	122
43	连云港市机关第二幼儿园海昌路分园	245	108	0	0	2	60	3	105	2	80	80
44	连云港市机关第二幼儿园	505	257	1	20	5	150	5	175	4	160	200
45	连云港市海州区好孩子茗馨幼儿园	366	197	1	20	3	87	5	136	4	123	128
46	连云港市小天使矿山院幼儿园	360	148	1	18	3	103	2	94	4	145	150
47	连云港市新浦新苗幼儿园	402	189	1	19	4	102	4	139	4	142	120
48	连云港市六一幼儿园万润分园	223	88	1	26	2	60	2	66	2	71	86
49	新浦区蓓蕾幼儿园	339	159	1	20	4	119	3	88	3	112	87
50	连云港市机关幼儿园苍梧分园	524	258	0	0	7	210	6	197	3	117	127
51	连云港市新浦北小区小太阳宝贝园	281	137	0	0	2	59	3	103	3	119	123
52	新浦区龙尾幼儿园	154	76	1	19	1	22	2	48	2	65	65
53	连云港市东盛艺术幼儿园	131	54	1	10	2	35	2	44	2	42	71
54	连云港市四季阳光幼儿园	135	75	1	30	1	30	1	35	1	40	38
55	连云港市新天地艺术幼儿园	156	69	0	0	1	33	2	59	2	64	65
56	连云港市六一幼儿园	411	183	0	0	4	117	4	138	4	156	159
57	连云港市新浦区花果山幼教中心	389	179	0	0	3	105	4	117	5	167	114
58	连云港市南城中心小学附属幼儿园	504	237	0	0	5	130	5	172	7	202	215
59	连云港市新浦区浦南中心幼儿园	1313	589	0	0	16	477	14	446	12	390	449
60	连云港市新浦区东方龙亲子园	101	53	1	8	1	28	1	30	1	35	30
61	连云港市浦南夏禾幼儿园	408	205	0	0	4	120	5	158	5	130	129

续表

序号	学校名称	合计	其中:女	托班		小 班		中 班		大 班		离园(班)人数
				班数	生数	班数	生数	班数	生数	班数	生数	
62	连云港市岗埠中心幼儿园	1024	469	1	7	13	307	12	325	12	385	390
63	连云港市浦南潘圩幼儿园	392	193	0	0	3	91	5	152	5	149	186
64	连云港市浦南太平幼儿园	405	177	0	0	3	89	5	178	4	138	119
65	连云港市新浦区云台农场中心园	162	63	1	20	1	30	1	35	2	77	40
66	连云港市海州区浦南江浦幼儿园	96	46	0	0	1	28	1	33	1	35	183
67	连云港市一品苑小海龟幼儿园	209	88	1	20	2	59	2	50	2	80	3
68	连云港市六一幼儿园中央华府分园	522	240	0	0	6	179	5	158	5	185	112
69	连云港市新浦区东方岚谷九龙城幼儿园	176	67	1	9	2	36	2	62	2	69	34
70	连云港市小红花振兴艺术分园	110	53	1	6	1	33	1	33	2	38	14

2014年海州区小学教育情况一览表

表17

序号	学校名称	招生数			在校生数														预计毕业生数
		毕业生数	计	其中:受过学前教育	合计	其中:女	一年级		二年级		三年级		四年级		五年级		六年级		
							班数	生数	班数	生数	班数	生数	班数	生数	班数	生数	班数	生数	
小学合计		6012	7472	7471	40031	17632	162	7472	157	7385	150	7046	142	6458	135	6109	124	5561	5561
1	连云港市解放路小学	985	790	790	4626	2073	15	790	16	844	15	809	15	776	14	765	12	642	642
2	连云港市海宁小学	426	429	429	2941	1239	8	429	9	524	9	496	9	527	9	508	8	457	457
3	连云港市大庆路小学	155	200	200	1173	553	4	200	4	217	4	218	4	188	4	182	3	168	168
4	连云港市新海小学	153	150	150	920	412	3	150	3	163	3	158	3	172	3	143	3	134	134
5	连云港市幸福路小学	176	259	259	1255	574	5	259	6	295	4	206	4	158	4	186	3	151	151
6	连云港市建国路小学	297	396	396	2397	1060	7	396	7	414	8	475	8	433	7	346	6	333	333
7	连云港市建宁小学	502	716	716	3654	1575	12	716	11	659	11	603	10	569	10	585	9	522	522
8	连云港市浦东小学	50	107	107	617	278	2	107	2	115	3	128	2	104	2	99	2	64	64
9	连云港市解放路小学郁洲分校	65	110	109	316	157	2	110	2	117	0	0	0	0	0	0	2	89	89
10	连云港市向阳小学	70	85	85	566	247	2	85	2	99	2	106	2	96	2	98	2	82	82
11	连云港市大村中心小学	119	194	194	813	340	5	194	4	140	4	126	3	127	3	114	3	112	112
12	连云港市新华小学	26	26	26	155	61	1	26	1	27	1	23	1	32	1	18	1	29	29

续表

序号	学校名称	招生数			在校生数															预计毕业生数
		毕业生数	计	其中：受过学前教育	合计	其中：女	一年级		二年级		三年级		四年级		五年级		六年级		
							班数	生数	班数	生数	班数	生数	班数	生数	班数	生数	班数	生数	
13	连云港市南云台林场小学	28	0	0	0	0	0	0	0	0	0	0	0	0	0	0	0	0	0
14	连云港市南城中心小学	95	120	120	776	337	2	120	3	170	3	161	3	133	2	91	3	101	101
15	连云港市云台农场中心小学	62	54	54	401	185	2	54	2	67	2	54	2	67	2	73	2	86	86
16	连云港市岗埠中心小学	206	287	287	1478	564	6	287	6	284	6	286	5	245	4	199	4	177	177
17	连云港市岗埠小学	35	38	38	173	73	1	38	1	33	1	35	1	28	1	14	1	25	25
18	连云港市高桥小学	8	20	20	97	45	1	20	1	25	1	16	1	15	1	11	1	10	10
19	连云港市临河小学	4	0	0	0	0	0	0	0	0	0	0	0	0	0	0	0	0	0
20	连云港市浦南中心小学	242	368	368	1731	718	7	368	6	315	6	319	5	233	5	258	5	238	238
21	连云港市太平小学	83	91	91	571	227	2	91	2	105	2	110	2	92	2	86	2	87	87
22	连云港市郎墩小学	36	47	47	269	110	1	47	1	50	1	45	1	45	1	44	1	38	38
23	连云港市小兴小学	55	40	40	257	111	1	40	2	56	1	38	1	35	1	43	1	45	45
24	连云港市草舍小学	118	18	18	291	130	1	18	1	27	1	28	1	26	2	76	3	116	116
25	连云港市草舍小学吕湾教学点	0	81	81	320	160	3	81	3	71	3	77	3	78	1	13	0	0	0
26	连云港市浦南中心小学浦北教学点	80	85	85	511	233	2	85	3	92	2	82	2	84	2	85	2	83	83
27	连云港市郎墩小学大官庄教学点	31	52	52	312	141	2	52	2	59	2	59	2	64	2	54	1	24	24
28	连云港市岗埠中心小学李庄教学点	11	26	26	146	55	2	26	2	33	2	40	1	19	1	14	1	14	14
29	连云港市洪门小学	12	53	53	127	66	1	53	1	24	1	11	1	8	1	13	1	18	18
30	连云港市网疃中心小学	23	0	0	0	0	0	0	0	0	0	0	0	0	0	0	0	0	0

续表

序号	学校名称	招生数			在校生数														预计毕业生数
		毕业生数	计	其中：受过学前教育	合计	其中：女	一年级		二年级		三年级		四年级		五年级		六年级		
							班数	生数	班数	生数	班数	生数	班数	生数	班数	生数	班数	生数	
31	连云港市车站中心小学	40	67	67	335	165	2	67	1	52	2	67	1	54	2	63	1	32	32
32	连云港市海州实验小学	400	526	526	2895	1235	9	526	8	472	9	513	9	482	9	485	8	417	417
33	连云港市凤凰学校（小学部）	0	79	79	288	130	2	79	1	39	1	48	1	40	1	44	1	38	38
34	连云港市东辛中心小学	125	115	115	570	298	5	115	4	118	4	101	4	82	3	85	3	69	69
35	连云港市菜园小学	48	55	55	297	133	1	55	1	58	1	46	1	45	1	45	1	48	48
36	连云港市海州区花果山文武学校（民办）	9	3	3	27	1	1	3	0	0	1	3	1	5	1	5	1	11	11
37	连云港市新坝中心小学	105	191	191	832	359	4	191	4	171	3	135	4	169	2	83	2	83	83
38	连云港市魏口小学	33	39	39	249	117	1	39	1	51	1	57	1	45	1	32	1	25	25
39	连云港市武圩小学	24	32	32	185	95	1	32	1	32	1	37	1	37	1	30	1	17	17
40	连云港市大井小学	24	61	61	239	114	2	61	1	36	1	37	1	40	1	37	1	28	28
41	连云港市许庄小学	43	64	64	313	148	2	64	2	55	2	66	1	40	1	44	1	44	44
42	连云港市宁海中心小学	123	197	197	878	393	4	197	4	170	4	161	4	135	3	105	3	110	110
43	连云港市新圩小学	41	72	72	323	144	4	72	3	59	1	52	1	44	1	49	1	47	47
44	连云港市狮树小学	26	25	25	158	71	1	25	1	32	1	35	1	21	1	23	1	22	22
45	连云港市卞浦小学	34	63	63	292	130	2	63	2	51	2	44	2	49	2	53	1	32	32
46	连云港市苏光中心小学	411	499	499	2532	1109	9	499	8	422	8	452	7	396	8	405	7	358	358
47	连云港市精勤中心小学	103	141	141	711	322	3	141	3	124	2	123	2	118	2	113	2	92	92
48	连云港市罗圩小学	37	52	52	233	123	1	52	1	53	1	38	1	34	1	30	1	26	26
49	连云港市小浦小学	43	30	30	200	87	1	30	1	31	1	36	1	39	1	40	1	24	24

续表

序号	学校名称	招生数			在校生数														预计毕业生数
		毕业生数	计	其中：受过学前教育	合计	其中：女	一年级		二年级		三年级		四年级		五年级		六年级		
							班数	生数	班数	生数	班数	生数	班数	生数	班数	生数	班数	生数	
50	连云港市苏光中心小学石河教学点	21	36	36	126	65	1	36	1	23	1	19	1	24	1	24	0	0	0
51	连云港市锦屏中心小学	146	238	238	1201	553	5	238	5	261	4	218	4	163	4	157	3	164	164
52	连云港市朐山中学（小学部）	23	45	45	254	116	1	45	1	50	1	49	1	42	1	39	1	29	29

表18

2014年海州区初中教育情况一览表

序号	学校名称	毕业生数	招生数	在校生数								预计毕业生数
				合计	其中：女	一年级		二年级		三年级		
						班数	生数	班数	生数	班数	生数	
初中合计		3245	3670	11021	4534	88	3670	80	3665	80	3686	3686
1	连云港市板浦实验中学	587	913	2713	1108	18	913	16	878	16	922	922
2	连云港市锦屏中学	141	136	446	171	4	136	5	155	5	155	155
3	连云港市新坝中学	148	166	443	170	5	166	4	134	4	143	143
4	连云港市宁海中学	257	156	573	255	4	156	4	195	4	222	222
5	连云港市朐山中学（初中部）	132	89	331	143	4	89	4	131	4	111	111
6	连云港市幸福路中学	38	0	0	0	0	0	0	0	0	0	0
7	连云港市凤凰学校（初中部）	0	116	207	91	3	116	1	52	1	39	39
8	连云港市浦南中学	368	574	1535	568	14	574	12	512	10	449	449
9	连云港市新浦初级中学	412	287	1022	417	7	287	8	356	8	379	379
10	连云港市海宁中学	638	737	2266	991	16	737	14	766	16	763	763
11	连云港市海庆中学	264	224	778	329	6	224	6	260	6	294	294
12	江苏省连云港市花果山中学	114	108	303	116	3	108	3	97	3	98	98
13	连云港市岗埠中学	87	164	376	166	4	164	3	129	2	83	83
14	连云港市南云台林场中学	25	0	0	0	0	0	0	0	0	0	0
15	连云港市南城中学	34	0	0	0	0	0	0	0	0	0	0
16	连云港市新世纪实验学校（民办）	0	0	28	9	0	0	0	0	1	28	28

表19

2015年海州区高中教育情况一览表

序号	学校名称	毕业生数	招生数	合计	其中：女	一年级		二年级		三年级		预计毕业生数
						班数	生数	班数	生数	班数	生数	
高中合计		2468	1454	5132	2264	32	1454	35	1645	42	2033	2033
1	连云港市新世纪实验学校（民办）	99	99	301	80	2	99	2	72	2	130	130
2	连云港市新浦高级中学	574	405	1302	554	8	405	8	431	10	466	466
3	连云港市锦屏高级中学	682	318	1213	568	8	318	9	379	12	516	516
4	江苏省板浦高级中学	1113	632	2316	1062	14	632	16	763	18	921	921

责任编辑：马善臣

科学技术

科技工作

【概况】 2014年，海州区科技工作紧紧围绕区委、区政府的工作重心，抢抓建设国家火炬连云港装备制造特色产业基地和省创新型试点区的有利契机，加大科技创新工作力度，全力推进科技计划项目、高新技术产业、科技合作等工作。海州区被国家知识产权局确定为国家知识产权强县工程试点区，被市委、市政府评为科技创新平台建设先进单位。区知识产权局被省知识产权局评为省知识产权工作先进集体，区科技局被省科技厅、中科院南京分院评为院省合作先进单位，被市委办评为市党委系统信息工作先进单位，被市委宣传部评为市“三下乡”先进集体、被市科技局评为市科技统计工作先进集体，被区政府授予经济建设和社会发展目标一等奖。

【科技项目申报与管理】 2014年，全区申报国家、省、市级科技计划项目共164项，其中国家级6项、省级54项、市级104项。获批144项，其中国家级6项、省级22项、市级116项。获批扶持资金4416万元，其中天明装备、黄海机械积极抢占技术制高点，集中力量实现关键技术突破，获批省重大科技成果转化项目2项，占全市该类项目获批数的50%，获得扶持资金2100万元。天福莱获国家农业科技成果转化资金项目立项，争取国家扶持资金60万元，成为区首家获批该类国家级项目的企业。43个市级以上项目顺利通过验收。

【高新技术产业】 全区新增丰达电子、元丰机械等国家高新技术企业10家，省高新技术产品38件，国家重点新产品1件，省科技型中小企业21家，省级以上研发机构16家，其中研究生工作站8家，分别由福思特表业与江苏理工学院、泰格油墨与南京大学、天常复合材料与南京理工大学、天明装备与淮海工学院、中蓝连海设计研究院与南京大学、金桥盐化集团与南京大学、东浦管桩与东南大学、奥神集团与东华大学联合申报。全区拥有国家高新技术企业32家，其中国家火炬计划重点高企6家。省科技型中小企业数104家，其中省级以上研发机构62家。全区大中型企业研发机构和大中型企业中高新技术企业省级研发机构建设实现全覆盖，高新技术产业产值占规模以上工业产值比重达70.36%，居全市首位。

【知识产权工作】 2014年，全区专利申请2127件，授权1387件，分别完成目标的117.5%和163.2%。日出东方、泰格油墨、德翔新材料3家企业荣获昆山国际发明展览会金奖1枚和银奖5枚，占全市总量的38.5%。正大天晴获批省知识产权战略推进重点计划项目，鹰游集团顺利通过省知识产权战略推进计划项目验收，天明机械获评2014年度江苏省实施企业知识产权战略先进单位，4个市级知识产权项目获立项。海州区获批国家知识产权强县工程试点区，顺利通过省知识产权示范区验收。

【开展科技合作活动】 2014年，积极开展科技合作，打造以企业为主体、高校为依托、市场为导向的“政产学研”技术创新体系，加快引进各类创新资源集聚海州区，促进科技合作服务平台日趋完善。区政府与清华大学、中科院能动中心等4家高校、科研院所签订了科技合作协议。区科技局组织有关企业分别赴清华大学、北京大学、中科院等高校、科研院所对接洽谈产学研合作事宜，并邀请中科院、南理工等知名科研院所、高校的专家到海州区进行成果对接及产学研合作，组织开展产学研活动30余场，对接专家100余人，达成科技合作16项，新引进高层次人才4人。全区企业与50余家省内外高校院所建立了稳定的合作关系，年内新建“校企联盟”51个，累计共建“校企联盟”220个。与淮海工学院、区人才领导小组、人社局共同开展“本地人才扎根计划”，吸引更多的本地优秀高校毕业生留区创新创业，41家企业设立首批大学生实习基地。信息平台建设持续推进，与市科技局情报所、淮海工学院合作开发海州区科技公共服务信息平台系统，全区有80家企业完成线上注册。

2014年海州区获批国家、省、市科技计划项目汇总表

表20

序号	级别	计划类别	项目名称	承担单位
1	国家	国家农业科技成果转化资金项目	河蟹配合饲料关键技术集成及产业化	江苏天福莱集团有限公司
2	国家	火炬计划项目	全天候高效相变蓄热太阳能平板集热器项目	日出东方太阳能股份有限公司
3	国家	火炬计划项目	MB322M烫剪机项目	连云港鹰游纺机有限公司
4	国家	火炬计划项目	高压交流变频刮板输送机成套设备项目	连云港天明装备有限公司
5	国家	火炬计划项目	SP-G402低应力型绿色环保环氧模塑料项目	江苏中鹏新材料股份有限公司
6	国家	重点新产品	LQFP绿色环保型塑封料SP-G3项目	江苏中鹏新材料股份有限公司
7	省级	科技成果转化	智能化大型变频刮板输送机成套装备研究与产业化	连云港天明装备有限公司
8	省级	科技成果转化	深井页岩气高效顶驱勘探与开采技术及成套装备研发与产业化	连云港黄海机械股份有限公司
9	省级	科技支撑（工业）	高端煤炭机械关键装备采煤机的优化与可靠性设计	连云港天明装备有限公司
10	省级	科技基础设施建设	江苏省（连利•福思特）热能流量计工程技术研究中心	连云港福思特表业有限公司
11	省级	科技基础设施建设	江苏省高强度耐盐渍防腐管桩工程技术研究中心	江苏东浦管桩有限公司
12	省级	科技基础设施建设	连云港福思特表业有限公司研究生工作站（合作单位：江苏理工学院）	连云港福思特表业有限公司
13	省级	科技基础设施建设	江苏泰格油墨有限公司研究生工作站（合作单位：南大）	江苏泰格油墨有限公司
14	省级	科技基础设施建设	连云港天常复合材料有限公司研究生工作站（合作单位：南理工）	连云港天常复合材料有限公司
15	省级	科技基础设施建设	江苏东浦管桩有限公司企业研究生工作站（合作单位：东大）	江苏东浦管桩有限公司
16	省级	国际合作	太阳能三重态吸收式空调系统联合研发	日出东方太阳能股份有限公司
17	省级	苏北专项	葡萄的避雨棚架栽培技术引进及示范推广	江苏泊河农业开发有限公司
18	省级	苏北专项	洋葱新品种高效栽培推广示范及深加工产品开发	连云港鼎盛农业开发有限公司
19	省级	苏北专项	地产中国樱桃高效栽培及深加工	江苏红香溢酒业有限公司
20	省级	苏北专项	果蔬用超甜玉米新品种引进及产业化开发	江苏省云台农场
21	省级	科技支撑（社会发展）	新能源应用科技示范社区建设	海州区宁海街道办事处
22	省级	双创计划	郭虹	江苏泰格油墨有限公司
23	省级	博士计划	栗云鹏	日出东方太阳能股份有限公司
24	省级	博士计划	陶涛	日出东方太阳能股份有限公司
25	省级	科技型中小企业技术创新资金	缓释肠溶聚丙烯酸树脂乳胶液	连云港万泰医药材料有限公司
26	省级	社会发展	重组人凝血因子VIIa、VIII的临床前研究	正大天晴药业集团股份有限公司
27	省级	自然科学基金	基于甘草酸衍生物体外活性筛选模式的中药多靶点筛选平台研究	正大天晴药业集团股份有限公司

续表

序号	级别	计划类别	项目名称	承担单位
28	省级	企业知识产权战略推进计划专项资金		正大天晴药业集团股份有限公司
29	市级	成果转化专项资金计划	基于Web大数据的企业经营决策支持系统研发及产业化	江苏金鸽网络科技有限公司
30	市级	成果转化专项资金计划	节能型油加热烫光机研发及产业化	连云港如年实业有限公司
31	市级	成果转化专项资金计划	智能化高精度高稳定性系列远传水表的研发与产业化	连云港连利·福思特表业有限公司
32	市级	工业攻关	医养结合的养老云服务平台研发及应用示范	江苏正融科技有限公司
33	市级	工业攻关	10kv真空环网开关柜	连云港市港圣开关制造有限公司
34	市级	工业攻关	4G网络通信用高性能集成电路基板用超细熔融硅微粉技术攻关	江苏联瑞新材料股份有限公司
35	市级	工业攻关	连云港光伏村源荷互动控制技术研究与应用	连云港供电公司
36	市级	工业攻关	超高纯碳化硅单晶原料的冶炼及提纯技术的研究	江苏乐园新材料集团有限公司
37	市级	工业攻关	高效抗氧化平板一体式物联网太阳能热水器	江苏省太阳能研究所有限公司
38	市级	工业攻关	绿色环保高反压硅整流电子元器件	连云港丰达电子有限公司
39	市级	工业攻关	一种用于接装纸油墨的水性树脂	江苏泰格油墨有限公司
40	市级	工业攻关	基于免疫计算的机加工工艺参数多目标优化	淮海工学院
41	市级	工业攻关	高性能永磁同步电机驱动控制系统关键技术研究	淮海工学院
42	市级	工业攻关	基于氨基葡萄糖N–位修饰的噻唑衍生物合成与抗阿尔茨海默病活性研究	江苏省海洋资源开发研究院（连云港）
43	市级	工业攻关	新型高效太阳能海水淡化系统的研制	江苏省海洋资源开发研究院（连云港）
44	市级	工业攻关	基于物联网技术食用菌杂菌孢子检测系统关键技术的研发	江苏省海洋资源开发研究院（连云港）
45	市级	工业攻关	注射成形Cu/Al2O3基高性能复合材料的关键技术研究	江苏省海洋资源开发研究院（连云港）
46	市级	工业攻关	毫米波太赫兹波硅基集成器件特性表征与SPICE建模技术研究	江苏省海洋资源开发研究院（连云港）
47	市级	工业攻关	智慧图书馆RFID关键技术研究	南京大学连云港高新技术研究院
48	市级	工业攻关	具有自修复功能的智能防腐涂层材料的制备技术研究	南京理工大学连云港研究院
49	市级	科技型中小企业技术创新资金	油库综合信息管控平台项目	连云港市拓普科技发展有限公司
50	市级	科技型中小企业技术创新资金	基于广电网络的有线智能广播系统	连云港仟讯网络技术有限公司
51	市级	科技型中小企业技术创新资金	基于云网融合技术的户外传媒广告平台	连云港凤凰传媒广告有限公司

续表

序号	级别	计划类别	项目名称	承担单位
52	市级	科技型中小企业技术创新资金	一种智能配电房IC门锁远程监控系统	连云港溢瑞科技有限公司
53	市级	科技型中小企业技术创新资金	等离子超声清洗净化机	连云港启明电子技术有限公司
54	市级	科技型中小企业技术创新资金	光电互补多功能阳台壁挂式太阳能热水器	江苏宝中宝太阳能科技有限公司
55	市级	科技型中小企业技术创新资金	抛物线式全石英质超纯粉体烘干冷却一体机	江苏省晶瑞石英工业开发研究院有限公司
56	市级	科技型中小企业技术创新资金	便携式飞灰取样装置	连云港市安百利电力机械有限公司
57	市级	科技型中小企业技术创新资金	含稀土高性能不锈钢线材在煤矿矿筛网中的应用	连云港宏威科技开发有限公司
58	市级	科技型中小企业技术创新资金	高性能海底及风力发电专用电缆料	连云港德翔新材料有限公司
59	市级	科技型中小企业技术创新资金	基于SaaS的连云港科技信息公共服务平台建设	海州区科技服务中心
60	市级	科技型中小企业技术创新资金	一种新型环保便捷的流食助推器	连云港三瑞医疗器械制造有限公司
61	市级	科技型中小企业技术创新资金	极压型微乳化切削液的合成及制备方法	连云港东港油脂化工有限公司
62	市级	科技型中小企业技术创新资金	微机控制高精度特高压电气绝缘子缠绕设备	连云港市中通复合材料机械设备制造厂
63	市级	科技型中小企业技术创新资金	一种新型高效的改良卤素节能灯“泡中泡”无支架焊接工艺	连云港市泓桥照明电器有限公司
64	市级	科技型中小企业技术创新资金	新型高效节能胶球在线自动清洗装置	连云港利源电力节能设备有限公司
65	市级	科技型中小企业技术创新资金	环保型炒式秸秆基活性炭炉	连云港明境生物能源有限公司
66	市级	科技型中小企业技术创新资金	中医灸疗儿童弱视近视治疗仪	连云港市一明医疗科技有限公司
67	市级	科技型中小企业技术创新资金	节能燃气烫光机的研发	连云港圣泽仁诚机械有限公司
68	市级	科技型中小企业技术创新资金	二级喷射式真空除氧器	连云港市宏庆电力辅机开发有限公司
69	市级	科技型中小企业技术创新资金	建筑吊篮用新型电磁制动单相异步电动机的研发	连云港昆达机电设备有限责任公司
70	市级	科技型中小企业技术创新资金	两段式连续型热脱焦节煤高效煤炭气化炉的研发	江苏鸿浩盛世环保设备有限公司
71	市级	创新资金	连云港市科技创新地图系统开发与服务	淮海工学院、连云港酷歌动漫技术有限公司等
72	市级	创新资金	冷热（冷温）功能的（水）垫用核心模块及生产技术开发	连云港杰诺明珠水处理科技有限公司
73	市级	创新资金	基于社会行为分析的群智感知关键技术与平台研发	连云港中联物联网技术有限公司
74	市级	创新资金	大分子蛋白电泳预制胶的研究与开发	江苏悠然生物科技有限公司
75	市级	创新资金	废弃虾蟹资源的综合开发利用	连云港碳谷材料科技有限公司
76	市级	创新资金	规模化生物组培环境感知设备研制及智能化监测网络系统设计	江苏巴艾特信息科技有限公司

续表

序号	级别	计划类别	项目名称	承担单位
77	市级	基础设施	海州区科技金融服务平台建设	江苏海州发展集团有限公司
78	市级	基础设施	连云港专利技术与科技成果转化交易中心	南京理工大学连云港研究院
79	市级	基础设施	连云港市三维影视动画创意制作服务平台	江苏省海洋资源开发研究院（连云港）
80	市级	产学研联合研究项目	低渗透性缓释包衣材料NE30的研究开发	连云港万泰医药材料有限公司
81	市级	产学研联合研究项目	与西北工业大学合作研发相变微胶囊潜热型功能热流体	连云港市巨生实业有限公司
82	市级	产学研联合研究项目	高强高模HGLASS1240缝编织物研发	连云港天常复合材料有限公司
83	市级	产学研联合研究项目	超音速汽液两相流升压加热装置	连云港正航电力节能技术有限公司
84	市级	产学研专项活动	科技创新资源聚海州——海州区大型政产学研结合系列活动	连云港市海州区科学技术局
85	市级	国际科技合作计划	高端综采煤机国产化替代研究项目	连云港天明装备有限公司
86	市级	农业攻关	植物蛋白调配酸牛奶发酵工艺研究	连云港市新希望乳业有限公司
87	市级	农业攻关	激光自动导航水田耙浆埋茬平地作业机研制	淮海工学院
88	市级	农业攻关	金乌贼人工繁育及养殖技术集成与优化	江苏省海洋资源开发研究院（连云港）
89	市级	农业攻关	脊尾白虾工厂化育苗及健康养殖关键技术研究	淮海工学院
90	市级	农业攻关	单环刺螠工厂化育苗及健康养殖技术研究	淮海工学院
91	市级	农业攻关	由花生壳及花生红衣提取物合成木犀草素和原花青素的醌类化合物	淮海工学院
92	市级	农业攻关	新型虾蟹饲料专用微生态制剂研发关键技术	淮海工学院
93	市级	农业科技成果示范计划	“中柄侧耳”食用菌新品种引种及配套栽培技术示范	得真元新农业（连云港）有限公司
94	市级	农业科技成果示范计划	匙吻鲟引进及高产健康养殖技术示范	连云港锦云农业开发有限公司
95	市级	农业科技成果示范计划	碧绿1号等丝瓜新品种高效栽培示范	连云港裕豪农业开发有限公司
96	市级	农业科技成果示范计划	葡萄“小龙干”技术引进及示范推广	连云港金辉农业有限公司
97	市级	农业科技成果示范计划	规模猪场高效健康养殖技术集成与示范	连云港福泰养殖有限公司
98	市级	社会发展	1.1类靶向抗肿瘤药物ALK抑制剂CT-1139	正大天晴药业集团股份有限公司
99	市级	社会发展	面向污泥资源化利用的改进型侧流水解耦合生物反硝化技术开发	中蓝连海设计研究院
100	市级	社会发展	基于物联网技术的双波段视频火灾探测技术研究	南京理工大学连云港研究院
101	市级	社会发展	连云港市饮用水源地底泥持久性污染物风险评估	南京大学连云港高新技术研究院
102	市级	社会发展	海量无线传感器网络路由信任评估与数据传输控制关键技术研究	淮海工学院

续表

序号	级别	计划类别	项目名称	承担单位
103	市级	社会发展	中毒人体中百草枯残留量的离子液体——色谱快速检测技术研究	江苏省海洋资源开发研究院（连云港）
104	市级	社会发展	有序介孔碳孔道限域纳米零价铁的制备及对地下水重金属污染物的修复研究	江苏省海洋资源开发研究院（连云港）
105	市级	社会发展	无线护理查房在二级医院中的应用研究	淮海工学院
106	市级	社会发展	南门社区科技建设	海州街道办事处
107	市级	社会发展	路南街道延河社区科技建设	路南街道办事处
108	市级	软科学	连云港市创新型城市建设白皮书	淮海工学院
109	市级	软科学	连云港市科技服务业发展问题与对策研究	淮海工学院
110	市级	知识产权专利保护推进计划		中蓝连海设计研究院
111	市级	知识产权专利保护推进计划		连云港鹰游纺机有限责任公司
112	市级	知识产权管理标准化创建计划		连云港正航电力节能技术有限公司
113	市级	知识产权管理标准化创建计划		连云港如年实业有限公司
114	市级	国家创新型城市建设政策奖励资金	江苏省刮板输送机成套设备工程技术研究中心	连云港天明装备有限公司
115	市级	国家创新型城市建设政策奖励资金	江苏省水流量测量仪表工程技术研究中心	连云港水表有限公司
116	市级	国家创新型城市建设政策奖励资金	江苏省环保微生物菌剂工程技术研究中心	中蓝连海设计研究院
117	市级	国家创新型城市建设政策奖励资金	江苏省企业研究生工作站	江苏联瑞新材料股份有限公司
118	市级	国家创新型城市建设政策奖励资金	江苏省企业研究生工作站	连云港振兴实业集团有限公司
119	市级	国家创新型城市建设政策奖励资金	江苏省企业研究生工作站	江苏乐园新材料集团有限公司
120	市级	国家创新型城市建设政策奖励资金	江苏省企业研究生工作站	江苏中鹏新材料股份有限公司
121	市级	国家创新型城市建设政策奖励资金	江苏省企业研究生工作站	连云港远洋流体装卸设备有限公司
122	市级	国家创新型城市建设政策奖励资金	江苏省企业研究生工作站	中蓝连海设计研究院
123	市级	国家创新型城市建设政策奖励资金	江苏省企业研究生工作站	江苏奥神集团有限责任公司
124	市级	国家创新型城市建设政策奖励资金	江苏省企业研究生工作站	江苏东浦管桩有限公司
125	市级	国家创新型城市建设政策奖励资金	江苏省企业研究生工作站	连云港连利·福思特表业有限公司
126	市级	国家创新型城市建设政策奖励资金	江苏省企业研究生工作站	江苏泰格油墨有限公司
127	市级	国家创新型城市建设政策奖励资金	江苏省企业研究生工作站	连云港天常复合材料有限公司
128	市级	国家创新型城市建设政策奖励资金	盐酸帕洛诺司琼原料及注射液	正大天晴药业集团股份有限公司
129	市级	国家创新型城市建设政策奖励资金	SGZ1000/3*1000大功率智能化变频综采刮板输送机成套设备	连云港天明装备有限公司
130	市级	国家创新型城市建设政策奖励资金	液化天然气槽车装车设备TE3(2)2C	连云港远洋流体装卸设备有限公司
131	市级	国家创新型城市建设政策奖励资金	SME473N单辊二次烫光机	连云港鹰游纺机有限责任公司
132	市级	国家创新型城市建设政策奖励资金	国家高新技术企业	连云港正航电力节能技术有限公司
133	市级	国家创新型城市建设政策奖励资金	国家高新技术企业	连云港连利·福思特表业有限公司
134	市级	国家创新型城市建设政策奖励资金	国家高新技术企业	江苏省金肯科技实业股份有限公司
135	市级	国家创新型城市建设政策奖励资金	国家高新技术企业	连云港如年实业有限公司
136	市级	国家创新型城市建设政策奖励资金	国家高新技术企业	江苏东浦管桩有限公司

续表

序号	级别	计划类别	项目名称	承担单位
137	市级	国家创新型城市建设政策奖励资金	国家高新技术企业	连云港德翔新材料有限公司
138	市级	国家创新型城市建设政策奖励资金	淮海工学院大学科技园	淮海工学院大学科技园有限公司
139	市级	国家创新型城市建设政策奖励资金	农业新品种后补助专项——蝴蝶兰"振兴3号"	连云港振兴花卉有限公司
140	市级	国家创新型城市建设政策奖励资金	农业新品种后补助专项——蝴蝶兰"光芒四射"	连云港振兴花卉有限公司
141	市级	软科学后补助	连云港高校产学研协同创新机制与技术转移研究	江苏省海洋资源开发研究院
142	市级	软科学后补助	信息化条件下连云港市中小企业工艺创新的科技支持政策研究	江苏省海洋资源开发研究院
143	市级	软科学后补助	连云港市企业科技人才需求特征分析及吸纳对策研究	淮海工学院
144	市级	软科学后补助	创新型城市视角下连云港市科技人才引进、培养机制研究	淮海工学院

2014年海州区国家高新技术企业一览表

表21

序号	证书编号	企业名称	认定时间
1	GR200932000326	连云港远洋流体装卸设备有限公司	2009
2	GR200932000621	江苏中鹏新材料股份有限公司	2009
3	GR200932000603	江苏天明机械集团有限公司	2009
4	GR200932001050	连云港黄海机械厂有限公司	2009
5	GR200932001338	江苏乐园新材料集团有限公司	2009
6	GR201132000142	连云港天明装备有限公司	2011
7	GR201132000969	连云港天常复合材料有限公司	2011
8	GR201132000066	连云港东海硅微粉有限责任公司	2011
9	GR201232001517	连云港天福莱集团有限公司	2012
10	GR201232001102	连云港泰格油墨有限公司	2012
11	GR201232000826	江苏金鸽网络科技有限公司	2012
12	GR201232000953	连云港水表有限公司	2012
13	GR201232000810	连云港德邦精细化工有限公司	2012
14	GR201332001495	江苏省金肯科技实业股份有限公司	2013
15	GR201332000811	连云港福思特表业有限公司	2013
16	GR201332000784	连云港正航电力节能技术有限公司	2013
17	GR201332001668	江苏东浦管桩有限公司	2013
18	GR201332001631	连云港德翔新材料有限公司	2013
19	GR201332000844	连云港如年实业有限公司	2013
20	GR201432000191	连云港鹰游纺机有限责任公司	2014
21	GR201432000726	江苏正大天晴药业股份有限公司	2014
22	GR201432000724	日出东方太阳能股份有限公司	2014
23	GR201432000078	连云港丰达电子有限公司	2014

续表

序号	证书编号	企业名称	认定时间
24	GR201432000023	连云港元丰机械制造有限公司	2014
25	GR201432000017	连云港万泰医药材料有限公司	2014
26	GR201432000640	连云港天邦科技开发有限公司	2014
27	GR201432000423	连云港市港圣开关制造有限公司	2014
28	GR201432001569	江苏正融科技有限公司	2014
29	GR201432000111	连云港福源医疗器械有限公司	2014
30		连云港金优车辆机械有限公司	2014
31		连云港贝斯特机械设备有限公司	2014
32		连云港腾越电子科技有限公司	2014

（撰稿：李锦华　审稿：侯月华）

科技普及

【实施全民科学素质纲要】 2014年，海州区科普工作以争创全国科普示范社区、省级科普示范街道等创建工作为抓手，以五大人群（未成年人、农民、城镇劳动者、城镇居民、领导干部和公务员）为重点，以海州区全民科学素质纲要推进会、《海州区全民科学素质行动计划纲要（2012~2015）实施意见》及九大方案（《海州区未成年人科学素质行动和科协教育与培训基础工程实施方案（2012~2015）》《海州区农民科学素质行动实施工作方案（2012~2015）》《海州区城镇劳动者科学素质行动实施工作方案（2012~2015）》《海州区领导干部和公务员科学素质行动实施工作方案（2012~2015）》《海州区社区居民科学素质行动实施工作方案（2012~2015）》《海州区科普基础设施工程方案（2012~2015）》《海州区科普资源开发与共享工程工作方案（2012~2015）》《海州区大众传媒科技传播能力建设工程实施方案（2012~2015）》《海州区科普人才队伍建设工程实施工作方案（2012~2015）》）为重点，采取“科普阵地联动共办、科普队伍联动共建、科普活动联动共抓、科普教育联动共享”四联动的方法，开展各具特色、内容丰富的“五大”载体科普活动。联合市科学技术协会（简称市科协）举办“学习雷锋好榜样科普志愿者服务进社区”开幕式及科普系列活动30场次；开展“科普知识进百家小区电子屏”活动，辖区有电子屏小区67个，均实现不定期播出科普知识；建立科普大学20家，全区社区科普大学实现全覆盖。联合区全民科学素质领导小组各成员单位开展科普咨询活动，在科普大学举办科普大讲堂“五进”（科普进学校，科普进机关，科普进社区，科普进农村，科普进重点工程）40场次；在全区开展科普图片巡回展；配合省科协“百名首席科技传播专家进百校”活动，在新海小学、海宁小学等省级科普特色学校举办低碳节能、食品卫生、药品安全、防震减灾等科普知识宣传活动3次；组织全区科普志愿者8000余人，开展科普服务进社区（村）等系列活动21次。区各单位、镇、街道、村、社区联合举办丰富多彩的科普系列活动20余场次。

【第26届科普宣传周】 5月17日上午，连云港市暨海州区第26届科普宣传周开幕式及大型广场科普宣传活动在苍梧绿园举行，区四套班子领导出席活动。科普志愿者、学生和老师代表、村干部科普志愿者代表及社区居民代表2000余人参加当天的活动。全区各镇、街道及成员单位同时开展以“科学生活　创新圆梦”为主题的各类科普系列活动，深受广大市民的欢迎。路南街道办事处科普文艺宣传队走遍辖区义务为市民演出；新南街道办事处卫生服务站组织医生为居民义诊；新海街道办事处西苑社区科普大学组织科普系列活动；南城街道办事处宁海社区、新东街道办事处东苑社区的科普展板深入到小区进行科普巡展；洪门街道办事处组织离退休干部参观科普长廊；新南街道办事处组织科普文艺演出20余场次。当天参加

路南街道贯圩社区举办科普志愿者服务进社区启动仪式

各分会场科普活动人数达10万余人。科普周期间，各镇、街道、学校、企业还结合本单位实际开展贴近工作、贴近居民、贴近生活的各类科普活动，促使广大群众在日常生活中养成学科学、懂科学、用科学的良好习惯。

【全国科普日】 9月19日，区科协在陇海步行街举行全国科普日启动仪式及广场咨询活动。9月19~25日科普日宣传期间，开展各类丰富多彩的科普系列活动。区科协联合区教育局、科技局、农水局、卫生局、环保局、地震局、妇联等单位，在辖区内开展形式各异的科普讲座、咨询、图板展、送科技下乡等活动；各镇、街道、开发区及相关单位还结合自身工作实际，发挥各自优势，举办各具特色的分主题活动。科普日咨询活动主会场和分会场累计接受科技咨询达8万人次，联合开展活动31次，发放各类宣传资料10万余份。另外，还展示近1000余张以食品安全、公众健康、卫生防御、预防流感、环保节能等为主要内容的科普展板。

【双百小康工程】 2014年，区科协为继续推进全区“百名教授科教兴百村”小康工程，年初与区委组织部联合下发《海州区百名教授科教兴百村小康工程2014年度工作意见》，并分解目标任务。区科协在本级“专家库”和市级“科普志愿者讲师团”的基础上，积极协调比利时海外专家及南京农业大学教授到海州区进行相关业务指导。以普及实用技术为重点，不断提升农民致富本领；以培育龙头项目为突破，不断增强示范带动效应。围绕“一村多品”“多村一品”的结构调整思路，推进特种养殖、优质稻麦、无公害果蔬、茶叶种植等特色高效农业迅速形成规模。开展科技素质培训5000余人次，培训种养大户2000余人次，实现转移劳动力1000余人，组织培训经纪人400余人，实施示范基地科教项目4个，扶持重点项目2个，推广新产品4个，建成科普惠农服务站2个，组织农业专家乡村行及报告会20场次，带动全区5000余户农户增收致富。区科协还以江苏省海州区现代农业产业园区、科普园区等为载体，争创省级科普教育基地2个、市级科普教育示范基地5个、市级科普文明示范社区8个。新实施项目2个，推广新品种、新技术2个，建设科普示范基地1个、科普教育基地1个、科普惠农服务站1个，培养科普带头人3个。

【科技下乡】 2014年，区科协成立以主席为组长、副主席为副组长的“三下乡”（科技、文化、卫生）工作领导小组，下设办公室并制订任务清楚、目标量化、操作性强的工作计划。领导小组成员经常深入基层调查研究，了解农民对科技下乡的反映，倾听群众的意见和建议，结合实际指导活动开展，确保把这项顺民心、得民意的实事办到农民心坎上。4月19日，以“城乡区域协调发展，建设和谐新农村”为主题的区“三下乡”集中活动在浦南镇拉开序幕。区委宣传部、区文明办、区科协、区科技局、区卫生局、区农水局等10多家单位参与此次活动。活动内容主要包括现场文艺演出、现场科技咨询、农村实用技术咨询、医务专家义诊、法律咨询和计生政策咨询服务等。现场接受科普咨询达5000余人次，发放《食品安全与公众健康》读本3000余册、《全民科学素质简明读本》1000余册、科普宣传画500余份、环保节能等科普宣传资料2000余份。为浦南镇唐顶村捐助1.5万元精品稻种。还围绕“坚持科学发展，走近低碳生活”主题，联合各镇、街道广泛开展“科技下乡”“科教进社区、进镇村”等系列活动，积极营造“讲科学、学科学、用科学”的良好社会氛围。

（撰稿：张　敏　审稿：史建梅）

防震减灾

【防震减灾联席会议制度】 2014年，海州区认真执行防震减灾联席会议制度，及时调整更新成员单位，并召开防震减灾联席会议，部署相关工作，组织联席成员单位桌面演练。

【地震应急预案修订】 年内，加强地震应急预案的修订工作，区地震局对生命线工程单位及乡（镇、街道）、村（社区）、中小学校、卫生部门地震应急预案进行修订，确保预案的可操作性。

【科普宣传培训】 年内，组织各节点防震减灾宣传活动，先后开展“5·12”“7·28”、科普宣传周、国际减灾日等5次大型户外宣传活动；把防震减灾法律、法规和科普知识教育纳入各级领导干部和公务员培训计划；举办全区防震减灾群测群防“三网一员”（宏观测报网、科普宣传网、灾情速报网，助理员）培训班，邀请市地震局专家到会进行系统知识培训。全区有200人参加培训。

【新建防震减灾安全示范社区】 年内，新建锦屏中山社区和路南街道向阳社区为连云港市地震安全示范社区，新建幸福路街道幸中社区为江苏省地震安全示范社区。

【新增3个防震观测点】 年内，建立以水井、动物习性为观测主体的宏观观测网。在已有水井、鱼塘等观测点的基础上，新增海州双龙井、锦屏二涧水库、新坝养鸡场等3个观测点。

【科普知识征文竞赛】 2014年，区地震局与区教育局、区科协联合组织防震减灾科普知识征文竞赛，全区各中小学参加学生达6000余人，邀请专家教师对所征得的作文进行评选，确定中学组、小学组各100篇，报市地震局参加市级评定选拔，共有60篇获奖。

【创建2所防震科普示范学校】 年内，完成建国路小学、锦屏中学2所防震减灾科普示范学校的创建；并组织市地震局专家走进乡镇中小学，为农村孩子进行防震减灾科普知识讲座。

【避难场所建设】 2014年，海州区申报的朐阳门避难场所获省地震局批准，已初步完成避难场所的设计方案，省财政专项补助资金30万元已到位。

责任编辑：孙寿鹏

文化 体育

综 述

2014年，海州区文化体育工作面对区划调整后的新形势，及时调整工作思路，紧紧围绕“打造文化强区、体育大区、旅游名区”奋斗目标，研究制定出一整套创新举措，不断推进目标任务落实，努力将文化体育工作融入全区政治、经济、社会建设大局中。区教育行政部门定期组织中小学青年体育教师基本功比赛和优质课评比活动，强化教师的教学技能，提升体育教学水平，促进增强学生体质。海州区先后被评为全民健身活动先进单位、全省文化行政综合执法技能大比武竞争先进单位，并在江苏省健身秧歌大赛中获金奖。编排的舞蹈《淮海戏情》获省五星工程奖广场舞银奖，歌舞作品《串烧》获全省农民排舞大赛金奖，“社区文化大讲堂”被评为江苏省文化志愿服务优秀服务项目。在省市组织的文化体育比赛中屡获殊荣。

文 化

【文化市场管理】 2014年3月，开展区文化市场“两会”保障专项整治，出动检查人员300多人次，检查书刊、音像等经营单位50家，收缴各类盗版书籍光盘5680册。4~11月，开展“净网行动”网吧专项整治，出动执法人员600余人次，检查网吧1260余家次，受理群众举报16起，依法处理违规经营网吧42家。8月，开展“绿色护航”校园周边文化市场专项整治，以网吧、电子游戏、书报刊和音像制品经营点及地摊、游商为重点，集中整治校园周边文化环境，共查处7起接纳未成年人上网案件，取缔游商地摊10个，严厉打击校园周边文化经营场所非法经营活动。10~11月，开展“安全生产月”大检查行动，通过检查，对32家有问题的文化娱乐场所下达整改通知书。年内区文化行政综合执法大队立案查处各类案件76件，罚没收入20万元，全年无行政复议和行政诉讼案件发生。

【群众文化活动】 2014年，举办民主路民国风情实景演出、春节万人民俗大联欢、首届排舞大赛、健身秧歌大赛等广场文化系列活动200余场次，获全市文化广场活动优秀组织奖、江苏省健身秧歌大赛金奖。5月，在为期7天的白虎山庙会上，设置20多个演出点，文艺演出40多场次。培育民间文化团队，全年送电影1193场次，送戏下乡50场次，送图书3.1万册，发展文化志愿者900余人，“社区文化大讲堂”获省文化志愿者服务优秀服务项目，金牌秧歌队和花果山艺术团被表彰为2014年度连云港市重点群众文艺团队。

【艺术创作及参赛】 2014年，报送58件文艺作品参加市第八届“和谐新港城”文艺作品征稿活动，征集《一起来圆中国梦》《我的中国》《伟业开新篇》等31件作品，编印《中国梦美丽新浦》文艺作品选。报送12件文艺作品参加全省“中国梦我心中的梦”文艺作品征集活动，其中报告文学《涅槃》获优秀奖，群舞《古城神韵》获铜奖，微电影《订婚风波》获优秀奖。报送20件书法作品参加全国书法展，其中5件入展，《魏碑故里》获全国书法展优秀奖最高奖。舞蹈节目《淮海戏情》获省五星工程奖广场舞银奖，歌舞作品《串烧》获全省农民排舞大赛集体金奖、规定曲目金奖和总分第一、江苏省健身秧歌大赛总决赛青年组（四套和自选）金奖。舞蹈《淮海戏情》获业余组一等奖，女声四重唱《金梭银梭》、男声合唱《康定情歌》获业余组二等奖，舞蹈《让我们静一静》获业余组三等奖，《康定情歌》和《淮海戏情》获优秀编导奖。

【非物质文化遗产】 2014年白虎山庙会期间，在义乌商品城广场举办“非遗项目走进老街”展示展演展销活动。6月14日，是第九个“中国文化遗产日”，组织策划“非遗传承人走进盐河巷”展示、展演大型活动。7月，海州区与连云港市非遗保护中心研究所共同开展“戴氏膏药义诊惠百姓”活动，戴氏传人现场为群众义诊。海州秧歌和健龙健身会所的形意大成拳成功申报为市级传承基地。纪光辉、戴泉申报为市第三批非遗优秀传承人。全区有江苏省级非遗名录3项（童子戏、戴晓觉膏药、汪恕有滴醋酿制技艺）、连云港市级非遗名录26项（剪纸、宣纸贴画、刻纸、贝贴画、葫芦压花技艺、云雾茶制作技艺、烙画技艺、木雕、旱船、南城传说、竹鼓十更锣、塑刻葫艺、峨眉十二庄、形意大成拳、秧歌、海州机智人物传说、海州五大宫调、龙舞、抬阁、海州舞龙、拓片制作技艺、板浦香肠制作工艺、插酥小脆饼制作技艺、吹糖人、凉粉制作技艺、大刀面烹制技艺）。

【可移动文物普查】 2014年海州区开展第一次全国可移动文物普查工作，通过登门沟通、电话核实、电邮联系等方式筛选出国有企业和事业单位184家，整理《国有单位文物收藏情况调查登记表》及所需发放材料184份，实际发放普查单位170家，向市普查办上交普查回执资料162家。经普查，全区有国家级文物保护单位2项（将军崖岩画、孔望山摩崖造像）、省级文物保护单位12项（石棚山摩崖题名石刻、刘志洲山石刻苑囿图、白虎山摩崖题刻、刘志洲山宋金交战战场遗址、龙洞摩崖石刻群、龙祠摩崖石刻群、二涧遗址、桃花涧遗址、孔望山古城遗址、塔山古道、郁林观石刻群、徒然洞抗日题刻）、市级文物保护单位33项（南城东山摩崖题刻、南城西山摩崖题刻、城隍庙、凤凰城门、陇海公寓、南城东大街、南城古民居、民主路民国建筑群、新浦银行大楼旧址、东亚旅社、小村遗址、大村遗址、生庆公茶庄、陶湾遗址、土船顶遗址、九龙口遗址、孔望山杯盘刻石、海州古墓葬、海州东汉二号墓、白鸽涧玄武石雕、海州乡贡进士题名碑、海州钟鼓楼城门、碧霞宫、海州文庙戟门、甲子桥、谢家洋房、封土石室、板浦古民居、精勤书院、锦屏磷矿旧址、连云港石穴岩画、国清禅寺中大殿、双龙井）。

（撰稿：周永恩　张建设
审稿：刘锦州　杨　琴　张海萍）

体　育

【体育设施建设】 2014年12月25日，投入3000多万元、占地5.33万平方米、建筑面积15000余平方米的海州区全民健身中心建成揭牌并正式启用。江苏省首家笼式足球场项目完成立项并进入招投标程序。全年完成城区十分钟体育健身圈建设任务，各镇（街道）、村（居）全部建成健身中心、健身点，室外场地进行硬化，其中路南、新南等5个街道建成多功能场地示范区，万润社区、新城社区、许庄村等41个村（居）新装41套健身路径。

【社会体育活动】 承办"瀛洲杯"环岛长跑比赛、海州区拔河比赛、海州区排舞大赛等40场大型群众体育活动，承办省健身秧歌大赛、市锦屏山登山比赛、市社区武术交流赛、全国百城千村健身气功交流展示系列活动暨连云港市健身气功站点联赛总决赛等8场省、市级体育比赛。创建锦屏镇舞龙舞狮、南城镇健身腰鼓、新南街道中华武术等12家"一镇一品""一街一品"特色体育活动。

【竞技体育】 2014年3月，参加市中小学棋类比赛，获少年甲组团体第一名；5月，参加市第五届中小学生科技模型（车模）比赛，分获小学组第一名、初中组第二名；7月，参加市中小学生排球比赛，分获小学男子组第一名、初中女子组第三名；8月，参加市中小学生乒乓球比赛，分获小学组第一名、初中组第二名；10月，参加市中小学生体育舞蹈锦标赛，获儿童单人单项伦巴等多项第一；11月，参加市中小学生举重比赛，获小学组团体第五名。全年承办海州区羽毛球比赛、啦啦操比赛、足球比赛等中小学生体育赛事7场。有市级首批体育传统项目学校10所，海州籍运动员在市级以上参加训练注册人数399人，晋升国家一级裁判6人。

（撰稿：王　旭
审稿：刘文学　郑永红）

【学校体育】 组建体育名师工作室，吸引更多体育教师参与各类教学研讨活动。组织名师示范，邀请体育教研员、优秀体育教师就运动技能教与学规范、体育教法等做专题讲座，实现优质教学资源共享。

区教育局体卫艺科组织兼职教研员、骨干教师用一个多月时间对全区27家中小学校实行专项视导工作。视导主要工作是听课，查教案、查作业、查听课笔记、查看学校阳光大课间、健康教育，听取学校工作汇报，听取教师建议和意见，发现问题及时提出整改建议。

开发特色体育课程，提升阳光体育活动水平；建立具有校本特色的运动训练队和体育社团，满足学生个性需求，提升学生体育艺术素质。为促进保证每天锻炼一小时阳光大课间活动，11月30日，开展阳光大课间评比活动，各校的阳光大课间形式多样、内容丰富多彩。

【学校体育赛事】 青少年啦啦操锦标赛。2014年5月，全国青少年啦啦操锦标赛在东海县举行，全国18个省、市、自治区的大中小学2400多名啦啦操运动员参加竞赛，幸福路小学、海宁小学、海州实验小学都取得不同组别规定动作的全国冠军，其中海州实验小学荣获小学组团体总分第一名。10月，在全国啦啦操联赛（东海站）暨中国啦啦操之星争霸赛中，海州区海宁小学"快乐宝贝啦啦队"获小学丁组三项比赛全国第一名；建宁小学"激情啦啦操队"获小学丙组两个参赛项目第一名；解放路小学代表队获全国小学丁组街舞啦啦操第一名；南城小学获全国小学乙组花球规定动作第一名。海州区获第一名数在全省县区位居第一。市中小学排球比赛。2014年7月3日至5日，为期两天半的市中小学排球比赛在海州区大村中心小学举办。比赛有25支代表队300多名运动员参加。海州区建宁小学、建国路小学、浦南中心小学、幸福路小学代表队分获小学男子组前四名；浦南中心小学、解放路小学、海宁小学代表队分获小学女子组前四名；海宁中学、岗埠中学、海州中学代表队分获初中女子组前四名。"市长杯"青少年校园足球比赛。在市"市长杯"青少年校园足球（四区）校园联赛活动中，海州区6所学校参加，其中网疃小学获得"市长杯"青少年校园足球比赛小学组第五名。

（撰稿：许景明　审稿：王从峰）

责任编辑：马善臣

卫 生

综 述

2014年，区划调整后，海州区卫生系统监督、疾控、保健机构完成融合，区域内的公共卫生功能布局进一步优化。继续推进医药卫生体制改革，完善基本医疗卫生体系，提升基本医疗及公共卫生服务水平。基本药物制度覆盖面进一步扩大，中医药服务、脑瘫患儿救助、白内障复明等系列惠民医疗特色服务获广泛好评，食品安全工作在全市保持领先位置，卫生事业改革与发展取得显著成效。区卫生局被评为2014年全区经济建设和社会发展目标综合奖二等奖、2014年全市卫生综合目标考评二等奖。

至年底，海州地区有一级民营医院10家、直属医疗单位（乡镇卫生院、社区卫生服务中心）14家、社区卫生服务站28家、村卫生室103家、个体门诊部（个体诊所）247家、零售药店142家。

医政管理

【医院管理】 开展“三好一满意”（服务好、质量好、医德好、群众满意）窗口创建活动，提升医疗服务质量。成立基本药物制度管理中心，实行收支两条线管理。全区一级医疗机构及乡村公立医疗机构全部参加医疗责任险。医疗机构医疗废弃物集中无害化处理率100%。加强对辖区内各级各类医疗机构属地监管，规范其依法行医，年内开展专项督查5次。

【中医药管理】 推进“基层中医药服务能力提升工程”，辖区内所有社区卫生服务中心（镇卫生院）及社区卫生服务站（村卫生室）均已开展中医药服务，浦西社区卫生服务中心全面完成省级中医药特色社区卫生服务中心验收前的各项准备工作，板浦中心卫生院成功打造市级中医康复特色科室。

【人才队伍建设】 推行以服务数量、服务质量和群众满意度为考核指标的绩效分配评估机制。基层医疗卫生单位岗位设置、绩效工资、聘用合同签订率达100%。眼科医院徐长华获评中国复明扶贫流动眼科手术车先进个人，海州社区卫生服务中心王春娟、于桂云分别获评第二届江苏省优秀基层医师、江苏省“群众满意的社区护士”称号，浦南村医庄文斌先后获评全市“最美乡村医生”、全市首届“最美港城人”。

药政管理

【基本药物制度】 在实现政府办基层医疗卫生机构基本药物制度全覆盖的基础上，6家承担基本医疗和基本公共卫生服务功能的非政府办基层医疗卫生机构全部配备使用基本药物，全系统全年网上集中招标采购基本药物4586万元，药品让利近1400万元。制定出台《海州区基层医疗卫生服务机构绩效考核实施意见》，实施局对院、院对职工的双层考核机制。

疾病预防与控制

【传染病管理】 切实强化传染病网络直报督导检查，提高传染病报告管理工作质量，落实疫情监测日（零）报告制度、疫情定期分析研判制度和重点疫情督导制度，做好重大传染病防控工作，有效遏制疫情扩散和蔓延。全年报告乙类传染病10种956例，发病率为141.63/10万；丙类传染病6种2594例，发病率为384.29/10万。无甲类法定传染病报告。报告突发公共卫生事件1起。

【卫生应急】 开展特色的卫生应急活动，强化基层人员应急能力建设。完善应急队伍管理制度与机制，组织开展卫生应急能力评估工作，做好卫生应急物资的储备工作；每周开展风险评估工作；开展应急演练活动，提高报告、现场流调、采样等实际操作能力；开展“12320，健康伴您行”系列活动，邀请市120专家进社区、进工厂、进学校进行卫生应急知识现场讲座。辖区内各基层医疗卫生机构、学校的宣传牌覆盖率100%，村庄宣传覆盖率达100%。

【结核病防治】 规范医疗机构的结核病诊断、转诊和报告工作；非结防机构报告190人，报告率100%，转诊率100%，转诊到位率100%。管理项目病人202人，完成年度病人发现率的89.58%，系统管理202人，系统管理率为100%。其中涂阳肺结核患者59人，占活动性肺结核患者总数的比例29.21%，涂阳肺结核患者密切接触者筛查率100%，初治结核病人接受免费治疗率100%。建立了合格的药库、药品账表一致率100%、库存控制和药品发放规范率100%，药品管理质量综合评价指数1。

【艾滋病与性病防治】 落实艾滋病"五扩大、六加强"防治措施。新增艾滋病检测点7个、艾滋病初筛实验室2个、VCT门诊6个，完成咨询检测1342人。做好艾滋病哨点监测工作，加强就医人群艾滋病检测，全年检测17.5万人次，确诊阳性1人。开展高危行为干预工作，干预暗娼4380人次，检测800人；干预男男性行为人群2000人次，检测582人，未发现阳性。全年管理感染者和病人74人。

【肠道传染病防治】 规范开展肠道门诊工作，做到"逢泻必登、逢疑必检"，确保能早发现、早报告、早处理。各医疗机构共登记7205人，检索1215人，检索率16.86%。开展霍乱环境监测，其中水体40份、水产品122份、食品46份，未检出阳性标本。

【寄生虫病防治】 制定消除疟疾行动进程和实施方案，按要求开展发热病人血检，共血检2179人次，血检率100%，血检阳性4人，血片复检率12.1%。全年共发现输入性疟疾病例4例。开展肠道寄生虫调查2000份，蛲虫感染率为1.5%，钩蛔鞭感染率为0。年内顺利通过省疟疾防治达标考核。

【慢性病防治】 在全区各医疗机构、乡村（居委会）开展全人群死因、肿瘤和心脑血管疾病监测登记报告工作。规范65岁以上老年人的管理，实施肿瘤、高血压、糖尿病、死因监测登记报告制度，35周岁以上病人首诊测血压制度。在辖区4所学校的学生及家长开展"盐与健康"主题活动，家庭控盐知识知晓率、行为形成率和正确率均有所提高。

【免疫规划】 提升预防接种服务水平，加强安全接种管理，无因不规范接种、未充分告知造成的投诉案件，以乡镇为单位，适龄儿童疫苗接种率达到95%以上、疫苗冷链监控预警系统覆盖率100%。率先在全市创新开展"妈妈课堂"活动，并在全市免疫规划会议上作经验交流，全区累计已有16个接种门诊开展"妈妈课堂"，该项工作在全市推广。

妇幼保健

【妇幼卫生】 开展妇幼保健服务和母婴专项检查活动；在全市各区中率先开展农村妇女"两癌"筛查试点工作，婚前检查率达80%；托幼机构卫生合格率为95%；辖区内孕产妇死亡率、婴儿死亡率和出生缺陷发生率的指标分别控制在0、1.23‰和0.99‰。区内，爱婴医院区级复核完成100%，市级抽检完成。

【母婴安康工程】 全年孕产妇管理建卡率98.7%，产前检查率99.41%，产后访视率99.38%，新生儿访视率99.38%，新生儿疾病筛查率97.65 %、听力筛查率97.65%以上，7岁以下儿童管理率98.8%。

农村卫生与社区卫生

【农村卫生】 新农合筹资标准提高到年人均400元，参合率达100%，居全市首位。参合人100%纳入大病保险，政策范围内住院费用实际补偿比保持在70%以上。发放居民健康卡6.8万张，覆盖全区所有参合家庭户。医疗废水消毒处理工程覆盖全区所有乡镇卫生院。浦南镇太平村卫生室创建成为省级示范村卫生室。

【社区卫生】 完成投资8500余万元，续建区第一人民医院并完成眼科医院、花果山社区卫生服务中心等的改扩建项目。海州社区卫生服务中心获评苏北地区唯一的全国群众满意社区卫生服务机构（全省仅4家）。孔望山社区卫生服务中心顺利通过省规范化社区卫生服务中心验收。浦东、海州、浦西和孔望山4家社区卫生服务中心建成远程会诊医疗系统。在各基层医疗机构全面推行家庭医生制度及为辖区内65岁以上老年人免费体检活动。

【公共卫生】 落实国家确定的11类43项基本公共卫生服务项目任务，城乡居民电子健康档案建档率达86%，电子健康档案数据库实现辖区内医疗卫生机构全覆盖。完善区域内的公共卫生功能布局，疾控、监督等机构体系达标建设陆续破冰。强化传染病、慢病和重性精神病等的防控工作，全区无甲类传染病病例发生、无重大传染病暴发流行。

爱国卫生

【健康港城促进行动】 制定实施全区健康港城促进行动方案并稳步推进，开展每月一个主题的健康教育活动，城乡居民健康素养水平在上年的基础上提高2个百分点，已达标；打造省级卫生村3个、健康小屋5个（全市首家标准化健康小屋示范点落户海州区）、健康大道9条。

【病媒生物监测】 按照创建卫生城市规范的要求，积极开展病媒生物监测工作，全年开展鼠类监测12次，蚊监测12次、蝇监测11次、蟑螂监测12次，监测结果表明，全区"四害"密度均在控制标准之内。

【健康教育】 利用"3·24"结核病宣传日、"4·25"计划免疫宣传日、"4·26"全国疟疾宣传日、"5·15"全国碘缺乏病宣传日、"5·12"防灾减灾日、"10·8"高血压宣传日、"11·14"联合国糖尿病宣传日等宣传周活动，开展社会公众宣传活动11次，1200余人参与，发放各种宣传资料16400余份，设立宣传展板155块。

卫生监督

【依法行政】 加大公共卫生、医疗卫生、餐饮服务的监督执法力度，各类单位、场所卫生监督检查覆盖率100%，开展各类卫生监督及管理相对人培训4200余人次；卫生监督协管服务覆盖全区，目前拥有卫生监督协管员30名，信息员33名；卫生监督信息录入率、及时率均达100%。区卫生监督所行政许可及行政处罚卷宗分别荣获全省卫生行政许可案卷县区级二等奖和全省卫生行政处罚案卷二等奖。

【医疗市场监管】 开展打击非法行医、加强医疗机构依法执业监管，专项整治活动，立案查处17起。查处非法行医37户次，没收药品药械78件，取缔37户次。检查医疗机构220户次，整改72家。

【食品安全】 认真履行食品安全综合协调职能。牵头开展食品安全联合执法检查12次，完成重大活动食品安全保障任务18起，承办全市食品安全宣传周启动仪式。组织开展“四打击四规范”专项整治行动，排查食品生产经营单位2000余家。继续筑牢地沟油回流餐桌的第一道屏障，累计安装使用油水分离器、泔水油分离器533台，回收各类废弃油脂100余吨，安装总量和收集总量均占全市50%以上。

【饮用水卫生监管】 对辖区3家水厂检查，采集样品送检，合格率100%。按照市所要求打造示范集中供水水厂2家，已通过市所验收。其次，加大对二次供水单位的监管力度。对监管二次供水单位的从业人员进行了相关卫生知识培训和健康体检，并对二次供水设施进行全面检查，抽取末梢水检测，配发卫生制度。

（撰稿：董月红　审稿：葛秀伟）

食品药品监督管理

连云港市食品药品监督管理局新浦分局

【医疗器械“五整治”】 2014年，新浦药监分局开展医疗器械“五整治”工作，以民营医疗机构、医疗器械体验店、小而散医疗器械经营店等为重点单位，以高风险医疗器械为重点品种，坚持边打边建，以打促建，采取多种措施，强化对企业的日常监管，严厉打击医疗器械经营中的违法、违规经营行为。针对淘宝街“美瞳”经营单位小而散的问题，新浦药监分局联合市场开办者，向经营业主发放了《行政告知书》，明确告知其经营要求和经营责任，对存在的问题，督促其限期整改；针对部分经营者责任意识淡薄，相关法律法规知识缺失等现象，制定了《医疗器械经营（使用）企业质量安全责任人约谈制度》，制作《约谈通知书》，对负责人就企业经营中存在的问题进行约谈，并责令其限期整改。同时，对经营活动中发现的违法违规行为，坚决予以打击，专项活动中，共出动执法人数236人次，检查医疗器械经营单位81家次，二级及以下医疗机构28家次，立案查处3起违法经营医疗器械案件，罚没款到账4.416万元，对12家单位下达了《责令整改通知书》，约谈企业负责人21人次。

【强化药品零售企业管理】 以诚信体系建设为主线，不断提升企业的责任意识，建立企业规范经营长效机制。加强企业自律建设。要求企业对经营过程中的索票索证、台账管理、处方药销售、药师在岗、仓储管理、环境管理等工作按季度进行自查并将自查报告上报分局，分局执法人员采取随机抽样的形式对自查报告的内容进行核实，并将其作为年度诚信等级评定的依据之一，以提升企业第一责任人意识。加强和完善信息化远程监管体系建设。将辖区零售药店和公办医疗机构全部纳入药品远程监管系统，对销售末端实行及时监控，不定期对企业的数据录入进行督查，确保企业数据录入率达100％、数据准确率达95％以上，同时，将有关监管信息及时在远程监管系统中发布，与辖区内监管对象实行信息共享。严格GSP认证工作。对2014年度需要进行新版GSP认证的75家零售药店，逐一在阴凉区改造、《执业医师法》在岗等方面进行证前指导，并配合上级严格按照新版GSP的各项要求进行检查验收，对检查中发现的问题，责令其限期改正。实行信息公示制。在各药品零售企业中统一制作并悬挂《药品安全监管信息公示牌》，将企业的《药品经营许可证》《GSP证书》、负责人照片、质量负责人照片及信用等级标识、投诉举报电话等全面进行公示，使企业随时接受社会监督，督促企业守法经营、规范经营、诚信经营。

【药品安全宣传】 2014年，新浦药监分局继续通过开展药品安全大讲堂系列活动加大药品安全宣传力度，紧紧围绕“FDA健康卫士”服务品牌，构建全方位宣传体系。在加强对社区中老年群体、慢性病人群体、年轻妈妈群体三类重点人群的安全用药宣传的同时，拓展宣传人群，提高受众面，加强对社区食品药品安全志愿者和协管员、信息员的宣传培训，7月份开展了食品药品安全宣讲月活动，分别与路南、新海、新东等街道联合，开展了5期药品安全大讲堂活动。同时，利用药品安全宣传月、“3·15”、科普宣传周等活动，举办广场宣传活动；积极开展食品药品安全科普宣传站建设，先期在龙尾、文昌、东苑三个条件较好的社区建立宣传站，分局结合实际到宣传站开展食品药品安全宣讲活动，向群众普及药品安全知识，提高百姓安全用药意识。

【处方药销售专项检查】 在央视“3·15”晚会曝光问题鱼肝油产品后，及时对辖区药店和部分超市进行了检查，并通过连云港电视台对检查情况和鱼肝油知识进行了宣传。为进一步规范处方药销售行为，根据市局的统一部署，在辖区全面开展处方药销售检查，对12家企业进行责令整改，立案查处2起。

【强化行政指导工作】 将行政指导作为服务企业、履行职能的抓手，作为规范"三品一械"（药品、保健食品、化妆品、医疗器械）市场的重要辅助手段。2014年，开展现场指导112次，纠正轻微违规行为为31次，约谈企业负责人86人次。

【强化稽查打假】 2014年，新浦药监分局对制售假行为继续保持高压态势，发挥产品抽样在稽查打假中的技术支撑作用，全年完成药品监督性抽样50批次、化妆品风险性评价抽样11个批次、保健食品抽样6个批次和快筛12个批次，立案查处4起非法经营"三品一械"案件，上缴罚没款46176元，处理投诉举报10起。

（撰稿：徐寿植）

连云港市食品药品监督管理局海州分局

【药械监督管理】 2014年，海州药监分局加强对药械经营企业、医疗机构日常监督检查，日常检查覆盖率100%。完成辖区零售药店和医疗机构远程监控系统升级改造工程，零售药店远程监管入网率达100%。开展药品抽验工作，完成60批次基本药物监督性抽样和200批次药品快检抽样。开展新版《药品经营质量管理规范》（新版GSP）及新修订的《医疗器械监督管理条例》宣贯工作，辖区内32家零售药店顺利通过新版GSP认证检查。强化药品不良反应、医疗器械不良事件监测工作，全年上报药品不良反应报告183篇、医疗器械不良事件报告249篇。

【保健食品化妆品检查管理】 进一步完善保化日常监管工作制度，集中4、5、6三个月时间开展日常检查，保健食品经营企业日常检查覆盖率100%，化妆品经营企业日常检查覆盖率85%以上。实施全品种及首营品种登记报告制度，登记保健食品首营品种40个、特殊用途化妆品首营品种26个。完成保健食品快筛检查10个批次，抽样送检7个批次；化妆品快筛检查10个批次，抽样送检3批次，上报化妆品不良反应报告10篇。成立了由海州区政府牵头，药监、工商、质监、卫生、公安、教育等14个部门，以及各镇街协管员信息员、保健食品经营企业负责人、社会各界关心保健食品安全的热心人士组成的保健食品反假反劣联盟，5月13日在宁海乡举行了保健食品反假反劣联盟启动仪式，聘请18名保健食品反假反劣特约信息员和135名志愿者，组织部门联合执法检查2次，举办保健食品安全知识大讲堂进社区、进学校等活动5次，举办广场集中宣传活动1次，发放宣传资料1000余份，接受群众咨询600余人次，开展保健食品知识竞赛活动，共收集答题卡1000余份。

【"三品一械"安全专项整治】 2014年先后组织开展了医疗器械"五整治"、农村保健食品"四打击四规范"、学生用保健食品、处方药销售管理、药源性兴奋剂、角膜塑形镜、定制式义齿、注射用透明质酸钠、高风险医疗器械、中药治理、含麻类复方制剂、学校医务室药品安全、儿童用鱼肝油、宾馆用化妆品等专项检查行动，严厉打击各类违法违规行为，确保辖区群众用药用械安全。6月11日，组织宣传、卫生、公安、工商、药监等部门开展联合执法检查，形成整治合力。专项整治行动共检查药品经营企业136家次、药械使用单位130家次、保化经营企业180家次，下达责令整改通知书45份、警告提示书32份，处理群众举报投诉8起，查处药械案件1起，移交卫生部门案源4起，移交市局案源4起。

【诚信体系建设】 根据诚信评定标准，对辖区药品零售企业、医疗机构、保健食品经营企业2014年度诚信建设情况进行检查，进一步提升企业的诚信意识、质量意识、守法意识。经综合评定，共评出药品零售企业A级19家、B级29家、C级8家，医疗机构诚信6家，基本诚信2家，保健食品经营企业A级18家、B级30家，有7家企业主动退出药品经营市场。

【示范创建工作】 通过完善药学服务制度、完善信用评定检查标准、采取药师在岗公示通报等措施，开展药学服务示范药店创建，全面提升辖区零售药店药学服务水平，充分调动驻店药师药事服务指导作用，促进零售药店规范经营、守法经营、诚信经营。开展保健食品化妆品规范化管理创建工作，完善企业"四资一票"台账，2014年对6家在规范化创建工作中较为突出的企业发放"规范化管理示范店"铜牌，以起到引领带头作用。

【食品药品安全宣传】 9月，在板浦镇德芳、中正、南门3个社区率先挂

海州区食品安全执法工作会议

牌成立首批食品药品安全科普宣传站。2014年共开展集中宣传活动5次，举办药品安全知识进社区、保健食品反假反劣大讲堂活动4次，展出宣传图板160块次，发放宣传资料6000余份，悬挂宣传条幅40余条，接受群众咨询700余人次。加强新闻宣传报道工作，全年各类网站宣传报道100余条，《新华日报》《中国医药报》《江苏食品药品监管》《连云港日报》等宣传报道20余篇。

（撰稿：王昌霞　审稿：陈素花）

软环境建设

【卫生行风建设】 落实党风廉政建设“两个责任”“一岗双责”，严守中央八项规定、省委十项规定和市委、区委二十条实施办法，在全系统17个支部254名党员中深入开展教育实践活动，重点开展八大项治理行动和“整顿医疗秩序、打击非法行医”“规范收费行为，让群众放心就医”等专项整治行动，狠抓落实《医疗机构从业人员行为规范》和《加强医疗卫生行风建设“九不准”》，全面落实为民务实清廉要求，切实解决群众反映的看病就医等突出问题。

【信访稳定工作】 巩固完善信访诉求表达渠道，妥善接待群众来访及投诉举报，及时解答群众提出的问题，年内无责任二访、三访及越级上访案例；市局交办的各种投诉限时办结率达100%。做好两案的办理答复工作，按时完成各主办件。

（撰稿：董月红　审稿：葛秀伟）

2014年海州区一级民营医院一览表

表22

序号	机构名称	机构地址	机构类别	机构级别	床位数
1	连云港永仁医院	人民路新站花园5号楼	综合医院	一级	20
2	连云港市煤炭医院	通灌南路124号	综合医院	一级	60
3	连云港恒康医院	万润花园陇海路6号	综合医院	一级	20
4	连云港国泰医院	新浦区人民医院西路铁通大楼	综合医院	一级	20
5	连云港仁安医院	苍梧路20-3号	综合医院	一级	20
6	连云港建国医院	解放西路37号	综合医院	一级	20
7	连云港宏田医院	东方花园A-9号/D-19号	综合医院	一级	20
8	连云港成宏医院	公园新村3号楼东首	综合医院	一级	20
9	连云港九龙医院	解放中路125号	综合医院	一级	20
10	连云港新海医院	海连西路7-2号	综合医院	一级	40

海州区社区卫生服务中心/乡镇卫生院一览表

表23

序号	机构名称	卫生机构类别	地　址
1	浦东社区卫生服务中心	社区卫生服务中心	南极路146号
2	云农社区卫生服务中心	社区卫生服务中心	云台农场猫山路14号
3	新海社区卫生服务中心	社区卫生服务中心	镇海路40-10号
4	海州区洪门社区卫生服务中心	社区卫生服务中心	朝阳西路88号
5	新南社区卫生服务中心	社区卫生服务中心	南极南路59号
6	海州区孔望山社区卫生服务中心	社区卫生服务中心	秦东门大街
7	花果山社区卫生服务中心	社区卫生服务中心	花果山北路49号
8	海州区路南社区卫生服务中心	社区卫生服务中心	海昌北路1号保健品商场2楼
9	新城社区卫生服务中心	社区卫生服务中心	东盐河19-22号
10	新东社区卫生服务中心	社区卫生服务中心	郁洲南路56号
11	浦西社区卫生服务中心	社区卫生服务中心	北小区沈圩路56号
12	海州区海州社区卫生服务中心	社区卫生服务中心	海州西南路13-5号
13	浦南中心卫生院	乡镇卫生院	浦南镇中心路
14	南城卫生院	乡镇卫生院	南城镇新大街93号

劳动与社会保障

就业创业

【概况】 2014年，海州区创业就业工作紧紧围绕“改善民生，服务发展”这条主线，进一步落实充分就业的各项举措，完善公共就业服务体系，着力推动创业，促进就业，多渠道开发就业岗位。全年实现城镇新增就业23597人；城镇失业人员再就业6153人；帮扶就业困难人员再就业1754人；新增转移农村劳动力1302人；城镇登记失业率控制在3%以内；城乡劳动者职业技能培训2905人，其中城乡新成长劳动力技能培训1494人；创业培训968人；职业技能鉴定取证（不含统考）1218人；企业职工岗位技能提升培训2281人；扶持农村劳动力自主创业360人；新增高技能人才840人；聘用专职人员的村级公共服务平台覆盖率为100%。完成海州籍2014年离校未就业高校毕业生实名登记890人，提供公共就业服务1595人次，离校未就业高校毕业生实名登记制登记率100%，有就业愿望的未就业大学生实现100%就业。

【就业创业服务】 全年组织开展“春风行动”“就业援助月”“企业流动招聘进乡镇”等多个主题专场招聘会63场，提供岗位2万余个，达成就业意向人数3400余人。在稳步扩大就业的同时，强化“四种模式”，突出对重点人群的帮扶。一是高校毕业生“充分就业”模式。设立大学生就业“绿色窗口”，对全区离校未就业的890名高校毕业生进村入户进行实名登记调查，全程提供职业培训、政策宣传等“一条龙”服务。二是失地农民“就近就业”模式。深入宣传就业优惠政策，开展农民创业典型座谈会、就业政策咨询会等活动。推动村级平台网络全覆盖，健全“15分钟公共就业服务圈”。举办失地农民、返乡农民工、流动招聘进集市等多种形式活动。三是居家妇女“灵活就业”模式。开展月嫂、中式面点师等技能培训，举办“搭建就业金桥，促进就业梦想”女性专场招聘会。四是就业困难人员“托底就业”模式。举办“零就业家庭”等专场招聘会6场，对全区500余名就业困难人员开展就业援助服务，帮助其实现就业。同时，落实各项就业优惠政策，全年发放社保补贴1852.5万元，惠及5109人。为920名困难职工发放生活补助46万元。全方位做好企业用工服务，对全区重点企业用工状况进行动态监测，主动上门服务，定期召开企业用工座谈会和政策说明会，开展送政策、送招聘、送服务的“三送”活动，走访企业37家。在掌握企业用工动态的基础上，有针对性地制定服务举措，全力破解企业用工难题。此外，根据企业需求，与市人力资源市场协调，增加企业招聘频次，让企业免费参加市人力资源市场招聘会。

【创业孵化基地建设】 加强创业基地建设管理，对于已经建成的创业孵化基地，拓展现有功能，完善规章制度，扩大创业规模和成果，安排专人定期到创业孵化基地现场进行指导，为创业者解决最实际的困难。加大资金投入，做好孵化基地培育和建设工作，连云港水晶街和陇海步行街第九街区两个市级创业孵化基地成功申报挂牌。

【创业助贷】 2014年，海州区大力推进创业助贷工程，在全区106家社区开展创业助贷需求调查，800多名已创业或有创业意愿的人员参与调查，并针对贷款需求细化服务举措。建立“微贷宝”平台，助推中小企业创业、发展和壮大。在全区遴选3个大学生创业项目，获得省级专项扶持资金30万元。

【就业创业培训】 进一步整合区、镇（街道）、村（社区）三级人力资源和社会保障平台资源，建成3家镇级及1家社区培训教室，使有培训需求的群众能够就近参加各类培训。全面提升培训质量，努力实现“培训一人，就业一人，带动一户”的目标，强化区就业训练中心的主体作用，形成区就业训练中心培训为主，社会培训学校为辅的培训格局。做好市场调查和就业前景分析，科学设置培训专业，在全市率先开展养老护理员、食醋制作工等专业的职业技能培训工作。推动培训市场化，协调社会各方力量，对特殊及暂无能力办学的专业，委托优质的培训机构，聘请专业技师授课，实行理论与实践相结合的教学模式，保证培训效果。全年共举办技能培训班72期，培训合格学员2905人。积极开展创业培训，全年培训学员968人，同时，结合培训课程实际，探索“SYB（创业培训）+X”新模式，将网店经营等专业纳入课程设计，形成具有特色的培训专业。通过技能竞赛、集中办班等形式，加强企业岗前培训和在岗职业技能提升培训，全年分别培训465人和2281人，帮扶企业打造稳定职工队伍，降低人力资源成本。深入推进“草根人才创业工程”，评选全区10名草根创业明星，并安排专项资金进行奖励，发挥创业示范引领作用。

【提高工作人员业务水平】 2014年，海州区充分发挥劳动保障协理员及公益性岗位工作人员学历水平高、业务上手快、工作有活力的优势，注重学习培养和工作锻炼，通过集中培训、以考代训等多种方式，常态化开展各类学习活动，不断提高工作人员业务水平。完善日常管理，健全奖励激励机制。统一制订30条服务窗口文明用语、10条电话文明用语及20条纪律要求。推动各级平台工作人员专业化和职业化建设。出台《公益性岗位人员管理办法》，开展星级协理员评比，充分调动其工作积极性。有步骤地改善平台队伍结构，力争将一批年纪轻、学历高的人员充实到各级平台中去。开发公益性岗位，全年新增63名具有大专学历以上的年轻工作者补充到各镇、街道平台，为基层平台输入新鲜血液。不断提升服务水平，继续推进窗口单位改进作风专项行动和“服务在身边、满意在基层”等活动，长效营造工作业务和职业素养同步提升的良好氛围。

社会保障

【概况】 2014年，海州区社会保障工作以基础管理为抓手，全面强化基金监督管理和征缴扩面，切实加强基金支付能力，确保基金安全。

【机关事业单位养老保险】 机关事业参加养老保险单位166家，其中机关单位14家，全额拨款单位55家，差额单位36家，自收自支单位61家；在职参保人数3866人，离退休人数1429人；基金征收3869万元，基金支出5951万元，基金征缴完成数为100%；社会化发放完成数为100%；实地稽核完成100%；生存认证完成100%。

【城乡居民养老保险】 2014年完成续缴保费人数3.78万人（其中参加职工养老保险370人，当年新退休1350人，死亡1083人），征收保费2635.88万元，人均缴费697元，超额完成目标任务人均缴费420元的165.95%；养老金发放率100%，按照政策规定和标准及时为3.79万待遇领取人员提高养老金待遇标准；完成待遇领取人员资格认证3.79万人，完成率100%；落实城乡居民养老保险“四个不出村”工作（参保不出村、缴费不出村、领取不出村、查询不出村），已有194个村和社区完成安装“快捷通”POS机，便民服务网点覆盖率达到93%。利用就业外网平台，完成了业务大集中网络连接到村；全年共收到各级财政补助资金3789.42万元，完成地方财政进出口补助资金到账率100%，累计滚存结余资金10241.98万元。2014年海州区城乡居民养老保险针对人均缴费“提标扩面”，缴费平均达420元/人。符合条件参保人员（60周岁以下人员）37839人，全部进入海州区城乡居民养老保险系统。60周岁以上3.79万人，全部按月足额领取养老金，保障居民的合法权益。

【城乡居民最低生活保障】 2014年，海州区严格依据连民〔2014〕14号《关于严格落实低保“十项”工作制度的通知》，及时整治“人情保、关系保、错保”等问题；并根据《社会救助暂行办法》依法分类施助，确保“解保调标”困难家庭生活平稳过渡。突出社会全程监督作用，规范实施区、镇街低保“二榜公布”和长期公示制度；全面开展低保复核，对已享受低保家庭100%进行档案审核，对存在异议家庭100%进行入户核实，准确掌握低保家庭相关变动情况和工作中存在的问题。截至年底，全区在三级核查的基础上新批低保对象457户1007人，解除295户711人；现全区城市低保对象共1944户4162人，月保障标准增至450元，全年发放保障金1383.54万元；农村低保对象464户1028人，月保障标准增至325元，发放保障金258.83万元。

【被征地农民社会保障】 完成被征地农民安置人员3570人，其中16周岁以下人员608人、16周岁以上至60周岁2435人、60周岁以上527人，按照政策规定和标准，分批次将社会保障资金13133.80万元划入到社会保障资金账户，并建立个人分账户，分批次为被征地农民办理参保缴费手续和养老补助金发放工作。已完成报批手续的共有4批。第一批为浦南镇樱花路工程建设用地涉及的村，包括半滩村、浦北村、潘圩村、浦南村，涉及人数63人，金额113.4万元。第二批为浦南镇国槐路工程建设用地涉及的村，包括半滩村、浦北村、潘圩村、尹巷村及区内其他农用地，涉及人数45人，金额81万元。第三批为连云港市2014年第九批城市建设用地涉及的村，包括飞泉村、大村村、网疃村，涉及人数213人，金额383.4万元。第四批为连云港市2013年第八批城市建设用地涉及的村，包括半滩村、浦北村、潘圩村、尹巷村、新圩村，涉及人数194人，金额349.2万元。

【城乡居民医保】 2014，海州区城镇居民医保参保171592人，占市区总参保人数的80%。社保中心人员将18万份学生参保宣传资料、7万份居民医保宣传资料分发到各参保人员手中，并对辖区内9所大中院校、52所中小学、37所幼儿园进行上门宣传动员，指导参保人员的系统缴费录入。新参保人员的制卡工作于2014年10月启动，为防止困难群体漏保，将新浦地区享受低保人员又未享受职工医保人员，作为首批参保人员录入系统，做到应保尽保。低保人员参保费用全部由财政部门代缴。为确保参保人员的合法权益，对社区负责居民医保的所有经办人员，责任到人，避免因工作疏漏造成不必要的纠纷，损害居民的利益。

【离退休人员服务】 将服务企业退休人员作为工作的重点内容，通过搭建平台、创新载体、深化服务等多种方式不断丰富企业退休人员的文化生活，让他们老有所养、老有所为、老有所学、老有所医、老有所教、老有所乐。积极组织退休人员参加省“夕阳美、社保情”摄影作品展览。区上报市作品达80余幅，选入省参展作品18幅。看望重病及70周岁以上退休人员14人，为5位百岁老人祝寿送蛋糕，组织社区卫生服务机构免费为离退休人员提供医学咨询和老年保健服务41次。2014年共为离休干部报销药费948人次，报销金额达487万元。

劳动维权

【概况】 2014年，海州区劳动维权工作坚持以促进企业发展、维护职工权益为主题，不断创新工作思路和工作方法，认真履行劳动保障仲裁监察工作职责，全区劳动合同备案2.6万人，企业薪酬信息调查与发布制度建立率100%。设立劳动人事巡回法庭，处理案件结案率100%，做好劳动监察工作，督促95户用人单位与980名职工补签劳动合同，180户用人单位为409名职工办理社会保险登记手续，责令补缴社会保险费240万元。推行劳动维权“网格化”管理模式，全区镇、街道建立了信息系统综合数据库。在全区做到”线上线下全覆盖式服务体系，实现网上维权及信息化“一对一”跟踪指导服务。全力推进海州形成规范有序、公平合理、互利共赢的新型劳动关系。

【劳动仲裁】 劳动合同备案2.6万人；已建工会企业集体合同签订率95%；企业薪酬信息调查与发布制度建立率100%；规模以上企业劳动合同签订率99.8%；工资集体合同审查数241份；在仲裁委设立劳动人事巡回法庭；仲裁委立案处理案件结案率100%；各级调解组织调解劳动争议案件占当地劳动争议案件的55.03%；仲裁委员会调解和撤诉案件占接处案件中结案总数的78.6%；受理仲裁案件346件，结案346件，其中调解撤诉272件、裁决74件，当期结案率为100%，调解撤诉结案率为78.6%，结案涉案金额270万元；各级调解组织调解案件280件，占当地案件总数的80%。

【劳动监察】 2014年，区劳动监察切实做好劳动关系维权执法工作。主动监察用人单位872户，涉及劳动者12800人；书面审查用人单位2986户，涉及劳动者44000人，书面审查率92%；信息采集用人单位3402户，入库用人单位信息采集率100%；接待群众咨询投诉1900多人次，受理举报投诉案件520件，立案520件，立案数比2013年同期增加39%，按期结案率100%；联动平台举报投诉共录入案件520条，录入率100%，逾期案件0件，逾期率0，实现了市、区、乡镇（街道）的劳动监察联网，城域网建设覆盖率达100%；企业薪酬信息调查与发布制度建立率100%；通过案件查处，责令督促用人单位补发克扣、拖欠职工工资、加班工资、经济补偿等320余万元；共督促95户用人单位与980名职工补签了劳动合同；督促180户用人单位为409名职工办理社会保险登记手续；责令补缴社会保险费240万元。做出行政处理决定16件，行政处罚决定20件。向司法机关移送拒不支付劳动报酬类案件8件。

【执法检查】 2014年，在全区范围内开展了多次专项检查工作，专项检查具有针对性强、整治力度大的特点，全力营造全区和谐稳定的劳动关系，维护劳动者合法权益。具体包括清理整顿人力资源市场专项检查、劳务派遣用工情况专项检查、用人单位遵守《社会保险法》情况专项检查、整治非法用工打击违法犯罪专项行动、用人单位高温季节专项检查、服务性行业社会保险百日扩面专项检查、农民工工资支付情况专项检查等专项检查活动，专项检查活动有计划、有总结、有实效。

【基层网格平台运行】 2014年，继续推行“网格化”管理模式，加强对劳动监察两级网格业务的指导，全区镇、街道劳动保障监察中队在监察部门的具体指导之下，建立信息系统综合管理数据库。高质量、高标准地完成全区的“两网化”建设工作。成功申报洪门、新东一级网格为省级劳动保障监察示范网格，以点带面推动全区整体工作水平的提升。一级网格录入数据及时准确，网格运行率达100%；积极开展简单劳资矛盾调处，调处成功率在85%以上，并正确录入调处效果数据；及时向上一级监察机构传递举报投诉信息。

【送法上门】 开展企业人力资源主管人员培训与“送法上门”活动，与企业管理人员面对面交流。结合企业在用工管理方面遇到的实际问题，编写了《劳动保障法律法规汇编》和《人力资源管理及劳动保障法律法规》两本宣传读本，免费送给辖区内的用人单位。海州区各网格发放联系卡400余份，接受咨询390人次，发放各种宣传资料5000余份。开展“深入企业送服务”活动，有效地从源头解决了用人单位在管理上的难题，受到了用人单位的普遍欢迎和一致好评。

【基础设施建设】 建成劳动保障监察举报投诉大厅，大厅具备人员办公、窗口服务、矛盾调处、举报投诉人员等候、投诉文书填写等不同功能区域，实现投诉、举报、咨询、办案区域分离，提供投诉举报“一站式”服务。安排三名工作人员负责举报投诉窗口和网上举报投诉平台的接待处理业务，工作人员定期参加省、市组织的平台业务培训，所有案件办理人员均在联动平台操作。同时做到“线上线下”全覆盖式服务体系，实现网上快速维权及信息化“一对一”跟踪指导服务。

责任编辑：李云高

社会民生

居民收入与消费

【城市居民收入】 2014年，海州区城镇居民人均可支配收入27057元，比2013年增长12%；城镇在岗职工年人均工资63781元，比2013年增长8%。

【农村居民收入】 2014年，海州区农村居民人均可支配收入12650元，比2013年增12.5%。

【城市居民消费】 2014年，海州区城镇居民人均消费支出18372元，比2013年增长7.6%。其中，食品、烟酒支出7565.4元，增长6.5%；衣着支出2138元，增长6.8%；居住支出4534.5元，增长7.4%；生活用品及服务支出1386元，增长8.2%；医疗保健支出1316元，增长8.4%；交通和通讯支出2242元，增长8.4%；教育、文化、娱乐支出3806元，增长10.0%。

【农村居民消费】 2014年，海州区农村居民人均消费支出8956元，比2013年增长11.1%。其中，食品、烟酒支出4137元，增长8.2%；衣着支出835元，增长12.6；居住支出2454元，增长12.6；教育、文化、娱乐消费支出2277元，增长14.5%。

民政事务

【概况】 2014年，海州区深入贯彻落实十八届三中全会精神，以创建现代民政示范区活动为引领，强化依法行政理念，发掘改革创新动力，突出项目支撑实效，提升服务民生标杆。深入开展社会救助，全年救助困难群众13.29万元。全面落实各类救助措施，对城乡低保、农村五保、城市三无、重点优抚对象、孤儿等服务对象发放物价补贴83.86万元。救助城乡患重病困难群众44万多元。积极开展双拥工作，支持部队建设，帮扶优抚对象157人次、4.8万元。稳定实施“政社互动“，推动社区建设。切实做好婚姻登记、殡葬管理和地名工作。全区民政工作实现齐头并进，为海州建设“更高水平小康社会”做出贡献。

【拥军优属】 2014年，海州区把双拥创建标准作为日常工作要求，以创建活动为引领，推动军地双方融合发展。春节和建军节期间，区四套班子主要领导慰问警备区和人武部等驻区部队，军地领导欢聚一堂，共商双拥工作大计，并结合部队实际需求，支持部队建设资金31万元。

【社会救助】 贯彻落实《社会救助暂行办法》。在广泛宣传、提升群众知晓的基础上，围绕最低生活保障、特困人员供养、受灾人员救助、医疗救助、教育救助、住房救助、就业救助和临时救助等主体内容，建立区级社会救助联席会议制度，明确全区社会救助工作的基本原则，制定了8项便民求助措施；镇、街道全部设立社会救助一门受理平台和窗口，明确“受理转办、施助反馈”的责任主体和具体程序，全面推行社会救助“一门受理、协同办理”的部门合作机制；充分做好“建立区级信息核对机制”的前期准备工作；组织镇街工作人员举办专题培训，转变工作理念，强化“救急难”意识，城乡困难群众临时、突发性困难得到及时帮扶，已救助各类困难群众88人次、13.29万元。

深入开展救助主题活动　深化“千名志愿者爱心帮扶活动”，区民政局及时收集整理受助对象信息，动态管理。聚集全区1450名爱心志愿者的个体能量，每月筹集11.6万元救助资金，采取每月进门的方式长效帮助290户困难家庭解决实际困难。“大民政”救助体系作用日益彰显。函括19类困难人员的“信息库”比对顺畅，16家单位部门条线救助制度融合互补，有效解决信息“不通”、救助“不准”等问题，2014年筹集280万资金，通过节日补助、半价粮销售、集中救助等方式，广泛救助困难群众11类1.6万余人次。

全面落实各类救助措施　根据苏民助〔2010〕23号、苏财社〔2010〕230号文件规定，面向“城乡低保、农村五保、城市三无、重点优抚对象、孤儿”等5类服务对象发放2014年1月、3月、5月、6月物价补贴，共计83.86万元。按规定条件和标准对1057名重残人员和127名困难残疾人实施定期救助，半年救助258.66万元（2014年7月起，重残工作转交至残联）。提高困难群众医疗救助水平，救助比例提高到65%，封顶线提高到3.5万元，已救助城乡患重病困难群众310人次，440363元。

【五保供养】 落实五保供养标准自然增长机制，集中供养和分散供养标准分别增至7800元/年和6900元/年。

【优抚安置】 各镇、街道广泛走访生活困难优抚对象，帮扶优抚对象157人次、4.8万元。全面落实优抚抚恤标准自然增长机制，严格按标准提高部分重点优抚对象定期补助标准，2014年，共发放7类优抚定期补助金597万元。制定退役士官安置工作方案，在广泛深入宣讲就业安置政策的基础上，按规定、依程序安置15名2014年度转业士官。在财政困难的情况下，安排26名军嫂进入社区岗位。

【社区建设】 稳步实施“政社互动”社会治理新机制。结合海州实际拟制“政社互动”实施意见，广泛征求街道、社区、政府部门意见，编制《基层自治组织依法履行职责事项》和《基层群众自治组织协助政府工作事项》两份“清单”。围绕“减负增效”总目标，依据《村民委员会组织法》《城市居民委员会组织法》《物权法》《江苏省实施〈中华人民共和国村民委员会组织法〉办法》等法律法规规章，全面排查村居61个组织机构、80个牌匾、92项台账、53项评比创建活动，查明出处来源，统一清理标准，对无法规、政策或上级要求等依据的，由各责任主体全面进行清理。

全面推进社区两房建设。将老、旧社区两房改造作为年内基层基础建设重点和增长点，落实专项经费36万元，全面启动老、旧社区两房修缮系列工程。年内，12个社区两房完成修缮工作，经区民政、财政部门联合验收后，根据工程总量和实际完成情况累计核拨32万元修缮经费。区政府投入60万元专项资金，积极鼓励社区充分利用辖区零散边角地块新建两房，提升利用效能改扩建现有两房，年内，11个社区完成新建、改扩建工程，新增社区两房3790平方米（其中新建2690平方米、改扩建1100平方米）。对社区配套用房工作进行深入调研，针对性实施“定期对接会办、长期跟踪督办”工作机制，力求实现村居“全程介入规划建设、合理需求得到实现”的目标，全区接收新开发小区配套社区用房7套1528.1平方米，累计接收29套5605.82平方米。

【婚姻登记】 婚姻登记强化制度建设。区婚姻登记处以创建全国婚姻登记规范化建设窗口单位活动为载体，促进各项工作全面达到规范化建设标准，截至10月31日，共办理结婚登记6498对、离婚登记2195对，登记合格率均达100%。

【殡葬管理】 殡葬改革建立新机制。贯彻落实《关于党员干部带头推动殡葬改革的意见》精神，发布《新浦区人民政府关于倡导丧葬文明新风的通告》并在全区范围内印发。深入开展农村公益性公墓管理调研，根据调研结果研究制定《新浦区农村公益性公墓管理办法（试行）》，为整治和遏制乱埋乱葬、浪费土地等不良现象提供了政策依据。浦南镇尹巷村公墓二期工程全面完工，已投入使用，墓穴建设采取绿色环保的“草坪葬”制式，整体规模达到1100座，绿化覆盖率达50%以上，成为农村公益性公墓建设的“样板”。

【地名管理】 规范地名管理，镇街地名设标。加强界桩管理，确保县区级界线清晰，界桩完好率100%。积极开展“平安边界”创建活动，相关创建经费列入预算。完成《中国政区大典》江苏分卷本地区级词条修改上报工作。2014年7月8日，连云港市部分行政区划进行调整，撤销新浦区、海州区，设立新的海州区；为记录和传承新浦历史、文化、人文发展的历程，区民政局按照区政府要求，通过召开座谈会、网络投票等方式开展细致的考证、调研工作，最终按照“尊重历史、尊重民意”的原则，依程序将“浦东街道”更名为“新浦街道”。

慈善救助

【概况】 慈善救助载体不断丰富。积极争取省慈善总会救助资金15万元，对720户城乡低保边缘家庭实施实物救助。开展“慈善情暖万家”活动，救助100户困难家庭10万元生活用品。实施“慈善助学圆梦”行动，区慈善基金会对36名2014年考入二本以上的低保家庭学生和167名困难中小学生进行排查筛选，分别按照3000元/人和500元/人的标准进行资助，累计救助11.05万元。扎实开展儿童大病救助，已救助患大病儿童32人次、15.02万元；另为符合条件的困难老人实施免费做白内障手术138例。

计划生育服务和管理

【概况】 全区人口和计划生育（以下简称计生）工作围绕区委、区政府的决策部署，以创建省人口协调发展先进区为抓手，以保障和改善民生工作为导向，强化依法行政，完善服务管理体系，改进工作作风，积极稳妥实施“单独两孩”政策，促进人口长期均衡发展，2014年，全区总人口68.2万人，自然增长率6.7‰，出生政策符合率98%，综合措施落实率96%，出生人口男女性别比107。新农村新家庭推进面100%，流动人口管理服务率96.84%。信息准确率98%，群众对计生工作的满意率96%，世代服务建成率100%。城乡人口和计划生育奖励扶助政策覆盖100%，计划生育公益金20万元。

【落实“单独两孩”新政策】 2014年，全区认真落实“单独两孩”新政策（指一方是独生子女的夫妇可生育两个孩子的政策），依托报纸、广播、电视、网站等媒体，加强正面引导，做好“单独两孩”政策解读，主动回应社会关切，制作和发放宣传折页2万份，编发宣传短信5万余条，开办讲座20场次，开展街头咨询50场，利用电信公司、移动大楼、步行街等大型显示屏播放“单独两孩”宣传片，在《连云港日报》上刊登区“80后”小夫妻拿到连云港首本“单独两孩”生育证新闻。成功承办全市“‘单独两孩’政策与您面对面”大型广场宣传咨询活动。通过制定人口形势分析报告、实施配套措施和风险防控预案，建立通报和约谈制度，积极应对可能出现的出生堆积、放松管理等风险。根据省、市“单独两孩”再生育审批操作要求，着眼于方便群众的角度，进一步简化办证程序，提高办证效率。2014年，经审核批准，有1110个符合条件的家庭领取了《批准再生育一个孩子生育证》。

【15分钟公共服务圈】2014年，海州区投入100多万元，打造计生15分钟公共服务圈（指从居民居住地出发，在15分钟范围内，就可享受到政府提供的人口计生优质的公共服务，实现计生药具及时易得、政策服务及时易得、贴心服务及时易得“三个及时易得”）。经过科学布局，合理安排，区分不同功能，全区建起北到人民路、东到学院路、西到西门路、南到秦东门大街，间距1.2千米左右的248个服务网点，形成了以区人口和家庭公共服务中心为龙头，以镇、街计生办为骨干，以社区为基点，以社会化发放服务网点和避孕药具免费发放机为补充的计生15分钟公共服务圈，实现计生药具、政策服务、贴心服务“三个及时易得”。为15.3万人提供了计生技术服务、证件办理、避孕药具供应、生殖健康咨询等服务。

【免费孕前优生健康检查】2014年，全区积极构建“政府主导、计生牵头、部门合作、规范实施、群众参与”工作机制，推进免费孕前优生健康检查工作，广泛做好群众宣传发动工作，使准备怀孕夫妇及时了解孕前优生健康检查的重要性，知晓优生科学知识。各街、镇对全年新婚、待孕人员进行摸底登记、建档造册。同时做好跟踪随访工作，及时了解高危人群的孕情情况，有效预防出生缺陷的发生。全年共为3840名计划怀孕的夫妇做了免费孕前优生健康检查。免费孕前优生健康检查覆盖率达96%，超额完成覆盖率90%的目标任务。

【计生综合治理】全区进一步建立健全计划生育综合治理工作长效机制，加大综合治理力度。发挥主流媒体、人口学校等宣传阵地作用,构建社会化大宣传格局,开展人口计生政策法规和优生知识的宣传教育，深入开展“婚育新风进万家”“新农村新家庭计划”“幸福家庭创建计划”等活动,推进信息化建设,提升人口统计质量,促进人口计生信息资源共建共享。全年召开相关部门联席会议2次，联合成员单位对全区计生药械市场进行突击检查3次，集中整治计划生育药具在流通、使用等环节中存在的问题。先后组织联合执法2次，严厉查处“两非”案件，检查相关医疗机构36家。春节前后，在全区范围内集中开展流动人口清查活动，全面实现对流动人口计划生育的动态管理，全区人口计生工作网络覆盖率达100%。

【依法行政】全区结合党的群众路线教育实践活动，采取多项措施推进人口计生依法行政工作，对村（居）计生人员开展计划生育法律法规、依法行政等内容的宣传教育，增强全区计生系统干部的法律意识和责任意识。完善区、街道（镇）、社区（村）三级计划生育便民窗口服务。设立区计生便民服务大厅窗口，坚持集行政审批、政务公开、便民服务、受理投诉、政策咨询于一体，为群众提供更为方便、透明、快捷的服务。依法加强社会抚养费征收管理，加强人口计生与公安、法院等的协作配合，完善执法联动工作机制，开展2次违法生育专项整治，严肃查处违法生育。通过公布热线电话、设置意见箱等方式，方便群众咨询、投诉和反映意见、建议，及时处理群众反映的计划生育热点、难点问题。聘请计生工作行风监督员，促进文明执法、公正执法，切实转变工作作风，不断提高广大群众对计生工作的满意度。

【人口协调发展先进区创建】2014年初，区委、区政府召开创建省人口协调发展先进区推进会，全面部署全年创建工作任务。分解落实工作责任。强化目标管理，加大奖惩力度，实施流动末位警示制度，坚持月分析、月通报、月考核、月排名，每月对排名落后的部门、单位主要负责人进行约谈。实施“上下联动、三级联创、后进帮促”工作模式，在全区形成一级对一级负责、一级保一级的创建局面。完善职能部门领导干部挂钩联系、包镇（街）创建制度，督促创建措施落实和创建进度，帮助解决基层实际困难，为基层配备计生专用电脑等设备，全力推进人口计生工作进位争先。全区低生育水平保持稳定，出生人口性别比趋于正常。

【流动人口管理服务】坚持流动人口一站式服务管理模式，公安综治、劳动保障、人口计生、工商、建设房管等部门在各自职责范围内，落实流动人口信息采集、通报制度，面向基层群众需求做实、做好流动人口服务管理工作。依托流动人口信息交流平台，落实流动人口区域协作，双向管理责任，及时做好流动人口育龄妇女管理服务的提交、接收、协查等工作，形成齐抓共管的工作合力。通过设置宣传栏、悬挂大型宣传标语、发放宣传手册、宣传品和手机短信、开展关爱流动人口主题宣传活动，免费发放各种宣传资料20000余份，避孕药具2000余盒，赠送健康书籍和围裙、水杯、雨伞等宣传品3000余份。开展困难流动计生家庭生育关怀活动，为符合政策家庭，在健康检查、困难救助、就业培训和资金等方面提供帮扶。走访慰问基层计生专干、流动人口、返乡农民工、留守老人、儿童和妇女等110人（户），发放慰问金及慰问品。

【计生民生工作】2014年，海州区加大投入力度，安排专项资金实施计生工作为民办实事，发放计生各类奖励扶助资金300余万元，依法兑现区属企业持证退休职工独生子女一次性奖励资金108万元，为228名失独家庭父母购买计划生育爱心保险，为康达智等企业女工提供免费体检。继续做好计划生育幸福家庭创建工作，安排资金60万元用于实施思源工程——生育关怀项目，重点帮扶孤儿监护、留守人口、老年空巢、残疾受灾、困难女孩等家庭，在子女上学就业、看病就医、调解家庭矛盾、心理疏导等方面给予人力、物力、精神上多元化的贴心帮扶。全年发放“亲情助困联系卡”1万份，走访慰问计生困难家庭1600户，为300余户计生困难家庭定制家庭帮扶档案，创办10个计生帮扶基地，广大育龄群众得到了更多实惠。

（撰稿：王　媛　审稿：吕芳芳）

民族宗教事务管理

【政策法规宣传】 2014年，海州区全面贯彻落实和宣传党的民族宗教政策及《宗教事务条例》，从构建和谐社会的高度，主动地做好民族宗教政策法规宣传和管理工作。6月，开展以“发挥正能量，共筑中国梦”为主题的民族宗教法规学习宣传月活动，宣传学习党的十八大、十八届三中全会精神。

【“教职任职备案”试点】 按照“宗教部门推动、宗教团体牵头”的思路，发挥宗教工作部门的主导作用和宗教界的主体作用，按时完成全区10名宗教主要教职和40名场所实际负责人备案工作。

【宗教慈善活动】 9月15日，全市以“慈爱人间·五教同行”为主题的“宗教慈善周”活动启动仪式在海州区举办，市委常委、宣传部部长滕雯，市政协副主席、统战部部长王东升，市民宗局局长范江，海州区委书记、人大常委会主任王立斌等领导出席启动仪式。

【参加全市少数民族文艺汇演】 9月26日，排练节目《山丹丹》参加连云港市少数民族“庆开放·迎国庆”文艺会演。

【宗教活动场所建设】 10月26日，举办碧霞寺地藏殿、三圣殿开光暨三百尊铜佛像捐赠仪式法会，碧霞寺综合楼、图书室建成启用。

【宗教事务活动】 6月19日，中国人民大学何虎生教授带“新时期中国宗教公益慈善问题研究”课题组一行4人，在省民族宗教研究中心主任孙晓钢、市民宗局副局长郁正言陪同下，到新浦区普照寺调研宗教活动场所养老院建设情况。9月22日，市人大常委会副主任李国章、于丽华带领部分人大常委考察海州区普照寺、准提寺等宗教活动场所。翌日，省宗教局宗教一处副处长鲍蜀生、省佛教协会副秘书长陈建华等组成的调研组来到海州区普照寺等宗教活动场所调研佛教场所固定文物保护情况和场所文化建设情况。11月18日，市政协副主席李广成到海州区玉皇宫、普照寺、碧霞寺等宗教活动场所考察。

（撰稿：刘立田　审稿：张玉梅）

老龄人事业

【概况】 2014年，海州区认真贯彻《中华人民共和国老年人权益保障法》，全面落实老龄政，全区以社会养老为重点，加大力度扶持社区居家养老服务站建设。投入专项资金搭建信息养老服务平台，为1000名老人购买老年手机，为800名低保老人提供政府购买服务。中秋节期间，区领导走访慰问敬老院、老年公寓入住的老人，并送去节日礼品。

【敬老活动】 中秋节期间，区委主要领导走访慰问浦南镇敬老院、荣华老年公寓，为120余名入住老人送去节日的慰问和1.5万元的节日礼品；区四套班子主要领导走访慰问8名百岁老人，为每名老人送去800元礼品。举办首届“新希望杯”老年乒乓球比赛，12个代表队36名老人参加了比赛，最终新南街道代表队获得冠军；在全区征集、遴选120余幅作品（件），参加老年人书画、摄影、书法展览。

【尊老金发放】 在为9393名80周岁以上老人发放尊老金650余万元的基础上，不断拓宽政府购买养老服务途径，投入24万元搭建信息养老服务平台，为全区500余名80岁以上空巢老人，60岁以上伤残军人、军烈属，500余名60岁以上低保困难老人购置老年手机，依托电信公司服务网络，免费为老人提供各类虚拟养老服务。

【居家养老服务】 2014年，海州区争取省、市、区三级配套专项资金117.5万元，通过建设项目、验收成效、核拨资金三个步骤放大引导力度，集中扶持31个社区居家养老服务站实现规范化运营。6家社区居家养老服务站成为全市“康缘爱心助老居家养老服务站提升工程”重点扶持对象，高效使用50万元专项资金打造市级养老服务品牌，全面开展集中配餐、爱心储蓄银行、健康进社区等为老服务项目。积极推动农村居家养老服务站建设，组织35名村委会主任、书记到赣榆、连云参观学习农村居家养老服务站建设经验，严格按照农村社区居家养老服务站2A以上标准普遍推开农村居家养老服务站建设。

路南街道老年书画爱好者开展书画交流活动

【争取专项经费】 争取市级专项经费48万元，与市海通集团市民卡公司合作，采取安全、便捷、高效的电子卡结算方式，为800余名低保困难老人提供政府购买服务，服务内容涵盖缴费、购物、餐饮、家政等项目。

关心下一代工作

【概况】 2014年，全区关心下一代工作在区委、区政府的领导和市关工委指导下，紧密结合党的群众路线教育实践活动，努力发挥基层关工委和"五老"的作用，围绕中心，服务大局，取得较好的成效。区关工委办公室主任陈惠铭是校外教育辅导员，暑假期间开办3个电子辅导班，并组织20多名学生到河南郑州参加比赛，荣获一等奖1名、二等奖6名、三等奖2名。许庄校外教育辅导站制作的《弟子规》电子阅览室视频获得省关工委视频案例评选二等奖，在全省关工委主任培训班作为范例展播。贾圩、盐河两社区被省授予零犯罪创建工作先进单位，花果山街道关工委常务副主任朱开亮被评为省未成年人社区矫正工作先进个人。

【主题教育】 2014年，关工委在全区青少年中组织开展"爱学习、爱劳动、爱祖国——老少践行中国梦"主题教育活动。区关工委举办"五老"培训班，周恒泰主任做辅导讲座。区关工委组织"五老"宣讲团到社区、学校宣讲30场次。3月，在新浦汽车总站雷锋车事迹展览馆举办主题教育活动启动仪式。组织25000名中小学生参加省周报社"三爱"书签制作大赛。12月，配合区教育局关工委在建国路小学召开全区百名"三爱"好少年表彰大会。

【校外教育辅导站建设】 2014年，海州区校外教育辅导站建设工作呈现出整体推进的良好态势。把新海街道西苑社区、浦南镇康宁社区分别作为城区和乡村校外教育辅导站示范点，在这两个辅导站示范点进行调研，加强软硬件建设。区关工委认真贯彻落实省文明办、省教育厅、省关工委等十部门联合下发的《关于进一步加强全省城乡社区校外教育辅导站建设的意见》（苏关工委〔2010〕12号）和省市关工委关于推进"站校结合"的两个文件精神，落实大学生"村官"和在职教师兼任校外教育辅导员工作。为确保省市文件落实到位，7月11日，区关工委、区文明办在新海街道西苑社区召开校外辅导站工作推进会。全区有学校和社区联办的校外教育辅导站共16个、社区和单位联办的校外教育辅导站1个，家庭办的校外辅导站3个。在此基础上，抓好辅导站提档升级。至年底，全区已有20个社区（村）建立了校外教育辅导站电子阅览室，配有电脑138台。

【加强网吧义务监督工作】 2014年，区关工委先后两次召开网吧监督组长会议，组织"五老"159人对全区79个经营性网吧进行义务监督，并对网吧义务监督工作进行检查。花果山、幸福路、海州、新南等街道关工委按照就近方便的原则，将"五老"划片分组，确定组长负责牵头，定期到网吧监督。还利用家长学校、校外辅导站等阵地，对未成年人加强宣传教育。社区对"五老"义务监督员的工作给予了热情支持，定期召开"五老"座谈会，节日期间还给"五老"送去慰问品。11月，路南街道表彰了16名优秀"五老"网吧义务监督员。

【关心特殊群体】 2014年，区关工委主动搭桥，参与全区千名机关志愿者爱心帮扶活动，筹集资金5000元，走访看望了18名孤残弃贫困儿童。军人父女王风文和王东坚持20年参加扶困助学，春季开学时又给浦南小学12名孤儿和特困生送去助学金3600元。市机关第二幼儿园和浦南小学开展"手拉手献爱心活动"，为12名特困生每人资助200元现金及食物。九龙社区学生相俊廷患白血病，其父母离异，随父亲生活，父亲身患重病，又无稳定工作，生活十分困难。区关工委和区法院少年庭、区民政局配合，为该生办了低保，并把捐助的15300元现金及时送到其家中。浦东街道关工委常务副主任沈小莉资助一名特困儿童，每月定期为她家送去400元现金，每逢节日还买礼品到她家走访看望。板浦镇苏光小学为患病同学捐款15263.5元，朐阳街道关工委定期组织人员到西门社区10名特困学生家了解生活和学习情况。全年全区有百名儿童受到关工委组织的资助。

【"未成年人零犯罪社区（村）"创建活动】 区关工委配合有关部门，参与"未成年人零犯罪社区（村）创建活动"，取得明显成效。组建全区社区（村）帮教小组126个，参加帮教的"五老"378人，帮教对象178个。有15位老同志担任法制副校长或辅导员。新坝镇关工委在庙会期间，集资5000元，为70多名特困儿童买了人生意外险。区关工委推荐5位老同志到检察院作为未成年人违法犯罪诉讼代理人。新海街道新潮社区和淮海法学院、区法院少年庭配合在社区举办模拟法庭，让青少年以案学法。前云社区、鼓楼社区开设百米长廊宣传关心下一代工作。花果山街道关工委邀请市区政法部门的同志到中小学进行法律知识和礼仪教育。洪门街道一个刑满青年，回归社会后自主创业，在社区支持下，建立一个活动中心，给青少年提供学习交流平台。2014年，全区126个社区（村）有118个社区（村）无未成年人违法犯罪。新浦街道15个社区连续8年无未成年人违法犯罪。

扶贫开发

【概况】 2014年，海州区扶贫开发面向农村，坚持项目帮扶力度，促进产业结构调整和农民增收。全区结转扶贫资金支持项目4个，使用省、市项目资金40万元，至6月底归还全部借款，实现产值3000多万元，产生利润24万元，农民人均增收1300元。

【重点扶持项目】 2014年，全区重点扶持高效现代农业产业项目3个。按照城乡统筹产业规划，浦南镇重点发展设施蔬菜、花卉苗木、水产养殖等三大农业特色产业3333.3公顷，打造省级菜篮子基地。年内已形成2000公顷规模。使用扶贫支持资金共30万元。

【帮扶项目储备】 2014年，海州区摸底调查项目情况，充实储备项目，将朐阳街道的两个项目编制入库。对花果山镇原有储备项目逐一巡查调研。

【扶贫助学】 2014年，经民政、教育、社区推荐，海州区筛选10名贫困家庭的优秀高中一年级学生，安排每人每年2000元助学资金，保障完成3年高中阶段学业。继续做好6家省属企业共同捐赠助学项目，并建立跟踪帮扶措施。

【扶贫专题调研】 2014年，海州区借助浦南镇城乡统筹试点平台，开展城乡统筹建设专题调研，在深入基层调研基础上，形成专题调查报告，上报市委、市政府后，许多观点和建议被市委研究室采纳，收录进入《城乡统筹发展——浦南实践》，在全市城乡一体化发展暨新型城镇化建设现场会上推广。相关经验被市老区开发促进会转发各县区。反映浦南城乡统筹发展的《三化突破 城乡共赢》被中国老区建设促进会主办的红色思源网全文采用。

（撰稿：区扶贫开发协会、老区开发促进会）

残疾人权益保护

【概况】 2014年，海州区残疾人工作全面贯彻落实党的群众路线教育实践活动精神，以残疾人两个体系为抓手，圆满完成了各项工作任务。区残疾人联合会获得区委、区政府颁发的“2014年度经济建设和社会发展目标二等奖”，全市残疾人事业发展考核第二名。

【区残疾人康复中心投入使用】 海州区残疾人康复中心坐落在南云台林场九岭路88号，占地48000平方米，建筑面积3300平方米。于2014年9月竣工并投入使用。该康复中心设6周岁以下儿童康复训练室、残疾人用品用具供应服务站、文体活动室、残疾人劳动就业大厅等。

【发放残疾人专项补贴】 全年为全区1435名无固定收入重残人员发放补贴558万元，为906名重度残疾人发放护理补贴81万元，为767名低保家庭重度残疾人发放重残补贴64万元，为332名残疾人车主发放机动车燃油补贴8.6万元。年内，全区共发放补贴711.6万元。

【助残活动】 春节走访慰问125户重度残疾人、低保边缘残疾人家庭、残疾大学生运动员、自主创业残疾人，送去6万元的慰问金和大米、面粉、食用油等慰问物资。

【发放残疾儿童康复训练经费】 2014年，为212名康复定点机构0~6岁在训残疾儿童发放康复训练经费360.2万元。

【康复服务】 2014年，为白内障患者免费实施复明手术111例；为116名精神病患者实施免费服药，17名重度精神病患者免费住院治疗；为11名残疾人免费安装假肢。

【发放康复器材】 2014年，为残疾人发放收音机、盲杖、盲表、轮椅、拐杖、防褥疮垫等辅助器材430件，为243名视力残疾人发放各类助视器、盲人听书机等403件，为51名残疾儿童配发矫形器102只。为全区166户肢体、智力、精神、视力一级贫困残疾人捐赠83台电视机和83台洗衣机。

【残疾人教育培训】 推荐6名视力残疾人参加盲人按摩和盲人电脑学习班，为40名残疾人高中生、大学生发放教育补贴5.05万元。

【发放扶持资金】 扶持2家盲人按摩机构并发放开创业扶持资金0.8万元，为2家星级残疾人扶贫基地发放扶持经费12.5万元，为9家残疾人托养机构发放床位补贴24.4万元。

【残疾人信访工作】 2014年，提供残疾人电话咨询服务达163人次，受理来访18件次，全年无一例残疾人越级上访事件。

（撰稿：朱　静　审稿：王　彬）

消费者权益保护

【概况】 2014年，连云港市海州区消费者协会下辖7个基层消协分会，建立维权服务站113家、监督站19家。全年共受理各类投诉1459件，接待来访、接受咨询8100余人次，办理人民调解程序案件15件，形成诉转案13件。

【权益保护】 依法向消费者提供消费信息和咨询服务，主动参与有关部门对商品和服务的监督、检查，积极受理消费者的投诉，并对投诉事项进行调查、调解。推进社会化维权体系建设，广泛开展“12315”“五进”工作，组建“消费维权联盟”等诉解平台，支持权益受损害的消费者提起诉讼，并对损害消费者合法权益的行为，通过大众媒介予以揭露、点评。

【维权宣传】 开展消费维权特色教育，设立消费教育基地。编印相关消费教育教材，根据时节、消费特点和消费热点、难点及时发布消费警示，引导经营者强化自律、规范经营，倡导消费者科学消费、主动防范，推动消费纠纷发生后形成消费者适度要求、经营者主动担责的格局。围绕“新消法、新权益、新责任”主题，开展“3·15”消费者权益保护日广场活动、新消法进农村、进校园等宣传活动，举办新消法培训4次，发放宣传资料5000余份。

【维权监督】 以消费调查和评议为手段，深化加强社会监督力度。开展对汽车销售和收费餐具消费调查，针对房地产、电信服务等行业的“霸王条款”和消费陷阱开展消费评议活动。全年共发布典型案例、消费警示等60余篇次，配合工商部门处理保险、房地产、手表、地暖等损害群众切身利益的投诉事件4起。

（特约撰稿：张　雷）

责任编辑：李云高

镇·街道·农场

板浦镇

综　述

板浦镇位于连云港市西南部，北与海州区宁海乡毗邻，东接东辛农场，西连海州区新坝镇，南隔善后河与灌云县小伊乡和伊芦乡相望。该镇始建于西汉初年，名“北蒲”，三国时名“朐浦”，唐初建镇时定名“板浦”，是古海州地区政治、经济、文化重镇,曾有“淮北盐都”和“小上海”的誉称。近年来相继荣获“全国重点镇”“江苏省百家名镇”“江苏省小城镇综合改革试点镇”“连云港市最具历史文化乡镇”等称号。板浦镇镇域面积80.64平方千米，耕地总面积4916.7公顷。下辖5个社区和16个行政村，总人口近8万人。2014年，板浦镇实现地区生产总值6.9亿元，全社会固定资产投资8.7亿元，公共财政预算收入4275万元，实现农民人均收入1.23万元。

经济工作

【农村经济】 2014年新增土地流转面积380公顷、土地适度规模经营面积213.33公顷、高效设施农业面积153.33公顷、家庭农场3家、农民专业合作社5个。市级龙头产业4家，实现农民人均收入12318元。投入资金2900万元，完成城乡河道疏浚7条、村庄河塘整治45条，衬砌防渗渠道36千米，新建泵站13座、涵闸30座、涵洞118座。

【工业经济】 2014年实现固定资产投资8.7亿元，其中工业投资6.4亿元，分别增长29.85%、48.84%；内联客方到位资金4.5亿元，增长7.34%；规模工业产值3.5亿元，增长3.33%；规模以上工业增加值1.16亿元，增长17.21%；公共财政预算收入7000万元，增长63.74%；实际利用外资450万美元。新开工过5000万元项目8个，新竣工过2000万元项目10个，三瑞医疗、盛兴石化设备制造、城东农贸市场扩建等6个过5000万元项目竣工投产，累计投资6.58亿元。签约投资过5000万元项目2个，超亿元项目1个，香港新世纪家具城项目完成选址，江苏东禾药业生产销售项目开工建设，出租科技创业产业园标准厂房1万平方米，招引商贸物流企业100余家。

基础设施建设

【园区建设】 2014年，完成板浦镇镇规划整合与核心区、现代商贸物流园区规划设计，形成老城、新区、现代商贸物流园区、新型临港产业园。累计兑付资金8800万元，完成房屋征收2.4万平方米、土地征收4.93公顷，科技创业产业园完成5栋5万平方米标准厂房建设，扩建了新区大道、市场路、新民路、纺织路，修整了西环路、东周路、镇区污水管网等基础设施建设快速推进。

【禁违拆违】 2014年，以“杜绝增量、消除存量、规范管理”为目标，对违法建设予以持续性打击。全年新增城管队员11人，组织违建查处联合执法行动20次，拆除违建面积8000平方米，逐步实现城建管理规范有序。

【环境整治】 2014年共计出动挖掘机100台次，四不像农用车130台次，垃圾清运车辆200台次，人工近千人次，维修危厕6座，疏通下水道近2000米，新建垃圾池20座，新添垃圾桶120个，清理各类垃圾500吨，清理河面6000平方米，平整河堤2000平方米，整治国道两侧环境2000米。镇村面貌明显改善。

社会事业

【民政工作】 2014年，实施板浦饮水二、三期工程，保障居民饮水安全。建成官庙村省级示范性养老服务中心。发放各类低保、优抚、救济金500万元，实现农村低保户及五保户应保尽保。推进新型农村合作医疗工作，农民参合率达99.7%。板浦镇社会事业办公室荣获海州区民政局2014年度综合管理一等奖。

【计划生育】 板浦镇成立出生人口性别比专项治理工作领导小组，制定具体实施方案，协调公安、工商、医院等部门采取联合行动，对镇区内的诊所、药店开展专项检查，并建立长效工作管理机制。2014年全镇共计出生532人，其中男278人、女254人，人口出生率为7‰，死亡率为1.5‰，自然增长率为5.5‰，性别比为109.44。

【信访安全】 2014年，板浦镇推行开门办公、务实办事和领导接访负责制度，累计排查化解矛盾纠纷237起，排查整改安全隐患109处。干群积极配合，把矛盾纠纷和安全隐患解决在萌芽状态。

党建工作

【理论教育培训】 紧扣“为民务实清廉”主题，按照“照镜子、正衣冠、洗洗澡、治治病”的总要求，坚持以整风的精神、认真务实的作风，狠抓学习教育、查摆问题、整改落实等各环节内容，先后组织8期专题学习，集中学习11次、班子成员专题讨论3次，印发各类学习书目720册，召开困难群众、老党员、企业家等不同群体座谈会15次，走访群众589人，征求各类意见、建议99条，征集班子及班子成员“四风”问题150条，镇领导班子成员主动认领、剖析原因，修改对照检查材料10次。全镇有32个村级党组织、1920人参与学习活动，28个基层党组织圆满召开教育活动总结会议。

【党员志愿者活动】 面向在职党员，开展志愿服务活动，82名机关在职党员下到5个社区基层，走访慰问困难群众329人，发放困难群众生活救助款30万元，救助困难群众746户，复核复审低保对象819户，核减低保对象27户，新审核报批城乡低保22户，失业人员技能培训90人次。

（撰稿：王 阳 审稿：马玉昌）

2014年板浦镇各村情况表

表24

村　名	党支部书记	村委会主任	村会计	村民小组（个）	年末户数	年末人口数	耕地面积（公顷）	粮食总产量（吨）	农民人均收入（元）
石河村	葛加龙	徐云峰	张　明	8	542	2258	219.5	2117	13511
城北村	魏银军	刘建华	时明荣	5	463	1907	161.2	1435	12456
永平村	刘启军	卞光武	卞光立	5	682	2810	263.5	2416	12307
菜园村	丁小青	孔凡壁	丁永和	6	817	3271	289.7	2615	12465
尤庄村	徐云庆	徐云龙	王秀花	5	494	2160	351.8	2861	12450
官庙村	徐传锦	徐育柱	刘禄松	4	499	1958	177.3	2003	11523
罗圩村	刘廷奎	徐建文	于　淹	10	757	3142	338.4	3944	12317
东北村	郑忠波	耿恒仁	陈　军	6	572	2356	276.7	2682	12319
小浦村	梁　军	刘相民	刘相庆	11	1081	4164	473.0	4323	11902
浦东村	王　刃	周井刚	李兴军	12	873	3600	361.3	5411	12175
大团村	周三兵	程广涛	徐友军	5	439	1818	173.7	1659	12330
东辛村	王　虎	陈建波	姚　兵	8	764	3060	261.2	2405	12305
沙沪村	黄　鹏	王宽林	王洪伟	13	981	3917	299.0	3154	12439
泗河村	薛明全	徐　君	王洪成	10	668	2732	290.0	2159	12239
周圩村	周立超	邵克军	邵克军	7	531	2134	308.3	3628	12236
洪花堰村	李建军	王　勤	刘家禄	5	569	2112	0	483	11901
合　计				120	10732	43399	4244.6	43295	

2014年板浦镇社区居委会情况表

表25

社区名称	居民小组（个）	年末户数（户）	年末人口（人）	面　积（平方千米）	社区成立时　间	党支部书　记	社区主任
南门社区	12	1830	5735	1.22	2001.9.26	戈玉荣	陆登林
北门社区	9	1420	4475	1.78	2001.9.26	陆春雨	陆春雨

续表

社区名称	居民小组（个）	年末户数（户）	年末人口（人）	面积（平方千米）	社区成立时间	党支部书记	社区主任
德芳社区	7	1207	3620	0.82	1958.9.06	陈余尚	陈余尚
新民社区	9	1012	3221	0.74	1958.9.06	魏居霞	李　云
中正社区	16	2275	7081	6.71	2001.9.26	许士忠	乔洪阳
合　计	53	7744	24132	11.27			

板浦镇重点企业情况表

表26

企业名称	成立时间	年末职工人数（人）	固定资产原值（万元）	年产值（万元）	年利润（万元）	主要产品	厂　址
连云港西都生化有限公司	2002年10月	92	1777.7	8758	249	食品添加剂	板浦镇永平村
华丰纺织（连云港）有限公司	2004年4月	161	3496.72	16381	467	棉纱、色纺纱	板浦镇永平村
连云港市华隆纺织有限公司	2012年2月	223	379.9	8575	45.6	棉纱、棉毛混纺纱、色纺纱	板浦镇永平村
连云港惠庭实业有限公司	2004年7月	56	682.16	2120	10.26	口罩、石膏套	板浦镇永平村
连云港板浦汪恕有滴醋有限公司	1992年7月	85	1450.83	1520	67.7	滴醋	板浦镇南门社区

新坝镇

综　述

新坝镇位于市区西南端，东与板浦镇接壤，南与灌云县毗邻，西邻东海县张湾，北连锦屏镇。新坝镇占地总面积64平方千米，其中耕地面积4622.83公顷，水域829.78公顷。下辖16个行政村，126个自然村，总人口3.2万人。2014年，实现地区生产总值54013万元，同比增长9.04%；全年财政总收入完成3500万元；全社会固定资产投资完成9.2亿元，同比增长35.3%，其中工业固定资产投资完成5.68亿元；外商到位资金400万美元，内联引进客方到位资金达4.73亿元；农民人均纯收入实现1.15万元。新坝镇被评为2011~2014年度全市社会治安综合治理先进集体、“三农”示范镇。

经济工作

【农业经济】 2014年，为16个村办理土地确权工作，投入3000万元，新增各类农机464台，发放补贴300万元。发放秸秆还田补贴资金230万元。投资3000万元，完成魏口、樊庄片区333.33公顷高标准农田建设，小荡、朱圩等4个片区治理农田灌溉排涝等水利项目。投资3000万元，治理泊阳河、樊荡河、黄泥沟6千米河道。在黄泥沟沿线流转400公顷土地建设花卉园艺基地。新增礼品西瓜333.33公顷、高效设施蔬菜266.67公顷、苗木种植200公顷。形成东片绿化苗木、中片优质瓜果、西片优质稻米和特色养殖的农业产业发展格局。开展各类实用技术培训班培训农民4200人次，发放资料4000份。全年为村民发放粮食直补及综合补贴658.39万元、农机购置补贴297.91万元。

【工业经济】 全年完成社会固定资产投资9.2亿元，其中工业固定资产完成5.68亿元。引进5000万元以上万达三期工业项目1个。扩建3000万元以上连云港建群建材有限公司项目1个。新引进年利税达1000万元的美麟房地产公司。新成立连云港市新坝电力辅机有限公司，全年申报和实施科技计划项目10个，电力辅机企业申请专利51个，授权专利36个。连云港正航电力节能设备有限公司获批国家级高新技术企业，“正航”牌商标荣获“江苏省著名商标”称号。

社会事业

【村镇建设】 2014年，新铺设新坝卫生院门前路，新建镇区水冲厕所1座，对镇前路破损路段进行修补。投入资金400万元，铺设农村道路9条，新建农桥20座。环境整治规范有序，投入资金50万元，创建四里村顾庄、河堆2个村庄示范点。

【文体工作】 2014年，新坝镇各文化场所、各村教育场所坚持实行规范化管理和免费开放。文体中心投入使用。举办2014新坝采摘节；举办“东方银行杯”迎元宵象棋比赛；组织村民参加市太极拳协会表演赛，获得优秀奖；组织开展全民健身活动，参加区机关篮球赛，在年底举办镇机关部门及村运动会。

【医疗卫生】 新型农村合作医疗参合率98%以上。完成乡村医生养老保障财政配套资金补助到位率100%。全镇居民全部参加城镇居民基本医疗保险或新型农村合作医疗。

【计划生育】 完善沙杭村人口和计生文化广场功能。实现全镇人口信息网络村村通全覆盖，完成16个村的人口信息核对，全镇人口信息录入率达96%以上。为广大育龄妇女提供免费查孕查环80余次，为40对夫妇免费孕前检查。发放计划生育补助4.13万元。

【民政工作】 全年核减低保40人，涉及23户。投资60万元完成残疾人托养中心敬老院改扩建工程，成功创建省星级敬老院。为全镇残疾人发放轮椅13台，电视机16台，洗衣机16台。联系市眼科医院，为20名白内障患者免费进行白内障切除手术；对全镇16周岁以下患有五种大病及唇裂儿童进行清查，并建立个人档案。对城乡低保对象、农村五保户、重点优抚对象，做到应保尽保。

【劳动保障】 2014年，新坝镇城乡居民养老保险续保人数为3519人，新增人数379人，共计3898人，参保缴费数额达192.28万元。对248人进行退休认证，为365人办理了就业失业登记证，为52人办理了就业转失业登记。为50名待岗妇女进行为期10天的家政技能培训，42人顺利通过考核；26名学员参加SYB培训，并顺利通过考核。

【政法综治服务】 健全大调解工作机构，完善辖区内各村人民调解及和事佬组织建设，全年完成调解74起，形成卷宗42份，矛盾纠纷调处率100%，成功率达到96%以上。健全安置帮教工作网络，刑释解教人员30人已全部衔接到位，衔接率100%，帮教率100%，安置率100%，当年重新违法犯罪1人。全年共有42人在社区矫正。

组织建设

【勤政廉政】 2014年，新坝镇全面清理超标办公用房，规范公务用车管理。坚持依法行政，自觉接受镇人大的监督，积极做好建议和提案办理工作。加大对财政预算执行、民生专项资金审计监督力度。深入村组走访了解，解决群众关心的热点难点问题。

【镇人大选举工作】 2014年，新坝镇召开人民代表大会，选举产生镇人民代表大会主席、区人大代表。会议期间代表们提出宝贵意见和建议。

行政村简介

【大穆村】 位于新坝镇镇区西边，南与灌云县搭界，泊洋河贯穿整个村庄，新农村服务中心位于村中心位置。有耕地240公顷，下辖8个村民小组，总人口2262人，党员41人，村干部5人。村民以稻麦两季种植为主，部分村民从事蔬菜和瓜果种植。2014年，先后对村庄道路、引水渠、道路绿化、环境卫生进行整治，形成焕然一新的新农村。先后被评为市妇联基层组织示范村、区设施农业园区建设先进单位，新农村、新家庭计划示范村等。

【大屯村】 位于海州区新坝镇西南部，全村有5个村民小组，1252人，党员38人。大屯村地广人稀，具有传统种植业生产优势。2007年10月在全镇率先成立养鹅专业合作社——连云港海州区兴民养鹅专业合作社。

【魏口村】 位于镇区西北部，距离镇区4千米，南接本镇大穆村，东接新西村，西接东海军营村，北与樊庄村接壤。全村土地面积373.33公顷，耕地面积266.67公顷，2258口人，518户。魏口村以“科学发展”为主线，以支部为龙头，充分发挥党组织在农民增收中的作用，打破农民以粮食种植、打工收入为主的收入体系，从2007年开始，先后投资300余万元搭建菇房80个、地棚300个，占地约13.33公顷，种植蘑菇约100万平方米，生产鲜菇约100万千克，销售收入超过1000万元。以此彰显本村特色，增加农民收入，带动全村经济发展。

【樊庄村】 位于新坝镇西南角，西与东海县张湾乡毗邻，北与锦屏镇新海村接壤。村部位于新坝西公路樊庄段西侧（村中心）。辖区面积约4.6平方千米，耕地面积333.33公顷。有8个村民小组，总人口2345人。村党支部共有党员47人。村民以小麦、水稻的种植为主，部分从事蔬菜种植以及生猪养殖。

【普安村】 坐落于新坝镇北，紧邻沿海高速新坝出口。新海国家粮食储备库位于普安村。普安村有土地面积300.80公顷，耕地面积268公顷。有11个村民小组，总人口2313人。党支部有党员45人。村民以稻麦种植和蔬菜种植为主。普安村开展“创先争优”活动，以樊荡河两岸十里观光带为载体，增加经费投入，规范“农户+企业”的苗木种植模式；利用紧邻沿海高速新坝出口的区位优势发展现代物流业。

【新坝村】 位于新坝镇政府所在地东首，泊阳河畔，新坝的东、中、西三条道路穿村而过，交通方便，是新坝镇的经济、文化中心。全村面积约5平方千米，东与陈户、武圩相望，西与新西村为邻，北与四里村相连，南和灌云县穆圩乡王堆、江庄村接壤。有12个村民小组，农民人口2874余人，党员64人。全村有工作人员6人。全村有劳动力1300余人。土地251.4公顷，其中耕地220.27公顷、机动田2.93公顷、圩面20公顷、鱼塘4公顷、植树29.33公顷。农民收入主要来源是经商、种植和外出打工。

【新西村】 位于新坝镇区中心，是由新西村和何庄村于2003年合并而成。村部位于新坝中大街东侧，距离镇政府100米，东与新坝村相邻，西与大穆村接壤，北与普安村相连，南与灌云县穆圩乡王堆村交界。辖区面积约11平方千米，耕地面积265.8公顷。新西村有11个村民小组，300户，总人口3171人。辖区内有私人企业5家。2014年，新西村以“创先、争优”为主线，突出“务实、发展”两大主题，紧紧围绕年初规划，切实做好隆晟小区三期开发工程、农业灌溉设施更新工程、张庄中心路水泥铺设工程。

【朱圩村】 位于新坝镇东部，辖区面积10平方千米，耕地面积266.67公顷。辖区内有企业2家。有8个村民小组，总人口1364人，党员37人。村民以粮食种植为主，部分从事草莓种植。朱圩村以“科学发展”为主线，以支部为龙头，充分发挥党组织在农民增收中的作用。新修干渠200米，清理老渠道1000米。

【四里村】 位于新坝镇镇政府北2000米，新坝中路两侧，西有孙庄大沟贯穿，东有陈户大沟纵越，距沿海高速出口仅0.5千米，有土地面积189.67公顷，耕地面积149.47公顷，水面38.67公顷。全村分为6个村民小组，总人口1468人，党支部有党员36人，其中女党员5人。村民以蔬菜种植和水产养殖为主，部分村民从事蔬菜加工工作。

【陈户村】 位于新坝镇中南部，距高速公路新坝出口4千米，交通便捷。陈户村共有耕地面积251.2公顷，9个村民小组，总人口1768人，党员41人。以种植稻、麦及蔬菜为主导产业。2014年完成自来水支线管进户工程、村庄道路硬化工程、农业灌溉设施整修工程、村庄环境综合整治工程，为困难村民送去新年慰问金3万元，投资20万元新修道路1000米。

【武圩村】 位于新坝镇东南部，汾灌高速穿村而过，地理位置优越。辖区面积约11平方千米，耕地面积213.33公顷，鱼塘20公顷。辖区有7个村民小组，455户，2122人，中共党员36名，企业1家。村民以西红柿、大白菜、毛豆、瓜类种植为主。全村85%的农民参保合作医疗，自来水入户率达100%，有线电视覆盖率达90%，村庄道路硬化率达85%。

【墙框村】 位于新坝镇东南部，村部位于通板路北侧，辖区面积约2.65平方千米，耕地面积156公顷。墙匡村有7个村民小组，总人口1456人，有党员39人。个体工商户11户，大型农业机械13台，外出务工人员180人。村民主要以粮食种植及蔬菜种植为主，部分从事果树栽培。

【沙杭村】 地处锦屏山南麓、新坝镇东部，据市区15千米。现有6个村民小组，382户，人口1465人，耕地116.33公顷，39名党员，6家企业。全村90%农民参保合作医疗，自来水入户率达100%，有线电视覆盖率达96%，新建秸秆气化站一座，秸秆综合利用率达91%，新建三格式无公害厕所300座，村庄道路硬化率达87%，全村绿化覆盖率达35.7%。

【王傅村】 位于新坝镇东部，辖区面积200多万平方米，有耕地194.67公顷，鱼塘6.67公顷。7个村民小组，385户，总人口1721人，其中党员41名，全村有工作人员7人。王付村主要以蔬菜种植和特色果树栽培为主，辖区内有2家市级农业龙头企业，建有省级科普示范基地1处。

【小荡村】 位于新坝镇东北部，全村有9个村民小组，1418口人，有党员46人，两委成员8人。小荡村根据本村资源优势，积极调整农业产业结构，创新发展思路，发展现代高效农业，形成具有一定规模的精细蔬菜、平菇栽培、全红杨种植等特色产业基地。

【大井村】 位于新坝镇东南部。村部位于大井小学南端100米处。辖区面积约5.12平方千米，耕地面积387公顷。大井村有9个村民小组，总人口2148人。大井村党支部共有党员56人。全村有工作人员8人。个体工商户22户，大型农业机械86台，外出务工人员320人。村民主要以粮食种植及蔬菜种植为主，部分从事水产养殖。

（撰稿：张　政　审稿：颜新星）

2014年新坝镇各村情况表

表27

村名	居民小组（个）	户数	年末人口（人）	面积（平方千米）	地方生产总值（万元）	工业总产值（万元）	工业销售收入（万元）	三产增加值（万元）	居民人均收入（元）	党支部书记	村委会主任
大屯	5	253	1252	3.8	2463	20	20	150	13163	开成跃	陈继贵
大穆	8	490	2262	4.2	2877	80	75	180	14143	李丽华	穆方标
魏口	9	525	2258	4.7	2985	100	80	200	13552	夏桂荣	
樊庄	8	469	2345	4.8	2923	10	10	160	13157	黄德永	樊士江
普安	11	531	2313	4.2	3661	20	15	220	13890	吉文和	李俭玉
新西	11	825	3171	5.8	3530	1300	1210	3500	14108	徐兴兵	徐宝富

续表

村名	居民小组（个）	户数	年末人口（人）	面积（平方千米）	地方生产总值（万元）	工业总产值（万元）	工业销售收入（万元）	三产增加值（万元）	居民人均收入（元）	党支部书记	村委会主任
新坝	12	700	2874	5.2	5099	5000	4500	3800	14156	孙壮先	王　成
四里	6	393	1468	3.8	2614	70	50	150	14108		张兴奇
陈户	9	433	1768	3.7	2657	80	60	130	13671	王　超	陈志军
武圩	7	421	2212	4	2930	30	20	140	13890	王怀成	
墙匡	7	336	1456	3	2466	20	15	80	14156	唐　广	唐启秘
沙杭	6	384	1465	3.1	2667	10	10	160	13890	颜新星	顾和平
王傅	7	369	1720	4	3099	20	15	140	14108	徐育武	付明呈
小荡	9	426	1418	4.9	2616	15	10	170	13042	许乃堂	许方法
朱圩	8	347	1364	3.9	2446	120	95	180	13853	孙国起	殷正举
大井	9	675	2148	5.2	2805	600	520	210	13671	顾中伦	赵　奇

2014年新坝镇主要工业企业情况表

表28

企业名称	成立时间	年末职工人数	固定资产原值（万元）	产值现价（万元）	利润（万元）	经营体制	主要产品	厂　址	负责人姓　名	电话号码
连云港市新海机械厂	1989.09	117	8540	410	350	私营	电力辅机	新北路10号	杨维芹	85371142
连云港万达电站辅机厂	1989.03	26	800	62	58	私营	电力辅机	新坝镇西首	张　筠	85370054
连云港正航电力节能技术有限公司	2002.03	49	1600	180	241	私营	电力辅机	新北路2号	何乃昌	85370962
连云港宏庆电力辅机开发有限公司	2005.10	17	650	60	57	私营	电力辅机	电力辅机园	孙宏庆	13861430261
连云港金昱元电力设备有限公司	2012.11	10	240	38	42	私营	电力辅机	电力辅机园	董秀霞	85372992

锦屏镇

综　述

锦屏镇地处锦屏山南麓，南与新坝镇相邻，东与海州开发区、灌云县接壤，西至蔷薇河，北与朐阳街道相连。总面积63.85平方千米（含海州经济开发区），其中山林面积1200公顷，耕地面积为2221公顷，下辖西山、中山、东山3个社区，刘顶、新海、李圩、酒店、岗嘴、桃花、陶湾、狮树、朐山9个村民委员会，总户数9435户，总人口30926人，农村劳动力14259人。

2014年，实现地区生产总值7.58亿元，较上年增长12.3%；财政总收入完成7500万元，较上年增长25%；全社会固定资产投资完成8.6亿元，比2013年增长36.7%，其中工业固定资产投资完成5.5亿元，比2013年增长321.9 %。内联引进资金4.5亿元，实际利用外资600万美元。

经济工作

【农村专业合作社】 2014年，新增农民专业合作社7个（中宇食用菌、生祝淡水养殖、双财花卉苗木、新海花卉、李氏家禽养殖、学军农机、大月农机）。合作社建账6个（盛旺水产、志萍农机、金秋家禽、农学农机、大月农机、李氏家禽）。创建A级合作社16个，AA级合作社6个，AAA级合作社4个。新成立家庭农场1家（连云港市港创家庭农场）。

【工业经济】 2014年，锦屏镇共有在建项目7个，分别是投资6600万元年产45万吨混砂浆项目、投资3300万元年产10万立方米混凝土和10万立方米机制砂项目、投资3800万元年产6000吨活性炭项目、投资3400万元年产15万吨秸秆固化生物燃料项目、投资6000万元年产50万吨搅拌干粉砂浆项目、投资2000万元的石英玻璃制造项目和投资2000万元的药剂生产项目；签约项目2个，分别是投资近亿元的废弃尾矿砂综合利用项目和投资近10亿元的东海龙宫旅游开发项目；在谈项目4个，分别是锂电池负极材料项目、钢结构和机械制造加工项目、苗木基地项目、凯威酒业二期项目。协税护税。帮助锦屏镇李记名章、六旺禽蛋等企业争取财政扶持资金180万元，有效解决企业发展遇到的资金难题。设专人跟踪服务蔷薇湖、连盐铁路、棚户区改造等重点项目工程税收，确保税收不外流；牵头组建锦屏镇协税护税网络；配合农经中心等部门，完善镇属企业档案资料库和建安企业项目库。

【财政收支】 2014年，锦屏镇一般预算收入2300万元，加上财政体制调整、财力斟数定额补助及各项上级补助，全年可用财力3700万元,剔除教师工资1246.11万元及上解支出1373.89万元，全镇可用财力为1080万元，全部安排支出。

【锦屏工业集聚区】 主要分布在刘志洲山两侧，北为锦屏山，西为锦屏镇镇区，东接海州开发新区，南为徐连高速。锦屏工业集聚区从2006年6月择地建园，占地面积27.53公顷，引进企业48家，有证经营企业34家，无证经营企业6家（已督促企业变更地址或者注册），有税收企业22家。主要产业为机械装备制造、新材料、电子、灯具照明、服装加工等。园区有3家规模企业，分别为中通复合材料设备制造厂、连云港通源科技有限公司、连云港泓桥照明电器有限公司。2014年园区实现工业总产值4.95亿元，利税近3850万元，解决农村劳动力就业1920余人。

城乡建设

【棚户改造】 锦屏磷矿棚户区占地面积26.26公顷，其中居住相对集中3626户，总人口9160人，建筑面积13万平方米，户均33.33平方米。一期改造投资3.8亿元，建成安置房及相关配套16.2万平方米，已完成征收安置协议签订1754户，1618户棚户区居民住房条件得到彻底改善。二期改造计划投资4.35亿元，建设安置房23.48万平方米，监理招投标工作已启动。

【环境整治】 2014年，锦屏镇创建1个三星级康居示范村，改造10个环境整洁村。建成1个公共游园、1套污水处理设施、1处健身场地、2座公共厕所。拆除违法建筑约1700平方米，处理违章乱建案件778件，结案771件，结案率达99%。

【基础设施建设】 投资4000余万元，建成占地2.13公顷、建筑面积1.8万平方米的新农贸市场，修建沙石、水泥道路7000米，化粪池300个，绿化面积6000平方米，新建垃圾池60个，新装太阳能路灯21盏，清理乱堆乱放300余处，清理生活垃圾300余吨，粉刷墙面3000平方米。

完成岗嘴小河疏浚任务，年度疏浚长度2千米，投入资金60万元，疏浚土方量48525.8立方米。岗嘴小河的疏浚，提高引排能力12立方米/秒，改善排涝面积200公顷，改善灌溉面积200公顷，植树造林1万株。

社会事业

【社会保障】 2014年复审低保家庭372户，对优抚对象、城镇特困职工等五种类型共886人建立医疗救助资料库。发放就业失业登记证310本，新增城镇就业511人，举办家政月嫂、美容美发等技能培训班3期，培训人员157人。

【计生工作】 通过开展流动人口信息采集工作，进一步提升流动人口计划生育管理服务水平。 计生药具站成为全区唯一一家通过市计生委检查验收站点。

【文娱体育】 2014年，举办“情系锦屏山 牵手桃花涧”文化旅游系列活动，包括锦屏山登山比赛、千人高端相亲会、“集体婚礼”等活动。举办锦屏镇首届广场舞大赛，各村、社区均设有文艺宣传队，先后组织春节、元旦、中秋等舞蹈戏剧进村活动10场次。镇老年乒乓球队、木兰拳代表队先后获得市级比赛第一名。

【社会治安综合治理】 2014年，建成政法综治工作中心、矛盾纠纷调处中心、法治为民服务中心、人民来访接待中心“四位一体”治安治理大平台。增设法治长廊、法治园地、平安凉亭、文体休闲场所和未成年人教育基地。建立刘顶、朐山和酒店3个警务室，形成了东、中、西三点一面无缝警务网。开展“技防年”活动，实施技防入户工程建设，镇机关布防红外探头12个。外来人口信息采集率100%，准确率98 %。

党建工作

【组织建设】 定期组织开展党建专题讲座，全年共开课26次。“大学生‘村官’流动红影院”送电影下乡，全年放映红色影片120余场。建立便民服务平台。严格执行民主集中制，健全党委会例会制度和全镇干部大会例会制度。

开展党员冬训主题教育活动，冬训大会党员参训率达98%以上。以党的群众路线主题教育活动为契机，严格执行领导班子民主生活会、干部考察考核和述职述德述廉等制度，树立公务人员“为民务实、清正廉洁”的良好形象。

行政村（社区）简介

【刘顶村】 刘顶村位于锦屏镇西北角，西傍蔷薇河，南壤新海村，东邻锦屏矿区，3路公交车道纵穿而过。2014年全村农业人口3885人，997户，村民小组10个，有各类企业20家，个体工商户110户。2014年全村地方生产总值13302万元，农民人均纯收入1.53万元。农民以稻麦种植为主业；以石英加工、建筑线材、石料建材、餐饮服务为二、三产主产业。刘顶"凉粉""王老五狗肉"远近闻名。

【新海村】 新海村位于锦屏镇西南角，西邻东海县张湾乡，南与新坝镇接壤。占地面积6.4平方千米。汾灌、连徐两条高速公路纵横穿村而过。有8个村民小组，农业人口2647人，605户，企业3家，个体工商户28户。2014年全村地方生产总值2330万元，农民人均纯收入1.34万元。村内有引水河、中心河、西界河、八一河纵横交错。村民以稻麦种植为主业，是海州区优质稻米产区之一。其特色产业为花卉苗木。

【李圩村】 李圩村位于锦屏镇中部正南方，南与新坝镇接壤，北近矿区。汾灌、徐连两条高速公路横纵穿村而过，紧邻高速普安出口。全村有12个村民小组,农业人口2734人，667户，面积7.6平方千米，各类企业16个，个体工商户44户。2014年地方生产总值4220万元，农民人均纯收入1.35万元。村内八一河为主灌排渠道。农民以稻麦种植为主业，是锦屏镇重要产粮大村。其特色产业为蛋鸭养殖。

【桃花村】 桃花村位于锦屏镇中心镇区，境内有国家AAAA级森林公园桃花涧风景区，景区内将军崖岩画被誉为中国最早的"东方天书"，是市区考古、休闲、健身佳处。全村面积2.4平方千米，有8个村民小组，778户，2720人。农业以稻麦、蔬菜种植为主，拥有蔬菜、食用菌种植塑料大棚近70个，13.33公顷。其特色产业为日光温室、畜禽养殖。

【酒店村】 酒店村位于镇区东部，北临矿区，东南西分别与岗嘴村、朱圩村（新坝镇）、李圩村、桃花村接壤，境内有哑巴山、刘志洲山等抗金遗址。占地面积1.63平方千米。全村有616户，7个村民小组，2214人。农民以稻麦、蔬菜种植为主。2014年全村地方生产总值16580万元，农民人均纯收入1.47万元。有个体工商户43户，拥有占地21.33公顷的酒店工业园区，该园区内有进驻企业22家，主要以三达照明、装饰涂料、机械制造、服装加工等为龙头企业。该村特色产业为生猪养殖。

【岗嘴村】 岗嘴村位于锦屏镇中部東侧，村庄依锦屏山而建，背倚二涧水库，村庄树木掩映，山清水秀，有"山野村居"之称。是居家、养生、生息佳处。全村占地面积3.25平方千米，农业人口2459人，719户，9个村民小组。有各类企业5家，个体工商户27户。2014年全村地方生产总值2731万元，农民人均纯收入1.37万元。农民以种植稻麦、花卉苗木为主业。盛产石料建材、水泥制品。

【陶湾村】 陶湾村位于锦屏尾矿坝前首，西倚锦屏山。盛产"巨峰""红提"葡萄。养羊是该村一大特色，被称为"养羊专业村"。占地面积3.5平方千米，农业人口2252人，607户。全村地方生产总值3933万元，农民人均纯收入1.40万元。有企业11家，个体工商户12户。村民以稻麦、葡萄种植为主业。"红旗建筑管桩"远近闻名。

【狮树村】 狮树村位于锦屏镇东南部，东邻市区主要水运交通要道盐河，南接新坝镇。徐连高速公路、八一河、小屠河、岗咀小河横穿境内，新坝中路纵穿而过。全村占地5.35平方千米，农业人口2551人，630户，12个村民小组。淡水鱼养殖面积66.67公顷，是休闲垂钓佳处。有各类企业8家，个体工商户51户。2014年全村地方生产总值6147万元，农民人均纯收入1.27万元。农民以稻麦种植为主，是锦屏镇种粮、家庭养猪大村。

【朐山村】 朐山村历史悠久，位于锦屏镇东北部，北邻孔望山风景区，东临盐河，西接锦屏山。距市区1千米，交通便捷。全村有5个村民小组，共有586户，2108人。农民以大棚蔬菜种植为主业，是市区无公害蔬菜种植基地，每年为市区提供新鲜蔬菜2831吨、花卉盆景200万盆。工业以混凝土、产品包装为主。

【东山社区】 锦屏镇东山社区居民委员会成立于2002年6月。东邻岗嘴村，西至水上漂涧沟，北靠锦屏山，南至酒店村。辖区占地面积0.4平方千米，居民948户，人口2547人，下设8个分会，党员124人。有离退休人员870人，其中60周岁以上老人700人；特困49户；下岗失业人员220人；育龄妇女460人。辖区有企业4家。东山社区居民住宅多为上世纪50年代末建设。

【中山社区】 中山社区地处锦屏地区经济、文化最繁华地段，占地面积0.4平方千米，有常住人口1265户，总人口3119人，其中残疾人员80人、低保人员78人、党员270人、60岁以上老人689人。中山社区居民委员会成立于2002年6月1日，2008年5月移交锦屏镇管理。先后投资105万元，建成占地面积约1000平方米的新式社区服务中心，内设办公室、老年活动室、棋牌室、廉政文化阅览室、会议室等。

【西山社区】 西山社区位于锦屏镇的北部，成立于2002年，占地面积0.33平方千米，总户数651户，总人口1665人，其中流动人口899人、低保户43户、下岗职工228人、党员95人、少数民族11人。社区辖区共有7个分会，分别为路北分会、路南分会、路北大家院分会、小楼分会、二斜井分会、蚂蝗涧分会和桃花涧分会。2014年社区退休职工、老党员、热心居民等20人组成义务巡防队，低保户家庭志愿组成义务保洁队伍。

（撰稿：王　宁　审稿：李　强）

2014年锦屏镇各村（居）情况表

表29

村（居）名	村民小组（个）	户数	年末人口（人）	成立时间	面积（平方千米）	地方生产总值（万元）	工业总产值（万元）	工业销售收入（万元）	三产增加值（万元）	财政收入（万元）	村（居）委会地址	居民人均收入（元）	党支部书记	村（居）委会主任	电话
刘顶	10	997	3885	1986.6	4.1	13302	23200	22272	4722	1088.5	锦屏镇	15332	刘二旺	刘华	85302387
新海	8	605	2647	1986.6	6.4	2330	850	816	741	24.6	锦屏镇	13449	高华	王生立	85300478
李圩	12	667	2734	1986.6	7.6	4220	2200	2212	599	55.4	锦屏镇	13487	王生全	陈铁	85301366
桃花	8	778	2720	1986.6	2.4	4383	1020	980	2985	88.2	锦屏镇	14942	章佃云	顾大连	15905136595
酒店	7	616	2214	1986.6	1.63	16580	28500	27360	2241	402.2	锦屏镇	14725	刘新海	章大喜	85300233
岗嘴	9	719	2459	1986.6	3.25	2731	1200	1152	963	57.9	锦屏镇	13661	王翠荣	陈庭清	85305031
陶湾	6	607	2252	1986.6	3.5	3933	8820	8460	1451	31.2	锦屏镇	13896	卞广生	卞宝阳	85306090
狮树	12	630	2551	1986.6	5.35	6147	2520	2420	1240	8.2	锦屏镇	12716	董志前	卞光浩	85300379
朐山	5	586	2108	1986.6	2.1	10052	12500	12000	3803	153.8	锦屏镇	15429	王长喜	滕步明	85381988
东山社区	8	948	2547	2002.6	0.4	565	720	692	411	0	锦屏镇	14166	吴同英	吴同英	85301786
中山社区	6	1265	3119	2002.6	0.4	1205	420	402	952	2.2	锦屏镇	15715	卞丽丽	章开燕	85300787
西山社区	7	651	1665	2002.6	0.3	1800	3260	3230	296	0	锦屏镇	13098	陈健	杨萍丽	85302728

2014年锦屏镇主要工业企业情况表

表30

企业名称	成立时间	年末职工人数	固定资产原值（万元）	产值现价（万元）	利润（万元）	经营体制	主要产品	厂址	负责人姓名	电话号码
连云港聚能炉料有限公司	200203	54	852	2350	102	私营	耐火材料	锦屏工业园区	江尧浩	85300966
连云港市中通复合材料机械设备厂	200106	76	992	4024	152	私营	玻璃钢缠绕设备	锦屏工业园区	王磊	85300178
连云港泓桥照明电器有限公司	201009	149	958	2736	101	私营	卤钨灯	锦屏工业园区	丁芹	85306899
连云港市黔锦化工厂	200103	28	856	1520	59	集体	磷酸	陶湾村	许孟高	85431881
连云港市山石建筑管桩有限公司	201206	77	820	1052	61	私营	建筑管桩	陶湾村	卞洪彬	85300333
连云港市通源化工有限公司	200403	56	1209	3477	239	私营	双乙酸钠	锦屏工业园区	沈化芳	85301266
连云港中鑫无纺材料有限公司	200711	13	350	1126	69	私营	纺织工业整理剂	锦屏工业园区	陆汉鑫	85456628
连云港融锦混凝土有限公司	200703	65	1952	9423	415	私营	商品混凝土	朐山村	季汝卫	85381792
连云港李记明章食品有限公司	200506	35	622	1580	109	私营	卤制品	锦屏工业园区	李洪亮	85107018

浦 南 镇

综 述

浦南镇东以蔷薇河为界与浦西街道相望,西与岗埠农场接壤,南与东海县张湾乡平明镇相连,北与赣榆区为邻。全镇下辖18个行政村、1个社区,面积108.5平方千米,总人口5.67万人。有耕地5886.67公顷。2014年,完成财政收入1.017亿元,工业投资7.5亿元,利用外资600万美元,工业总产值16.5亿元,农民人均收入1.76万元。

经济建设

【工业经济】 2014年,总投资12亿元的光伏发电项目实现并网发电;总投资6.5亿元的万发国际物流园项目已经开始回填土;台湾启丽蔬菜深加工项目、西班牙麦喀莎农产品加工及冷冻物流项目和连云港香果佳食品有限公司完成项目签约;连盐高铁征地拆迁工作结束,施工便道完成,正在打桩。

【招商引资】 2014年,完成内资目标任务4.6亿元,实际利用外资600万美元。年内招引的中广核太阳能公司投资约12亿元的光伏电站项目,总投资6.5亿元的万发国际物流园项目,均已开工建设;台湾客商投资的蔬菜加工项目,总投资约500万美元,正在办理注册手续。

【农业生产】 农业园区大循环路沥青铺设全部完成,园区基础设施逐步完善。全年发展设施蔬菜、特种水产、花卉苗木三大产业800公顷,三大产业基地管理服务中心建成并投入使用。

【财政税收】 完成公共财政预算收入1.017亿元,其中协税护税1100万元。实现规模以上工业总产值16.5亿元,全社会固定资产投资17.5亿元,全社会工业投资7.5亿元,内联客方到位资金4.6亿元,引进外资600万美元,农民人均纯收入17683元。

社会事业

【城镇建设】 2014年,完成审批房屋50户,禁违拆违65户,完成江浦等9个行政村、12个自然村环境整治。

【城乡统筹】 新浦大桥竣工,新浦大道建成通车。江浦新社区220户自建房和统建房全部完成,"5+1" 多层和阳光排屋基本建成,社区综合服务中心、幼儿园、垃圾中转站投入使用,污水处理厂已经建成。太平康居示范村完成216户独栋和连体别墅建设,6栋多层封顶,污水处理厂已经建成,服务中心投入使用,太平小学迁建基本完成。

【民生工程】 全年投入近500万元,解决关系群众切身利益的民生问题,镇区中心路浦南中学段太阳能路灯安装完成,镇区幸福路北延工程路面铺设完成,浦南村民健身广场建成并投入使用。全年投入150万元新建农桥11座;投入230万元新建农村公路5.5千米,维护和完善道路23千米;投入800万元新建垃圾池、下水道、公厕等基础设施。

【计生工作】 浦南镇全年审批再生育一孩共36人。奖励扶助85人,累计发放扶助金79200元。慰问特殊、特困计划生育家庭4户,累计发放救助金9600元。发放计划生育宣传品、宣传张贴画7890份,免费发放避孕药具10万只。

【民政工作】 2014年,办理农村低保户339户,739人;城市低保户9户,11人。共发放农村低保救济金1929573元、城市低保救济金35502元,春节低保户发过节费每人100元。有五保户102人(2014年去世3人),其中集中供养14人,分散供养88人。五保户集中供养标准由7400元调整至7800元;分散供养标准由6500元调整到6900元。

【劳动就业】 2014年,实现新增农村劳动力转移460人,转移前培训180人,在岗培训152人,创业培训110人。农民自主创业带动就业:实现创业人数160人,带动就业人数350人。举办农民就业招聘会2场,参加企业69家,提供就业岗位1460个。办理就业失业登记证1177人,换证78人。就业困难人员认定1人,对辖区12名已享受社保的补贴人员实施动态管理。农民求职登记480余人,全部安排就业。

【社会保险】 乡镇企业职工新参保160人,个体私营及灵活就业人员新参保120人,共完成280人。新型农村养老保险参保覆盖人数8600人,征缴保费360万余元。基础养老金领取人员达7600人,已全部进行生存认证并足额按时发放到位。对社会保障卡申领登记信息进行核实比对,与系统信息顺序一致,准确率达100%。城镇居民医疗保险已办理280人,办结率100%。

【劳动保障及农民工维权】 2014年,完成用人单位劳动保障基本信息采集录入职工名册1100人,录入率100%。建立农民工维权服务中心,共接待农民工来访60人次,受理劳动纠纷3起,都得到了满意的答复和妥善的处理,建立健全各类台账。对辖区内14家企业全部建立基础信息档案,实现一企一档。对离退休企业职工全面开展调查登记工作,共登记513人并录入数据库,为退休人员及时准确领取养老金提供了方便。帮助12名企业新退休人员办理了退休手续并录入了档案,使其及时足额领取到养老金。

【司法工作】 2014年,司法所发放法制宣传册及宣传单300余份,指导江浦村创建国家级法治示范村和建成省级法治游园。在月初,联合区司法局对镇驻地人民调解员、访调和公调人民调解员进行了一次系统培训。社会矛盾纠纷调处中心成功调处矛盾纠纷案件73起，涉及赔偿金额共计430余万元。有在册社区服刑人员40人，近三年刑释解教人员166人，均已登记造档。

【文化工作】 2014年，建成3000平方米的新文体中心，包括彦涵纪念馆、历史民俗展厅、活动室、图书室、棋牌室、乒乓室、健身房，村村设立农家书屋，每个农家书屋都有2000册以上的图书，有专人负责，全天候对外开放。元旦举行“欢歌笑语迎新年”文艺会演；正月初八在财政所门前举行“欢欢喜喜迎新年”农民趣味运动会和“舞到村头，舞动浦南”首届广场舞大赛。扎实推进百村体育工程工作，新建健身路径9处。

【教育工作】 浦南镇教育工作秉承“梦想从这里出发，让学校成为孩子幸福人生的起点”的教育理念，围绕师生共圆“三个梦”（健康梦、质量梦、习惯梦）的办学目标，突出抓好学校的三大办学特色（阳光体育、简约课堂、五好教育），努力达成“三个维度”〔三人理念（尊重人、帮助人、发展人）、三精要求（精细、精准、精致）、三个更高（更高水平的现代化、更高质量的规范化、更高效益的校本化）〕。学校先后获得江苏省教育厅表彰的青少年科技教育先进学校、连云港市教育局表彰的依法治校示范校、连云港市教育局表彰的示范家长学校、连云港市中小学生排球比赛女排第一名等荣誉。

【医疗工作】 镇卫生院下属太平村卫生室，完成创建市区唯一一家省级示范村卫生室。全院积极加强精神文明建设，乡村医生庄文斌获评“最美港城人”和“最美乡村医生”。在海州区2014年卫生系统工作综合评比中荣获一等奖及创新创优奖。12月30日对全镇3000名农村妇女进行免费“两癌”筛查。

【妇女儿童工作】 帮扶若干名困境妇女和儿童，如帮助王得梅等4名两癌患者争取到每人一万元的“两癌”专项资金救助，帮助丰荣香等12名单亲特困母亲争取到上级妇联开展的“微笑母亲”专项救助，等等。为潘圩村的李浩成、李梅娴姐弟争取到供电公司爱心团队的长期资助；开展爱心助学活动，为中心小学的十名特困儿童带去书包、台灯等各种学习和生活物资。在康宁社区成立妇女儿童之家，利用这个平台开展一系列关爱留守儿童的活动。

行政村（社区）简介

【太平村】 辖区面积5平方千米，其中耕地面积146.67公顷。有9个村民小组，1550户，5898人。集体资产总额为2226.20万元。集体收入285.40万元，其中发包273.06万元，辅助7.54万元，其他4.80万元。人均纯收入为15400元。翻建老旧房屋300多间，约3400平方米，新建楼房60户。收回被部分村民强占数年的村集体房屋及多年不交承包费的鱼塘4.67公顷。完善2#、3#康居烂尾楼复工工程。投入130万元新修下水道3200米、混凝土路道5600平方米。完成连盐铁路征迁，涉及土地1.34公顷，搬迁户29户，实现连云港市第一家红线内百分百交地。

【下滩村】 位于浦南镇东北部，有3个村民小组，560户，2256人。全村面积4.6平方千米。经济主要以种植和养殖业为主，有生猪养殖户11家，水产养殖面积60公顷，个体工商户15户，人均收入14685元。先后获得省级为民服务先进村、区级先进党支部等荣誉。

【半滩村】 位于浦南镇东郊，有9个村民小组，人口780户，3150人，1个党支部，党员82名。耕地面积197.33公顷，实现人均纯收入15460元，村级集体收入53万元。被评为江苏省三星级环境整治自然村。

【浦北村】 辖区面积7.19平方千米，耕地面积350.67公顷。有5个自然村，10个村民小组，1025户，4280人，103名党员。有6个农民专业合作社，主要特色产业有交通运输、餐饮服务、高效农业等。村集体资产315.51万元。集体经济收入82.19万元，人均纯收入18140元。村庄环境整治通过省级验收。产业结构调整流转土地36.67公顷，310国道征地3.6公顷，涉及农户154户，完成各项安置补偿。农田水利工程投入资金320万元，新建水泥路13500平方米，村庄主干道新安装太阳能路灯50盏。表彰“五个好”家庭55户。2014年6月被区委、区政府授予“文明村”称号，2014年12月被江苏省科学技术协会授予“江苏省科普惠农服务站”称号。

【唐顶村】 地处浦南镇西北部。有3个自然村（唐顶、吴楼、乌光），5个村民小组，536户，2048人，党员45人。村民人均纯收入14313元，主要以外出务工为主。村总面积3.4平方千米，其中耕地面积213.33公顷，主要以传统的稻麦种植为主。村集体经济收入以沟、渠、土地等发包为主。土地流转50公顷，利用一事一议奖补资金铺设村庄水泥路1500米，清理沟塘3000米，修建垃圾池7个，村庄主干道及高速路两侧种植绿化树苗面积达8公顷。

【汪新村】 2001年由原来的汪庄、新安、永安3个村合并而成。全村有5个村民小组，613户，2607人，劳动力1327人，耕地面积345.33公顷，村干部9人，党员95人。农民人均收入15000元。全村有粮食加工企业10家、温室大棚200栋、水泥预制厂2家，生猪养殖年出栏百头以上企业5家，狗肉加工企业2家，淡水养殖面积146.67公顷，高效设施农业20公顷。主要产品有精米、等级面、淡水鱼、狗肉、西红柿、草莓等。

【草舍村】 位于浦南镇西部。全村有3个村民小组，545户，2182人，1个党支部，党员51名，耕地面积280公顷，实现人均纯收入18020元，产值3616万元，村级集体收入43万元。先后被评为江苏省文明村、连云港市特色产业先进村、连云港市文明村、连云港市新农村建设先进村。

【新湾村】 位于浦南镇西北部，2001年9月由吕湾、林场2个行政村合并而成。全村总面积5.42平方千米，耕地面积215.6公顷。有4个村民小组，836户，3467人，党员103人。新湾村交通便捷，物产资源丰富，全村社会总产值9660万元，村集体收入46.04万元，农民人均纯收入17387元。有3个大型养猪场，年产1.5万头；15个大型养鸡场，年产鸡54万只。荣获“江苏省民主法治示范村”等称号。

【新建村】 全村有5个自然村，7个村民小组，740户，2756人，劳动力1583人，耕地面积365公顷。全村工农业总产值6255.6万元，农民人均纯收入18121元。全村有泥鳅养殖池面积20公顷，出口泥鳅500吨；肉鸡养殖户18户，年出栏肉鸡50万羽，生猪出栏0.8万头；西红柿大棚150栋。外出劳务人员1100人。有农民专业合作社10个。发展个体工商户110户，主要从事农副产品加工和商业服务。新成立农民专业合作社2个。

【江浦村】 位于浦南镇西部。全村有6个村民小组，人口976户，3876人，1个党总支，2个党支部，党员131名，耕地面积800公顷。实现人均纯收入17460元，产值8410万元，村级集体收入140万元。先后被评为江苏省新农村建设先进村、江苏省生态村、省绿化模范村、省民主法治示范村、连云港市文明村、国家级民主法治示范村。

【龙浦村】 全村有5个自然村，10个村民小组，有人口3085人，劳动力1580人，耕地面积538.6公顷。集体收入47.31万元，人均纯收入17806元。为解决村民出行方便，八里庄新铺水泥路4600平方米，新修下水道3000米，官庄三组新铺水泥路4500平方米，官庄一组新铺水泥路3400平方米，徐后至官庄全长2800米水泥路进行加宽，寻雷顶至黄泥哨全长1700米路进行加宽，安装路灯180盏，路边绿化3000株，徐后一组庄南铺水泥路2600平方米。全村生活垃圾实行专人管理，设有垃圾点30处，新购垃圾桶100个，每天专人清运，使环境得到提升。

【官阳村】 位于浦南镇驻地西3千米处，交通便利。全村有422户，1628人，劳动力732个，耕地190公顷，畜禽规模养殖户5家，特种水产养殖面积80公顷，苗圃基地66.67公顷，生态蔬菜种植10公顷，家庭农场1家，合作经济组织5家。

【尹巷村】 位于浦南镇南部，204国道纵贯南北，交通便捷。北距镇驻地2千米，有4个自然村，6个村民小组591户，总面积2.17平方千米，耕地152.53公顷，总人口2495人。清明节前，三组公墓地270余座坟墓全部按时搬迁。按时完成电高物流二期征地。淘宝路扩宽。招宝路征地总面积14公顷。投资20万元铺通三组水泥路3条1120米，新建三组、六组、庄中下水道740米。投资10万元，填平二组庄东废沟塘1150平方米，填土2560立方米，拉土夹石370立方米铺设南北路路基。投资7万元，对204国道两侧，各自然村庄中路沿线彻底清理脏、乱、差，新建垃圾房11个、垃圾池9个。清理垃圾死角6处。拆除废小厕所3个。

【新圩村】 新圩村位于蔷薇河畔，紧邻市区，新浦大道从中间通过。有4个村民小组，358户，1878人。耕地面积133.33公顷。2014年，根据区政府的规划，对该村进行改造，开发高效休闲观光农业基地，建千亩薰衣草基地和千亩双湖湿地公园，被命名为“月牙岛”。

【潘圩村】 潘圩村位于海州区北首，镇驻地东侧。有6个自然村，8个村民小组，643户，3100人，其中劳动力1500人，外出务工760人。耕地面积253.33公顷。设有1个党总支，下设3个分支部，共有党员82名。村内有小学1所，在校学生450人，教师16名；市优级幼儿园1所，幼师5名。村部设有党员活动室、卫生室、计生服务室、图书室等。村集体年收入35万元，人均年收入17000元。

【浦南村】 浦南村有5个村民小组，600户，2205人。耕地面积255.08公顷。集体资产总额为50万元，年集体收入133万元，其中发包74万元，辅助4万元，其他54万元。人均纯收入为17595元。2014年，修建下水道1500米，安装太阳能路灯35盏。土地流转面积73.33公顷。

【许安村】 许安村与镇驻地接壤，全村有6个村民小组，655户，2897人，劳动力1533人，党员64名。耕地面积283公顷。2014年实现人均纯收入18461元，村级集体收入150万元。全年处理上访矛盾5起，无进省、进京上访。完成中心路两侧绿化栽植，新疃庄西污水沟治理及回填工程。新建农桥两座。投资近70万元新建水泥路面9000多平方米。发展党员2名，培养积极分子5名。

【富安村】 富安村座落在蔷薇河畔。有5个村民小组，525户，2928人。村里以农业为主，耕地面积186公顷。主要种植水稻，浅水藕。

2014年，村自筹资金200万元硬化村内道路、安装路灯。自筹180万元建成1100平方米便民服务中心。

【康宁社区】 社区居委会成立于2011年11月，位于浦南镇老镇区，有康宁小区、富民小区、农机小区、滕湾小区四个小区。辖区范围东至204国道东老片区，南至农贸市场，北至新民路，西至滕湾自然庄，面积约1.1平方千米。有居民户1125户，户籍人口2584人，常住人口3876人，涉农土地约73.33公顷。辖区内有企事业单位、学校、幼儿园11家，工商个体户400余户。根据区政府“按三星级社区标准，高起点、高标准建设样板社区”的批复，社区约800平方米办公用房在2015年1月建成并投入使用，社区居家养老、图书电子阅览室、会议室、文化活动、计生服务、宣传教育、便民大厅等各项服务功能已正常开展，先后被授予先进基层党组织、先进社区等荣誉。

2014年浦南镇规模企业情况表

表31

企业名称	销售收入（千元）	利税（千元）	职工（人）
江苏东浦管桩有限公司	308594	28977	526
江苏乐园新材料集团有限公司	447717	17389	185
江苏奇星流体设备有限公司	44886	6184	67
连云港东盛商品混凝土有限公司	51166	4265	80
连云港花果山磨料有限公司	186095	3826	115
连云港立江黑刚玉有限公司	19064	-410	19
连云港市东浦纸业有限公司	25220	1028	63

（撰稿：万　民　审稿：张少春）

新浦街道

综　述

新浦街道（原浦東街道）东以丁字路、解放东路为界与新东街道、猴嘴街道相邻，西临南极路与浦西街道接壤，南以陇海步行街为界与路南街道相连，北至蔷薇河与浦南镇相望。面积12.43平方千米，下辖15个社区，14659户，47815人。2014年，新浦街道围绕年度各项目标任务，创新工作方法，实现规模以上工业总产值2.32亿元，完成考核计划的100.63%。实际利用外资260万美元，完成年度考核计划的113.04%，内联客方到位资金5.58亿元，完成考核计划的139.5%。完成全社会固定资产投资19.21亿元，其中规模以上企业固定资产投资16.2亿元。完成协税护税收入2757万元，完成考核计划的100.20%。重大事项、重点工程建设强势推进，招商引资、固定资产投资等主要指标再创历史新高。

经济工作

【工业经济】 2014年，新浦街道新培育现代服务业企业15家，限上消费品零售总额预计增幅达25%，净增限上商贸企业达12家。新创建省级商业示范社区或市级商业示范社区或特色社区1个。

【重点工程项目】 2014年，新浦街道承担连盐铁路725户征收任务，面积11.17万平方米，完成征收455户，面积6.74万平方米。民主路二期共需征收457户，面积4.18万平方米，2014年，完成征收155户，面积8261.92平方米，完成计划的69.82%；海港城海鲜美食广场总建筑面积1.01万平方米，总投资9800万元，4幢主体建筑全部建成。奥迪城市展厅项目占地16700平方米，计划总投资2亿元，主体已完工，维修车间已建3层。蓝天华侨城、泰恒华府、博威江南明珠苑、一品苑项目全部封顶。

【安全生产】 2014年，新浦街道与社区、各部门分管领导签订安全生产目标管理责任书，监管企业向办事处递交安全生产目标管理承诺书。共组织职工安全教育培训3次，召开安全生产会议13次，开展各类安全检查44次，参加检查人数131人，排查整改各类隐患179条，整改率100%。利用各社区画廊、黑板报、电子屏等多种形式进行安全生产宣传教育，发放各种安全生产知识宣传材料4000余份。

社会民生

【民政工作】 2014年，街道共有低保户248户，534人次享受低保，全年累计发放低保金197.83万元。年内共解保22户，新进16户。充分发挥“及时雨”作用，为符合条件的无固定收入重残人员发放救助金，对5户贫困家庭开展慈善医疗救助，每户1000元。为136名80岁以上老人申报并发放尊老金57.21万元。为71名80岁以上空巢老人以及低保户家庭成员中60岁以上老人发放老年手机。做好敬老月工作，开展“安康关爱行动”，与239位老人签订意外伤害保险协议，共计5060元。

【就业服务】 2014年，新浦街道以市场为导向，通过发展经济和各项社会事业，扩大就业渠道，抓好就业和再就业工作。以区人力资源市场为阵地，以社区就业站为依托，持续提高人员技能素质，有效提升就业服务，认真开展下岗再就业人员的培训和指导，扎实开展送政策、送信息、送岗位活动，社会化管理服务率达100%。

【城管环保】 2014年，新浦街道切实加强禁违拆违和占道经营清理工作，查扣并处罚违法运输车辆6辆，收缴各类违法器材20件，拆除脚手架150平方米，拆除新生违法建筑1750平方米，违法建设得到有效遏制。取缔店外经营315户、占道灯箱和广告牌478个、横幅154条。对背街小巷开展卫生整治，共清理垃圾死角58处、垃圾470立方米，清理乱贴乱画、小广告4100处，粉刷墙壁约3.4万平方米。对受灾严重地区进行下水道及公厕改造。在惠民月专项行动中，协调解决居民反映强烈的问题30余个，围绕群众反映强烈的道路年久失修、卫生脏乱差、下水道堵塞等问题，疏通下水道331米，清理垃圾、杂草、淤泥等140车，购置垃圾桶50个，清理7条背街小巷和部分楼房墙面广告，铺设混凝土路面260平方米。

【房管工作】 2014年新浦街道按照新《江苏省物业管理条例》组建日月花园管理委员会、三禾城中城业主代表大会，开展多种物业管理模式试点工作。创新老旧小区招投标工作，由物业管理委员会选择招投标物业企业，新的招标模式被区主管部门确定为老小区招投标示范小区，房管所的创新工作被市住房局选择成典型拍摄进《连云港市物业管理电视专题片》，得到广泛宣传推广。全年处理协调51件物业管理4级投诉，完成辖区56户廉租房货币配租年检工作和89户廉租房实物配租年检工作，受理新申请廉租房家庭109户，受理新申请公租房家庭1户，完成辖区内危旧房调查统计3次共计2309幢。

【综治司法】 2014年，新浦街道坚持贯彻落实矛盾纠纷排查零报告制度，司法所、信访办、综治办联合查处矛盾纠纷176起，化解重大项目工程矛盾160起。辖区15个社区均成立20人的红袖标义务巡防队伍，并形成定时巡逻与不定时巡逻相结合、警民巡防联动的有效巡查机制。

【计划生育】 2014年，新浦街道全年出生人口562人，出生率9‰，死亡68人，自然增长率7.7‰。流动人口6632人，流动人口婚育证明验证率90%以上。打造计划生育15分钟公共服务圈，提升计划生育管理服务水平。严格计划生育技术服务和药具管理工作，发放及时率达到100%。利用“5·29”（中国计划生育协会成立纪念日）、“7·11”世界人口日、“9·25”（中共中央《关于控制人口增长问题致全体共产党员、共青团员的公开信》发表纪念日）等计生重大节日以及“人人健康、家家幸福”“家庭人口文化集中宣传月”等计生宣传活动，开展计划生育政策、法规宣传，发放宣传材料1000余份，张贴宣传墙报300余张，针对国家单独二孩新政策，设立专场咨询。利用社区宣传栏宣传计划生育政策、法规，让广大居民群众了解国家计生政策。

【社区文化】 2014年，新浦街道先后在博威广场、阳光丽景广场、万润广场、三禾城中城广场举行8场次文艺演出。各社区充分利用辖区单位的有利资源，搭建社区文化体育活动平台。社区阅览室有各类书籍1900余本。开展以科普培训、社区教育、文艺演出、咨询、讲座、宣传等形式的活动数十场，发放各类科普宣传材料2000余份，接受咨询服务达410人次。

党建工作

【教育实践活动】 2014年，新浦街道把开展教育实践活动与街道中心工作结合起来，与保障和改善民生结合起来，扎实开展学习教育，结合“党员集中活动日”“千名机关志愿者爱心帮扶”“万名党员万户行”等活动，零距离问“症”于民，发放征求意见建议表1000余份，征集群众意见建议111条。领导班子开展与群众谈心、交流活动，查摆问题、分析原因，开展民主生活会和组织生活会。建立起以制度建设统领全街工作的机制。

【党员队伍管理】 2014年，新浦街道抓党员教育管理，采取领导领学、专家授课、中心组学习、实地参观等形式，并开展形式多样的学习实践活动，健全流动党员教育管理责任制和登记制度，组织党员集中学习20余次。新发展党员7名。班子成员每周深入社区2次督促指导。抽调机关和社区60名党员干部投入连盐铁路、民主路改造等重点工程项目征收和施工保障工作。

【党风廉政建设】 2014年，新浦街道严格经费预算，加强三公管理，立足教育防范，每季度进行2次廉政教育学习，组织观看反腐倡廉纪录片、开展廉政文化进社区等警示教育活动。按时召开民主生活会，落实领导干部述职述廉述责制度、重大事项报告制度。

【党员自愿者活动】 2014年，新浦街道着力打造学雷锋型党组织，树立学雷锋典型李宝英，带动周边群众，辐射周边社区，建立学雷锋活动室，组建学雷锋志愿服务队，800名志愿者踊跃报名参加，投入8万元开展党员结对帮扶，共有1486名在职党员到社区报到并开展志愿服务100余次。全年累计投入资金50万元改善党员活动阵地，市东社区新建党组织活动基地用房240平方米，路北社区新协调220平方米。领导班子成员定期深入群众征集意见、建议，解决群众难题。建立健全服务承诺制、公开公示制、限时办结制、群众评议反馈制等长效工作机制，提升服务水平。

【大学生“村官”管理】 2014年，新浦街道依托大学生“村官”之家，建立“向日葵”志愿服务站，宣传党的方针政策，参与组织志愿服务，开展“六一”关爱留守儿童、“牵手夕阳”慰问孤寡老人等活动。建立结对帮带大学生“村官”工作制度，实现短期多岗锻炼，增强综合能力，激发工作热情，形成比学赶超、争创一流的良好局面。

【非公党建】 2014年，新浦街道各非公党支部紧密结合企业实际，灵活开展企业党建工作。非公党组织进行评选先进党员工作，为广大党员群众树榜样，充分发挥了非公党支部的战斗堡垒作用和党员的先锋模范作用。是年，新浦街道新成立北亚华山骨科医院党支部。

社区简介

【民主社区】 民主社区东至市民路，西至南极北路，南至解放中路，北至建国路，面积0.66平方千米，居民546户，总人口1452人。

积极组织关爱帮扶活动，儿童节在民主幼儿园开展“关爱留守儿童”活动，为12名留守儿童捐赠了学习用品。春节期间走访慰问困难党员和特困家庭共计20户，针对性走访双失业家庭和重残家庭12户、低保家庭9

户。浦东社区卫生服务中心及区科技局的在职党员到社区开展政策法规宣讲及困难帮扶10次。

开展环境整治，与市政单位联办疏通下水道200米，拆除违章建筑1间，清除背街小巷杂草3车，维修路灯6盏。与辖区内5家烟花爆竹经营商签订安全生产承诺书。民主社区先后获得省百强民间组织先进单位、市无吸烟单位、市卫生社区、区文明社区、区五四红旗团支部等荣誉。

【菜市社区】 菜市社区东起海昌北路，西至南极北路，南起步行中街，北至解放中路，面积0.4平方千米，共有居民1078户，人口2566人。

开展志愿服务和帮扶工作，敬老月期间组织志愿者上门为80岁以上困难老人理发，重阳节开展为辖区高龄老人和贫困老人送温暖活动。邀请市妇幼保健院专家开展“健康促进社区行”活动，为辖区群众免费义诊、开展健康讲座。中秋前夕，与共建单位市体彩中心、新浦区统计局慰问辖区独居老人、困难家庭等6户，送去2600元慰问金。国庆节期间组织共建单位近30名党员志愿者加入到社区“红袖章”治安巡逻活动中。社区工作人员与共建单位市政协在职党员42人对市场路38号楼、南极北路108号楼周围垃圾进行清理。

协调解决市场路38号楼和南极北路108号楼的下水道、化粪池年久失修、全线堵塞问题。帮助协调解决南极北路108号楼多盏路灯损坏、步行街附街路灯“失明”的问题。

2014年，菜市社区获得省先进社区站点、市示范妇女儿童之家、市无吸烟先进单位等荣誉。

【陇东社区】 东至通灌北路，北至龙尾河，西至新新路，南与淮海剧团交界，面积0.18平方千米，居民625户，人口1935人。

2014年，陇东社区落实为民办实事60余件，共有318名党员到社区报到开展志愿服务，全年组织开展环境清理、治安巡逻、假币识别、科普宣传、文艺演出等活动20次。

配备专职辅警2名，社区的“小喇叭”义务巡防队长年坚持义务巡逻。

坚持开展形式多样的敬老爱老活动，节日期间为老党员、空巢老人送粽子、包饺子、送慰问品，组织社区志愿者为孤寡老人义务清扫卫生，沟通谈心；开设社区居家养老工作站，帮扶社区特困、残疾、空巢老人。为丰富老年人精神生活，将“非物质文化遗产”海州五大宫调引入社区，腾出15平方米活动室作为活动场所。

【路北社区】 东到龙尾河边，西至海昌北路，南到步行东街，北至解放中路，面积0.65平方千米，居民1352户，人口3789人。

2014年，路北社区投资近33万元，新建220多平方米的居家养老服务中心。利用春节、母亲节、助残日、端午节等节日走访慰问低保户、孤寡老人、残疾人等弱势群体，为他们送去慰问品和慰问金。与市工商局党员共同开展敬老活动，为15名80岁以上老人和10名70岁以上老党员每人送去一份价值200余元的洗涤用品，并举办老年保健讲座1场。

投入资金2000余元，维修民治路下水道、路面，刷新墙体、楼道，清理卫生死角，粉刷楼道、墙壁近1000平方米。

开展各项安全检查26次，发现隐患11处，整改率100%。发放宣传手册820本。

投入2000余元在民家巷制作25米长的宣传图板。社区花船团与区民间艺术协会共同在步行街举办2次广场文艺演出。

2014年，路北社区获得市科普文明示范社区、市打击传销先进集体、市先进卫生居委会、市无吸烟先进单位、区经济建设和社会发展目标管理先进社区等荣誉。

【站北社区】 站北社区位于龙尾河东岸，东至东池西巷、西沿河边南路，南接解放东路，北依古河路，面积1.462平方千米，居民1130户，总人口3201人。

为社区留守儿童苗泽涛、谢振完成“微心愿”，呼吁社会爱心援助，收到爱心捐款10000余元。社区成立温馨老年公寓，设有床位30余张、活动室1个、餐厅1间。

邀请市第一人民医院医生进社区为辖区老人讲解冬季常见病预防与治疗并开展免费义诊。市交通集团为社区3户困难家庭送去慰问金1000元，市老干部局为社区5户困难家庭送去牛奶和粮油等慰问品。

【万润社区】 万润社区东起凌州路，西延龙尾河，南接陇海东路，北依解放东路，面积1.86平方千米，居民8268户，总人口24804人。

组织137名在职党员开展卫生扫除、扶贫帮困、义务巡逻等志愿服务活动30次，在重阳节及春节前夕为15户贫困家庭送去慰问金6700元和慰问品。与物业、城管部门多次协调东一时区垃圾、电梯维修等问题，清理垃圾20吨，铲除墙面小广告50处。多方协调筹集6000元，解决圩根巷常年积水、垃圾成堆的问题。

与江苏银行联合开展“辨别假币，提高防范意识”讲座，与文化局和卫校免费为居民进行健康体检，与连云港电视台和安利公司为居民进行体能测试，鸿茅药酒公司走进社区为辖区居民免费监测身体，光明眼科医院的医生为辖区老人免费检查眼睛。

2014年，万润社区组织参加“环保杯”第三届连云港市社区门球大赛，获第二名，获得连云港市第二届社区文化节广场舞大赛第三名，获得第二届社区文化节社区组织奖，获区文明社区等荣誉。

【龙苑社区】 龙苑社区东起龙河北路，西至河边北路，南延古河路，北至人民东路，辖区面积4.8平方千米，居民4320户，人口12986人。

2014年，社区举办了党的群众路线宣传文艺演出，“五一节”组织居民开展文艺晚会。联合浦东社区卫生服务中心为社区内40周岁以上居民免费进行脑卒中筛查与防控，组织党员志愿者在爱家路中金宿舍院墙外新砌6个花坛，并栽种了桂花、栀子花等。

为78名下岗失业人员办理“4050”

养老医疗金减免，为社区下岗职工和特困居民审核申办城市最低生活保障，对辖区内的31户低保家庭进行复核工作。疏通爱家路29号楼、爱家路中金宿舍下水道及水泥厂化粪池。5月，在市商业局、财政局的支持下，在社区门前约500平方米的广场上设立周末蔬菜市场。

年内，龙苑社区获得江苏省无邪教创建示范社区、市无吸烟先进单位、市卫生社区居委会、区经济建设和社会发展目标管理先进社区等荣誉。

【新桥社区】 新桥社区东至陇海铁路，西至陇海铁路，南至人民桥，北至高渠道，面积2.14平方千米，居民2625户，人口7415人。

联系市建设局为陇海花园修建长390米的下水道，联系区建设局对东西路居民区下水道进行改造，铺修水泥路面，小巷铺设小道板，为高渠巷铺设长300米、宽4米的沥青道路。社区党支部与国际商城工商局党支部举办“慈善中国行”活动，走访慰问辖区低保边缘家庭30户，共计送去慰问资金3万元，并在中秋节、春节走访慰问困难户20户。

扎实开展安全月活动，对辖区浴池、网吧、幼儿园、游戏室、废品收购站等10家进行排查隐患，对发现的问题要求限期整改。

【市东社区】 市东社区东至人民路，西至龙河北路，南接解放东路，北至郁洲公园，面积0.2平方千米，有常住居民1208户，人口2135人。

2014年，市东社区解决居民区下水道不通问题，重建卞家巷下水道300余米，新修解放东路解放路小学郁州分校至人民东路段建国东路600米，重修教师楼下水道20米。对辖区卫生进行全面清理，对楼道口、背街小巷、单位内部、生活小区等各处卫生死角、乱贴乱画全部进行清理打扫、粉刷覆盖。在福园名邸栽种花灌木30株，铺设草坪100平方米，在东池巷栽种桂花、栀子花等花卉，美化了小区环境。逢年过节组织走访、慰问、帮扶各类困难群体40人，共计发放慰问金23800元。

年内，市东社区获得市绿色社区、市五四红旗团支部等荣誉。

【同兴社区】 同兴社区东至通灌北路，西至市民路，南至民主中路，北至市淮海剧团宿舍，辖区面积共0.6平方千米，总户数923户，常住人口2441人。

2014年，同兴社区在防灾减灾日组织居民观看赈灾减灾影片，发放防灾减灾宣传单300余份，并组织部分居民开展火灾疏散演练活动，邀请安居防火教育中心人员为辖区居民讲解家庭防火防灾知识。

开展扶贫助学活动，端午节开展“包粽子庆端午”活动，将粽子送到辖区残疾人、低保边缘户等生活困难家庭。

2014年，同兴社区获得江苏省综合减灾示范社区、市爱国卫生先进单位、市无烟先进单位等荣誉。

【浦河社区】 浦河社区东至陇海铁路，西至造纸厂，南至高渠道，北至310国道，面积约2.51平方千米，社区居民1360户，人口数4261人。

浦河社区注重城市管理和环境卫生工作，共出宣传画及板报10期，及时清理卫生死角，铲除“牛皮癣”760余张。全年开展尊老敬老送温暖活动6次，走访重大疾病、困难儿童家庭3户，春节期间走访低保户32户，对低保边缘户发放米面35袋、油35桶。

社区成立治安联防队、红袖标巡防队，每天24小时定期巡逻检查，成功调解邻里矛盾30起。

帮助失业人员21人实现再就业，为下岗职工38人办理社保补贴，组织专业技能培训25人，取得技能培训结业证书率100%。为809名退休人员进行养老资格认证，认证率达100%。通过上门宣传和发动，为居民462人办理居民医疗保险。

【市化社区】 市化社区东依龙尾河，西临市民路，南连解放路，北至民主路，市化路横贯东西，辖区面积0.4平方千米，常住居民496户，1291人。

社区组织市一院党员志愿者进行帮扶活动，为2户因病致困家庭和2户困难学生家庭分别送去2000元就医卡和500元现金，年内救助流浪乞讨人员40人次。

协调民主路指挥部为社区4条街道铺设道板6000平方米，粉刷墙壁3000平方米。积极协调民主中路64号居民楼公共楼道水泥块脱落问题，为24户居民申请了公共维修资金。

2014年，市化社区获得市级卫生社区居委会、市无吸烟单位、区文明社区等荣誉。

【建国社区】 建国社区东至龙尾河，西至陇西路，南至民主中路，北至建国路，有居民678户，人口1958人。

社区协调门面房及周边居民配合施工，解决各类矛盾12起，拆除违章建筑4处及各类招牌、雨棚、广告20处。对报业公寓进行墙面整治，修理漏水2处。在东新绿苑清理垃圾8车，维修路面200平方米，清理社区内下水道200米。

组织参加连云港市全民健身气功比赛获得二等奖。暑假期间开展“老少共赞家乡美”才艺交流活动，与“心安草”心理咨询中心开展“老少共话中国梦”心灵感悟活动。

【市民社区】 市民社区东至市民路，西至新新路，北到陇中路，南到建国路，面积0.43平方千米，户数1029户，人口1893人。

2014年，社区对辖区内2个煤气点和6个小旅馆进行安全检查，对查出的安全隐患限期整改。

为4户困难家庭办理低保，走访10余户困难家庭，为80位老人办理了老年证。扎实为民办实事，通过多方协调，疏通新民路和市民路149号楼下水道，由街道出资清理市民路131号建筑垃圾80余车，清理新新路140号大院建筑垃圾40余车。

【机关社区】 机关社区东临通灌路，西沿海昌路，南靠步行街，北接汇金广场。地处市区经贸文化中心，绿化面积达5000平方米，共有住宅楼房15幢，居民396户，总人口1780人，辖区机关幼儿园1个。

社区为辖区居民疏通下水道3处共160米，解决居民楼房漏水问题2户，解决居民各类困难、问题30人次。经常组织志愿者看望空巢老人，帮他们打扫卫生。端午节包粽子、元宵节包元宵送给孤寡老人及独居老人。开展形式多样的文体活动，社区文化活动室每天下午组织老年合唱队唱红歌等活动，并经常举办歌舞表演、门球比赛、下象棋、跳棋等丰富活动，2014年在市门球赛社区赛事中取得了第四名的好成绩。

（撰稿：曲　奇　审稿：金同志）

新东街道

综　述

新东街道东与花果山街道毗邻，西至龙尾河，南与南城街道、云台农场接壤，北至陇海东路与浦东街道为邻，面积22平方千米。下辖苍梧、东风、东苑、广场、淮海、巨龙、利民、龙尾、外仓、新城、艺北、振东、河滨、文昌等14个社区居委会，居民1.7万户，11万人。是市区政治、文化、科研中心，市委、市政府、市博物馆、市文化艺术中心、淮海工学院等均驻在本辖区内。

2014年，新东街道吸引外资230万美元，内联客方到位资金4.7亿元，完成协税护税1571万元，获区经济建设和社会发展目标考核一等奖和党建工作创新工程、重大项目招引、宣传文化创优等多项表彰，并获江苏省和谐社区示范街道、江苏省乡镇（街道、园区）统计规范化建设合格单位、市社会治安综合治理示范街道、市幸福家庭建设示范街道等荣誉。

经济工作

【经济指标】 2014年，新东街道实现规模以上固定资产投资23.1亿元，超计划10%；注册外资实际到账230万美元，完成全年考核目标；内联客方到位资金4.7亿元，超计划18%；完成协税护税1571万元，圆满完成计划。

【重大项目和重点工程】 2014年，引进投资2500万元的连云港云宏机械制造有限公司和投资1亿元的连云港苏晟家具有限公司2家工业企业。街道承担杰瑞科技文化创意产业园、万联天阶一期、凤祥铭居、中央华府、凤凰星城、凤凰名都、紫金公馆、众兴华庭、瑞成嘉园、恒润郁洲府、润潮国际、东方瑞园、利群城市综合体、御景龙湾、同科汇丰国际等16个市区重点项目建设，其中利群综合体为市级重点项目。计划总投资额为52.7亿元，年底，完成投资25.77亿元，全部达到或超过序时进度。

【安全生产】 2014年，新东街道开展“安全生产事故隐患排查治理年”活动，组织安全生产大检查整改专项行动，集中整治火灾隐患、烟花爆竹经营等重点专项工作。与辖区内生产加工小企业签订安全生产工作责任承诺书2份，与个体工商户签订安全生产承诺书795份。检查各类单位699家800余次，排查各类一般事故隐患720处，整改率100%。专项行动期间，检查经营商户229家，排查一般隐患254处，当场整改251处，限期整改3处，隐患整改率100%。

社会工作

【社区建设】 街道新建便民服务大厅，安排劳保、民政、计生、信访、房管、综治、司法、协税等对外服务部门进驻。建成巨龙社区居民活动中心400平方米、新城社区平高府邸配套用房90平方米、淮海社区四季金辉配套用房208平方米及河滨社区合力铂金公馆配套用房246平方米。

【劳动保障】 2014年，新东街道新增就业人数1028人，其中再就业人数574人，安置“4050”人员101人，新成长劳动力人数实现就业353人，为6606名企业离退休人员办理了认证。

【计生工作】 办理独生子女光荣证752本，办理外出人员流动人口婚育证明40本。签订计划生育管理合同26份，审核上报再生育一孩248户。举办计生讲座3次，接受计划生育政策咨询上百件。获市“幸福家庭建设示范（乡镇）街道”荣誉称号。

【维稳和信访】 化解民事纠纷263件，调解成功率100%。化鲜省市区三级政府交办属地稳控案件23件，成功化解长期上访案件8件。加强社区14支红袖标义务巡逻队建设，服务辖区维稳、社区安全、城管城建工作。举办各类法制宣传活动30次。打造6个“一刻钟法治惠民圈”。

【文化体育】 2014年组建完成15支文体队伍，举办一系列群众喜闻乐见的文化体育活动40场次，提高了居民文化素质，丰富居民业余生活。

城市管理

【环保工作】 2014年，新东街道组织200多名志愿者，开展雷锋月、爱国卫生月和惠民月等活动，整治温哥华小区、锦绣华庭等6个无物管小区，清理背街小巷的乱堆杂物、小菜园、小广告等出动500余人次。清除陇海东路建筑及生活垃圾8000立方米及其他区域生活垃圾30千克。栽植法青1000株、木香花230株、柳树100株、月季花300株，新建绿地近1200平方米。

【城镇建设】 对辖区内非物管小区及背街小巷进行集中整治，结合无物管老旧小区升级改造，清掏修理下水道30余处、3600米，整修小区路面2600米、2.1万平方米。投入30万元，完成兴隆路、云华路、昌盛路、糖兴巷等近40条道路的维修整治工作。翻建老旧道路约3500米，疏通污水管道6千米。拆除颐和花园海鲜一条街等区域违章建筑110间，面积6700平方米，禁止98起违建行为。集中整治马路市场及疏导点10次，建设5000平方米的陇海东路便民疏导点。

【社区管理】 2014年，新东街道在辖

区内40个有物管小区和42个的无物管小区，因地制宜推行业委会自治、社区托管、物管会管理或引进物业等方式，加强对小区的管理，水木华园、天顺国际花园、温哥华小区等9个小区成立业主委员会。指导郁洲花园、教育巷园丁小区、振兴公寓、巨龙小区等老旧小区实行业委会自治。

党建工作

【教育实践活动】 2014年3月启动教育实践活动，14个社区党总支、50个党支部，约1600名党员参与活动。每个党员干部对照本职工作，认真检查自己的工作责任、任务。以及对待群众的态度等六方面进行整改，确保整改措施一丝不苟地落实。

【便民服务】 2014年，街道党工委组织3806名在职党员搭建服务平台，实行组团开展主题活动，走访居民，为群众办实事、做好事。在社区开展党组织书记公开承诺活动，制作400张公开承诺书和便民服务卡。听民意、解民忧，协调解决实际困难。2014年，新东街道各社区为居民解决民生问题300余件，社区大讲堂开讲40余课，参与活动的居民1000余人。共举办大型宣传活动30余次，组织环境整治、植树等活动40余次。

社区简介

【龙尾社区】 龙尾社区坐落在苍梧路与海连东路之间，东至郁洲南路，西至龙尾河，面积0.45平方千米。有居民楼56幢，居民1986户，5841人。有市直机关、科研院所、学校等单位15个。

2014年，社区开展广场文艺演出活动4次，各类广场宣传活动6次。春节、端午节、中秋节、助残日慰问低保户、贫困家庭、残疾人共72户，共计21000元。

获省“江苏省科普示范社区”“江苏省食品药品安全科普宣传站”、市“文明社区”、市“社区志愿者服务示范点”、区“文明社区”等先进称号。

【东苑社区】 东苑社区成立于2006年1月，占地1.3平方千米。东至科苑路，西至郁洲南路，南至朝阳东路，北至绿园南路，现有居民1958户，5625人。

2014年，在水木华园小区成立退休人员活动中心，面积680平方米，是集休闲、娱乐、健身、文化、学习于一体的群众休闲场所，建设图书阅览室、健身房、乒乓球室、台球室等各个活动室。社区图书室配备6台电脑，实现网上阅读，提升了图书室功能。社区小游园增设社区教育宣传图板，建设计生文化广场。

年内，被评为江苏省科普示范社区，省食品药品监督管理局挂牌药品安全宣传站。

【广场社区】 广场社区地处城市老城区，华联广场东南侧，总面积约1平方千米，居民2584户，人口10303人。

2014年，社区对25户低保户进行调查摸底、入户核实、评议、公示等，实行动态分类管理。办理1352名退休人员认证。为76人办理社保补贴返还手续，为93人购买医疗保险。在辖区3所幼儿园开展校园内法制教育宣传讲座。社区调委会受理、调处各类矛盾纠纷52件，调解率100%，化解49件，成功率98%。

为社区老年人、未成年人、外来人口、残疾人等弱势群体提供家电维修、卫生保洁、心理辅导、免费理发、普法教育等18项服务。

【河滨社区】 河滨社区面积2.5平方千米，东至淮连高速，西至东盐河，南与南城街道、云台农场接壤，北至朝阳东路。有苍梧河滨花园、海连新天、金秋情缘、中央华府、名人世家、东瑞花园等新型居住社区和市博物馆、市文化广电新闻出版局、市妇儿活动中心、苍梧小学等驻区单位。

2014年，社区排查调解矛盾纠纷6起，化解率100%。红袖标义务巡逻队随时巡查小区，登记清查外来人口，对出租房屋户、外来人员建档登记。完成侨情普查、低保户复核。指导完成海连新天小区物业招标，更换物业公司。

获“江苏省城市管理示范社区”的荣誉称号，获连云港市第二届社区文化节社区组织奖。

被市环境委评为绿色社区，多个小区获得国家、省“绿色小区”称号。

【振东社区】 振东社区北至陇海东路，西至繁荣路，南至海连东路，东至龙河北路，辖区居民1388户，4002人。有市交通局、工商银行等驻区单位。

2014年，成立志愿者环境卫生突击队，号召社区内广大党员、楼门院长、社区志愿者、低保人员参与，并制定相应的制度，为辖区居民楼疏通下水道350多米，为居民清掏化粪池15个，维修、平整路面300米。

【艺北社区】 艺北社区东至郁洲北路，西至龙河北路，南至海连东路，北至陇海东路，面积1.2平方千米，有居民1933户，6659人，辖区内有市第二人民医院东院、大润发超市等单位8家。

2014年，社区多渠道进行安全宣传，发放宣传单600多份，由老党员组成的“红袖章”义务巡逻队，为消除治安隐患、维护社会稳定做出贡献。9月起，驻区单位移动公司15名在职党员与社区户籍警共同组织成立党员“红袖标”巡逻队，制定治安巡逻线路、岗位点、时间点，进行义务巡逻。组织26批100人次，开展卫生大扫除活动，清理卫生死角，清除“牛皮癣”。复核享受低保生活保障对象15户、35人，新增城镇医保参保人数72人，城乡居民养老保险参保人数2人。安排就业50人，下岗失业人员再就业48人。

【新城社区】 成立于2003年，占地约6平方千米，东至东盐河路、西至瀛州南路、南至红砂路、北至朝阳东路。社区包括盛世嘉园、郁洲花园、华阳丽都佳园、香溢小区、香溢江南、平高府邸，以及御景龙湾等18个居民小区，居民3615户，14782人。

2014年，社区在册党员182名，其中流动党员13名。开展“党员志愿服务”活动和党的群众路线活动，收集30余条有价值的意见和建议。

办理退休人员养老金资格认证715人，为93位职工办理社保补贴返还手续，办理752位居民医疗保险，失业人员再就业培训11人。办理独生子女光荣证135本、再生育证40本，独生子女奖励金34人，安装避孕套二代机2台，并开展免费孕前优生健康检查，发放避孕药具1025盒。节日期间慰问困难家庭40户，发放慰问金12000元，为辖区60岁以上老人建立健康档案，建档率达到95%。办理老年人优待证51本、尊老金32人。

【东风社区】 位于市区东部，南至海连东路，北至陇海东路，西至巨龙北路，东至浦东粮库，占地面积2.6平方千米。辖区内有居民小区4个，居民1202户、3657人，企事业单位75个，个体工商户231户。

2014年，组建社区党员义务巡逻队，发放平安创建宣传资料1200余份。调解民事纠纷12起，调解率、成功率均为100%。办理独生子女证68本、二孩准生证10本。育龄妇女环孕检率100%。对低保人员实行动态管理，做到应保尽保，发放困难慰问金4500元。开办老年大学、健身房、棋牌室、阅览室等，充实社区老年人精神文化生活。启动“爱心呼叫”系统，为社区空巢老人提供上门服务和帮助。

【淮海社区】 淮海社区位于市区东部，成立于1992年，地处城乡接合处，南至苍梧路，北至海连东路，东至学院路，西至巨龙南路，占地面积4.5平方千米。辖区内有36个居民小组，常住居民4498人。驻区单位有淮海工学院。

2014年，社区组建“群防、群治”网络，运用法制宣讲课、宣传栏等手段提高居民法制意识，维护社区和谐。为民办实事、做好事，清除毁绿菜园、铲除小广告500余处、粉刷墙面1000平方米、清除建筑垃圾230余吨，协助温哥华小区业委会完成换届选举工作。帮助困难群众，两节期间走访慰问贫困家庭20余户；办理居民医保246人，换取失业证17本；技能培训10人；计算机培训8人；下岗再就业安置15人；办理“4050”社保返还61人。

6月，社区荣获区文明社区，11月，社区荣获市“三八”红旗集体荣誉称号。

【巨龙社区】 巨龙社区组建于1987年，北至海连东路，西至郁洲南路，南至苍梧路，东至巨龙南路，面积约1.7平方千米。居民小组61组，居民2359户，人口6546人。驻区单位7家。

2014年，社区为720名退休人员进行退休认证，免费为辖区内182名老人体检，并建立健康档案。办理社保补贴91人。集中走访慰问困难家庭11户。新增低保家庭1户，办理老年证26本、80岁尊老金7人，为老年证、残疾证年审31本。新办城镇医保86人。促成21名失业人员走上新工作岗位。联合派出所民警对出租屋进行全面清查登记，备案率90%。组织30多名妇女参加女性健康体检，走访慰问贫困独生子女家庭，办理独生子女证34人，办理独生子女一次性奖励金35人，办理单独二孩申报16户。

【利民社区】 利民社区坐落于新东街道西北部，南起海连东路，北至陇海东路，东起繁荣路，西至龙尾河，面积约0.2平方千米，共有居民2178户、5167人。

2014年社区共建单位通过多种形式到社区开展志愿服务：市人社局党员志愿者在社区开展周末清理垃圾活动4次，对教育巷老年活动室装修进行援助；市地税局第三党支部走访慰问困难户6户；鹰飞物业党支部开展党员进社区活动2次，中秋走访慰问老党员6户；瀛洲公司为社区添设4个垃圾桶、疏通下水道及更换窨井盖等活动。社区党支部走访困难户55户、老革命2户。

春节期间，联动共建单位市人社局走访社区困难户6户，送去慰问金及生活物品，社区共走访困难户30户。社区为下岗职工提供再就业培训12人，办理城镇居民医疗保险346人、退休人员认证722人、社保补贴36人。开展各类政策宣传4次，提供上门认证服务5次。

【外仓社区】 外仓社区位于新东街道北部，东至巨龙北路，西至郁洲北路，南至海连东路，北至陇海东路。社区面积0.28平方千米

2014年，社区借助社区平台开展结对济困。对社区内4户大病特困家庭申报千名志愿者爱心助困行动，志愿者每个月上门送去慰问金和慰问品，帮助他们解决生活中的困难。节日期间为15户特困户、低保户家庭送上慰问财物。为特困大学生申报贫困学生助学金。为5户低收入无住房家庭申报廉租房。

【苍梧社区】 苍梧社区北起苍梧路，南至绿园南路，西起郁洲南路，东至学院路，常住居民1811户，总人口5300余人。

2014年，社区为企业离退休职工认证210人，为辖区下岗职工换证78人，办理下岗职工社保补贴49人。根据实际情况制定方案，进一步加大环境卫生管理力度，着重抓好公共场所灭鼠、灭蚊蝇、清理杂物等卫生整治活动，社区共整治卫生死角6处，清理垃圾、杂物2车，消杀公共场所2000多平方米。

全年共发放计生宣传材料500余份，发放避孕药具1900余份，计生知识普及率达98%以上。帮助办理独生子女证37本、二胎生育证24本。

社区党支部接受入党积极分子入党申请书2份，推荐入党积极分子2人。

【文昌社区】 新东街道文昌社区位于市区东部，南至苍梧路，北至文昌路，西至巨龙路，东到东盐河路。辖区内有企业单位1家、学校1所（师专一附小）、小区1个（同科汇丰国际）。文昌社区始建于2012年5月，占地面积0.4平方千米，有居民196户、588人，登记在册居民户385户、1455人。

社区本着“立足社区、服务社

区”的理念，制定居规民约，切实为居民服务。为18名居民办理了退休认证；办理了医保卡；发放市区就业困难人员生活补助资金共计2户、1200元；开展“4050”认证工作。

2014年1月，获评为新浦区关心下一代“五有五好”社区；2月，获新浦区社区“四务”公开示范点；9月，获江苏省食品药品安全科普宣传站；11月，获市“三八红旗集体”荣誉称号。

（撰稿：周祥雨　审稿：姜海燕）

浦西街道

综　述

浦西街道东以南极路、大浦河为界与新浦街道接壤，西邻蔷薇河与浦南镇相望，南以步行街（女人街）为界与路南街道相邻，北到临洪闸。面积10平方千米，下辖12个社区，有居民14242户，41210人。2014年，浦西街道完成协税护税收入976万元，内联客方到位资金45174万元，注册外资260万美元，工业总产值2642万元。

经济建设

【经济指标】 2014年，完成协税护税收入976万元，占全年考核计划100%，力争计划（990万元）的98.18%；内联客方到位资金45147万元，占全年考核计划（40000万元）的112.87%，力争计划（45000万元）的100.33%；注册外资到账260万美元，占全年考核计划（230万美元）的113.04%，力争计划（260万美元）的100%；全社会固定资产投资90000万元，占全年考核计划（90000万元）的100%；规模以上固定资产投资80000万元，占全年考核计划（78000万元）的102.56%；全社会工业投资3000万元，占全年考核计划（3000万元）的100%，力争计划（3200万元）的93.75%；城镇规模以上工业投资2100万元，占全年考核计划（2100万元）的100%，力争计划（2200万元）的95.45%；规模以上企业完成工业总产值2642万元，占全年考核计划（2642万元）的100%，力争计划（2714万元）的97.35%。

【项目引进】 2014年引进2000万元以上工业项目进园区1个。完成新培育现代服务企业91家，超目标计划81个；社会消费品零售限上单位零售额增幅达到50.0%，超目标任务（增幅25%）25个百分点；2014年净增限上企业9家，超目标任务8家；2014年新创建或培育省级、市级商业示范社区及特色街区2个，超目标任务1个，分别为时尚莱迪购物广场特色街区、陇海西路餐饮休闲一条街特色街区。

【用地征收工作】 2014年度，浦西街道承担的上级重点工程有连盐铁路、财经学校老校区、滨河绿城、变压器厂片区、人民路8号地块、南极北路旧城区等项目用地征收工作，征收任务37.8万平方米，除同和、润邦片区及财校B2地块因征收资金未到位、征收安置方案调整等原因未能及时实施外，全年完成各项征收面积约25万平方米，列全区首位。

【重点工程推进】 连盐铁路桥梁制造项目由中铁十一局负责投资建设，总投资1亿元。项目占地20公顷，完成青苗补偿等各项征地工作，5月投入基础设施建设。时尚莱迪购物广场商贸项目，总面积15260平方米，投资15000万元，5月开业。国大国际花园商务楼项目，总投资14530万元，总面积31007.3平方米，其中商务办公19425.8平方米，商业街5845.6平方米（投资6000万元），10月全部交付使用。南极路商务综合楼项目，总投资6000万元，总面积2000平方米，5月建成、投入使用。国大国际花园六一幼儿园项目，总投资5000万元，占地面积7192.8平方米，建筑面积5720平方米，10月开工建设，完成桩基工程。

社会事业

【民政工作】 2014年，街道在各大节假日分别走访慰问辖区困难群众、低保户、军烈属、伤残军人、老干部、老党员、台属、百岁老人、残疾人等，共计1432户，救助资金43万余元，实物救助2.2万元，发放大米19520千克、面粉10810千克、油50千克。

浦西街道城市低保对象共365户、768人，月保障金22.49万元。4月，由民政办牵头，组织5名复核人员对已纳入低保的403户家庭进行检查复核。做到十清，即户主清、人口清、住址清、年龄清、职业清、工作单位清、单位性质清、家庭收入清、家庭财产清、补助金额清。2014年新批低保对象28户、53人，解除56户、115人；低保对象100%参加城镇居民基本医疗保险。

2014年为残疾人申请重残救助11人；为61位重度残疾人上报护理补贴7.32万元；为44位低保中重度残疾人发放补助4.224万元；为48位残疾人申请燃油补助；为103名残疾人办理免费坐车爱心卡；为80位残疾人发放免费手机联通卡；为8名0~6岁残疾儿童安排康复训练。浦西街道残疾人托养中心，入住残疾人16名，安排13名残疾人员就业。

对辖区内已享受廉租房补贴的50户低收入家庭给予实物配租；对浦西辖区内67户享受廉租房货币补贴的家庭进行年度审核工作。为辖区内113户经济房申报家庭领取经济房上房通知单。全年新增149户廉租房申报家庭，并对申报家庭完成初步入户调查审核工作。全年新增4户公租房申报家庭，并对申报家庭完成了初步入户调查审核工作。完成辖区内107处老旧房屋的统计工作

【社区建设】 2014年，投入5万多元，配置社区办公用房230平方米，打造“一站式”社会管理服务中心、政法综治工作中心，配备7名工作人员；街道所辖的12个社区全部建成社区管理服务站，实现了“一站式”服务，其中电台、新西、新中、蔷薇社区是规范化

建设单位。全辖区共划分成100个网格，配备了专、兼职网格员147名。针对西桥、通池、后河等3个社区办公用房和活动用房不足400平方米的实际情况，通过改建，为后河社区增加办公用房240平方米，为通池社区增加250平方米，为西桥社区增加150平方米。

新洪社区、同和社区分别新建办公用房500平方米、200平方米；其中新洪社区在原有的办公用房基础上翻建160平方。

建成新洪、通池、后河、蔷薇、同和等社区居家养老服务站。筹措资金30万元，按照一流的标准模式为5个社区养老服务站配置了整体橱柜、消毒柜、床、桌、椅等基本设施，还增添了按摩椅、护理床等服务器械。

【城管工作】 2014年招聘745名保洁员，明确各自的责任范围，每天对各自责任社区进行巡查，发现问题及时解决。投资15万元，完成绿化面积7500平方米，种植树木462棵。组织专人对辖区内各重点地段巡查，对所有农田户进行登记、监控，全年查处违建、占道经营等案件数973件，已处置案件数706件，结案数692件，结案率达78.82%。

【计生工作】 2014年，浦西街道人口4.1万人，自然增长率为6.7‰，出生率为13.10‰；出生政策符合率达98%，建成计划生育15分钟公共服务圈，组织宣传生两孩政策以及家庭人口文化宣传月活动，开展各类宣传活动7次，完成新闻稿件共计82条。落实免费孕前优生健康检查，目标人群覆盖率90%以上。组织已婚育龄群众到区计生指导站进行健康检查，知情选择率95%以上，综合避孕率90%以上，随访服务率92%以上，药具应用率达95%以上。流动人口网络信息接收率、反馈率和管理落实率达90%以上，完成年度企业持证退休职工一次性奖励金人员的初审上报工作、办理独生子女证179家、病残儿鉴定2家、再生育审批61家、流动人口婚育证明13人、一孩服务证2人、特别扶助申报6人、办理各种盖章152人。

【武装工作】 2014年整组民兵队伍，建立1支93名基干民兵连队伍。组织民兵进行实战演练，提高民兵队伍的应战应急能力。严格贯彻执行《征兵工作条例》，落实征兵工作规定，坚持依法征兵、廉洁征兵，圆满完成2014年征兵任务。

【法制宣传】 2014年，浦西街道开展普法宣传，全年共进行法制宣传55次，辖区内共计悬挂横幅22条，张贴标语500余张，发放传单1500余份，创办板报15块，制作宣传栏12个，建立20支义务巡防队伍，参与各类巡逻600余人次。利用电子屏幕滚动播放排查整治宣传内容100余篇。举办相关法制讲座12场，悬挂横幅22条、宣传图版46块，提供法律咨询1000余人次；建立法律援助联系点12个，制作社区橱窗13个、社区法律图书角5个、黑板报2期、显示标语屏2块，分发宣传材料1600余份。开展大型平安法治咨询活动2次、小型活动10余次。活动期间共展出围绕六个方面绘制的12块图版进行宣传，反映浦西街道平安法治建设工作开展情况的图版数十块，印制宣传单28000余份。在火车站、汽车站广场举办了2次有较大影响的平安法治建设大型宣传活动，社区民间艺术团用文艺表演的形式宣传法律知识。在主要街道、交通要道、公共场所悬挂宣传横幅50余条，张贴宣传标语128条。共出动“小喇叭”宣传车36车次，召开座谈会10余场次，在民主西路街道办东面墙面、民主西路与新孔北路交会处墙面制作了2个固定广告牌用于平安法治创建宣传。

【治安治理】 抓好人民调解，充分发挥人民调解“第一道防线”作用，坚持“调防结合，以防为主”的方针，提高人民调解工作实效。共调处纠纷40起，纠纷受理率达100%，成功率100%，有效预防了矛盾纠纷的发生。

2014年，共组织党委中心组学法2次、公务员学法4次、专题法制讲座3次、机关人员培训4次、法律常识考试2次。

全年累计接受社区矫正人员共216人，累计解除社区矫正人员185人，累计安置帮教45人。组织集中学习378人次，756小时；公益劳动256人次，572个小时；走访258人次。

【食品安全】 2014年食品生产企业产品监督抽查平均合格率达90%以上。大型商场超市、食品总经销（总代理）、食品批发企业经营人员培训率达100%，学校和托幼机构食堂监督量化分级管理率达100%。

【劳动保障】 城镇居民医保参保人数为5421人；新增就业人数2269人，开发就业岗位520个，实现失业人员再就业680人，其中就业困难人员再就业70人。城镇登记失业率控制在3%以内。对下岗失业人员，特别是“4050”人员，已为657名就业困难人员办理社保补贴返还。办理城镇居民养老保险60人，城镇居民社会养老保险生存认证办理600人。为辖区内退休人员完成生存认证8980人。

党群工作

【党建工作】 街道以“党员集中活动日”为依托，开展60多次“清洁家园”党员集体活动。组织在职党员开展“送医上门”和广场禁毒日宣传等活动。2014年，按照“照镜子、正衣冠、洗洗澡、治治病”的总要求，紧密围绕为民务实 清廉的主要内容，开展教育实践大讨论活动。

【党风廉政建设】 2014年狠抓公务接待费、公款出境费用、公车运行费等政策落实，完善监管，形成防控并举的长效监管机制。把反腐倡廉宣传教育工作纳入全年工作总体部署，出台新的作风建设管理规定，坚持上下班点名制度、出勤抽查制度、外出公示制度、亮牌办公制度、投诉处理制度，对受理范围、受理方法、处理程序、处理时限和问责方式等进行明确规定，落实班子成员跟踪联系企业，每月到企业中视察一次，听取企业负责人对投资软环境的看法和建议，随时了解企业对改善经营环境的反馈意见。

【宣传工作】 2014年，街道开展多角度，多层次的新闻宣传，在省、市各级新闻媒体上刊登稿件650余篇，其中重点稿件涉及社区民生、社区建设、好人好事等多个方面。树立沈圩社区90高龄为地震灾区献爱心的老党员卢柏、财苑社区开设“家庭党校”让老党员发挥余热、新洪社区设立“敲门日”等一批先进典型。

社区简介

【同和社区】 同和社区紧邻海州区商业中心圈，南至陇海步行街，北至民主中路，东至南极北路，西至沿河北路，辖区面积0.6平方千米。有居民小组18个，常驻居民1327户、3365人。

2014年，社区新建办公用房200平方米，拓展社区服务功能，深化“服务零距离”新理念，建立“一站式”服务大厅，设立劳动保障、计生、综治、老龄、残联、民政服务，简化了办事程序。新办“社区课堂”，让社区居民周周有课堂，月月长见识。“法制课堂”增强居民法律意识，“健康课堂”引导健康生活观念，丰富多彩的社区文化提高了居民群众的道德水平和文化修养，营造出浓郁的社区文化氛围，增强居民对社区的认同感和依属感。

【西桥社区】 西桥社区是老城区，东至南极北路，西至民主桥、河滨路，南至民主中路，北至建国路，辖区实际人口1352户，4158人。

2014年，开展党员进社区活动，为居民体检身体300余人次，在中秋、春节等节假日，组织志愿者开展送温暖活动。志愿者帮助、资助困难学生多次，并送出常用物品。义务为居民文艺演出6次。社区有低保对象46户，办理城镇居民医疗保险450余人，为下岗失业育龄妇女免费体检200余人次。社区全年改建200平方米的办公用房。

【通池社区】 通池社区位于浦河路以东，河滨路以南，南极路以西，建国路以北，总面积5500平方米。本区有15个居民小组，共有972户，总人口2971人。社区内共有街巷11条。通池社区以“立足社区、面向老人、专业服务”为特点，建立了居家养老服务站。请专业老师组织老人唱歌、跳舞，组织老人参加下棋、打牌、看电视、聊天、唱戏、交友等活动。每当逢年过节，社区就组织人员上门慰问辖区空巢老人、特困老人，与他们谈心并送上慰问品和慰问金。

【后河社区】 后河社区位于海州区北郊，属于老城区，占地面积约0.9平方千米。常住人口1354户，3523人，其中暂住户98户，180人。2014年，完成招商引资2800万元，协税护税23.3万元。

2014年，社区积极筹备资金，改扩建办公用房240平方米，新建社区“一站式”服务大厅，成立社区居家养老服务站。对辖区内网点进行安全检查24次，排查安全隐患31条，限期整改31条，拉横幅5条，出黑板报12期，组织辖区网点40人次观看消防电影，安排2家浴室负责人参加区安监局组织的特种行业岗位培训。

全年维修近1000米下水道和路面，组织志愿者和社区党员、组长若干人次，集中清理积存垃圾120吨、卫生死角20处、杂草600余车、小广告1200余张、堆积物66处，修建河滨路1号楼和疏通庆河巷公共厕所旁化粪池。对社区44名低保户做到动态管理，为符合条件的4户重残户、2户依老养残人员办理护理补贴；为22名老年人申请办理老年证；为23名80岁以上老人办理尊老金。投资30余万元，改扩建党员活动室面积近150平方米，投入5万余元配置活动器材，整治活动室周边绿化带环境，为辖区党员提供集休闲、娱乐为一体的党员活动中心。

【蔷薇社区】 蔷薇社区位于火车站、长途客运站两站枢纽，南至大浦河，北至人民东路，东至新新路，西至盐河北路，占地面积0.9平方千米，辖区居民小组16个，常住人口2936户，9226人，其中暂住户280户、827人。辖区内有国有企业2家、加油站1个、金融机构3个、幼儿园1所、规范物管小区3个。社区完成招引内资3820万元，招引外资30万元，协税护税85万元。成立社区居家养老服务站。以党员活动日和在职党员进社区为载体，组织志愿者和社区党员200余人次参与蔷薇小区集中整治活动，清理积存垃圾120余吨、卫生死角40余处、杂草60余车、小广告1200余条、堆积物62处。被海州区委、区政府授予“先进社区”荣誉称号。

【沈圩社区】 沈圩社区东至茆口水厂，西至沈圩路，南至铁路，北至新磷路，面积0.97平方千米，有常住人口8862人。

2014年，沈圩社区完成招商引资3600万元，协税护税42万。全年共举办人口分校培训班4期，出黑板报4期，发放计生知识宣传单1600份、反邪教宣传咨询资料2000份，对外来流动人口入户调查登记，建立相关台账，育龄妇女体检率达99.6%以上。

2014年，司法工作领导小组成功调解邻里纠纷4起，帮助4名两释人员解决就业问题。全年新安排就业32人，发放就业登记证52本，依托上级再就业援助基地培训下岗失业人员42人，31人实现再就业，为辖区内符合社保补贴条件的76人办理社保补贴手续，为768名居民办理城镇居民医保，为辖区1260名退休人员办理退休认证，为独生子女家庭办理独生子女证26本，办理二孩准生证6本。

【新站社区】 新站社区位于铁路线以北，蔷薇河以南，东起沈圩路、新磷路，西和原临洪村接壤，总面积约3平方千米。辖区内有20个居民小组，2435户、8199人。社区内设有1个党总支、3个党支部，合计104名党员。辖区内有浦西派出所、市新科研磨厂、市社会福利院、市优抚医院、新浦水利管理站等企事业单位。

2014年，新站社区积极开展党的群众路线教育实践活动，强化全心全意为人民服务的宗旨意识，自觉践行党的群众路线，树立群众观点，对沈西路、小康路、沈中路进行修整和下水道疏通。

【电台社区】 电台社区位于盐河路与陇海路以北，解放路以南，总面积0.4平方千米，共有1210户，总人口3520人。

2014年，社区组织230位志愿者队伍，积极发动全社区群众参加创建美丽家园，对社区的公共设施做长期维护。制作宣传横幅20条、宣传板5块、宣传栏2个，购买清除垃圾夹10个，清除小广告500余张，清除杂草400平方米，清理卫生死角6处，清理垃圾10多吨，修剪草坪600平方米，绿化植树50株，为新中花园单元对讲门重新喷漆，协助拆迁电台巷126户，整治建工东巷、西巷、粮店巷脏乱差问题。

社区邀请刘同苗老师给居民讲了两节法律知识课，成立老年花船队，为居民演出30多次，演出同时主要开展法律宣传，还组织居家服务、帮贫结对、敬老爱幼等文艺演出。每逢端午节、中秋节、重阳节、腊八节，还邀请孤寡老人、留守儿童及空巢老人一起过节，包汤圆、包粽子，游海登高，制作月饼，熬腊八粥等。

【财苑社区】 财苑社区东起盐河路，西至工农路，北起民主西路，南至解放路，辖区面积0.9平方千米。有居民917户，2897人，居民小组13个，流动人口120人。2014年，社区自筹资金近30万元对办公室进行了改建，建成财苑社区民生综合服务中心，服务中心占地面积336平方米,综合服务楼面积达552平方米，社区办公用房面积达240平方米,活动用房达312平方米。

社区建成“一站式”服务大厅和多功能社区综合服务楼，为居民群众提供零距离服务。协助政府对财经学校A、B地块进行土地征收。

【新中社区】 新中社区位于新孔北路以西，民主西路以北，人民西路以南，工农路以东。辖区户籍人口数2729人。

2014年，对辖区内西小巷、造纸巷的路面和下水道进行维修改造，共200多米。清理热电巷建筑垃圾近3吨。组织义务联防队员，加强对社区安全巡逻，做好刑释人员帮教工作，对刑释人员底数清、情况明，对暂住人口房屋出租户做到有登记。

社区组建的宣传队全年共义务宣传演出16场。在暑期，配合消防支队开办青少年安全教育活动。社区被评为全国防灾减灾示范社区。

【新西社区】 新西社区位于浦西街道西部，东至工农路，南至解放西路，西临新洪社区交界，北靠新陇海铁路，面积约0.9平方千米。常住居民1033户、2700人。

2014年，完成招商引资2200万元，协税护税73 万元。全年对辖区内各网点进行安全检查12次，排查安全隐患25条，限期整改25条，全年共调解矛盾纠纷20起，拉横幅16条，发放宣传资料500余份,组织辖区党员志愿者20余人定期对辖区治安进行义务巡逻。

对罐头厂宿舍区路面、下水道维修改造约2000米，组织志愿者和社区党员200人次，清理积存垃圾50千克，清理卫生死角46处，铲除杂草290平方米，小广告810余处、堆积物45处，疏通玻璃厂宿舍区化粪池。对社区17户低保户做到动态管理，17户低保对象全部参加城镇居民医保，对1户符合三无人员条件的居民，进行城市三无生活保障申请，对符合临时生活救助的2户困难群众实施临时生活救助。

【新洪社区】 新洪社区东起解放西路，西与洪门街道接壤，南临陇海西路，北至蔷薇河畔，有常住居民1645户、4392人。社区地处城乡接合部，人口密集，居住群体多属撤村转城、进城外来务工人员，多为老年住户，乱搭乱建现象严重，法制意识淡薄。针对上述情况，社区多方筹措资金，设立“一站式”服务大厅，配备相关设施器材，为居民提供全方位的便民服务。社区工青妇、计生、民政、社保、环境卫生、文化教育、社区服务、居家养老服务站、社区警务室等配套组织齐全。新洪社区办公楼于2014年10月投入使用，总面积700平方米。

以“立足社区、面向老人、专业服务”为特点，建立居家养老服务站，集生活照料、医疗保障、家政服务、精神慰藉等服务于一体的社区为老服务机构。服务站设有阅览室、棋牌室、老年活动室等。

（撰稿：赵　药　审稿：曹　霞）

路南街道

综　述

路南街道东至龙尾河，西靠西盐河，南至朝阳路，北以陇海步行街为界与浦西街道相邻。面积1.7平方千米，下辖9个社区，13760户，42177人。2014年，路南街道经济发展态势良好，完成工业产值2100万元，外资投入330万美元，引入内资5.1亿元，资产投入95000万元，完成税收1990万元。社会事业稳步推进。先后获得“江苏省乡镇街道统计规范化建设合格单位”“江苏省科普示范社区”等称号。

经济工作

【招商引资】 2014年，实际完成外资230万美元，完成年考核目标100%；全年完成内资5.1亿元，完成年考核目标127.5%。

【固定资产投资】 全年完成95000万元，完成考核计划的105.6%。其中，规模以上投资完成85000万元，完成考核计划的108.98%。

【工业投资】 全年完成3000万元，完成考核计划的100%。其中，规模以上工业投资完成2100万元，完成考核计划的100%。规模以下工业投资全年完成1990万元，完成考核计划100.2%。

【项目进园区】 招引连云港凝成进

贸易有限公司（韩国）入驻新浦工业园，投资额500万美元，生产加工饲料添加剂。招引连云港恒达市政工程有限公司，总投资2000万元，生产加工水稳土。

【商贸服务】 新培育现代服务业20家，完成考核目标的200%。限上社会消费品零售额增幅达15%。净增限上企业10家，完成考核目标的200%。新创建或培育市级商业示范社区或特色街区1个。

【重大项目推进】 苏宁广场项目2、3、4号楼主楼封顶，9月30日八层裙楼商业部分正式开业。2号楼酒店部分进行外幕墙装饰，已完成约98.5%，初装修土建进展20%，精装修酒店样板房；3、4号楼商品房外立面、土建已结束，已经开始销售楼盘。丰联广场主体封顶，各种管道安装及主体已通过验收。天然居周边地块旧城改造项目进入扫尾阶段，共签约100户，签约率达98%。康缘药厂及北侧棚户区改造项目，50户因历史遗留问题未被安置的居民中已签约46户，完成率达92%；剩余57户征收户，已入户调查43户，丈量43户。

社会工作

【民政工作】 2014年，路南街道辖区共有低保户124户、269人。其中，新进8户、15人，新进重残6户，退保23户、53人。低保户全部参加居民医保，对符合条件的无固定收入重残人员全部上报救助。对8户困难家庭申报临时救助；为低保家庭发放家得福慈善超市的爱心卡120张；为3名困难大病儿童发放救助款3000元；按时上报和办理老年优待证和尊老金。在“防灾减灾宣传周”开展消防演练，并通过展板、宣传栏等形式面向辖区居民进行防灾减灾科普知识宣传。为残疾军人换证，发放伤残军人抚恤金和重点优抚对象的优抚金。落实义务兵优待金发放。

【计划生育】 辖区育龄妇女10510人。其中，已婚育龄妇女8158人，已落实避孕节育措施7414人。全年批准再生育一孩104人，办理独生子女证454人，办理流动人口婚育证明25人。出生共370人，人口出生率11.2%，人口自然增长率控制在6.7%，出生政策符合率达100%。人口覆盖率、数据项目完整率、逻辑准确率、数据更新及时率达98%以上，出生个案信息入库率达90%以上。知情选择率95%以上，综合避孕率95%以上，随访服务率95%以上。

【住房管理】 新申请廉租房保障货币补贴90户，公租房新申请11户。完成21户货币补贴申请户年检，62户民昇花园廉租房实物配租申请户年检，38户廉租房茗馨花园实物配租年检。在老旧小区危房排查工作中，排查房屋81处。共排查出一般损坏20处、严重损坏24处、疑似危房18处，协调危房鉴定组鉴定48处。嘉家小区、登泰新村、极美苑3个小区已经引进专业的物业管理企业服务小区，极美园小区、荣发公寓实行由社区监管，业主委员会、物业管理委员会自治管理小区。

【劳动保障】 街道配备协理员4名、社区配备协理员9名。其中，具有协理员三级证书的7人、四级证书的6人。全年共举办4场失业人员专场招聘会，提供就业岗位600个，达成就业意向80人。全年新增就业人数目标计划1620人，实际完成1823人，完成率为113%；城镇下岗失业人员再就业人数目标计划450人，实际完成522人，完成率为116%；就业困难人员再就业人数目标计划45人，实际完成66人，完成率为146%。全年完成培训报名登记234人、城乡劳动者职业技能培训69人、创业培训28人、职业技能取证69人。为灵活就业的困难人员申办社保补贴524人；城镇居民养老保险参保目标4316人，实际完成4682人，完成率108%；企业退休人员生存认证目标5854人，实际完成6190人，完成率106%；新增家庭服务业从业人数目标60人，实际完成80人，完成率114%。

【司法工作】 开展矛盾排查32次，及时有效地将矛盾纠纷消灭在萌芽状态。辖区有刑释解教人员35人，帮教率达100%，安置率达到85%以上，重新犯罪率低于2%，五年重新犯罪率低于6%。辖区有矫正对象36人，社区矫正接收率达100%，无重新犯罪，无脱漏管。全年共举办青少年法制课4次，开展送法进社区活动4次，举办各类法制培训班6期。

城建城管

【背街小巷改造】 2014年，路南街道完成扁担巷片区、扁北巷片区、河运巷片区、化工局宿舍、路南社区1~10号楼、东村巷等10个片区，51条大小道路、3万平方米破损路面维修，8000米下水道清掏。

【街巷环境卫生】 2014年10月，路南辖区保洁人员由原来的27人增加到34人。继续实行“三班制”保洁，对辖区内街巷卫生采取分段、分片、定点、定人、定责的监管办法，将背街小巷管理任务细化到具体人头，每一条小路都明确“路长”、明确人员、明确责任、明确效果，从源头上提升辖区环境卫生质量。

【城市绿化】 投入6万元，对盐河社区小游园进行提档升级工作，新栽植麦冬草500平方米、海桐球4株、金边黄杨球6株；完成康泰南路、邮政局门前、长寿医院门前、扁担河路等地段310平方米的街旁绿化栽植；完成扁担河路、龙西北路近400米的垂直绿化法青栽植；栽植特色花卉木香花100株、桂花18株、栀子花18株；完成45株大树栽植任务，完成冬季给树木保暖杀虫的涂白工作。

【禁违拆违】 2014年，街道共组织3次大型专项拆违行动，分别对大庆东路114号、德泰宾馆、工商银行宿舍、公园小区、汇富园门前、海昌北路14号、化工局宿舍、极美园小区、民生花苑等16处违法建设进行了强行拆除，拆除面积3100平方米。

党建工作

【概况】 辖区有党员1432人，预备党员6人。有党工委1个、党总支10个、党支部53个，其中非公企业党总支9个。

【党员冬训】 成立以宣传、组织等部门负责同志为成员的冬训工作领导小组，领导小组下设办公室，明确各社区书记为责任人。为保证冬训工作的顺利开展，街道党工委多次召开党委会和冬训领导小组会议，专题研究部署，进行明确分工，各司其职。把街道机关支部党员组织起来，成立联络员队伍，下派到各个支部搞好冬训联络工作。

【非公党建】 辖区有非公企业党支部9个，在每个党支部明确一名党建指导员，构建上下联动、齐抓共管的工作机制和格局。

【宣传报道】 2014年共被报纸、杂志、电台、电视台录用宣传报道材料921篇。其中，国家级媒体4篇、省级3篇、市级914篇。

社区简介

【扁担河社区】 2014年完成引入内资3000万元，协税护税征收60万元，完成通讯报道149篇。认真开展“安全生产月”活动，发放宣传标语300份，张贴标语100张，悬挂横幅3幅；积极配合市、区、街道安监部门对辖区“九小场所”及企事业单位存在的安全隐患进行排查，共查出安全隐患16条，发出整改通知书16份，整改率100%。全年办理社保补贴56人，企业退休人员进行养老资格认证519名，办理医疗保险351人，办理独生子女证10本，申报单独二孩证5本，为辖区育龄妇女及老年人开展义诊及讲座5次；对辖区内20户低保家庭进行审核查验，为9名80岁以上老人申请尊老金，办理老年证10本；对就业年龄段残疾人进行入户调查并开展残疾人服务5次，服务人数16人。全年筹集资金5000元，走访低保重病、困难党员等家庭15次。7月，协调资金1万元，清理扁担巷与银河购物中心之间积存的建筑垃圾，扁北巷、兆隆新村等老小区的积存垃圾6处、30吨，清掏下水道10处、600米，清除小广告200余处。

【向阳社区】 全年完成引入内资3000万元，协税护税征收40万元，完成通讯报道141篇。成立“微爱行动服务社”，主要针对社区空巢老人、残疾人、少年儿童等人群发放“红色爱心卡”，拨打爱心卡上志愿者联系电话可以得到送水换气、洗涤衣被、缝纫修补、打扫卫生等服务。为真正公平、公正、公开地做好城市居民低保工作，社区通过各种渠道宣传国家城市居民低保政策，设置固定的低保政策宣传栏，坚持全程实行民主评议和“三榜公示”制度。辖区共有享受低保生活保障对象5户、10人。全年办理退休人员养老金资格认证559人，办理“4050”就业困难人员社保补贴48人，办理城镇居民基本医疗保险266人。加强流动人口管理，严格落实流动人口登记、办证制度，完善社区流动人口台账，做到“人来有登记，人走有注销”，每月对出租房屋进行治安查验至少1次以上，流动人口登记率达95%以上。全年共接受调解纠纷10起，调解率100%。提高人口素质，稳定生育水平。全年共发放单独二孩准生证18本，办理独生子女证15本。10月，社区被市地震局授予“连云港市地震安全示范社区”称号。

【朝阳社区】 全年完成引入内资3450万元，协税护税征收42万元，完成通讯报道128篇。开展法律知识讲座4次、科普讲座3次、健康知识讲座3次、青少年教育讲座4次。申请80岁以上尊老金33人，办理老年优待证30本；办理下岗退休人员独生子女奖励金39人。办理独生子女证28本；办理流动人口婚姻证明2人，办理再生育证明13人，组织育龄妇女孕前检查15人次，流动育龄妇女免费检查6人，走访育龄妇女500余人次，发放计生药具200余盒。办理社保补贴42人，退休人员认证996人，城镇居民医保338人。其中，新办人员73人，新农保2人，新农保认证36人。

【公园社区】 全年完成引入内资3000万元，协税护税征收65万元，完成通讯报道131篇。与辖区单位少年宫、结对单位区民族宗教局、社区在职党员走访慰问困难党员、孤寡老人、低保家庭、残疾人共计21户，为他们送去帮扶资金、生活用品1.2万元。为彻底解决公园新村、西村巷等老旧小区低洼积水出行难问题，社区于年初协调共建单位、市政部门维修道路2000平方米，疏通下水道1000米。全年共为11名下岗失业人员实现再就业，办理企业退休人员养老金资格认证578人，办理居民医保299人、社保补贴43人，办理老年证17本、尊老金20人，办理独生子女证11本，办理独生子女一次性奖励金领取19人，办理二胎准生证7本，及时变更并做好《江苏省人口与计划生育综合信息平台》的维护。

【葵花社区】 全年完成内资3010万元，协税护税征收40万元。完成通讯报道102篇。社区党支部新发展党员2名。认真开展“安全生产月”活动，发放宣传标语300份，张贴标语100张，悬挂横幅4幅。积极配合市、区、街道安监部门对26家企业单位进行检查，共查出安全隐患8条，发出整改通知书8份，整改率100%。全年共清理卫生死角31，清理垃圾14吨；疏通葵花巷下水道600米，清掏化粪池9处。针对老城区流动人口大、出租房屋多的现状，社区成立由青年志愿者、“五老”人员组成的治安义务巡逻队，不定期协助派出所进行安全防范巡逻、巡视。2014年，取消不符合低保对象3户，新增加2户，为14位80岁以上老人申请尊老金，办理老年证25本，申请大病救助3人，办理困难职工申请1人。新增城镇居民医疗保险61人，办理新成长人员就业失业登记证23本，办理企业退休人员资格认证845本（其中，为5名行动不便的退休人员进行上门认证）。办理社保补贴并发放91人，下岗失业困难人员实现再就业74人。办理独生子女证18本，走访育龄妇女712人次，发放计生药具236盒，免费妇查32人。

【延东社区】 全年共完成引入内资3000万元，协税护税征收71.73万元。完成通讯报道151篇。2014年，社区主动对接共建单位和驻区单位，创新党建“三步工作法”。通过“走、访、听”“记、理、议”“帮、示、评”，畅通社情民意，实现服务群众“零距离”。中共江苏省委新闻网、《连云港日报》、市电视台、《苍梧晚报》曾先后对该创新方法给予报道。打造书香延东。依托“社区居家养老服务中心”“爱心储蓄银行”，建立起“书香驿站”“悦读驿站”等读书组织，全年共新添图书、报刊1万册。先后开展“捐出一份书香，留下一分真情”好书漂流进社区、“传播书香，引领阅读时尚”“爱心小报童”社会实践、跳蚤书市、“以书会友，好书换阅”“翰墨书香润金秋”现场书画交流、十大“书香家庭”评比等系列活动，一批书香家庭、读书达人脱颖而出，丰富了群众业余文化生活。中国江苏网、江苏文明网、《连云港日报》《苍梧晚报》等多家媒体先后给予报道。依托区大学生“村官”联合会路南分会开展形式多样的志愿者活动，全年共举办讲座6次、召开座谈10次、义务劳动7次，筹集资金5万元，走访独生子女特困家庭8户，帮扶困难党员、群众52次。全年共办理老年证32本，办理尊老金30人，新办护理补贴1人，重残补助2人，办理独生子女证30本、二孩准生证22本；成功调解邻里纠纷82起。

【贾圩社区】 全年完成招引内资1亿元，协税护税征收92.16万元，完成宣传报道235篇。全面推进社区党建工作，2014年社区直管党员人数由90人增加到102人；创建党建“帮你忙”QQ群，不定期开展公益活动；构建以社区为主的文化活动载体，先后举办了“路南街道书香家庭表彰”“捐出一本书，成就一个梦想”捐书献爱心、棋牌比赛等活动。社区党总支充分发挥基层党组织“推动发展、服务群众、凝聚人心、促进和谐”的作用，硬化辖区背街小巷5000米，安置路灯6盏，清掏下水道3000米；投放鼠药4次，专业消杀2次；清除积存垃圾2吨，铲除小广告近万张；为空巢老人，特困户捐送慰问品10家；看望老党员2户；为困难家庭捐款，看望边缘户12户；召开招聘会，安置待业青年8名；投入5700元，安装监控探头8个；投入6000元，安装智能居家养老呼叫器10个，投入1.2万元建科普长廊，提供居民读书场所。社区先后荣获全国科普示范社区、全国侨务工作示范单位、全国充分就业示范社区、市民防示范社区等荣誉。

【盐河社区】 全年完成招引内资3500万元，协税护税征收40万元。完成通讯报道193篇。在路南街道率先成立“政社互动”三社联动工作网络，全年新增社会组织3个。结合三社联动，5月，正式成立的“朝夕关爱工作团”，主要针对失足未成年人、留守儿童、家庭生活困难儿童等特殊未成年人群体，以及孤寡老人、子女不在身边的老年人进行调查摸底、建档造册、专人挂钩、因材施教。聘请辖区老教师、劳模曹英担任团长，社区书记金嫚任副团长，聘请社区老党员孙大勋、“五老”人员陈学花、况维诚为成员，不定期开展活动。坚持开展“三会一课”按时组织党员收看电教片，收看率达95%以上。组织辖区党员开座谈会4次，在职党员进社区志愿者服务共报到党员136名，开展志愿者服务6次。认真做好《平安、法制创建致全区市民的一封信》的发放工作，发放率达98%；填写法制安全调查问卷，填写率达98%。认真开展“安全生产月”活动，发放宣传标语300份，张贴标语100张，悬挂横幅3幅。积极配合安监部门对辖区50家企业单位进行检查，共查出安全隐患25处，发出整改通知书25份，整改率100%。为上访重点户宋和新协调申请司法救助金38.7万已全额到位。为三无人员丁胜利，办理“三无”老人供养资金。全年共办理老年证23本，办理尊老金20人；办理《独生子女证》45本、办理二孩准生证19本，办理社保补贴12人、企业退休人员养老资格认证1050名。荣获省“充分就业示范社区”称号。

【路南社区】 全年完成内资3000万，协税护税征收60万元，通讯报道134篇。全年新增党员2名。实现新增就业人员109名，其中下岗失业人员42名、就业困难人员12名、新成长人员就业55人。办理社保补贴返还22人，企业退休人员养老金资格认证215人。办理老年优待证22本，80岁以上老人申请“尊老金”10人。全年办理独生子女证13本，走访流动人口680余人次，发放计生药具900盒，流动育龄妇女免费健康检查35次。全年开展以健康保健、消防安全、未成年人保护等为主题的知识讲座10次。处理调解纠纷35起，调解率达100%。配合市、区安监部门对辖区存在火灾隐患和违法经营的35家企业单位进行检查，共查出安全隐患10条，发出整改通知书10份，整改率100%。在老旧小区改造工作中，疏通下水道700米，铺设街巷路面2800平方米。

2014年路南街道1000万元以上项目一览表

表32　　　　单位：万元

序号	项目名称	总投资额	进展情况	项目地址
1	江苏金煌文化传播有限公司	1000	已开业	通灌北路128号
2	江苏啄木鸟装饰工程有限公司	2000	已开业	朝阳东路21-1号
3	江苏尚源房地产开发有限公司	2000	已开业	通灌南路102号建院观筑大厦
4	连云港万通房地产有限公司	5000	已开业	吉祥路21-6号

续表

序号	项目名称	总投资额	进展情况	项目地址
5	连云港市瑞城通信科技有限公司	1200	已开业	南极北路56号
6	江苏润药机电设备工程有限公司	1000	已开业	海连中路66-3号
7	江苏江天建设工程有限公司	6500	已开业	朝阳中路
8	连云港壹泰企业资产管理有限公司	2900	已开业	朝阳东路32-6号东盛阳光大厦
9	江苏奇方生化科技有限公司	1000	已开业	通灌南路108号主楼1308室
10	江苏圆融房地产开发有限公司	1200	已开业	吉祥路21-8号
11	江苏德甲物业服务有限公司	3000	已开业	新浦区河滨路
12	江苏生合实业有限公司	1500	已开业	海连中路54号
13	江苏圆享国际贸易有限公司	1000	已开业	海州区后河街河滨路6-1号
14	江苏泰力立丰国际贸易有限公司	1000	已开业	吉祥路21-12号
15	江苏福禄寿酒业股份有限公司	1250	已开业	苍梧路53号

（撰稿：曹春丽　审稿：魏　东）

新南街道

综　述

新南街道辖区东到瀛洲路，南至秦东门大街，西依盐河，北临朝阳路，面积4.7平方千米，辖12个社区居民委员会，人口近8万人。辖区内有市国家安全局、市环境保护局、市中医院等机关、企事业单位160家。

2014年，新南街道立足区划调整后的新情况，汇聚优势资源，突出鲜明特色，主动迎接新机遇、新挑战，锐意进取，推动各项工作达到新高度。被评为省优秀志愿服务组织、省优秀公务员集体，玉龙社区被评为全国和谐社区建设示范社区。

经济建设

【招商引资】 2014年，引进内联客方到位资金4.8亿元，完成考核目标的120%，超额完成全年力争目标（4.5亿元）。注册外资实际到账230万美元，超序时完成考核目标。新引进园区工业项目1个，即计划总投资5000万元的连云港瑞阳液压科技有限公司，已于6月6日建成投产。

【固定资产投资】 全社会固定资产投资7.2亿元，其中规模以上固定资产投资6.1亿元，全面完成年度考核目标。

【协税护税】 2014年，完成协税护税征收1264万元，超额完成年度考核任务。

【重大项目】 2014年，投资8000万元的宏荣置地项目按时完成内外装修。投资8000万元的鹰游房地产项目于3月开工建设，年底已完成。飞雁毛毯厂地块签约工作，至12月底已签约181户，完成已公示户数的81%。车管所地块征收工作已进入扫尾阶段。

社会事业

【社会治安】 2014年，围绕平安法治工作主题，狠抓建立综治维稳长效管理机制和社会矛盾纠纷多元融合式调处机制两个工作重点。推进红袖标义务巡逻工作常规化、制度化运作，拥有巡逻队员255人、保洁员36名、小区保安114名，在辖区内形成了全民参与、全天候巡逻的局面。2014年5月，街道整合多方资源，成立访调对接中心、公调对接中心。

【志愿服务】 新南街道志愿服务工作按照“社区化、专业化、规范化、基地化、项目化、品牌化”的“六化”要求不断创新发展，建成志愿者服务基地，培养出一大批志愿者服务标兵。2014年上半年，新南街道社区志愿者协会被省文明办、民政厅评为全省优秀志愿者服务组织。

【基层组织建设】 联合连云港师专建立市内首家街道社会组织孵化基地。社会组织孵化基地为一批准备成立或者刚成立的社会组织提供一个重要的综合服务平台。帮助一些未达到登记条件的社会组织解决工作场地、基本办公设施。

【养老特色街】 2014年，玉龙养老特色街进行提档升级，新增托老机构1家、床位30张。5家养老院已按消防检查要求进行改造，8家养老院安装烟感报警器，呼叫系统装置。按时对玉龙路养老机构的环境卫生、护理质量进行综合评定，街道设立专项资金给予奖补。养老机构与赡养人签订《敬老协议》，议定赡养人每月探望老人至少一次，并实行相应的入托费用奖惩制度。新南街道玉龙养老特色街荣获市级现代服务业集聚区优秀建设奖，并争取到省级引导资金120万元。

【计生工作】 建设15分钟药具发放公共服务圈，在辖区新增12个避孕药具发放点，新增避孕药药具二代发放机6台。打造九龙社区的计生世代服务室，为居民提供便捷的服务。九龙社区为符合单独两孩政策的家庭启动简易程序，办理全市“单独两孩”政策实施后首例再生育一孩证。

城市建设

【环境整治】 2014年，开展“四城同创”活动，根据“地图式”管理，将人员划分至网格内，严格确保出现率、管事率、尽责率。对光辉路、康泰路、建设路等重点路段进行整治。配合相关部门更换、维修路灯75盏，修补破损路面15条，全年共粉刷墙壁20000平方米，消除小广告1500处，清理生活建筑垃圾500吨。严控违法违章建设，对社区制定违法违章建设责任追究考核办法，层层落实，责任到人，分户负责，先后配合城管二大队拆除违建6000平方米，其中九龙城市乐园大规模违建已全部拆除。完成建设路马路市场整治，现场拆除擅自搭建的亭棚29处，清理道摊点46处。城管办与城管执法大队开展集中治理行动6次，拆除违章墙体广告8处，清理占道灯箱、广告牌匾120余块，规范报摊5处，整治店外经营82处，清理占道经营100处。

【便民疏导点】 根据实际情况对光辉路疏导点进行布局调整，投资36万元，设置七大功能区域，有效解决光辉路脏乱差现象，并长期稳定地满足周边近万名居民的日常生活需求。对海宁桥疏导点进行提档升级。海宁桥疏导点长240米，宽15米，计划投资300万元。设置固定摊位220个，吸纳从业人员800人。

【网格化体系建设】 围绕服务群众这一主线，搭建街道、社区、居民小组长组成的“三级网格”体系，共61个网格，调整充实网格长、信息员、调解员队伍，实行排班制度，分片包干，主动巡查，积极作为，主动反馈，设置社区网格巡查任务清单，按照“信息收集—任务派遣—任务处理—结果反馈—核查结案”五步闭环式流程，处理社区事件，实现社区治理由管理到服务的转型升级。

党群工作

【组织建设】 2014年，以党的群众路线教育实践活动为龙头，大力推进五型党组织（学习型、服务型、创新型、防控型、节约型）建设和党员志愿活动，街道党工委对机关各部门和12个社区开展每半个月一次的“过堂会”，定期汇报工作，“互晒成绩单”。

【作风建设】 2014工年，按照“一把手负总责、分管线加片、纪工委督查”的责任分工，完善街道班子成员抓党风廉政建设的工作职责，确保在领导上做到“横向到边、纵向到底”。街道纪工委与各社区签订《党风廉政建设目标责任书》，就廉洁自律、纪检信访、宣传教育、纠风治乱等工作提出明确要求。

【工会工作】 2014年，新建工会9个，新发展会员493人，开展创业示范行动和金秋助学活动。建立农民工维权工作机制，全年帮助安置20名外来农民工，制定《关于进一步完善农民工合法权益工作机制建设的意见》《新南街道农民工维权工作制度》等，成立维护农民工合法权益工作领导小组，完成职业培训100人。

【共青团工作】 组成以青年志愿者为主力的志愿者队伍，有志愿者150余名，志愿者的详细信息已录入人才库，开展便民社区义务劳动、慰问老人等活动。新南街道团工委与淮海工学院及连云港师专的青年志愿者形成长期、稳定的联系，开展形式多样的志愿者活动。玉龙社区希望来吧成为新南街道团工委服务农民工子女的良好平台。

社区简介

【海南社区】 海南社区成立于1996年,位于海宁中路和海昌南路交界处，南至海宁大道，东至海昌南路，西至南极南路，北至再就业一条街。辖区面积0.153平方千米。有6层以上住宅楼30栋，两层独家独院165座。辖区内常住户1184户、3121人，党员101名。

2014年，社区重点推进老旧小区改造工作。改造工程从3月初开始，至5月结束，共拆除各类建筑约600平方米，铺设道路10000平方米、雨污管道2000米，疏通管道1000米，绿化900平方米，封闭小门1处。社区共接待来访群众3000余人次，协调解决问题1200多件。全年举办各类文化活动18场，成功调解各种纠纷13起，走访帮扶困难户40余户。深入开展党的群众路线教育实践活动，39名在职党员到社区报到，开展21次志愿活动。顺利完成第二届业主委员会换届工作，成立海南社区居家养老服务站。

【海宁社区】 海宁社区始建于1992年，占地0.31平方千米，有常住户3042户，人口10575人。社区有工作人员6名，社区志愿者130余人。

为了让社区老年居民能参与到社区体育活动中来，2014年新建面积近500平方米的老年门球场一座。为使社区和谐建设得到有效的促进和加深，社区与建宁小学携手开展“老少共筑中国梦”系列活动。2014年，社区被评为淮海戏传承展示点。

【建康社区】 建康社区位于建设东路与通灌路交叉口，2001年11月成立社区居委会，东到通灌南路，西到建南路，南到建设东路，北到朝阳中路，辖区总面积0.15平方千米。有住宅楼54幢，1020余户、3711人，分为8个网格，每个网格配备网格长、信息员、联络员，社区设有老年活动室、图书阅览室、心理咨询室、法律咨询室。

2014年积极开展群众路线教育实践活动，充分利用党员家庭活动室定期开展形式多样的活动。完善居家养老服务站，配齐硬件设施，扩大老年活动室，引进麻将桌、乒乓球桌等。完善和推进网格化管理，进行队伍优化整合，建立责任、有序、高效的工作机制。

【建南社区】 建南社区位于朝阳中路78号，东至建南路，西至海昌南路，南至建设中路，北至朝阳中路，辖区共有机关、学校、企事业单位11个。

2014年，社区有党员志愿者83人，设立党员“先锋岗”，认领岗位12项，党员参与社区扶贫帮困、治安巡逻、环境卫生、文化建设等活动，与眼科医院开展为居民义诊活动2次，与区工商局、新南街道开展美化环境义务劳动，粉刷居民楼10栋。经济普查企业50家、个体经营户400家、机关事业单位8家。社区先后推出了“爱心门铃”及“爱心储蓄”服务项目，组织淮工大学生志愿者及社区志愿者，与老人以“认亲”的方式，为老年人开展献爱心帮扶活动，社区有结对帮扶25对。2014年，改造破损路面3200平方米、下水管道800米，修理路灯12盏。为社区807名退休人员进行资格认证，办理社保补贴65人，办理再就业优惠证35本，办理老年优待证20本。

【九龙社区】 九龙社区成立于2009年初，位于美丽的玉带河畔南岸，东至通灌南路，西临西盐河，南接新建路，北联玉带河。社区总面积0.8平方千米，约3760户居民家庭、11980人，有流动人口400余人。辖区内有九龙城市乐园和水墨江南两个纯居住小区。

2014年，社区新选出40名社区信息联络员，为辖区的安全工作保驾护航，协同物业、派出所对小区内的多处违章建筑进行拆除；认真做好户籍管理及外来人员私房出租户的管理，完善综合治理组织网络，形成群防群治，杜绝黄、赌、毒现象。完成退休人员认证400余人、“4050”社保补贴40多人次，为1000余人办理了城镇居民医保，为辖区内育龄妇女进行一次免费的妇女健康检查，办理辖区新生儿童独生子女证69人次，为企业退休职工办理独生子女一次性奖励金10余人。为辖区60岁以上老人免费办理老年优待证近10人次。

【新龙社区】 新龙社区北起朝阳路，南至建设路，西到通灌路，东邻龙尾河。辖区面积约0.09平方千米，常住居民813户、居民2419人。辖区企事业单位机关共12家，学校1所，幼儿园1所。社区有2个党支部，在册党员74名。

2014年，新龙社区加强服务型党组织建设。开展在职党员进社区为群众服务，160余名在职党员参加志愿者队伍，在社区成立居家养老“爱心社”，定期到空巢老人、孤寡老人家中打扫卫生。在老旧小区改造过程中，新龙社区成立“巧媳妇、能爸爸”7人便民志愿者服务队，开展“特别的爱给特别的你”关爱失独家庭关爱室和姐妹聊天室等志愿者服务活动。建立新龙新村QQ群，及时传达文件精神及通知。全年为社区老人举行义诊3次，为160余名退休人员做好资格认证。为社区下岗职工100余人换取了就业登记新证，23名下岗失业人员办理了社保补贴。

【兴业社区】 社区共有住民1348户，人口3860人，社区老龄人口较多，有在册老人616人，其中80岁以上老人有45人。社区党员116人，居委会干部5人。2014年社区获得江苏省“绿色社区”、连云港市“平安和谐社区”、连云港市“市级科普示范社区”等荣誉称号。

社区有低保户5户，年内，为一户居民申请“一户多残”，走访困难人员、困难家庭80余次。为社区居民争取到一套体育器材。为578名退休老人进行退休认证，为276人办理城镇居民医保，为61名“4050”人员办理了社会养老保险补贴。社区共有失业人员247人，实现再就业人员170人，参加培训45人，社区有室内活动健身场地200平方米，室外健身场地400余平方米，健身文化广场2处。社区培育2支文艺团队，白玉兰艺术团被连云港市文化广电新闻出版局评为连云港市特色文化团队。

【玉带社区】 玉带社区位于海州区南端，面积2.92平方千米，总户数2126户，常住人口6812人，社区党员150名，社区先后获得了数十项荣誉称号。

2014年，社区成立居家养老服务中心、“居家养老志愿者”服务队，以及“空巢老人聊天室”，为社区30多名孤寡空巢老人服务。为了凸显社区文化，组建淮海戏、现代戏、京剧、木兰扇、腰鼓队等群众业余文化队伍。社区文艺队的老党员薛明光、辛雪融还自己作词、作曲，创作了《玉带社区之歌》，在社区里广为传唱。为社区187名灵活就业人员申请社保补贴，居民医保503人，退休人员认证658人。在社区设立20米长的廉政文化长廊，组织廉政故事大奖赛。

【玉龙社区】 玉龙社区南临海州开发区，北依海宁大道，西至通灌南路，东到瀛洲路，辖区面积2.33平方千米。有常住人口4680人、流动人口853人，辖区内有玉龙花园、浦南大队、通灌南路140号、半山雅苑景山秀水5个生活区。

社区中心设立了玉龙花园西门警务室、再就业服务站、卫生计生服务站、老年活动健身室、市民学校、图书阅览角，成立了一支200多人组成的社区服务志愿者队伍，定期为社区居民开展无偿服务。组织开展社区义务服务活动30多次，为社区85%以上的居民群众开展了群众业务文化活动。建立社区文化广场，促进了文明社区的创建。暑假期间，组织师专的志愿者在社区的希望来吧举办了一系列关爱留守儿童的暑期活动。

2014年，玉龙社区打造的家庭养老特色街实现全方位提档升级。成功申报省级现代服务业引导资金，获得专项资金120万元。全年新增托老机构1家、床位30张。提升绿化水平，增加墙体宣传栏200平方米,疏通下水道100米，修整道路50米。改造公寓内部，加强消防安全工作，增设消防通道，安装烟感报警器116套。玉龙社区先后获得全国人口与计划生育基层群众自治示范村、和谐示范社区，省民主法治示范社区、绿色社区、科普示范社区，市级幸福家庭示范村、和谐社区建设示范社区、充分就业社区，区级文明社区、综治法治十佳工作社区等荣誉称号。

【延南社区】 延南社区 东至海昌南路，西邻南极南路，北连朝阳中路，南抵建设东路，占地面积为13.5万平方米，常住居民1460户、3880人，暂住人口260人。社区在册老人720人，80岁以上老人47人，各类残疾人员45人。社区共有5个党支部，在册党员145名，其中女性59人。有市中医院、消防支队、特教中心、星辰照明有限公司、市政养护5个驻区单位，农业机械局1个共建单位，新浦区经济信息化与发展改革局为三解三促单位。有各类商业门点186个。社区工作人员5名。

延南社区设科普大学，有专、兼职教师5名、志愿者40人，开设有《老年保健》《手工编织》《绘画》等课程，针对社区青少年特开设"法制讲堂"特色学校，并在寒暑假期间组织社区青少年开展健康教育活动。社区成立银龄义务巡逻队、晏素珍民调工作室，并开通微信和QQ，社区和居民可通过"摇一摇"或登录QQ进行双向互动。

【云海社区】 云海社区有居民4501户、12359人，设48个居民小组。社区有党总支1个，下辖8个党支部，党员270名。

2014年，云海社区完成招引内资3100万元，协税护税征收68万元。2014年组织居民成立业主委员会，并争取资金1200万元，对小区下水道系统全面改造。社区全年免费为辖区失业人员提供就业信息，为27名失业人员办理社保补贴，并为1209名企业离退休职工进行退休认证，为648人办理城镇居民医疗保险手续。广泛开展群防群治工作，建立一支28人的红袖标义务巡逻队，每天巡逻。全年无计划外生育。替24户困残家庭申请低保，替2户贫困学生申请助学金，大病救助6人。

【紫云社区】 紫云社区东至南极南路，西至盐河路，北至朝阳中路，南至玉河。占地面积0.217平方千米，常住户1572户，总人口4437人。有住宅楼44栋。有80岁以上69人，空巢老人1户，各类残疾人28人。社区有党员145人、居委会工作人员5人。

2014年，社区利用"再就业一条街"，为失业人员及外来务工人员提供就业岗位，结合社区"流动人口温馨驿站"为他们提供计生、法律法规咨询等日常服务。新创建"健康流动服务车"。种植树木共计546棵、草坪600平方米，与市统计局联合到社区对供销小区内所有破损路面进行整体修补，修补破损的路面30余处。

（撰稿：刘思雅　审稿：刘龙培）

新海街道

综　述

新海街道东以西盐河为界，西至幸福路，南与朐阳街道接壤，北以陇海西路为界与浦西街道相望。面积4.5平方千米，下辖10个社区，14581户，42036人。2014年，全年内联客方到位资金4.8亿元，实际利用外资260万美元，全社会固定资产投资6亿元，社会零售增幅预计超过25%目标任务。新增限上企业9家，完成年考核目标的100%。提前一个季度完成年度目标任务。街道先后荣获省"五四"红旗团委、省社会治安综合治理先进集体荣誉称号。

经济工作

【工业经济】 2014年，新海街道完成工业总产值2.66亿元。完成规模以上工业产值2.3亿元，完成协税护税900万元。

【重点项目】 盛世豪庭项目二期、明珠万福新城项目分别完成投资5100万元、1.65亿元，超额完成年度投资任务。投资过2000万元的车载电子仪项目、食品加工项目落户新浦工业园，与洪门街道共同引进的总投资5000万元的净水器项目签约落户新浦开发区。黄海度假村改建项目土地征收进入收尾阶段，累计签约487户，签约率达96%。人民西路8号地块房屋征收已完成前期摸底工作，于2014年底启动。

【科技工作】 2014年，完成5项市级以上科技项目计划，完成2项高新技术产品及高新技术企业申报，完成专利授权30件，新增民营科技企业6家。

【安全生产】 2014年，新海街道与区政府签订《2014年安全生产工作责任书》，强化红线意识，以落实企业安全生产主体责任为重点，突出预防为主，扎实开展事故隐患排查整改和打非工作，街道被评为2014年度区安全生产工作优秀单位。

社会事业

【社区养老服务中心建设】 2014年，街道整合利用社区资源，做实做优社区居家养老工作，10个社区全部建成居家养老服务中心，实现全覆盖。西苑社区、新潮社区"五彩夕阳"助老服务中心正式运转；700平方米的镇海社区、河西社区两个便民服务中心11月底启用；星化社区建成1200平方米的老年服务中心，成为市区规模最大、服务项目最多的居家养老服务中心。星化社区、新潮社区荣获"省居家养老示范社区"称号，星化社区入选市慈善总会"居家养老提升工程"试点单位。

【社会治安管理】 新海街道将10个社区科学划分为54个网格，组织网格管理员开展收集社情民意、便民服务、化解社会矛盾等服务，全年走访居民1800余户，发现、上报、整改、化解各类治安纠纷、隐患100余次。社区警务室网络连接视频监控200余家，接入探头576只，6个社区实现视频监控全覆盖。推行视频接访、网络信访、网上办访，形成信、访、网、电"四位一体"的群众诉求受理平台，全年处理重点信访案件5件，接待上访群众11批，成功化解信访案3件。建立10支红袖标义务巡逻队，对辖区进行无缝隙不间断巡逻。

【惠民服务】 2014年为490人申请认领城乡居民社会养老保险，为125

户居民每月发放低保金7.04万元，发放困难群众一次性节日补助4.43万元。通过千名志愿者结对帮扶行动和慈善助学行动，长期救助16名贫困家庭的学生。打造计划生育15分钟公共服务圈，建成社会发放点5个，为220名育龄群众进行健康检查，为182对夫妇办理独生子女父母光荣证。为105户困难户申请廉租房。实施“采集-招聘-培训-就业”工作模式，推出“创业服务超市，就业政策咨询日、新海周周新招聘会”等系列活动，全年创业技能培训166人，新增就业人员2031人，灵活就业819人，再就业698人，10个社区全部跻身省充分就业社区行列。

【环境综合整治】 大力改善居民生活环境，修建便民路40条，更换窨井盖200余处，新建和疏通下水道7000余米，清理积存混合垃圾900吨，粉刷背街小巷及无物管小区墙面5万平方米，栽植桂花、广玉兰、法青、木香花等各类苗木7000株，种植草坪1200平方米，修剪疫情树木1562株，消杀绿化带、城郊接合部20.13公顷，拆除违建30处。

党群工作

【党员献爱心活动】 新海街道创建“党员活动之家”，打造学习型社区。西苑社区的“希望来吧”、万册图书馆，河西社区绿色网吧、残疾人之家等服务阵地，形成“书香型”社区。对社区党组织的班子进行培训“充电”，组织党员结合社区“民情恳谈日”，开展谈心活动，共收集社情民意100余条，解决实际问题30余件次。通过社区大讲堂，开展“党员说课”活动宣传群众路线。利用54个网格收集微心愿34个，结合每月20日“党员活动日”积极开展好各类文娱活动。组织党员开展爱心帮扶活动，帮助15名贫困学生，每人每月400元。

【党团员发挥模范作用】 以服务型支部为平台，组织千余名社区党员志愿者加入文艺宣传、治安巡逻、爱心帮扶队伍，开展社区便民利民服务活动，在新海街道形成“一个党员一面旗，奉献社区我争先”的良好氛围。5月，新海街道团委被团省委授予“五四”红旗团委荣誉称号。

【打造党建工作品牌】 在新潮社区建立“爱共融”联动工作站，将社区党组织、社会组织和社会工作队伍三方力量有机融合，定期开展活动。新潮社区设有爱共融慈善互助社、乐邦法律工作室、爱共融工作室、民心艺术团等12个社会组织，有6名专业社会工作人员、12个义工组织、165名志愿者参加联动组织。开展服务型党组织建设，先后成立星化社区“文化先锋党支部”、镇海社区“以老助老先锋党支部”、河西社区“党员志愿者党支部”、新潮社区“民心巡逻队支部”、西苑社区“爱心社支部”等。

社区简介

【西苑社区】 社区有居民2486户、人口6385人，设75个居民小组。社区党总支有党员316名，下设8个党支部。

2014年，完成内联客方到位资金2000万元，实际利用外资10万美元，协税护税征收35万元。

全年组织社区党员集中学习6次，开展帮扶活动5次，看望空巢老人12次，环境整治15次。社区党总支与大庆路小学共建，帮扶困难学生36人次，社区“希望来吧”组织开展活动8次，受益人达85人次。组织防灾演练2次及小学生安全知识讲座4期。

全年开展健康知识讲座6次、消防讲座1次、食品安全讲座2次，发放宣传材料600份。清理建筑垃圾80吨，清理卫生死角65处，铲除小广告1860处，疏通下水道3600米，修铺楼院45个。投放鼠药10千克，喷洒药物10千克，植树10株，辖区游园、绿化带有专人养护；配备了10名专职保洁人员，全年无违建情况发生。

全年办理老年证59本，为12名老人办理尊老金，为3名重残人员办理了重残护理补贴，对29户低保户做到应保尽保。

计划生育率100%，为符合条件的1户人家办理二孩准生证，办理独生子女证13本，组织孕前健康检查36人次，为37名退休人员办理独生子女奖励金申报手续。

全年举办文艺演出15场（其中法制演出4场）。开展法制学习6次，悬挂各类法制宣传横幅8条，出各项普法宣传板报4期，发放各类普法宣传单500余份，更换50米的法制宣传长廊。调解民事纠纷5起，调解率100%。

全年开展职业指导3次，为26名失业人员报名参加职业技能及创业培训，指导12名失业人员自谋职业。采集辖区单位及公益性岗位32个，为41名就业困难群众提供再就业援助。为26名新退休人员填写信息表。

社区获得2014年度海州区“先进社区”、2012~2013年度新浦区“文明社区”、连云港市“法治文化示范点”、2013~2015年度江苏省“科普示范社区”、江苏省“妇儿童之家”等荣誉称号。

【星化社区】 社区有居民1328户、人口3278人，设20个居民小组。社区党总支有党员288名，下设5个支部。

2014年，完成招商引资2500万元，协税护税征收20万元。

全年组织社区党员开展义务巡逻24次、环境整治20次。疏通下水道800余米，药物消杀2次。植树15株，辖区游园、绿化带有专人养护；配备了2名专职保洁人员；全年无违建情况发生。对3户低保户做到了应保尽保，将6名符合条件的困难老人纳入帮扶范围。为1224名老人进行退休人员养老金资格认证，为54名新退休人员填写信息表。为32名失业人员报名参加了培训，实现再就业58人。办理城镇居民医疗保险253人。

计划生育率100%，对育龄妇女进行定期走访，办理独生子女证22本，组织孕前健康检查25人次，为42名退休人员办理独生子女奖励金申报手续。

社区成立一支12人的红袖标义务联防队，重点时间在重点地段实施重点防范。开展法制学习4次，悬挂各类法制宣传横幅及海报4条，出各项普法宣传板报4期，发放各类普法宣传单300余份。

2014年，社区获得海州区“文明社区”的荣誉称号。

【新潮社区】 社区有居民4610户，人口13820人，设16个居民小组。社区党总支有党员112名，下设3个支部。

2014年，完成招商引资任务1500万元、协税护税任务30万元。

全年粉刷小广告2万余条，积极配合建设部门，小区内新铺设了小街巷水泥道路2000余平方米，修补破旧的巷道23条，疏通航运南巷、三塑巷等老旧小区楼栋下水道1200米。同时，航运南巷新增路灯5盏。走访特困户72户次。与结对单位党史办、国税局、二分局、三分局等单位走访慰问社区困难人员。全年办理老年证22本，办理尊老金6人。举办4期人口分校。办理独生子女证53本，办理二孩准生证17本。完成上级布置的全员录入修改工作，并对流动人口进行全员录入。

全年开展矛盾纠纷排查12次，辖区内申请调解的矛盾纠纷8起，成功调解8起。以人防、物防、技防等相结合的方式进行社区治安防范工作。开展职业指导，参加职业技能培训42人，创业培训12人，指导下岗失业人员自谋职业、自主创业1人。采集辖区单位空岗信息及公益性岗位15个，社区新增就业人员15人，下岗人员再就业68人，就业困难人员再就业14人。认证退休人员932人，办理社保补贴69人，下岗失业就业登记证换证42本，登记60岁以上新型农村社会养老保险金33人。

社区建有全民健身点，成立2个健身组织，有社会团体体育指导员10名，建有文化活动室。社区建立了一支相对稳定的文艺骨干队伍“民心艺术团”，积极开展文化、体育和广场群众性演出活动。新建科普长廊，广泛宣传科普知识。

2014年荣获“全国和谐社区”“江苏省社区侨务工作示范单位”“江苏省科普示范社区”“民防进社区示范社区”全国“综合减灾防灾社区”新浦区“五四红旗团支部”荣誉称号。

【富强社区】 社区有居民1940户，人口6125人，设18个居民小组。社区党总支有党员154名，下设3个党支部。

2014年，完成内联客方到位资金801万元，协税护税完成0.68万元。每月按时缴纳养老金及发放工资补贴。全年新增个体工商户9家，新上服务网点9个。

全年清理杂草、白色垃圾1200平方米，清理卫生死角20处，铲除小广告500余处，疏通常乐新村及一建巷下水道3500米。

为11名老人办理尊老金，为2名重残人员办理了重残补贴。

新增就业人员40人，灵活就业60人，再就业人员15人，就业困难人员再就业45人。办理社保补贴60人，办理城镇医疗保险320人。计划生育率100%，办理独生子女证30本，新婚人员23户，45户有新生儿出生。

【新孔社区】 社区有居民1509户，人口3575人，设34个居民小组。社区党总支有党员205名，下设5个党支部。

2014年，完成内联客方到位资金4000万元。

全年组织卫生突击22次，参加人员134人次，共疏通下水道260余米，粉刷墙面及楼道28000余平方米，喷洒敌敌畏20千克，投放鼠药30千克。

全年走访慰问低保户11户，发放慰问金25750元，发放就业困难人员生活补助金3500元，办理老人优待证12本，办理尊老金补助10人。全年新增就业人员40人，灵活就业27人，再就业人员26人，就业困难人员再就业15人。办理社保补贴57人，办理城镇医疗保险354人。

计划生育率100%，为15名育龄妇女办理再生一孩准生证。

社区成立45人的义务巡逻队，全年调解民事纠纷60件，调解成功率100%。

【常乐社区】 社区有居民1340户，人口3768人，设21个居民小组。社区党总支现有党员117名，下设4个党支部。

2014年，完成内联客方到位资金2000万元，协税护税完成11万元。

全年疏通下水道3000米，清运垃圾30吨，维修道路2万余米，新建常乐新村小游园1000多平方米。修剪冬青1000多平方米，粉刷墙面2万多平方米，配备专职保洁员3人。

全年走访慰问特困党员、低保边缘户44户，动用资金15000余元。计划生育率100%，办理独生子女证23本。出板报12期和横幅25条。调解邻里纠纷4起，成功率100%。举办广场文化活动2场。为失业人员换证15本，发放社保补贴64人，为600多位老人进行了退休认证。

【镇海社区】 社区有居民3960户，人口7980人，设24个居民小组。社区党总支有党员132名，下设5个党支部。

全年清理卫生死角200余处，清理杂草、白色垃圾300平方米，铲除小广告370余处，疏通下水道700米，维修破损路面3000平方米，药物消杀2次。设置毒饵100个，投放鼠药10千克。

全年对10户低保户做到了应保尽保，将12家符合条件的困难户纳入帮扶范围。组织社区党员开展义务巡逻15次、环境整治18次。计划生育率100%，已婚妇女随访率100%，对育龄妇女进行定期走访；“五四”青年节期间，联合中医院为育龄妇女做健康检查。流动人口管理服务率100%。联合新海卫生服务中心为辖区居民义诊5次，免费为200余人次量血压、血糖等。出法制板报6期，张贴宣传海报20张，发放宣传资料600余份。调解民事纠纷17起，调解成功率100%。技能培训40人，创业培训9人。办理社保补贴45人，办理城镇居民医疗保险492人。

全年社区组织居民开展环保知识宣传、青少年法律知识培训、安全生产检查等活动，以“庆三八”“中秋节”等活动为契机，举办2次社区文艺演出。

【河西社区】 有常住居民2958户，总人口7286人，设35个居民小组。社区党总支下设5个党支部，有党员201名。

2014年完成内联客方到位资金3600万元、协税护税26万元。

全年共清理卫生死角23处，疏通下水道2500米，维修破损路面1800米，清理杂草近千平方米。设置毒饵站120个，有专人负责，并定期投放鼠药。

全年走访育龄群众6200余人次，提供流动人口的生产、生育、生活服务650人次，为育龄妇女127人免费体检2次，计划生育率达100%。为1248名退休人员进行养老金资格认证，办理就业失业登记证23本，为19名就业困难人员进行认证。办理社保补贴82人，为366名居民办理居民城镇医疗保险。

社区成立两支义务巡逻队，每天轮流定点巡逻。法制宣传月活动中，河西社区在社区广场开展图版法制宣传、法律知识咨询等活动。

社区组织红叶演出队，于元宵、"五一""七一"、重阳等节日在社区广场、小公园演出4次。

社区积极做好扶贫、济困、助残、敬老等社区服务工作。在助残日举办"爱心传递，你我同行"残疾人运动会，88名残疾人参加。社区残疾人康复站有专人负责，常年免费为残疾人进行康复训练。全年走访慰问社区残困家庭89户，发放慰问品、慰问金折合人民币3万元。

2014年社区获得江苏省居民学校、江苏省未成年人零犯罪社区、江苏省文明社区、江苏省社区科普益民计划先进单位、市企业退休人员社会化管理服务示范点、连云港市十佳文体中心、连云港市科普示范社区、连云港市示范妇女儿童之家、市人口文化大院、新浦区文明社区等荣誉。

【幸福社区】 社区有居民837户，人口2114人，设10个居民小组。社区设有党支部1个，有党员75名。

2014年，完成内联客方到位资金2500万元、协税护税2.8万元。

全年清运垃圾9吨，清理卫生死角6处及白色垃圾7处，铲除小广告50余处，疏通下水道300米，疏通化粪池2处，投放灭鼠药20千克，新增绿化面积合计11000平方米。协助完成新海路的扩建重修工作。做好新海路拆迁扫尾工作和人民西路八号地块拆迁工作摸底排查，下半年正式进入拆迁阶段。在新海路修路的同时，协调并成功把车辆巷、果酒巷、货运巷三个老旧城区的下水管道与新海路主干道的下水道接通。

全年走访慰问社区困难户、残疾户共49户，为2名80岁以上老人登记"尊老金"发放审批表，为5名老人办理老年证。办理独生子女证12本，为27名退休人员申请独生子女奖励金。调解纠纷12起，调解率100%。重点时期及时遏制了果酒巷居民群访事件。

全年为社区11名失业人员找到工作，为33名退休人员办理社会化管理登记，为453名老人办理了养老金认证。为11名失业人员提供岗位培训，为12名失业人员进行困难认定，换发失业登记证40本，对43人进行社保补贴申报。2014年荣获"文明社区"及"社会化管理服务示范点"称号。

【海连社区】 社区有常住居民1341户，4313人，流动人口278人。共有党员126名，下设3个党支部。

2014年，完成招商引资任务2500万元。完成协税护税52000元。

全年共清理建筑垃圾90余吨，清理卫生死角30处，捡拾白色垃圾112处，铲除小广告186处，疏通6幢楼的下水道300米，投放鼠药8千克，喷洒美国白蛾防治药物3千克，总面积360平方米。

全年计划生育率达100%，定期走访育龄群众，办理独生子女证15本，组织孕前健康检查25人次，为53名退休人员办理独生子女奖励金申报手续。

全年安置110名下岗失业人员再就业，提供灵活就业岗位123个，再就业培训人数86人。为退休人员进行养老金资格认证743余人。开展健康知识讲座4场，张贴宣传标语24条，出黑板报4期。全年举办安全知识讲座2期，90人次接受教育。开展广场文化演出活动3场。开展慈善超市惠民活动，惠及困难群众60余名。

（撰稿：赵萌萌　审稿：徐　蓓）

海州街道

综　述

海州街道东、南、西都与朐阳街道接壤，北以新建路为界与幸福路街道相连，面积1.15平方千米，下辖5个社区，6618户、29627人。2014年海州街道扎实开展党的群众路线教育实践活动，突出工作重点，狠抓经济指标和社会事业落实。

经济工作

【工业经济】 2014年，公共财政预算收入完成1868万元，完成年度考核目标100%。全年新增入库企业6家。全社会固定资产投资完成4.6亿元，完成年度目标的102%，其中规模以上固定资产投资完成3.9亿元，完成年度目标的103%；全社会工业资产投资完成1.5亿元，完成年度目标的115%，其中城镇规模以上工业投资完成1.27亿元，完成年度目标的106%。完成专利申请64件，完成年度目标的107%，完成新上国家级高新技术企业1家（万泰医药材料有限公司）。

【外引内联】 2014年新引进企业59家。内联引进资金完成3.72亿元，完成年度考核目标的143%。利用外资330万美元，完成年度考核目标的110%，完成年度力争指标。

【项目建设】 2014年，街道利用"共建共用开发园区"这一政策，新引进企业物流等生产性项目46家，其中注册开发区物流企业16家。新签约进园区项目1家（彬瑞电子公司总投资5000万元的电子元器件加工项目）；新开工进园区过2亿元项目1个（良

康医疗器械项目)。围绕古城复兴、旧城改造、文化项目开展对外招商,对浙江义乌正华集团计划总投资15亿元的白虎山小商品市场项目升级改造;广东功夫龙影视传媒有限公司计划总投资3000万元的功夫龙项目,进行项目选址;北京客商计划投资3000万元的汽车环保设备项目正在洽谈;沭阳客商计划投资5000万元的电子二极管项目正商讨厂房租赁、购买事宜。

社会事业

【为民服务站建设】 2014年筹资80万元打造全市首个集行政管理、社会服务、家政便民于一体的海州街道为民服务站。设4个平台(呼叫平台、网络平台、淘宝平台、微信公众平台),充分利用辖区鼓楼广场、朐阳门广场、长寿宫等载体拓展空间,使整个辖区的居民服务工作初步进入“一人有求、百家承应”的信息化、网络化格局。

【劳动保障】 2014年新增就业926人,城镇下岗失业人员再就业253人,城乡劳动者职业技能培训120人。完成城镇居民医保2510人,城乡基本社会保险覆盖率达100%。计划生育率98%,完成随访服务204人,完成目标的102%;免费孕前检查完成目标的101%。发放低保金90.6万元;医疗救助6人次,发放救助金额1万元;发放永辉慈善“爱心卡”9张,价值9000元;发放困难家庭临时救助金3.5万元;发放重残补助金17.6万元。为满足社区困难家庭的生活需求,街道建立了“爱心超市”,通过爱心志愿者捐赠帮助社区困难家庭。赠医疗物品300余件、现金2000元,帮助困难群众近300人次。先后投入资金18万余元,对长寿宫养老院改造升级,新装空调14台,改造室内外水电线路、屋顶防水及厨房、餐厅装修。

【治安维护】 2014年,街道采用“联、防、控”三字诀,通过抓机构设置,在社会治理机制上求突破;以矛盾纠纷多元融合式调处机制为龙头,开展百案化解、领导接访等活动,全年特别是青奥会及中央巡视组驻宁期间未发生一起进京赴省越级上访和非访事件。以党员干部为主的红袖标义务巡逻队,10多年来坚持动态巡逻与静态观察相结合,推行定人、定点、定时的巡逻机制,巡逻人员和巡逻密度得到明显加强。街道有红袖标义务巡逻队5支,共100余人。开展“千名机关志愿者爱心帮扶行动”。有在册登记志愿者437人、志愿者服务队50支。2014年共组织义务劳动、法制宣传、爱心奉献等各类活动60余次。2014年先后获得省委“无邪教创建示范街道”和市委“市反邪教工作先进单位”称号,被市委评为2012~2013年度法治建设示范街道。街道社会管理服务中心获市委、市政府社会管理示范化平台表彰,街道被市委宣传部、市依法治市领导小组评为法治文化建设示范点。

【创建特色街区】 2014年,海州街道开展创建海州古城特色文化旅游街区。幸福南路特色文化街区(海州古城文化街)于11月7日成功获批市旅游特色街区(连旅发〔2014〕110号文)。完成如家、德克士、东北人家、烤鱼堂、鼓楼渔村、鱼一哥、两棵树、老员外、辣黄酒等街区业态调整13家,并获得市财政2014年度旅游产业发展专项引导资金20万元的奖励。圆满完成以“老海州老味道,新海州新体验”为主题的白虎山庙会任务,取得了良好的社会效益,较好地宣传了老海州历史文化和风土人情。

中大街珠宝特色街区 街区位于海州古城钟鼓楼至十字街段,是海州古城居民人口密度最大的集聚区,也是古城文化业态、宗教庙宇、文物古迹的主要集聚地,历史悠久、文化底蕴深厚,拥有文庙、城隍庙、蒋宅、杨家大院、谢家小楼、福音堂等历史文化遗存及建筑遗址10多处,街区长475米,宽6~10米,区域商铺面积近12000平方米。充分利用街区珠宝行业优势,鼓励街区珠宝业态提档升级,引进新品牌珠宝商家入驻,逐步形成集聚效应,已形成中贵黄金、藏金阁珠宝、港城金店、鼓楼金饰、韩乙超珠宝、明牌珠宝、宝琴金店、老凤祥等珠宝业态16家。

修缮海州古城文化遗存 启动对海州古城墙镇海门南侧段坍塌严重的古遗址进行除险加固。对海州古城牌坊字迹残损、外立面油漆陈旧斑驳等进行及时维护和修缮。对钟鼓楼进行保护修缮。

城市建设

【综合整治】 对辖区幸福南路、中大街、南北大街、中南路、马路口市场加大专项整治力度,积极引导从业人员规范经营,杜绝无证经营和占道经营,取缔160余户占道经营户。加强背街小巷卫生保洁,对马路口、中南路等重点路段开展惠民月集中整治活动。加大“12345”热线处理力度,提高数字化城管群众满意率。二营巷局部收购完成2400平方米。年内共翻建危旧房面积1070.72平方米,海州实验中学拆除危旧楼3509平方米,海州培智学校拆除危旧楼4000平方米。对辖区违建零容忍,拆除辖区违法建筑9户、415平方米,实现无新增违建目标。

【美化亮化】 2014年,海州街道开展“洁净古城、诗意绿巷、古街石巷、古建亮化”专项行动,做好硬化、美化、亮化“三化”工作,营造古城良好人居环境。硬化道路33条、7085平方米,疏通下水道2076米;对鼓楼广场、欧德福超市门前、马路口市场、南门农贸市场和南大街等重要节点,联合城管部门进行集中整治,在辖区街巷庭院种植爬山虎、玫瑰、栀子花、桂花等具有古城意向绿植。围绕海州文化夜景元素特点及照明需要,安装路灯27盏,实现老旧小区、小街巷亮化无盲区;建成夜市标志亮化建筑物。

【古城复兴】 成立街道古城复兴工作领导小组,编制古城复兴项目招商手册,与中国交通建设股份有限公司华东区总部、中国卓达集团、连云港城投集团进行接触和推介。启动二营巷剩余资产征收工作。全面打造幸福南路特色街区，继续完善主题餐厅、特色酒吧等餐饮休闲业态调整。

党建工作

【教育实践活动】 按照区委统一部署，海州街道教育实践活动于3月正式启动，到10月底结束。全街道629名党员，共16个党支部，全部参加教育实践活动，参与覆盖面达100%。共开展征求意见活动30余次，征集意见、建议近200条。查摆问题103条，全部整改到位，按照时序有效推进。依托集中惠民月活动，梳理确定街道家政服务中心平台建设、长寿宫养老院部分硬件改造及服务功能提升、背街小巷亮化、马路市场整治、双龙社区社会管理服务站建设、南门社区爱心超市等9个项目。

【基层党组织建设】 针对基层党组织现状，按照整顿转化要求，采取主要领导亲自挂钩、软硬件全面提升的思路，制定帮扶社区整顿方案。双龙社区作为薄弱党组织被定为整改对象，街道党工委高度重视，多次召开专题会议进行研究。经过多次的协调，双龙社区党委进行整顿，建立民主集中制等制度，社区工作得到提高。

【干部队伍建设】 通过开办“中心组论坛”“先锋讲坛”“机关大讲堂”等特色讲坛，推进工作学习化和学习工作化。增强班子的凝聚力和战斗力。制订《海州街道党员干部执行力考核办法》，将重点工程、重大事项、重要民生服务纳入年度考评内容。

社区简介

【鼓楼社区】 社区有居民小组15个，户数1672户，人口5268人。面积0.25平方千米。2014年，社区完成税收24.77万元，完成内资招引2820万元。先后获得市文明社区、市法治文化示范社区等荣誉。积极开展群众路线教育实践活动，走访慰问老党员、特困户24户，发放生活用品，帮扶困难家庭30户，解决困难职工子女考入高等院校2人。加强治安防范力度，辖区内的主要背街小巷安装了监控探头，维护辖区社会稳定。完善育龄妇女登记制度，坚持登记及时、信息准确、录入快速，确保统计准确率达到100%。征收社会抚养费8000元、计生保险2800元，办理独生子女父母光荣证12本、二孩准生证2本。开展食品药品安全讲座1次、安全生产法知识讲座2次、防灾减灾知识讲座2次。免费开展再就业培训，提供就业岗位信息50余条。种植黄杨、菊花、紫薇、枝枝花、月季、青竹等绿化植物200多株、100多平方米。

【双龙社区】 社区有居民小组14个，户数1395户，人口4298人。面积0.18平方千米。2014年，社区完成税收4.26万元，完成内资招引2000万元。疏通了种子站下水道，新安装路灯8盏，新铺设小街巷约1000平方米。为一户困难大学生家庭送去3300元援助款。组织辖区单位、党员志愿者、低保户参加义务劳动31次，清理各类小广告4800多条。开展“绿在家庭”活动，引导居民植树、栽花、养草，在辖区重要地段种植桂花、月季花、栀子花、木香花，改善社区居民生活环境和生态环境。完成了拆除乱搭乱建、清理楼梯乱堆放等工作，共拆除违章搭盖20处，清运杂物30车，对沿街200多个店面乱张贴的小广告进行清洗、覆盖。

【新建社区】 社区有居民小组18个，户数1229户，人口3477人。面积0.18平方千米。2014年，社区完成税收9.31万元，完成内资招引2600万元。先后获得市“绿色社区”等荣誉。建立了社区党员花名册、社区流动党员花名册。印制了两期《新建社区报》，向党员、群众宣传社区工作及党的群众路线教育实践活动开展情况。设立以社区民警为龙头，以专职治保员、义务联防队和志愿者为补充的群治体系，由楼长和低保人员组织起来的红袖标队伍对辖区进行治安巡逻，有红袖标固定点6个。对辖区265个“九小场所”进行消防安全排查。对信访人员进行排查走访，全年信访工作稳定。投资20万元对关庙巷天安公寓老旧小区实施改造，装修小区警务工作室，清掏15个化粪池，疏通下水道1000米，维修走道灯80盏，道路破损维修200平方米，新安装路灯10盏，刷新楼道护栏2000米，增添垃圾桶10个，修建花坛2个，清理小菜园15处，选举产生新一届业主委员会，在小区内实行业主自我管理、自我服务。

【砚池社区】 社区有居民小组14个，户数1276户，人口3760人。面积0.25平方千米。2014年，社区完成税收28.14万元，完成内资招引4320万元。先后获得省、市无邪教示范社区、省小型托老所示范点、市绿色社区等荣誉。在辖区主要路口安装探头10盏，坚持红袖标义务巡逻队活动。重大节日做好计划生育宣传工作，开展大型活动2次、小型宣传活动6场。完成道路硬化近2000平方米，新安装路灯5盏，种植桂花、爬墙梅等花树苗60余株。定期到辖区各企业、小作坊等进行安全检查，开办社区食堂，让老人花最少的钱吃上可口的饭菜。设立爱心视频活动室，老人在网络上通过视频与子女见面、聊天。

【南门社区】 社区有居民小组30个，户数1982户，人口5976人。面积0.17平方千米。2014年，社区完成税收39.61万元，完成内资招引7651万元，先后获得市科普文明示范社区、市法治文化示范社区、市无邪教示范社区、市妇儿之家等荣誉。全年，调委会共受理民间纠纷14起，排查率100%，调成率98%。南门社区一手抓经济建设，一手抓社会民生，自年初以来，积极与市财政局机关党委、团委对接，共同在社区开办“爱心联动”超市，双方投入4万元，购买货架，制作图板，张贴宣传广告，将双方收集的捐赠物品，清点、整理后，分门别类，摆放上架，以供社区困难群众根据自身需要，免费选取。

2014年海州街道社区居委会情况表

表33

社区名	居民小组（个）	户数	年末人口（人）	成立时间	面积（平方千米）	地方生产总值（万元）	工业总产值（万元）	工业销售收入（万元）	三产增加值（万元）	财政收入（万元）	社区居委会地址	居民人均收入（元）	党支部书记	社区居委会主任	社区电话
鼓楼社区	15	1672	5268	2001	0.25	2020	360	360	1660	10	鼓楼嘉园8-8号	17800	周　红	周　红	85211822
双龙社区	14	1395	4298	2001	0.18	1733	715	680	1053	10	中南路65号	9468	杜友祝	杜友祝	85210911
新建社区	18	1229	3477	2001	0.18	1783	662	662	1121	10	儒学巷2号	9589	李　萍	李　萍	85219860
砚池社区	14	1276	3760	2001	0.25	2301	920	920	1381	10	浴后巷15号	9685	李　娟	李　娟	85212677
南门社区	30	1982	5976	2001	0.17	1682	831	831	951	10	南园新村小区	12342	黄锦荣	黄锦荣	85436895
合计	91	7554	22779		1.03	9519	3488	3453	6166	50		58884			

2014年海州街道主要工业企业情况表

表34

企业名称	成立时间	年末职工人数	固定资产原值（万元）	产值现价（万元）	利润（万元）	经营体制	主要产品	厂　址	负责人姓名
连云港大开瀛洲工艺品有限公司	1999	58	500	842	31	私营	工艺品	碧霞寺路1号	王　洋
连云港万泰医药材料有限公司	2002	41	520	831	22	私营	医药辅料	幸福路92号	张绍国
连云港金堂福半导体器件有限公司	2004	98	480	501	11	私营	半导体器件	西大街18号	张春培

（撰稿：陈金喜　审稿：杨育宏）

幸福路街道

综　述

幸福路街道位于海州古城区北部，东至镇海路，西至西大岭及三得利啤酒厂一线，南以新建路为界，北以朝阳路、江化北路为界，总面积2.76平方千米。下辖幸南、幸中、江化、文化、西大岭5个社区居委会，7231户居民，总人口21929人。辖区内驻有新海发电有限公司、德邦化工有限公司、江苏省海州高级中学、市第二人民医院、师专二附小等省、市企事业单位。2014年，幸福路街道完成全社会固定资产投资7.5亿元，公共财政预算收入完成2510万元，均超额完成年目标。街道被省民政厅评为江苏省和谐社区建设示范街道，被省人力资源和社会保障厅评为江苏省企业退休人员社会化管理服务示范点，省妇联评为省示范妇女儿童之家。另外街道被省统计局评为第三次全国经济普查先进集体，所属社区被评为地震安全示范社区。

经济工作

【经济指标】 2014年，完成全社会固定资产投资7.5亿元，占年目标的104%；全年公共财政预算收入完成2510万元，占考核目标的102.5%；城镇规模以上固定资产投资完成6.05亿元，占年目标的104.3%；全社会工业投资完成2.2亿元，占年目标的110%；全年完成城镇规模以上工业投资1.95亿元，占年目标的108.3%。全年完成规模以上工业总产值10.5亿元，占年目标的100%。完成注册外资实际到账额300万美元，占年目标的100%。积极培育申报市级以上科技计划项目、申报省级高新技术产品及市级以上高新技术企业。完成首次申报专利企业数5家，占年目标的100%；专利申请量60件，占年目标的100%。

【重点工程】 新海路东拆迁地块历经公示期7天和2个7天的签约期，公示51户，签约51户，民房签约率达到100%。市场开发正式启动，配合兄弟街道完成白虎山市场改造摸底调查工作。旧城改造全面铺开，新海路东地块民房征收顺利完成，企业征收进入预评阶段。铸造厂地块完成部分企业收购，安置小区建设方案已公示。在建工程序时推进，香格里拉二期进入桩基工程施工；义乌小商品市场二期完成土地平整，顺利试桩；玉兰国际6栋33层住宅楼全面封顶；金海公寓2号楼进入室内外装修。

【科普工作】 2014年，街道实施《全民科学素质行动计划纲要》，开展“科普进社区”活动，辖区内5个社区共举行科普文艺演出30多场次；组建科普志愿者队伍11支，科普联络员、宣传员队伍40余人；举办专题讲座30余场。

社会事业

【环境整治】 2014年，党工委先后组织党员干部集中开展环境整治7次，清除卫生死角18处，清理建筑垃圾与生活垃圾16千克，铲除小广告700多条。开展背街小巷集中整治行动，解决老旧无物管小区 基础设施不足、历史欠账较多等问题，街道 整修、清理下水道1200余米，修补支路街巷950平方米、增设维修大小窨井26个，清掏化粪设施6处，为老旧居民区新建垃圾集中设施1处，安装太阳能路灯7盏，等等，西大岭路流动摊点、江化南路马路市场整治等初见成效。

【劳动保障】 2014年，为就业困难人员举办3场专场招聘会，办理新成长就业登记证130人，老证换新证96人，其中困难人员“4050”认定82人。对零就业家庭进行跟踪，新增城镇就业人员913人、再就业人员278人，困难就业人员53人，开发岗位480个 。

【民政工作】 街道设立企业退休人员社会化管理服务示范点，以智障残疾人群为主要服务对象，建成提供日间照料、生活技能培训、康复训练于一体的全区首个残疾人托养中心和以老年人群为服务主体，提供医疗保健、心理咨询、文化娱乐、生活照料、家政服务、志愿服务等于一体的社区居家养老中心。 2014年共调处矛盾纠纷110起，化解信访案件8批次，48人次 。

【计划生育】 加强人口信息管理，组织开展人口与计划生育信息录入及信息纠错工作；开展户外宣传活动8场，发放宣传材料3000多份、避孕药具5000多只。全年办理独生子女证57本；缴纳独生子女保险7100元；办理流动人口婚育证明4人；征收社会抚养费66000元；免费为育龄妇女妇查人数217人；免费孕前检查人数35人；已办理单独两孩再生育一个孩子生育证26本，已办理双独两孩再生育一个孩子生育证1本。

【安全生产】 街道开展安全生产 大检查活动，检查企业75家次，查出一般安全隐患208处，隐患整改208处，下发整改通知书17份，隐患整改率达100%。依托“红袖章”义务巡防平台，对辖区企业、临街店面、菜场、网吧等人员密集场所的消防安全标准、消防设施、设备规范情况展开了全面的隐患排查，对非法违法的单位进行整改治理。

【禁违拆违】 采取多种手段严查违建行为，全年拆除违法建筑12处，320平方米，其中强行拆除4户，配合禁违办人员自行拆除8户；制止4户、面积140平方米。建立健全禁违拆违制度，每天一名带班领导参与辖区违建巡查，实行禁违拆违工作日巡查、晚汇报、周总结、月评比制度。

【社会治安】 充分运用“和事佬”化解家庭邻里纠纷。用“民管民、民理民”的“草根”方式化解矛盾，街道有“和事佬”调解工作室20个、“和事佬”82人，共调解矛盾纠纷45起，调解成功率95%以上。坚持以人为本，换位思考，创新出台“110”工作机制，打造平安和谐大信访。构筑“1”种信访联动体制、树立“1”块责任贴身标牌、打造“0”信访街道幸福阵地。全面开通针对突发性信访、复杂疑难信访、重大越级上访和群体上访、久诉不息信访等问题直通车，及时化解矛盾。

党群工作

【党的建设】 街道党工委开展与群众沟通“面对面”、交流“心贴心”活动分6次，多层面收集群众意见3000余份，走访企业8家，运用实践活动工作QQ群、政风行风热线等载体，听取基层党组织“一把手”、部门负责人、企业负责人不同层面的意见或建议，展开大讨论活动，梳理汇总51条意见，加强分析研判，即知即改。全年组织党员干部职工学习20余次，党工委中心组成员每人撰写理论体会文章3篇以上。召开党员会、支委会、党组小会46场次，上党课60场次，党员参训率97%。年内，国模以上非公企业100%组建党组织。

【妇女组织网络规范化建设】 从健全组织机构、完善工作制度、提高队伍素质三个方面入手，着力加强自身建设。吸收思想政治素质高、议事能力强、热心公益事业的离退休干部、教师、社区在职干部、居民代表组成社区妇联执委。成立社区少儿工作领导小组、巾帼建设领导小组，组织创建“平安家庭”活动，形成妇联组织总牵头、社区居民齐参与的创建工作格局。

（撰稿：宁　晨　审稿：汤　浩）

朐阳街道

综　述

朐阳街道南靠锦屏山，北依玉带河，东至西盐河，西到蔷薇河，地处海州古城东、南、西郊，土地总面积17.9平方千米，8270户，人口4.39万人。街道办事处下辖4个行政村、4个居委会和2个公司。朐阳自然资源丰富，生态禀赋突出。辖区内有孔望山、白虎山、锦屏山，盐河、蔷薇河、玉带河，形成了朐阳山城相融,山水相依的绿色、生态、宜居特色，是新城建设、旅游发展、商贸投资的新兴阵地。2014年，完成工业总产值

4.9亿元，引进外资500万美元，内联到位资金5亿元，财政收入7350万元。街道先后荣获“国家级生态街道”“江苏省模范职工之家”等荣誉称号。

经济建设

【工业经济】 2014年，全社会固定资产投资完成15.9亿元，完成目标任务15亿元的106%，其中城镇规模以上固定资产投资完成12.5亿元，完成目标任务12.2亿元的102%；规模以上工业总产值完成4.9亿元，完成目标任务4.7亿元的104%。

【招商引资】 2014年，内联客方到位资金完成5亿元，完成目标任务4.6亿元的110%；注册外资实际到账500万美元，完成目标任务500万美元的100%。开展“走出去，请进来”招商引资推介活动，先后赴海南、深圳、苏州、青岛等地对接招引，15批次、50位客商到朐阳考察洽谈，总投资过亿元的在谈项目有3个。

【财政工作】 2014年，街道把“稳增长、促改革”作为首要任务，紧抓经济工作不放松。全年公共财政预算收入完成7350万元，完成目标任务7349万元的100%。

【重点项目】 2014年，先后引进建设易居公馆、孔望尚府、梧桐蓝山等一批高品质项目，磨盘山路完成房屋征收工并实现简易通车，孔望山路北段、东段道路建成通车，孔望山公园二期项目地面附属工程全部完工，师专二附小新校区已建成并交付使用。产业转型升级取得新进展，中翔钢材市场向农机市场转型初见成效，11家农机品牌销售公司入驻；三得利啤酒厂与青岛啤酒全面合作，总投资2000万元的优化包装生产线项目已经完工并顺利投产；白虎山小商品批发市场升级改造步伐加快，前期调查摸底工作全部完成。

社会事业

【文明街道社区创建】 开展文明街道、社区创建工作，网疃村、孔望山社区荣获“全市文明村（社区）”称号；朐阳被授予“国家级生态街道”荣誉称号。

【关注弱势群体】 落实城市低保标准自然增长机制，提高低保标准，2014年累计发放低保金88万元，发放优抚金17万元。利用重大节日，走访低保户10户，看望困难家庭60户，发放慰问金及物品价值5万元，协调解决各类热点难点问题20余件。

【为民服务】 2014年代理代办计划生育、城市管理、劳动就业等事项800余件。开展党员“乡村行”“社区行”等“家门口”服务活动，街道计生、民政、劳动保障等部门向群众宣传政策，为群众解疑答难，共发放资料1000余份，解答咨询150人次。投入近80万元，着重解决群众关心关注的出行困难、生活不便、配套设施缺乏等问题。开展矛盾纠纷大排查，党政班子成员包案负责，全年化解信访积案6件，有效维护了基层稳定。

【城乡绿化】 2014年完成城市垂直绿化6处731米，新增路边绿化3520平方米，栽植木香花、红叶石楠球、黄杨等3000株；完成绿化造林面积34.53公顷，其中山体绿化24.9公顷，农村四旁植树2.1万株。

【抓好防火防汛】 加大人力、财力和物力投入力度，从严要求、从紧落实。在防火期间，尤其是重大节日期间，办事处全员上山，加强巡查值守，严禁火种进山，消除火情隐患；在防汛期间，组织全部精干力量加强对水库塘坝及低洼地带的监控防护，确保防汛工作万无一失。

【城市管理】 2014年共组织各类违建强拆行动71次，累计拆除各类违法建筑5300平方米，有效遏制了违建势头。注重发挥“12345”平台的作用，全年办结各类违建事项600余件，清理广告垃圾960余次，清运生活垃圾1800余吨，新增保洁面积近10万平方米。

【安全生产】 2014年共召开16次工作例会，召开2次全办大会。率先为辖区各村、社区安保员配发安全生产检查证，由条线领导带队，分行业、分领域对辖区内重点监管企业、采石厂、烟花爆竹、特种设备、人员密集场所等开展“拉网式”安全生产专项检查和专项治理，全年共排查安全隐患562处，下达责令整改通知书19份。

党群工作

【组织工作】 2014年，朐阳街道创新人才选拔机制，调整股级干部17名。成立大学生“村官”联合会朐阳分会，完善《朐阳街道股级干部管理暂行办法》，建立机关工作人员档案库，确保干部管理规范化、制度化、科学化。打造党员志愿者先锋队，从机关选取党员骨干30名、10个村社分别选取10名党员骨干组成党员志愿者先锋队，在政策宣传、服务群众、征地拆迁、信访维稳等方面发挥党员先锋表率作用，进社区活动2次，结对帮扶困难群众6户，走访慰问困难家庭59户，服务群众800余人次，增进了党群干群感情。

【工会工作】 2014年，朐阳街道新建8个工会，会员人数600人。建立劳模数据库。对辖区7户符合条件的特困家庭申报特困职工帮扶；在“金秋助学活动”中，成功帮扶一名大学生；针对下岗失业人员，与劳动保障所配合，开展岗位技能培训班2次，对80名下岗失业人员进行再就业培训，对9名下岗失业人员和农民工实现了再就业。

【妇联工作】 2014年，朐阳街道敬老院院长王奎先家庭被评为“港城十大最美家庭”，市妇联与市电视台联合为市劳模王奎先拍摄了纪录片——

《王奎先的事迹》。网疃村村民组织“爱心艺术团”在市婆婆妈妈大舞台表演。全镇妇女积极参与“春蕾关爱计划”“农村妇女两癌申报”“单亲特困母亲帮扶工程”“妇女儿童之家”等市、区组织的系列活动。

行政村（社区）简介

【西门村】 西门村有12个村民小组，1233户，人口3453人。有耕地52公顷。2014年实现村集体收入103万元，完成税收148万元，完成内联引进资金5600万元，完成社会固定资产投资8000万元（其中工业固定资产投资3000万元）。安装路灯3.5千米，装配太阳能路灯115盏；修建村庄道路500米，下水道800米；为村民灌溉支出2万元，村庄环境整治3.5万元。

【网疃村】 网疃村位于古城海州东侧，全村2450户、5620余人。有土地80公顷，是一个以特色农业为主，工业生产、第三产业全面发展的城郊村。随着孔望新城建设的加快推进，网疃村突出解决新区征地拆迁，强力加强地产开发，推动全村“三个文明”建设健康快速发展。2014年完成内联引进资金1803万元。完成全社会固定资产投资8000万元，其中工业固定资产投资完成500万元。完成税收35.19万元，年集体创收150万元。完成市场东路扩建铺设道路一条2000平方米；城河口组道路及下水道2500平方米，下水道500米；磨盘山道路、梧桐蓝山征地、变电所地块拆迁征地工作。

【园林村】 园林村由原园林村和白虎山村于2001年合并而成，有11个村民小组，1108户，总人口3380人，其中党员89人。总面积约1平方千米，其中耕地面积38公顷，山林面积42公顷。辖区有各类企业17家，村民以蔬菜种植与果树栽培为主业，部分从事花木苗圃，村民年人均纯收入1.71万元。全村自来水入户率达100%，数字电视入户率达100%。2014年铺设水泥路4800平方米，铺设下水道400余米，修复各类泄洪道、排灌沟700米，村集体投资近30余万元在锦屏山山林与公墓中间修筑防火墙、隔离带500余米，投入30万元的村居家养老服务中心已初步建成。

【孔望山村】 孔望山村占地约2平方千米，辖区有5个村民小组，650户，人口2400人，下设3个党支部，党员75人。2014年人均收入1.71万元，有企业5家，个体工商户9家。全村新型合作医疗参保率98%，数字电视入户率95%。新建6座垃圾池，进一步提高村容村貌。

【西门社区】 西门社区位于海州古城西部，属于典型城郊接合部，北至西大岭社区，南至连云港市第四人民医院，西至江苏省三得利啤酒公司，东至白虎山溜冰场，有1015户，2758人。社区设14个居民小组，拥有一支22人老年人“夕阳红”文艺演出队。有个体工商户51家，2014年完成招商引资3000万元，税收完成1万元。

中秋节、春节前夕，社区与市教育局领导走访慰问困难户8家，分发补助金4000元。区人大代表走访低保边缘户1家，发放食品及救助金1000元。市广电局机关领导慰问了低保户章如兰，并免费送液晶彩电一台。疏通铁西路下水道500米。

组织一支社区党员义务巡逻队，每天训练执勤，做好辖区治安工作。及时做好调解纠纷，成功率100%。

【锦化社区】 2014年，社区完成集体创收8万元，招商引资3003万元，完成协调税收23.56万元。开展党员进社区活动。和共建单位联系，为居民免费义诊，开展健康大讲堂活动，并为社区困难户送去2000元的医疗惠民卡。利用春节、“七一”和中秋节等重要节日，走访困难居民和困难党员30户，送去慰问金1万元，并为白血病儿童筹集捐款9000元。

投入7000元对辖区的3500米下水道进行彻底清理，清理垃圾20车。社区通过协调安装22盏太阳能照明灯，重新铺设2条破损严重的主干路。投入1000元新建垃圾池2座。协调1万元资金对漏雨的社区办公用房进行维修。

组织开展安全生产、食品药品安全等安全检查，全年未发生安全事故。全年无上访事件发生。组织社区失业人员参加区、街道举办的各类培训和现场招聘会；做好本辖区退休人员的年检工作，为社区居民办理城镇居民医疗保险工作。

【孔望山社区】 孔望山社区东临盐河南路，南靠秦东门大街，西至新孔路，北以海宁路为界，总面积约4平方千米，拥有常住户2222户，常住人口约6370人。有党员64名。春节、中秋前夕，区领导、部门及共建单位共走访社区困难家庭60户。2014年孔望山社区完成招商引资5000万元，完成税收5.55万元。召开议事会、监事会各12次，开展党员志愿者活动5次，认真开展党员进社区活动10余次，认真完成群众路线教育实践活动的各项工作。

全年发放计划生育政策法规、生殖健康等宣传资料600余份，免费发放药具100多盒。为39户独生子女家庭办理独生子女父母光荣证。登门随访56人次，定期随访260余人次。配合孔望山社区卫生院开展妇女免费体检活动2次、体检人数300余人。签订预防青少年违法犯罪责任书14份。签订无毒社区责任书14份，举办无毒宣传1场。签订反邪教责任书14份。调解纠纷12起，口头协调3起。社会纠纷排查调处接待群众42人，组织排查40次、调委会成员36人。三项排查发动干部83人，发动群众221人，张贴标语219条，发放传单335张。巡逻队伍1支，人员25人。治安防范宣传18场，发放宣传资料472份。发放公开信1200余份，法治建设满意度调查问卷12份，群众安全感电话调查问卷8份。安全、消防检查15次。

【香江社区】 香江社区成立于2007年，东临新孔南路，南靠玉带河畔，西至振海路，北至海宁西路。辖区内有茗馨花园、香江花园两个居民小区，共有住宅楼125幢，常住人口12000人。其中茗馨花园为经济保障房小区，有保障房4174户，其中经济适用房2785户，廉租房532户，两限房655户，人才安置房202户。2014年社区共完成集体创收10万元，招商引资2042万元，协税护税5.65万元。顺利完成第三次经济普查工作，共调查中小企业、个体经营户104家。开展安全生产、食品药品安全等安全检查，共检查57家小商户。组织社区失业人员参加区、街道举办的各类培训和现场招聘会；做好本辖区退休人员的年检工作，办理780人；为社区居民办理城镇居民医疗保险，办理245人。全年发放慰问金、慰问物品2万余元。做好计划生育工作，加强计划生育政策、法规的宣传，共为居民申报独生子女证30本，办理退休职工独生子女一次性奖励60人。

（撰稿：徐浩轩　审稿：殷成祥）

洪门街道

综　述

洪门街道地处市区西大门，东与新海街道相连，南与幸福路街道接壤，西与岗埠农场交界，北与浦南镇为邻，陇海铁路从北部横贯东西，蔷薇河穿中心而过，新牛公路、海连西路、朝阳西路、海宁西路、幸福路、204国道从辖区经过，交通便捷。辖区总面积8.85平方千米，下辖2个村、3个社区及洪门工业园区、物流园区，常住人口16468人。2014年，洪门街道以“工业转型、物流壮大、形象提升、社会创新”为重点，强化任务落实，完成固定资产投资15亿元，工业总产值18亿元。洪门街道被国家环保部授予国家级“生态乡镇”称号，海农植保专业合作社获得国家农民合作“示范社”称号。

农村工作

【绿化造林】 2014年，洪门街道以改善生态环境、建设绿色家园为重点，狠抓道路、河堤绿化、美化、净化工作。投资8.55万元建设蔷薇河绿化长廊，成片造林7.13公顷，采取合作共建、见缝插绿、缺株补植等方式栽植各类苗木38490株。投资38万元建设红旗社区游园。

【秸秆禁烧】 成立秸秆禁烧管理办公室，设巡查小组，全天候巡查是否禁烧秸秆，通过发放宣传信、制作宣传条幅、墙体标语等形式，部门联动做好环保宣传，调动收割机械、还田机械，夏麦、秋稻秸秆全部还田。

【动植物防疫】 层层签订防控目标责任状，及时清除网幕，3次对辖区13.33公顷树木喷洒药剂，美国白蛾防治效果明显。规范禽畜用药，动物口蹄疫、高致病禽流感等重大动物疫病得到防控，年内辖区内无疫情。

【防汛抗旱】 制定方案，下发《关于调整洪门街道办事处防汛抗旱指挥部成员的通知》文件，在汛期伏旱期间，科学调配资源，严格落实24小时值班制度。

【土地复垦】 申请业务部门土地复垦验收，对已完成的6.65公顷复垦地块做好坐标测绘，同时对其他没有确定的221.87公顷复垦地块做好排查认定工作。

经济工作

【主要经济指标】 2014年街道完成公共财政预算收入9866万元，城镇规模以上固定资产投资15亿元，工业投资9亿元，规模以上工业投资8.1亿元，净增规模以上工业企业2家，净增限上企业3家，规模以上工业总产值18亿元。

【招商引资】 内联客方到位资金5.03亿元，注册外资实际到账500万美元。盘活部分闲置厂房，引进正升模具、奥尼斯环保设备、江苏倍伦斯等投资2000万元以上企业和投资过亿元的韦希科技电商园。新培育15家现代服务企业。限上社会消费品零售额增幅30%。

【重点工程】 打造现代服务业集聚区智慧物流园，完成1万平方米服务业孵化园配套设施建设。完成省级重点工程连盐铁路洪门段房屋征收工作，征收洪门段房屋共48户，面积约13942.48平方米，企业2家，面积约5472平方米。提档升级四季农产品市场。

【商贸物流与服务业】 以四季农副产品市场为平台，加快发展辖区的商贸物流与现代服务业，优越的地理位置，使永昌货运、华宝物流等为龙头的物流企业得到进一步发展。大力向外推介农贸市场根雕、古玩、茶城旅游一条街，打造一站式采购平台。

【安全生产】 2014年检查企业82家次，查出一般安全隐患175条，下发整改指令书26份，均已整改到位。食品、药品安全等工作常抓不懈，辖区内未发生一例重大食品、药品安全事故。

社会事业

【社会保障】 通过组织专场招聘、职业介绍、技能培训等方式，累计受益群众1120人次。新增城镇就业人数543人，城镇登记失业率在3%以内，城乡基本社会保险覆盖率100%。为辖区内新成长失业人员办理就业登记证217份，为下岗失业职工换发新证45份；举办专场招聘会4场，再就业、创业培训66人。街道被评为省级劳动保障监察示范网格。

【民政工作】 利用中秋、春节等重大节日，走访慰问困难群众441户，发放现金、物资共计147160元，为52户低保户每月发放低保费3.06万元。发放慰问金、低保金等资金约78万余元。建成450平方米洪门村居家养老服务站。

【计生工作】 开展计生15分钟公共服务圈项目工作，新增4个社会化发放点，3台自助式药具发放机。投入人口和计划生育事业的费用近23000多元。举办大型广场宣传活动4次、中小型早期教育讲座4次、青春期知识讲座1期。组织开展“计生国策伴你行 优质服务进万家”集中宣传月活动，生殖健康筛查服务率90%以上。完成社会抚养费征收16.05万元。

【文化工作】 成立5个社会文艺组织并完成机构申报，利用节假日组织广场舞、文艺演出等社区文体活动。

【环境改造】 投入180多万元，升级改造煤栈路下水管网，拓宽出新路面，美化亮化道路两侧。修缮便民路2条，硬化出新背街小巷20余处，疏浚清掏下水管网4处，对新海粮库宿舍等群众反映强烈的重点地段环境改造升级。

【综治信访】 2014年受理调处矛盾纠纷75起，调处化解成功率达100%，接待来访群众210余批次，重点做好涉及370多户回迁户安置房建设的江天花园信访案件稳控工作，村（居）务公开率达到100%。

党建工作

【班子建设】 2014年，洪门街道党工委坚持抓好村居班子建设，9月、10月，分别成立综治办党支部和多助保安有限公司党支部。开展践行党的群众路线教育实践活动，将“背靠背、面对面、请进来、走出去”等方式结合起来，征集各类意见、建议327条，对一些基础设施、社会保障等问题立即制定整改方案，涉及民生实事的17个项目立即整改。

【思想政治建设】 以中心组学习、党员集中活动日、周末课堂等为载体，组织学习贯彻十八大，十八届三中、四中全会和习总书记系列讲话精神。引导广大党员干部学习党务政务、法律法规等新知识、新内容，拓宽党员干部的知识面。专家授课、视频学习共计19次，累计培训500余人次。

【纪检工作】 坚持制度建设，完善《洪门街道规章制度汇编》，规范机关人员行为。对重点工程、重大事项推进情况以及机关工作作风进行监督检查，并将相关情况在党政联席会或宣传栏予以通报。利用党员活动日、“廉政课堂”等载体，观看廉政电教片，学习廉洁从政一系列相关规定、制度，加强廉政教育。

【宣传工作】 开展“星级文明户”评选表彰、公民道德月宣传等主题活动。在《江苏经济报》《江南时报》等省级以上媒体发表5篇，《连云港日报》等市级媒体刊播450篇报道。荣获2014年度全区新闻宣传先进集体二等奖。

【群团组织建设】 新建工会9家，发展会员1226人，成功打造洪门工业园区法律服务维权平台，成为江苏首家在园区建立的法律维权平台。在全区工会工作考评中获得优秀单位第一名、工会创新成果优秀单位两项荣誉。

行政村（社区）简介

【洪门村】 洪门村位于蔷薇河畔西侧，东邻蔷薇河，西邻东海张湾，北邻新浦经济开发区，南邻新海发电厂，一条204国道和陇海铁路穿村而过，全村约有土地面积3.5平方千米。辖区内共有16个村民小组，共2232户，总人口4479人。洪门村党委下设3个党支部，共有党员113名。辖区内有企业23家、个体工商户107家、大型园区1个、大型农贸市场1个。2014年实现税收1320万元，年度完成乡村养老保障财政配套资金补助到位率100%，新农合参合率100%，财政配套资金到位率100%。

【新庄村】 新庄村位于连云港市市区西部，辖区内海宁大道、朝阳路、幸福路等多条交通要道穿村而过。全村有大小民营企业近50家，主要从事物流、加工、制造和服务等行业。辖区占地面积3.5平方千米，总人口440人。新庄村党总支下设3个党支部，党员70人。2014年全村国民生产总值2亿多元，上缴国家财税近1500万元，人均纯收入8320余元，计划生育率100%。

【红旗社区】 红旗社区成立于2001年11月25日，社区位于海州西大门，辖区范围经合并调整后，重新划定，东至新海路，西至蔷薇桥，南至新海发电厂，北至海连西路。红旗社区党委下设3个党支部，共有党员126名。总户数1665户，总人口4680人，面积达0.76平方千米。社区有办公用房350平方米，新建社区服务中心399平方米。内设老年活动室，健身房、居家养老、残疾人康复室、世代服务室等。辖区有厂矿企业5家，独资企业1家，学校1所，学前班、幼儿园4所，个体工商户160余家。2014年，红旗社区获得“江苏省充分就业示范社区”荣誉称号。

【洪门社区】 洪门社区位于海州西大门，辖区范围经合并调整后，重新划定，东至幸福路，西至新海路，南至江化路，北至海连路，社区总户数1203户，总人口3680人。洪门社区党委下设3个党支部，有党员63人。社区有办公用房200平方米，活动用房200平方米。内设老年活动室、残疾人康复室、世代服务室、儿童之家、科普学校、民防工作站等。辖企事业单位4家，银行2家，幼儿园1家，便民服务点5个，个体工商户72家。

【洪新社区】 洪新社区成立于2012年5月，社区位于海州西大门，辖区范围经调整后，重新划定，东至新海路，西至新庄村，南至江化路，北至陇海铁路。面积大约1.9平方千米，社区总户数2007户，总人口5802人。洪新社区党委下设3个党支部，共有党员101名。

（撰稿：李琼宇　审稿：李　宁）

宁海街道

综　述

宁海街道位于海州区东南部，距市行政中心6千米，东与东辛农场毗邻，西与锦屏镇相望，南与板浦镇接壤，北连南城镇。区位优势明显，交通便捷。宁连高速公路、徐连高速公路在境内交会，瀛洲南路、204国道穿境而过。街道总面积46平方千米，下辖1个社区、10个行政村，91个村民小组，耕地面积2380.5公顷，总人口28289人。在2014年度海州区经济和社会发展目标考核中荣获综合一等奖。

经济工作

【农村经济】 2014年，宁海街道坚持“政府推动、企业主导、多方参与、多元投入”的思路，形成“公司+基地+农户”的产业化合作模式，直接带动农户增收。加快推进海河苗圃花卉基地提档升级，城市生态苗圃基地企业化运作规模达286.67公顷，南出入口立交群范围内完成房屋征迁近4000平方米，土地平整5.33公顷，栽植各类植被10000余株。投入120余万元完成高速及国道两侧土地流转，实施四沿绿化80公顷，农田林网更新完善100公顷，植树17万株，县、乡、村绿色通道管护35千米。

【工业经济】 2014年，完成规模以上工业总产值20亿元，规模以上工业增加值增长22%；社会消费品零售总额增长2%；财政公共预算总收入完成5500万元；全社会固定资产投资14.5亿元，同比增长45%，其中工业固定资产投资13.3亿元，同比增长58.8%；内联客方到位资金7亿元，同比增长7.6%；外资到账880万美元，同比增长25.7%；新增规模企业1家；新引进2000万元以上工业企业4家；完成农业现代化和城乡统筹工作；新增省级高企2家、高品1件，申请专利71件，授权64件（其中发明7件）。

【重点工程】 2014年太阳雨三期1号厂房建设完成内部装修，2号厂房正在施工，研发中心已完成设计。润州路建设工程全面完成。昊海大道宁海段正在施工，确保年内竣工通车。工业邻里中心安置房初步设计方案已完成，拆迁确权工作已结束。新增规模企业1家，华软光电、吉利自动化设备、香港云海高效节能永磁同步电机项目正在洽谈；圣关生化科技DTE灭火器、“企业自主创新人才孵化基地”项目已成功签约；年产8万台水滤康高效净水器及富运通钓具项目已投产；利金新材料3条生产线已全部完成安装调试，预计月底投产、苏鹰人才科技集团已入驻宁海。

社会工作

【社会民生】 2014年筹措300万元资金启动自来水管线改造第一期工程，已完成主管线改造约1000米。投入200万元，完成河道疏浚7条，整治河塘18条。投入400余万元，建成小游园1个，乡村小路6条、10.5千米，农桥3座。宁东路完成建筑规划设计，社会事业服务大厅建成并投入使用，为群众提供便捷的一站式服务。计划生育率达100%，流动人口管理服务率达96%，计生工作在全区考核中夺得第一。严厉打击超面积翻建房、无规划手续建房等违法行为，全年街道共出动各类车辆400余台次，组织集中强拆4次，拆除违建22处，合计4000平方米。

【环境保洁】 2014年投入40万元资金，购入垃圾清运车和城管执法车各1辆、三轮车15辆，新砌垃圾池20个，新增垃圾箱50个。落实55名保洁人员对城乡主干道进行全天保洁，垃圾中转站正常周转运营，月完成垃圾压缩打包转运60立方米。

【信访稳定】 扎实开展党的群众路线教育实践活动，加大社会矛盾纠纷排查处置力度，落实领导包案责任制，开门接访，突出对征地拆迁、环境保护、劳动争议等经济领域中矛盾纠纷的排查，化解各类矛盾纠纷100余次，处置来信来访56次，处置率100%。累计成功调处平息各类纠纷75起，为各村解决涉法涉诉案件和突出的信访问题23个。

党的建设

【党建工作】 街道党工委始终把党风廉政建设摆在突出位置，着眼于打造勤于学习、善于思考、敢于担当、勇于争先的干部队伍，围绕抓基础、强队伍、转作风的工作思路，巩固升华群众路线教育实践活动成果，推进作风建设。2014年街道建立和完善了《关于重申禁止午间饮酒规定的通知》等6个规章制度并印制《宁海街道机关工作人员行为规范》，人手一册，由街道纪工委、监察室做好日常督查，每周五部门汇报会上讲评通报。对违法违纪行为实行零容忍，对顶风违纪、社会影响恶劣的党员干部，严格按照党纪予以严肃处理。

村（社区）简介

【平安社区】 平安社区地处宁海街道最南端，与板浦镇毗邻，是街道办事处驻地。耕地面积150公顷，下辖6个村民小组，523户，人口3517人，街区人口3233人。2014年末，平安社区集体收入为27.2万元，农民人均纯收入为13540元。紧抓村庄环境整治步伐，对社区脏、乱、差进行整改，清理卫生死角，整个村居环境得到改善。先后荣获“江苏省和谐社区示范村”“江苏省示范妇女儿童之家”等荣誉。

【太平村】 太平村地处宁海街道北端，与宁海立交群毗邻，内有新北河、埃字河等重要河道。现代科技创业产业园位于太平村境内。耕地面积143.8公顷，下辖7个村民小组，435户，人口2088人，共有党员65名，村两委6人。2014年末，村集体资产总额121.61万元，全年村集体收入67.5万元，村民人均纯收入15769元。年内，根据电子信息产业园规划，协助产业园拆迁700余亩，完成埃字河畔2000余平方米绿化工程。

【海河村】 海河村地处宁海街道东北端，北与妇联河毗邻，南与新圩村相接，西与武圩村相邻。耕地面积434.8公顷，下辖10个村民小组，720户，人口3154人，共有党员91人，村两委4人。2014年，全村集体净资产总额272.26万元，农民人均纯收入1.36万元。海河花卉苗木基地完成土地平整200公顷，种植各种花卉15万株。

【杨场村】 杨场村地处宁海街道东南端，西与黄圩村毗邻，东临云善河重要航道。耕地面积161.6公顷，下辖7个村民小组，440户，人口1883人，共有党员52人，村两委4人。2014年全村集体资产总额为63.91万元，全年村集体收入27.1万元，农民人均纯收入13800元。村民主要收入来源于种植业和外出打工，农业以稻麦、蔬菜种植为主，辅之以养殖业。投资2.5万元修建学校围墙、电动门。

【新圩村】 新圩村地处宁海街道东中部，西与新北村相接，北与海河毗邻。耕地面积217公顷，下辖7个村民小组，491户，人口2420人，党员54名。2014年全村集体资产总额38.92万元，全年村集体收入15.8万元，全年农民人均纯收入1.26万元。完成对三组电灌站的翻修兴建，保证全村的农田灌溉。有专人管理村级文化室，文化室藏书达一千册以上，有线电视户户通工作完成率达99%以上。

【新北村】 新北村地处太平村东侧，北与海河村毗邻，西临南北大沟。耕地面积248.8公顷，下辖12个村民小组，640户，人口2800人，全村有党员74名。人均年收入13900元。新北村年内新植意杨5000棵，补植1500棵，村庄绿化成效明显。根据土地少人口多的实际情况，大力引导广大村民发展养殖业，全村年生猪饲养量近2万头，年出栏生猪上万头，羊饲养量千余只，养殖户平均增收近万元。组织剩余劳力参加上岗前技术培训，引导村民外出务工，

【黄圩村】 黄圩村地处宁海街道东南，东靠平安村，西与杨场村毗邻，内有黄圩河。耕地面积155.5公顷，下辖6个村民小组，319户，人口1543人，党员61人，女党员占16.39%。全年村集体收入为16.1万元，农民人均纯收入为1.28万元。针对地少人多，引导广大村民发展养殖业，福泰养殖场新扩建猪舍3000平方米，全年生猪出栏达25000头、草鸡30000多羽、贵妃鸡5000多羽。

【魏湾村】 魏湾村地处宁海街道西北端，与宁海立交群、昊海大道毗邻，宁海工贸园大部在辖区内。耕地面积201公顷，下辖9个村民小组，712户，人口3110人，党员73名。2014年末，村集体资产总额为119.53万元，全年村集体收入为24.2万元，农民人均纯收入达到1.5万元，收入主要来源于外出务工。新建垃圾池5个，实现水泥路“户户通”。

【卞浦村】 卞浦村地处宁海街道西端，北靠连霍高速，紧贴西盐河。耕地面积248公顷，下辖13个村民小组，567户，人口3042人，党员83名。2014年末，村集体资产总额为25.33万元，全年村集体收入为22万元，人均收入1.35万元，农民收入主要来源于种植业和外出打工。村级文化室（农家书屋）藏书达600册。

【清河村】 清河村东靠宁连高速，北与魏湾村毗邻。耕地面积224公顷，下辖8个村民小组，632户，人口2911人，党员78人，其中女党员16人，占党员总数的20.51%。2014年全年村集体收入为24.5万元，农民人均纯收入为1.34万元。全村95%农民参保合作医疗。村庄道路硬化率达到96%。

【武圩村】 武圩村地处宁海街道北端，位于宁海立交群东北侧，北靠烧钱香河。耕地面积196公顷，下辖6个村民小组，385户，人口1821人，党员79人。2014年末，村集体资产总额为57.65万元，全年村集体收入为19万元，农民人均纯收入为1.45万元。2014年被评为全国人口和计划生育基层群众自治示范村。

2014年宁海街道各村情况表

表35

村　名	村民小组（个）	年末户数	年　末人口数	耕地面积（公顷）	农业产值（万元）	粮食总产量（吨）	全年村集体收入（万元）	年末村集体资产总额（万元）	农民人均纯收入（元）	党支部书　记	村委会主　任	村会计
平安	6	523	3517	150	1132	2214	27.2	–28.81	13540	蒋厚池	钱　峰	卞昶凯
太平	7	435	2088	143.8	1086	2123	67.5	121.61	15769	江舜军	刘作卫	骆公勇
武圩	6	385	1821	196	1470	2296	19	57.65	14500	江舜建	江顺武	仲维建
清河	8	632	2911	224	1676	3302	24.5	–34.26	13416	徐开波	卞光佐	韩　飞
卞浦	13	567	3042	248	1854	3659	22	25.33	13536	卞保法	屠根义	卞德胜
魏湾	9	712	3110	201	1510	2971	24.2	119.53	14989	陈　康	王华东	魏加伍
黄圩	6	319	1543	155.5	1173	2296	16.1	–0.26	12800	骆丙乐	孙宝林	许彦卫

续表

村　名	村民小组（个）	年末户数	年　末人口数	耕地面积（公顷）	农业产值（万元）	粮食总产量（吨）	全年村集体收入（万元）	年末村集体资产总额（万元）	农民人均纯收入（元）	党支部书　记	村委会主　任	村会计
新北	12	640	2800	248.8	1858	3667	15.1	-13.99	13900	杨　军	王志干	金　鑫
新圩	7	491	2420	217	1625	3200	15.8	38.92	12600	乔以茂	丁松和	龚成斌
杨场	7	440	1883	161.6	1217	2385	27.1	63.91	13800	乔乃林	乔延武	殷志慧
海河	10	720	3154	434.8	3226	6402	18.2	272.26	13600	顾廷洋	冯士友	孙　军
合计	91	5864	28289	2380.5	17827	34515	276.7	621.89	152450			

2014年宁海街道主要工业企业情况表

表36

企业名称	开业时间	从业人数	固定资产（万元）	年销售收入（万元）	年税收（万元）	主要产品	负责人
日出东方太阳能股份有限公司	1996.5	1980	350387	175337	10991	太阳能制造	徐新建
江苏惠宇玻璃有限公司	2007.8	240	14632	6969	164	玻璃生产加工	黄　霞
连云港龙顺塑料有限公司	2000.9	35	2334	6392	103	废旧塑料回收再制造	金山青
连云港旭日科技有限公司	2003.10	65	983	9196	297	木制品生产	陈爱明
江苏省太阳能研究所有限公司	2011.1	63	318	6368	242	太阳能集热生产	徐新建
连云港宁海同达建材有限公司	2006.11	99	3288	5004	365	混凝土制造	徐同达
连云港元丰机械有限公司	2008.1	84	1203	2289	32	纺织机械制造	侯永进
连云港东方远通汽车销售服务有限公司	2003.8	259	5210	45182	210	汽车销售服务	朱有真
连云港盛资汽车销售服务有限公司	2006.7	140	2077	21931	92	汽车销售服务	李　冰

（撰稿：刘高峰　审稿：王锦穆）

花果山街道

综　述

花果山街道东依南云台山（花果山），西与新东街道接壤，南临南云台林场，北接猴嘴街道。面积39.7平方千米。下辖7个村、1个社区，6043户，20459人。2014年，花果山街道完成全社会固定资产投资75亿元，公共财政预算收入3.4亿元，财税收入3.92亿元，农民人均纯收入达到1.93万元，同比增长19.9%。全区经济目标考核中，被评为一等奖。

经济工作

【农业经济】 花果山街道粮食种植面积593.33公顷，总产4395吨。新滩村新增炒茶房150平方米。小村茶场新建炒茶房300平方米，新推出福鼎白茶。前进村新增喷滴灌设施面积1.67公顷，新修一座蓄水池1万立方米。2014年发放国家农田补贴总金额626497.74元。

【工业经济】 2014年，花果山街道完成全社会固定资产投资75.1亿元，完成计划的100.1%，其中规模以上固定资产投资按时完成64.5亿元，完成计划的100.2%。全社会工业投资完成3000万元，其中规模以上工业投资完成2000万元。

【招商引资】 2014年，花果山街道严格执行《花果山街道招商引资奖惩办法》，引进内资4.6亿元，注册外资到帐额500万美元。引进台湾客商投资的碳纤维沙滩排球项目正在进行，金鹰百货项目的规划设计方案按计划进行调整修改。

【项目推进】 2014年，总投资7.2亿万元广播影视文化产业城项目，已完成投资12500万元，主楼外装、裙楼B楼外装、C区地下部分已经完成；总投资89387万元的科技创业城科技馆项目，已完成投资53754万元；总投资22966万元连云港市实验学校项目，已完成投资22766万元；总投资168309万元的科技创业城南地块项目，已完成投资80771万元；总投资80450万元的淮海花园（淮工教师楼）项目，已完成投资21000万元；总投资15747万元的新海新区花果山综合服务中心项目，已完成投资8150万元。

【财税工作】 2014年，花果山街道完成财政总收入39245万元，其中国税

746万元、地税37341万元；完成公共财政预算收入33892万元，占年度预算（25345万元）的131.72%，同比增长55.12%；共享收入33162万元，占税收比97.8%，实现3年翻两番的总目标。一般预算支出2300万元，比2013年同期增长11.33%。街道财政所组织3个清查组对1993~2013年账面分类进行认真梳理，下发《关于印发<花果山街道固定资产管理暂行办法>的通知》及《关于成立花果山街道固定资产管理工作领导小组的通知》等文件，全面完成15个部门固定资产核查清理工作，查出共性问题6条，针对共性问题提出合理化建议7条。全面开展农村公共服务运行维护机制建设试点工作，下发《关于印发<花果山街道2014年农村公共服务运行维护机制实施方案>的通知》，成立街村领导小组，8个村实施项目已全面开展。

社会民生

【治安整治】2014年，花果山街道以打造“平安花果山”治安品牌为目标，集中力量在全街道范围内开展矛盾纠纷排查化解活动，对重点人员进行稳控。开展社会矛盾纠纷多元融合式调处工作，建立各类调解室2个，受理调处各类矛盾纠纷146件，成功调处139件，调处成功率达95%。

【安全生产】2014年，花果山街道成立安全隐患排查治理工作领导小组。投入安全和护林防火专项资金120多万元，发给各村群众一封信，强化森林防火宣传，清明重点防火期，利用宣传车巡回宣传。对春节、“五一”“十一”节日期间安全情况及烟花爆竹燃放、小浴室锅炉、采石塘口实行定期和不定期检查，发现并整改一般事故隐患55处，已全部整改到位，整改率100%。花果山街道安全工作通过省级乡镇（街道）安监机构能力建设验收，获得市级消防网格化管理三星级乡镇称号。

【劳动保障】2014年，花果山街道扎实推进失地农民增补工作，给失地农民发放新农保补贴共计390多万元，惠及1792名年满60周岁的失地农民。完善社会保障工作，全街道参保人数2819人，领取人数2459人。新增就业人员281人，完成目标任务的156%；创业及技能培训140人次，完成目标任务的116%。

【环境卫生】2014年，花果山街道开展集中整治活动10余次，清理各类垃圾5000余吨，消除全街道各处卫生死角。新建一处医院废弃医疗设备集中收集池。对4000余吨建筑垃圾全面清理，清理草垛90多座，刷白10000平方米，清理沟塘1800米，新增和更换环卫设施35个。联合市、区城管部门拆除大小违建20多处、1400余平方米。发放、张贴禁烟标志100份。开展春季灭鼠和夏季灭蚊、灭蝇活动，喷打大功达杀虫剂400袋，全无敌杀虫剂80瓶，投放鼠药50千克。

【计划生育】2014年，花果山街道组织开展以“执行基本国策，建设幸福生活”为主题的集中宣传月活动，发放宣传资料2000份，自制宣传品1000份。开展“人口计生行政执法水平提升年”活动，推进执法程序规范化建设，社会抚养费征收、再生育审批、奖励扶助对象资格确认规范准确率达100%，流动人口均等化服务，流动人口信息入库率92%，计划生育率达100%。

【文化教育】2014年，花果山街道通过第二批省级公共文化服务体系示范区创建工作验收，年底，在全国乡镇综合文化站评估中被省文化厅评为二级文化站。完善街道艺术团、村级宣传队建设，组织演出15场。参加区级“水晶街杯”舞蹈大赛，并在“瀛洲杯”环岛长跑比赛中取得女子个人一等奖2名、二等奖3名。

【民政工作】2014年，花果山街道开展“温暖夕阳”活动，走访慰问379名年满80岁以上老人，送慰问金7.5万元。参加农村合作医疗保险12560人，参保率100%。全年结对帮扶困难家庭242户，发放慰问品价值12.01万元。全年申报11名大病患者，每人发放1000元慈善救助金。

【绿化造林】2014年，花果山街道累计完成绿化资金投入126万元，完成山体绿化面积86.67公顷，在4个村播种油茶、侧柏、蜀桧2万株，栽植大叶女贞、栾树、红叶石楠球等1500多株，龙柏、麦冬750平方米。当路村被评为绿化合格村。

【征地征收】2014年，花果山街道全力推进6个挂牌地块、截洪沟、大村A地块、环云台山大道等项目征地工作，共涉及征地补偿、地上物补偿、租地59个协议，征收土地73.18公顷，补偿1.06亿。

新滩片区旧城改造项目占地8.67公顷，涉及征收户242户，征收面积10.5万平方米，已确权190户，完成签约145户，完成比例为76%。

圣湖路北旧城改造项目占地5.17公顷，涉及征收户139户，征收面积5万平方米，前期调查摸底工作基本结束。

环山路改造项目，涉及8个行政村65户居民，前期调查摸底工作已结束。

【信访工作】2014年，花果山街道继续实行领导包案的信访工作机制，班子成员每天进行轮流视频接访，逐一化解各类不稳定因素。全年共接待群众来信来访140余起，已全部处理办结。

党建工作

【组织建设】2014年，花果山街道做好入党积极分子培育工作，开展入党积极分子培训班，集中培训积极分子57人，对进出的27名党员办好组织关系转接，2名预备党员按期转正。依托党员活动日，结合惠民月活动，多次组织党员开展志愿服务活动。

【宣传培训】 2014年，花果山街道扎实开展党的群众路线教育实践活动，举办机关干部读书班、学习会等集中学习18场次，各支部广泛学习习近平总书记系列重要讲话原文精神，开展专题大讨论。编印群众路线知识口袋书800余本，送学上门32次。在前云村、前进村分别建造200余米群众路线教育漫画长廊。对8个新农村服务中心进行改造，其中5个村已经建立一站式服务大厅；结合争创党建示范点活动，在4个村建设规范化党员活动室；对8个村分别安装了数字电视，提升新农村服务中心的服务和阵地功能。

【党风廉政建设】 2014年，花果山街道开展基层党风廉政建设警示教育活动，召开专题民主生活会、组织生活会共19场，推行"重点项目党组织全覆盖"工作模式，在新滩片区成立临时党支部，充分发挥党员干部的先锋模范作用。

【人民武装】 2014年，花果山街道对基干民兵组织进行了整顿，共组建4支分队77人的民兵队伍。创建大村中心小学省爱国主义教育基地。完成市区下达的征兵任务。

群团工作

【共青团工作】 2014年，共青团花果山街道委员会新发展20多名团员，做好推荐优秀团员入党工作。街道邮政支局被评为区青年文明号，花果山中学被评为"五四"红旗团支部，两位青年同志被评为优秀共青团员。

花果山街道团委联合综治办等多部门与连云港职业技术学院建筑学院50名"连之心"大学生志愿者，步行沿花果山郁林路步行3.5千米，沿途发放宣传公开信和各种宣传资料共1000余份。举办花果山少年军校第二十二期军训班，组织大村中心小学高年级106名学生参加一星期军训，参观国防展览中心并听国防知识讲座。街道团工委对评选出来的红旗大队、文明中队、优秀辅导员、四好少年予以表彰。

【妇女工作】 2014年，花果山街道妇联创建4个农村妇女儿童事业发展基地，培养女性农民技术员21人。投资23万元，在前云村、飞泉村建设面积260平方米的妇女儿童活动中心。发挥妇联信访窗口作用，全年调解5起家庭矛盾纠纷。

【工会工作】 2014年，花果山街道工会全面开展《中华人民共和国劳动合同法》《企业工会工作条例》《江苏省工会劳动法律监督条例》等法律法规的宣传活动，培训基层工会干部55人。帮助指导非公企业建立职工民主管理制度和厂务公开制度，与企业签订集体合同、工资集体协商专项合同、女职工特殊权益保护专项合同以及安全生产保护专项合同4项合同。组织开展拔河比赛、跳绳比赛等各项文体活动，"五一"、国庆节期间，与街道文化站联合组织各村演出队，开展文艺会演。

行政村简介

【新滩村】 新滩村位于花果山街道最南端，北至当路村，南至云台林场，东至花果山路，西至淮海工学院，紧靠市政府，宁连高速公路穿境而过，是连云港市花果山大道的起点，有下小庄、唐庄、官庄、小南山、知青楼、小东山、新滩庄等7个自然村。全村有耕地面积40公顷，山场面积72.6公顷。辖区内有金鹰国际、恒大集团、市保障安置小区、公交三路车站，有企业多家、学校、幼儿园2所，卫生服务中心1所。村庄现有村民761户，3061人，全村党员131名。全村年经济收入80万元，人均年收入14000元。

【当路村】 当路村位于花果山街道办事处驻地南2000千米，宁连公路、花果山大道、花果山环山路穿境而过，有耕地100公顷，山场146.67公顷，果园8公顷。全村共有村民小组7个，农户920户，3610人。2014年，全村被征用土地23.73公顷，发放补偿款1495万元。新增高效茶田1.33公顷，栽种树木5.33公顷。投入1200元，对农村服务中心进行重新粉刷。城乡基本社会保险覆盖率达到98%，失地农民就业率达到90%，农村合作医疗参保率在99%以上。

【大村村】 大村村坐落于花果山下，是花果山地区文化、经济商贸中心，也是蔬菜专业村，全村有650户，1986人，7个村民小组，64名党员。全村耕地面积40.93公顷，山林面积886公顷。全村劳动力1000人，在外务工人员近650人，主要从事农业及服务业。2014年，全村人均收入18178元，有线电视普及率100%，电话普及率99%，电脑普及率58%，农村合作医疗覆盖率达到99.3%，计划生育率达到100%。

【新村村】 新村村位于花果山街道中部，东至前云村，西临海连路，北至小村村，南接大村村。分3个自然村，7个村民小组，共有村民698户，2201人，耕地96.33公顷，山林面积12.67公顷，劳动力856个。村党支部设7个党小组，有党员83名。新村村引导发展蔬菜、茶叶、生态园三大高效、特色、绿色农业。全村有个体工商户58户，私营企业12家，2014年，农民人均纯收入达10835元。全村基本实现道路全硬化，户户通上了自来水，有线电视入户率达100%，程控电话入户率达100%，新型农村合作医疗参合率达99.6%，低保参保率达100%，计划生育率达98.2%。

【小村村】 小村村南接新村村，北邻猴嘴街道，东傍云台山脉，西依大学城，位于新港城大道和花果山大道交会处，交通便捷，环境优美。全村果园面积8公顷、山林面积202公顷。全村设5个村民小组，718户，人口2243人(其中党员82人)。新增工商户约60户，劳动力转移350余人，劳务输出120余人。全村11户享受农村最低生活保障。殡葬管理工作达标，新型农村合作医疗保险覆盖率达100%，有线电视入户率达99%，自来水入户率达100%，全村砖木与钢砖结构住房普及率达95%。2014年，村委会建成约50平方米的一体化大厅。

【前云村】 前云村位于国家AAAA级风景名胜——花果山风景区脚下，大圣湖东首。全村有8个自然村庄，居民663户，2096人。2014年人均纯收入达15620元，年均增长率达到10%。通过大力调整农村产业结构，形成"蔬菜、茶叶、畜禽"三大高效、特色、绿色农业。前云村以建设"美丽前云、和谐前云"为目标，大力开展村庄环境整治活动，打造宜居之村。

【飞泉村】 飞泉村位于花果山街道办事处南首，东至云台乡，西至新海新区，南临当路村，北临大村村。村委会位于大圣湖畔，全村设7个村民小组，居民422户，人口1730人，党员92名。全村耕地面积6.4公顷，山林面积2.76公顷。村民人均收入1.53万元，同比增长近7%，全村电视、电话、电脑普及率分别达100%、96%与67%，农村合作医疗保险覆盖率达100%。全村砖木与钢砖结构住房普及率达98%。

【前进村】 前进村位于花果山街道办事处北100米，花果山北路东侧，全村设3个村民小组，居民328户，1080人。全村有耕地7公顷、山场135.33公顷、果园9.33公顷、鱼塘2公顷。2014年实现工农业生产总值150万元，同比增长7.6%。在改善民生、服务村民方面，全村自来水入户率99%，新型合作医疗参保率100%，有线电视入户率达99%。

表37

2014年花果山街道主要企业情况表

序号	企业名称	职工数	年产值（亿元）	固定资产（亿元）	利润（亿元）	企业性质
1	连云港市花果山建设工程公司	1215	85.7	95.4	81.3	集体经济
2	连云港海通公共交通有限公司	833	115.6	140.6	115.3	国有独资公司
3	连云港花果山国际酒店有限公司	408	4.2	62.2	3.69	国有经济
4	连云港市花果山兴旺五金厂	20	10.9	20	10.8	民营企业
5	连云港奥瑞特木业有限公司	28	10.6	20	10.5	民营企业
6	江苏宜尔杉集团有限公司	156	19.56	198.1	15.5	民营企业
7	江苏润科投资发展集团有限公司	72	870	6700	840.6	国有经济

（撰稿：何　苗　审稿：王　林）

南城街道

综　述

南城街道东与云台农场接壤，西与锦屏镇相连，南临烧香河与宁海街道相望，北与云台街道搭界。面积4.7平方千米，下辖3个社区，2206户，7071人。2014年，南城街道围绕全年工作目标，突出促增长、惠民生、保稳定，公共财政预算收入实际完成4126万元，完成全社会固定资产投资6.3亿元，完成全社会工业投资4200万元，完成规模以上工业总产值4360万元。利用外资350万美元，内联到位资金46311万元，建成高效农田46.67公顷。

经济建设

【重大项目】 规模以上投资54000万元，500万元以上固定资产项目上报6个，其中：凤凰中学投资1.6亿元；新建东路投资3000万元；科苑南路投资3000万元；凤翔路投资600万元；兴隆国际商贸城总投资2.5亿元；凤舞铭居总投资3.8亿元。新建东路、凤翔路、凤舞路、银凤路、凤鸣路、科苑南路等6条路全面实现通车。凤凰中学提前交付使用，9月1日正式开学。凤舞铭居房地产项目投资3.8亿元人民币，完成主体3层，超序时完成。兴隆实业集团兴隆国际广场扩建项目二期工程，用地面积12万平方米，总投资2.5亿元。3号楼完成主体1层，5号楼在建。南城新大街东侧棚户区改造。4号地块房屋征收，征收总面积为3.5万平方米，涉及被征收120户、1家企业。土地确权工作基本完成，确权公示93户，签约80户，签约率达86%以上。新大街道路出新工程总投资5000万元。道路、自来水、下水道、燃气管道、强弱电入地工程正在进行施工。

【农村工作】 2014年，南城街道播种面积66.67公顷，产量约750吨，推广优良品种2个，优良品种覆盖率达95%以上，高效农业面积达46.67公顷，占整个耕地面积的70%以上。葡萄采摘园已正常运营，新增规模6.67公顷，百亩观赏苗木园投入运营，已经初具规模。对街道灌溉设施进行调查摸底，编制改造计划，完成3千米河道疏浚。维修电灌站1座，灌溉保障率达100%。街道成功实施土地流转项目9项，面积20公顷。投入20万元加大动物疫病防控，对3400头生猪、10000只鸡、68头牛、200只家养犬进行接种防疫。对美国白蛾的防治。全面开展监测，采取灯光诱蛾、定点监测和普查相结合的办法，监测覆盖率100%，网幕剪除率达90%，药剂防治率100%，发生区叶片保存率90%以上。

【安全生产】 2014年，南城街道主要领导参与安全检查8次，分管领导参与检查14次，发现并整改事故隐患220处，整改率100%，下达责令整改指令书119份，分类设立各级危险源监控点47个。街道安全生产工作通过省基层安监机构能力达标创建验收。

社会事业

【生态南城建设】 2014年，南城街道全面落实区下达的造林小班任务及东、西凤凰山森林植被恢复绿化工程，投入资金90万元。完成造林6.67公顷，荒山造林近20公顷，中幼林抚育66.67公顷，新建及完善农田林网面积33.33公顷，四旁绿化10000余株，成活率、保成率均达90%以上。3个社区共排查出道路、下水道、卫生死角等整治点12处，街道投入20万元按照整治标准逐一进行了整治。投资300万元，对14户养殖户的6000平方米猪舍和生活用房进行拆除搬迁。

【计划生育】 南城街道辖区常住人口总数为5845人，已婚育龄妇女1094人，独生子女家庭799户，新出生婴儿23人，计划生育率达100%；孕前—围孕期保健率达95%，期内综合落实率达100%；流动人口管理服务率达95%以上；人口出生率2.1‰。开展“婚育新风进万家”活动3次，在新大街举办大型文艺演出2次。人口计生知识普及率达95%以上，开展关爱女孩活动2次，免费为育龄妇女健康体检2次，独生子女领证率达98%以上，流动人口持证、验证率达90%以上，维护群众合法权益，群众满意率达96%。社区“世代服务岗”建成率达100%。

【文化、旅游、卫生、体育工作】 2014年，南城街道修建社区文化电子阅览室3家、标准篮球场1个、乒乓球室5个，更新和维修健身场地2处，建成凤凰山农业生态园即乡村旅游示范点，顺利通过省AAA级评审，被列为全省69处免费观光点之一。积极推进医药卫生体制改革，狠抓服务，提高医疗质量，规范医疗行为，促进医患和谐，南城卫生院公共服务工作全面升级，医改工作全面达标。

【社会保障】 2014年，南城街道共有低保户93户，201人，解除低保12户，变更2户。对22名的重残人员发放补贴金2.7万元。低保户100%参加居民医保，对符合条件的无固定收入重残人员100%上报救助。南城街道有优抚对象35人，其中伤残军人4人、带病回乡的2人、参战涉核的6人、老复员军人遗属11人、老复员军人2人、60岁以上烈士子女1人。街道及时足额发放了伤残军人抚恤金和重点优抚对象的优抚金。城镇新增就业人数计划540人，完成410人。城镇下岗失业人员再就业110人。就业困难人员再就业12人。办理各类退休人员资格认证705人。在正月初九庙会期间，组织“春风行动”返乡农民工就业专场招聘会，进场人数500余人，招聘单位20余家，招聘岗位600多个，达成就业意向50多人。

【依法治街】 南城街道开展学法、用法宣传教育活动。张贴宣传标语450余张，悬挂过街横幅36条，散发宣传资料2000余份，举办青少年法律知识培训班8期、举办在校学生法制辅导报告会2次、举办机关工作人员法律培训2期、社区工作人员法律培训2期、居民群众法律培训班4期、举办流动人员法律培训8期。建立健全街道公调对接机构，在派出所设立公调对接调处室，人员、职责、标牌等内容都按照要求上墙。建立访调对接机制，对来街道信访的事项、人员，统一由街道信访部门受理、接待，再由信访部门调解或向矛盾调处中心分流，提高调处效率。街道聘请2名经验丰富的退休人员担任调解员，负责日常对接调处工作。

【禁违拆违】 南城街道联合公安、城管等部门，动员机关和社区全体干部，按照“强化协作、打堵结合”的方针，开展禁违拆违集中整治行动。至年底，共拆除违建9户，共1430平方米，堵截建筑材料50车。

【信访稳控】 2014年，街道共受理上访件21件，其中接待到街道个体上访45批76人，发生到区上访9批14人，到市上访2批3人，到京上访2批8人，已化解13件，稳定4件，其他4件正在化解中。街道包案领导接待信访人40人次，街道召开信访专题会议10次，召开信访人会办会4次，协调会3次。

党群工作

【党风廉政宣传】 南城街道规范行政执法专项行动、政风行风评议等制度6项，建立工作纪律、责任追究等各项制度规定9项，按时处理区纪委转办信访件1件，查处违反工作纪律及卡口失职人员3人次，报送信息10余条。通过各种方式进行党风廉政宣传引导，张贴党风廉政建设宣传标语12幅，制作宣传展板6块；在国家级媒体刊发2篇信息，在市、区新闻媒体发表工作动态信息100余条。

【群众路线教育活动】 南城街道扎实开展党的群众路线教育实践活动，密切联系群众，关注民生民情，将收集汇总的群众意见及时落实解决。对群众反映的路灯、自来水、公办幼儿园等问题，制定具体解决措施。修建新大街、青春社区下水道工程，投资3000万元改造南城生活用水等问题。规范市场管理，投资200万元兴建室内菜市场2100平方米，提供良好的购物环境。整治环境卫生，改善人居环境。

【共青团工作】 南城街道组织团员集中收看时代楷模王继才、王仕花夫妇先进事迹报告会。发动辖区内中小学校积极订阅有利于学生成长的优秀报纸、期刊、杂志，举办读书征文活动。街道团工委联合“五老”以及派出所共开展2次打击黑网吧活动，开设法律讲堂，邀请司法所、南城派出所人员做专题讲座。街道团工委结合党的群众路线教育实践活动，组织全体青年团员利用周末时间，到田间地头，到居民健身活动广场除杂草和捡垃圾。

社区简介

【凤凰社区】 2014年，凤凰社区配合

街道劳动保障所开展农民工专场招聘会，新增就业人员40名，下岗失业再就业人员40名，劳动力输出30人。征收社会抚养费近4万元。发动社区居民积极参与河塘清淤、清理乱堆乱放、整治生活垃圾、清理下水道等活动，清理下水道900米、修理便民路300米。联系爱心人士企业家张桂芳年捐赠5.8万元帮扶一名大学生和一名中学生完成学业。新增图书1000册。全年宣传报道完成14篇，其中市电视台2篇、日报1篇、晚报8篇、电台2篇、连网1篇。

【青春社区】 2014年青春社区创收17万元，社会抚养费征收8000元；修建便民路2条计31万元；对小黄庄土地确权认证7.2公顷；为3户困难家庭寻找结对帮困援助者，每年每家庭得到援助款400元。为社区一名老党员争取到每年民政补助4000元；协助3户子女考入高校的困难家庭办理助学贷款；拆除违章搭建40处，清运杂物30车，对沿街200多个店面乱张贴的小广告进行清洗、覆盖。

【宁海社区】 2014年，宁海社区引进外资100万美元。组织社区下岗职工、待业人员参加市区举办的招聘会3次，发布就业信息3次，新增就业人员62人，下岗再就业人员28人，“4050”再就业18人。调处社区矛盾纠纷8起。对社区东大街、宁海街、匡井街、月牙河、造纸巷下水道进行清淤，许圩铺设排洪通道并对道路进行铺设，解决居民多年来排水难、行路难的现实问题。以创建省级科普示范社区、江苏省标准化居民学校、绿色社区为载体，利用电子屏幕和投影开展宣传教育活动，宣传栏出各类科普宣传教育知识板块共6次。社区对征收工作全部按照要求进行公示，让居民解征收情况，通过召开征收地块居民听证会，让居民了解征收政策和法律法规。取得征收第一批签约期内签约率达到96%的好成绩。宁海社区被评为省级科普示范社区、江苏省标准化居民学校。

（撰稿：郝海夫　审稿：李洪兵）

江苏省岗埠农场

综　述

江苏省岗埠农场位于海州区西郊，东与海州区浦南镇、东海县张湾乡相连，南与东海县平明镇接壤，西与东海县白塔埠镇毗邻，北与东海县黄川乡、海州区浦南镇相望。是华东地区大型国有农垦企业、江苏省农业产业化重点龙头企业之一。农场拥有国家级优质商品种子生产基地、江苏省最大鲜切花生产基地、绿色有机食品生产基地、特色水产养殖生产基地。中心位置为北纬34°6′，东经119°10′，农场总面积0.9万公顷，耕地面积0.54万公顷，下设6个生产区和1个社区，人口31000人，在册职工2658人。2014年，实现国有营业收入3143.7万元；场域营业收入17亿元；国内生产总值7.6亿元，同比增长12.3%；人均收入2.24万元，同比增长14.87%。

经济工作

【种植业】 2014年全场粮食种植面积8853.33公顷，总产量6666.47吨。其中，小麦种植面积4426.67公顷，产量为2777万吨；水稻种植面积4426.67公顷，产量为3848.11万吨；全场繁育小麦种子面积1400公顷，种子生产量850万千克；水稻种子繁育面积1133.33公顷，种子生产量达925.4万千克。

【养殖业】 2014年，全场共出栏生猪3.5万头、牛1440头、羊2400只、肉鸡72万羽，肉鸭13万羽、鹅20万羽、草鸡15万羽。有水产养殖面积266.67公顷，其中泥鳅苗培育面积26.67公顷，南美白对虾、水蛭、青虾、观赏鱼、小龙虾和沙塘鳢等特色水产品养殖面积共计56.67公顷。水产品年产量6000吨，渔业产值8500万元。

【高效农业】 2014年，全场高效设施农业占地面积161.33公顷，复种面积达447.33公顷。全年生产鲜切花6100万支，鲜切花（含盆花）产值约4600万元，盈利3000万元，平均亩产值2.1万元。全年轮作瓜果蔬菜种植面积达305.33公顷，产值5496万元，最具特色是引进12栋台湾红瓤火龙果生产，2014年产量达1.5万千克。2014年，高效中心采取与单位合作、与合作社合作、与生产大户及愿意试验的农户合作等不同方式，引进30多个新品种进行试验。推广滴灌和静电喷雾器2个项目，50%温室已经使用滴灌设施，可为种植户节水70%，省肥60%，受到群众好评。

【二三产情况】 2014年，农场水电中心总供电量3359万度，实现售电量3011.7万度，电费回收率100%；总供水量57万吨，全年实现销售收入1780.6万元，成本费用1562.7万元。

【农业标准化体系建设】 8个农机专业合作社，农机总动力达5.88万千瓦。主要有大中型轮式拖拉机120台、大中型收割机505台、高速插秧机87台、大中型农机具980台，主要农作物机械化综合水平达到90%。落实无公害食品、绿色食品、有机食品认证和复查工作，推进质量管理体系、环境管理体系、职业健康安全管理体系三体系认证和复查工作，做好GAP认证准备工作，建立农垦农产品质量追溯系统和生产档案管理制度。各种内业资料分类摆放，有专门档案室和档案柜，档案管理规范。

社会事业

【基础设施建设】 2014年，全场大力推进基础设施建设，投资300万元，建设文化活动中心、老干部活动室、职工健身区等；实施职工集中生活区环境整治，新建水泥道路面积11000平方米，错车道90个；投资210万元，完成3320平方米农贸市场扩建；投资130万元，建设垃圾中转站1座以及配套设备；完成河道疏浚土方工程49.2万立方米，疏浚大、中沟13条；投资169万元，建设公益农桥10座；投资1560万元，新建400千克粮种烘干线二期工程、9900平方米水泥晒场4296平方米简易农资仓库及仓储中心粮仓间防雨棚，维修改造34处（座）桥、涵、闸配套工程，疏浚250条农业联合生产承包体进、排水沟。

【社会保障】 2014年发放优抚金48.84万元，低保金150.49万元，协助区残联登记审核残疾人52人，发放重残补助金43.9万元。为1461名60岁以上老人购买意外伤害保险。为7户困难家庭提供创业帮扶，18户重大疾病户提供相应的资金帮助。积极争取了22户困难家庭子女列入市总工会助学对象，每个大学生每年可获3000元助学金。全年农场共发放养老金1.33亿元，发放定期救济费14万余元，丧葬抚恤费212万元。全年全场新农合参保人数12113人，城镇居民医保参保为126人，实现农场新农合覆盖率100%。

（撰稿：魏善议　审稿：严兆虎）

江苏省云台农场

综　述

云台农场始建于1952年，东与连云区接壤，南与灌云县交界，西与宁海街道毗邻，北与云台街道相连，土地面积2798公顷，人口5600人，其中在职职工940人。2014年，全场实现国有营业收入7650万元；实现利润总额290万元，资产总额2.68亿元；实现国民生产总值1.42亿元，同比增长1.5%；人均年纯收入19600元，职工人均年收入45600元。2014年，云台农场被确定为国家“一带一路”出口蔬菜示范区之一和花果山外向型高效农业示范区。在2014年度经济建设和社会发展目标考核中，荣获连云港市海州区一等奖。

经济工作

【种植业】 2014年，云台农场种植面积2514.3公顷，粮食总产量13135.9吨，其中小麦面积714.1公顷，产量4044吨；大麦面积208.7公顷，产量1409吨；水稻面积948.5公顷，产量7682.9吨。各类蔬菜种植面积达643公顷，蔬菜总产量18458吨；全年共实现内销韭菜500吨，莲藕13808吨。申报万亩无公害农产品生产基地，西甜瓜、莲藕无公害农产品已获批；被江苏省绿色食品办公室认定为“放心吃网联盟企业”；出口蔬菜示范区被评为省级放心消费示范区先进单位。

【养殖业】 2014年，云台农场按照“稳猪鸡、上质量，增牛羊、扩规模”的目标，进一步加快养殖业结构调整步伐，生猪饲养量2677头，出栏715头；饲养各类家禽31.5万只，出栏26.4万只；养殖种禽0.6万套，孵化雏鸡6.6万羽；饲养羊1327只，出栏302只。坚持“场不漏村，村不漏户，户不漏畜禽，畜禽不漏针”的免疫原则，开展禽流感、猪口蹄疫、猪瘟、羊五联苗疫等防疫工作，免疫率为100%；经市畜禽卫生防疫站抗体检测达97%以上；对全场150公顷鱼塘进行规范化管理，收缴承包费用93万元。

【基础配套设施完善】 全场拥有农机总动力8500千瓦，农业综合机械化程度达95%。设施农业基地采用立体栽培技术、喷滴灌技术和生物防制技术。全年完成基础设施投资347.66万元，其中投资184.02万元购置各类农机具33台，包括自走式喷杆喷雾机2台、喷灌设备1套、插秧机2台、载苗台8台、田园管理机1台、1076半链轨2台、改装收割机5台等；投资46.78万元新建十一排沟封闭闸1座、铺设管涵664米；投资116.86万元新建9800平方米水泥晒场1处；投资39.1万元平整土地2.8万平方米，维修铺设沙石路1465米，维修渠道307米，沟渠疏浚149.7千米。

【外向型农业】 花果山外向型高效农业示范区被确定为国家“一带一路”出口蔬菜示范区之一，占地面积1100公顷，形成以出口蔬菜示范园、水生蔬菜园、水生花卉园、设施农业园和农产品加工区、农业旅游休闲区为内容的“四园二区”的布局。在提升机械化水平的同时，积极引进立体栽培和生物防制技术，完善有机肥料收集加工设施。连云港吉本多食品有限公司注册资本1050万元，2014年总投资6000万元，占地面积9.33公顷，员工350人，主要经营冷冻、保鲜、盐渍和调理等四大类产品，主要特色产品有莲藕系列、烤洋葱、冷冻韭菜和菠菜等品种120多个，年加工能力2万吨，产品外向化程度达到90%以上。云台蔬菜示范区实现出口蔬菜2831吨，实现创汇3700万元，内销蔬菜450吨，实现销售收入4300多万元。

全年共实施基地专项检查6次，形成检查记录6份、合理化建议10条。抽样送检蔬菜品种10个，12个批次，检测结果全部合格。

【工业经济】 2014年，云台农场共投入400万元用于优化园区基础设施改造，优化园区环境。园区共入驻企业15家，有农产品精深加工、电子、制冷、机械、建材、酒业、饲料加工等行业。全年，园区实现营业收入达2.8亿元，安排各类就业岗位2000个。

【房地产业】 2014年，华泰丰泽园项目一期工程3幢小高层2014年6月交房，已销售135 套房屋，占总销售面积的68%，共计实现销售收入3721万元。凤凰星城楼盘一期总建筑面积98000平方米，2014年累计投资1.015亿元，销售2.5万平方米，合同总价1.61亿元,销售收入1.49亿元以上，实现利润2800多万元。

【生态旅游农业】 2014年，投入330多万元，将已开发的水生花卉园、百果园、御香采摘园等农业旅游项目进行精细化管理；完善旅游服务设施和绿化美化工程；完成景区内公共设施的设置、修建环保公厕、十里桃花堤等旅游项目工程。旅游园区草坪绿化面积达11600平方米，栽植各类景观树木4万余株，栽植茭白等水生蔬菜共计2.33公顷。6~10月，成功举办以"大美云台、荷您共赏"为主题的第二届荷花节，荷花节期间，共接待游客8万人次，生态旅游经济初见成效。

【专业合作社】2014年，云台农场以茂田蔬菜专业合作社为主体的经营管理模式成为出口农产品示范区推行的主要生产经营模式，合作社实现年收入达480万元。远旺农机专业合作社牵头组织社员"抱团"跨区作业，年创收45.7万元，实现职工与农场双赢。

【实行"六统一"配送模式】2014年，云台农场实行产品配送封闭式管理。实施农用投入品"统一作物布局、统一种苗繁育、统一农用化学投入品管理、统一产品溯源标识、统一农事活动、统一产品购销"的配送模式，形成从"投入品生产企业到配送中心到基地"的直供配送体系和专营专供机制。在经营管理方面，探索"公司+基地+合作社+农户"的经营模式，依托农场及周边资源优势，充分发挥省级重点龙头企业的带动作用。公司通过科技创新，不断开发新产品，积极延伸产业链，不断提升出口农产品加工深度，实现产品附加值的有效提升，产品赢获日韩及欧美市场的青睐。

社会事业

【社会保障】2014年，云台农场为1800名职工办理居民医疗保险，为150人办理城乡居民社会养老保险。全年累计发放各类救助基金70.94万元，其中发放贫困家庭慰问金19万元；组织申报2014年"金秋助学"特困职工5户，争取"金秋助学"金1.5万元；为自主创业的6人发放自主创业基金2万元；为8名患大病的职工群众发放大病救助基金3.2万元；发放重残生活救助金45.24万元，救助困难职工119人；新增特困户11户；争取市、区残联惠残政策，为残疾人发放"阳光网残惠卡"30张，帮助20名残疾人实现再就业。

【居住区建设】2014年，云台农场对30户危旧房进行改造，完善居民点配套设施工程，以及居民饮用水安全工程。年度投资350万元，用以完善小城镇配套设施建设。投资60余万元，新修张圩、十八连等6条水泥路计4700平方米的居民区道路和维修大岛沙石路3.5千米，新建居民点公厕3座。场域内的普山路、猫山路和下水道排水改造工程，已完成前期规划设计工作。

【安全与信访】2014年，云台农场完善视频监控系统，实现全场路口、出入口、重点要害部位、公共场所的全方位实时监控。农场与单位、部门、企业签订安全生产责任状，严格执行安全生产一票否决制度，实现安全生产零事故。完善平安互助网，成立居民红袖章队伍，全年调解40起民事纠纷，调解率达100%，成功率达95%。

（撰稿：时奎敬　审稿：张明宝）

云台农场新建的华泰住宅小区竣工

海州区领导班子成员简介

中共海州区委常委简介

王立斌 男，汉族，1963年2月出生，江苏邳州人。1979年12月参加工作，1987年9月加入中国共产党，省委党校研究生文化程度。

1979年12月 至1982年1月 任东海县人民银行会计；1982年1月至1985年9月任睢宁县人民银行信贷员；1985年9月至1997年7月先后任中共东海县委办公室办事员、秘书科长、副主任、东海县石榴镇党委书记、中共东海县委宣传部副部长；

1997年7月至2001年7月任连云港市文明办副主任（主持工作）、中共连云港市委宣传部办公室主任；

2001年7月至2014年7月任中共新浦区委常委、宣传部部长；中共新浦区委常委、区政府常务副区长；中共新浦区委副书记、区政府代区长；中共新浦区委副书记、区政府区长；中共新浦区委书记、区人大常委会主任，市新海新区开发建设指挥部党组书记；

2014年7月 至2014年12月 任中共海州区委书记、区人大常委会主任，市新海新区开发建设指挥部党组书记。

单晓敏 女，汉族，1972年10月出生，浙江嵊县人。1995年7月参加工作，1995年6月加入中国共产党，博士研究生文化程度。

1991年9月至1995年7月在江西财经学院财政税务系税务专业学习；1995年7月至2006年5月先后任连云港市财政局预算科科员；连云港市农业税收征收管理局综合科科长；连云港市财政局预算处副处长；连云港市财政局预算处处长；2006年5月至2011年1月任东海县政府副县长；

2011年1月至2013年2月任原中共海州区委副书记、区政府代区长；原中共海州区委副书记、区政府区长；原中共海州区委副书记、区政府区长，区政协主席；

2013年2月至2014年7月任中共新浦区委副书记、区政府代区长；中共新浦区委副书记、区政府区长；

2014年7月 至2014年12月 任中共海州区委副书记、区政府区长。

王建明 男，汉族，1964年2月出生，江苏灌南人。1984年8月参加工作，1986年8月加入中国共产党，省委党校研究生文化程度。

1980年9月至1984年8月在扬州师范学院中文专业学习；

1984年8月至2007年8月历任灌南县花园中学教师；灌南县第二中学教师；灌南县广播电视大学教师；中共灌南县委组织员办公室办事员；中共灌南县委组织部干事、组织员；中共灌南县委组织部副科级组织员；共青团灌南县委书记；灌南县六塘乡党委副书记、乡长；灌南县六塘乡党委书记；灌南县李集乡党委书记；灌南县李集乡党委书记（副处级）；灌南县政府党组副书记，县工业园区党工委书记（副处级）；灌南县政府党组副书记，县工业园区党工委书记、主任（副处级）；灌南县政府党组成员，县工业园区党工委书记、主任（副处级）；

2007年8月 至2009年10月 任江苏金港湾投资有限公司党组书记、副董事长；江苏金港湾投资有限公司党组书记、副董事长，市徐圩开发建设指挥部党组成员；

2009年10月 至2012年1月 任连云港市徐圩新区管委会（筹）、连云港高新技术产业开发区管委会副主任、党组副书记（正处）；

2012年1月至2014年7月任中共新浦区委副书记（正处）；

2014年7月 至2014年12月 任中共海州区委副书记（正处）。

王友君 男，汉族，1963年2月出生，江苏灌云人。1983年7月参加工作，1989年12月加入中国共产党，省委党校研究生文化程度。

1981年9月 至1983年7月 在辽宁省鞍山冶金运输学校汽修专业学习；

1983年7月至1987年7月在南京矿山机械厂工作；

1987年7月至2014年7月历任

新浦区城建委办事员；新浦区城建委副主任；新浦区建设局副局长；新浦区建设局党委副书记、副局长；新浦区新南街道党委副书记、办事处主任；新浦区新南街道党委书记；新浦区政府副区长；中共新浦区委常委、政法委书记；中共新浦区委常委、区政府副区长（常务）

2014年7月至2014年12月任中共海州区委常委、区政府副区长（常务）、现代服务业集聚区党工委书记。

江锦峰 男，汉族，1967年6月出生，江苏连云港人。1985年8月参加工作，1988年12月加入中国共产党，中央党校研究生文化程度。

1982年9月至1985年8月在海州师范学校普师专业学习；

1985年8月至2012年1月历任连云区连岛乡小学教师、会计、学区团支部书记、教导副主任；连云区连岛乡成人教育中心校负责人兼乡政府文书、党委办负责人、乡团委书记；连云区连岛乡党政办负责人、团委书记、成人教育中心校负责人；中共连云区委宣传部秘书；连云区云山乡党委组织委员、宣传委员；中共连云区委组织部副主任科员；中共连云区委组织部副部长（正科）；中共连云区委办公室主任；中共连云区委常委、政法委书记；中共连云区委常委、区政府副区长；

2012年1月至2014年7月任原中共海州区委常委、区纪委书记；

2014年7月至2014年12月任中共海州区委常委、区政府副区长。

姚超 男，汉族，1968年5月出生，江苏滨海人。1990年7月参加工作，1992年12月加入中国共产党，大学学历，硕士学位。

1986年9月至1990年7月在南京大学文献情报学系图书馆学专业学习；

1990年7月至2001年11月任连云港经济技术开发区管委会办公室秘书；连云港经济技术开发区管委会办公室主任助理；连云港经济技术开发区党委办公室副主任、管委会办公室副主任；

2001年11月至2011年4月任连云港市政府办公室开放口岸科主任科员；连云港市政府办公室督查处处长；连云港市政府办公室综合八处处长；连云港市政府办公室副调研员；连云港市档案局党组成员、副局长，市档案馆副馆长；市委市政府重大事项督查组副组长；

2011年4月至2014年7月任中共新浦区委常委、区纪委书记；

2014年7月至2014年12月任中共海州区委常委、区纪委书记。

徐风良 男，汉族，1964年6月出生，河南夏邑人。1984年8月参加工作，1990年12月加入中国共产党，硕士研究生文化程度。

1980年9月至1984年8月在郑州工学院化学工程系化工机械专业学习；

1984年8月至1992年6月任中化连云港分公司计划经营部副主任、主任；

1992年6月至2000年12月任连云港开发区工业发展总公司总经理助理、副总经理；连云港开发区工业发展总公司副总经理（主持工作）；连云港开发区工业发展总公司总经理、党总支书记；

2000年12月至2003年5月任连云开发区管委会副主任；连云区招商局局长兼外经局副局长；

2003年5月至2007年11月任海州开发区党委副书记（正科级）；海州开发区党委书记、人武部部长；海州开发区党委书记、管委会主任、人武部部长（副处级）；海州开发区党工委书记、管委会主任、人武部部长（副处级）；海州开发区党工委书记（副处级）；原海州区政府党组成员，海州开发区党工委书记（副处级）；

2007年11月至2014年7月任新浦区政府副区长；新浦区政府副区长、新浦经济开发区党工委书记；中共新浦区委常委、区政府副区长、新浦经济开发区党工委书记；中共新浦区委常委、新浦经济开发区党工委书记；

2014年7月至2014年12月任中共海州区委常委、新浦经济开发区党工委书记。

房忠涛 女，汉族，1973年8月出生，江苏连云港人。1992年7月参加工作，1994年6月加入中国共产党，省委党校研究生文化程度。

1988年9月至1992年7月在江苏盐业学校财会专业学习；

1992年7月至2001年12月任云台区民政局秘书、会计、机关团委书记；云台区团委副书记；云台区总工会副主席；云台区团委书记；

2001年12月至2014年7月历任新浦区团委书记；新浦区新海街道党委副书记、办事处主任；新浦区民政局局长；新浦区新东街道党工委书记；新浦区政府副区长；中共新浦区委常委、宣传部部长；

2014年7月至2014年12月任中共海州区委常委、宣传部部长。

李永涛 男，汉族，1977年1月出生，江苏丰县人。1998年8月参加工作，1997年4月加入中国共产党，省委党校研究生文化程度。

1994年9月至1998年8月在南京师范大学经贸系国际经济专业学习；

1998年8月至2011年4月任连云港市计划委员会办公室科员；连云港市发展计划委员会综合处科员；连云港市发展计划委员会国民经济综合处副处长；连云港市发改委国民经济综合处处长（期间：2008年4月至2009年4月在江苏连云发展集团挂职，任战略投资部部长）；

2011年4月至2014年7月任原中共海州区委常委；原中共海州区委常委、区政府副区长，海州经济开发区党工委书记；原中共海州区委常委，海州经济开发区党工委书记；

2014年7月至2014年11月任连云港高新技术产业园区管委会副主任、党工委委员，连云港高新技术产业园区南部拓展区指挥部副指挥长、党委委员，海州经济开发区党工委书记；

2014年11月至2014年12月任中共海州区委常委、海州经济开发区党工委书记。

卢平 男，汉族，1969年6月出生，江苏赣榆人。1996年7月参加工作，1996年6月加入中国共产党，硕士研究生文化程度。

1989年9月至1996年7月在南京师范大学政教系思想政治教育管理专业学习；南京师范大学经济法政学院思想政治教育管理专业硕士研究生学习并毕业，获法学硕士学位；

1996年7月至2001年9月任连云港市检察院办公室秘书；

2001年9月至2012年1月历任连云港市委组织部研究室科员；连云港市委组织部研究室副主任；连云港市委组织部组织处副处长；连云港市委新社工委组宣处副处长；连云港市委新社工委组宣处副处长，主任科员；连云港市委新社工委组宣处处长；连云港市委新社工委组宣处处长、市委组织部组织处副处长；连云港市委组织部组织处处长、市委新社工委组宣处处长；

2012年1月至2014年7月任原中共海州区委常委、组织部部长；原中共海州区委常委、区政府副区长（常务）；

2014年7月至2014年12月任中共海州区委常委、组织部部长。

郑斌 男，汉族，1966年1月出生，江苏灌南人。1986年8月参加工作，1994年10月加入中国共产党，中央党校大学文化程度。

1984年9月至1986年8月在江苏省阜宁师范学校普师专业学习；1986年8月至1990年8月任响水县陈港中学教师、团委书记；响水县教育局人秘股科员；1990年8月至1992年8月在盐城教育学院教育管理专业学习；

1992年8月至2001年12月任云台区地方志办公室编辑；云台区政府办公室秘书；云台区委办公室秘书；云台区委办公室副主任；云台区委办公室主任；云台区猴嘴街道党委书记；

2001年12月至2014年7月历任新浦区猴嘴街道党委书记；新浦区花果山乡党委书记、政法委书记；新浦区花果山乡党委书记（副处级）；新浦区委办公室主任（副处级）；新浦区政府副区长；中共新浦区委常委、新浦区政府副区长；中共新浦区委常委、政法委书记；

2014年7月至2014年12月任中共海州区委常委、政法委书记。

顾建华 男，汉族，1967年8月出生，江苏连云港人。1985年7月参加工作，1995年6月加入中国共产党，省委党校研究生文化程度。

1982年9月至1985年7月在江苏省海州师范学校普师专业学习；

1985年7月至2014年7月历任原海州区锦屏新海小学、李圩小学、锦屏中学、蔷薇中学教师；原海州区委宣传部、区委办公室秘书；原海州区委办公室主任助理；原海州区委办公室机要室主任；原海州区委办公室副主任兼机要室主任；原海州区委办公室副主任；原海州区委办公室主任；原海州区委办公室主任、区委台办主任；原海州区政府区长助理，区委办公室主任、台办主任；原海州区政府区长助理；原海州区政府副区长；原中共海州区委常委、宣传部部长；

2014年7月至2014年12月任中共海州区委常委、区政府副区长。

毛志峰 男，汉族，1971年1月出生，山东日照人。1989年3月参加工作，1991年3月加入中国共产党，大学文化程度。

1989年3月至1989年6月在江苏省军区泰州教导大队服役；1989年6月至1990年1月在南京军区海防第二团6连战士；1990年1月至1991年9月在江苏省军区炮兵团122榴炮二连战士；1991年9月至1994年7月在长沙炮兵学院学员；

1994年7月至2003年6月任江苏省军区炮兵团火箭炮营二连排长；江苏省军区炮兵团司令部作训股正排职参谋；江苏省军区炮兵团指挥连副连长；江苏省军区炮兵团司令部作训股副连职参谋；江苏省军区炮兵团后勤处汽车连政治指导员；江苏省军区炮兵团司令部作训股副股长；江苏省军区炮兵团司令部作训股股长；

2003年6月至2011年3月任南京军区海防第二团司令部政治协理员；南京军区海防第二团海防1营营长；南京军区海防第二团副参谋长；南京军区海防第二团政治处副主任；江苏省军区炮兵团政治处主任；南京军区海防第二团政治处主任；

2011年3月至2012年3月任连云港警备区政治部干部科科长；

2012年3月至2014年7月任新浦区人武部政治委员；新浦区人武部部长；

2014年7月至2014年12月任中共海州区委常委、人武部部长。

海州区人大常委会主任、副主任简介

王立斌 中共海州区委书记，区人大常委会主任（主要简历同上）。

陈周德 男，汉族，1959年7月出生，江苏赣榆人。1983年7月参加工作，1986年9月加入中国共产党，大学文化程度。

1980年9月至1983年7月在苏州大学财政专业学习；

1983年7月至1989年8月任连云港市财经学校教师；连云港市财经学校团委书记；

1989年8月至2014年7月任新浦区审计局副局长（正科）；新浦区财政局局长；新浦区政府办公室主任；新浦区人大常委会副主任；新浦区人大常委会党组副书记、副主任；

2014年7月至2014年12月任海州区人大常委会党组副书记、副主任。

刘海林 男，汉族，1961年12月出生，山东泗水人。1983年7月参加工作，1987年7月加入中国共产党，中央党校大学文化程度。

1980年9月至1983年7月在南通河运学校船舶柴油机专业学习；

1983年7月至1985年5月任江苏省长江驳运公司技术员；

1985年5月至1986年6月任新

海区工业公司团委副书记；

1986年6月至2014年7月任原海州区计经委科技科副科长、团委书记；原海州区监察局监察员；原海州区纪委纪检监察室副主任；原海州区纪委纪检监察室主任；原海州区纪委常委、纪检监察室主任；原海州区纪委常委、纪检监察室主任、区监察局副局长；原海州区纪委副书记、监察局局长；原海州区政府办公室主任；原中共海州区委办公室主任；原海州区人大常委会副主任；原海州区人大常委会党组副书记、副主任；

2014年7月至2014年12月任海州区人大常委会党组副书记、副主任。

陈应聪　男，汉族，1957年11月出生，云南墨江人。1980年3月参加工作，无党派人士，大普文化程度。

1977年3月至1980年3月在昆明工学院采矿专业学习；

1980年3月至1998年1月任化工部矿山设计研究院技术员、助理工程师、工程师；化工部矿山设计研究院工程管理部主任助理；化工部连云港设计研究院工程管理部副主任（副处级）；

1998年1月至2014年7月任新浦区人大常委会副主任（不驻会），化工部连云港设计研究院工程管理部副主任（副处级）；新浦区人大常委会副主任（不驻会），化工部连云港设计研究院技术质保部主任（正处级）；新浦区人大常委会副主任（不驻会），化工部连云港设计研究院人力资源部主任（正处级）；新浦区人大常委会副主任（不驻会），中蓝连海设计研究院人力资源部主任（正处级）；新浦区人大常委会副主任（不驻会），中蓝连海设计研究院副总工程师（正处级）；

2014年7月至2014年12月任海州区人大常委会副主任（不驻会），中蓝连海设计研究院副总工程师（正处级）。

李萌　女，汉族，1962年1月出生，河北枣强人。1984年8月参加工作，民革党员，省委党校研究生文化程度。

1980年9月至1984年8月在无锡轻工业学院油脂工程专业学习；

1984年8月至1996年11月任青海商业学院教师、助理讲师、讲师；

1996年11月至2014年7月任海州开发区办事员；海州开发区主任助理；海州开发区管委会副主任；原海州区计划生育局局长；原海州区政协副主席（不驻会），区计生局局长；原海州区人大常委会副主任；原海州区人大副主任、民革市委副主委（不驻会）；

2014年7月至2014年12月任海州区人大常委会副主任、民革市委副主委（不驻会）。

刘振华　男，汉族，1963年12月出生，江苏连云港人。1979年11月参加工作，1989年8月加入中国共产党，大学文化程度。

1979年11月至1981年1月在中国人民解放军某部服役；

1981年1月至1983年1月任灌云县南城工商所办事员；

1983年1月至2004年3月任云台区工商局办事员；云台区工商局副股长；云台区云台乡科技助理；云台区云台乡乡长助理；云台区云台乡副乡长；云台区猴嘴镇党委委员、副镇长；云台区花果山乡党委副书记；云台区花果山乡党委副书记、乡长；云台区花果山乡党委书记、乡长；

2004年3月至2014年7月任新浦区新东街道党工委书记；新浦区政府办公室主任；新浦区人大常委会副主任；

2014年7月至2014年12月任海州区人大常委会副主任。

杨中云　男，汉族，1960年6月出生，江苏东海人。1982年7月参加工作，1992年5月加入中国共产党，大学文化程度。

1980年9月至1982年7月在海州师范学校学习；

1982年7月至1990年8月任连云港市陇东中学教师；

1990年8月至2014年7月任新浦区教育局教研室教研员；新浦区教育局团委书记；新浦区教育局人秘股股长；新浦区教育局纪检组组长；新浦区委组织部副部长；新浦区委组织部副部长、组织员办公室主任、区总工会主席；新浦区总工会主席（副处级）；新浦区人大常委会副主任、区总工会主席；

2014年7月至2014年12月任海州区人大常委会副主任、区总工会主席。

张华陆　男，汉族，1960年5月出生，江苏连云港人。1981年7月参加工作，1985年6月加入中国共产党，大学文化程度。

1979年11月至1981年7月在海州师范学校普师专业学习；

1981年7月至2014年7月任原海州区中大街小学教师、砚池小学教师、教导副主任；原海州区砚池小学教导主任、副校长、校长；原海州区文教局人秘科科长；原中共海州区委组织员兼区纪委机关工作委员会书记；原中共海州区委组织部副部长兼区机关工作委员会书记（正科级）；原中共海州区委组织部副部长、老干部局局长；原海州区教育局局长、党委副书记、区政府教育督导室主任；原海州区人大常委会副主任；

2014年7月至2014年12月任海州区人大常委会副主任。

殷少卿　男，汉族，1960年6月出生，江苏东海人。1982年7月参加工作，1992年5月加入中国共产党，大学文化程度。

1979年9月至1981年9月在灌云县商业站工作；

1981年9月至1984年7月在淮阴电子工业学校元件制造专业学习；

1984年7月至2005年6月任灌云县委办公室机要员、秘书；灌云县板浦镇副镇长；灌云县板浦镇党委副书记；灌云县宁海乡党委副书记、乡长；灌云县燕尾港镇党委书记；灌云县燕尾港镇党委书记、人大主席团主席，县临港开发区管委会副主任；灌云县宁海乡党委书记；

2005年6月至2009年6月任新浦区宁海乡党委书记；

2009年6月至2014年7月任原海州区宁海乡党委书记；原海州区宁海乡党委书记（副处级）；原海州区政府办公室主任（副处级）；原海州区人大常委会副主任；

2014年7月至2014年12月任海州区人大常委会副主任。

海州区人民政府区长、副区长简介

单晓敏 中共海州区委副书记，区政府区长（主要简历同上）。

王友君 中共海州区委常委，区政府副区长（常务），现代服务业集聚区党工委书记（主要简历同上）。

江锦峰 中共海州区委常委、区政府副区长（主要简历同上）。

顾建华 中共海州区委常委，区政府副区长（主要简历同上）。

崔长胜 男，汉族，1964年1月出生，江苏连云港人。1985年7月参加工作，2002年6月加入中国共产党，省委党校研究生文化程度。

1981年9月至1985年7月在华东工学院电子工程系雷达及信号处理专业学习；

1985年7月至1994年3月任淮海工学院教师；

1994年3月至1998年7月任连云港市外经贸信息中心部门副经理、经理、中心主任助理；

1998年7月至2014年11月任新亚欧大陆桥国际信息中心办公室副主任；连云港市发展计划委员会办公室副主任；连云港市信息产业局副局长；连云港市无线电管理办公室主任兼市信息产业局副局长；连云港市经济和信息化委员会党组成员、中小企业局副局长；连云港市经济和信息化委员会党组成员、中小企业局副局长，连云港高新技术产业园区管委会副主任、党工委委员（扶贫）；

2014年11月至2014年12月任连云港市经济和信息化委员会党组成员、市中小企业局副局长，海州区政府副区长（扶贫）。

史伟 男，汉族，1971年10月出生，江苏赣榆人。1992年7月参加工作，1992年1月加入中国共产党，大学文化程度。

1989年9月至1992年7月在江苏公安专科学校侦察系政保专业学习；

1992年7月至2002年4月任连云港市公安局新浦分局浦西派出所民警；连云港市公安局政保科民警；连云港市公安局新浦分局海连东路派出所副所长；连云港市公安局新浦分局南小区派出所副所长兼刑警中队长；连云港市公安局新浦分局办公室主任；

2002年4月至2008年10月任连云港市公安局办公室副主任；连云港市公安局信访处处长；连云港市公安局交巡警支队副支队长兼车管所所长；

2008年10月至2014年7月任连云区政府副区长，市公安局连云分局党委书记、局长；

2014年7月至2014年12月任海州区政府副区长，市公安局海州分局局长。

袁丽霞 女，汉族，1969年6月出生，江苏赣榆人。1991年9月参加工作，1995年5月加入中国共产党，省委党校研究生文化程度。

1989年9月至1991年9月在南京农业大学乡镇企业财务会计专业学习；

1991年9月至2009年7月任赣榆县夹山乡政府办事员；赣榆县徐山乡妇联副主任；赣榆县徐山乡妇联主任；赣榆县徐山乡副乡长；赣榆县塔山镇党委副书记；赣榆县青口镇党委副书记；赣榆县沙河镇党委副书记、镇长；赣榆县沙河镇党委书记；

2009年7月至2011年5月任连云港市妇联副主席；

2011年5月至2014年7月任新浦区政府副区长；

2014年7月至2014年12月任海州区政府副区长、滨河新城党工委书记。

江希路 男，汉族，1964年11月出生，江苏连云港人。1982年10月参加工作，1986年6月加入中国共产党，中央党校大学文化程度。

1982年10月至1986年10月在部队服役；

1986年10月至1987年2月待业；

1987年2月至2014年7月先后任原海州钢窗厂会计；原海州区洪门乡宣传干事、团委书记、组织干事、党委秘书等职；原海州区洪门乡党委组织委员；原海州区朐阳镇副镇长；原海州区朐阳街道办事处副主任；原海州区朐阳街道党委副书记、办事处主任；原海州区朐阳街道党委书记、办事处主任；原海州区朐阳街道党委书记、人大工作室主任；原海州区朐阳街道党工委书记、人大工作室主任；原海州区朐阳街道党工委书记、人大工委主任；海州开发区党工委书记（副处级）；原海州区政府副区长；原海州区政府副区长，板浦镇党委书记；

2014年7月至2014年11月任连云港高新技术产业园区管委会副主任、党工委委员，连云港高新技术产业园区南部拓展区指挥部副指挥长、党委委员，板浦镇党委书记；连云港高新技术产业园区管委会副主任、党工委委员，连云港高新技术产业园区南部拓展区指挥部副指挥长、党委委员；

2014年11月至2014年12月任海州区政府副区长。

徐雪峰 男，汉族，1975年10月出生，江苏赣榆人。1997年11月参加工作，1999年12月加入中国共产党，省委党校研究生文化程度。

1995年9月至1997年7月在连云港财校财政专业学习；

1997年7月至1997年11月毕业待分配；

1997年11月至2011年2月任赣榆县石桥镇财政所会计；赣榆县石桥镇政府办事员；赣榆县石桥镇建设助理；赣榆县委办公室秘书；赣榆县

委办公室综合科科长；赣榆县委办公室副主任科员、综合科科长；赣榆县罗阳镇党委副书记、镇长；赣榆县罗阳镇党委书记、镇长；赣榆县罗阳镇党委书记；

2011年2月至2014年7月任新浦区政府副区长；

2014年7月 至2014年12月 任海州区政府副区长。

于卉 女，汉族，1974年7月出生，江苏连云港人。1998年12月参加工作，无党派人士，大专文化程度。

1993年9月至1996年6月在西安外国语学院英语专业学习；

1996年6月至1997年7月待业；

1997年7月至2014年7月在新浦区外经贸局涉外服务中心帮助工作；新浦区外经贸局涉外服务中心工作；先后任新浦区招商局副局长；新浦区外经贸局副局长；新浦区投资促进局局长、区外经贸局副局长；新浦区政协副主席（不驻会）、区投资促进局局长；新浦区政协副主席（不驻会）、区工商联主席；新浦区政府副区长、区工商联主席；新浦区政府副区长；

2014年7月 至2014年12月 任海州区政府副区长。

徐冰 男，汉族，1978年4月出生，河南荥阳人。2000年7月参加工作，1997年12月加入中国共产党，省委党校研究生文化程度。

1996年9月至2000年7月在扬州大学商学院会计学专业学习；

2000年7月 至2003年10月 任连云港市审计局行政事业和社会保障审计处科员；

2003年10月至2014年1月任中共连云港市委组织部综合干部处副主任科员；中共连云港市委组织部综合干部处副处长；中共连云港市委组织部综合干部处副处长、主任科员；中共连云港市委组织部县区干部处副处长、青年干部处副处长、主任科员；中共连云港市委组织部办公室副主任、宣传与信息管理办公室主任；

2014年1月至2014年7月任新浦区政府副区长；

2014年7月 至2014年12月 任海州区政府副区长。

政协海州区委员会主席、副主席简介

汤成元 男，汉族，1963年5月出生，江苏连云港人。1984年7月参加工作，1985年3月加入中国共产党，省委党校研究生文化程度。

1980年9月至1984年7月在南京大学天体物理专业学习；

1984年7月 至1987年11月 任东海县桃林乡办事员；东海县桃林乡经委副主任；东海县桃林镇副镇长；

1987年11月 至1993年7月 任中共连云港市委组织部副科级干事；中共连云港市委组织部干训科副科长；中共连云港市委组织部知工科副科长；

1993年7月至1996年8月在连云港市计划委员会投资公司海口公司工作；

1996年8月至2014年7月先后任新浦区外贸局办事员、副局长；新浦区外贸局局长；中共新浦区委办公室主任；中共新浦区委常委、区委办公室主任；中共新浦区委常委、政法委书记；中共新浦区委副书记、政法委书记；中共新浦区委副书记；新浦区政协党组书记；新浦区政协主席；

2014年7月 至2014年12月 任海州区政协主席。

于振强 男，汉族，1959年9月出生，山东即墨人。1977年12月参加工作，1985年6月加入中国共产党，大专文化程度。

1977年12月 至1979年10月 在连云港市中云公社插队知青；

1979年10月 至1984年10月 在连云港市车辆厂工作，历任工段长、车间团支部书记、团总支书记、厂团委书记；

1984年10至2014年7月 先后任原海州（新海）区工商局办事员、副股长、股长；原海州区工商局副局长；原海州区供销合作总社主任、党总支副书记；原海州区供销合作总社党总支书记、主任；原海州区洪门乡党委书记、人大主席团主席；原海州区洪门街道党委书记；原海州区朐阳街道党委书记；原中共海州区委常委、朐阳街道党委书记；原中共海州区委常委，朐阳街道党委书记、人大工作室主任；原中共海州区委常委、区委政法委书记；原海州区政协副主席（正处级）；

2014年7月 至2014年12月 任海州区政协副主席（正处级）。

曹伟平 男，汉族，1965年9月出生，江苏常州人。1993年9月参加工作，民盟盟员，博士研究生文化程度。

1983年9月至1993年8月在南京大学数学系学习；南京大学数学系硕士研究生；南京大学数学系博士研究生；

1993年8月至1998年1月任淮海工学院基础科学系讲师；淮海工学院基础科学系数学教研室副主任；淮海工学院基础科学系数学教研室副主任、副教授；

1998年1月至2014年7月任新浦区政协副主席（不驻会），淮海工学院理学院院长；

2014年7月 至2014年12月 任海州区政协副主席（不驻会），淮海工学院理学院院长。

颜景华 女，汉族，1957年2月出生，江苏连云港人。1984年4月参加工作，1988年9月加入中国共产党，省委党校大学文化程度。

1984年4月 至2014年7月 先后任原海州区朐阳乡妇联主任；原海州区妇联副主任；原海州区洪门乡党委副书记；原海州区洪门乡党委副书记、乡长；海州开发区党委书记、主任、人武部部长；海州开发区党委书记、人武部部长；原海州区政协副主席；

2014年7月 至2014年12月 任海州区政协副主席。

高敏 女，满族，1959年11月出生，辽宁抚顺人。1977年12月参加工作，致公党党员，大专文化程度。

1977年11月至1978年11月在市汽车公司大修厂车工；

1978年11月至1980年12月在徐州师范学院海师化学大专班学习；

1980年12月至2003年1月任连云港市幸福路中学教师；

2003年1月至2014年7月任原海州区政协副主席（不驻会），海州职业教育中心化学教研组组长；

2014年7月至2014年12月任海州区政协副主席（不驻会），海州职业教育中心化学教研组组长。

王宏新　女，汉族，1957年3月出生，江苏镇江人。1975年12月参加工作，1986年1月加入中国共产党，大学文化程度。

1975年12月至1978年2月在连云港市新坝公社何庄大队插队知青；

1978年2月至1980年2月在海州师范学校数学专业班学习；

1980年2月至2014年7月先后任连云港市陇东中学教师；连云港市海宁中学副校长；连云港市海宁中学校长、党支部副书记（正科级）；新浦区教育局党委副书记、局长；新浦区政协副主席，区教育局党委副书记、局长；

2014年7月至2014年12月任海州区教育局党委副书记、局长；海州区政协副主席，区教育局党委副书记、局长；海州区政协副主席。

张景友　男，汉族，1957年7月出生，江苏连云港人。1977年3月参加工作，1976年10月加入中国共产党，大专文化程度。

1973年3月至1984年6月在连云港市云台公社团委工作；任云台公社团委副书记；云台公社团委书记；

1984年6月至2001年12月先后任云台区花果山乡党委委员、副乡长；云台区花果山乡党委副书记、副乡长；云台区朝阳乡党委副书记、乡长；云台区猴嘴镇党委书记、人大主席团主席；云台区计划与经济局党委副书记、副局长（正科级）；云台区计划与经济局党委副书记、局长；云台区计划与经济局党委书记、局长；云台区云台乡党委书记、人大主席团主席；

2001年12月至2014年7月任新浦区云台乡党委书记；新浦区云台乡党委书记、人大主席团主席；新浦区云台乡党委书记；新浦区农林水利局局长；新浦区政协副主席、区委统战部部长；

2014年7月至2014年12月任海州区政协副主席。

王兰芳　女，汉族，1961年7月出生，江苏南通人。1982年2月参加工作，1985年9月加入中国共产党，省委党校大学文化程度。

1979年9月至1982年2月在南京机器制造学校机器制造专业学习；

1982年2月至1983年7月在新浦区浦西街道办事处办事员、区工交局办事员；

1983年7月至1986年7月任新海区工业公司副经理；

1986年7月至2014年7月任共青团原海州区委副书记；原海州区纪委常委、区监察局副局长；原海州区计经委副主任、纪委书记；原海州区计划生育局局长；原海州区计划生育局局长；原海州区总工会主席；原海州区委组织部副部长；原海州区委组织部副部长（副处级）；原海州区委统战部部长（副处级）；原海州区政协副主席、区委统战部部长；

2014年7月至2014年12月任海州区政协副主席，区委统战部部长。

刘建春　男，汉族，1973年3月出生，江苏连云港人。1995年8月参加工作，九三学社社员，大学文化程度。

1991年9月至1995年7月在南京化工大学无机化工专业学习；

1995年7月至2014年7月在新浦区对外经济与贸易合作局工作；先后任新浦区招商局局长助理；新浦区花果山乡副主任科员；新浦区花果山乡副乡长；新浦区外经贸局副局长；新浦区商务局副局长；新浦区政协副主席（不驻会），区商务局副局长；新浦区政协副主席（不驻会），区工商联主席；

2014年7月至2014年12月任海州区政协副主席（不驻会）、区红十字会常务副会长、现代服务业集聚区管委会主任；海州区政协副主席（不驻会）、区红十字会常务副会长。

苗永梅　女，汉族，1970年10月出生，江苏连云港人。1992年7月参加工作，民建会员，大学文化程度。

1988年9月至1992年7月在山东大学经济学专业学习；

1992年7月至2014年7月先后任原海州区对外贸易经济合作局科员；原海州区对外贸易经济合作局副局长；原海州区发展和改革局副局长、目标办副主任；原海州区经济信息化与发展改革局副局长、目标办副主任；原海州区政协副主席（不驻会）、工商联主席；

2014年7月至2014年12月任海州区政协副主席（不驻会）、工商联主席。

各类表彰

受国家机关表彰

表38

序号	受表彰单位与个人	表彰项目	表彰单位
1	海州区人民检察院	全国检察宣传先进单位、全国文明接待室	国家最高人民检察院
2	海州区检察院杨晓明	记一等功	
3	陇海步行街	全国中小商贸流通企业服务年活动示范街、2013~2014年度全国商业街管理先进集体	商业部
4	江苏邮政公司连云港市分公司	全国文明单位	国家文明委
5	交通银行连云港分行	中国银行业文明规范服务千佳示范单位	银监会
6	连云港东方农村商业银行	全国企业文化先进单位	文化部
7	海通公交、快速公交公司	全国学雷锋先进单位	国家文明委
8	眼科医院徐长华	中国复明扶贫流动眼科手术车先进个人	卫生部
9	海州社区卫生服务中心	全国群众满意的社区卫生服务机构	
10	浦西街道新中社区	全国防灾减灾示范社区	国家防灾减灾委
11	路南街道贾圩社区	全国科普示范社区、全国侨务工作示范单位、全国充分就业示范社区	国家科协、侨联等
12	新南街道玉龙社区	全国和谐社区建设示范社区、全国人口与计划生育基层群众自治示范村	国家综治委、人口与计生委
13	朐阳街道	国家级生态乡镇	环保部
14	洪门街道		
15	洪门街道海农植保专业合作社	农民合作示范社	农业部
16	浦南镇江浦村	国家级民主法治示范村	国家综治委

受省级机关表彰

表39

序号	受表彰单位与个人	表彰项目	表彰单位
1	海州区	江苏省法治建设先进区	省委、省政府
2		江苏省平安县区	省综治委
3		江苏省“六五”普法中期先进区	省司法厅
4	海州区司法局	江苏省“六五”普法先进单位	
5	海州消防大队	江苏省青年文明号	团省委
6	海州经济开发区	江苏省模范劳动关系和谐工业园区、特色产业集群（装备制造业集群）、江苏省五四红旗团委、省级劳力保障监察示范网络、省级生态工业园区	省政府、省经信委、团省委、省劳动人社厅、省环保厅
7	联瑞新材料股份有限公司	江苏省“科技小巨人”企业	省经信委
8	陇海步行街管委办主任祁德	最美基层干部	省委宣传部
9	区文教局教研室	第八届江苏省中心小学诗歌竞赛优秀组织奖	省教育厅
10	区教育局	江苏省“师陶杯”征文竞赛组织奖	省教育厅科学研究院
11		“我是美丽江苏小主人”生态环保活动优秀组织奖	团省委、教育厅

续表

序号	受表彰单位与个人	表彰项目	表彰单位
12	区自学考试办公室	江苏省高等教育自学考试先进集团	省高等教育自学考试委员会
13	新浦中学	江苏省绿色学校	环保厅
14	新海小学	省科技教育特色学校、科普教育基地	省科协
15	江苏邮政公司连云港分公司	江苏省模范劳动关系和谐企业、省放心消费创建活动先进企业	省人力资源和社会保障厅、商贸厅
16	市革命纪念馆房阳	江苏省巾帼建功标兵、江苏省金牌导游	省妇联、省旅游局
17	连云港东方农村商业银行	江苏省创建文明行业工作先进单位、"五四" 红旗团委、青年文明号、小企业金融服务工作先进单位	省文明办、团省委、经信委
18	中财保连云港市分公司	省文明单位、江苏省质量奖(服务业)、省放心消费创建活动先进单位、诚信单位、创建文明行业工作先进行业、平安金融创建先进单位、诚信承诺联盟百佳示范企业	省政府、省文明办、商贸厅
19	海州区财政局	江苏省文明单位	省政府
20	市地税六分局局长武琼	省五好文明家庭、"五一" 巾帼标兵	省文明办、省妇联
21	海通公交	江苏省 "五一" 劳动奖状、省安全文化建设示范企业	省政府、安全生产监督管理局
22	区科技局	院省合作先进单位	省科技厅、中科院南京分院
23	区知识产权局	江苏省知识产权工作先进集体	省知识产权局
24	海州社区卫生服务中心王春娟、于桂云	江苏省第二届 "优秀基层医师"、省 "群众满意的社区护士"	省卫生厅
25	浦南镇	省级生态乡镇	省环保厅
26	浦南中心小学	省级绿色学校	环保厅、教育厅
27	浦南镇浦北村	江苏省科普惠农服务站	省科学技术协会
28	浦南镇新海村	江苏省民主法治示范村	省综治委
29	浦南镇江浦村	省新农村建设先进村、民主法治示范村、省生态村、绿化模范村	省农林厅、综治委、环保厅
30	板浦镇	省级生态乡镇	省环保厅
31	宁海街道		
32	南城街道		
33	南城街道宁海社区	省级科普示范社区、江苏省标准化居民学校	省科学技术协会
34	新坝镇大穆村	省级生态村	省环保厅
35	新浦街道同兴社区	江苏省综合减灾示范社区	省民政厅
36	新东街道	江苏省和谐社区示范街道、江苏省乡镇(街道、园区)统计规范化建设合格单位	省民政厅等
37	新东街道龙尾社区	江苏省科普示范社区	省科学技术协会
38	新东街道河滨社区	江苏省城市管理示范社区	省文明委
39	新南街道	江苏省优秀公务员集体、省优秀志愿服务组织	省人社厅等
40	新南街道玉龙社区	江苏省民主法治示范社区、省科普示范社区	省综治委、省科协

续表

序号	受表彰单位与个人	表彰项目	表彰单位
41	新海街道	江苏省社会治安综合治理先进集体、“五四”红旗团委	省综治委、团省委
42	新海街道西苑社区	江苏省科普示范社区、妇女儿童之家	省科协、省妇联
43	新海街道河西社区	江苏省文明社区、社区科普益民计划先进单位	省文明委、省科协
44	海州街道	江苏省无邪教创建示范街道	省委防范和处理邪教问题领导小组办公室
45	幸福路街道	江苏省和谐社区建设示范街道、企业退休人员社会化管理服务示范点、示范妇女儿童之家、第三次全国经济普查先进集体	省民政厅、人力资源和社会保障厅、省妇联、省统计局
46	朐阳街道	江苏省模范职工之家	省工会
47	洪门街道	省级劳动保障监察示范网络	省人力资源和社会保障厅
48	洪门街道红旗社区	江苏省充分就业示范社区	省人力资源和社会保障厅

2014年海州区获评第四届连云港市道德模范名单

韦号方 连汽出租车驾驶员。徐州的韩女士不慎将3.5万元救命款遗忘在韦号方的出租车上。他拾金不昧，第一时间送交到公司找到失主。（诚实守信）

孙淑菊 浦西街道后河社区居民。她虽自己身体不好，仍然坚持长年照顾瘫痪在床的母亲以及半瘫的弟弟。她总说：“孝顺母亲、帮助亲人都是应该的，没有什么比亲情更重要。”（孝老爱亲）

受市级机关表彰

表40

序号	受表彰单位与个人	表彰项目	表彰单位
1	海州区检察院	连云港市文明单位	市文明办
		连云港市检察机关先进检察院	市综治委
2	海州消防大队	市文明单位	市政府
3	天明机械集团	工业技术改造十佳企业	市经信委
4	陇海步行街管委办主任祁德	最美基层干部	市委宣传部
5	江苏邮政公司连云港市分公司	建设连云港先进单位、用户满意服务单位	市政府 市妇联
6	市邮政公司海连路支局	“三八”红旗集体	
7	市邮政公司海连路支局李丹	“五一”劳动奖章	
8	市邮政公司海连路支局姜凡	“三八”红旗手	
9	人行连云港市中心支行	建设连云港有功单位	市政府
10	工商银行连云港分行	建设连云港有功单位、扶贫开发工作先进集体	市政府、市扶贫办
11	建设银行连云港分行	连云港市文明单位	市政府
12	农业银行连云港分行	建设连云港有功单位	
13	农发行连云港市分行	金融服务发展先进单位	
14	浦发行连云港分行	建设连云港先进单位	

续表

序号	受表彰单位与个人	表彰项目	表彰单位
15	连云港东方农村商业银行	连云港市文明单位、平安创建先进集体	市政府、市综治委
16	中财保连云港市分公司	连云港市文明行业	市文明办
17	中人寿财保连云港市中心支公司	连云港市文明单位	市政府
18	海州区财政局	连云港市财政系统会计管理部门目标考核先进单位一等奖、全市财政目标管理先进集体	市财政局
19	市国税三分局	连云港文明单位	市政府
20	海州工商分局	连云港市文明单位	市政府
21	海州区住建局	市城乡建设发展目标优胜奖	市住建局
22	海州区城管局	年度目标考核一等奖	市城管局
23	海州区教育局	市中小学田径运动会优秀组织奖	市教育局
24		市少儿艺术展演优秀组织奖	
25		市青少年校园足球先进集体	
26	海州区教研室	连云港市“教学研究先进集体”	市教育局研究室
27		连云港市“教师专业发展引领先进集体”	
28	海州区教育工会	海州教育工会2014年目标考核先进单位	市教育工会
29	海州区教育局	课程基地建设先进集体	市教育局办公室
30		心理健康教育工作先进集体	
31	海州区教育局基教科	“魅力之光杯”全国中学生核电科普知识竞赛优秀组织单位	市宣传部、文明办、教育局、科协
32	海州区教育局	市文明礼仪风采大赛优秀组织奖	市文明办、教育局
33		市青少年防震减灾科普征文竞赛优秀组织奖	市教育局、地震局、科协
34		连云港市教科研工作先进集体	市教育科学研究所
35		学前教育改革发展示范区建设工作先进集体	市教育局
36		校安工程目标考核一等奖	市校安工程领导小组
37	海州区科技局	市“三下乡”先进集体、市科技统计工作先进集体	市委宣传部、市科技局
38	海州区地方志办公室	连云港市2014年度志鉴编纂工作综合奖一等奖	市党史办
39	浦南村医庄文斌	市最美乡村医生、最美港城人	市文明办 市卫生局
40	新坝镇	2011~2014年度社会治安综合治理先进集体	市委、市政府
41	新浦街道同兴社区	市爱国卫生先进单位	市政府
42	新东街道	市社会治安综合治理先进单位、市幸福家庭建设示范乡镇（街道）	市综治委 市妇联
43	新东街道龙尾社区	市文明社区	市文明办
44	新东街道文昌社区	连云港市“三八”红旗集体	市妇联
45	新南街道玉龙社区	连云港市和谐社区建设示范社区	市综治委
46	新海街道河西社区	连云港市科普示范社区、示范妇女儿童之家	市科协、市妇联

续表

序号	受表彰单位与个人	表彰项目	表彰单位
47	海州街道	连云港市反邪教工作先进单位	市委防范和处理邪教问题办公室
48	朐阳街道	全市纪检监察信访举报工作先进单位	市纪委 市信访局
49	朐阳街道敬老院院长王奎先	港城十大最美家庭	市妇联
50	云台农场	连云港市文明单位	市文明办
51	海州派出所李浩	连云港市十大杰出青年	团市委
52	新东派出所汪彩虹	全市人民满意政法干警	市综治办

中共海州区委　海州区人民政府
关于表彰2014年度全区经济建设和社会发展
目标管理先进单位的决定

海委发〔2015〕5号

2014年，在市委、市政府的正确领导下，全区上下紧紧围绕建设区域性经济文化中心和更高水平小康社会两大目标，牢牢把握“稳中求快、改革创新”年度工作总基调，以“六个突破、四个提升”为重要抓手，强势推进各项工作落实，全区经济始终保持良好的发展态势，经济建设和社会发展取得显著成绩，圆满完成市委、市政府下达的各项目标任务。

为表彰先进，进一步激发全区广大干部群众的积极性和创造性，在新的一年里创造更加辉煌的成绩，经研究，决定授予海州经济开发区专用装备产业园、洪门街道等10家单位“2014年度经济建设和社会发展目标考核一等奖”；授予路南街道、朐阳街道等10家单位“2014年度经济建设和社会发展目标考核二等奖”；授予区委组织部（老干局）、区科技局等19家部门及单位“2014年度经济建设和社会发展目标考核一等奖”；授予区文体旅游局、区住建局等27家部门及单位“2014年度经济建设和社会发展目标考核二等奖”；授予区卫生局连云港和美家妇产医院项目、浦南镇生态农业复合利用光伏电站项目及江苏万发国际物流园项目等9家单位“2014年度重大项目招引奖”；授予海州国土分局、市地税六分局等10家单位“2014年度软环境建设十佳单位”；授予新坝镇党委、锦屏镇党委等10家单位“2014年度党建工作创新工程奖”；授予步行街管委办、区新闻中心等10家单位“2014年度宣传文化创优奖”；授予海州公安分局、海州区法院等10家单位“2014年度社会管理创新奖”；授予正大天晴药业集团股份有限公司、太阳雨集团有限公司等12家企业“2014年度经济建设和社会发展财税贡献奖”；授予浦南镇康宁社区、新坝镇普安村、锦屏镇酒店村、板浦镇东北村等22家单位“2014年度经济建设和社会发展目标先进村（社区）”；授予连云港市城市建设投资集团有限责任公司、连云港振兴实业集团有限公司等8家单位“2014年度建设海州突出贡献奖”；授予海州国土分局、消防支队新浦大队等13家单位“2014年度建设海州有功单位”。

2015年是全面深化改革的关键之年，也是谋划“十三五”规划的重要一年，做好2015年的工作至关重要。希望受到表彰的单位和部门谦虚谨慎、戒骄戒躁、再接再厉、再铸辉煌。全区各单位、各部门要以先进为榜样，继续围绕建设区域性经济文化中心和更高水平小康社会两大目标，以企业服务年、项目招引年为抓手，以改革创新为动力，推进转型升级、生态建设和城乡一体化发展，为海州的崛起振兴再作新贡献。

附件：2014年度全区经济建设和社会发展目标管理先进单位名单

中共海州区委员会
海州区人民政府
2015年2月14日

附件

2014年度全区经济建设和社会发展目标管理先进单位名单

一、综合奖

镇、街道、开发区、农场综合一等奖（10家）：海州经济开发区专用装备产业园、洪门街道、宁海街道、花果山街道、新东街道、海州经济开发区通用设备产业园、新海街道、新浦街道、新南街道、云台农场。

镇、街道、农场综合二等奖（10家）：路南街道、朐阳街道、南城街道、板浦镇、海州街道、浦西街道、新坝镇、幸福路街道、锦屏镇、岗埠农场。

部门及单位综合一等奖（19家）：区委组织部（老干局）、区委宣传部（创建办）、区纪委（监察局）、区委政法委、区检察院、区法院、海州公安分局、高新区公安分局、新浦人武部、区财政局、区科技局、区教育局、区民政局、区经发局、区人社局（编办）、区城管局、区信访局、江苏瀛州集团、区房屋征收局。

部门及单位综合二等奖（27家）：区文体旅游局、区卫生局、区住建局、区商务局、区统计局、区环保局、区计生局、区审计局、区司法局、江苏海发集团、区中小企业局、区供销总社、区粮食局、步行街管委办、区科协、区机关工委、区妇联、区民宗局、区总工会、区残联、区委统战部、区红十字会、区工商联、区农水局、区安监局、海州人武部、景区公安分局。

二、单项奖

1.重点工程、重要事项推进奖

因区划调整、项目整合、人事变动等原因，重点工程、重要事项推进另行单独考核奖励。

2.重大项目招引奖（9家）

①卫生局连云港和美家妇产医院项目②浦南镇生态农业复合利用光伏电站项目和江苏万发国际物流园项目③海州开发区专用装备产业园科唯峰机械制造项目和锦缘石化设备制造项目④海州开发区通用设备产业园品苏户外用品项目和帅宝石化流体设备项目⑤新浦街道奥迪城市展厅和博威壹城国际商务大厦及泰恒海港城海鲜美食街项目⑥路南街道丰联广场项目⑦商务局世纪缘美食婚庆广场项目⑧新东街道利群城市综合体和杰瑞科技创意产业园项目⑨浦西街道时尚莱迪购物广场项目。

3.软环境建设十佳单位（10家）

海州国土分局、市地税六分局、海州公安分局、海州工商分局、区民政局、区财政局、区教育局、区统计局、区人社局、区经发局。

4.党建工作创新工程奖（10家）

新坝镇党委、锦屏镇党委、花果山街道党工委、南城街道党工委、新浦街道党工委、路南街道党工委、新南街道党工委、新东街道党工委、宁海街道党工委、区教育局党委。

5.宣传文化创优奖（10家）

区文体旅游局、区教育局、步行街管委办、区新闻中心、新浦街道、路南街道、花果山街道、新东街道、新南街道、朐阳街道。

6.社会管理创新奖〈包括信访和安全生产〉（10家）

海州公安分局、区检察院、区法院、区司法局、区委政法委、新南街道、板浦镇、高新区公安分局、区信访局、区民政局。

7.财税贡献奖（12家）

正大天晴药业集团股份有限公司(含制剂分公司)、日出东方太阳能股份有限公司、连云港正大天晴医药有限公司、江苏齐天电力工程有限公司、连云港康缘医药商业有限公司（含关联公司）、太阳雨集团有限公司、连云港飞雁毛毯有限责任公司、中国江苏三得利食品有限公司、连云港市自来水有限责任公司、江苏省连云港汽车运输有限公司、连云港天明装备有限公司、连云港鹰游纺机有限责任公司。

8.先进村（社区）（22家）

浦南镇江浦村、浦南镇康宁社区、新坝镇普安村、新坝镇新西村、锦屏镇酒店村、板浦镇东北村、板浦镇菜园村、花果山街道新滩村、宁海街道武圩村、朐阳街道西门村、洪门街道洪门村、南城街道青春社区、新浦街道路北社区、新浦街道龙苑社区、浦西街道蔷薇社区、路南街道贾圩社区、新南街道兴业社区、新东街道龙尾社区、新海街道西苑社区、海州街道南门社区、幸福路街道文化社区、海州开发区范庄村。

三、驻区单位

1.建设海州突出贡献奖（8家）

连云港市城市建设投资集团有限责任公司、连云港振兴实业集团有限公司、连云港市国有土地储备中心、连云港市保障房建设投资发展集团有限公司、连云港市供电公司、连云港市自来水有限责任公司、连云港新奥燃气有限公司、江苏银行连云港分行。

2.建设海州有功单位（13家）

海州国土分局、市地税三分局、市地税六分局、市国税三分局、海州工商分局、消防支队新浦大队、海州交巡警三大队、城管海州一大队、城管海州三大队、海州规划分局、市药监局新浦分局、海州物价分局、市质监局城区分局。

中共海州区委　海州区人民政府 关于表彰“最美基层干部”和“最美基层干部”提名奖的决定

海委发〔2015〕8号

各镇党委，街道、开发区党工委，各镇人民政府、街道办事处，开发区管委会，区委各部委，区各办局院社（公司）、群团组织，各有关单位：

近年来，全区各级党组织和广大党员干部在区委区政府的正确领导下，以建设区域性经济文化中心和更高水平小康社会为奋斗目标，坚持解放思想、开拓创新、求真务实、干事创业，为推进“人文荟萃、美丽海州”建设做出了突出贡献，一批优秀基层干部脱颖而出。为弘扬先进，树立典型，区委区政府决定，授予夏倩等12名同志“最美基层干部”荣誉称号，授予骆晓红等11名同志“最美基层干部”提名奖。

希望受到表彰的优秀基层干部，珍惜荣誉，发扬成绩，戒骄戒躁，再接再厉，立足新起点，抢抓新机遇，开创新局面。同时，全区各级党组织和广大党员干部要以先进典型为榜样，团结一心、坚持不懈、苦干实干，为把海州建设成为生态宜居、人文荟萃、经济繁荣、社会文明的现代化中心城区作出更大的贡献。

附件：1. “最美基层干部”名单
2. “最美基层干部”提名奖名单

中共海州区委员会
海州区人民政府
2015年3月2日

附件1

“最美基层干部”名单

夏　倩　新海街道西苑社区书记、主任

王冬梅　幸福路街道文化社区书记、主任

赵　状　花果山街道前云村书记、主任

徐德俊　新浦街道路北社区书记、主任

武传英　新浦街道同兴社区书记、主任

何来华　新东街道河滨社区书记

陈敬喜　朐阳街道西门社区书记

谷　慧　新南街道海宁社区书记、主任

李　萍　海州街道新建社区书记、主任

张雪萍　路南街道扁担河社区书记、主任

战秋菊　新东街道苍梧社区书记、主任

刘德华　南城街道青春社区书记、主任

附件2

“最美基层干部”提名奖名单

骆晓红　新南街道玉龙社区书记、主任

郁　红　浦西街道西桥社区党总支书记、主任

穆金华　浦西街道新西社区书记、主任

江舜建　宁海街道武圩村书记

魏居霞　板浦镇新民社区书记

范益猛　海州开发区范庄村主任

蒋　红　新东街道广场社区书记、主任

李运霞　新海街道新潮社区副书记、副主任兼计生专干

开成跃　新坝镇大屯村书记

金　嫚　路南街道盐河社区书记、主任

薛金铨　新浦开发区夏禾村会计

2012~2014年度海州区获评连云港市劳动模范先进事迹简介

祁　德　男，汉族，1973年11月出生，本科学历，中共党员。任连云港市陇海步行街管委办主任。祁德从部队转业到地方近10年来，先后担任区招商局办公室主任、区现代服务业发展办公室主任、陇海步行街管委办主任等职务。他不论在什么岗位都怀揣一腔干事创业的激情，创造一个又一个骄人的业绩。

务实苦干，以岗为家，是他一贯的工作作风。2012年兼任步行街管委办主任后，10天就跑遍了1170米的街区，走访商户313家。改革创新、永创一流，是他一贯的工作思路。2012年初，受国际国内经济下行压力加大和网购冲击影响，街区经济效益下滑。为有效应对国际国内经济下行压力和网购带来的影响，他大力招商引资，建设"第九街区"等3个专业市场，连续三年举办年货节、台湾小吃节等大型经贸活动，开通网上步行街发展电子商务，使街区商品零售总额递增达到21亿元。

他勤政廉洁，带动了整个步行街的风正气清。2012~2014年步行街连续3年获区目标管理二等奖，连续3年首季在全区率先完成内、外资招商任务，连续3年获全国商业街管理先进个人和先进集体。

张健　男，汉族，1967年9月出生，本科学历，无党派人士，任海州区商务局局长。自担任海州区商务局局长以来，区招引内资连续5年全市第一，2013年和2014年社会零售业总额完成第一。他在用电子商务促进海州区传统产业转型，加快电子商务企业和实体企业的对接融合上花了不少心思，让电子商务和实体企业+传统商贸业实现双赢。在招商引资工作中开拓创新，敢于担当，为海州区建立、充实和完善了信息库、客商库、项目库3库并取得很好的成效。世纪缘国际酒店原为市区的烂尾楼，一直闲置，他在上任之初带着招商人员不辞辛苦多次赴南京，最终使南京世纪缘总部决定投资1.5亿元盘活该地块。经过信息积累，2015年一季度海州区的在手在谈3亿元以上重大项目达到20个，实现质和量的突破，为完成海州区全年的经济任务做出了积极的贡献。

卜贤超　男，汉族，1981年7月出生，本科学历，任江苏国民消防设备有限公司董事长，2011年获市五一劳动奖章。涉足防火门行业15年，于2007年成立江苏国民消防设备有限公司，成为连云港地区唯一的防火门专业生产厂家。公司已成为江苏省防火门行业专业化、规模化生产企业，旗下拥有民门、民德、民得利3大品牌，至2014年，公司已发展形成1个产品研发中心，1个专业售后服务中心，3个生产防火门及消防材料配套生产基地。该公司在连云港地区主要代表项目有：大型住宅小区，如香溢广苑、万润一品苑、润城东方、淮海花园；大型超市，如乐天玛特、大型商业广场，如嘉瑞宝广场等。

所创立公司获得部、省、市各级奖项10余个。参与建设鲁班奖、省优工程若干，并获得中国消防协会理事单位、江苏省重质量守信誉企业、江苏省AAA级银行授信企业、江苏省AAA级守合同重信用企业、市百佳民企、市安全生产标准化企业、市和谐劳动关系先进单位、市文明单位等一系列荣誉。

魏根忠　男，汉族，1962年3月出生，大专学历，任江苏省江天建设工程有限公司董事长，高级工程师。2014年获连云港市五一劳动奖章。

30多年奋战在建筑施工行业:做项目经理。承建新海电厂、帝豪阳光大厦、土地局大楼、同科高层等标志性工程，抢建市区BRT工程等。谋划发展。2003年创建安隆建筑公司，2008年兼并江苏省江天建设公司。做大企业。探索民主管理等，立足江苏，开拓新疆、安徽、山东等建筑市场，数年来年施工产值均超4亿元，上缴税金1千万元。其承建的工程均合格，几十项工程获省、市优质奖。企业吸纳。数千名农民工就业，职工收入处于行业上游水平。因此，公司被评为市优秀建筑企业、市和谐劳动关系标兵、市民主管理示范单位等，个人数十次被评为省、市优秀项目经理，优秀企业经理，行业先进个人，当选市私营企业家协会副会长，并在2004年获市五一劳动奖章。魏根忠为企业数千员工实现美好生活做出了积极努力，以优质、美观的幢幢高楼和可观的产值利税，为社会做出显著的贡献。

王玉忠　男，汉族，48岁，任三人行公司生产副总经理，负责生产技术工作。自参加工作以来，他能模范执行党的路线、方针、政策，遵守国家法律、法规，立足岗位，奋发进取，开拓创新，勇于奉献。无论在何种岗位，从事何种工作，他都是干一行爱一行，一心扑在工作上。兢兢业业、踏踏实实、勤勤恳恳，各项工作想在前、干在前，充分起到了模范带头作用。突出的业绩、勤政务实的工作作风也得到了领导的充分肯定。由于他的勤奋和钻研，他的业务知识得到很大提高，他用所学知识，积极探索、研究和推广石油化工行业的节能改造。其取得的成果有全密闭航煤大鹤管专利技术、ZUO型油气回收密闭罩、加快原油卸车系统。王玉忠20年来，勤勤恳恳，任劳任怨，从不计较个人得失，出色完成了各项工作任务，在平凡的岗位上为石油化工事业的发展做出了不平凡的成绩。

王长喜 男，汉族，1969年1月出生，大专学历，中共党员，任锦屏镇朐山村党总支书记。该同志率领村“两委”班子成员与时俱进，锐意改革，扎实服务“三农”，在发展农业、繁荣农村经济、改善民生、维护社会稳定、市属重点工程建设等方面做了大量的实事、好事，受到广大农民群众的赞誉和上级部门的表彰。2008年被评为“感动海州十大人物”，2009年获评“建设海州十佳人物”等称号。

坚定信仰，农村事业高度负责。自2004年任酒店村村主任以来，他就注重抓“三农”工作，认定发展农村经济是第一要务，是农村工作的“牛鼻子”。本着与时俱进、开拓创新、高度负责的原则，发展现代农业，优化农业产业结构，带动农民科技致富。

创新方法，改善民生兢兢业业。为了让农民的生活环境更好，2011年，他以江苏省村庄环境整治示范点为突破口，加大投入力度，加快“三清一改”试点建设，不断改善群众生活环境，让老百姓亲身感受到新农村建设的可喜变化。

敢挑重担，为建设重点工程无私奉献。2014年6月，沿河南路征迁工作启动以来，他带领村“两委”班子成员，在上级相关部门领导下，没日没夜地奋斗在拆迁的第一线。

始终如一，为老百姓办实事、办好事。他古道热肠，深怀爱民之心。他所做的好事，村民们数说不完：资金周转不灵，他主动垫资；抗旱排涝，他坚守一线；特困家庭，他时刻在心。他公而忘家，是村民的贴心人。

王冬梅 女，1970年11月出生，中共党员，任海州区幸福路街道文化社区党委书记、居委会主任。担任社区主任10年来，王冬梅在上级党委、政府的关心帮助下，团结带领广大干群，迎难而上，锐意进取，忘我工作，使原本相对落后的文化社区实现一个华丽的转身：连续10年经济发展和社会事业目标考核排名第一，“大党委制”、“一委三会四平台”社区管理新模式多次受到省、市嘉奖，民生工作获得国家民政部表彰，社区先后获得全国基层低保规范化建设先进单位、全省社会管理创新先锋行动先进基层党组织、省和谐示范社区、省充分就业示范社区、省巾帼示范岗等荣誉，她本人也被授予江苏省优秀女“村官”、市“巾帼建功”活动先进个人、市科普先进个人等一系列荣誉，并在2011年被选举为市人大代表。

梁正江 男，汉族，1970年2月出生，大学本科学历，中共党员，任海州区财政局江苏瀛洲发展集团有限公司党组书记、董事长。2008年5月以来，一直奋战在国有企业第一线担任负责人，将一个区属资产量小、矛盾问题多、职工频繁上访的资产经营公司培育成市属平台企业，历经企业的稳定、改革、发展历程。在企业国有资产面临重大损失关头，通过改制、保全、拍卖、案件起诉等形式，挽回国有资产损失3000多万元，先后将下属3家停产子公司进行改制，安置困难职工128名。他加强对国有资产的整合力度，先后将一大批机关事业单位资产、街区房产、土地等注入平台，企业净资产从2650万元增至31亿元，总资产从3100万元增至51亿元，企业子公司达17家，成长为省级集团公司。发挥投融资平台的职能作用，先后融资近30亿元，投入到区内滨河新城、浦南新镇区、服务业集聚区、民主路、盐河巷等重点工程领域，促进区内基础设施建设的有效改善，助推了区域经济的快速发展。

江舜军 男，1967年6月出生，中专文化，海州区宁海街道办事处太平村党支部书记。太平村是他祖祖辈辈生活的地方。他从1993年到村里工作，历任民兵营长、团支部书记、计生专干、党支部副书记，他兢兢业业，任劳任怨，一干就是20多年，把青春年华献给了村集体事业。2012年，太平村作为海州电子信息产业园的主战场，征地拆迁、信访稳定等工作任务非常繁重，在这关键时期，全村党员推选他就任太平村党支部书记。任职3年来，太平村人均纯收入由8600元上升到11800元，实现了人均收入过1万元。村支书虽然不算什么“官”，但是要想当好也绝不是一件轻而易举的事，理想抱负和为群众服务是江舜军最重要的支撑。面对班子需要磨合、财务需要清理、制度需要健全、遗留矛盾需要化解等诸多难题，他认准了民生为先，一心为民办实事。他知道，自己的一言一行，时刻代表着党在群众中的形象。关键就是要做到万事民为先，为百姓排忧解难，多做一些雪中送炭的事，这样老百姓才能拥护你、信任你。勤劳致富，带领广大群众共同致富。江舜军充分利用自己的技术优势，进行水稻育秧，给周围群众提供秧苗和栽插，每年都有一笔可观的收入。在自己稳步发展的过程中，他并未就此满足，因为他有自己的理念——“自己富不算富，大家富才是富”。

张晓雨 女，汉族，1990年11月出生，本科学历，任连云港市丰竹园印刷厂业务员，2013年获连云港市五一劳动奖章。张晓雨在政治上始终同党中央保持一致，爱祖国，爱人民。自参加工作以来，她始终严格要求自己，爱岗敬业、争创一流。对人、对企业、对社会贡献的大小、纳税的多少是她追求的最高目标，在各项评比考核中始终名列前茅。平时刻苦钻研，曾参加华东地区青年职工计算机技能竞赛，获大赛第二名。她受家庭的熏陶，从小就养成助人为乐、大爱无私、为民服务的宗旨意识，对社会和他人有一颗强烈的爱心，对于老人，她是拐杖；对于盲人，她是眼睛；对于外地人，她是向导；对于有困难的人，她是亲人。几年来，她做好事、善事数百件次，她用自己的工资和奖金3万余元，先后捐助10余个贫困家庭、大病患者、困难学生和贫困地区，积极参与公益事业，回报他人，奉献社会。震惊世界的汶川大地震第3天，未满18岁的张晓雨将自己的压岁钱512元通过市广电局捐给灾区，成为港城第一位捐款人。

张小得 男，1976年8月出生，中共党员，现任宇泽基础工程有限公司项目经理。2012年，当选海州区人大代表，同年获得海州区“十大青年标兵”称号。荣誉的获得带来的是喜悦更是压力，这么多年来，他始终严格要求自己，兢兢业业做好工作，踏踏实实为民服务，做一名尽职履责、人民满意的人大代表。

他在工作和生活中始终以“热爱工作，无怨无悔；加班加点，率先垂范；奉献爱心，为民服务”的标准严格要求自己。一是以改革的勇气、创新的理念、务实的谋略，围绕目标，贴紧中心，与时俱进，锐意进取，勇于探索，大胆实践，带领地块项目班子成员及全体员工，以施工生产为龙头，狠抓安全质量工作，切实强化经理部管理，创造性地开展工作。二是为了尽快打开工作局面，实现铁路早日开工，他多次到居民家中做思想动员工作，忙忙碌碌，项目启动以来，没有休息过一天，一直奔波在工地上。居民家中有困难，他跑前跑后地帮助解决，为了让动迁户尽快搬迁，他主动帮助联系搬家工作，亲自动手抬家具、搬行李。三是为群众排忧解难。海州区蔷薇小区西门附近有条土路，平日里过往车辆搅得尘土飞扬，路边的树总是裹着厚厚的一层灰衣。下雨天，泥泞不堪的道路更是让居民连个下脚之处都没有。他主动找到在附近做城建工程的某地产公司，说情况、拉感情，最终说动了该公司负责人，出资10万元，没花小区居民一分钱，将土路变成了水泥路，不仅将道路硬化，还修了下水道。

在工作上，他兢兢业业，吃苦在前；在生活中，他为民服务，奉献在前，这就是他——张小得，一名来自农村的普通项目经理，他用双手创出了自己的一片天地，也为别人遮风挡雨。

魏　洁　男，汉族，1963年3月出生，本科学历，中共党员，任连云港远洋流体装卸设备有限公司技术工程师。

2006年，为适应国家加油站油品配送方式的转变，积极开发适应多仓式油罐车装卸的下装鹤管，采用先进的零泄漏阀门和计算机控制技术，成功地制造了国内第一套撬装式下装鹤管，此项目获得两项实用新型专利，并被列为江苏省中小企业新产品。

2007~2008年主持内浮顶产品的研发，获得两项专利，其中“井形内浮盘产品开发”被列为国家级星火计划，使得该产品获得极大的市场份额；“节能环保型内浮盘”项目获得首届长三角科技创新三等奖。两个新产品的开发使公司跃升为国内内浮顶行业最具竞争力的企业，在全国排名第一。产品广泛用于中石油、中石化、中海油、石油仓储等，并出口越南等国。

承担连云港市科技创新项目“全自动桁架装车鹤管”是国内先进的、具有自动化程度高的装卸设备，成为公司销售流体装卸臂的一大亮点。为中国石油吐哈油田设计的液压桁架鹤管，采用液压马技术、控制技术使其装卸油品效率高、油气挥发少，获得业主的好评。设计的油罐清洗用火车牵引装置获得一项实用新型专利和一项发明专利。

研发的储罐用网壳2010年为江阴澄新化工5万立方米甲醇设计的凯威特型网壳，在国内首次采用提升方法，缩短了安装周期，一次性节约40万元的费用。2011年，为中石油西部管道公司设计5万立方米储罐用铝网壳为国内首家，采用国际公认的abaqus有限元分析软件进行分析，确认设计结构合理，符合甲方设计要求。5万立方米储罐钢网壳及铝网壳的成功应用，为公司网壳的市场开拓和进军国际市场提供有力的技术支持。此项技术为连云港地区唯一的一家，为连云港增加广阔的社会和经济效益。为此结合生产实践申报了一项专利。

徐文卿　女，汉，1960年9月出生，中专党员，任连云港市威连汽车出租有限公司经理，2009~2010年被评为市优秀出租汽车管理工作者。

自任职以来，她认真贯彻执行党的路线、方针、政策，以邓小平理论和“三个代表”重要思想为指导，坚持科学发展观，实事求是，真抓实干，务求实效，正确地认识面临的挑战和困难，不断摸索和尝试企业改革、提高经营管理水平的新办法、新途径。她政治坚定，刻苦钻研业务知识，善于敏锐洞察新的形势，准确把握时代脉搏，自觉锤炼，不断增强做好新时期各项工作的能力，带领公司全体干部职工创造了显著的经济效益和社会效益，为连云港市出租汽车行业的稳定和发展做出了突出贡献。在徐文卿的带领下，威连公司先后获得市“精神文明建设先进单位”、市“用户满意服务单位”、市“(模范)劳动关系和谐企业”、市“五一劳动奖状”“诚信经营先进单位”“放心消费创建工作先进单位”、出租汽车客运行业“四星级企业”、出租汽车企业“服务质量信誉考核AA级”、新浦区“文明单位”等荣誉称号。徐文卿也获得2009年度和2010年度“优秀出租汽车管理工作者”荣誉称号。

商佃仁　男，汉族，1967年4月出生，中共党员，本科学历，任海州开发区管委会副书记、副主任，高级工程师。

他先后在海州区建设局、洪门街道办事处、海州经济开发区工作。2007年，为海州开发区引进正大天晴制药有限公司，税收过10亿元，受到区委、区政府表扬。2008年5月29日至7月1日，去四川绵竹市支援抗震救灾，10月，被市委、市政府评为“支援抗震救灾”先进个人。2010年被评为连云港市“挂村环境综合整治”先进个人。2011年被海州区委授予“优秀党务工作者”称号。2012年，被授予连云港市“挂村建设十佳个人”称号，同年被评为江苏省李嘉诚环境整治工作先进个人。2013年9月被海州区记三等功，同年被省建设厅评为高级工程师。

乔敬萌　男，汉族，1975年10月出生，中共党员，本科学历，任海州区财政局江苏海州发展集团有限公司董事长。在2012~2014年工作期间，先后担任江苏海州发展集团（简称海发集团）总经理和董事长职务。他爱岗敬业，真抓实干，拼搏进取，为海发集团创造了良好的经济效益和社会信誉。

他任职期间，海发集团规模不断壮大。主体评级达到AA级别，公司总资产达到46亿元，净资产30亿元，收入2.8亿元，利润1.2亿元。

海发集团融资规模达到10.2亿元，源源不断的资金融通为海州区内的重点工程提供有力保障。宁海电子信息产业园标准化厂房工程、现代服务业集聚区智慧物流园项目、新城国际花园安置小区等一批重点工程项目得以顺利进行。

在职期间，大力推动实施惠民工程，锦屏磷矿棚户区、锦屏磷矿尾矿库治理、204国道周边整治及绿化等工程得到落实，有效地改善了居住条件，消除了安全隐患，为海州区的民生工程做出重要的贡献。

内部管理日趋完善。推动海发集团建立健全财务管理制度、公司合同管理制度、公章使用管理制度、江苏海州发展集团文件管理制度和考勤管理等一系列制度，并且加以贯彻落实，形成长效机制，有效保障公司的经营管理更加科学合理。

国有资产保值增值。在职期间，大力推动国有资产注入及增值工作，海发集团已注入土地约133.33公顷，并且利用房地产开发、地块融资等手段有效实现海州区国有资产的价值增值及变现回收。

曹家凯 男，汉族，1973年12月出生，本科学历，任江苏联瑞新材料股份有限公司副总经理。2011年获市科技进步一等奖。曹家凯一直坚持技术创新，始终在生产第一线参与硅微粉的技术攻关、产品开发，对硅微粉技术具有深厚的理论功底、丰富的实践经验和独到的见解。他运用所掌握的专业技术知识和实践经验，解决了公司生产技术中诸多技术难题。“十一五”期间，先后承担多项国家、省、市级科技研发项目，并取得数千万元显著的经济效益和社会效益。例如，参与完成省重大科技成果转化项目——大规模集成电路封装及IC基板用球形硅微粉产业化，技术达到国际先进水平，产品填补国内空白，并取得显著的社会经济效益。另外，其十分注重企业知识产权保护，先后协助公司申报17项专利，其中发明2项、实用新型14项、外观设计1项。至2014年底，已获得授权专利11项，其中发明1项、实用新型9项、外观设计1项。

曹家凯先后被评选为集团公司优秀员工、感动生益人物，并荣获市科技进步一等奖。

马　侠 女，汉族，1964年6月出生，中共党员，本科学历，任江苏新时代工程项目管理咨询有限公司总经理。获2011年“江苏省星级造价师”、2012~2014年度“三八红旗手”、2015年市“优秀民营女企业家”称号。

立企业。企业在全市率先取得工程造价咨询甲级资质、政府采购代理甲级资格、工程招标代理甲级资质，走在连云港市造价咨询行业的前列。在处理某垃圾填埋场渗滤液处理系统设备及安装项目时，她连续两周翻阅书籍、请教专家，得知自己父亲病重住院，她宁愿牺牲自己吃饭、休息时间去看望父亲，也不耽搁工作时间一分。促转型。努力寻找企业发展之转型方向，打造新时代腾宇集团，成立江苏腾宇信息科技有限公司和新时代造价师培训学校，将工程造价与教育培训、信息科技结合起来。做贡献。申报住房和城乡建设部的研发课题“浅海滩区工程建设软基处理技术研究”，承担造价与经济分析工作，该项目已经国家建设部验收通过。创文化。以“做人和文化，创幸福企业”为发展愿景，打造“方圆文化”和“阳光咨询”品牌。公益心。成立“爱心基金会”，共计参加大小公益活动10余次，为孤儿院、敬老院、希望小学和唐宝宝等弱势群体捐款赞助30余万元。

王晓军 男，汉族，1972年2月出生，大专学历，任江苏东浦管桩有限公司副总经理，高级工程师，获2014年全国建材革新奖。

2000年，他调到江苏东浦管桩有限公司营销部工程处工作，先后担任技术负责人、工程师、高工、施工总工等职。先后获得公司优秀员工、创新标兵、专利先进个人、市科技进步奖、市建材行业先进个人、市优秀学术论文二等奖、全国建材革新三等奖等。

他争当业务学习的模范。撰写上百篇学习日记，记录200多个案例，撰写3篇论文。

他争当安全质量的模范。制定有关规章制度，所主持的工程连续10年获优质工程奖。

他争当吃苦耐劳的模范。一心扑在工地上，连续多年春节都在工地度过，并为公司避免800多万元的经济损失。

他争当科技创新的模范。创造一项“基坑支护五要素工法”，推行一项新的施工工艺，提出一项先进的合理化建议。他申报3项国家专利，其中2项发明专利已获授权，为公司创收6000多万元。

李启典 男，汉族，1971年7月出生，大专学历，任江苏东浦管桩有限公司副总经理，高级工程师。他能够认真学习党的路线方针政策，在政治上和党中央保持一致，能够坚持理论学习，不断努力改造世界观。

他立足本职，干好工作，按时完成领导交给的任务，注意协调各种内外关系，和有关部门保持联系，处理好各种问题和矛盾。

他主动参政议政，利用有关党派平台，在政协党派会议上，就有关问题提出提案并得到有关部门的采纳。

他服从领导安排，不论在哪个部门，都能尽力做好工作，克服自己存在的不足，提高自己的工作能力、组织能力和协调能力。

2014年度海州区爱心市民榜

邮政"爱心妈妈"团　邮政爱心妈妈志愿服务团队共15人。邮政"爱心妈妈"长期坚持开展关爱活动，积极融入全市邮政关爱留守儿童活动中，以实际行动赢得了学校、家长、社会的肯定。她们对接帮扶留守儿童，组织捐资助学，开展"爱心课堂"互动联谊等。

路南街道红袖标志愿队　一支30人的退休党员志愿者巡逻队。他们每天身佩红袖章，义务开展治安巡逻，邻里守望、为行人指路、提示安全防范等工作，带着对社区的满腔热情为社区尽义务、献余热。

庄文斌　浦南镇太平村卫生室医生。在农村卫生室默默奉献20多年，凭着娴熟过硬的业务技术和忠于职守的敬业精神，肩负着"健康所系性命相托"的神圣使命，用真情和大爱谱写着医者仁心。

李　坤　浦南镇草舍小学校长。在村小一待就是14年，每年主动放弃年终评优的名额，带头粉刷墙壁、疏通下水道、打扫厕所，师生们都调侃他是"万能校长""全能老师"。获得"感动江苏教育人物——2014最美乡村教师"等荣誉。

谭道绿　浦南镇村民。多年来照顾生病卧床的丈夫无怨无悔。2007年起，61岁的她还一人挑起了镇区11座公厕的清扫工作，面对常人避之不及的脏活累活，她每年只休大年初一，任劳任怨、风雨无阻，体量着一名农村妇女的职业坚守。

樊继志夫妇　新坝镇魏口村一对普普通通的农民夫妇。他们近三十年如一日无怨无悔抚养盲傻弃儿。照料一个又盲又傻的孩子，期间的种种烦琐一般人一个月、两个月可以承受，但是几十年如一日的无怨无悔，让我们看到了樊继志一家超越了普通人的那份耐心、那份包容以及那份深沉无比的挚爱之心。

葛长青　洪门街道居民。2012年葛老汉在当地红十字会的见证下，在遗体捐赠申请书上郑重地签下了自己的名字，同时，他还代表两个智障女儿签名，自愿捐赠遗体。一家三口同时申请捐赠，在连云港还是首次。2013年，她的小女儿已身亡捐赠。

许益宽　朐阳街道陈庄组居民。多年前，许益宽的妻子因癫痫突发意外落水身亡，岳父、岳母得知后都病倒了，在他的细心照料下，老两口病情终于好转，老许照顾亡妻双亲28载，不离不弃，谱写了平凡人家的大爱。

张国良　鹰游集团董事长。张国良凭着强烈的社会责任感，资助困难职工，捐赠社会福利事业，援建江西崇仁小学、贵州毕节小学，科技拥军，对口援助，参与正德志愿者等，体现了他的博大爱心。

焦小龙　路南街道居民。2011年起，多年如一日，带领身边亲子群友资助特困家庭女童刘含笑。2012年，带领亲子群友为东海因模仿《喜羊羊灰太狼》而被烧伤的两兄弟捐款，筹集爱心款2万余元。2013年9月，组织身边爱心市民开展"一件棉衣，温暖今冬——心系藏民爱心募捐大型公益行动"，为西藏日喀则地区和四川省甘孜地区捐助冬衣200余包。

段继承　原连云港市第一人民医院院长。首创每年的4月16日为"计划免疫日"，经世界卫生组织已推向全世界。出版10余本医学专著，发明苏云牌止鼾器，节假日参与义诊、义务讲授医学常识等。

陈宽国　锦屏镇桃花涧家具厂老板。每个星期都要抽出两天的时间带领员工义务当镇区的环卫工人，清扫马路、疏通下水道。每逢中秋节、春节都给当地孤寡老人送米送面。2014年中秋，在当地社区主任的帮助下，为贫困户送去大米、大豆油等生活用品。

张文浩　新南街道玉龙社区居民。已78岁张文浩从连云港石油化工机械总厂退休后，便把他的党组织关系转到了社区，积极筹建社区"农民工之家"，当"代理家长"，义务照顾孩子，关爱困难邻居，关心社区公共事务。

韦号方　连汽出租车驾驶员。2012年9月，徐州的韩女士不慎将3.5万元为父亲治病的救命款遗忘在韦号方的出租车上。他拾金不昧，第一时间送交到公司找到失主。

支成行　浦南镇村民。90年代末生意失败，欠款180余万元，他诚信、努力，带着妻子和两个儿子每天起早贪黑地勤恳工作，用16年的时间，还款本息共500万元，彰显了诚信做人的原则。

潘振银　全福出租车驾驶员。2013年夏天，一名贵州口音的人贩拐骗一名7岁的连云区女童上了他的车，他巧妙周旋，将嫌疑人带到公安查报站，协助警方将嫌疑犯控制，他见义勇为、见义智为的行为向社会传递了正能量。

张秀珍　新坝镇大井村村民。在2013年腊月，年近60岁张秀珍勇救轻生母子。当时，一妇女抱着年仅3岁的儿子投河自杀，她毫不犹豫地跳下河，救起落水的妇女和儿童，救人不图回报。

百岁老人

王士友　男，汉族，1914年7月14日出生，住新浦龙河南路11号2-101室，因年纪大，身体不太好，生活不能自理，由女儿照顾。

蔡怀英　女，1914年2月4日出生，连云港市海州人。居住在海州街道南门社区。由3个女儿轮流照顾，身体很健康。

尹红珍　女，1909年9月29日出生，连云港市海州人。老人在世时与小儿子同住，居住在海州街道古楼社区。于2014年5月去世。

侍作佃　男，1914年6月25日出生，浦南镇龙浦村人。老人听力不太好，其他都很健康，生活基本自理，老人不抽烟不喝酒。有1个儿子3个女儿，与儿子一起居住，家庭幸福美满，四世同堂。

徐李氏　女，1914年8月出生，家住板浦镇尤庄村。有3个儿子、2个女儿，大儿、三儿已去世，与二儿生活在一起。平常生活以清淡素食为主。老人不但听力差，且身体也差，生活不能自理。

成连英　女，1912年7出生，家住板浦镇南门社区东湾巷22号。和儿子孙可欣（79岁）生活在一起。从2014年8月，享受政府每月发放尊老金300元。和每月遗属补助520元，生活半自理，雇用保姆照顾。

雍学英　女，1910年8月出生，家住板浦镇东北村郑庄35号。共有3个儿子。老人听力差，身体一般。老人由3个儿子轮流照顾，享受政府每月300元尊老金。生活能半自理。

牟维均　女，1912年11月出生，家住板浦镇周圩村。共有4个儿子（去世1人）、3个女儿。平常有抽烟习惯。老人由3个儿子轮流照顾，身体一般，听力有点差。

孙礼兰　女，汉族，1914年5月14日出生，连云港市海州区人，无业。每月领取老伴的抚恤金，居住在新海街道新潮社区。老人除了听力有些不好外，其他方面都很健康。老人现有1子1女，和二儿子生活在一起，女儿时常来探望和陪伴老人。

赵继普　男，汉族，1914年10月5日出生，连云港市海州区人。教师退休，是新海街道新潮社区居民，居住在老来福养老院。老人行动不便，其他方面都很健康，平时爱看报纸，老人有1儿1女，儿子在外地，女儿已去世，外孙和2个外孙女时常探望老人。

汪宗义　男，汉族，1914年11月26日出生，家住连云港市宁海街道新北村三组。生活条件一般，行动不便，有2个儿子，去世1个，跟重孙住在一起。

高玉萍　女，汉族，1914年10月19日出生，是锦屏磷矿工人村居民。居住墟沟北固山路海滨花园27-1-1503室，有4子3女（已有3个子女去世），老人和四儿子住在一起，身体健康。老人平时生活中，最喜欢听家乡的淮海戏。

张庆莲　女，汉族，1914年1月19日出生，连云港市海州区人，居住在锦屏镇酒店村前店组。老人身体很健康，平时吃的很清淡，生活很有规律。有4儿3女，老人和小儿子居住，其他儿女常常探望。

徐开珍　女，汉族，1912年12月19日出生，是海州区新坝镇樊庄村村民。有4子6女，老人与小儿子一起生活，除耳朵不太好外，其他方面都很健康，时常在居住地周边遛弯，子孙常来陪伴，家庭幸福美满。

王梦云　男，1914年1月20日出生，退休于新浦区建安公司，是新南街道建康社区居民。有2儿2女。老人与大儿子王方江一起生活。老人身体很健康，听力不太好，眼睛还凑合，他不看电视，只看书报，最爱看新闻。特别爱吃五谷杂粮，家庭幸福美满，四世同堂。

张月英　女，汉族，1910年11月3日出生，居住市民社区新新路36号。身体状况不好，生活不能自理，食欲时好时坏，头脑还算清醒，语言表达含糊，眼不花，耳有点聋，有1儿1女，由大儿子陪伴生活。

王文秀　女，汉族，1914年4月12日出生，居住在建国社区华北巷5-303室。身体健康，生活基本能自理，食欲较好，偏向鱼、肉较多，头脑清醒，语言表达正常，眼不花，耳不聋，经常还会出门溜溜。有1女2子，单独居住，由保姆服侍，小儿子和老人居住较近，时常陪伴老人。

刘洪柏　男，汉族，1914年10月13日出生，连云港市新浦人。居住在市化社区民主中路64号楼1-201室。身体状况良好，生活半自理，食欲好，午饭都得有鸡、鱼或肉，一天两顿酒，头脑清醒，语言表达正常，眼花耳聋，有5儿4女，老人独自生活，儿女各家轮流照看老人。

马克莲　女，汉族，1914年4月出生，连云港市海州人。居住在盐河社区南极南路45-2-102室。老人与大女儿、女婿生活在一起。老人生活不能自理，耳朵听不见，家庭美满幸福。

责任编辑：王恒亮

法治海州

【海州警方社会治安整治掀高潮】 夏季治安整治行动开展以来，海州公安分局紧紧围绕建设平安海州的目标，结合辖区社会治安规律特点，以“破案件、打流窜、查隐患、抓整治、促防范”为主线，掀起了社会治安综合整治的高潮。7月以来，全区共抓获各类违法犯罪嫌疑人138名，其中盗抢犯罪嫌疑人23名。

7月4日，海州公安分局刑警大队会同巡逻大队在天景美地小区现场抓获盗窃电动车电瓶的犯罪嫌疑人赵某、刘某，破获今年5月份以来当地系列盗窃电动车电瓶案件10余起，案值4000余元。7月6日晚12时许，路南派出所副所长赵星带领辅警在街面巡逻至南极路与海昌路交界路段时，发现路边有两名男子形迹可疑地尾随前方二名单身女子，民警便悄然尾随，就在两男子走近女子实施抢夺时，赵星带领辅警立即上前，成功将两名犯罪嫌疑人抓获。

为进一步维护社会治安秩序，压降发案，海州警方出台了一系列针对性举措，通过机关警力上岗，重兵布防，巡逻民警屯集街面，到边到角，便衣警力盯人盯案，见鱼撒网，确保守控到位、全部覆盖、精准高效，让违法犯罪分子无从下手，无处藏身。

——摘自2014年7月22日《连云港日报》

【浦南成省人大基层民主立法联系点】 11月初，省人大法制委民主立法联系点授牌仪式举行，海州区浦南镇被确立为连云港市唯一的民主立法联系点。

据悉，省人大法制委设立的民主立法联系点覆盖13个省辖市，此次设立的15个民主立法联系点均为法治建设工作开展较好的基层街道、乡镇。今后，省人大法制委将依托民主立法联系点收集并反映基层群众、组织对地方性法规草案和有关立法工作的建议和要求，方便基层群众有序参与地方立法，让地方立法决策更接地气。

浦南镇有关负责人表示，将围绕“加强民主法治、促进法制惠民”主题，建设丰富多彩的法治文化平台。同时，积极收集社情民意，发挥基层民主立法联系点的作用，为省人大立法工作当好参谋助手。积极主动做好联系点的各项工作，完善工作机制，健全组织网络，强化氛围营造，扩大公众在立法中的知情权、参与权、表达权和监督权，让百姓真正成为法治建设的主人，不辜负省人大的信任和重托。

——摘自2014年11月7日《连云港日报》

【海州区整治蚁贪蝇腐】 今年，海州区聚焦群众最反感、最厌恶、最痛恨的问题，大力整治蚁贪蝇腐，以工作实效争取群众信任与支持。近日，海州区党风政风监督员张志刚应邀参加区纪委组织的一次查账活动。他发现，9~10月招待费支出区供销社为400元、信访局925元、路南街道1935元……不仅支出金额比他想象的少很多，而且票据还附有详细接待清单、支出详单，来了谁、为什么吃、吃了什么，一目了然。群众最反感党员干部花公家钱不心疼，大手大脚公款吃喝、公款送礼、公款旅游。海州区从管住钱袋子入手，扼住公款消费的咽喉，在各单位制定财政预算时，就明确“三公”经费只减不增，实行“三公”支出月报制，并执行财务审核“四不报（500元以上办公费不附购物清单不报、招待费不附接待清单不报、会务费不附会议清单不报、差旅费不附行程清单不报）”，区纪委定期会同财政、审计等部门进行核查。通过管好财务支出的水龙头，该区“三公”经费呈持续下降趋势。今年1~10月，因公出国（境）费用较去年同期下降70%，公务接待费用下降56%，公车运行费用下降29%。

——摘自2014年11月14日《连云港日报》

【扎实推进依法行政】 海州是主城区、老城区，经济发展、社会治理任务繁重，各种矛盾较为集中。2014年，海州区全面推动机制制度建设，进一步发展和完善依法治区工作规范制度体系。通过固化、完善制度，提高了集体决策水平；依法全面履行政府职能，建设职能科学、权责法定、执法严明、公开公正、廉洁高效、守法诚信的法治政府；区人大制定实施常委会讨论决定重大事项的规定，区政协不断完善民主议事工作机制，自身制度建设和保障发展水平有效提升。海州区坚持科学规范依法行政管理，严格执行重大决策程序规定，发挥法律顾问团作用，全面参与滨河新城房地产开发项目协议、菲律宾SM集团补充协议、孔望山风景区建设与运营框架协议等12次重大项目合同审查。完善社会稳定风险评估机制，开展“稳评示范项目”征集评比活动，重点工程稳评率达100%。加强规范性文件法律审查，清理行政审批事项、非行政许可审批事项107项，规范性文件审查率、备案率达100%。

全面深化行政权力阳光运行。通过推行政府信息公开，推进网络问政的常态化、制度化，实现全区党政机关、各街（镇）及行政执行类事业单位全覆盖。开通网上“社区权力清单在线查询”，明确7大类75小项“社区社会管理事务权力”。狠抓行政执法人员培训和资格准入制度，做到行政执法“持证上岗、亮证执法”。

依法行政执法监督常态化。全面推进行政执法监督管理，完善行政执法程序，规范行政执法自由裁量权，推进严格、规范、公正、文明执法。加强行政复议规范化建设，受理行政复议案件9宗，调解和解1宗，有效化解了行政争议，行政复议公信力不断增强。强化行政机关负责人出庭应诉工作，建立定期考核通报制度，行政机关负责人出庭应诉率达100%。

——摘自2014年12月18日《连云港日报》

实力海州

【首批装备制造基地骨干企业海州有6家】 近日，从国家科技部传来喜讯，连云港装备制造特色产业基地成功升格为国家火炬连云港装备制造特色产业基地，实现了全市装备制造领域国家级特色产业基地“零”的突破。日出东方、鹰游纺机、天明集团、天明装备、黄海机械、远洋流体6家企业被确认为基地内首批骨干企业。

——摘自2014年1月9日《连云港日报》

【太阳雨热水器获高端家电红顶奖】 2013~2014中国高端家电趋势发布暨第五届“红顶奖”颁奖盛典落幕，太阳雨Le' Pad平板一体式太阳能热水器以高效集成技术等综合指标，一举斩获2013~2014中国高端家电红顶奖。

据了解，红顶奖素有“中国高端家电领域潮流趋势标杆”之称，已成功举办了四届，自举办伊始便得到海内外家电企业的广泛关注和踊跃申请，引导中国高端家电消费潮流。此次峰会由中国家用电器协会指导、中国家电网主办，以“寻找2014中国家电行业蓝海”为主题，是目前中国家电行业高端、影响深远的年度盛会。

——摘自2014年1月27日《连云港日报》

【黄海机械厂开启“深钻时代”】 近日，海州区黄海机械厂完成“中国岩金勘查第一深钻”，这标志着中国固体矿产勘查“深钻时代”的到来。

2010年8月27日，黄海机械设计孔深4000米的HXY ~9B型立轴式岩芯钻机正式出厂，于9月18日在山东莱州三山岛西岭金矿区开钻，历时985天，2013年5月29日终止钻进，终孔深度4006.17米，终孔口径75毫米，开创了国内固体矿产勘查小口径岩芯深部钻探先河，也是国内金矿勘探历史上，第一次挑战4000米的深度。HXY ~9B型立轴式岩芯钻机是黄海机械厂根据国内深部找矿要求，设计开发的新型深孔岩芯勘探技术装备，主要适用于地质、冶金、煤炭、水文、工程等行业，以金刚石和硬质合金钻进为主的钻探设备，也适用于工程地质勘探、地质科探特殊孔勘探，浅、中层石油和天然气开采等。

近年来，黄海机械厂致力于岩土钻孔装备制造研发，在深孔岩芯钻探设备领域具有较强竞争优势，并于2012年成功上市，成为规模较大、技术研发实力强、制造与服务优势突出、国内外著名的钻孔机械装备制造企业。

——摘自2014年7月2日《连云港日报》

【海州首个大型路桥项目开建】 7月12日，海州首个大型路桥项目新浦二桥在一阵鞭炮声中开建。这座以新浦命名的大桥，是原新浦区、海州区合并后首个过亿元路桥项目。新浦二桥全长250米，宽50.5米，双向八车道，计划明年6月建成通车。新浦二桥建成后是新海州区通往浦南新镇区最便捷的交通大道，从市区到新镇区开车仅需10分钟。与新浦二桥一同更名的，还有即将在8月底通车的新浦大桥，即原新浦东站引河大桥。

——摘自2014年7月17日《连云港日报》

【投资推介会海州区拿下102亿】 近日，全市召开“相约新海州”投资推介会，会上签订项目合作协议23个，总投资102亿。市委常委、常务副市长曹永林出席。

本次推介会是在区划调整后，海州区举行的首次大型推介会，主要向客商们推荐BRT沿线重点招商地块并介绍了全区投资载体情况。海州辖区内BRT沿线共有19个旧城改造地块，投资载体包括新浦经济开发区、新浦中小企业园、滨河新城、城乡统筹浦北新区片区等重点项目。推介会集中签订23个项目，涉及机械制造业、电商物流业、房地产开发、现代农业等多个领域。其中工业项目10个，总投资28.6亿元；商贸服务业项目8个，总投资26.2亿元；商业地产项目5个，总投资58亿元。

——摘自2014年7月21日《连云港日报》

城乡建设

【幸福社区建设步伐加快】 2014年，新浦区通过“政社互动”和“三社联动”工作的开展，加快推进幸福社区建设步伐。围绕社区减负、还权、定位等作出安排部署，确立了“强化社区依法自治，进一步厘清政府和社区权责；建立畅通政府购买服务、社区

依法承接行政事务渠道”的工作思路,制定了为社区减负,建设幸福社区的多项规定。

近年来,由于社区承担了大量的公共服务和社会管理事务,导致社区呈现机构多、任务多、检查考核多、责任目标多等现象。随着为社区减负政策的出台,今后,社区“小肩膀挑大担”的局面将大为改变。社区只需协助政府完成好社会管理和公共服务的各类工作,包括社会保障、计划生育、社区治安、优抚救济等方面。

区民政局将逐步厘清“社区社会管理事务权力”界限,严格依据条线工作实际需求,商讨确认需要“社区协助政府完成的工作事项”。在深入调研、充分论证的基础上,制定“政社互动衔接机制、部门与社区双向责任机制”,切实为社区减负。今年全区上下将按照“试点先行、分步实施、以点带面”原则,全面落实社区减负规定,切实为社区“松绑”,让社区回归自治本位。

社区今后只需承担政府辅助工作,凡不属于《社区协助政府开展社会管理和公共服务目录》范围内的工作事项,需要社区居委会协办的,都要按照“费随事转”原则委托居委会办理。公安、城管、环保等政府职能部门和供电、供水、供气等公用事业单位要建立部门直接服务社区承诺制度,在社区公示服务项目、工作标准、责任联系人及电话,限时解决社区居民遇到的困难和问题,满足社区居民服务需求。在全区推广政府购买社区公共服务制度,并建立社会组织孵化基地,按照群众需求引进服务类、公益类、互助类社会组织。鼓励引导社区在社区治理,社区、社工、社会组织“三社联动”等方面探索实践,不断创新工作经验。

——摘自2014年4月28日《连云港日报》

【海州50座农桥全面开建】 日前,在海州新坝镇武圩村汤庄西,工人们正在紧张有序地扎着钢筋主体。“等监理审核通过,就可以浇混凝土了。”现场施工负责人对笔者说。这座桥的建设,拉开了海州区50座农桥全面开工的序幕。

据了解,为缓解农桥紧缺的现状,方便老百姓生产生活,海州区财政部门积极对上争取,今年获得50座农桥新建指标。这50座农桥分布在4个镇街10多万亩的广袤田野中,连接着地头和运输粮食的主干道,是散落在田间的美丽“彩虹”。为做好这个“彩虹”工程,海州区严格实施统一预算、统一设计、统一招投标、统一施工和监理、统一报账,让农桥建设做到质量有保证、外观有形象、进度科学、款项专用。这50座农桥预计今年10月底全面竣工。

——摘自2014年6月11日《连云港日报》

【整治20个老旧小区 面貌焕然一新】 交通出行更顺畅了,家门口的风景更好了,小区更干净整洁了……生活在纺织小区近30年的王大妈,看着自家门前新铺的沥青路,发出这样的感叹。

由于建设年代久远等原因,新海地区一些老旧小区公共基础设施老化,下水道不通等问题越来越影响到广大居民的正常生活。为了改善群众的居住环境,今年初,新浦区决定对全区老旧小区分批进行整治改造,通过对小区进行道路整修、绿化提升、化粪池和下水道清淘等全方位整治,切实提升城市功能,优化广大居民的生活环境。

为确保老旧小区改造有序推进,新浦区成立由区住建局牵头,区财政局、各街道办事处、社区参与的老旧小区整治改造工作小组,于今年2月底启动对老旧小区现状的摸底调查。工作小组组织机关干部,深入到各老旧小区与居民沟通、联系,了解居民迫切需要解决的问题。根据排查情况,结合小区现状等因素,4月,区政府确定了全区第一批改造整治的20个老旧小区。名单确定后,工作小组立即抽调专业技术人员对小区内需要改造的道路、绿化、下水道、化粪池等情况现场查看、测量,并结合小区居民反映比较强烈的问题,分别制定出符合各小区实际情况的改造方案及计划。改造方案及计划确定后,由区招标办通过公开招标的方式对这20个小区进行改造。并严格按照工程管理的相关程序,确保工程在公开、透明中进行,保证每一分资金都花在刀刃上。据了解,老旧小区的改造工程已于6月下旬正式启动,预计7月上旬基本完成。

经过“变脸”“整容”的社区焕然一新,崭新的沥青路、平整的人行道、葱茏的绿化带、粉刷一新的墙面……居民对此无不拍手称好。

——摘自2014年7月3日《连云港日报》

【海州老城区小街巷下水道疏通】 海州老城区很多街巷较为狭窄,下水道纵横交错,今年夏季汛期大雨期间,部分小街巷积水严重,暴露出了老城区基础设施建设滞后的软肋。针对老城区下水道时有堵塞的情况,海州市政管理处利用目前雨水少的有利时机,加大清淘力度。从6月开始,海州市政养护管理处对城区内容易积水的朝阳西路、海连西路、新建路、新海南路、幸福南路、中大街、西大街、南北大街、西南路、锦屏西路、中环路、东大街等20多条小街巷进行全面清淘疏通,已清淘大井78座、小井112座,疏通下水道近3万米。小街巷下水道的全面清掏疏通,缓解了老城区汛期防洪排水压力,也方便了市民出行。

——摘自2014年10月24日《连云港日报》

创新发展

【浦南农家妇女巧做草文章】 浦南镇计生服务站积极引导妇女发展家庭经济,充分利用稻草资源,做起了草文章。编草绳、织草帘、打草包,全镇2000多名育龄妇女一年下来收入3000多万元。

浦南镇属于水稻产区,每年种植水稻6.5万亩,稻草资源丰富。随着造纸行业的兴起,稻草被充分利用起来。加上日光温室大棚的日益增多,因城 市绿化树冬季保暖需要,稻草成了香饽饽。当初,许多妇女认为打草帘没赚头，属于小打小闹，因此没什么兴趣。针对这种情况，该镇部分村计划生育专干带头买草帘机加工草帘，一年下来收入十分可观，原来无人问津的稻草，如今变成了“金条”。在村干部的示范引领下，有的妇女利用农闲手工编织草绳，有的购买草帘机，雇佣剩余劳动力打草帘，不仅增加了收入，而且解决了就业问题。

——摘自2014年1月15日《连云港日报》

【花果山街道打造农业观光富民工程】 新浦区花果山街道利用国家AAAA级花果山风景区的优势，注重山场开发，借助果、林、茶基地及家庭农场的快速发展，把农业观光旅游打造成经济社会发展的一个新增长点。

发挥离市区近的优势，花果山街道以地方特色水果为媒，开始大力发展乡村旅游，将地方特色水果采摘体验旅游与现代农业观光旅游结合起来。先后推出了以前进村的花果山茶文化中心、小村的千亩茶叶采摘基地等为核心的茶文化游，以新滩村龙喜家庭农场、小村千亩山楂采摘园等为核心的欢乐游。农业生态旅游财政总投入达3000多万元，先后实施了茶文化中心、汝地家庭农场等硬件的改造和提升工程。农业观光旅游的升温，不仅带旺了花果山地区100多家饭店、宾馆、超市的生意，还解决当地3000多人就业，农业观光旅游成为该街道名副其实的富民工程。

——摘自2014年6月6日《连云港日报》

【天明首创三项国际高端煤矿装备技术】 近日，连云港天明装备有限公司自主研发的WC80Y(B)矿用重载平板动力车、SGZ1000/ 3M200型3300V交流变频刮板输送机成套设备、WC50Y(A) 大坡度支架搬运车三项重大成果顺利地通过了中国煤炭工业协会的鉴定评审，专家组一致认定三项技术均属国际煤炭行业首创。据了解，当前，中国已是煤机装备制造和使用第一大国，但煤机装备制造业仍面临一系列问题。国产煤机产品的关键元部件技术性能、智能化水平、成套设备的配套性、稳定性等方面与国际先进水平存在较大差距，难以满足煤机设备高性能、高可靠性需求。与此同时，煤机装备制造业先进产能比重低，导致行业结构性产能过剩，低端产品过剩、高端产品供给能力不足，矛盾十分突出。很多煤机企业'只能依赖廉价的资源成本参与市场竞争，产能过剩和低价竞争无法培育优势品牌，导致煤机装备业品牌吸引力缺失。在这样的背景下，天明机械开始了中国煤炭机械国际化探索之路。通过产学研合作和自主研发，开发了一系列具有国际先进水平的煤炭装备。截至目前，企业申请煤炭机械领域的专利61项，已获得授权38项。

此次参与鉴定的三项新装备具有很强的行业带动能力。WC80Y (B)矿用重载平板动力车解决了矿山大型装备运输的难题，将原先需要十天半月才能完成的设备运输，缩短至两天内完成；SGZ1000/3 XI200 型3300V 交流变频刮板输送机成套设备则开创了世界煤机装备的历史，首次研发和应用3300V 变频一体驱动控制技术，将中国煤机装备智能化水平提 升到国际水平；WC50Y (A) 大坡度支架搬运车，则集合三大首创技术于一身，首创 4/6驱自动、手动切换技术、一键式解锁系统，提高了车辆对大坡度路面、湿滑路面等复杂情况的适应能力，技术成果国际先进。

经过实地考察、听取汇报，审查资料，进行质询与答辩后，鉴定委员会全体专家组成员一致认为：WC80Y (B)矿用重载平板动力车，满足超低承载平台、井下狭小巷道的使用要求，解决了煤炭行业重型装备运输下井的世界性难题，技术国际领先；SGZ1000/3X1200型3300V交 流变频刮板输送机成套设备，其多项核心技术获得了专利授权，提高了设备的稳定性和可靠性，科技成果国际先进；WC50Y（A) 大坡度支架搬运车，满足了重载大坡度牵引力的要求，最大爬坡角度可达16度，技 术成果国际先进。上述三项重大成果均属国际煤炭行业首创技术。

——摘自2014年6月26日《连云港日报》

【浦南镇“五型”农民激活农村经济】 海州区浦南镇把农村剩余劳动力转移培训作为农民致富增收的重要举措和重点产业来抓，全镇涌现出5000名“五型”农民，带动农民致富增收和农村经济快速发展。“农业科技型”农民：通过组织科技服务队深入田间地头、农家院落及外出参观学习等形式，培训80%以上的农民掌握1至2门农村科技实用技术，加大科技推广力度。“城镇经商型”农民：采取流转土地形式引导农民离开土地，从事农业运输、农产品加工等行业，鼓励农民下海经商，培养更多“有土地的城里人”。“务工技能型”农民：依托浦南籍在外创业名人，加快劳动力转移，加大季节性劳务输出，精心培育技能型农民，让他们靠真本领闯天下促增收。“打工分散型”农民：随着高效农业的快速发展，“分散型打工”应运而生。从耕地播种到浇水施肥，从田间管理到采摘收割，短则四五个小时，长则十天半个月，按劳动量支付报酬。“产业专业型”农民：引导支持育苗、种植、畜牧养殖大户组建各类协会或专业合作社，加快农业产业结构调整，逐步使农民走上专业化生产道路。

——摘自2014年8月20日《连云港日报》

帮扶救助

【新海街道为零就业家庭送“红包”】 日前，新浦区新海街道办事处为辖区零就业家庭人员送去一份春节“红包”工作岗位。以专场招聘会的形式，20多家单位进场招聘，与零就业家庭人员面对面交流，最终72人当场与用人单位达成了就业意向。该街道劳动保障事务所负责人介绍，他们特意对进场设摊的单位进行审核，挑选适合本次招聘会对象的企业和岗位。招聘会上，有20多家用人单位进场招聘，主要以社会服务业、家政服务业、制造业、商品加工业、网络信息为主，提供的职位有教师、营业员、服务员、保安、司机、操作工、会计等，提供工作岗位近500个。此外，参加本次招聘会的许多用人单位适当放宽了年龄要求，促进零就业家庭人员早日实现就业。

——摘自2014年1月21日《连云港日报》

【启动“千名机关志愿者爱心帮扶行动”】 为深入贯彻落实党的十八届三中全会精神，扎实践行党的群众路线，激发和传递扶危济困的社会正能量，发挥机关志愿者在保障和改善民生工作中的特有优势和带动作用，新浦区决定在每年春节前开展“送温暖、献爱心”活动的基础上，开展“千名机关志愿者爱心帮扶行动”，号召广大志愿者特别是领导干部、共产党员、共青团员积极响应，组织1070名机关志愿者，定向长期结对帮扶200户特困家庭。此项爱心帮扶行动是新浦区各单位、各部门贯彻落实党的群众路线、改进机关作风建设、提高工作效能、密切党群干群关系的生动实践，不仅为机关志愿者提供了直接深入基层、接触群众、实践锻炼的机会，也为社会各界人士搭建了进百家门、知百家情、解百家难、暖百家心的实践平台。据了解，此次列入帮扶的200户是从全区14300余户困难家庭中筛选出来的特困家庭，都有子女在上大学，是孕育希望的家庭。根据活动安排，每5名机关志愿者组成一个爱心帮扶小组，长期结对帮扶1户困难家庭。活动要求，帮扶行动要突出尊重民意、注重科学帮扶、拓宽帮扶渠道、健全帮扶机制。根据活动要求，帮扶形式与实际相结合，丰富多样，以款物捐助、就业指导、疏导情绪等为主，为帮扶对象解决生活、就业等方面的实际困难。帮扶小组每月至少一次深入帮扶对象家中开展慰问活动，在自愿的基础上，每月济困每户家庭的资金不少于400元，不足部分由所在单位补齐，直至受助家庭子女完成大学学业，能够自力更生。志愿者和帮扶对象实行双向动态管理，根据实际情况适时进行调整完善。通过“五帮一”的运行模式，常态化、长效化、有针对性帮助困难群众解决实际问题。不仅要在感情上贴近群众，更要在行动上关爱群众，多做得人心、暖人心、稳人心的事，架起一座顺畅的党群“连心桥”

——摘自2014年1月25日《连云港日报》

【扶贫新政“一折通”在海州实行】 “谢谢啊，感谢你们！”近日，海州板浦镇菜园村村民张士银眼含泪水，满怀感激地对市财政部门的领导说。张士银领到的是一笔特殊的扶贫款，通过“一折通”直接发放。这个扶贫“一折通”是市财政扶贫的一个创新之举。

2014年，市财政部门为探索扶贫新渠道，采取了部分财政扶持农业项目和扶贫点挂钩的办法，财政部门用项目资金扶持农业龙头企业，农业龙头企业在发展壮大后，将其获得的经营利润和当地贫困户共享，每年拿出定额资金3000元进行扶贫帮困，困难群众一方面可以得到稳定的救济款，减轻生活包袱，另一方面可以就近到这些农业项目所在基地打工，获得工资性收入，这样困难家庭就有了自身的造血功能。

“这样我们对未来就充满了希望。”同样获得扶贫款的困难家庭曹广美对笔者说。据悉，第一批领到扶贫救助款的菜园村有19户。“这次是试点村的第一批，如果效果良好，计划下一步将在全市所有项目中全面推开。”市财政部门的工作人员说。

——摘自2014年6月9日《连云港日报》

【海州“慈善一日捐”启动】 11月19日上午，海州区“送温暖，献爱心”暨“慈善一日捐”活动在区政府一楼大厅内正式启动，区四套班子领导和机关单位工作人员在短时间内累计捐出33900元爱心款。据了解，此次捐助活动将持续一个月，覆盖该区200多家单位，按照“坚持自愿，鼓励奉献”的原则，以单位捐赠和个人捐赠两种形式，主要在党政机关、企事业单位、人民团体和大中专院校开展。活动中可采取协议认捐、分期到账和一次性捐助等形式，募集的款项将用于该区困难群众的冬令生活以及贫困家庭重大疾病救助和对孤儿、孤寡老人、残疾人等困难群体的救助。

近年来，海州区着力引导全区主动培育和践行社会主义核心价值观，去年的“慈善一日捐”活动共募集善款60万元，有序开展了助学、助医、助困等一批救助项目，救助2000多名困难群众。

——摘自2014年11月20日《连云港日报》

海州风采

【环卫女工拾金不昧彰显美丽心灵】 杨雪莲是新海新区环卫分公司的一位普通环卫工人，工资收入微薄。然而，当她面对一部价值3000多元的手机时，心里想的不是据为己有，而是尽快找到失主。她这种拾金不昧的高尚行为，深深感动了环卫分公司的其他人员。日前，杨雪莲在圣湖路 花果山山门附近的一家饭店前进行保洁作业时，捡到一部价值3000多元的手机。她一心想着要物归原主，最终在环卫督查经理的帮助下找到了失主。失主朱先生得知丢失的手机找到了，激动地拎着水果向拾金不昧的杨雪莲表示感谢。杨雪莲说：“失主丢了手机肯定很着急，不属于我的东西我不能占为己有。”一句朴实的话道出了环卫工人高尚的品格。

——摘自2014年6月17日《连云港日报》

【李罗华获全国农村科普带头人】 在中国科协、财政部联合实施的“基层科普行动计划”中，海州区浦南镇江浦村党总支书记李罗华获全国“农村科普带头人”称号，这是全市唯一获此殊荣的个人,江苏省共有12人获评。

李罗华2002年成立连云港菜根香科技发展有限公司，推广种植生态富硒稻麦2万亩，被称为生态富硒米第一人。2003年创富硒米厂，之后成立江浦富硒稻麦专业合作社,并被推选为社长，现发展社员400人。他积极带领社员大力发展生态富硒稻麦种植，促进了当地农业发展、农民增收。

——摘自2014年7月22日《连云港日报》

【全国“基层科普行动计划”奖补助名单出炉】 在中国科协、财政部联合实施的2014年“基层科普行动计划”活动中，海州区贾圩社区和浦南镇江浦村党支部书记、连云港菜根香农业科技发展有限公司董事长李罗华分获“全国科普示范社区”和“科普惠农 带头人”称号，并分别获得中国科协和财政部科普奖资金补助。

贾圩社区全年累计投入57万元，改扩建600平方米社区科普服务场所，并建设了集科普服务站、科普阅览室、多功能活动室于一体的“一站式”社区办公用房等。目前，该社区拥有12名科技致富带头人和科技致富能手，有科普示范户26户。李罗华现任浦南镇江浦村党支部书记，兼任连云港菜根香农业科技发展有限公司董事长，高级经济师。在近3年工作中，他积极发挥江浦村科普大讲堂、农民培训教育学校等科普阵地优势，坚持不懈地开展科普宣传、培训和咨询服务等形式多样的农村科普工作，带动本村5000余名农民脱贫致富。去年，该村农民人均年纯收入达17448元，实现了村民共同致富的目标。

——摘自2014年7月25日《连云港日报》

【杨晓明获“全国检察机关个人一等功”】 日前，最高人民检察院作出决定，给区检察院杨晓明荣记“全国检察机关个人一等功”，这是新浦区检察院建院以来，个人首次获得的最高级别奖励。杨晓明从检30多年，在检察工作岗位上作出了突出成绩。特别是2008年担任党组成员、反贪局局长以来，他带领反贪干警查办各类职务犯罪案件98件1112人，通过办案为国家挽回经济损失3000余万元。新浦区检察院反贪部门连续三年荣获全市办案先进单位，两次荣立集体三等功，有8人荣立个人三等功，15人受嘉奖，涌现了一批全市、全省检察机关反贪人才库专门人才。

——摘自2014年9月16日《连云港日报》

【张国良入选科技部科技创新创业人才】 日前，笔者从市科技局获悉，鹰游集团、中复神鹰碳纤维有限责任公司董事长张国良入选科技部2013年创新人才推进计划科技创新创业人才。据了解，全市仅一人入选。根据科技部创新人才推进计划申报要求，申报人为企业主要创办者和实际控制 人，具有较强的创新创业精神、市场开拓和经营管理能力；企业拥有核心技术和自主知识产权，至少拥有一项主营业务相关的发明专利，具有特色产品或创新性商业模式，技术水平在行业中处于先进地位。张国良多年来全身心投入到碳纤维产业化进程中，带领企业建成国内最大的万吨碳纤维生产企业，在国内率先突破国际先进的干喷湿纺碳纤维制造技术，成功实现高性能碳纤维国产化和产业化，在产品研发和技术创新方面作出了突出贡献。

——摘自2014年9月16日《连云港日报》

【最美乡村教师14年编织教育梦】 教师节前一天，海州区浦南镇草舍小学校长李坤喜获“江苏省最美乡村教师”的称号，当天上午他又光荣当选为市“最美乡村教师”。连获殊荣，让扎根农村、情系农村小学14年的他更坚定了乡村教育梦。在村小教学的14个年头，身边的年轻教师走了一拨又一拨，只有他还一直坚守在最艰苦的教学点，守着他热爱的学生。在教师的眼里，李坤虽然是校长，但他从来没有以校长自居，而更像一位忠厚的兄长。为鼓励年轻教师留校任教，他自掏腰包为教师置办锅碗瓢盆，亲自下厨房给他们炒菜，让教师感受家一般的温暖；为节约开支，他带头粉刷墙壁、油漆门窗、疏通下水道、打扫厕所，师生们都调侃他是“万能校长”“全能老师”。

辅导学生习作、参赛，是李坤语文教学之余的一件乐事。在他的指导下，每年都有学生作品在各种优秀期刊上“亮相”。李坤还被誉为“从乡村走出的博客家”，写教育博客是他每天必做的功课。从2010年开博到现在，他撰写了1367篇博文，点击量近20万人次，连续两年荣获江苏省教育博客评比一等奖。

——摘自2014年10月14日《连云港日报》

【两民警获“十大法治人物”殊荣】 近日，由市委宣传部、市依法治市领导小组办公室、市法制宣传教育领导小组办公室联合组织评审的第二届“十大法制人物”评选结果揭晓，市公安局两名民警光荣入选。其中，市公安局海州公安分局新海派出所副所长李浩、市公安局交警支队海州一大队执勤中队长丁志国分别获得“十大法制人物”称号。

——摘自2014年12月9日《连云港日报》

【海州有6人获评“最美港城人”】 2014年，由市委宣传部牵头，联合市中级人民法院、市文明办、市公安局在全市组织开展了首届“最美港城人”系列评选活动。活动开展以来，海州区高度重视，把评选活动作为培育和践行社会主义核心价值观的重要举措来抓，把评选过程转化为一次凝心聚力、价值导向的过程，加强统筹协调，精心组织实施，活动面向基层、面向群众，通过自下而上逐层推荐的方式，共推选上报10类别候选人20余名，确保评选活动有力有序推进。经过组织推荐、专家评审、市民投票多轮评选，组委会授予11人全市首届“最美港城人”荣誉称号。其中海州区推选的祁德、徐红、庄文斌三人分别获得“最美基层干部”“最美环卫工人”“最美乡村医生”光荣称号，蒋庆山、赵军友、孙明福获得全市首届“最美港城人”提名奖，入选人数排名全市各县区首位。

——摘自海州宣传网

整顿四风

【区纪委出台机关作风建设禁令】 为

深入推进党的群众路线教育实践活动，切实加强机关作风建设，近日，新浦区纪委、监察局针对群众反映的突出问题，制定出台《机关作风建设十二条禁令》，即严禁懒散怠政、严禁刁难群众、严禁吃拿卡要、严禁侵占民利、严禁公款吃请、严禁违规用车、严禁公款旅游等十二条禁令。区纪委彩印了禁令宣传海报200余份，张贴到全区各服务窗口、街道社区及商贸中心等，欢迎社会各界参与监督，并设立监督、举报电话、电子信箱。

该禁令于2月27日起正式实施，区纪委、监察局将针对禁令贯彻落实情况不间断开展明察暗访，对违反禁令的实行“一次查实追究”制，视情节给予批评教育、诫勉谈话、全区通报、停职检查直至免职处理；情节严重或影响恶劣的，依据有关规定从严从重给予党政纪处分，并对相关单位领导实行责任追究。同时，针对违反禁令的行为，区纪委在纪检监察网站开设“曝光台”。据悉，自去年以来，新浦区共查处8起违反作风建设规定的典型问题，处理党员干部12名，其中给予党纪政纪处分4人。

——摘自2014年3月13日《连云港日报》

【区城管局深入整顿“四风”】 区城管局针对查摆问题环节，提出“三深入”的要求，积极整顿“四风”问题。发放征求意见表，深入查摆。发放领导班子及成员“四风”问题征求意见表，对局领导班子及成员“四风”问题进行民主评议，及时将征求到的意见及建议梳理汇总，看看解决了哪些问题，又出现了哪些新的问题；开展批评与自我批评，深入剖析。将每周五定为“党员干部批评日”，党员干部定期定时针对“四风”问题进行相互交流、相互指正、相互批评、相互学习；制定整改措施，深入整改。局领导班子及成员根据征求意见表中梳理汇总的“四风”问题和“党员干部批评日”指出的相关问题制定整改措施，列出整改计划，设定整改时限，并公布于众。

——摘自2014年6月12日《连云港日报》

【列整改清单 向“四风”问题叫板】 连日来，新浦区以“四个到位”为要求，通过征集意见、走访调查等方法，排列整改清单，向“四风”问题叫板。

清单梳理到位。按照“找准焦点、以点带面”的要求，从前期征集到的群众意见建议，特别是涉及到领导班子和党员干部“四风”问题中梳理、整合，筛选突出问题，制订整改清单。责任明确到位。将整改清单所列条项，分门别类，实行整改结果公示制和销号制，接受群众监督。整改落实到位。领导带头，逐个攻坚，投入财政资金30多亿元，用于为民办事的资金投入同比增40%，建成区市民管理服务中心，安排18家窗口单位集中办理审批服务事项，用整改的有力数据换取群众的信任。督导跟踪到位。向社会公布区委督导组督导“专线”，随时接受社会监督。

——摘自2014年6月19日《连云港日报》

【海州区检查公车见实效】 7月中旬以来，海州区纪委采取“隐形”检查方式，对全区48家镇（街道）、区直机关及事业单位非工作日期间公车管理使用情况进行专项检查。截至7月底，共有14台公务用车存在违规使用问题。纪委随即对公车管理存在问题的11家单位点名道姓通报批评，整改到位。据了解，此次检查通过定点检查和动态跟踪的方式，对各单位各部门公务用车的封存情况进行检查；通过车辆GPS定位和交通视频监控的方法，对动用车辆的使用情况进行追踪检查。“各单位各部门非工作日期间公务用车是否封存于单位大院内，是否存在公车私用行为，动用车辆是否进行用车报备问题，一旦发现涉嫌违规车辆就公开张贴罚单”。海州区纪委相关负责人介绍说。被贴了罚单的公车单位，须在规定时间内向区纪委作出书面说明，并将整改措施一并上报。

查访中，该区专门印发《关于全区公车管理专项检查的情况通报》，发现涉嫌违反公车管理规定的车辆，纪检人员会先摄像、记录以做证据，然后向涉事单位发出涉嫌违反公车管理规定告知单，责成单位在限定时间内向区纪委作出书面说明，并上报整改措施。

——摘自2014.年7月30日《连云港日报》

【海州教育实践活动求实效】 在党的群众路线教育实践活动中，各地各单位紧盯问题抓整改，以实际行动付诸实践，切实解决群众反映强烈的突出问题。完善制度机制，巩固活动成果，确保教育实践活动长效化、常态化运行。

海州区在深化整改阶段，按照“专项治理项目化、整治项目责任化、工作责任具体化”的要求，扎实开展专项治理。该区抓住整改关键，取消下放行政审批事项35项，排查出超标配备领导职务77个、非领导职务19个，并明确了干部消化时间表。规划建设和运行岗埠农场、新浦工业园和新浦开发区的污水管网，对杰圩化工等8家工艺尾气活废水超标企业予以关停限产，拆除12台燃煤小锅炉；围绕基层反映的负担重、台账繁多等问题，清理削减区级部门在村（社区）建立的组织机构、颁发悬挂的牌匾和布置的台账；综合清退85户254名的“人情保”“关系保”“错保”，坚持动态管理下的应保尽保。开展“清风行动”“会所中的歪风”专项整治、机关作风百日整治活动，压缩“三公”经费723万元，清理公务用车45辆，调整清理办公用房2166平方米，查处“吃拿卡要”“庸懒散浮满”等各类违纪违规人员44人。

——摘自2014年10月25日《连云港日报》

【海州重拳出击治理“吃空饷”】 “占着编制一年半载不见人影，还端着财政饭碗的怪现象将一去不复返了”。按照《海州区机关事业单位“吃空饷”“在编不在岗”专项治理工作方案》，连日来，海州在全区53家行政单位、181家事业单位全面开展专项治理集中行动，“吃空饷”“在编不在岗”的干部将被彻底剔除。

根据中央《关于对“吃空饷”问题开展督促检查的通知》精神，海州区组织、人社、纪检、编办、财政、审计6部门联动，对全区机关事业单位各类不在岗人员开展集中清理，重点整治对仍采取虚报、瞒报、弄虚作假、违反规定等不正当方式及侵占财政资金、增加财政供养负担的“吃空饷”和“在编不在岗”行为。目前，区纪委、区人社局、区科技局等单位已进行了相关材料公示。

该区成立专项治理工作领导小组，并与各单位“一把手”签订责任状，对清理清查过程中发现的包庇隐瞒、虚报漏报“吃空饷”人员的单位，不仅追究主要领导的责任，且在全区范围内公开曝光，情节严重的将给予严肃处理。此外为完善管理制度、严肃工作纪律，该区第一时间抽调纪委、编办等相关部门组织精干力量，会同组织、人社部门组成5个督查组，通过纪场督查、明察暗访等形式，确保清查工作不出纰漏、不留死角。目前，已分别对14家单位的治理工作进行督查。针对本次专项治理，该区还特别公布监督举报电话，并通过海州党建网、人社局网站、公示栏等多种途径方式公开方案，明确专人负责，对反映电话实行一一记录、全面调查，对群众投诉举报的问题，确保件件有回应、件件有落实。

——摘自2014年10月31日《连云港日报》

教育卫生

【海州区表彰百名教师】 9月9日下午，海州区举行庆祝教师节表彰大会，刘青等32名教师荣获“优秀教育园丁”、李萌等34名教师荣获“师德标兵”、贾素娟等34名教师荣获“模范班主任”称号。

海州区现有教师2000多名，近年来，该区始终坚持把教育摆在优先发展的战略地位，认真实施教育强区战略，加速推进教育优质均衡发展，并出台了《关于进一步加强师资队伍建设的意见》，每年拿出数十万元用于对名优教师、支教教师、师德标兵、模范班主任、优秀教育园丁等进行表彰奖励，先后有90名教师荣获省、市“农村教师突出贡献奖”、市“二十佳师德标兵”、市“师德模范”以及市“优秀教育园丁”等称号，卞光敏等一批教师还荣获“感动江苏教育十大人物”称号。

——摘自2014年9月15日《连云港日报》

【海州社区卫生服务中心获全国“群众满意”称号】 10月12日，笔者从海州区卫生局获悉，海州社区卫生服务中心被中国社区卫生协会、国家卫生和计划生育委员会授予“群众满意”的社区医生、社区护士、社区卫生服务机构荣誉称号，是苏北唯一一家获此殊荣的单位。

多年来，该中心严格实施基本药物制度，对国家、省目录规定品种执行集中采购、统一配送，保证了居民用药安全、有效、廉价；严格执行首问医师负责制、医师查房制、术前讨论制等医疗护理核心制度，确保患者在家门口得到优质的医疗服务。同时，该中心在抓预防、促保健的基础上，不断提升基本公共卫生服务水平，家庭责任医生签约、慢性病、健康档案、健康教育等重点指标全部达到标准要求。2013年，该中心获全国示范社区卫生服务中心、江苏省示范社区卫生服务中心、中医药特色社区卫生服务中心等多项荣誉。2014年，该中心医德医风社会测评综合满意度为97.5%，门诊病人、住院病人满意度98%，出院病人满意度97%。

——摘自2014年10月13日《连云港日报》

【海州警方为校园撑起“安全伞”】 近日，海州公安分局新海派出所副所长兼西苑社区民警李浩，应邀到大庆路小学为学生上了一堂生动的安全课，李浩从学校里常见的安全问题以及影响学生成长的因素出发，以案讲法，要求学生养成良好的行为习惯，遵守法律、遵守校规，提高自身安全防范意识。同时提醒学生不要沉溺于网络，安心学习。

为切实维护学校及周边治安管理秩序，保障师生人身、财产安全，海州警方组织开展“平安校园行”活动。由文保、治安部门牵头，依托校园警务“110”，组织派出所民警深入辖区校园，通过广泛发放警民联系卡、警情提示单、开通安全宣传广播、举办法制教育讲座等形式，向师生讲解防火、防盗、防骗等安全防范知识，提高大家安全意识和自我保护能力。同时，为了消除各类安全隐患，海州警方还主动联系学校和教育等部门对校园开展安全检查，民警走进校园、食堂、学生公寓，会同学校保卫干部对校园内用水、用电、教室宿舍门窗、锁具及消防等安全设施进行仔细检查，分局共对辖区内89所院校进行了排查，发现并有效整改安全隐患50余处。对校园周边旅馆、网吧、出租房屋、暂住人口聚居区等治安复杂场所，也开展了全面大检查，严肃查处无照、违法经营场所，从重从快查处违法犯罪活动。目前，公安机关已检查各类场所500余家，会同工商部门取缔无证经营场所19家，捣毁游戏机赌博窝点15处，查获各类违法犯罪嫌疑人18名。

——摘自2014年10月21日《连云港日报》

【省教育厅长到海州区调研】 10月19~20日，省教育厅厅长沈健一行到海州区，对创建国家义务教育均衡发展区工作进行现场指导。市长赵晓江出席19日下午召开的海州区建设国家义务教育均衡发展区工作汇报会并致欢迎辞，市委常委、宣传部长、市政府党组成员滕雯出席。赵晓江首先对沈健一行的到来表示欢迎，并简要介绍全市经济社会发展和教育事业发展情况。

调研期间，沈健一行实地走访察看了幸福路小学、海宁中学教育集团海庆校区、师专二附小教育集团等处。

——摘自2014年10月21日《连云港日报》

考古旅游

【盐河历史文化街区开街】 18日上午，位于新浦公园北侧的盐河历史文化街区正式开街迎客。街区毗邻陇海步行街西街，整体建筑以明清风格为主，街巷全长440米，总建筑面积20000平方米，由建筑、城市广场、城市绿地、水系有机结合而成，布置名人字画交易市场、古董古玩交易市场、高档餐饮、教育培训等业态，形成本市最具有影响力的古玩艺术品及书画展览、鉴赏、销售为一体的古玩艺术品集散地。

据了解，盐河历史文化街区实际为盐河巷改造而成。在改造过程中，复建了新浦天后宫。街区未来将与金海国际影城、少年宫、露天影院、公园等连成一体，成为市民和外地游客文化交流、休闲娱乐的新场所。

——摘自2014年1月20日《连云港日报》

【花果山后顶发现两处石刻】 近日，市文物保护志愿者在花果山后顶北海观音寺遗址南侧的崖壁上，分别发现两处古代石刻，一块刻有“悟真石”，另一块刻有“阿弥陀佛”，字径约20厘米。由于这两处石刻地处十分隐蔽的山崖之间，地势陡峭，无人指引很难发现。

据地志记载，北海观音寺又名“大士禅院”“金佛禅寺”，曾香火鼎盛，与前顶三元宫相映成辉。清顺治十八年{1662年}，清廷为防止前明复辟和倭寇骚扰，实行残酷的禁海政策，所有居民迁往内地，建筑物一律摧毁，北海观音寺也未幸免于难。

——摘自2014年2月11日《连云港日报》

【桃花涧景区正式获批4A】 进日，笔者从市旅游部门获悉，全国旅游景区质量等级评定委员会已正式评定桃花涧景区为国家AAAA级旅游景区。至此，全市AAAA级景区已达12家。

桃花涧景区位于锦屏山南麓，景色秀丽，环境清幽，整个景区占地4.5平方千米。近年来，为更好地打造锦屏山休闲体验旅游品牌，完善桃花涧景区相关设施设备改造，景区投入3000多万元对桃花涧景区基本设施进行全面改造，完成停车场硬化改造工程，新建游客服务中心及星级厕所，完善主要交通干道旅游标识，全面提升了景区旅游品质。

——摘自2014年10月31日《连云港日报》

地区要闻

【港城居民生活费标准调整】 7月13日消息，连云港市上调部分企业人员养老金。2014年1月1日至6月30日期间退休、退职及领取定期生活费的人员进行调整。

22日消息，港城城乡居民两大标准再提高。从7月1日起第11次提高城乡居民低保标准。城市由每人每月410元调整为450元，农村由290元调到325元。

——摘自《连云港日报》

【青连铁路8月开工建设】 笔者昨日从市铁路办获悉，青岛至连云港铁路（青连铁路）将于今年8月份开工建设，2018年下半年竣工。届时，市民乘坐城际列车到青岛只需约1个半小时，市内与青岛的经贸、人员往来将更加密切。

据了解，青连铁路是国家沿海铁路规划的重要组成部分。根据项目规划，青连铁路自青岛北引出，途经青岛市、胶州市、胶南市、日照市、至连云港市赣榆县石桥镇。该铁路正线长192千米，其中连云港段7.9千米，工程将兼顾疏港、城际的铁路运输功能，可开行动车组列车，设计速度每小时200千米，工程投资估算总额238亿元，计划总工期4年，将于2018年下半年竣工。届时，市民乘坐城际列车到青岛只需约1个半小时，市内与青岛的经贸、人员往来更加密切。

——摘自2014年6月19日《连云港日报》

【港城首批140辆公共自行车投运】 8月7日起，市区首批29个公共自行车站点开始运行，运营单位市城市建设投资集团首批投入140辆自行车，供市民使用。据公共自行车管理部负责人介绍，目前投入运行的29个公共自行车站点主要集中在朝阳路、通灌路、海连路、海宁路等路段，8月底将再投运40个站点500辆车。至9月底，中心城区全部143个站点1800辆公共自行车将全部投入运营。未来东部城区、赣榆城区均将设置公共自行车站点，各城区公共自行车色彩有所区别，但各区之间可互联互通。

——摘自2014年8月8日《连云港日报》

【陈柯羽获汉字听写全国总冠军】 2014年10月3日 晚8时，2014第二届《中国汉字听写大会》总决赛在中央电视台一套综合频道播出，港城5位选手精彩亮相央视舞台，这支代表江苏省出战的参赛队伍向全国总冠军发起了最后冲击。河北、山西、江苏三支代表队以及最佳个人晋级赛复活的五名选手，共20名汉字高手在总决赛中展开冠军争夺战。经过七轮激烈角逐，连云港市新海实验中学教育集团的13岁男孩陈柯羽击败其它19名选手，不负众望，成功写出“皤（po）腹”（即大肚子的意思），笑到了最后，夺得个人总冠军，并帮助江苏新海实验中学代表队拿下第二届“中国汉字听写大会”全国总冠军。

——摘自2014年10月8日《苍梧晚报》

【连淮扬镇铁路获“准生证”】 国家发改委日前公布，备受关注的连淮扬镇铁路可行性研究报告（以下简称“工可报告”）已获得批复。这意味着连淮扬镇铁路拿到“准生证”，实现年内开工的条件已经具备。该铁路建设工期4.5年，预计将于2019年下半年建成。

根据工可报告，连淮扬镇铁路线路自在建的连云港至盐城铁路连云港董集站引出，经淮安、扬州，跨越长江后至沪宁城际铁路镇江丹徒站，正线全长305.2千米。全线设董集、灌云、灌南、涟水、淮安东、宝应、界首、高邮、扬州南、横山、丹徒11座车站。线路跨越长江采用五峰山桥位方案，大桥采用双线铁路＋八车道公路合建方案，主跨采用1036米钢桁梁悬索桥方案，铁路等级为客运专线，设计时速250千米，规划输送能力达客运每年350万人，项目总投资464.62亿元。工可报告确定了项目建设工期时间，由苏北铁路有限责任公司作为法人，负责项目建设。

连盐铁路、连淮扬镇铁路建成之后，港城市民从连云港站乘坐火车前往上海、镇江、南京将更加便捷。

——摘自2014年10月8日《苍梧晚报》

【全省最低工资标准调整】 10月25日，经省政府同意，从11月1日起，调整全省最低工资标准。一类地区从1480元调整为1630，增加150元；二类地区从1280元调整为1460元，增加180元；三类地区从1100元调整为1270元，增加170元。

31日消息，港城11月起调整最低工资标准。市区（不含赣榆区）调整为每月1460元，三县和赣榆区调整为每月1270元。

【出租车今起全面调价】 10月31日下午，市物价局召开新闻发布会，公布了《市区出租车运价调整和完善运价与燃料价格联动机制》实施方案。根据方案，市区出租车的起步价和起步里程从之前的2千米5元变为3千米7元，之前每趟旅程加收1元燃油附加费也包含在起步价中，不再单独结算。

——摘自2014年11月1日《连云港日报》

【墟沟至赣榆601专线开通】 12月28日将开通墟沟至赣榆城北汽车客运站的601路专线，这是新一轮区划调整后，市交通运输部门开通赣榆方向的城市公交线路。据介绍，即将开通的公交601路专线由在海一方站发车，途径海棠北路、大港路、242省道、黄海路、盛世路、金海路至赣榆城北汽车站，全长40千米，沿途设14对停靠站点，全程票价4元。市民可投币惑刷卡乘车。601路配置了10台10.5米长高档、舒适、环保的燃气金龙空调车，线路运行单程时间约50分钟，首班6:20发车，末班18:30，日发班次60趟，班次间隔约15至20分钟。该线路还可以与其他公交线路互动，与市区旅游景区对接。

——摘自2014年12月26日《连云港日报》

全国人大常委会副主任陈竺在连云港市调研“一带一路”建设

责任编辑：马善臣

区委、区政府重要行文目录

2014年中共海州区委重要行文目录

表41

文 号	文件标题	发文日期
海委发〔2014〕1号	关于表彰2013年度经济社会发展先进单位的决定	2014年2月7日
海委发〔2014〕2号	关于1978年至2012年6月党内规范性文件的清理决定	2014年3月20日
海委发〔2014〕7号	关于海州区人大、政府、政协、法院、检察院候选人问题的请示	2014年8月6日
海委发〔2014〕8号	关于同意召开海州区第十七届人民代表大会第四次会议的批复	2014年8月8日
海委发〔2014〕11号	印发《关于落实党风廉政建设党委主体责任、纪委监督责任的实施办法(试行)》的通知	2014年8月26日
海委发〔2014〕20号	印发《关于贯彻落实〈江苏省安全生产“党政同责、一岗双责”暂行规定〉的实施意见》的通知	2014年10月29日
海委发〔2014〕22号	关于深入推进海州区生态文明体制改革的实施意见	2014年11月27日
海委发〔2014〕23号	关于印发《海州区深化文化体制改革实施意见》的通知	2014年11月10日
海委发〔2014〕24号	关于区委常委会全面贯彻执行民主集中制的意见	2014年11月5日
海委发〔2014〕25号	关于印发《中共海州区委常委会决策议事规则》的通知	2014年11月15日
海委发〔2014〕26号	印发《关于全面深化国有企业和国有资产管理体制改革的意见》	2014年11月24日
海委发〔2014〕30号	关于转发《中共连云港市委 连云港市人民政府〈关于推动城乡社区“减负增效”的意见〉》的通知	2014年11月19日
海委发〔2014〕33号	关于成立海州区浦南新镇区建设管理办公室党组的决定	2014年12月12日
海委发〔2014〕34号	关于成立中共海州区农林水利局委员会的决定	2014年12月12日
海委发〔2014〕35号	关于成立浦南新镇区建设管理办公室的通知	2014年12月15日
海委发〔2014〕39号	关于成立海州经济开发区(含现代服务业集聚区)建设指挥部的通知	2014年12月23日
海委发〔2014〕40号	关于同意召开海州区第十七届人民代表大会第五次会议的批复	2014年12月15日
海委发〔2014〕41号	关于报批《海州区人民政府职能转变和机构改革方案》的请示	2014年12月29日
海委发〔2014〕42号	关于报批《海州区人民政府职能转变和机构改革方案》的请示	2014年12月29日
海委发〔2014〕44号	关于同意召开政协海州区第八届委员会第五次会议的批复	2014年12月31日

续表

文　号	文 件 标 题	发 文 日 期
新委发〔2014〕2号	关于表彰2013年度全区经济建设和社会发展目标管理先进单位的决定	2014年2月9日
新委发〔2014〕3号	关于表彰2013年度“机关作风十佳单位”的决定	2014年2月9日
新委发〔2014〕4号	关于成立中共新浦区委滨河新城工作委员会的决定	2014年2月9日
新委发〔2014〕5号	关于成立新浦区民主路老街管理委员会的通知	2014年2月9日
新委发〔2014〕10号	印发《关于深入开展党的群众路线教育实践活动的实施意见》的通知	2014年2月21日
新委发〔2014〕11号	《关于建立区委常委、党员副区长党的群众路线教育实施活动联系点工作方案》的通知	2014年2月24日
新委发〔2014〕13号	关于1978年至2012年6月党内规范性文件的清理决定	2014年2月22日
新委发〔2014〕18号	关于深化行政审批制度改革的意见	2014年3月14日
新委发〔2014〕23号	关于命名表彰2012~2013年度新浦区文明单位、文明乡镇、文明村、文明社区的决定	2014年6月10日
新委发〔2014〕24号	关于成立新浦区农村土地承包经营权确权登记颁证工作领导小组的通知	2014年6月14日

2014年海州区政府重要行文目录

表42

文　号	文 件 标 题	发 文 日 期
海政发〔2014〕1号	关于印发2014年度政府工作报告任务分解落实方案的通知	2014年1月29日
海政发〔2014〕3号	海州区人民政府孔望山路及周边改造地块项目房屋征收决定书	2014年7月16日
海政发〔2014〕6号	关于对海州区科技创业产业园道路命名的请示	2014年2月17日
海政发〔2014〕9号	关于拟向陆家嘴国际信托有限公司出具融资承诺函的报告	2014年3月10日
海政发〔2014〕11号	关于成立海州区控制和查处违法建设委员会的通知	2014年3月20日
海政发〔2014〕13号	关于推进省创新型试点区建设的实施意见	2014年4月8日
海政发〔2014〕14号	关于局部修改锦屏镇、宁海街道、红门街道土地利用总体规划的请示	2014年4月25日
海政发〔2014〕15号	海州区政府关于将浦东街道办事处更名为新浦街道办事处的请示	2014年8月27日
海政发〔2014〕17号	关于推荐海州区申报国家知识产权强县工程试点区的请示	2014年5月4日
海政发〔2014〕20号	关于印发海州区2014年度民兵组织整顿工作通知	2014年5月23日
海政发〔2014〕21号	关于印发《海州区2014年度民兵组织整顿工作方案》的通知	2014年5月23日
海政发〔2014〕22号	关于为连盐铁路项目房屋被征收人出具减免契税证明材料的请示	2014年5月28日
海政发〔2014〕23号	关于调整连云港市高新区基本农田规划的请示	2014年6月12日
海政发〔2014〕24号	关于促进小微工业企业升入规模企业的实施意见	2014年6月20日
海政发〔2014〕25号	关于恳请发函支持连云港远洋流体公司维护合法权益的请示	2014年6月23日
海政发〔2014〕26号	关于对连云港市原锦屏磷矿尾矿库闭库前隐患综合治理项目进行竣工验收的请示	2014年6月23日
海政发〔2014〕27号	关于上报《海州区农村公共服务运行发展维护机制建设实施方案的请示》	2014年6月26日
海政发〔2014〕28号	关于成立《海州区农村公共服务运行维护工作领导小组的通知》	2014年6月26日
海政发〔2014〕36号	海州区人民政府人民东路（郁洲北路～解放东路）改建工程项目房屋征收决定书	—
海政发〔2014〕39号	关于请求局部修编《沈圩片区控制性详细规划》的请示	—

续表

文 号	文件标题	发文日期
海政发〔2014〕45号	海州区政府关于出具认定“杰瑞”商标为驰名商标推荐函的请示	—
海政发〔2014〕47号	关于给予赵伟同志记三等功的请示	—
海政发〔2014〕51号	关于同意江苏海州发展集团有限公司增加注册资本金的批复	—
海政发〔2014〕53号	关于同意建立海州区盐河湿地保护小区的批复	—
海政发〔2014〕58号	关于同意实施教育融资租赁项目的批复	2014年12月31日
海政发〔2014〕59号	关于同意区教育局采取融资租赁方式加快中小学安全工程建设的批复	2014年12月31日
海政发〔2014〕60号	关于同意新浦中学融资租赁项目的批复	2014年12月31日
海政发〔2014〕61号	关于同意采用融资租赁方式解决我区教育建设资金的批复	2014年12月29日
新政发〔2014〕10号	关于做好我区第一次全国可移动文物普查工作的通知	—
新政发〔2014〕14号	关于同意2014年度安全生产监管行政执法工作计划的批复	2014年2月17日
新政发〔2014〕17号	关于区政府领导实行AB角工作制度的通知	2014年2月17日
新政发〔2014〕19号	区政府关于表彰2013年度安全生产目标管理优秀单位的决定	2014年2月26日
新政发〔2014〕20号	连云港市新浦区人民政府连盐铁路建设项目房屋征收决定书	2014年3月3日
新政发〔2014〕23号	关于印发2014年市政府、区政府工作报告重点任务分解落实方案的通知	2014年3月14日
新政发〔2014〕27号	关于关闭连云港市杰圩化工有限公司的决定	2014年4月2日
新政发〔2014〕37号	区政府印发关于加强环境保护推进生态文明建设若干意见的通知	2014年5月5日
新政发〔2014〕44号	连云港市新浦区人民政府滨河新城规划十六路以北棚户区改造项目房屋征收决定书	2014年5月30日
新政发〔2014〕47号	连云港市新浦区人民政府南城新大街东侧棚户区改造项目房屋征收决定书	2014年6月12日
新政发〔2014〕48号	连云港市新浦区人民政府民主路棚户区改造二期项目房屋征收决定书	2014年6月13日
新政发〔2014〕50号	新浦区政府木材厂地块棚户区改造项目房屋征收决定书	2014年6月19日
新政发〔2014〕51号	新浦区政府烟草巷地块旧城改造项目房屋征收决定书	2014年6月19日
新政发〔2014〕52号	关于印发《新浦区2014年度农村公共服务运行维护机制实施方案》的通知	2014年6月20日
新政发〔2014〕54号	新浦区政府人民西路八号地块旧城改造项目房屋征收决定书	2014年6月30日

2014年海州区委办公室重要行文目录

表43

文 号	文件标题	发文日期
海委办发〔2014〕1号	关于成立新的中共连云港市海州区委机要保密局的请示	2014年7月11日
海委办发〔2014〕5号	关于印发《海州区党政机关公务接待管理规定》的通知	2014年7月31日
海委办发〔2014〕7号	印发《关于在全区机关开展“弘扬务实作风优化发展环境”作风建设主题活动的实施方案》的通知	2014年8月11日
海委办发〔2014〕9号	关于印发《区委全面深化改革领导小组工作规则》《区委全面深化改革领导小组专项小组工作规则》和《区委全面深化改革领导小组办公室工作细则》的通知	2014年8月30日
海委办发〔2014〕11号	关于印发《“八大专项治理行动”任务分解方案》的通知	2014年9月1日
海委办发〔2014〕13号	印发《关于建立健全信息发布和政策解读机制加强舆论引导工作的实施意见》的通知	2014年9月9日
海委办发〔2014〕21号	关于成立海州区机关事业单位“吃空饷”专项治理工作领导小组的通知	2014年10月24日

续表

文　号	文件标题	发文日期
海委办发〔2014〕23号	关于转发《市委办公室市政府办公室关于进一步推进全市党政群机关和事业单位网上名称管理工作的通知》的通知	2014年10月28日
海委办发〔2014〕24号	关于完善党员干部直接联系群众制度的实施办法	2014年10月30日
海委办发〔2014〕25号	关于印发《海州区软环境建设考核办法》的通知	2014年11月4日
海委办发〔2014〕27号	印发《关于在全区推行"政社互动"推进社会管理创新的实施意见》的通知	2014年11月14日
海委办发〔2014〕28号	关于转发市委办公室市政府办公室《关于惠民政策执行缩水走样专项治理的意见》的通知	2014年11月14日
海委办发〔2014〕29号	关于印发《区委书记办公会议制度》等制度规定的通知	2014年11月15日
海委办发〔2014〕30号	印发《中共海州区委关于落实中央巡视组对江苏省巡视情况反馈意见整改的工作方案》的通知	2014年11月26日
海委办发〔2014〕32号	关于成立板浦镇小产权房清理整顿工作组的通知	2014年12月20日
新委办发〔2014〕3号	印发《关于加强对党员干部作风建设情况监督检查的办法》的通知	2014年1月13日
新委办发〔2014〕4号	关于转发《连云港市机关作风建设十条禁令》的通知	2014年1月17日
新委办发〔2014〕5号	关于印发新浦区"千名机关志愿者爱心帮扶活动"实施方案的通知	2014年1月24日
新委办发〔2014〕6号	关于转发《新浦区关心下一代工作委员会2014年工作要点》的通知	2014年1月24日
新委办发〔2014〕11号	关于印发《新浦区机关作风建设十二条禁令》的通知	2014年2月27日
新委办发〔2014〕12号	关于开展党的群众路线教育实践活动的实施方案	2014年2月27日
新委办发〔2014〕13号	关于开展向祈德同志学习活动的通知	2014年3月3日
新委办发〔2014〕16号	印发《关于集中开展"服务企业发展、规范诚信经营"专项行动的实施意见》的通知	2014年3月17日
新委办发〔2014〕17号	关于印发《新浦区深化行政审批制度改革实施方案》的通知	2014年3月17日
新委办发〔2014〕20号	关于印发《公务接待工作流程》的通知	2014年5月12日
新委办发〔2014〕21号	关于印发《新浦区重大事项考评暂行办法》的通知	2014年5月9日
新委办发〔2014〕22号	印发《关于进一步加强全区招商引资工作的意见》的通知	2014年5月20日

2014年海州区政府办公室重要行文目录

表44

文　号	文件标题	发文日期
海政办发〔2014〕6号	关于成立党的群众路线教育实践活动领导小组的通知	2014年3月5日
海政办发〔2014〕10号	关于调整海州区机动渔船柴油价格补贴发放工作领导小组成员的通知	2014年3月17日
海政办发〔2014〕11号	关于印发《海州区控制和查处违法建设实施方案》的通知	2014年3月20日
海政办发〔2014〕14号	关于转发连云港市征地补偿和被征地农民社会保障办法的通知	2014年4月4日
海政办发〔2014〕16号	关于转发《连云港市住房公积金归集联动工作意见》的通知	2014年4月14日
海政办发〔2014〕23号	关于印发《海州区危旧房屋安全排查工作实施方案》的通知	2014年5月16日
海政办发〔2014〕24号	关于印发《海州区2014年夏季秸秆综合利用工作实施方案》的通知	2014年5月28日
海政办发〔2014〕30号	关于印发《海州区农村公共服务运行及维护机制建设实施方案的通知》	2014年6月26日
海政办发〔2014〕31号	关于印发《海州区城乡生活垃圾收运处置长效管理方案》的通知	2014年6月26日
海政办发〔2014〕32号	关于印发《海州区覆盖拉网式农村环境综合整治试行工作方案》的通知	2014年6月26日
海政办发〔2014〕5号	关于成立城乡建设用地增减挂钩土地整理工作领导小组的通知	2014年3月4日

续表

文　号	文件标题	发文日期
海政办发〔2014〕7号	关于印发《海州区政府办公室党的群众路线教育实践活动学习教育、听取意见环节实施办法》的通知	2014年3月5日
海政办发〔2014〕15号	关于成立海州区设施果蔬栽培标准化综合示范区工作领导小组的通知	2014年4月10日
海政办发〔2014〕17号	关于印发海州区突发重大动物疫情应急预案的通知	2014年4月15日
海政办发〔2014〕19号	关于转发《市政府办公室关于做好小麦穗期病虫害防治工作的紧急通知》的通知	2014年4月22日
海政办发〔2014〕25号	关于成立海州区农机购置补贴工作领导小组的通知	2014年6月4日
海政办发〔2014〕27号	关于成立盐河南路、环山路征地拆迁指挥部的通知	2014年6月16日
海政办发〔2014〕18号	关于加强农村小额贷款公司监管工作的通知	2014年9月24日
海政办发〔2014〕19号	海州区非法集资风险排查及专项整治工作方案	2014年9月24日
海政办发〔2014〕21号	关于印发海州区大气污染防治行动计划实施方案的通知	2014年10月21日
海政办发〔2014〕25号	关于印发《海州区改造后老旧小区管理工作考核奖励暂行办法》的通知	2014年11月7日
海政办发〔2014〕28号	关于转发市政府办公室切实做好2015年市区新型农村合作医疗筹资工作的通知	2014年11月13日
海政办发〔2014〕31号	关于印发《海州区2014年农村妇女宫颈癌和乳腺癌检查项目实施方案》的通知	2014年11月6日
海政办发〔2014〕35号	关于印发《今冬明春火灾防控工作方案》的通知	2014年12月19日
海政办发〔2014〕37号	关于印发《海州区创建江苏省健康促进区试点项目工作实施方案》的通知	2014年12月31日

统计资料

2014年海州区行政区划

表45

单　位	政府所在地	辖区面积（平方千米）	村民委员会个数（个）	居民委员会个数（个）	村（居）委会名称
新浦街道	茅口路2号	12.43		15	莱市、陇东、建国、民主、路北、同兴、市化、市民、机关、万润、站北、新桥、龙苑、市东、浦河
浦西街道	民主西路66号	10		12	同和、沈圩、蔷薇、后河、西桥、通池、新站、电台、新中、新洪、新西、财苑
新东街道	龙河南路1号	22		14	艺北、巨龙、龙尾、东风、利民、苍梧、外仓、新城、广场、振东、东苑、淮海、河滨、文昌
新南街道	健康北路6号	4.3		12	延南、海南、紫云、建南、海宁、云海、新龙、健康、玉带、兴业、玉龙、九龙
路南街道	整洁路14~7号	1.98		9	路南、朝阳、扁担河、葵花、向阳、贾圩、公园、盐河、延东
新海街道	秀苑路11号	4.5		10	幸福、西苑、镇海、新孔、新潮、河西、常乐、富强、星化、海连
浦南镇	康宁社区	108.5	18	1	太平渔业、下滩、半滩、浦北、唐顶、汪新、草舍、新湾、新建、江浦、龙浦、官阳、许安、浦南、潘圩、新圩、富安、尹巷、康宁社区居委会
南城街道	新大街154号	4.7		3	凤凰、宁海、青春

续表

单　位	政府所在地	辖区面积（平方千米）	村民委员会个数（个）	居民委员会个数（个）	村（居）委会名称
花果山街道	花果山北路26号	33.3	7	2	花果山居委会、大村居委会、小村村、新村村、前云村、郁林村、当路村、新滩村、前进村
宁海街道	宁海商业街37号	46	10	1	平安 魏湾、汴浦、清河、武圩、太平、黄圩、杨场、新圩、新北、海河
新坝镇	新坝镇新坝街44号	75	16		大屯、大穆、魏口、樊庄、普安、新西、新坝、四里、陈户、武圩、墙框、沙杭、王付、小荡、朱圩、大井
锦屏镇	锦屏镇镇前路14号	52.14	9	3	东山、中山、西山、刘顶、新海、李圩、桃花、酒店、岗嘴、狮树、陶湾、朐山
板浦镇	板浦镇新区大道1号	80.64	16	5	德芳、南门、新民、北门、中正、尤庄、菜园、石河、东北、城北、罗圩、官庙、永平、小浦、浦东、大团、东辛、沙沪、泗河、周圩、洪花堰
海州开发区	海州开发区郁州路17号	34.23	2		许庄村、范庄村
新浦经济开发区	新浦经济开发区长江路	17.5	2		新陇、下禾
海州街道	孔巷42号	1.03		5	鼓楼、新建、双龙、砚池、南门
幸福路街道	海州北大街56号	15		5	文化、幸南、幸中、西大岭、江化
朐阳街道	新海路163号	16.8	4	4	西门、锦化、孔望山、香江、西门、园林、网疃、孔望山
洪门街道	海州区朝阳西路95号	8.85	2	3	红旗、洪门、洪新、新庄、洪门
岗埠农场	腾飞路	90.3			包庄管理区、高桥管理区、王沟管理区、岗埠管理区、王魏管理区、临河管理区
云台农场	普山路1号	31.3			

2014年海州区总人口及其构成

表46

地区别	年末数				1月1日至12月31日人口变动					
	总户数（户）	总人口（人）			出生（人）			死亡（人）		
		合计	男	女	合计	男	女	合计	男	女
合　计	212790	703748	357346	346402	11122	5770	5352	2967	1752	1215
朐阳街道	9532	30508	14922	15586	646	332	314	109	69	40
浦西街道	14281	40876	20406	20470	485	247	238	219	126	93
新东街道	31608	99501	50612	48889	1445	745	700	160	96	64
新南街道	19385	59626	30088	29538	684	366	318	146	88	58
路南街道	13815	42221	21127	21094	433	236	197	170	101	69
新海街道	14889	42295	21159	21136	558	287	271	145	90	55
南城街道	2168	7028	3537	3491	137	68	69	87	57	30
花果山街道	5512	18551	9205	9346	321	165	156	179	89	90

续表

地区别	年末数				1月1日至12月31日人口变动					
	总户数（户）	总人口（人）			出生（人）			死亡（人）		
		合计	男	女	合计	男	女	合计	男	女
新浦街道	16381	48440	24673	23767	713	395	318	238	141	97
海州街道	7003	20821	10442	10379	199	107	92	92	56	36
幸福路街道	5624	16640	8484	8156	181	91	90	66	39	27
洪门街道	4472	13123	6601	6522	202	114	88	78	44	34
宁海街道	6279	27589	14064	13525	607	316	291	124	76	48
锦屏镇	9069	30901	15666	15235	441	224	217	260	152	108
浦南镇	14575	57739	29823	27916	1109	556	553	118	83	35
新坝镇	7967	32913	17062	15851	748	370	378	124	84	40
板浦镇	18260	67812	35213	32599	1328	710	618	441	235	206
新浦经济开发区	2065	8396	4227	4169	143	62	81	18	14	4
海州经济开发区	1643	5823	2868	2955	152	79	73	43	19	24
云台农场	1846	5502	2783	2719	88	37	51	16	10	6
岗埠农场	6416	27443	14384	13059	502	263	239	134	83	51

2014年海州区社会经济主要指标

表47

指标	单位	2014年
年末户籍人口	万人	70.37
年末常住人口	万人	79.81
地区生产总值	亿元	263.20
第一产业	亿元	18.17
第二产业	亿元	79.88
第三产业	亿元	165.15
人口出生率	‰	10.69
人口自然增长率	‰	4.06
公共财政预算收入	万元	324668.00
公共财政预算支出	万元	286010.00
规模工业总产值（当年价）	亿元	177.6
规模工业增加值（当年价）	亿元	35.67
农林牧渔业总产值（当年价）	亿元	34.37
粮食总产量	万吨	31.37
社会消费品零售总额	亿元	222.66
全社会固定资产投资完成额	亿元	346.78
全年规上工业用电量	万千瓦时	50237.04

续表

指　标	单　位	2014年
实际利用外资	万美元	13003.51
自营出口总额	万美元	101874.00
城镇居民人均可支配收入	元	27057.00
农民人均可支配收入	元	12650.00
城镇在岗职工年人均工资	元	63781.00

注：第一、二、三产业按新的三次产业划分。

2014年海州区固定资产投资完成情况

表48　　单位：万元

类　别	2014年	同比±%	类　别	2014年	同比±%
总　计	2861446	25.64	房地产	763305	19.83
其中:全社会工业投资	712855	43.87	二、规模以下投资	421121	39.94
一、规模以上投资	2440325	23.47	工业投资	94997	20.00
工业投资	617858	48.40			

2014年海州区规模以上工业总产值及增加值情况

表49

指标名称	单　位	2014年	2013年	增　幅(%)
规模以上工业企业数	个	92	94	2.13
规模以上工业总产值(现价)	万元	1776128	1771387	0.27
规模以上工业销售产值	万元	1699364	1706516	-0.42
工业产销率	%	95.0	96.4	-1.5
规模以上工业增加值	万元	356707	346317	0.3

2014年海州区个体工商业基本情况

表50

指　标	户数(户)	从业人(人)	注册资金(万元)
合　计	23168	33907	101495.18
农林牧渔业	313	421	7099.90
采矿业	18	18	154.50
制造业	623	926	2566.93
电力、燃器及水的生产和供应业	2	2	11.00
建筑业	122	199	978.25
批发和零售业	15839	20959	60626.20
交通运输、仓储业	44	63	449.12
住宿和餐饮业	2392	5318	14631.11
信息传输、计算机服务和软件业	103	176	477.85
金融	4	4	18.50

续表

指　标	户 数(户)	从业人(人)	注册资金(万元)
房地产业	37	70	153.60
租赁和商务服务业	362	522	1876.50
科学研究、技术服务和地质勘查业	158	303	676.42
水利、环境和公共设施管理	2	2	2.50
居民服务和其他服务业	2629	4107	9213.47
教育	102	146	178.64
卫生、社会保障和社会福利业	202	346	817.49
文化、体育和娱乐业	216	320	1565.20
其他	2	5	1

2014年海州区私营企业基本情况

表51

指　标	企业(家)	投资者人数(人)	雇工人数(人)	注册资本(万元)
合　计	9359	13556	35326	706624.46
农林牧渔业	38	62	121	2239.80
采矿业	1	1	5	30.00
制造业	649	1178	4145	68321.37
电力、燃器及水的生产和供应业	5	5	45	162.00
建筑业	1142	1493	3698	106049.18
批发和零售业	4230	6039	13869	323952.71
交通运输、仓储和邮政业	143	219	584	11495.00
住宿和餐饮业	227	297	1833	11208.20
信息传输、计算机服务和软件业	325	454	1026	22940.41
金融	4	4	16	2360.00
房地产业	293	409	2060	17634.71
租赁和商务服务业	1221	1846	4063.00	73950.5
科学研究、技术服务和地质勘查业	437	647	1450	33208.68
水利、环境和公共设施管理	22	38	88	1050.00
居民服务和其他服务业	382	522	1381	19021.00
教育	16	27	239	655.00
卫生、社会保障和社会福利业	7	9	22	379.00
文化、体育和娱乐业	217	306	681	11966.00

责任编辑:孙寿鹏

索 引

说 明

一、本索引采用主题索引方法编制，按标引词第一个字的汉语拼音字母顺序排列（同音按声调），音调相同的按第二个字音序排列，依次类推。

二、索引标目后的数字表示内容所在页码，数字后的字母a、b、c分别表示版面的左、中、右栏。空一字起排的款目为上一主题的“附见”。

F

G

H

J

K

L

M

N

P

T

W

X

Y

Z

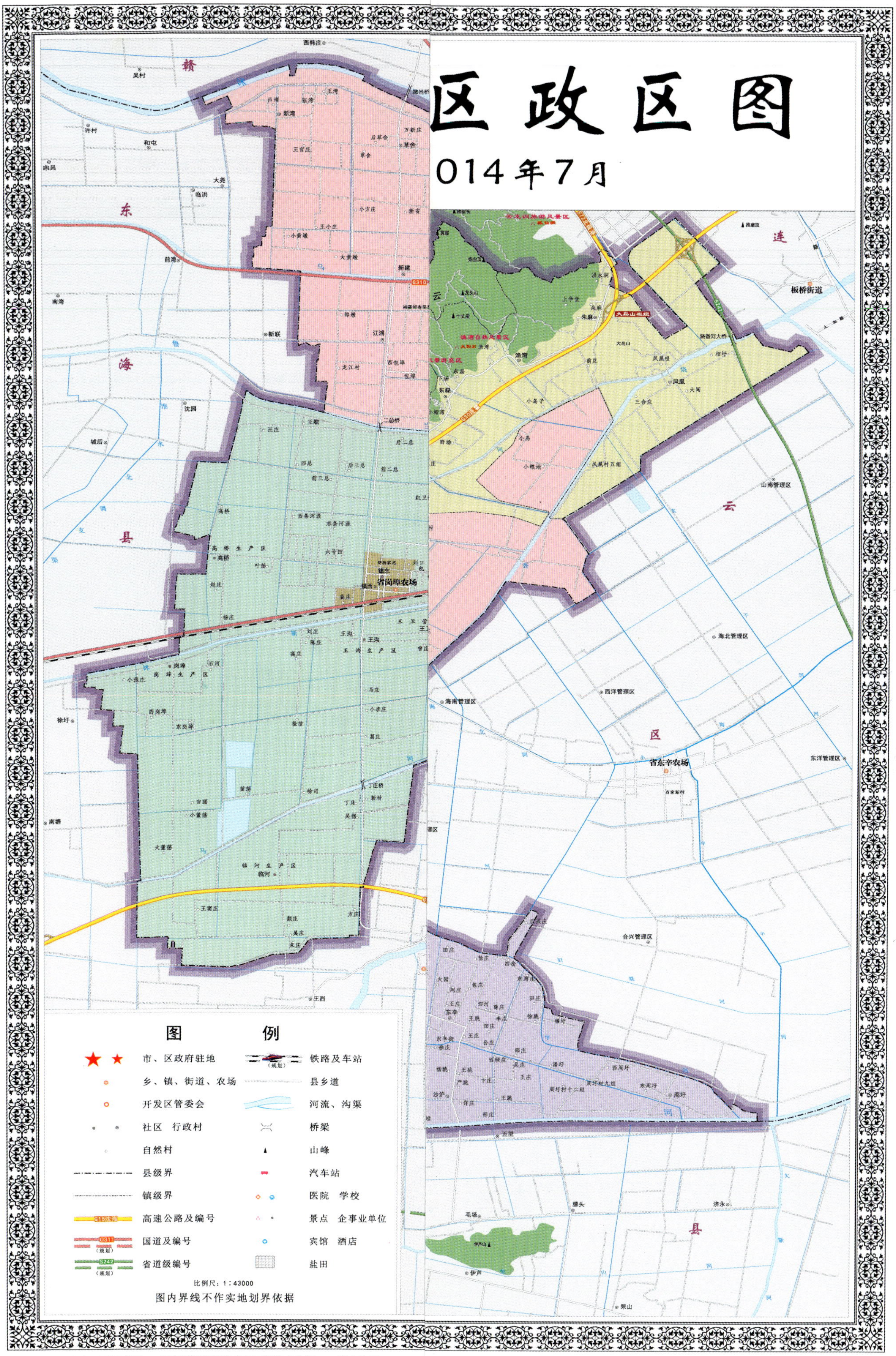

连云港市海州区民政局 江苏天地图地理信息工程技术公司 联合编制
地图审查号：苏S(2015)082号
2015年8月第1版第1次印刷